天下.文化
BELIEVE IN READING

科學文化 189

十種人性

我們與善、與惡的距離，各有多遠？

The Ten Types
of Human

A New Understanding of Who We Are,
and Who We Can Be

by Dexter Dias

狄諤斯／著　　陳義仁／譯

十種人性

我們與善、與惡的距離，各有多遠？————————目錄

The Ten Types
of Human
A New Understanding of Who We Are, and Who We Can Be

作者的特別聲明

　　本書的完成有賴眾人的參與、合作和大方貢獻，其中許多位都出現在內文。在本書末尾〈受惠者的謝辭〉，我將藉機向他們好好致謝，並說明他們那些不可或缺的貢獻有著怎樣的特性。在那裡，我也將深深感謝那些促成這項計畫的朋友和同事。

　　然而一開始，我得感謝劍橋大學同事的建議和支持，尤其是「社群、性別和社會正義中心」主任格爾斯多普（Loraine Gelsthorpe）教授（我很自豪能隸屬該中心），以及我的學術研究合作者、犯罪學研究所的蘭斯基（Caroline Lanskey）博士。在哈佛大學，我要特別感謝西達尼（James Sidanius）教授，他是詹姆斯心理學講座教授兼群際關係實驗室主任，他為我提供客座研究員職位；也要感謝卡普邁爾（Mariska Kappmeier）博士（我在十四樓的隔壁鄰居），還要感謝格林（Joshua Greene）教授，他曾邀請我到他那創新的道德認知實驗室，報告我的研究。此外，我也受惠於來自以下各地的眾多同事：漢南非洲、海地和中亞、倫敦和紐約，還有聯合國兒童基金會，特別是了不起的雷維葉（Judith Léveillée）和阿瓦姬安（Sabrina Avakian），以及律師公會人權委員會，尤其是該會主席布賴姆洛（Kirsty Brimelow）御用大律師，以及跟我一起對抗 FGM（女性外陰殘割）的山繆（Zimran Samuel）。

　　然而必須指出的是，在本書研究過程，有很多人是我訪談、跟隨、請教、爭辯、同行和煩擾過的，其中只有一小部分出現在內文裡。儘管如此，我其他那些通信對象、同道、智識同志和鬥士，形塑了我的想法和取向，因此也都真實存在，我將在本書末尾〈受惠者的謝辭〉詳列我能說出的人。

▶ 為保護隱私與人身安全，書中人物姓名及案例已經過修飾

但有鑑於這項研究調查的性質特殊，雖然許多人是以真名登場，但其他人的名字則必須改掉。就其中好幾位來說，識別特徵和某些細節必須更改，原因是要保護那些參與者——既要保護其隱私，在某些情況裡也要保護其個人安全，或與他們密切相關的人的安全。有些人曾經或仍然面臨相當大的風險，其他人則是受過生命威脅。有好多位曾被傷害或受過傷，還有幾位冒著極大風險跟我們講述內情。他們這麼做是希望可以幫助他人，這項抱負是我也有的，正是本書的一大動念。有些人正要踏上險途（這屬於我們時代的那種極祕旅程），往返穿越異常危險之境；有些人正要返回國際機構認定為險惡而不安全的危險國家或地區。

因此，我明確表示，必要時我會努力創造一層穿不透的「偽裝」，就像亞倫（Irvin Yalom）在那本令人難忘的小說《愛情劊子手》裡的做法。在某些個案裡（就像他書裡的情況），保護參與者身分的最好做法，就是做出亞倫所謂的「符號替換」（symbolic substitution），或是把某人的背景或身分「嫁接」到別人身上，這個方法也被巴拉克·歐巴馬（Barack Obama）用在《從父親開始的夢想》中的某些角色。在做出這類省略時，我試著保留偉大的薩克斯（Oliver Sacks）在《錯把太太當帽子的人》中所謂「他們生活的精髓『氣質』」。

每當我用上這種做法，都是因為只有這樣才能確保他們隱私和人身安全得到最大保護。因此，本書包含各類材料，有些記述如實列出本名和重要細節，另外一些記述則必須經過些許或很大的掩飾，還有一些記述經過混合或拼貼。在最後一種情況裡，我的解決方法是創造連接材料，並努力發展某種寫作手法來融合虛構和非虛構的成分。從頭到尾，對話都必須經過編寫，這是出於保密或敏感的原因；有些對話經過修改、從記憶中重建、縮減或改述，以符篇幅、或使現有事件的敘述演繹得以連貫。我試著傳達口音和語氣的味道，而且每當討論是用超過一種語言進行（這經常發生），我通常（但

並非總是）將其簡化為一種語言。碰到參與者分享他們跟第三方的對話或相關場景，我都努力盡可能如實重建，以求符合整體敘事的精神。如果記述中因為保密或安全原因而出現我須找到符號替換的間隙，我就會採用貝倫特（John Berendt）在其開創性的《善惡花園之午夜》所用的方法，也就是結合「嚴格的非虛構」和追求保持「忠於人物和事件基本流向」而建構的成分。不過必須強調的是，這些動作必然會用上探究和想像能力，這被勒卡雷（John le Carré）在別的脈絡裡，扼要描述為一種「調合經驗與想像力」的操作。因此，某些部分必然是按現有最佳證據，對某些事件做出的虛構和再想像。

　　這麼做有個明確目的，就是保護相關貢獻者的人身安全或維護其隱私。那些非科學的敘事，是基於他們就其生活所說的。這不是調查報導的實踐，也不是官方調查。那樣會是一本不一樣的書——有意思，但不一樣。與此不同的是，本書所包含的是關於人們就其生活所想、所說的記述，還有一種傳達那些生活樣貌的企圖。在這場探究裡被提升到舞臺中央的，是薩克斯在《睡人》中說的，「這些人所駐在的存在地景」需要「一種對意象和視域的積極探索……以及想像活動」。因此，我試著寫出有點不一樣的書，要調合科學和敘事，還有非虛構和虛構成分。這裡不適合做認識論或任何其他論述，但我應當提到的是，深深影響我取向的，還有布迪厄（Pierre Bourdieu）和華康德（Loïc Wacquant）這兩位過去三十年內的頂尖批判思想家（包括跟後者的寶貴通信，尤其關於我在劍橋的研究），以及他們對積極沉浸參與相關課題的提倡。讀者可以在本書末尾〈參考文獻〉的「方法論」找到進一步的參考和建議。

▶ 關於人性的塑造，先天的天性和後天的養育都同樣重要

　　我也應該明言，我所擁護的批判學派極為看重各種社會力量，以及個人層次和社會層次的社會建構。然而我也確信，還有別的東西糾纏到那些已經

很糾結的過程上。本書試圖探索（但並未宣稱能解決）這種糾結。

　　簡單來說：天性和養育都很重要。我們的行為不是僅由生物學或基因遺傳來鑄造，也不是僅由環境或社會學習來塑造，而是兩者皆是──而且我們的社會學習機制無論如何都很可能是由演化形塑的。但本書的取向和道德立場遠遠不是「社會達爾文主義」，而且是極力加以反對的。演化是一項事實，而非一種價值。因此，本書旨在貢獻於哲學家辛格（Peter Singer）所闡述的方略：為進步派重拾達爾文思想的透澈解釋力。偶爾，有些身世速寫完全依賴二手資料。在這種情況裡，所有原始文獻也都會列在〈參考文獻〉。本書出現好幾個臆想實驗或假設情境，那些都是完全虛構的，除非文中有提到所依據的特定案例或事件。

　　本書立基於我始於九年前、擴及四大洲的研究，並扎根於我超過二十五年的人權律師執業經驗。每當我採取保護措施，那都是遵照貢獻者的意願。我要感謝他們所有人帶來每個驚奇又開人眼界的日子，尤其感謝他們在我出外那幾個月裡的陪伴。他們始終都是本書的核心和脈動。

　　　　　　　　　　　　　── 狄諤斯，於倫敦劍橋，2017 年 1 月

在一個謊言帝國裡，要怎樣才能作成一本抵抗之書、一本真相之書？
自由和獨立是否可能在全新情勢下，以全新方式出現？
　　　── 菲利普．狄克（Philip K. Dick），美國科幻小說家

前言

孩子之死

有些書始於某個想法，有些書則始於某個事件。這一本書屬於後者。觸發本書的事件發生在英格蘭鄉間一個安靜角落——名稱令人想起雨水輕柔流過的蔭蔽小溪：雨溪（Rainsbrook）。那個地方是一座少年觀護所，那個事件是某個孩子之死。

有個男孩，身高一百四十七公分、體重四十一公斤，靜靜走過走廊。我的視角是從一部高掛在磚牆上金屬架的閉路攝影機看去，畫面黑白（或許不是，但這是我記得的樣子），沒有聲音，那男孩背對著我，慢慢走向一個房間，那是他的囚房。他左轉、進去。我從未見過他的臉。你會心心念念一張你從未見過的臉嗎？

男孩消失不見，關上門。幾分鐘後，兩名所方管理員走過同一條走廊，腳步快過那男孩。他倆靜靜走過，但兩人遠遠大於那男孩的體形，似乎將畫面塞滿喧囂和混亂。他們也左轉，走進房間，關上門。第三名管理員跟著過來，走進去，關上門。過了幾分鐘，那個男孩就死了。他的名字是米亞特（Gareth Myatt）。

那房間裡發生什麼事？

查明真相是我的專業職責——那成了我畢生的追求。在淡藍三月天空高懸在西敏寺鋸齒尖塔上的那天，我受冊封為御用大律師，但我的思緒不斷飄向米亞特和他母親帕姆。在他的死因調查裡，我代表他們一家，當時帕姆問我一個問題：「為什麼他們那麼做？為什麼他們對我兒子那麼做？」

　　我沒有答案，或者說，我沒有一個夠好的答案可以給她。法庭裡的真相只是人間真相的一部分。她並非有意那樣影響我。她是個沉默而勇敢的人，自己承擔許多，卻不想給任何人重擔。她真正想要的是讓兒子回來。我無法使其發生，但我可以試著找到一個更好的答案。我請休長假，重返大學。人們不能理解，而我也不確定我能。然而，我決心查明那個房間裡發生什麼事。

　　你辦案、結案，然後向前邁進；然而，案子並非總是跟你了結。我在那之後的調查（那是調查，也像推理小說和祕密故事），是在追蹤一名難以捉摸的逃犯：這名被追捕的肇事者，同時也是本書的主角──我們。或者說得精確點，是我們身上的隱藏部分。這首先引領我到劍橋大學犯罪學研究所。引誘我前進的是那幾個畫面：一條走廊、一個男孩消失、一扇門關上、一個問題：那房間裡發生什麼事？

　　在大洋彼端的另一處，當我在哈佛大學心理學系的實驗室繼續進行研究，大家問我：「你在做什麼？」這問題很難簡要回答。我很想說，我想知道（我們需要知道）那個房間裡發生什麼事。我從未說出我的實際想法：我有責任為某人查明真相。

　　在我心裡，帕姆的問題隨著時間，慢慢開始改變。不是為何觀護所的管理員那麼做，而是為何我們那麼做？一個更大的真相，在帕姆的問題背後，隱約可見：為什麼我們要傷害那些最脆弱的人？我們是什麼？我們是誰？

　　那項追求，在某程度上是要挽救一個救不回的男孩。我現在明白了：我被一項名稱不祥的法律原則訓斥，那就是不能未遂（impossible attempt）法則。這本《十種人性》是在記述一項不可能的嘗試。那些資料或線索（那些證據）在接下來的九年裡，領我進行一系列前往六大洲之四的「行旅」（維根斯坦是這麼稱呼的），幅員涵蓋從古希臘和羅馬帝國、到現代的南西伯利亞和冥王星的冰山。一次又一次，我都得試著刺探大腦的內部深處或神祕內殿。這使我去見了許多人，像

是：面對難以想像的惡劣條件卻無所畏懼的人、遇刺的人、面臨極大風險仍願意吐實的人、表現出無法想像的英雄主義的人，以及其他許多形形色色的人。我敢打賭，這些人算得上是我們之中最非凡的人。請記住這場賭約，並且叫我遵守。到了本書最後，再由你評判。

▶ 我們是誰？我們是什麼？我們內在有誰？

我愈是研究科學和人類經驗的遙遠邊界（那些關於我們所知和我們所是，亦即關於生命和人類渴望的那些難測前沿），愈是明瞭我不只是在探究那個房間和那條走廊發生什麼事，也是在探究許多地方發生什麼事。在我們心裡，也有許多這樣的房間和走廊。而且，那些房間和走廊住著經常出現的幾種人，亦即各種人性典型。在這本書裡，你也將遇見他們。

在某方面上，你已經認識他們了，只是並不真的認識。你把他們帶在身裡，但你很可能不曉得。在某種意義上，他們就是你，只是並不完全是。他們影響並形塑你生活中最重要的那些決定。然而，你幾乎必定沒有察覺他們的介入。他們是你所遇到那些人的本質和本能。他們就是人類的十種人性典型。

他們是誰？他們所為何來？他們如何進入我們的頭腦？

多年來，我們的大腦被認為就如通用型電腦般運作，有點像是那些黑白電影裡的老式電話系統，一切都要通過中央交換機。這種觀點正在受到挑戰。神經科學和演化生物學的新發現指出，大腦可能分立得比那樣更有意思。因此，大腦比較不像電腦，反而更適合理解為一系列高度特化的「模組」——神經元團塊和神經傳遞物的聚合體，以及那些聚合體之間的連結路徑。每個模組都是為了滿足特定的適應問題或演化目標。換言之，是為了應付人類生活某些重要且一再出現的問題。這就是模組化（modularity）的概念。

　　甚至，大腦可能不只是模組化的，而且可能是高度模組化的。大腦可能擁有許多這樣的機制。接下來，我們將限縮焦點。我們將聚焦於一系列關鍵的生活問題，以及我們所具備可用以應對的歷程。我們將聚焦於十個模組。

　　我們的大腦不能免於演化。大腦現今的運作模式告訴我們很多事情，可以比得上世界各地博物館收藏的早期人類骨骼。正如生物物理學家德爾布呂克（Max Delbrück）所言：「任何活細胞，都承載著歷代祖先十億年實驗的經驗。」過去幾千年來讓人賴以生存的大腦模組，仍以各種重要方式形塑我們的生活。所以：

- 十個關鍵生活問題
- 人類心智的十個模組
- 人類行為的十個獨特典型
- 人類的十種「人性典型」

　　這十種典型行為有一部分很容易認出，有一部分會令人震驚。我們等著瞧吧。

　　原來，我們並非完全孤單。我們身上承載若干演化而來的模組。在某些重要方面上，我們是由這些模組所形塑的決定，聚合而成的。我們將這些模組稱為「人性典型」。

　　請記住，這是一種構想，旨在試圖理解一項複雜歷程。正如西班牙社會理論家柯司特（Manuel Castells）所言，心智是某種歷程。神經科學並未提供事情的全貌——遠遠不及。文化也很關鍵。我們坦蕩蕩就是社會性動物。我們的行為會被很多事情影響，像是所處的環境、被教導的內容、學到的東西、經歷的事情。後天的養育很重要，不過那些先天的人性典型也是。

　　所以，十種人性典型！然而，他們做些什麼？為什麼我們仍然

需要他們？關於現今人性，他們透露些什麼？

　　我當人權律師已經超過二十五年。我的業務是關於大屠殺。我們身上那些隱藏部分，正是這本《十種人性》要談的，那些部分深深影響人類的勝利和災難。正如哈佛大學教授威爾森（E. O. Wilson）所言：「我們天性的至惡，與至善共存。」——那是「狂熱沼澤裡的怪物」。這不是什麼新想法，反而幾乎是最古老的觀點。古希臘劇作家索福克勒斯（Sophocles）看到這點，他在不朽名作《安蒂岡妮》裡告訴我們：「許多事物都是既美好又可怕，但莫過於人類。」我們想要相信人類是善的，但我們卻看到這麼多的惡行（包括大屠殺）就在周圍。真相在哪裡？每次混亂到來，那既是全新的，也是非常古老的。

　　這一切通往本書要問的三個核心問題：

- 我們是誰？
- 我們是什麼？
- 我們內在有誰？

　　最終，本書利用尖端科學研究，提供一種不同方式來思考這些問題和一連串相關的衍生問題：

- 為什麼我們會像這樣？
- 為什麼我們會做我們在做的事？
- 我們有什麼選擇？
- 最終是誰（或者什麼）在做選擇？

　　就讓我們開始去查明。為此，我將帶你去另一條走廊——在某間學校裡。然而，這是一間非常特別的學校。我必須向你介紹一個人，一個特別類型的人，那就是護親者（Kinsman）。

▶ 你並不孤單！

　　這是每位父母的噩夢。

　　你走出閃耀於近午陽光下的咖啡店，發現你的手機設為靜音。一天瞥看手機上百次的你，這時又直覺瞥向螢幕，心想：該要好好清理了。一條簡訊進來，接著又來一條，一下子來了一堆。你注意到一連串未接來電。出事了——是什麼大事？你讀了第一條簡訊，再讀下一條……都在告訴你同一件事，訊息一致得可怕。那是你做夢都沒想過會聽到的。

　　你幾乎沒注意到你的咖啡濺到自己鞋上。有個男人就在你孩子的學校潛行。那男人有槍。

　　僅在幾條街外的你，趕了過去，卻發現一切靜得令人不安。夏日陽光照出校園樹木的柔蔭，一隻孤鳥掠過淡淡藍天，但你餘光瞥見通往教室的門——被踢開了。兩名警員癱倒在入口處的水泥地，死了。那隻鳥飛入樹梢，而你也走進走廊。你女兒的教室就在這條走廊上。接著你聽到聲音：下一條通道傳來槍響。

　　如今你愈發急切前進，直到你從教室門上的玻璃看見許多驚慌的學生，他們雙眼睜大，擠在一起，躲在桌下。你看了看，卻看不到女兒。你向那些孩子打手勢示意，可是他們害怕得動不了。你簡直必須把他們拖拉出來。然而，你女兒在哪？接著，你聽到沉重的呼吸聲，還有更加沉重的腳步聲，正逐漸逼近。沉重的靴子，咔嗒聲響起，一聲接著一聲：咔嗒、咔嗒、咔嗒……有把槍正在裝填子彈。就快沒時間了。突然間，你聽到出口旁的掃具櫃發出聲音，一路傳回走廊：那聲音喊叫你的名字。是你女兒。你要怎麼做？

　　你要拋下整班二十四個孩子嗎？你要留下來保護他們嗎？在走廊遠端，你的目光落在另一具屍體上，那是一位老師，他試過阻止槍手卻失敗了。接著，又是一具人體癱倒在地上，動也不動——是另一

位遭遇相同命運的老師。

這可能關乎英勇。我們所有人都有能力展現極大勇氣。然而,如果你迎擊那名槍手,假設你定將遇害,就像先前的兩位警員和那兩位老師,那麼迎擊他將是徒勞;他會像射殺他們那樣射殺你。他會先射殺你,然後射殺所有孩子,包括你女兒。但屆時,你至少已試過表現英勇了——我們都想認為自己是英勇的。然而,你還有什麼別的選擇呢?如果你走向那班學生,你就能引領他們從窗戶逃生。如果你走向你女兒,你就能在槍手到達前,救她出來。只不過,你沒時間兩樣都做。

所以你會怎麼做?這並不容易,像這樣的事情從來都不容易。然而,身陷這些處境的人都得做出抉擇。你的抉擇為何呢?

要救其他善良父母的二十四個無辜孩子,還是要救一個你自己的孩子。那是你的兩難,是你生命中最痛苦的一次抉擇,這或許對任何人皆然。然而,眼前情況就是如此。

你聽見槍手的腳步逼近,還有槍械正在裝填子彈,你看見那些孩子的眼睛,你聽到女兒呼喚你的聲音,哀求著你——你會怎麼做?

你很可能覺得百感交集。所以,為了釐清情況,讓我將你的選擇化為三個等式:

- 迎擊槍手,所有人都遇害 = 26 死(24 + 1 + 1)
- 拋下那班學生,只救女兒,其他孩子遇害 = 24 死
- 拋下你女兒,只有她遇害 = 1 死

你會怎麼做?

其實你並不孤單!

我知道你會怎麼做,而我之所以知道,是因為我也會那麼做,是因為幾乎所有我們認識的人都會那麼做。

　　然而，可否讓我試著改變你的心意？

　　試想：你得在你家孩子和五十個孩子之間做抉擇。那會改變情況嗎？一定會的：五十條命換一條命。下面有五十個圓點。試想每個圓點都有一個孩子的名字。我從網路上某個名字產生器選取了一些：托德、莎拉、蘇雷許、艾倫、大衛、賈辛絲、阿斯頓、特伊西亞斯（埃及古城底比斯的盲先知——這是隨機產生的）。

　　試想每個圓點都是不同孩子的臉孔。

　　你會去救這五十個圓點、這五十個孩子嗎？還是只救自家小孩？

　　那麼一百個孩子呢？也不改變嗎？一千個孩子呢？二十個盒子裝滿圓點、裝滿孩子呢？還是不改變。

　　那麼一百萬個（一千乘以一千個）其他孩子，總可以改變你的決定吧？讓我們把它寫成數字，讓你看看牽涉的人命之多：1,000,000，有那麼多個零，你能救下的人命就是那麼多條，只要你放棄一條。

　　還是不夠多嗎？那麼，假設你得抉擇的是自家孩子和一位年輕傑出科學家，而她碰巧發現治療癌症的重大突破。然而問題在於：她還沒有時間告訴任何人，她那即將改變世界的發現。想想你能免去往後世世代代多少無法言喻的痛苦和悲傷。你還是要去救自家孩子嗎？要是選了自家孩子，你能承受世世代代的譴責嗎？要是不選，你能接受你自己嗎？

　　如果可能，那就換個角度，想想你正在認真思考的事情。你正在考慮要讓癌症繼續禍害未來一代代人，只為拯救一個孩子。你會怎麼做？

　　我知道你會怎麼做。我知道我們都會怎麼做。但是，為什麼？

　　這就是本書要談的。真相就是，當你衝向走廊彼端的掃具櫃，有件事你可能不曉得：你並不孤單！

▶ 對於人性本質的全新考察

　　本書的論點就是：在這個兩難時刻，陪伴你每一步，甚至指導你前進、撤退或游移這每一步的，就是人類十種人性典型的第一種。這十種典型正是本書的核心主題。你剛剛遇到第一種典型：護親者。

　　這個角色是如何進入你的頭腦？他在那裡幹嘛？他是什麼樣子？本書認為，那是一種心理機制，是在我們漫長的演化歷程裡逐漸形成的，旨在應對某些重複出現的生活問題。其運作會跟我們的習得行為或社會化相互作用。於是，天性與養育彼此連結而變得複雜。當你在學校走廊，你可能發覺自己說著你應該這麼做，但你內心深處卻有個東西想要那麼做：你覺得應該前進教室，但卻想要返回掃具櫃。你很快就會更加瞭解「護親者」，但你已知道一件極其重要的事情：它將犧牲幾十個乃至於幾百個其他孩子（甚至是一千個），只為救回一個自己的孩子。我們都想要保護自家孩子，這是大家都知道的。然而，我們

真的意識到這種驅力的可怕力量嗎？我們有多瞭解該驅力選擇自家孩子而非別人的無情程度呢？為什麼會是這樣？

你「轉彎」了嗎？這個用詞是我在跟一群群人談過這問題後，很快一起選定的。你是否達到決定拋下自家孩子的那個點？有些人（這種人很稀少）會在二十四個孩子就轉彎；稍多人會到五十個其他孩子；遠遠更多的人發現他們的轉彎點更接近一百。我有個朋友完全不轉彎，即使死亡人數將是地球上每個其他孩子。直到她發現，她想要有一個孩子陪她女兒玩──所以是其他所有孩子減一個，那就是她的數字。那個朋友（她現在還是我朋友）是位律師。

我們心中都有一個數字，而你的是多少呢？這些數字透露什麼關於我們的事？從這些數字可以認識我們嗎？

這些就是本書要探討的問題。本書包含一些問題和角色，那些角色就像是護親者。以上只是簡單介紹其中之一的護親者（最後面的篇章還會再出現護親者），然而十種人性典型裡，還有其他角色，是我們得先見見的。以下就是他們出場的順序：

感痛者（Perceiver of Pain）、放逐者（Ostraciser）、
制懼者（Tamer of Terror）、注視者（Beholder）、
攻擊者（Aggressor）、結夥者（Tribalist）、
養育者（Nurturer）、求愛者（Romancer）、
搭救者（Rescuer），最後，又見護親者。

為了理解十種人性典型，我們一定要有真實的案例。因此在本書的十個篇章裡（每個篇章討論一種典型），我把我的方法分成三個取向：

第一，相關科學將會給你某個心智模組的全區通行證，所憑藉的是援引最新心理學和神經科學研究成果。

　　第二，個人敘事（來自我合作過、見過的一些非凡人物），將會展示那些人性典型如何影響人們的日常生活，還有這些了不起的個人如何面對並力抗那些人性典型的負面影響。

　　第三，一些假設情境，會讓你有機會體驗其中某些機制。

　　透過這些方式，我希望你將不僅聽過那些人性典型，而且還能看見他們、感受他們，從而獲致更豐富的答案，來回答那些核心問題：我們是誰？我們是什麼？我們內在有誰？

　　因此，我希望這本書往後的篇章能揭示：為何我們不是自己所想的那樣，以及為什麼這是好事，還有這如何開啟一些很有意思的可能性，讓我們能以全新方式認識自己和看待世界。我們將會看到世上有很多不好的事，而本書將提供各種方法予以挑戰。這些解決方案立基於柯司特的方法，他告訴我們，想要挑戰有害力量及其濫用，就要揭露那些有害力量在我們心智運作裡的存在。這是本書最重要的任務。

　　這本《十種人性》提供一種對於人性本質的全新考察。這是一場追求，是要以全新方式檢視人類如何傷害別人——而這麼做，是要設法加以改變。最終，那就是《十種人性》所關乎的：尋找通往自由的全新途徑。

　　在寫作《十種人性》的整個過程中，我一直都把一份愈發破爛的新聞報導帶在手邊，內容是關於那位我沒見過、也救不回的男孩。有時候，閉路攝影機居高拍下的幾幅畫面，會閃現在我心中；有時候螢幕會變空白，然後畫面慢慢恢復：一條走廊、一個男孩從走廊消失、一扇門關上、一個問題：那房間裡發生什麼事？

　　我另一個固定旅伴，就是他母親帕姆提問的那個簡單問題——為什麼？

第一種人性典型
感痛者

是真的，我曾經關在「受苦者雅谷伯」的堡壘裡。
——柏頓（Richard Francis Burton），《中非湖區探險記》（1860 年）

1. 我的論點

　　正是你心智組成（mental make-up）的一部分，一種叫「護親者」的人性典型，糾結於是要保護教室裡那二十四個孩子、還是要救自家孩子。這些人性典型為何？在神經學和日常功能上包含什麼？它們又是怎樣的東西？

　　為求瞭解，讓我們看看安東尼這樣一個男孩。

　　「為什麼你要跟我講話？」他問：「我是無名小卒。」

　　是的，在一開始，我對彼此可溝通的語言太過生疏，說不清為何我相信他有某樣值得傾聽的要緊事。都是我的錯，我應該更用功複習才對。然而，我堅持下去，說得準確點，是他堅持下去，而結果就在這裡：那個自認無名小卒的孩子講出他的故事。我們相遇在一間舊棚屋，那裡離岸近得能吹到海風，也有一點遮蔽能擋去非洲烈日。那裡很非洲——就在遠離那些祖傳莽原的另一邊，不過還是非洲。

　　「事情發生的時候，」他說：「我正無所事事。」

　　有隻雞從我們腳邊踱過去要覓食。所以：無名小卒無所事事。真有前途！安東尼談到的那時候是在幾年前，當時他十一歲，就像許多十一歲的孩子，他也會想法設方要得到這樣東西。雖然世人（我的意思是全部世人）都知道那是一種代表性的美國貨，是由亞特蘭大的藥師彭伯頓（John S. Pemberton）在 1886 年構想出來的，但很少有人曉得其中一項成分——可樂果（Kola nut），其實原產於非洲。然而，在安東尼的生命的那個時點上，他才不在乎；他幾乎願意付出任何東

西去換取。那就是事情的開端：可口可樂。

　　我們初次見面是在一間棚屋，周圍都是拳擊館，還有一些看板宣傳阿華田和上帝的永恆之愛，那裡靠近幾內亞灣，附近有個舊奴隸堡（那些事物彼此相關），當時我感到很茫然。安東尼會讓你想到球，不是因為他長得很圓（他一點也不圓），而是因為：他就像橡皮球那樣有彈性又耐久，能夠反彈、也必須反彈。他的最愛是拳擊，他發現自己很難靜下來，永遠起伏搖擺，彷彿總在擂臺上打著假想的拳賽。他的四肢看似扁麵條，其實是鋼絲。他的雙眼是大大的杏仁形狀。後來，當他告訴我實際發生的事情，他的雙眼不時會泛起淚水，而他會對抗淚水，對抗自己，對抗他所知道的一切——那對一個十幾歲的男孩太多了：奇怪的水下森林、蛇、雨電交加的那天、船上的遺體。然而，故事的開始是快樂的，安東尼有機會得到可口可樂。

　　關於人口販運的小說敘事，往往始於搜捕隊去綁架和劫持。有時候，情況確實如此，但其他時候則是平凡得多。在安東尼身上，事情始於前去當地商店，那間商店就在他的迦納小鎮上。「我爸派我去商店，」他說。安東尼和我主要是用法語溝通——他母親來自幾內亞灣沿岸再過去的法語國家貝南；他則到迦納跟父親同住。

　　那次初見後，我在筆記本寫下：

他喜歡我嗎？他需要喜歡我嗎？英國律師、來自貝南的男孩。
他需要信任我。信任是什麼？

　　在那間靠近海濱的棚屋裡，安東尼告訴我：「你知道的，我爸，他給我錢。他說我可以去買可口可樂。」

　　改變他人生的那天，是在漫長的旱季中，人人都在口渴，情況就像雨水忘了如何到來。安東尼前去商店買可樂。他再也不歸。

　　你即將讀到的安東尼故事（為何他再也不歸、那扇門的另一邊發

生什麼事），透露了關於「我們是誰」的一部分重要事情。但在一開始，請讓我表明本書的意圖：本書將會呈現一種人性理論。那並不是唯一的一種人性理論，而是許多人性理論的其中一種。

關於人性，所有人都有自己的偏好理論，所有宗教和政黨也有。想想性別敏感度較低的時代，所主張的一些真理：

- 所有人都是罪人。（某些宗教信徒偏好的理論）
- 人是生而自由的，但卻無往不在枷鎖之中。（理論）
- 我們認為下面這些真理是不言而喻的：人人生而平等。（理論）
- 所有動物生來平等，但有些動物比其他動物更平等。（反理論）。

那位載我穿越佛羅里達的 Uber 司機，開著一輛令人緊張的軍用吉普車（我們將在〈第二種人性典型〉談到佛羅里達），他有一種非常獨特的人性理論，內容涉及川普總統和川普圍牆彼端的那些人。因此，我這本《十種人性》不是當作「唯一真理」提供給你的。

這本書扎根於兩件事：科學事實和科學理論。科學理論是比以上那些簡單的「真理」更廣博的理論，內容為一系列命題，從這些命題可以做出可驗證的預測。本書的主要理論立基於大量的科學研究，並彙聚來自各領域的證據，包括演化生物學、神經科學和實驗心理學——所謂的第二次達爾文革命。接著，請看看我們的第一個主要理論。

▶ 理論 1：人類心智是模組化的

藉此，我們所指的是，心智架構包含某些負責資訊處理和運算的專門程式。這是對舊大腦的新理解，愈來愈多科學家如今認為這種理

解方式更好。以下就是本書論點和理論 1 的來龍去脈：

命題 1：我們的身體係由演化形塑。

命題 2：身體係由一連串高度特化（適應）的組件或器官組成。

命題 3：心智亦由演化形塑。

命題 4：心智亦由一連串高度特化的組件所組成。

命題 5：這些組件（或模組）是在遭遇某些重複、實際而重大的
　　　　生存和繁殖難題之下，演化出來的。

命題 1 和命題 2，大多數人都懂，所以恕不詳述。如果你對這兩個命題有興趣……其實，何不呢？論有趣，沒有多少事情勝過生命為何如此，為何世上是有生命而非無生命，而且是這種生命。若想瞭解這些，所幸我們有道金斯（Richard Dawkins）的《自私的基因》、丹尼特（Daniel Dennett）的《達爾文的危險思想》，還有古爾德（Stephen Jay Gould）的《奇妙的生命》，最後這本書是關於寒武紀新興生命形式大爆發的權威敘述。最近，演化相關文獻有一部簡要但具說服力的新作，那就是柯尼（Jerry Coyne）的《為何演化是真的》。

這些書既是背景，也是把球投向三柱門的助跑，又像先遣部隊。在往後的篇幅裡，演化的概念隨時都很重要，所以在此先補上柯尼的講法：「地球上的生命是從一種原始物種（也許是某種自我複製的分子）逐漸演化而來，該物種生存於三十五億年前，並隨時間經過，開枝散葉，拋出許多全新而多樣的物種；大多數（不過不是全部）演化變異的機制為天擇。」

本書並不打算證明演化，而是要檢視演化對人類心智的意涵。書中不提供關於人體及其功能次單位或器官的解剖或生理研究，而是要思考相同的功能特化如何作用於大腦，乃至於心智。因此，本書利用命題 1 和命題 2 做為基石，藉以推論人類心智的樣子。這是一種類比

論證（argument from analogy）。我們從人體如何在長時間裡被基因建構和發展，來推論心智的一些特質。對於生存和繁殖，有些基因突變的效果較佳，有些較差。微小優勢在經過漫長時間的累積之後，就會變得非常重要。因此，在宏大可怕的天擇過程中，有些配置會留存、複製、興盛，然後擴及整個族群，這是在匱乏世界裡力爭存在的無情戰鬥。所以，我們在此，帶著塞滿模組的身體。然而，我們的心智呢？

我最早開始明白這一點，是因為安東尼。不久後我會再提到他，讓你可以自己看看。然而你必須先瞭解另一件事，我們才能前往那一座座水蛇出沒的水下森林，同時對付英國司法最著名案例裡的問題：誰是我的鄰舍呢——我們對於彼此負有什麼責任？

首先，我們必須談完主要論點，並瞭解兩件事情：演化而來的心智，還有模組化。然後，我們將會前往那座不是湖的湖，去見見那些幾乎在各方面都不是孩子的孩子，其中一個是安東尼。

▶ 心智亦由演化形塑

因此，我們來到命題 3：演化來的心智。

上述類比論證獲得愈來愈多證據支持，那些證據顯示人類心智也是形塑自同樣的天擇演化過程。實際上，你將在本書讀到的研究和證據，都會支持這個論點。不過，我還是請你以開放心態來閱讀資料，然後得出個人結論。

達爾文早已預見這些關於人類心智的發展。當他總結《物種原始論》這部改變世界的著作時，他寫道：「在遙遠的將來，我看見一片片開闊領域，等著遠遠更為重要的研究。*心理學將立基於一種新基礎，亦即每項心智力量和能力都須經由漸變而獲得。*」（楷書字體為筆者所加，意在強調。）

是的：心智力量得自漸變——逐漸而累積的變化。心智力量得

自天擇演化。有個簡單的提問講出重點：如果我們整個身體幾乎都會演化，難道大腦就不會嗎？大腦是個運算裝置，擁有高達一千億個神經元（亦即攜帶和傳遞訊息的神經細胞）。經由神經元網路，大腦處理外從環境、內從自身接收的訊息。如同人體其餘部分，大腦亦由基因構建。歸根究柢，天擇的對象是基因。某些基因的「獲選」，是因為提供持久的生存與繁殖利益；其他基因的落選，則是因為未能提供。天擇過程只是在調控何者可傳到下一代、誰能傳衍下去——到頭來，就是在某種特定環境裡，何者行得通。如果說我們的身體經過演化，而大腦也經過演化，那麼為何大腦的所作所為不會演化？

簡言之，大腦所作所為的某些版本也許不太好用，很可能沒有傳衍下去。由此觀之，我們的心智怎能免於演化？倒過來說，難道人體一切重要部分都經過演化，只有大腦及其所作所為例外嗎？關於這種心智演化觀，迄今最好的說法出自澳洲哲學家辛格（Peter Singer），我們很快就會談到他的研究。辛格指出，該是時候「認真看待這件事情了：我們是經過演化的動物，而且我們身上的遺傳證據不僅存於身體結構和 DNA，而且存於我們的行為。」

關於命題 4，亦即模組化，就請環顧四周。

模組化無所不在。每當著手建構可執行複雜任務的複雜系統，我們都以模組化方式為之，亦即利用許多較小組件來做，譬如，打造汽車、電話，還有冰箱、飛機和政治制度，皆是如此。我們這麼做是在模仿大自然。層層分工以求好處的這項原則到處可見，像是在工程領域、計算機科學和編寫程式，還有鈔票背面——請看看 20 英鎊鈔票的背面，正是英格蘭銀行在頌揚功能模組化。你可以在那紙鈔上看到：亞當‧斯密在《國富論》談到的製針廠勞動分工（製針工作被拆解成較小的專門單元或模組），以及隨之而來的產量大增。

在此提到亞當‧斯密是有理由的，因為達爾文在劍橋時讀了《國

富論》。然後，當達爾文寫作《物種原始論》，斯密的市場「看不見的手」就化為「時間之手」和天擇那般無聲而緩慢的運作。正是這個在短時間內無法觀測到的過程，在達爾文所謂「漫長歲月的流逝」裡產生出心智模組。一個模組就是一個功能次單元，其任務為執行某種特定任務，如同製針過程的某部分。你會發現模組遍布於自然界。那麼人類心智呢？天擇會不會已經創造「護親者」這類專門程式了呢？

對我們來說，這一切留下兩項主要訊息。首先，大自然裡的模組無所不在。其次，「人類心智」這項已知宇宙裡最精密且最複雜的機制之一，很有可能是模組化的。而且，我們將會看到，那就是相關證據所顯示的。

嚴密的神經生理實驗已經證明，大腦擁有負責不同功能的個別區域。不過，請注意兩件事：大腦的每個區域不限於僅執行一項功能；同時，每個區域都在網路中跟其他區域合作。比方說，位在大腦後下方的枕葉，能夠解讀視覺訊號，那些訊號是從眼睛注入視網膜，然後經由視丘，傳到大腦後側（再從那裡傳到頂葉和顳葉）。有一串合稱邊緣系統（limbic system）的結構，關乎所謂的 4F：攝食（Feeding）、打鬥（Fighting）、逃跑（Fleeing）——最後一個 F 是什麼就讓你猜猜。邊緣系統完美例示我們剛才思考的事情：該系統是一個由眾多構造組成的網路，包含杏仁體、海馬（hippocampus）和下視丘，彼此協力合作。所以，無疑的是，在大腦裡頭，功能在某程度上是局域化的。

因此，現在有愈來愈多科學證據顯示：人類心智具有組織單元或模組。然而，那些模組是什麼樣子？

命題 5：這些模組是因應某些經常出現的重要生活問題，而演化出來的。本書即在探討這些模組是什麼樣子、如何影響我們的行為。

這些嵌在人類神經系統的心智模組，處理了各種訊息，尤其是環境中的刺激和挑戰所引發的那些訊息。這裡的論點是，這些模組如同

許多事物那樣，因天擇壓力而在演化時間裡發展，並持續奮鬥以滿足兩項基本演化驅力：生存和繁殖。因此，這些模組是天擇的產物，它們遭遇、對抗、並協助我們解決生活問題——解決那些危及我們生存和繁衍的威脅。這些模組是功能特化的，分別針對許多關鍵的適應問題。它們提高了我們的生殖成就（fitness），提高了某些基因在相關族群的後代基因庫裡的相對頻度。它們不會機械式的決定行為，但是會影響我們的感受、想法和行動，尤其是當我們面臨生存和繁殖的相關問題，像是選擇配偶、養育後代、群體生活、避開掠食者、懲罰違規者。我們將在本書的十個「人性典型」篇章，檢視十個這樣的問題。

所以，這些就是本書論點的五個支柱。演化心理學的兩大創始人科斯米德斯（Leda Cosmides）和托比（John Tooby），再次切中要點：

> ……我們之所以有能力去看見、說話、覺得某人漂亮、回報恩惠、害怕疾病、墜入愛河、發動攻擊、義憤填膺、巡行地表，以及去做其他許多事情——全都是因為有一批廣泛多樣的複雜運算機制，在支持和調控這些活動。

▶ 十種人性典型

在這五個命題中，容我直言，命題 1 和 2 是假定的。那兩個命題是被當作出發的基礎。至於其他命題，那些更有趣也更具爭議的「東西」，本書的十個篇章將逐一加以檢視。命題 1 至 5 共同構成「建構一種人性理論」的基石。這之所以是一種理論，是因為有助於解釋證據，並產生某些關於人類（在機率上）可能如何表現的預測。「十種人性典型」即立基於這個理論。

以下是我們的主要理論，充實過的擴大版：

理論 1A：

人類心智是一整批高度特化的心智模組，

那些模組可以執行各項功能，

而且是在漫長演化時間裡，經天擇而演化，

來解決人類祖先一再遭遇的生活挑戰。

　　立基於這個理論，「十種人性典型」這項工具，有助於瞭解人類演化而來的天性有何獨特之處。正如認知科學家丹尼特提醒我們的，在思想史上，思想家總是運用小插曲、模型和故事──譬如柏拉圖的洞穴寓言，或是笛卡兒的惡魔論證。這些工具可協助我們思考問題。

　　模組化這種理論有助於解密人類行為，尤其是解密人類對他人的作為，包括良善的與惡劣的。「十種人性典型」幫助我們探索並瞭解模組化心智的某些特徵，而心智模組的運作又在人性層面上可能意味著什麼。目前已經有許多分析和假設，論及自我的複雜和零碎。神經科學家拉馬錢德蘭（V. S. Ramachandran）直言：那種認為「有個單一、統一的自我」存在於大腦的想法，可能真的是誤解了。演化心理學家庫茲班（Robert Kurzban）和阿克提皮斯（Athena Aktipis）宣稱：「那個會說話又能控制肌肉的自我，只是整個模組化架構的一個子系統而已」。肯瑞克（Douglas Kenrick）和格里斯克維西斯（Vladas Griskevicius）這兩位心理學家已從我們那些複雜的行為裡，辨認出一些次自我（subself）──亦即在特定的時段，被神經系統在下意識裡挑選出來、坐上「駕駛座」的某種版本的自我。

　　在本書中，我把這些複雜的系統、以及與之相關的種種「自我」設想成「人性典型」，因為它們例示並體現了人類行為的一個個特定典型。本書最深切的目的，就是要去瞭解這些人性典型如何、又為何涉入那些有害的人類行為，然後提出改變那些傷害模式的方法。

　　我們的第一個例子就是安東尼。

　　為了瞭解安東尼的遭遇，為了瞭解雖然漠南非洲的這孩子自認是無所事事的無名小卒、卻為何對我們很重要，也為了瞭解為何安東尼的故事能闡明我們演化而來的一項心智模組——感痛者，你得先瞭解這個地方。而要瞭解這個地方，你必須瞭解當地的地理。那裡並不像地球上任何地方。

2. 兩萬一千名兒童

　　如果你攤開一張老式的世界地圖，譬如，1886 年製的帝國聯邦地圖，在這份歷史遺物上，大英帝國被塗成鮭魚紅。然後，你用手指從聯合王國往南慢慢滑過三千英里，你將會經過摩洛哥、茅利塔尼亞和馬利——不可思議，這些地方就位在曼徹斯特的正下方。接著，如果繼續滑下去，你將會碰到漠南非洲廣大的伏塔盆地（Volta basin）。

　　伏塔河流經的這個盆地上，交錯幾百條支流和水道，將伏塔河的觸指伸遍六個西非國家：馬利、象牙海岸、布吉納法索、多哥、貝南和迦納。而迦納這裡坐落著一大片沉靜的水體：伏塔湖。穿過那騙人的平靜湖面（該區域經常遭受嚴重的突發性大雷雨，這使得整座湖變得致命），裸露的樹枝伸了出來，這些細細的石化手指，被凍結在時空裡，一直指向天空。然而，那不是一座真正的湖，至少從前並沒有那座湖，就連相關構想也不存在；直到 1915 年英國地質學家基森（A. E. Kitson）以其體現帝國優劣兩極的殖民傲慢心態，想到：「讓我們擋住那條河的河道。」

　　基森的一生經歷非凡——朋友都叫他「基提」（Kittie）。他出生在奧登肖鎮，那是柴郡的一處棉花城鎮，如今已被大曼徹斯特的擴張區域吞沒。他的父親是曼徹斯特人，母親則是蘇格蘭人，他們先是移居印度的那格浦爾，然後前往澳洲鄉間，基森就在那裡學會抓蛇，而他後來遇到的迦納人，認為這項技藝給他注滿神祕力量。

　　基森是一位傑出的地質學家，於 1927 年受封爵士。他的能力和廣

闊的想像力，帶來一個簡單而驚人的建議：築壩擋住伏塔河，擋住那整條該死的河。如同大英帝國的許多產物，基森的想法也涉及轉化。河水的狂暴力量將轉化為電力，而電力又將夸胡山（Kwahu Mountain）地區的鋁土轉化為氧化鋁，然後再轉化為鋁錠，結果就是把迦納的土壤和材料轉化為金錢。

1937 年，基森因肺炎和流感死於白金漢郡的比更士菲鎮。以他命名的有一種桉樹和一種化石桉樹，還有一種有腳的鰻魚狀蜥蜴類動物 *Panaspis kitsoni*。然而在 1965 年，也就是他最初發想築壩的整整五十年後，出現一項遠遠更為重大的遺緒。迦納獨立後，首位總統恩克魯瑪（Kwame Nkrumah）批准興建基森的大壩。大量石頭和岩塊被倒在阿科松博（Akosombo）來擋住水流，結果令人震驚：造就地球上表面積最大的人造湖。伏塔湖的長度超過兩百英里。這數據看起來沒什麼，但請想像有座湖是從倫敦延伸到利物浦，或是從布魯克林大橋延伸到波士頓，那就是伏塔湖的長度。

白伏塔河和黑伏塔河遭到具有六個洩洪道的阿科松博大壩攔住，水力所發出的電不僅能供迦納使用，也能供應東鄰的多哥，甚至是再往東去的國家：貝南（下一章我們會談到貝南）。這項工程會在迦納的社經發展裡扮演重要角色，相關計畫是要每年生產二十萬噸的鋁。海岸的特馬港（Tema）如今的確擁有一座冶煉廠。然而，結果也以另一種方式令人震驚。

大壩上游的河流以非常平緩的坡度流動，每英里約下降一英尺。結果就是，回堵的河水淹沒七百四十個村莊，共有七萬八千人在自己的土地上被迫逃離。然而，人類是很有韌性的。不久之後，一連串小型捕魚聚落就沿著新形成的湖泊冒出。這種聚落如今已經超過一千二百個，其中有些住著原為牧人和農人的當地居民，不過另有大量移民從迦納其他地方湧入，那些人是具有捕魚專長的頑強沿海居民，意在撈捕湖裡的一百二十種魚，包括許多類型的提拉皮亞魚（tilapia）。新

移民如今數量超過歷史悠久的當地居民，而且他們不顧危險而來。該地區最惡名昭彰的就是蟠尾絲蟲病（onchocerciasis）──河盲症，這是被蚋反覆叮咬所引起的。

這座湖的捕魚活動非常特殊：箭形的木製長船、漁獲量小、還有因濫捕而愈變愈小的魚體。捕魚是一切生計之所繫，因此需將成本砍到最低，而漁網上的小魚得用細小的手指採下，所以需要孩子。

然而，由於利潤極小，因此某些漁民不但需要童工，而且是最便宜的那種：童奴。情況便是如此。雖然各種估計有所不同，但是一般認為有兩萬一千名兒童在這座湖泊從事危險工作──可能危害生命的勞動，其中不知道有多少人是被賣為奴隸。

這跟我們任何人有什麼關係？在遇見安東尼以前，我對這些細節只是略知。還是那個問題：這跟我們有什麼關係？童奴在一片我們幾乎沒人真正知曉的土地上，乘著箭形的木造船在湖上捕魚。我是因為安東尼才開始瞭解此事。雖然他並不曉得，但這是他給我的禮物。

在繼續講安東尼的故事之前，我們先瞧瞧以下這種情境。

▶ 你會下水嗎？

你甚至不需要逼自己早起。那是從城市出走的快感，你會沉醉於單純、靜默、潔淨的空氣。而你走在清早的陽光裡，一身輕鬆，甚至沒給你的手機充電。這座湖泊是一處當地景點，非常接近都會區，卻坐落在翁鬱山丘的另一邊，遠離輸送車輛和通勤者進城的阻塞幹道。這裡就是一處避風港、一片綠洲，就像個小奇蹟。這一切看似完美，其實不然。情況有點不太對勁。

有人告訴你，當地孩子會在假日到湖上夜釣，還有一些稀有鳥類會在南飛之前棲息於此，其中有些會飛行三千英里，飛到漠南非洲和赤道。你穿過樹林外緣，那裡長著栗樹、山毛櫸和成熟橡樹。你往下

瞥向湖水，耀眼陽光從靜止如鏡的湖面反射出來。這時，有兩件事闖入你思緒。沒錯，情況真的不對勁。

第一件事是，你注意到有一輛小腳踏車隨便停靠樹邊。那腳踏車是倒下的，手把都歪了。水面反射的陽光亮得你看不見，有一道低角度反光射向你臉上，你用手掌遮著眼睛，然後你注意到第二件事。

水裡有個東西載浮載沉？或許只是你胡思亂想。

在遠處，隨著早晨尖峰時段上緊發條，通勤交通的低沉轟聲也慢慢增大。湖邊有一張戶外用折疊椅，顏色是鮮黃底色加上白條紋，帶點節慶風味。湖面的平靜被某樣東西打破。你瞇起眼看：水裡有東西在動。你擠著眼，轉頭向左、向右，想要看得更清楚。

水裡真的有東西。

有人。

是個孩子，他溺水了。

你猛然轉頭，掃視樹林，發現四下無人。此時才剛破曉不久。從樹林邊緣，易滑的堤岸伸進湖裡，湖水又黑又險。那孩子是個男孩，他的頭在水面載浮載沉，水裡有蘆葦和香蒲。他驚慌亂喊，嘴巴和鼻子裡都是水，然後整個頭沒入水中。

他無法呼救了，所以你幫他大喊，只是到處都沒有人。他單手伸出水面，手掌張開，只露出頭頂，就連眼睛都在水下。他拚命掙扎，但有東西正將他往下拉，拉到水底下——是蘆葦？還是淤泥？他距離岸邊大約三十英尺。一切只能靠你，沒有別人能救他。

他就快溺死了，一切只能靠你，你非得下水不可。

你衝到水邊。湖岸很陡，又因朝露而溼滑。你一個踩不穩，立刻跌得腳底朝天，整個人從湖岸滑下，直接衝進水裡。你看見另一道滑行痕跡。他也是這樣滑下去的嗎？

然後你看到一個標誌，是個紅色的警示三角形，上頭畫著兩隻手沒入險惡的黑色波浪，底下寫著：溺水危險，禁止游泳。

那男孩不是在游泳，他溺水了。

在那轉瞬即逝的命運一秒，他的臉浮出水面，你們四目交接了。雖然，沒有言語交流，但你知道他在說什麼：你會來救我嗎？

你會嗎？

你可以救他，沒有別人可以。你的餘光被吸回那個標誌：溺水危險，禁止游泳。

沿岸再過去，又有一個紅色警戒標誌：只要幾秒就會溺死。你要冒險嗎？你要下水嗎？你的雙腳溼了，牛仔褲也溼透到膝蓋上，但就只是那樣。你不用去到他那裡，你不用下水。這是他的性命，不是你的。你不必自陷危險。這不是你自找的，你只是出外散步，你甚至不用逼自己早起。然而，你想做點什麼。你有手機，所以伸手從口袋拿出來，結果發現沒電了。沒有其他有用的東西。你再次大喊，呼救聲消失在樹林裡。沒有人會插手。

你們再次四目交接──你和那男孩。你看見他那輛把手歪斜的自行車，你看見他的臉，他也正看著你。你感覺到他的目光，你感覺到他的害怕，他那面臨死亡的恐懼。不是你，誰能救？現場只有兩個人，一個在水裡，一個在岸邊；一個正在溺水，另一個可以試著救溺。

你想著那些你所愛的人。他們不會希望你救他嗎？

你想著那些依靠你的人。他們會希望你冒生命危險嗎？只要幾秒就會溺水。但是，有這麼多人的確依靠你。溺水危險，禁止游泳。

你會下水嗎？

3.　此處有龍

　　這幾乎正是亞倫（Dylan Aaron）的友人在 2010 年面臨的兩難。亞倫當時十七歲，而他最終掉進約翰坑湖（John Pit pond），那是英格蘭西北部威根都會區附近的一處景點。湖水漆黑而危險，水面下潛藏蘆葦等植物。這些植物會跟軟泥一起困絆任何泳者的腿部。那裡死過一些人，當地稱之為「深坑」。

　　亞倫他家跟同為當地人的麥奎爾（McGrail）一家長期不和。經過一連串紛爭，種種事件最終累積成 2010 年 5 月那場決定命運的衝突。凌晨三點，跟朋友玩了一晚的亞倫回到家，看到家裡的車子被一塊石板砸碎了擋風玻璃。他知道是誰幹的，而他猜對了。

　　麥奎爾跟弟弟在「深坑」夜釣。亞倫一走近，雙方就打了起來，兩人一起從陡峭的池岸滾向水邊。就在這時候，年長十歲的麥奎爾將亞倫丟進湖裡。他說：「淹死你這小混蛋。」亞倫拚命把頭露出水面，同時大喊：「救命，我踢不動了！」麥奎爾說：「讓他去死。就算他出得來，我也會殺了他。」

　　情急之下，亞倫那些朋友試著下水救人。一開始，麥奎爾阻止他們，但其中一人還是跳了下去。一切都太遲了。亞倫的頭、還有他伸出的手臂，全都沒入「深坑」，他就在水裡死了。

　　我之所以提及此事，有兩個原因。第一個原因是為了指出湖泊看似安全，卻能致命——人們很容易溺死在這種地方，無論景觀優美與否。第二個原因則是：即便面臨明顯危險，亞倫其中一位朋友還是試

圖救他。更令人感慨的是，那位朋友試著去救亞倫，即便約坑湖在三年前發生過另一起事故，死了一個人，而且受到全英國關注。

　　在安東尼人生改變的那天，他只不過是做了一件他做過幾十次的事：走去當地的商店。到了商店，他能聞到有人在烹煮家禽。誘人的氣味飄進他鼻子，然後直衝他的大腦。他很餓，非常餓。然而，儘管熱氣逼人，他的雙腳還是繼續追著一個念頭……那就是可口可樂。他才十一歲。他父親說過，他可以去買一罐可口可樂。要是除了可口可樂，還能拿點雞肉來吃，該有多好？

　　活著真好。在貝南過日子不容易，他們艱苦度過。安東尼的母親盡了力了。然而，如今活著真好。有時候父親會打他，但那會讓他更堅強。安東尼想要變得堅強。

　　有時候當你跟他說話，他會瞇起那杏仁形狀的雙眼來看著你，一副持槍歹徒的表情。安東尼後來說出他在我們初見面時的真正想法。「當時我在想，這個人是誰？他的法語講得比我還要爛。」

　　那是真的，我的法語那時候生鏽了。

　　「你為什麼會來這裡？」他認真問我。

　　坦白說，我不曉得要從何講起。我說，有個男孩死在英格蘭一座少年觀護所裡，而我試著要去瞭解發生什麼事，因此我需要跟很多不同的人談論很多不同的事。他聽了很驚訝，驚訝的不是我既發散又不精確的調查，而是那起死亡事件發生的地點。他對英國的認識只有超級足球聯賽。

　　「人們在英格蘭弄死小孩？」他說，一臉難以置信。

　　「C'est compliqué（這很複雜），」我說，而且馬上感到懊悔。要在離家這麼遠的地方承認此事，我覺得很羞愧。但在事實上，是的，我們的確弄死小孩。我該說出來的。

　　「但是，為什麼你們這麼做？」他問。

　　我試著說明我是那家人的律師，但不確定我能讓他理解律師是在做什麼。在西非的烈日底下，我愈說愈弄不懂律師到底是什麼。在那一刻裡，我們似乎都離家很遠。「我正努力查明他為什麼會死，」我說。

　　「為了誰？」安東尼問。

　　這是任何律師都該問的問題。答案就是：complqué（很複雜）。人生就像法律，並不是一門精確的科學。「我想要知道，」最終我這麼說。

　　後來，就在我們快要分別的時候，他告訴我：「我們第一次見面那天，我正要離開。然後我想，『好吧，給他一個機會。』」

　　這有趣了。沒人給過安東尼什麼好機會。我在筆記本裡寫下：

機會。什麼時候我們給彼此機會？

　　2007 年 5 月 3 日，萊昂（Jordon Lyon）跟他八歲的繼妹貝瑟妮一起出門，前往「深坑」水邊去捉蝌蚪。然而，湖岸險陡，貝瑟妮失足滑進黏膩的湖水和淤泥。兩名垂釣客能夠解救那女孩，但是萊昂想都沒想，就跳下水去救貝瑟妮。萊昂被湖水吸得更進去。他不見了。

　　接獲報案後，兩名輔警騎著腳踏車趕了過去，抵達現場的時候，萊昂已經沒入水裡幾分鐘了。兩人接下來的作為，引發各大報所謂的「全國公憤」。他們的作為受到保守黨領袖卡麥隆（David Cameron）強烈批評，卡麥隆說，這種情況「非常荒唐」。兩位輔警並未下水去救十歲大的萊昂。

　　隨著這場爭議加劇，有位內政部發言人出言迴護那兩位飽受中傷的輔警。她說：「準則建議輔警不要在未經訓練下，進入危及生命的情況。」那就是官方立場。輔警沒有受過訓練，所以沒有義務幫忙。

　　然而，這個官方立場並未回答最根本的問題：他們沒有受過什麼

訓練？他們或許沒有受過正規警訓去救人，但他們沒有被生活訓練過嗎？我們都有吧？你會怎麼做？正如萊昂的繼父甘德頓所言：「你不用受訓就能跳下去救一個溺水孩子。」確實，該地區警察聯合會的主席承認，「每天都有人跳進河流和湖泊救人，因為那是對的事。」

萊昂溺水事件令人不禁想問，我們對於他人的義務包含些什麼。我們該為周圍的人做些什麼，而我們演化而來的心智，對此又有什麼影響？這是英國司法最著名案例的核心問題，此案即為「多諾霍訴史蒂文森案」（Donoghue v Stevenson），許多不懂法律的人也都聽過，這個案例大大推進現代的疏失責任法（law of negligence），案情如下：佩斯利鎮的威梅多餐館，售出一瓶內有蝸牛的薑汁啤酒。該案一路上訴到負責終審的上議院，這時阿特金勳爵（Lord Atkin）將最關鍵問題以最簡形式提出（他經常如此）：「誰是我的鄰舍呢？」

阿特金的表述方式，令人想起一個更古老的問題。該問題廣受引述，卻罕受理解，但聽過的人甚至更多，那就是：「我豈是看守我兄弟的嗎？」（〈創世紀〉4:9）

為了瞭解你是否看守你兄弟、又如何看守你兄弟，我們要去見見你另一個演化而來的自我，另一個人性典型：感痛者。

▶ 奴隸海岸——不歸門

安東尼走進迦納的那間商店。

那間店比棚屋好一點，擁有磚牆和鐵皮屋頂。店主告訴他，後屋有幾件仿冒的足球衫。雖然不是正牌貨，但在這個痴迷英超足球的國家裡，這對於一名十一歲男孩是難以抗拒的。

安東尼的經歷很複雜。他的家族屬於埃維族（Ewe），該族是一個橫跨迦納東部、多哥南部和東邊鄰國貝南的種族。安東尼的父親是迦納人，安東尼就出生在那裡。然而，他母親的家族有部分是貝南人，

當安東尼的父親拋棄家庭，她就帶著安東尼和他三個妹妹回到貝南。在貝南，人們通常會說當地語言，還有法語。自從法國人於十七世紀末在那裡建立奴隸堡壘，貝南跟法國的關係就一直糾纏不清。該地區是在十九世紀正式成為法國保護地。

貝南本身為西非中部的一片長條形土地，南北延伸四百英里，就像一根鼓起的手指，從貝南灣往北指向撒哈拉沙漠。貝南灣即是前法屬殖民地達荷美（Dahomey）在 1960 年獨立、1975 年改名貝南的名稱由來。貝南的位置靠近非洲大陸的肘部，西非就在這裡直角突入大西洋。而且，雖然貝南的海岸線很短，僅有七十五英里，但海洋卻在當地歷史扮演重要角色。貝南的沿海地區為「奴隸海岸」的一部分，那條惡名昭彰的海岸曾是大西洋奴隸貿易的中心。正如那首舊時水手號子所警告的：「當心、當心貝南灣，進去的很多，出來的很少。」

這句話就像從前地圖師的警語：此處有龍。為了致敬所有被擄離家園、運往美洲的奴隸，沿海城市威達（Ouidah）的海灘上，建了一座紀念拱門——就在慢慢碎開的大西洋波浪之前，矗立著這座「不歸門」，紀念死於大西洋奴隸貿易的數百萬人。

在經濟上，貝南嚴重落後，而且被國際貨幣基金組織（IMF）列為世界最窮的國家之一，該國的國內生產毛額（GDP）相當於南蘇丹和盧安達。極度貧窮影響了貝南人民的大部分生活，導致許多社會弊病，包括營養不良、死於瘧疾和腹瀉之類的一些可預防疾病，也導致某種現代的奴隸制。

不過，安東尼的父親說他想讓這男孩回迦納。他會出錢讓兒子上學，他會給兒子一個未來，讓他將來能自立生活。「我會想念我媽和妹妹們，」安東尼告訴我：「但我也很高興，因為我想學習，我想上學。」於是，安東尼被送回迦納跟父親一起生活。現在，父親派他去那間擁有鐵皮屋頂的商店。

安東尼走過那門，再也不歸。

4. 更徹底的黑暗

　　來複習一下：本書的論點就是，我們已經演化出一些心智模組，而這些模組又跟人類行為的那些獨特典型有關。透過安東尼，我們正在探索其中一種人性典型：感痛者。然而，這些模組是什麼樣子？我們看得到嗎？如果看得到，要在哪裡看？

　　雖然那些模組運作得就像分別作用的次單元，但請記住：它們是系統。因此，它們不是手機 SIM 卡或車用火花塞那樣的插件。它們很可能是整片抹在大腦裡數個相連區域；更重要的是，它們是由結構所組成的網路。正如認知科學家平克（Steven Pinker）所言，它們可能看來就像被車子碾過的路殺動物。

　　那些模組不太可能只靠一個基因，反而可能跟許多基因相關。它們不太可能被整齊切割，反而可能跟其他系統錯綜交融，相互重疊、彼此連結、多方拉攏。所以，我們不太可能用鑷子加以刺探。但是它們能夠運作，於是我們能夠運作。因此，就像人體已經演化出許多針對特定任務的器官（眼睛用來看，心臟用來泵送寶貴的含氧血），人類心智可能也已演化出因任務而異的模組。

　　怎麼強調都不為過的是，像這樣的觀點曾經極具爭議，甚至直到晚近還是如此。1616 年，伽利略被羅馬宗教裁判所通知，地球繞行太陽這種說法「在哲學上是愚蠢而荒謬的，而且正式成為異端，因為該說法在許多地方明確牴觸《聖經》的旨意。」

　　伽利略被勒令禁止講授或辯護他的瀆神邪說。藉由公開悔過，他

避掉了盲信的淨化之火。我時常希望，伽利略真的在被迫棄絕後，低聲說：「*E pur si muove*」——「但它仍然在動」。

達爾文是在 1859 年出版《物種原始論》。要是在伽利略的時代，有某位早慧的卓識者，膽敢說出：「噢，順帶一提，除了地球繞行太陽，我們的身體和心智也已在無數個千年裡緩緩發展，經歷一種似乎控制整個大自然的生物過程。」那麼他早就被燒死在火刑柱上了。

▶ 先天與後天之辯

在二十世紀，另一種正統獲得極大聲勢，這一次是在學術界裡。那種觀點就是，我們智人沒有與生俱來的天性。西班牙哲學家加塞特（Ortega y Gasset）是這麼說的：「人類沒有天性；人類所擁有的，只有歷史。」

早在中世紀，哲學家兼天主教聖人阿奎那（Thomas Aquinas）就說過：「沒有任何智慧是可以不經由感覺而獲得的。」

這就是所謂的「白板」論。這種論點立基於十七世紀牛津哲學家洛克（John Locke）的構想；洛克雖然沒用過「白板」的講法，但卻協助發展該構想：我們就只擁有社會學習和經驗，我們出生不帶任何傳承，只帶一張白板。因此，我們的行為來自學習，而非遺傳。

在 1970 年代，某些學者開始提出人類行為可能具有遺傳成分，一時間公憤四起，出現象徵上的私刑和智識上的火刑。

聽仔細了：我想跟你分享的那些想法一直都被認為具有顛覆性。然而，那會是一件好事。顛覆有理——是必要的，只要那是在反對迷信、偏執、偏見、或者就只是簡單但有害的謬誤。

現今，雖然這些想法可能未被普遍接受，但已因為檢視人類生活諸多領域的研究成果陸續發表，而變得較無爭議。例如，耶魯大學心理學家沃茲（Annie Wertz）和溫恩（Karen Wynn）在 2014 年發表的一

項研究指出，六個月大的嬰兒生來就有一種演化而來的學習機制，能夠辨識哪些植物可以吃。這種能力的存在「先於任何正式教導，而且反映人類祖先需要辨識可食植物的這項尋常問題。」

同樣的，今天早上廣播四臺有段節目，談到有些孩子的挑食和新食物恐懼症（對陌生食物的抗拒）可能是遺傳的。任何試過向孩子介紹某樣全新食物的人，都會在這個特殊的戰場上留下創傷。我試過勸說某個孩子吃下苜蓿芽，但那孩子說：「這跟吃草哪裡不一樣？」廣播四臺的《今日》節目介紹了涵蓋一千九百二十一個雙胞胎家庭的大規模研究，那些孩子在研究當時為十六個月大。這項研究檢視了挑食和新食物恐懼症在多大程度上，導因於遺傳（先天）或環境（後天）的影響。

雙胞胎之間的比較，特別有助於解釋基因和環境的作用。同卵雙胞胎擁有相同的基因。如果是在不同環境分開養育，他們是否還是會有相同的行為模式？他們是否各自都很厭惡花椰菜？研究結果證明，對於某些食物的抗拒可能表現出「相當大的遺傳性」。然而，那些沮喪的父母還是得到一線希望：在具有充分支持而溫暖的環境裡，是有可能「克服」這些天生厭惡的。養育可以幫忙抹去天性的一些稜角。那幾位論文作者勇敢建議「反覆接觸問題食物」。

祝你好運！

▶ 感知他人痛苦的能力

所以，基因遺傳與社會學習，共同促成了我們的行為。（喂，那有這麼糟嗎？）

正如古爾德所言：「遺傳當然存在……可是，會遺傳不代表你不能改變它。我有一種會遺傳的視力缺陷，所以我就去藥局，然後得到這個……」他戴上眼鏡。所以，遺傳並非永遠或必然是定論。

　　但是，就讓我們不要驟下結論，因為我要將該論點推進一步。利用理論 1A（擴大版），我將進一步提出：人類行為的遺傳成分，受到各種演化而來的特化心智運算模組所形塑和影響。

　　讓我們順便注意一下（之後會再談到），還有一項重要的、未決的爭論，是關於哪些模組是主要的演化適應，哪些是次階的副作用。有一場激烈爭論，就發生在演化心理學家和那些像已故古爾德的人之間，後者教人提防適應論（adaptationism）——那種相信一切皆為適應的謬誤。那麼，什麼是適應？簡言之，適應是普遍存在某族群的演化性狀，可以提供較佳功能或生存利益。關鍵就在於生殖成就的差異：能否在下一代留下更多基因？

　　這裡有個例子。人類對神、靈性或宗教本身的信仰，是演化適應嗎？對於馬克思來說，宗教是群眾的鴉片，是一種社會控制。完整引文禁得起複述：「宗教是被壓迫生靈的嘆息，是無情世界的感情，正像它是沒有精神的制度的精神一樣。宗教是人民的鴉片。」是嗎？當然，宗教可以既是一種社會控制，而又提供生存優勢。或者，宗教只是古爾德所謂的「拱肩」（spandrel），是別項適應的次階副產品？而對於《自私的基因》作者道金斯而言，宗教情感可能是其他心理系統的「失靈」。其他人則認為，宗教可能是「內團體偏私」和結盟行為的一種歪曲分支。

　　我們不需在此解決宗教問題，你或許會為此鬆了口氣。不過，宗教巧妙例示了前述學術爭論。我們應該明白，這些都是深受爭論的主張。

　　在學界裡，一本本書被寫出來探討這項受局限、而又引人入勝的錯綜糾結。但本書不是。實際上，在本章裡，我們所探究的目標是許多學者會認為具有演化優勢的一項適應：我們感知疼痛的能力——尤其是感知他人痛苦的能力，因為我們是社會性動物（群居動物）。

▶ 痛苦三原則

讓我們開始幹活吧。為了接近這些想法，就讓我們以不同方式，重訪湖中溺水男孩的問題。

試想你有一千英鎊可以捐給慈善機構。你可以捐給某家有名望的非政府組織，該組織將會大大改變兩名羅馬尼亞失親兒的生活。這個機會，讓你能夠實質改善兩名弱勢年輕人的生活。這一切似乎完全合理。然而，讓我提出一個簡單的替代方案：何不把錢捐給某家同樣有名望的慈善機構，而只大大改變一名失親兒的生活？差別在於，這個孩子是在你家鄉。

你會怎麼做？造福兩名國外孩子，還是一名家鄉孩子？

相關研究證據顯示：你會發現，自己很難把錢捐給羅馬尼亞的慈善機構。就算你要捐，你也得對抗一些反對你捐錢給遠方孩子的嚴厲異議，尤其是你提供的幫助將是捐獻給本國慈善機構的兩倍。為什麼會這樣呢？

重新想想那座伏塔湖的問題。如果水裡是你家人，你會下水。如果是朋友、你認識的人，你也會下水。然而，如果是陌生人呢，那會怎樣？

隨著溺水者跟我們之間的社會距離增加，你介入的可能性也會下降。提出這項問題的人是澳洲哲學家辛格（見第 27 頁），當時他正試著分析：為何大家對 1970 年代初期東孟加拉邦（現在的孟加拉國）的災難性饑荒，沒什麼反應？雖然種種估計各有不同，但很可能死了超過一百萬人。辛格的觀點是，雖然遠方人民在道德上等值於我們認識的人和所愛的人，但我們並不據此行事。換言之，我們的本能引導我們把錢捐給本地的慈善機構，而非羅馬尼亞的慈善機構。

辛格用他那個「年輕女孩溺水湖中」的臆想實驗，來呈現這項兩難。你可以救她，那麼做會毀了你的鞋子、你的西裝，總共花費你幾

百元，但你將會救下一個孩子，一個在你眼前的孩子。幾乎每個人都會去做。付出等量金錢（其實幾乎一定較少），你就能在開發中國家救下一個孩子，亦即每年死於瘧疾、麻疹和腹瀉等可預防疾病的數百萬人之一。但是我們不會去做，或不常去做。為什麼？而這跟「感痛者」和我們的腦部組成有什麼關係？

在〈第一種人性典型：感痛者〉的往後篇幅，我們將檢視一些有助於洞悉湖邊兩難的想法。那就是「痛苦三原則」。

首先是情緒盲視原則（Principle of Emotional Blindsight）──我們如何不視而見。這是一個奇怪的現象，違背我們一切直覺。但這是一種由演化建構的機制，使我們能夠看到他人痛苦，即使我們看不見其他東西。

其次是視而不見法則（Rule of Effective Invisibility）──我們如何把可見變成不可見。我們將檢視某些中風病人，如何在腦部遭受嚴重損害後，離奇忽略半邊世界，即便他們的眼睛能看到那部分。我們探究這種情況可以怎樣提供線索，揭露我們如何將他人痛苦當作幾乎完全不存在來應對。

最終，我們將檢視第三項原則：同情的認知成本（Cognitive Cost of Compassion），細察一種深受誤解的概念。我們將檢視向他人敞開自己會有多大的風險和酬賞。

這些準則將共同賦予我們一些方式，來解析關於腳踏車男孩溺水湖中的兩難：所涉及的除了我們心裡在想什麼，還有我們會對我將提到的另一情境有何反應。

我將帶你回到一處我近來造訪的地方，那裡有世界上的一大人工湖泊──伏塔湖。我會向你介紹我遇到的孩子，他們每天都面臨溺水的實際風險。安東尼和另一個男孩麥可，將提供我們某種方式去瞭解這種心智模組，這種住在我們心裡的人性典型：感痛者。

▶「不視而見」的病人

這位自願受測者（讓我們稱之為病人 A）在實驗開始時，常保持高度警覺和專注。他原本是一位醫師，接近盛年，慣用右手。然而，保持警覺並不等於看得到。在這場實驗開始之前不到六個月，當時五十二歲的他遭受中風。在三十六天之內，另一次中風悄悄穿過他的大腦，後果非常慘重。

第一次中風破壞了大腦左側的主要視覺區；第二次中風則在大腦右側造成相同效果，摧毀了右側枕葉並消滅他的剩餘視野。結果，遺憾的是，他免不了還是失明了（他的眼睛仍是完好的）。

他的視覺皮層受到很嚴重的中風損害，以致他無法察覺顏色或運動，或者是一束從低角度直接射進眼睛的光線。如果你對他出示畫著不同形狀的圖片，譬如三角形、或者一大堆圓形，甚至多達兩百張，無論形狀多大或多小，他都無法分辨。實際上，正如詩人彌爾頓就其失明所寫到的，他的「光明已經用盡」。這很遺憾，卻也免不了，因為病人 A 的中風太嚴重了。

然而，他那完全的皮質失明並不是故事的結束。還有一件事情困惑著他的醫師潘格納（Alan Pegna）。

潘格納醫師極為和藹可親，臉上的柔和輪廓跟他那撫慰人心的聲音相稱。他有無限熱忱，正是你心目中幫你看診的理想醫師類型。當他開口說話時，想法和興趣傾注而出，引人入迷、振奮人心。而那就是病人 A 遇到的事情異於尋常之處，因為那天，潘格納醫師安靜得不像他。潘格納深刻思考著大腦，而且他擁有關乎大腦是什麼的最前沿想法——那也關乎我們是什麼。

「十幾歲的時候，我夢想提問當時沒人問的問題。我開始好奇生物學和哲學的交集，大腦如何決定我們怎樣觀看世界，還有那對於我們又意味著什麼。這一切現在還是讓我驚奇。」

仍然讓潘格納驚奇的是，有一天，指向他研究生涯一大發現的實體證據，竟從天上掉下來，就掉在他眼前。

「那天我走進診療室，跟平常一樣給這位病人看診。沒有哪裡不尋常，但我在想事情，想著某件事。我沒跟他問好，而是點頭微笑。神奇的是，我的病人也對我點頭微笑。他點頭，是因為我點了頭，他在我微笑幾分之一秒後回以微笑，可是，他已經失明了。我對他說：『你為什麼那麼做？你是怎麼辦到的？』他說他不知道我在說什麼。我說，他回應了我的微笑，一定是有好轉，因為他一定是看見我了。他說他完全不懂我在說什麼。他說：『我在徹底黑暗之中。』可是，我在想，他是怎麼辦到的？他怎麼能夠回應我的微笑？他是怎麼能夠『看見』的呢？」

科學上的意外發現，擁有悠久而值得注意的歷史。1928 年，弗萊明（Alexander Fleming）在研究流感的過程中，培養了金黃葡萄球菌。弗萊明在八月離開去度假，但當他在九月回到位於倫敦帕丁頓的聖瑪麗醫院，他注意到培養皿裡冒出一種多餘的黴菌。「那很有趣，」他說出這句不朽名言，因為，奇怪的是，黴菌周圍的細菌都死了。這種不請自來的黴菌殺死它們。弗萊明發現了盤尼西林。

1964 年，威爾遜（Robert Wilson）和潘奇亞斯（Arno Penzias）正在新澤西州霍姆德爾鎮，用電波望遠鏡掃視天空。當時有一種擾人的背景雜訊、一種持續不斷的微波干擾，讓他們怎樣都擺脫不了。然而，那雜訊不是某種系統故障，而是系統本身。那雜訊是宇宙的微波背景輻射，是從宇宙誕生之時傳越時空而來的熱輻射，是大霹靂的餘燼。

就在千禧年過後，潘格納醫師正在檢查他的一位在皮質上（從而在實際上完全）失明的臨床病人，這時候意外發生一件事，讓他碰上他自己的「那很有趣」時刻。潘格納慢慢意識到，他的病人不知怎的可以「看見」他臉上的笑容。

　　兼顧研究和臨床的潘格納醫師，立即決定測試這個奇怪現象。科學上的意外發現，再次以別的方式運作：一連串巧合事件，致使病人A來到日內瓦，接受一位恰為神經學研究先鋒的醫師診療。

　　潘格納當初開始研究解剖學和情緒之間的關係時，有些導師告訴他情緒不能量測、太過主觀了──並不真的是科學。然而，潘格納並未放棄。時間（和科技）證明他的直覺是對的。

　　病人A來自蒲隆地共和國，該國位於非洲中部的大湖地區。病人A是一位醫師，並為世界衛生組織（WHO）在查德工作。他就是在查德那裡發生嚴重中風。由於他當時正為聯合國的協力衛生機構工作，因此他給送往日內瓦接受治療。

　　然而，要是病人A沒有再次中風，他那特殊病情的性質就不會顯現。巧合的是，第二次中風侵襲的腦部區域，跟第一次幾乎相同，不過正好在另一側。我之所以說巧合，是經過考慮的，因為這麼對稱的損傷真的很少見。儘管如此，雙側損傷導致徹底的皮質失明。然而與此同時，出乎意外的是：他的大腦有個重要部分保持完好、運作無礙，而那即將改變一切。

　　最後，當病人A在日內瓦大學醫院裡，不自覺回應臨床醫師的微笑，站在他面前的就是潘格納醫師。此人不僅是醫師，還是一位研究人員，而且專注探索人腦的祕密通路。這類偶然，就是科學有時候運作的方式。

　　「我正在徹底黑暗之中，」病人A告訴潘格納：「我看不見你。可是因為某種原因，我覺得你在笑。」

　　一個皮質失明的人怎麼會有這種感覺？因為「某種」原因？那是什麼原因？

5. 盲視

　　潘格納醫師讓病人 A 盡可能覺得舒適。必要手續皆已完成，而在同為醫師的妻子為病人 A 宣讀倫理授權書後，這位蒲隆地的內科醫師便簽下知情同意書。然後，測試就開始了。

　　在他面前兩把尺距離外的，是一臺筆記型電腦。「刺激」會在螢幕上閃現：兩百個黑色方形或圓形，陸續出現在白色背景上。病人 A 被要求猜測眼前出現的形狀。顯然，單憑運氣，他應能猜對 50%。結果他猜對的要比那樣還少一點（45%），但他的整體表現，在統計上無異於純隨機。然後，刺激換了，現在他面前的不是幾何形狀，而是人臉。

　　那些臉孔選自知名的 IAPS 資料庫，其開發單位為佛羅里達大學的情緒與注意力研究中心，位於蓋恩斯維爾。IAPS（唸作 eye-apps）即為「國際情感圖片系統」（International Affective Picture System），這是一個彩色照片的大型資料庫，開發宗旨是要提供一套標準化的情緒喚起圖像，以便測試各種情緒狀態。該資料庫包含一套套人臉，從中性臉孔開始，然後往上換檔，從高興、驚訝、難過，到噁心、生氣和恐懼。

　　潘格納起初先向病人 A 出示兩種情況的人臉：生氣和高興。每張臉出現二千毫秒（亦即二秒鐘），接著休息二千毫秒，才播放下一張圖像。病人 A 雖然失明，但仍被要求保持眼睛睜開。他雖然看不見，但仍被要求直視前方。又一次，他被要求去猜：表情是生氣還是高興？

他並沒有被計時,但受指示盡快作答。接著,驚人的事情發生了。

他的成績躍升。當他辨識高興和恐懼臉孔,答對率為 58%。當他辨識高興和生氣的臉孔,答對率為 59%。而當他辨識高興和難過臉孔,答對率為 61.5%。突然間,這有了高度的統計顯著性。這當中必然發生了一些事情。

潘格納醫師與當時日內瓦大學的同事卡提布(Asaid Khateb)、拉澤瑞斯(François Lazeyras)和塞偕爾(Mohamed Seghier),需要進行控制實驗,以求驗證這些驚人結果。他們向病人 A 出示另一系列臉孔,可能是男性或女性,不過皆無表情、不露情緒,然後要他指出性別。病人 A 的成績驟跌回到 44.5%,回到他辨識方圓的水準。所以,他雖有視覺障礙,卻不知怎的,竟能夠回應描繪情緒的圖像嗎?

為此,潘格納從 IAPS 資料庫選取動物臉孔。「我們找出裡頭所有可怕的動物,」他告訴我:「有一隻咬牙吠叫的狗、一隻面目兇惡的德國牧羊犬、或許還有一隻熊。我們也挑了一些比較不具威脅性的動物。我記得有四隻小兔兔。」這些都出示給那位病人 A,包括熊和小兔兔。他這次表現如何?

不超過隨機水準。病人 A 無法區分不同的動物情緒。那麼,究竟發生了什麼事?那位失明的醫師不能察覺所有種類的情緒,只能察覺人類臉上的情緒。

下一步就是找出是哪個神經機制,讓那種看似魔術的現象發生。然而,電腦分析需要時間。潘格納希望該分析能產出重要結果,不過沒有把握。這時他從瑞士轉往下一個學術職位,那是在英國威爾斯,他就在威爾斯等著。

為了找出是哪些腦部結構被觸發,潘格納運用了功能性磁振造影(fMRI)設備。腦部掃描片就像 X 光片,潘格納接著會仔細檢查上面有無透露內情的亮點。在掃描片上要搜尋的是體素(voxel)。

體素是像素(pixel)和體積(volume)的合成詞。這是某個三維結

構的電腦顯示。在功能性磁振造影結果上，體素會顯示為彩色閃點，代表被各種刺激觸發的腦部結構。正如潘格納所回憶的，「我已經搬到威爾斯的班戈大學，所以是我的研究助理先看到了結果。我等得很焦急，他終於聯絡我，告訴我上頭沒有什麼東西。我想，喔，好吧。老實說，我有點失望。後來，我有空親自檢視那些掃描片。當時我真的……很樂，樂翻了。那裡真的有事情發生。」

軸向掃描（病人腦部的水平切片圖像）實際顯現的，是一簇雖小但錯不了的橘黃亮點。潘格納是對的：有事情發生了——病人 A 雖然失明，卻用另一條神經路徑來「看」情緒。

「一開始我擔心這是一項假發現，」潘格納說：「可是我愈檢查就愈清楚這是一項堅實的科學發現。這是我的頭號希望。」

▶ 安東尼的希望破滅了

安東尼遭到伏擊。在這壓倒性的一刻，他的一切希望都破滅了。

安東尼發現自己身在一間凌亂的儲藏室裡。他不會有雞肉，也不會有可口可樂了。反倒是有兩個男人狠狠瞪著他，一個拿棍子（被曬得褐色，就像骨頭顏色），另一個拿鏈子。那條鏈子不是拿來綁人的那種，而是一條沒上油的腳踏車鏈，就繞在那人的拳頭上，長長的一端懸盪著，就像一條嚇人的尾巴。他們一人抓住這男孩一條手臂。安東尼身體懸空，離地幾英寸，雙腳在空中亂踢。

「第一個人，就是那個棍子男，他說：『你爸要送你去上學。』接著第二個人說：『你必須工作來付學費。』我不懂。為什麼我爸沒告訴我這件事？他們說：『你爸說你會跟其他男孩打架。』（安東尼告訴我，這點是真的。）他們說：『你敢跟我們打架，我們就打到你受傷。』我對他們說：『為什麼我爸沒告訴我？』棍子男說：『這是你爸安排的。』接著，鏈子男說：『這是他想要的。我們得把你帶去上

學。』然後，我說我媽絕對不會同意。鏈子男就說：『誰？』」

　　如同古今各地的孩子都會做的，安東尼在被兩人拖出店外時，哭著喊媽媽。然而，她人在遙遠的貝南。

　　安東尼是在我們第二次碰面，才詳述此事。初次碰面時，他不好意思談到哭喊媽媽的事。「我用腳踢他，然後他就用鏈子打我。咻！抽在我腿上，這裡都裂開了……」他指著他的褲子。就像一條拉鏈。

　　他們將安東尼扔進店後那輛貨車後側，然後把門關上。他不敢相信他爸會這麼做。他努力試圖打開後門出去。貨車的狹小後側，就像狗車的後車箱，空氣中的舊菸味令人作嘔。「裡頭有舊菸蒂和鳥籠，而我在想：除了抓小孩，他們也抓鳥嗎？」然後安東尼的心裡一沉。

　　正當引擎咯咯作響，車輪也滾過車轍滿滿的馬路，安東尼看到了就在商店連外的馬路邊上，那人的雙手插口袋，站在一棵棕櫚樹底下──是他父親。安東尼停止拉扯門把，他知道這是真的，鏈子男是對的，這就是他爸要的。

　　他們開著車，一直開，一直開。安東尼持續想著媽媽和貝南，想著能否再見到媽媽。他聽說過貝南北方的高山，他母親說，祖靈在那裡漫遊。他一直都想去那裡。他會害怕，卻仍好奇，好奇多過害怕。那怎麼可能是真的？他父親說不可能：世上沒有魔法，只有人而已。

　　在廂型車裡，熱氣持續不斷。那兩個陌生人完全沒跟他說話。他們要帶他去哪裡，他不知道。他們不告訴他，只說他將以工作換取教育機會。有時候，安東尼看得到巨大的樹木，還有沿樹盤旋而上的爬藤；有時候看不到。透過後窗，安東尼看到世界消失在車子揚起的塵土裡，彷彿他是被一陣風暴帶走。

　　「然後我們停了下來，」安東尼說：「那裡有很多卡車。他們把我交給另外兩個人。那兩個人說著一種我不知道的語言。他們不斷對我講這個詞。一直講、一直講。」那個詞是個凶兆、也是詛咒。意思是奴隸。

▶「盲視」有特定的神經迴路

潘格納所發現的神經訊號，發自病人 A 腦部的特定部分：杏仁體（amygdale），這個名稱來自杏仁的希臘文。杏仁體是位於顳葉深處的腦部結構。然而，吸引十九世紀解剖學家的招牌杏仁形狀，其實只占其複雜結構的一部分。後來，我們對杏仁體的範圍及重要性的瞭解已經擴展。若要找出杏仁體在你腦袋的位置，請想像：畫一條線穿過兩個耳朵，再畫兩條線直直穿進眼睛，三條線的兩個交叉點就是了。杏仁體在兩側各有一個，雄性身上的杏仁體要比雌性的稍大，這在成年人類確實如此，在成年老鼠亦然。

目前已知杏仁體跟記憶和情緒有關。到了上個世紀中期，已有人觀察到杏仁體受損關乎情緒行為的改變，尤其是恐懼反應、恐懼症和恐慌。

對於那位五十二歲的病人 A，中風造成的腦部損傷發生在實驗之前的五個月內，所以沒什麼時間讓大腦網路重新組織。潘格納與同事所觀察到的是，演化建構的神經迴路讓人能夠「看見」其他人類的喜悅和痛苦，即便此時他們看不見別的東西。這或許不是傳遞和處理感官訊息的主要路徑，不過正如潘格納所言：「這條路徑傳遞的訊息或許比較少，卻是很攸關的訊息。這條路徑可能稍微快一點，可能會在危險時刻給予我們些微的演化優勢。」病人 A 擁有所謂的「盲視」。

隨之而來的就是那種驚人的可能性：如果靠得夠近，盲視的人會察覺得到湖上那溺水孩子臉上的恐懼，即便他看不見對方──也看不見那輛手把歪掉的腳踏車、樹林邊緣，或者蘆葦，就連那座湖也看不見。雖然患有皮質失明，但病人 A 或許單憑盲視，就能以在統計上高於純隨機的信度，告訴你這男孩身陷恐懼。盲視為何會發生？而這透露些什麼關於我們的事？這是潘格納醫師全神貫注的問題。

6. 視而不見法則

在迦納深處的心臟地帶，坐落著漠南非洲最密集的兒童販運暨強迫勞動集中地區之一。按比例來說，漠南非洲的兒童從事童工的發生率，遠遠超過世上其他地方。

國際勞工組織（ILO）在 2012 年估計，全球有一億六千八百萬童工。國際勞工組織也估計，全球所有身處「現代奴隸制」的人（數量超過二千萬）當中，大約有 25% 是兒童。因此，國際勞工組織估計，此刻就有五百五十萬兒童過著奴隸生活。

我們很難理解這意味什麼。正如心理學家斯洛維奇（Paul Slovic）所言，當我們聽到這些說法，該問題之巨大，導致一種心理麻木。我們的「感痛者」，亦即我們賴以偵測其他人困境的機制，無法吸收相關訊息。這導致我們發生一種認知麻痺。正如斯洛維奇所寫的，我們遭受一種「同情心的徹底崩垮」。

安東尼不曉得他父親賣他為奴可收到多少錢。據我判斷（我遇過好幾個從當地被賣為奴的孩子，還有一些拯救和安置他們的人），很可能是在八十迦納幣（cedi）左右，也就是大約二十美元或十五英鎊。

他父親接觸的那些人，很可能是所謂的「人力仲介」。安東尼的父親會拿到錢，然後要怎樣對待兒子就隨便他們。安東尼的父親甚至有可能不知道兒子接下來的遭遇：要去哪個地方、未來的奴役工作要做什麼。或者，也許他知之甚詳，卻不在乎。

我聽著安東尼說話，然後發生的事情就慢慢生動起來，在我面前

逐漸展開，就像一捲捲影片播放著試車假人慢慢撞擊牆壁的畫面。我想阻止即將發生的事情，卻在同時意識到事情已經發生。我想那就是悲劇的結構。

　　一個初冬午後，斜陽正被細雨慢慢澆熄，我前往西倫敦一家旅遊診所。聖誕裝飾開始出現在整條肯辛頓高街上，落地窗全都起霧，就像狄更斯小說裡的景象。我告訴執業護理師，我要去迦納內地，想知道需要接種哪些疫苗。她笑了笑說：「全部。」那只是一種誇飾。

　　在搭地鐵前往肯辛頓高街途中，我很快在 Google 上查了一下接種要求。上面寫著，我需要接種傷寒疫苗，而那可能不太舒服。

　　「可以打在右手臂嗎？」我說：「我是左撇子。」

　　「兩邊袖子都捲起來，」她答道。

　　除了傷寒之外，我接種的疫苗還有白喉、小兒麻痺、黃熱病（你需要有效的體檢證明，才能進入迦納）、破傷風、A 型肝炎，而且還得服用瘧疾藥片，並使用武器級防蟲液。我也被提醒要注意登革熱，以及傳播昏睡病的采采蠅。昏睡病會侵襲中樞神經系統，造成神經損傷和夜間失眠。

　　安東尼走的路線，讓駕駛暴露於炎人熱氣中。更慘的就是他們的貨物，也就是那些被販運的孩子，他們沒有疫苗和藥物，也沒有藥片或噴液。在許多方面，迦納是兒童販運的中轉途徑，有許多路線穿過迦納往來貝南和多哥、尼日、馬利、以及布吉納法索。然而，還是有一些例外情況。有個著名的兒童販運終點位在迦納境內，那個終點就是伏塔湖。

　　對於西方觀感來說，這些似乎是遙遠、近乎神話的地方。我們很少有人瞭解馬利、尼日、布吉納法索、還有貝南，很少有人瞭解那些國家裡的滿滿人群。1759 年，蘇格蘭政治經濟學家亞當‧斯密在《道德情操論》裡，設想一件中國發生震災的事例。斯密認為，儘管無數有感情的人類突遭吞沒，但歐洲的一個仁慈好人仍「會以同樣的輕鬆

和平靜，來追求自己的事務或娛樂，就好像那般事故沒有發生。」

所以，布吉納法索、貝南、伏塔湖……我們關心些什麼？我們何必關心？或許我們不會、不能、永遠不真的會關心。或許！

▶ 世界消失了一半

「這快把我逼瘋了，」帕瑪（Peggy Palmer）說。

帕瑪是一位年長的英格蘭女性，她的雪白頭髮經過精剪，弄成整齊的鮑伯頭，並在左側完美分邊。老花眼鏡繫著長鏈從她頸子垂下，她的樣子可以輕鬆融入電視劇《瑪波小姐探案》那片深處英格蘭中部的場景。然而，帕瑪的困擾最顯見於她試著描述周遭世界的時候，還有她畫雛菊的時候。

幾乎誰都會畫雛菊。當孩子開始畫花，畫的基本上都是雛菊。常見的草地雛菊、或英格蘭雛菊（*Bellis perennis*，在拉丁文意為永久的美麗），有某種長久動人的簡單——風扇般對稱的白色花瓣，中間淡黃色的太陽似的一點。雛菊的英文名稱，本身就是 day's eye（白日之眼）的變形，這反映以下事實：雛菊的花瓣會在晚上緊閉成球狀，然後在早晨張眼看世界。

只不過，在帕瑪遭受嚴重中風之後，她的雛菊永遠不同於你我所知的雛菊。就只有半邊的花瓣會打開——右手邊的那些。

想要瞭解她的情況，請想像一下，有個時鐘的秒針從 12 平穩走到 2 跟 4，接著走到 5 跟 6，然後，連停都沒停，就不見了，令人不知所措的消失了，時鐘的左半邊是一片空白。帕瑪這類中風病人的情況跟盲視相反，他們是視而不見。像她那樣罹患半側空間忽略（或半側視覺忽略）的人，是看不見的——對他們來說，有半邊的世界其實是看不見的，即便他們看了。

比方說，曾任製圖員和駕駛的伯吉斯（Alan Burgess）在五十九歲

時中風，造成大腦右側頂葉受損。視覺忽略的病人大多曾遭受這種右側腦部損傷。所產生的作用通常是對側的（contralesional）：該損害會影響另一邊。因此，如同帕瑪和其他許多人，當你問伯吉斯他身體中線的另一側有什麼東西，他的回答又短又令人震驚：「沒有東西。」他左手邊的世界消失了。

　　問題不在於他的眼睛。他的視網膜仍然健康運作，接收並傳遞視覺訊息。那不是問題所在，問題在於接下來發生的事，因為他大腦有個關鍵部分忽略眼睛告訴它的東西。那個部分就是頂葉，該結構協助我們建構周圍空間。這種頂葉損傷，導致我們對世界的一部分完全忽略，就好像那部分不再有意義，就好像那部分不再存在。

　　視覺忽略的病人可能只吃披薩的右半邊，就好像左半邊同樣覆滿融化起司的披薩片根本不存在。他們刮鬍子可能只刮半邊下巴；擦口紅可能只擦半邊嘴巴——總是同一邊。他們的生活窄化為一條長長的半月形通道，出口大門只在右邊。於是，對他們來說，看了卻看不見的那大半世界，就已不復存在。

　　他們的情形是一種生理性質的問題。但是，當我們忽略我們在理智上知道必定正在發生的他人苦難，當我們表現得好像那不存在，那是否也同樣是不知怎的，訊息就被處理掉了？若是如此，是如何又為何如此？我們心智裡這麼做的那些機制是什麼？

　　安東尼不曉得這趟旅程將會持續多久，或者將在何時結束。然後旅程就突然結束了。有兩個新面孔，掀開卡車的門，並用手勢示意要他出來。安東尼不曾忘記，其中一個人「向我彎腰，就好像他是我的僕人。」他們把安東尼送到某家宅院外面，那裡頭是一些小房子和棚屋。結束了，這趟旅程結束了。這是安東尼人生最糟的經驗。他環瞥四周，突然一陣陽光讓他瞇起眼。終於，他可以伸一伸雙腿，慢慢從暈車恢復過來，還能呼吸新鮮空氣。再過不了多久，他將會願意付出

一切，去換取能夠回去卡車裡。

　　這個新的地方有一大片水。安東尼不知道那是什麼。「我想知道那是不是海，」安東尼說：「那裡有好多好多水。我從來都不知道哪裡會有這麼多髒水。」其實那是一座湖，而那座湖正在等待。

　　在水面上，安東尼看到細長的木船或小筏子，船頭尖尖的，一艘艘看來都像箭，穿梭在全球最大人造湖的泥水中。在幾小時內，他就上了其中一艘；他是在工作，而且嚇壞了。「我很怕上船，也很怕下船。我很怕在船上。我游泳游得不好。我害怕睡著，害怕醒來，害怕吃下任何東西。害怕會餓死，我一直都很餓。」

　　在湖邊的這個地方，沒有什麼地方或什麼東西是安全的。然而，最讓他害怕的，是那些人。現在又有新的陌生人了：一個男人、一個女人、他們的兩個女兒，還有他們的兒子。他們擁有他。

　　那男人是個漁夫，他會被稱作主人。那女人是他妻子，也就是女主人。那兩個女孩比安東尼還小，幾乎沒注意到安東尼的存在，就好像他是個幽靈。還有一個叫科庫（Korku）的兒子。安東尼來了之後，那個兒子是這一戶裡三個男孩當中最大的：安東尼十一歲，科庫十三歲，還有一個十二歲的男孩，他也是奴隸，他叫麥可。安東尼搞不懂科庫。「我不知道他心裡想要什麼。後來，麥可跟我解釋了一切。」

　　著名奧地利精神病學家弗蘭克（Viktor Frankl），經常這麼問他那些自認即將自我了斷的病人：「好吧，如果人生這麼悽慘，你為什麼不去自殺？」弗蘭克有資格把話講得如此直白，他在納粹大屠殺期間經歷四個集中營而倖存，對於如何撐下去，有所瞭解。他發現，當人們碰到這個未經修飾的問題，當他們被迫答覆，他們總會找到某件值得留戀的事物。那會是某個尤物、某個珍貴記憶、某個他們即便受苦也離不開的人。他們找到理由繼續撐下去。要是你問了安東尼相同問題，問他怎麼能在伏塔湖繼續為奴，他會立即回答：為了麥可。

7. 同情的認知成本

　　每一對自願伴侶中的女伴，都給小心移入那個甜甜圈狀的巨型裝置，有如烤肉被放進烤箱。放好之後，實驗就可以開始了。

　　倫敦大學學院造影神經科學系的研究人員做的假定，並不奇怪。做為實驗的假說，那是完全合理的。該假說就是：每對自願伴侶的其中一人，都有可能對坐在身旁的那人感到同情。這不會不合理，因為他們都苦於一種極其普遍、深受討論、難以理解的人類情況。小說家比爾斯（Ambrose Bierce）在《魔鬼辭典》裡，將這稱作「可用婚姻來治療的暫時失神」——愛情。

　　研究團隊找來十六對自願伴侶。其中的女伴被小心送入磁振造影（MRI）掃描儀 —— 這是一種龐大、笨重、貴到讓人掉下巴的機器，要價超過一百萬英鎊。這種掃描儀會慢慢放出磁場，然後將射頻脈衝射進身體深處，在該實驗中是射進每位女性的大腦。

　　因為大腦裡有解剖結構，解剖結構裡有原子，而在原子裡，位於核心的，就是質子。磁振造影掃瞄儀的磁場，讓頭腦裡的質子，排列得就像一排羅盤針。射頻接著將質子撞離位置，然後，射頻突然被切斷。沒了干擾，質子就彈回原位，發出泄露內情的訊號。這訊號就顯示在掃描儀上，可以被解讀。

　　在整個實驗過程中，坐在女人身邊，安靜、愛慕、無疑有點焦慮的，就是女人的男伴，而兩人的焦慮還被加深，因為他們的右手背都被刻意放置電極，這些金屬片是要來放出另一種訊號：一波疼痛。

　　有時候完全沒有，有時候疼痛會很「強」。有時候電男方，有時候電女方。這都會在大螢幕上顯示。當女方遭電擊，她腦中的疼痛相關區域會被觸發，那部分會在掃描儀上亮起。被觸發的腦部區域，包括前腦島（anterior insula）和前扣帶皮質（anterior cingulate cortex）。那正是倫敦大學學院的研究人員所預期的——跟教科書講的一樣。然而當女方的男伴遭電擊，驚人的事發生了。

　　在實驗之前，領銜研究的學者辛葛（Tania Singer），目前在萊比錫著名的「普朗克人類認知與大腦科學研究所」社會神經科學系，擔任教授。她說：有些懷疑者料想她團隊的努力將會白費，認為他們會找到「一個空空的大腦」。然而，當電腦掃描儀上的資料被實際分析，就出現一項很小、但錯不了的訊號——質子發出了透露內情的訊息。那些質子透露了些什麼？

▶ 那些死掉的男孩

　　對於伏塔湖的童工，一天工作通常是從凌晨三、四點開始，然後可能一直做到下午六、七點，一切都視漁情而定。然而，有時候漁民會在湖面待到隔天早上，盡量在隨波起伏又漏水的船上趁機打盹。如同古往今來的漁民，他們的生活也是受魚決定。人人都追著魚。

　　對安東尼和麥可來說，一週七天都要工作，一天休息日也沒有。主人不斷猛追著魚，彷彿他的個人使命是要抓光湖裡每一條魚。正如安東尼所言，「主人說：『哪時候魚不游泳，你就不用游泳。』所以我們天天工作。」

　　孩子們到湖上工作的原因，不盡相同。有的孩子是跟隨身為當地漁民的家人一起工作；有的孩子則是給送來投靠這裡的遠親，而遠親是漁民。這些孩子大多至少能得到一些教育。其他孩子則是被父母透過仲介送來換錢的，他們是低中之低的，安東尼正是其中之一。他們

得到的教育很少或完全沒有，每天就只有工作、不停的工作。

　　一個在湖上捕魚的童工，有怎樣的本分呢？那些箭形船都是平底的，而且大多沒有引擎，需要划槳前進。有人看到一些小男孩因為天天在泥水裡划船，而長出奇形怪狀的肌肉。孩子們負責撒網，還要收網，即使裡頭裝滿了魚。然後，一旦拉出水面，漁獲必須從網裡取出。而在整個過程裡，他們都待在戶外，暴露於風吹日晒，沒有任何防護，且只能獲得一點點食物和水。然而最糟的事情、他們最怕的事情，就是潛水。

　　「麥可什麼事都幫我，」安東尼說：「他來自迦納某個城鎮。他媽把他賣給人家五年。他不曉得賣了多少錢。我到的時候，他已經在那裡待了四年。他很會游泳，他教我怎樣游得更好。不過我從來都不喜歡游，我怕水。」

　　「會怕的話，你怎麼能在湖上工作？」我問。

　　「我總是想著貝南，」安東尼說：「而且麥可會照看我。他跟我講了捕魚的事，也講了科庫的事。我們兩個站在湖邊，就在某棵樹的樹蔭底下。他叫我要小心科庫。」

　　有時候，那位奴隸主之子會跟他們友好，但那從未持續太久。接著他就會開始尋釁，通常都是毫無理由。

　　「我討厭他，」安東尼說。

　　「你想想，這對他會有多麼不容易，」麥可告訴安東尼：「現在他家裡多了兩個男孩。」

　　「我們又不是一家人。」

　　「我們跟他們住在一起，」麥可強調：「但是，要是跟他打架，主人會痛打你。你絕對不可以跟他打架，要不然主人會痛打你。懂了嗎？」

　　「我說，懂了。但是我不怕，」安東尼告訴我：「我喜歡拳擊。麥可抓住我的手臂，他推著我去撞樹。他轉過身去，讓我看他背上的傷

痕，他遭痛打的地方。『懂了嗎？』他說。我說我懂了。」

　　由於伏塔湖是淹沒一大片樹林和村莊而來，所以水面下藏有很多危險。水底下有一座座森林，那些都是熱帶硬木：烏木、桃花心木。那些樹木會勾住漁網。這種情形一旦發生，就得有個孩子潛到船底去解開漁網，他必須沒入深處去把結打開，同時忍著肺部不適，努力憋住那一口保命氣息。然而，那些森林不只會勾住網子，有時也會卡住孩子。

　　所有操船的男孩都知道這回事。告訴安東尼此事的人是科庫，用的是那種孩子折磨孩子的講法。安東尼到來幾個月後，科庫悄悄走進安東尼和麥可共住的簡陋小屋。

　　「有天晚上，麥可睡著了，而我躺著在想，想著我那些妹妹，然後科庫來了。他在我耳邊低聲說話。他說：『當你潛到船底下，你會看見他們。』他把手往下一鑽，眼睛張得大大的。我什麼都沒說，因為他想讓我害怕，所以我什麼都沒說。然後他說：『你會看到他們，那些死掉的男孩。』我什麼都沒說，但是我害怕。我開始夢到死掉的男孩游過樹木之間。」

　　「隔天一大早醒來，我問麥可怕不怕那些死掉的男孩。『為什麼要怕？』他說。我說因為他們死了。他說：『我們很幸運，我們還活著。他們死了，我為他們難過。不害怕。』」

　　麥可總是準備好要跳下船、潛到船底、游過幽暗湖水，在一片混濁裡工作。然而這是極端危險的工作，常有受困網內和溺水的風險。所以我問──我一定得問：「為什麼麥可總是去做，去潛水？」安東尼聳了聳肩。我繼續說：「這是最危險的部分，不是嗎？但他一直都在做。你知道為什麼嗎？」安東尼搖了搖頭。他的起伏擺動停了，而且靜得不像他。

　　當他搖頭，我就碰上了我自己的「那很有趣」時刻，不過不是好的那種。這是安東尼所作所為裡，唯一的一件沒說服我的事情。

▶ 三磅的血肉

辛葛團隊所發現的是，無論是受試女性或男伴受到電擊，她大腦同樣那些區域都會亮起。那些區域會在她遭電擊時亮起，也會在她知道男伴遭電擊時亮起。這代表什麼？這能就「感痛者」透露些什麼？

當我們說「我感受到你的痛苦」，那往往是很空洞的誇張陳詞。然而，有時候那是真的。你的痛苦印在我腦海。辛葛的團隊正確認識到，這現象意涵深遠。事實上，這意涵十分廣大。

看起來，我們「感受」他人感受（也就是同情）的能力，演化自我們用以監控自己的腦部結構。那些結構提供一座橋梁，從我們內在狀態的快樂或痛苦，伸向他人的快樂或痛苦。我們並非獨自存在；我們並非獨自活著；我們並非獨自感受。聽起來很不錯。這呈現一種可能性，讓人可以超越自身存在的外緣、越過我們的皮囊，而跟他人形成看不見的認知連結。但是，出現一個問題。

助人需要代價。科學研究顯示，相關代價超過在辛格那個臆想實驗裡，毀於跳水救人的昂貴鞋子和新西裝（見第 46 頁）。敞開自己去助人，可能帶來痛苦。神經科學資料顯示，確實如此。

同理心總是被視為一種值得讚揚的情感，而大多數理智之人也都會認同這種看法。然而，同理共鳴（empathic resonance，設身處地去觀察、理解，從而感受他人的痛苦）會導致耗竭。這種共鳴有可能成為一種高度令人嫌惡的經驗；換言之，這是我們習慣性想要避免的。我們開始抽離，藉以保護我們的核心自我，免於感受負面和令人痛苦的情緒。我們都知道這點，我們都懂：看到特別悲慘的慈善募捐或紀錄片，就轉臺；看到在地鐵站旁邊拱門底下乞討的沮喪年輕人，就撇開頭，手裡卻拿著手機和外帶拿鐵。我們身上有某部分想要做點事，但要做什麼？而且需要幫助的人這麼多。

這裡就是為何我們無法關心太多他人苦難的一項原因：我們有某

種防禦機制來保護自己免於過載。有可能的是，就算有問候卡上的華麗言語，還有廣受追隨的精神領袖和道德領袖，我們表現真誠同情的能力還是有限度的。這種能力之所以有限度，是因為我們並沒有可資處理的認知配備。

人腦是三磅的血肉。你只要張開手指，就能將腦袋把握在掌上。人腦表面充滿皺褶和溝槽，就像阿諾・史瓦辛格在《魔鬼總動員》所扮角色的夢中場景：火星的山脈，也像美國航太總署（NASA）的新視野號（New Horizons）探測船於 2015 年在冥王星這顆矮行星攝得的奇異山峰。切開大腦表面，你將進入白色領域，在此領域裡，膠狀物質四處蔓延。至於人腦的核心，那則是一團灰暗。

然而，這個你能握在手裡的東西，可以思考外太空的廣大、原子的至微把戲、羅馬帝國滅亡的原因，以及（偶爾思而不解）為何愛人會生你的氣。這是會思考的三磅血肉。然而，思考並非不用代價，思考的代價就是消耗卡路里。儘管人腦通常只占體重的 2% 到 3%，但卻消耗大約 20% 的卡路里攝取。人腦是很難伺候的東西。

▶ 神的奴隸

伏塔地區充滿鬼魂和神靈——據說如此。這個地方盛行有關超自然的傳說和信仰，所以科庫的恐怖故事令人想起根深柢固的傳統。比方說，伏塔一帶有種叫作「挫克西」（trokosi）的習俗。在埃維族的語言裡，「挫克西」意指「神的奴隸」。在這項傳統習俗當中，少女會被送去住在神廟，請求神明寬恕她們家人所犯的錯誤。這類信仰構成該地區鄉村生活的一部分，而這情況也便於奴隸主利用。奴隸主灌輸那些受照管的少年以下觀念：要是他們試圖逃離奴役，神靈就會在湖邊叢林裡抓住他們，然後拖到水底下。

被抓回的逃跑者會受到嚴厲懲罰。安東尼說：「十一歲的時候，

麥可試過逃跑。他們在湖邊再過去一個村莊抓到他。麥可餓到不行，所以跑去偷點食物。他們把他綁了起來，然後主人趕過來。他們把他的手壓在樹樁上，主人拿刀割斷他的手指，沒有割掉整根，是要留下記號，讓他別忘了。」

然後，那位奴隸主換個方式再次割傷麥可。他告訴麥可：「你媽不要你了。」

那位主人用了額外的嚇阻方法來對付安東尼，那是另一種算計。「他說：『如果你試著逃跑，我就會拿船槳來打麥可。我會打到他死為止。』」

我問到麥可知不知道，安東尼說麥可知道。我又問到他倆有沒有談過這件事。

「有一次我們在小屋裡，麥可叫我看他的手指。他說：『如果你逃跑，答應我，你會做得比這樣更好。答應我，你要能脫身。』」

「可是這樣他們會毒打你，」安東尼說。

麥可聳聳肩。「那麼你就會自由，」他答道。

丹佛絲（Kate Danvers）在牛津拿到臨床心理學博士學位，然後在英國國民保健署度過職業生涯的頭幾年。我是在迦納海岸的溫尼巴鎮遇見她的。丹佛絲正在非政府組織「艱難高峰」（Challenging Heights）參加兩年期的工作安排，該組織救出並復健在那座湖為奴的孩子。

「我們發現孩子受到各種懲罰，」丹佛絲說：「用槳大力打頭，打到昏過去，把雙手壓在火裡直到燒起來。在傷口上撒胡椒。」

「對孩子那樣？」我說。

「當中施加了某種程度的殘忍虐待，目的是要控制他們，讓他們繼續為奴，嚇得他們甚至不敢試著逃跑。」她停頓了一下。「這很嚴酷」。

「潛水不只是要解下漁網，」安東尼說。

我不懂。那還能是為了什麼？

「有時候我們潛水找魚。」

我困惑無語。

「懂嗎？」安東尼接著說。

這種概念讓人想不到，我只能回以完全不恰當的「真的嗎？」

「但麥可以前經常做這件事，」他說。

「你沒有嗎？」

「偶爾。但幾乎每次都是麥可去做。」

「水底下有樹木？」

「還有蛇。」

「那很危險，可是麥可潛下去？」

「沒錯，」他說。

這種危險，讓我想起我跟某位救援隊成員的一次談話。那些救援隊負責解救湖上的孩子。當被問到漁民為什麼使用童工，他說大人會要求酬勞，孩子不會，大人會要求分一份漁獲，孩子不會，大人會拒絕潛水，孩子不會，所以奴隸主為什麼使用孩子？因為他們可以。

從那時起，我一直想著麥可，這個男孩潛入陰暗湖水裡，他看著魚，也被魚看。

如此，安東尼的湖上生活邁入第二年。我問他，為什麼麥可沒在五年債役到期後獲釋？「奴隸主再跟他綁了五年，」安東尼說：「主人付給他媽更多錢，還說最後會給麥可弄條船，但麥可才不相信。」

麥可告訴安東尼，他知道真相：他媽不要他，沒人要他。他住在湖上，死在湖上，沒別的了。

毫不稀奇的是，賣掉孩子的父母會將孩子再次賣掉。家中經濟壓力不大可能改善；事實上，壓力極可能變得更沉重。家裡可能多了幾張嘴要餵，所以能用五年沒見的孩子去換整筆現金，他們根本無法抗

拒。根據我的最佳判斷，這就是麥可的情況。所以他留在湖上，這兩個男孩又開始另一年的生活：安東尼現在十三歲，麥可十四歲。他們忍受沒有週休或假日的連續工作、食物不足、毒打、湖上的雷雨、疾病和嚴重受傷的風險、水蛇的攻擊，還有最大的風險，也是他們在船上不斷想到的──潛水。

▶ 鄧巴數字──親密圈的大小

不論表象如何，也不論有些人對他們周圍那一大堆腦袋空空的人作何看法，我們其實都做了很多思考。人類的思考是一種非常特殊的思考方式，那會消耗超出比例的能量。套用牛津人類學家鄧巴（Robin Dunbar）與同事的說法，就是「在計算上來說，非常奢侈。」鄧巴團隊贏得了英國國家學術院探索「身為人類意味著什麼」的研究競賽。他們調查人類行為在認知上異於其他靈長類之處。他們標繪人類近鄰物種和演化遠親的腦部大小和社會群體，並瞄準一項讓我們有別於史上所有生物的要素：我們那高到不行的「新皮質（neocortex）比率」。

新皮質是大腦「較新」的部分──neo 意為新的；cortex 意為外殼或外皮，來自於拉丁文的樹皮。新皮質包括額區和顳區，這些區域攸關人類經常在做的一件事：讀心，進入別人的頭腦。這種推測他人想法和動機的巧妙伎倆，跟我們所處社會群體的規模密切相關。新皮質愈強大，社會群體就愈複雜──沒有哪種動物的社會群體要比智人的更複雜。簡言之，新皮質比例愈高，該種動物就愈聰明。然而，鄧巴團隊發現，這一切都需要代價，而且是在運算上很高的代價。

原因在於：即使所處社會群體的規模相同（譬如包含六名成員的家族），但是人類大腦的神經元會更賣力運作，甚於獼猴大腦的神經元。人類新皮質的神經元會超頻，來估量（或想像）家族生活所有的問題和排列組合。那麼做很費力，會消耗能量，既累人又惱人。

　　歡迎來到人類家族！現在請想像將其往外擴及周邊的其他人、那些跟我們沒有血緣關係的人、那些連在社交上都跟我們沒有緊密連結的人。隨著同心圓的漣漪外擴，隨著愈來愈多人進入鄧巴所謂我們的親密圈，我們就會用上愈來愈多認知資源。我們並不像某些人所想的那樣智能廣大。鄧巴謹慎得多，他認為我們會碰到極限，我們會撞上大腦的緩衝器。

　　我們就是無法認真將該過程擴展超過某一點。因為，即便我們擁有幾千名臉書好友或推特追隨者，我們社交圈的實際上限就是一百五十人——這被稱為鄧巴數字（Dunbar's Number）；鄧巴不曉得該用語的確切來源，但很樂意採納。

　　我們能從這一切推論什麼？考慮別人，得付代價，需要認知成本，而那會影響我們如何看待和對待他人。

　　一旦我們開始擔心、關心，或者光是考慮我們家庭和熟人圈子以外的其他人，我們就開始加載於我們的系統。正如鄧巴團隊所斷言，這種認知負荷「扮演我們社交志望的煞車」。我很高興知道這回事。這點不必被視為極其負面之事，而是本來如此。這並不是說我們不關心，只是在某種重要但關鍵的意義上，我們無法無止境關心。正如美國駐聯合國大使鮑爾（Samantha Power）在論及美國未能干預重大種族滅絕事件時，尖刻指出的：我們就是無法「費心去理解」。

　　我們應該停止為此自責，因為這樣的自責可能帶來反效果：既然沒有能力關心眾人、沒有能力在大範圍上發揮作用，我們就連某種較適度但基本可達的程度（人性程度）上，也別參與了吧。在向他人伸出援手的時候，我們會讓自己暴露於痛苦。就這是 compassion 這個英文字在拉丁字源上的古典意義：compati ——跟他人一起受苦。

　　然而，故事到這可能還沒完。最新科學研究可能握有祕密關鍵，能夠通往另一項更微妙、更驚人的洞見，這般洞見令人得窺我們同情他人的能力，而且或許也能解釋安東尼和麥可之間發生的事。

8. 諾言

安東尼經常覺得，要是當時他在現場（在船上），事情就不會那麼糟。

安東尼和麥可經常處在飢餓之中。這種情形並不少見。正如丹佛絲告訴我的，通常那些孩子會被供食「科科」（koko），那是一種泥粥、或混泡湖水的樹薯粉。那座湖包藏許多疾病，包括住血吸蟲病，這種病是由湖水本身的寄生蟲引起，並會影響肝臟。

有時候，安東尼和麥可會冒著挨一頓揍的風險，跑到鄰近宅院搜找食物。這次，他們在前一天找到的東西一定是變質了，因為安東尼吃了之後一直想吐。安東尼的體溫飆升，而且非常虛弱，就在上船的路上，倒了下來。

「什麼？你想要讓那些魚逃走嗎？」主人對這男孩喊道。他不想放過任何一個有鰭敵人，一個也不行。然而，安東尼撐不住了。主人咒罵那是剝奪他應得收入的詭計，然後主人竟然寬容起來。安東尼獲得一天休息，這是他記憶中第一次不用工作。他搞不懂為什麼麥可沒有跟著吃壞肚子，或許麥可在這座湖上多待了四年，所以更為習慣。

「我躺在小屋裡，」安東尼說：「麥可準備要到湖上捕魚，他跟我說，『我會連你的份一起抓。』」

當安東尼躺在那裡，他忍不住想到那些魚。有時牠們會一溜煙般穿過湖水。然後麥可會突然浮出水面，鼻子和嘴巴流出水來。他會笑著說：「我找到牠們了，我找到牠們了。」這些是那種好時光。

　　這天非常奇怪，有風有雨，還有可怕的閃電。安東尼最早知道出了事是因為女主人。她去向鄰居求助，不只大喊，還很驚慌。

　　安東尼衝到外面，抓住每個人問：發生了什麼事？大家都跑到水邊，他依舊想吐，但還是跟過去。在岸邊，那些男人用繩索拉起主人的船，而村民則聚在船身周圍。

　　「主人的衣服全溼了，」安東尼說：「然後，我就知道事情不對勁。他不喜歡下水。」

　　一拖上岸，那船就翻向一邊，有如一頭緩緩倒地的巨獸。在那艘小船裡頭，四肢攤開、一動不動的，就是麥可。沒人對安東尼說半點話，沒人需要那麼做。

　　那座湖的孩子很容易受到一長串嚴重損傷。有些孩子身體畸形，背部也變了形狀，因為他們從小（有時候早在四歲起）就過量蹲踞和划槳，而那時候骨骼還在發育。其他孩子則是無法完全張開雙手，因為他們的手指習慣抓著船槳，所以手掌總是呈現爪子形狀。復健人員使用「髮油」慢慢將肌腱推回原位。

　　從那座湖救回的孩子常被發現帶有三種重大疾病：傷寒、瘧疾，當然還有住血吸蟲病。然後就是看不見的傷害，亦即深刻創傷造成的行為異常，成因除了自身受虐，還有目睹其他人重傷和死亡，那些人都是他們的朋友。

　　麥可死後幾天（安東尼說不出是幾天），科庫又來到他的小屋。

　　「科庫很高興，他完全耐不住。他說：『來看看。來看看現在你有沒有在下面那裡，見到你朋友。』」

　　安東尼猛然衝撞那個比他大的男孩。這正是科庫等候已久的。麥可警告過，科庫想跟他們打架，這樣他爸就會毒打他們。「麥可對我說：『答應我，你絕對不會跟他打。』我答應了。」

　　然而，安東尼自願落入他的陷阱。「我不在乎。我不在乎接下來

發生的事情。」

安東尼動手去打科庫，朝他臉上揍了兩拳——「很用力，非常用力」。第二拳揍得科庫流鼻血。一開始，科庫嚇呆了：一陣疼痛、鼻血滴落。接著，他一定是想到了，臉上的鮮血就是最好的證據。科庫早已做好準備，他在漁網後面藏了一根槳。如今仗著這項武器，他發動猛烈反擊，將厚厚的木板重擊在安東尼頭上。

打到第四下或第五下，安東尼便雙膝癱軟。當他倒在地上，他意識到其他人來到小屋。「我聽得到女主人尖叫。我看不到她。主人拿走那根槳，他拿走了。」當安東尼就快失去意識、當他雙眼如他所述「滿是水」，他看見腳、魚網，然後就什麼也沒有了。

當安東尼終於被太陽熱醒，他不知道已過了多久，他發現自己躺在小屋外的院落裡，動也不動。不時會有科庫的朋友跑來。一開始他們很興奮，而且盯著他看。但是，他們不知該對安東尼的慘狀做何反應，然後就走開了。

安東尼頭上傷口的血，已被烈日曬得凝固。他沒有力氣移動。然而那癱瘓他身軀的疼痛，給他上了人生的關鍵一課：要是留在那個地方，他一定會死。他們會弄死他——或許很慢，或許又快又痛苦；或許在他們手裡，或許在湖邊，但他一定會死。趴在院子裡的安東尼，學到那座湖的法則：被奴役的孩子，什麼都不是。沒有原先承諾的教育，沒有擺脫奴役的時候，除了或許在很久以後的某一天，可成為奴隸主，然後買來孩子去划他的船，潛下水去解他的網。

安東尼絕不會那麼做。「所以我許下諾言，」他說：「我許諾我會逃跑。我不知道怎麼逃。如果你試著搭船，船主可能認識你的主人。他會帶你回去。你會被毒打，或者他們會割斷你的手指。所以我不知道怎麼進行，但我向麥可許諾，有一天我一定會逃跑。」

▶ 半側空間忽略

最近有不少研究是在探討專注力和各類動機之間的關聯。誘人的酬賞會在多大程度上，讓健康人的心智專注？毫不意外的是，效果確實相當顯著。科學家已經循著這條線索，開始檢視類似的動機機制能否運作於注意力因身體因素而受損的情況，像是視覺忽略。

羅索（Charlotte Russell）目前在倫敦國王學院，她曾在布魯內爾大學跟同事全面調查這條發人深省的線索。她跟同事測試十位半側空間忽略的病人，每一位都曾遭受右腦中風。如同帕瑪和伯吉斯（見第58頁），那些病人左手邊的空間也都消失了。

羅索讓他們坐著，面對一張印了一百零六個圓圈的海報。大約一半是金色圓圈，用來扮演「分心物」，其餘圓圈才是真正的目標：一英鎊硬幣的圖像。病人被要求圈出所有看見的硬幣。當然，由於患有左側忽略，所以病人大大忽視了海報的左手邊。任務完成後，每位病人各獲得十五英鎊的商品券——病人被告知這是因為他有圈出所有一英鎊硬幣。其後某日，同一批病人再次進行相同任務。但這回，研究人員先提醒他們，會按圈出的硬幣數量給予獎勵。結果是：病人圈出了更多的硬幣，而且他們在「看不見」的左手邊（從六點鐘方位到十一點鐘方位），也能找到比上一回多出將近兩倍的硬幣。羅索斷言，配合適當的激勵，原本被視而不見的世界，亦可收復和再辨認。

但是有一個問題：在十位病人裡，有兩人完全不受獎勵誘惑的影響。你無法激勵他們，他們不會被「收買」。如同其他人，他們也患有左側忽略；如同其他人，他們的病因也是右腦中風。然而，他們的情況有一個不同之處。這兩人也傷到另一處大腦結構——紋狀體（我們還會再談到這個大腦結構）。這條線索將他倆的故事，連到湖上的孩子。

▶ 彭伯頓的鎮痛藥水

　　當我遇到安東尼的時候，他並不確定自己實際幾歲。他說他認為是十八歲。之所以說「認為」，是因為他搞不清楚自己的確切年齡。丹佛絲告訴我，這種情況並不少見。那些孩子裡有很多人沒報戶口，而且沒什麼數字觀念，數字對他們來說沒什麼意義，他們就是沒接觸到數字。她遇過一個男孩，別人估計他有十七、八歲，但他卻說自己八歲。

　　在幾年間（再一次，安東尼又發現這數字難以精確），他撐了下來，最終來到迦納首都阿克拉。我們相遇在舊阿克拉，那是該城的歷史心臟地帶，就位在濱海區。來自荷蘭、丹麥、葡萄牙和英國的歐洲商人紛紛沿著這條海岸線建造堡壘，這是一處極具價值的地理位置，連接漸增的歐人航海活動和深入漠南非洲暨薩赫爾（Sahel）心臟地帶的貿易路線。

　　我們初次見面是在詹姆斯鎮，此地之名取自可怕的詹姆斯堡，該堡壘由英國人建於 1673 年。起初，這處營地是用來交易象牙和黃金，但到了十七世紀初，詹姆斯堡開始進行利潤豐厚的全新國際貿易：奴隸貿易。

　　我們幾次見面的對談，涉及你剛讀到的那些事，但不是按照這裡記述的順序。我問安東尼是怎麼逃離伏塔湖的。看慣了逃亡故事和電影，所以我期待一些緊張驚心的劇情，但實情就跟走去商店買可樂一樣平淡。

　　「我有天晚上起床，就離開了，」他說：「我存了一點食物，還偷了幾樣東西、一支手電筒、一把刀。我拿那些去換更多食物。我知道我要是帶走一條船，主人就會抓我回去。所以我用走的，大部分都在晚上行走。」安東尼活得很艱難，幾乎就要餓死。然而，他知道湖上生活會讓他沒命，所以冒險一試。就肉身來說，安東尼是在溺水事件

幾個月後，才走出三個男孩曾經同住的小屋；但其實他從麥可死去那天，心裡就開始逃亡了。

安東尼離開那座湖的時候，大概十四歲，如今他住在舊阿克拉的棚戶區，一個叫布孔（Bukom）的地方，這個區域既有殖民時代留下的磚造建築物，也有一大堆鐵皮屋圍繞那些讓布孔出名的場所——拳擊館。這座街道迷宮，已經產出許多非洲拳擊冠軍和五位世界冠軍，包括傳奇的世界三冠王尼爾森（Azumah 'The Professor' Nelson）。他們是強悍之人，其堅強來自窮困環境和海上捕魚。就在布孔這個地方，安東尼找到安身之處，憑的是他超過年齡的堅毅，那源自他在那座湖被強迫勞動的歲月。有時他會在紅綠燈旁乞討，偶爾他會跑到舊港口，那裡有些婦女傍著海堤，販賣當天漁獲，海堤上面寫滿《聖經》的訓令：「我靠著那加給我力量的，凡事都能做。」〈腓立比書〉4：13；「你們要給人、就必有給你們的，」〈路加福音〉6：38；「我已經勝了世界。」〈約翰福音〉16:33。

安東尼再沒有回到水上。

正當我們在布孔談話，附近的燈塔和那座斑駁的老舊英國堡壘，威壓一切。那些關押待運奴隸的堡壘，被稱作「工廠」，是用來循序處理人類的設施。在這般使用過後，詹姆斯堡成為一座監獄，曾經被迦納政府用來監禁七百名囚犯。這又是另一種處理人類的方式，直到2008年才停用。

「所以，等我去過溫尼巴鎮，回到阿克拉，我們在這裡碰面？」我說。

我們在布孔某間棚屋裡，用吸管喝著瓶裝可口可樂，很有默契的互碰瓶子。我們只是在閒混，真的很開心。兩隻雞昂首走過。棚屋裡有一面看板是阿華田的，另一面是可口可樂的，還有一面是在預告一場大型拳賽——這是布孔經濟命脈裡的一件大事。我查到的是，創造可口可樂的彭伯頓，於南北戰爭最後一役，在喬治亞州的哥倫布郡受

了重傷，後來發明可口可樂做為鎮痛劑。

「在這裡碰面？這個地方？」安東尼說，用手勢比向那間棚屋。他對那店面做出他那持槍歹徒般的表情——他不喜歡那店面。我從未查明原因。

「還是在監獄牆邊呢？」我說：「看你喜歡怎樣。」我意識到時空的扭曲：我，還有一個不久前還被奴役的男孩，我倆處在奴隸和奴隸頭子的曾經所在。

彭伯頓這位南軍上校，變得對他用來鎮痛的鴉片上癮。他意識到鴉片這種藥物有多危險，所以實驗了一些無鴉片配方，想要找到別種方法來緩解自身痛苦。他發明出一種神祕、深色的焦糖糖漿。這種糖漿含有古柯鹼和可樂果萃取物。在一百億加侖的可口可樂（那是尼加拉瀑布在三個半小時內倒下的水量）被人類喝掉之後，我和安東尼也喝掉最新幾瓶「彭伯頓藥水」。

一名婦女揹嬰兒走過，揹巾就是她連身裙那些抗拒重力的褶層。那孩子正享受被揹著走，一邊直直看著安東尼，面露微笑。安東尼匆匆回以微笑，我想那是不自覺的。他的笑容去得也匆匆。或許他想到遠在貝南的妹妹們。那是離奇失去的、尚在世的親人。

「別在這裡就好，」安東尼回答。

所以說定了：我們幾天後在監獄牆邊相見。我們再次碰了碰可樂瓶——彭伯頓逝世於 1888 年，亦即發明可口可樂的兩年後，最終他還是沒能戒掉鴉片。

▶ 大腦也會酬賞同情心

正如我們所見，研究證據證明，關切他人痛苦是需要代價的；那麼做會造成我們痛苦。然而，相關研究證據所顯示的不只那樣。辛葛與同事發現另一種機制。為了進一步理解，他們需要一名佛教僧侶。

　　身兼哲學家、攝影師和佛教僧侶的理察（Matthieu Richard），受要求冥想某部 BBC 紀錄片裡，一處羅馬尼亞育幼院的惱人影像。那裡的孩子遭人忽略，成天一副衰弱模樣，一個個無精打采、來回搖晃。其中一些孩子死了。理察在一小時內想像這些孩子受苦，那一小時令他筋疲力盡。他覺得「耗竭了」。但是現在，真正的實驗開始了。

　　理察被要求轉換心態，現在須「帶著同情心」去想著那些孩子——投射正面、親切的「溫暖」，想要接近而不怕那些孩子。結果發生兩件事。

　　首先，儘管理察對那些可憐孩子的心象（mental image）跟之前一樣鮮明，但他卻覺得精力充沛、恢復活力。其次，功能性磁振造影記錄到另一種心理機制正在作用。採用同情取向，並未否認他人痛苦，竟觸發了另一組神經迴路：內側額葉眼眶面皮質（medial orbitofrontal cortex）、前扣帶皮質之膝前區（pregenual anterior cingulate cortex）、以及腹側紋狀體（ventral striatum）。

　　所以，在此被觸發的結構之一是紋狀體。還記得紋狀體嗎？羅索那些對獎勵沒反應的病人，就是傷到這個部位。理察被觸發的那組結構，形成一組關乎正面情緒、親和、酬賞、甚至是愛的網路。這呈現一種實證可能性，那就是：當我們同情受苦的人，當我們採取想要靠近或幫忙的心態，就會誘發心智的酬賞機制。

　　我們投向受苦者的那股正向情感，可能會導致正向情感從大腦的酬賞中心回流。辛葛與同事正在設計一些方案來提升同情心。她相信同情心或能成為一種「可訓練的對策」。相關證據顯示，同情心可能有助於隔絕那種因暴露於他人而來的痛苦。那可能會促進助人行為。

　　「你們要給人、就必有給你們的，」——在字面上如此，在神經學上亦然。

　　在這一項研究到位後，我們必須再回湖上最後一次。

▶ 我已經勝了世界

我離開阿克拉，沿著舊時的奴隸海岸往西前進。我造訪一處人權組織，該組織提供養護和教育，給那些曾在湖上為奴的孩子。溫尼巴這座沿海城鎮是伏塔湖童奴的「來源」社群之一，即便該鎮距離阿科松博大壩一百多英里，距離主要的湖邊城鎮耶吉（Yeji）更有三百英里之遠。我問過安東尼，我可不可以向這個非政府組織提到他的個案，看看他們能否幫助他。這正是那個人權組織在做的事情。但是，安東尼不要我這麼做。他仍然堅決獨立，不要別人的幫助。「我全部自己來，」安東尼說。

在溫尼巴鎮，我專心聆聽諸位領隊講解，他們敘述如何籌組任務去救伏塔湖那些被強迫勞動的孩子，那些救人任務規劃得就像軍事行動。的確，那是非常危險的任務，所以有時候他們的行動會有武裝警察或海軍陪同。

我聽過很多類似安東尼的故事：極度貧窮、父母情急或受騙、磨人的殘酷勞動、受傷、身體變形、死亡。那些描述令人擔憂和痛心，但我的思緒不斷回到安東尼。我想到那段出自〈約翰福音〉、用藍色漆在舊海堤看板上的經文：「我已經勝了世界。」難以想像的是，不知怎的，安東尼已經勝了世界，僅憑他自己。

幾天後我重返首都，接著回到舊阿克拉去找他。一些男孩正在海灘踢足球，他們把幾塊漂浮木插入沙裡，當作門柱。這個地方聞得到出海現撈的早晨漁獲，有些展示於低臺上發光的金屬碗裡，有些則是抹了鹽、放在靠岸船隻上晒太陽。當中有紅鯛魚、梭魚，而活螃蟹仍以慢動作夾向空氣。然而，我找不到安東尼，他不見了。我在布孔盡我所能找他，但卻找不到。到處都找不到，只見早晨的漁獲。

9. 遭遺忘的空白臉孔

　　在英國作家吉卜林的《叢林之書》裡，當毛克利最終離開他的動物朋友和森林，他突然感受到前所未有的痛苦。

　　接著，有個東西開始在毛克利內心傷害他，他從未這樣受傷過，然後他喘口氣，還啜泣著，淚水就從臉上滑落。

　　「這是什麼？這是什麼？」他說：「我快死了嗎，巴希拉？」

　　不，那隻偉大的黑豹這麼告訴他：「那只是人類在用的淚水。」

　　關於「察覺他人痛苦之後，同理心能否持久」的問題，是演化尚未解決的。理解旁人感受的能力具有演化適應性，也就是說，那對我們整體生存和繁衍是有價值的。另一方面，投射過多情感（亦即感受過多），可能會是削弱身心而危險的。

　　世上有各種癱瘓，也有各種方式可資抗拒。正如我們透過羅索的研究所見的，對於某些視覺忽略病人，是有可能向其「重新引介」他們看不見的那部分世界。這在我們身上也是有可能的。

　　或許，我們所需要的就是重新調整（以及重新思考）我們對同理心的理解。我們要在科學上更精確，並在情感上更真誠。我們應該承認，同理他人（按照辛葛的講法，就是「同理共鳴」）是痛苦的。那該是痛苦的，只要我們是真的投入其中，而不是膚淺窺探。那也可能是很累人的，因為承載額外的認知負荷，會令人疲憊，正如鄧巴與同事所發現的。然而，這裡有個好消息。

那種痛苦和額外的認知運算工作，並不是故事的結尾。隨著同情心而來的，是酬賞的止痛效果。我們得到喜悅。我們原先視為隱喻和民俗妙方的事物，最終具有明顯的實證基礎。這真是好消息！很高興能知道，當我們施予，終究在最後、經由某種我們也許從未想到的機制，我們也收受。

▶ 歸鄉

我在阿克拉中央使館區的飯店裡忙來忙去，將衣服丟進行李箱，準備搭機返回倫敦。這天熱到不行，但在外頭的院子裡，有個彌撒合唱團正在耐心練習聖誕頌歌。舊海港旁那句引文縈繞我心頭，讓我一直忍不住去想。我暫停打包工作，上網查詢「我已經勝了世界」這句話是什麼意思。我查到〈約翰福音〉裡的完整引文其實是：「在世上你們有苦難，但你們可以放心，我已經勝了世界。」

我檢查了護照和旅行文件。在旅行社給我的皮夾裡，緊緊靠著保單的，是一張摺起的紙片。我立刻知道那是什麼，那張紙已經有點破爛，但我把它攤在桌上，再用一把壞掉的扇子來弄平。而在上面注視著我的，就是在囚房裡死去的男孩，米亞特。當麥可溺死於伏塔湖，他的年紀很可能約當米亞特在三千二百英里外、死於雨溪少年觀護所那時的歲數。

就在班機預定飛離迦納的幾小時前，我接到一通電話。是安東尼打來的。

頌歌練習接近尾聲。他們唱得很棒，背後襯著非洲的天空，大家完美穿著無尾禮服與大禮服，佩戴蘭花和其他不知名花朵，紛紛在泳池周圍兜轉。他們輕聲聊天，相互問候。我得到機會跟安東尼說話。我能聞到蘭花等花朵的香味，即便我身上噴了驅蟲劑。眾位歌手正在飲酒，那是又長又乾燥的季節，大家都口渴。

　　一如往常，我們談話用的是安東尼的貝南法語，還有我破爛的小學生法語——巧合的是，我在差不多安東尼這年紀的時候，短暫待過巴黎附近的法語寄宿學校。我試著保持輕鬆，告訴他下次我的法語會更好。他笑了，告訴我這是一定要的。我告訴自己，下一次，我會準備好，下一次，我會說得流利。

　　以下是我還記得的其餘部分。當時我沒有做任何筆記，那天稍後也沒有。我不確定為什麼——無論那是出於尊重、震驚、還是難過。如今我很希望當時做了紀錄，以便讓我告訴你更多事情。不過所有重要的事都在這裡了——我拿掉一、兩項細節，以免透露安東尼希望保密的詳情。

　　狄諤斯：所以……大拳手先生。（安東尼笑了）你還好嗎？

　　安東尼：是的、是的。

　　狄諤斯：我一直到處找你。

　　安東尼：你在找我嗎？（安東尼又笑了）

　　狄諤斯：不好笑。你確定你還好嗎？

　　安東尼：Ça va, ça va.（還好、還好。）

　　狄諤斯：所以，怎麼了？

　　安東尼：噢，沒有、沒有。你知道的，跟你談話，讓我一直想到過去的事。

　　狄諤斯：是的，很抱歉。我說過可能會那樣。

　　安東尼：不，別抱歉。那樣有好有壞。我很認真去想，現在該做什麼。

　　狄諤斯：我快要出發去機場。我今晚要飛回倫敦。不過，等我回到非洲，我們可以碰面嗎？

　　安東尼：沒問題。

　　狄諤斯：很好。你告訴我在哪裡。在布孔嗎？

　　安東尼：不在布孔。在貝南。

狄諤斯：貝南？

安東尼：我要回家。（他停頓了一下，而我也沒說話。）我想我媽還是要我。

接著又是一陣沉默。或許跟我一樣，安東尼也想到麥可，還有他被告知關於他媽媽的事。

安東尼：我想她真的要我。

狄諤斯：那就太好了。而且你會見到你那些妹妹。

安東尼：她們不會認得我。我正在拳擊館訓練，是大拳手。

我想像他走過威達海濱那座宏偉的紀念拱門。來自貝南的男孩經過「不歸門」歸鄉。當然，他不會這麼做，他不需要。反正，凱旋可以更低調。

安東尼：我得掛了。不是用我的餘額打的。

狄諤斯：我可以回撥。

安東尼：我該掛了。

狄諤斯：好吧。

安東尼：我們再見。

好，我說。但我沒把握會再見面。

安東尼：你知道的，我之前不好意思跟你說。就是你問我麥可為什麼潛水那次。麥可說：「我潛，你就不用潛。」那就是為什麼。很抱歉之前沒跟你說。

接著停頓了一下。

狄諤斯：幹嘛抱歉？沒有什麼好抱歉的。

安東尼：所以，你會在貝南請我喝可口可樂嗎？

狄諤斯：我會在貝南請你喝可口可樂。你回家會繼續打拳嗎？

電話切斷了。我試著回撥，但是打不通。我衝到游泳池，尋求更好的收訊。有位服務生拿著一支網子，仔細撈去水面的腐葉、樹枝和

昆蟲。我想著那座湖和捕魚，繼續試著聯繫安東尼。有隻蟲子爬過我的腳前往水邊，有隻老鷹在上空高高盤旋，而我不久就會上到那裡，而且更高。時間不多了。在我搭上當天深夜英航飛返倫敦班機之前，同樣的事情發生了。我失去連線，連線沒了。

回到房裡，我小心摺好印著米亞特死因報告的那張紙。我將紙上的皺起撫平，又再想到那座少年觀護所那條走廊那個房間發生的事。

▶ 就像輾過一隻貓？

米亞特跟管理員起了爭執，因為管理員試圖拿走一張寫著他母親電話號碼的紙片。當時管理員正將個人物品從他房裡拿走，以此做為處罰。因為米亞特在烤完麵包後，拒絕清理烤麵包機，被送回自己房間後，又不冷靜下來——他們如是說。三名管理員「壓制」他，他們用了一種稱為「坐式雙重抱」的技法。該技法雖獲政府核准，但未經妥善的安全審查。參與死因調查的專家一致認為，那有可能致命。兩名管理員架住米亞特的身體，另一名「控制」米亞特的頭。他們將米亞特往前扳彎。米亞特抗議不能呼吸，然後喊著不能呼吸。

在死因調查當中，我們發現許多別的孩子在被壓制時，也曾那樣抗議。沒人有任何作為，少年觀護所繼續使用這種方法，這種所謂的「擁抱」：兩人壓身體、一人壓頭。囚房外的現場證人說，他們可以聽到米亞特尖叫，就像很痛苦的樣子。米亞特窒息而死。

「坐式雙重抱」現已禁用。

所以，這裡是米亞特的母親帕姆所問問題的部分答案。事情之所以發生，是因為我們並未聆聽。

我們並未聆聽孩子的聲音。其中一名管理員在事件後說：「我不該對他實施身體管教控制（壓制）的，他的體型只有我的一半。」然後他感嘆機運弄人，「那就像是輾過一隻貓，然後心想……要是我沒

走那條街，事情就不會發生了。」

就像輾過一隻貓？

我們的人生充滿了同心圓，偶發事件的同心圓，或是災難的同心圓。那些同心圓碰撞、散開、破裂而後不見，就像漣漪漸漸消失在某座遙遠湖泊的遙遠湖岸。所以，一位英國律師和一位貝南男孩，這兩個圓在極短時間內相切、相交。時間很短，當時我倆都離家很遠，身在迦納阿克拉的布孔。到底發生了什麼事？

我遇過好幾個那座湖的孩子；我曾造訪一處極佳的復健中心，那些經歷難以想像之事的堅韌孩子，在此慢慢努力復原。然而，安東尼很不一樣。

我和安東尼有何共同之處？我們之間的聯繫為何？起點就是那座湖，那座不是湖的湖，其構想出自老棉花鎮奧登肖那位會抓蛇的殖民地質學家。起點就是那座充滿水下森林的湖——那是什麼，而又代表什麼。許多孩子死在湖邊，死在湖裡。童奴和童工被迫工作，或者做著不該讓孩子做的工作，因而嚴重受傷或溺死湖中。就發生在二十一世紀裡，我得不斷這麼告訴自己。我很驚愕，讓我震驚的是，我得為你寫下「奴隸主」和「童奴」之類的語詞，而且這些語詞對今日世界描述之貼切，甚於律師執照和誇飾筆法。然而，這般情緒——可預測的人類反應，沒有太大意義，除非有行動相伴。否則，那些情緒會是一種耽溺。在本書後面，我將建議一些行動。

在〈第一種人性典型：感痛者〉篇章裡描述的，並非關於某位偉大而著名的人物，亦非關於某位以其境況代表童工這可恥現象的被奴役者。這是關於一個男孩的故事。或者應該說是兩個男孩，這是關於兩個男孩的故事。而你之所以能讀到故事裡的激烈奮鬥，是因為我遇見其中一人，那裡是漠南非洲一座喧鬧首都，有著無數條充滿拳擊館和雞隻的混亂街道，我們的相遇就是在一條這樣的街道上，亦是在一座奴隸堡的陰影底下。這個自認無名小卒的男孩，他的旅程開始了，

因為他去了一間蓋著鐵皮屋頂的商店要買可口可樂，這種飲料是在一片大洋之外被創造來緩解疼痛，發明者是一位軍官，服役於一支為了保有非洲奴隸而戰的軍隊。

我意識到心理學家斯洛維奇的警語：一旦我們開始擴大和推廣，一旦我們試著敞開自己，去面對童奴這類人道問題的巨大——就在那一刻，我們身上某個部分就關掉了。有一種認知麻痺傳遍我們全身，就像裂縫擴及整片冰層，而人類悲劇裡的人也就不見了。那男孩不見了。安東尼如此，麥可亦然。

我們如何找到他們？我們如何傾聽這些孩子的聲音？讓我們面對現實：漠南非洲那些被奴役的孩子，他們不是我們的孩子，但卻仍是這世界的孩子。儘管如此，他們還是被奴役。我們要怎樣才能瞭解他們呢？就是藉著瞭解他們的生活、瞭解他們的故事，而那正是我蹣跚嘗試、尚未完成的努力。

在那整個過程裡，我一再清楚想起米亞特案死因裁判官的話語，那位傑出的死因裁判官就是波拉德（Richard Pollard）法官，這位仁慈之人現為半退休，此次請他主持這起傷痛案子，是要借助他深厚的法律經驗。他在判決後，立刻致信司法大臣；他說，要是我們不傾聽米亞特之死的教訓，要是我們聽不到那孩子的聲音，將是「完全不可原諒，而且是一場雙重悲劇」。

這個講法也可以套用在伏塔湖嗎？

▶「感痛者」要付出代價，但也能有酬賞

對於岸邊的幾千個孩子，那座湖等待著。這就是那座湖所做的。法國大作家普魯斯特寫道，真正的發現之旅「不在於尋找新風景，而是擁有新眼光」。

最終，我相信真的就是那樣。這些男孩打開我的雙眼。藉由他們

的激烈奮鬥，我開始能以全新方式看見（和瞭解）身陷強迫勞動的孩子經歷了什麼。透過他們，我的「感痛者」能在侵犯人權的案例裡，令我看見受苦的人。那或許可以解釋我對米亞特案的感覺，還有為何這個案子不放開我。在死因調查程序裡，有時候某些陪審員會流下眼淚。他們是在聽取陌生人的事——沒錯，那是少年收容人，但那些孩子是被我們共同置於那裡，並在某些情況下就像米亞特那樣，受到難以想像的對待。我們能夠感受那般痛苦。

儘管如此，人類大腦——這個演化的巨大成就，似乎苦惱於某種矛盾。我們已經演化出極多情緒，但卻不善於長程投射情緒。這不是誰的錯，而是我們演化史的結果。

演化既是原因、也是詛咒嗎？辛格做出一項有力主張：從道德觀點來說，遙遠國度的臨危兒童，那些苦於「可預防之惡」的孩子，無異於我們後院那些孩子。從道德義務的角度觀之，他們等同於那些被我們撞見、在本地教區湖泊或「深坑」裡掙扎的孩子。

然而，感覺起來卻不像那樣。這種「因社交距離的差異，導致親疏感有別」的演化意義，早已在我們的遙遠過去裡顯現了，當時我們還只是跟自身周圍，那種小得多的群體聯繫和互動。然而，世界正在變化——正在縮小。隨著全球化和資訊科技的發展，我們首度如此連結到全球人民；我們也許不是生活在一個地球村裡（已開發國家已少有人還生活在某個村落裡），但是，我們更加能意識到他們的問題和他們的生活。

在〈第一種人性典型：感痛者〉這個篇章裡，我只聚焦在世上其中一種不正義。然而，這世界似乎充斥各種險惡。我們要怎麼決定到底是要重視伏塔湖的強迫捕魚，即便那已被一些國際組織認定是很糟的童工形式，還是要重視其他情形，像是孩子被迫勞動、並在採金時因混了有毒化學物質而有汞中毒風險（也在迦納），或是要重視在種植園裡為奴、從事可可的工業採摘——這是巧克力的苦澀真相。

我們該怎麼決定？

我們從潘格納的意外發現認識到：演化賦予我們一種特別的神經迴路，來認出他人痛苦，即便這時我們可能幾乎看不見其他一切。那是很驚人的。或許在某程度上就是因為這樣，所以病人 A 這位醫師才會盡其所能，繼續行醫。在他位於赤道大湖區的國家裡，他只要有機會，還是會「看」診——有一位護理師扮演他的「眼睛」。正當內戰濺血蔓延到他周圍，他仍努力幫助那些受苦的人。

然而，演化並未賦予我們無限的同理能力。那是因為感受他人痛苦必須付出認知代價。我們只有有限的頻寬。我們就只能承擔這麼多的認知負荷，而我們的心智模組也只能處理這麼多的他人痛苦。儘管如此，當我們對痛苦中人採取同情立場，還是能藉著追求酬賞的止痛效果，在某個程度上隔絕情感灼傷。我們終究可以拿回一點東西。

「同情是要代價的，但這代價能被預算、管理、吸收和付出」，這種概念並不直觀。事實上，這牴觸了許多談到同情疲勞（compassion fatigue）和關注「大」社會問題有多徒勞的主流媒體訊息。（關心這事有什麼意義？反正沒差我一個？）然而，上述概念可以大大賦能。我們能夠關心麥可或安東尼，即便我們不是麥可或安東尼——或在社交上或遺傳上跟他們無關，甚至不在同一個國家或大陸。「感痛者」能夠辦這差事。

這代表：我們可以客氣應對圍繞人口販運和童奴等重大社會正義議題的失敗主義，然後將其擱置一旁。十八世紀的英國詩人波普，有句名言寫道：犯錯是人性（to err is human）。也許是吧。然而，這個篇章裡提到的研究成果顯示，在感受他人痛苦的這層意義上，關心也是人性。只是那麼做需要付出代價。我們不該假裝那不用付出代價，也不該把猶豫和疑慮，誤認為道德或其他方面軟弱的跡象。這只是我們的心智在做算術。或許我們不能完全勝了世界，但是我們能以有意義的方式來參與其中，讓世界不能勝了我們。

我在筆記本寫下：保護感痛者。為什麼？因為如此一來，感痛者這種典型人性，才能被運用得大膽、有創意、而且果斷。

但是，請注意自己寫下的話語，還有你所寫和所為之間的落差。請保護「感痛者」。你會在〈第六種人性典型：結夥者〉篇章裡，看到我並沒有做到。我沒有真的弄懂它，直到它難倒我。

▶ 看守我的兄弟

美國科幻小說家狄克（Philip K. Dick）問到：在我們所處的「謊言帝國」裡，自由和獨立有無可能以全新方式出現？

安東尼找到一個方式：他找到身心力量去走向自由，過程中穿越了世上最不宜居、最嚴酷的一些地帶。他的自由誕生於痛苦：他朋友麥可的死。然而，事物是會如此誕生的：所有的人類生命都是誕生於痛苦，就連可口可樂也是。安東尼的倖存是個小奇蹟，當時他僅有十四歲。

但是，我們不能迴避那個更難的問題——麥可。他選擇為了他人冒險，為了他朋友。那是一種自由嗎？如果是的話，是哪一種？這名債役工，這名童奴，他選擇游過水下森林，讓朋友可以不必去游，在那抉擇當中，他變得沒那麼不自由。

機會？那是否也關乎機會？他給了安東尼一個機會。

安東尼不知道麥可的遺體怎樣了，沒有人告訴他。他看到他朋友在船身裡一動不動，然後就再也沒看到了。然而，當麥可在世，他能夠劃下一道刮痕、一個痕跡。那痕跡就留在美國文學家福克納所稱的「終將遭遺忘的空白臉孔」——如同彭伯頓，福克納也是個受困擾的南方人。

麥可的痕跡是什麼？我想，就是安東尼，他活了下來，離開那座湖，明白自己不該只是在那裡活著和死去。

那麼最後，那個理解他人命運和痛苦的執行系統、那個感痛者，又如何呢？我之前提出的假設情境，那位腳踏車的主人、溺水湖中的孩子，又如何呢？

我認真想了很久，思忖麥可若是遇到那種情況，是否會跳下水。我從未見過麥可——我得強調這點。然而，我相信他會跳。固然安東尼是他朋友，但麥可幾乎天天冒著生命危險潛到船底。當他潛水，他跳入的湖水就跟威根都會區的「深坑」一樣危險。不同於那些輔警，麥可並不袖手旁觀。

最早有記載的其中一個人性問題，可見於《聖經》第一卷書〈創世記〉4：9裡，該隱（無論他代表人類心靈的哪部分）問道：「我豈是看守我兄弟的嗎？」換言之，我兄弟發生什麼事是我要負責的嗎？面對這項永遠的人性兩難，麥可，亦即那位在漠南非洲被賣為奴的男孩，簡單答「是」。

第二種人性典型
放逐者

可是泉源被汙染了。你們瘋了嗎？

——易卜生，《人民公敵》（1882 年）

1. 帶著艾爾皮妮可滾吧！

有時候，根本就很難看見。

如果你轉過身——你真的很不想要，因為慢慢碎開的浪花很吸引人；但要是你轉過身去，就會看到太陽正從天空落下，約略落往卡納維爾角以西，然後落入巴納納河潟湖。沿著海灘往南，朝著邁阿密的方向，你真的可以認出一枚火箭，那幾乎是太空火箭的誇張版，就像是從電影《飛俠哥頓》（Flash Gordon）裡出來的，就占據在那邊，準備對抗「明無情」（Ming the Merciless）。

那裡是佛羅里達州的可可海灘。正是當天那種燦爛日子，讓佛羅里達成為佛羅里達——不只是陽光之州（誰都知道這稱號），而是該州的州歌所稱的「海草與天空相接」之境。在我頭頂上，傲慢徘徊在那片天空的，是一群鵜鶘，總共七隻，排成精準的幾何隊形，低飛掠過海岸線，一路前往甘迺迪太空中心。然而，就在這片微傾入海的沙灘，就在每年此刻都有海龜來下蛋的這裡（「海龜季開始了！第一窩革龜蛋已經下在佛州的朱庇特鎮」），發生了那件事。

我用手掌遮著眼睛上方來阻擋眩光，以便追蹤鵜鶘。沿著水面，有艘低矮的單桅帆船，張著尖銳的三角船帆滑過，隨著海浪而起伏。在薄霧中，那艘船化作別的物事，顯現另一種尖銳：看似一條箭形船，突然間，大西洋變得異常平靜、深沉，就像一座湖——伏塔湖。有兩個男孩忙著把網拖到船裡，而我擔心其中一人會跳下水。

「在我們救出和面談的孩子當中，」丹佛絲在迦納告訴我們：「有

80% 曾經在某一刻相信自己就要死在那座湖。這是一種完全合理的恐懼。有 40% 的女孩和 62% 的男孩實際目睹某人溺死在湖裡。」

通常溺死的孩子就被留在水裡；沒人試著將屍體帶回岸上。那些孩子跳下船，游到底下，然後就再也沒人看見。那座湖留下了他們。

有個飛盤就像脫落車輪那樣滾過海灘，而我也回神到可可海灘。那裡有三個身穿百慕達短褲的男人，其中兩人有著百慕達人那樣華麗的紋身身軀，他們三人正在互丟飛盤。大西洋的微風掠過那閃耀圓盤底下，戲劇般的把飛盤正正吹向我的臉。然後，同樣突然的是，似乎有人把風給關了，飛盤隨之落地。

我撿起飛盤，準備丟出，但我想到那些網子，網子是什麼？而我們又如何逃出網子？

那片飛向我的飛盤是人生的奇妙巧合。我寫下此事，卻還是難以置信。當時我隔天就要飛回英國，並用 Skype 連絡地球上最有資格（這不是誇張）解釋這現象的人，他知道那些向陌生人丟飛盤的人發生什麼事。重點是，他也碰過同樣的事，而那次經驗從此改變了心理學家威廉斯（請參閱稍後的第 3 章〈別讀此信〉）的學術和專業生涯。

▶ 她變成他

另一片海，就在昆士蘭海岸線以東大約五十英里，靠近南回歸線。這裡有四十二英畝土地勉強冒出周圍的珊瑚海，這片土地被稱作鷺島，這是因為在 1843 年 1 月英國皇家探險船「飛翔號」發現該島時，上頭布滿岩鷺。這座小礁臺的最高點，只比四周的藍綠海水高出一層樓高度。

在那閃耀的海面下四處蔓延的，是大堡礁的南段。大堡礁這座驚人的珊瑚複合體，係由生物以其自身建構而來，延伸超過一千二百五十英里，並遮擋澳洲的東北海岸線。大堡礁歷時數十萬年形成，是由

眾多種類海洋生物的骨骼和鈣質遺骸所建構。歐洲人對大堡礁的探索始於 1770 年庫克船長的擱淺。時至今日，儘管面臨汙染和氣候變遷造成的破壞（大片大片的珊瑚礁正在「白化」），有一種又小又醜的魚類仍然在此興盛，那種魚類跟飛盤有著某種關聯。

那些魚類屬於副葉鰕虎魚屬（*Paragobiodon*），這種小型珊瑚礁鰕虎很可能曾被「飛翔號」發現的那些岩鷺所掠食，牠們棲息在鷺島岸外的珊瑚礁，而且行為獨特。這些鰕虎的行為闡明了一些長久存在的棘手問題，那些問題不僅見於魚類生活，亦可見於另一種動物——那種動物曾在海裡生活，但後來上了陸地、失去了鰓（即便牠們的胚胎有個階段在頸部有鰓裂——某種原始鰓），開始用兩條腿前進，而且開始沉迷手機。

這種珊瑚礁鰕虎一般長約一英寸，有些稍長，有些略短。牠們以小群體生活，並頑強捍衛一小塊珊瑚礁。通常，群體裡會有一隻雄魚和數隻雌魚。牠們的生活充滿挑戰，因為熱鬧的珊瑚礁水域存在一種巨大風險：經常面對被掠食的危險。要是那隻雄性種魚死掉，就會發生驚人的事情。

體型最大的雌魚會起變化。牠從雌性的種魚，搖身一變，成為雄性的種魚。然後，位階之中體型次大的雌性非種魚，跟著變成雌性的種魚。於是，主要的她變成主宰的他。那個她變成雄性。

因為，這種魚是雌性先熟雌雄同體（protogynous hermaphroditic）。原本身為雌性的牠們，能夠發育出雄性性器官。這種性別「流動性」在脊椎動物中相當稀有，但在無脊椎動物中，則遠遠更為常見。

然而，這些變性魚的該項特殊行為並非我們興趣所在，即便那很驚人。我們感興趣的，是牠們做的另一件事，那件事闡明了人類社交行為一項普遍和長久的問題。因此，這些微小的熱帶魚提供一種途徑來瞭解我們的另一個心智模組，另一種我們演化出來的適應。那是一種銳利的敏感，可以察覺群體生活最持久的問題之一：遭排斥在外，

被放逐。所以，我們已經見識過「護親者」和「感痛者」，接下來就是「放逐者」。

▶《老大哥》驅逐秀

達薩里（Sree Dasari）從印度來到英國。在學業上，他是到赫福郡大學攻讀國際企業碩士學位。然而，他心裡燃燒著一種更深的需求：博取公眾喝采。在寄宿學院裡，他出面參選學生會主席。

達薩里無疑是個外向的人。一頭墨黑色亂髮的他，體型看起來比實際更小。儘管如此，憑藉個人魅力，達薩里還是勝選了。然而這位力爭上游的印度人，有一些更宏大的想法。那些是真的遠遠更宏大的計畫。

達薩里告訴大家，他想當電影明星，或者至少當個名人，當然，不是為了當而當，而是想替值得贊助的慈善事業募款。那麼，在後千禧年世界裡，有什麼途徑能比實境秀更快完成那一切呢？達薩里在2009年報名《老大哥》（Big Brother）第十季。他表示自己打算在婚前保持處子之身，而他的理想女性則是歌星碧昂絲。又一次，憑藉個人魅力，還有像是灌了紅牛能量飲料的滿溢活力，達薩里再度勝出。他進了「大哥屋」。

但是，達薩里在《老大哥》第十季裡並不順利。

或許自覺異於他人（這是他第一次到印度以外），所以他穿著米字旗裝進入大哥屋，但他依舊是個局外人。他那濃厚的印度口音，被留著鬢角的冒牌金剛狼阿金嘲笑。二十五歲的達薩里，秀出一些精心設計的髮型，卻經常誤讀社交線索，而且誤解大哥屋裡精細的人際互動。達薩里引發集體譴責，因為他喝掉俄羅斯拳手安琪兒的配酒。雖然安琪兒滴酒不沾，但那並不影響結果：整個團體認為達薩里違反規範。他在大哥屋裡，被看成是在搞破壞和搞顛覆。

這位亞洲商學生所受的詆毀，後來變得更殘酷了，那是當他公然迷戀另一位屋友：愛爾蘭運動員凱莉。在監視攝影機持續的無情注視下，他的示愛遭到同樣公然的拒絕。

達薩里打理頭髮、抹上髮油、改變造型，他聲稱自己只是在尋求友誼。愈發孤立的他，努力設法在團體裡被接受。他試著讓人喜歡，但卻沒人喜歡。

惡名昭彰的是，節目架構安排每週的驅逐秀。最不受歡迎的兩名屋友將要對決。達薩里被安排迎戰的屋友，綽號叫作笨蛋，來自德雷頓市場鎮。結果達薩里輸了，他在大眾的驅逐投票裡，得到高達85%的選票。

或許，能讓他感到安慰的是，他並不是頭一個被轟出去的屋友。然而，他還是出局了。他接著得面對另一種危險。他從離開大哥屋的通道現身，走上平臺，周圍是一群咆哮的觀眾，其中許多人投票終結他在節目裡的生活。他躲在超大的飛行墨鏡後面走了出來，迎接他的是震耳欲聾的噓聲。

達薩里擺出英勇的微笑，或者說至少是個微笑。噓聲和辱罵並未減弱。達薩里很勇敢的承受驅逐儀式：在驅逐秀接受訪問，過程中，節目請來的心理學家告訴他，她「想要取出你的自我，然後為了科學研究的目的，加以醃製」。達薩里再次勇敢微笑——看起來大概是這樣吧。他參賽過，然後回家去。

達薩里被逐出後，就返回位於赫福郡大學的學生宿舍。在他房間這座避難所裡，他平靜下來，繼續收看大哥屋後來的驅逐秀。他曾在自己的驅逐秀裡說，他不在乎被驅逐，因為重點「不在於輸贏，而是在於經驗」。幾星期後，達薩里割腕了。

這位《老大哥》第十季的參賽者，被緊急送到韋林花園市（英國第二座花園城市）的伊莉莎白二世女王醫院。節目製作人也發出關切聲明。精神健康基金會和英國心理學會，都質疑節目中公然詆毀和羞

辱參賽者的程度。然而，該節目繼續進行，驅逐秀也繼續進行。

　　一年後，英國邊境管理局調查達薩里的簽證身分。他必須離開這個國家了。或許他會想起那天戴著飛行員眼鏡，步下大哥屋通道，走進一片噓聲之中。如今他再次遭到驅逐。

▶ 民主雅典的放逐制

　　在《老大哥》和《我要活下去》這類現代羅馬競技場上，甚至是《X音素》和《舞動奇蹟》這類節目的所有面向裡，驅逐時刻就代表角鬥劇的頂點，整個過程就是慢慢走到那種人為安排的每週高潮，讓大家豎起拇指或倒豎拇指。這永遠都很令人著迷，為什麼？驅逐儀式有什麼吸引人之處？

　　為求瞭解，我們需要探索其歷史根源。

　　有些陶片不僅刻著人名，還附上冷酷的勸告：「米太亞德之子客蒙（Cimon），帶著艾爾皮妮可（Elpinice）滾吧。」其他陶片就只刻了客蒙之名，包含他的名字和家族名。艾爾皮妮可是客蒙的妹妹，那些刻文公開指責他違反禁忌——亂倫禁忌。

　　你可以想像客蒙的鄰人、敵人、亦鄰亦敵之人，蹲在阿哥拉附近慢慢刻著陶片和石片，刻下那種有稜有角的記號、那種早期文字、那種字母。

　　對於今天的我們來說，指控政敵行為不檢的做法並不陌生。然而這是在公元前461年的雅典，而客蒙是政治家兼將領。他無疑是卓越的公眾人物，而且出身於尊貴的貴族家庭。他們一家對雅典的存續貢獻極大。客蒙的父親米太亞德，曾在三十年前擊敗來犯的波斯大軍，那項著名事蹟於公元前490年發生在一處叫作馬拉松的地方。這件事已經堪稱傳奇，但卻救不了自家兒子。

　　客蒙本身亦曾展現過人英勇，他在一場史上重大海戰，打敗再犯

的波斯人,那是在公元前 480 年的薩拉米斯。根據羅馬時代的希臘傳記作家普魯塔克(Plutarch)所述,客蒙捐錢美化市容,並在市場植樹以供遮蔭,還把「學院」(Academy)變成一座水源充沛的園林。

然而,這一切並未為他阻絕流言和嫉妒。在公元前 461 年的阿哥拉,客蒙的名字被刻在一堆堆陶片上。刻薄的文字被刻了下來,刻在稱作 ostrakon 的破陶片上。如今,我們從這種小塊破陶片,得到一個英文詞彙:ostracism(放逐)。

當時雅典民主才剛起步,但是有一種威脅籠罩這座年輕城市,糾纏全城居民:僭主制的復辟。雅典人的記憶裡,烙印著他們努力擺脫一連串僭主的奮鬥,人們仍然普遍猜疑掌權者。他們值得信任嗎?他們誠實嗎?正如苦行哲學家第歐根尼(Diogenes)在下個世紀的著名舉動所示,他得在大白天持燈漫遊雅典街道,來尋找誠實的人。

客蒙和第歐根尼所處時代以降的兩千多年,已經告訴我們,民主極其脆弱:創建艱難,恆需滋養,又易丟失。所以,有許多機制已被開發來保護社會群體的健全。

民主才剛起步的雅典設計了一種制度,規定每年會有一項動議,提交公民大會,詢問應否舉行陶片放逐投票。如果該議案獲得足夠支持,公民就會前往指定集會地點,亦即阿哥拉,並在陶片刻下人名。在所有陶片經點算後,名字出現最多次的那人,必須在十天內離開雅典。他將被放逐十年。他將被驅逐出境,提早返回會遭處死。

這與其說是人氣比賽,倒不如說像是沒人氣比賽。要是那些指控者願意抬頭,仰望聳立衛城的帕德嫩神廟,他們的靈魂或許會被那般振奮之美所提升。然而,惡意盤踞他們心中,因為他們並未仰望,而是低頭看著破陶片,並在上頭刻下名字。

原因為何?作用為何?

為求瞭解,我們必須從雅典回到澳洲。

▶ 鰕虎的社會排行機制

　　昆士蘭岸外有一些略微相異的鰕虎種類，其中一種是黃副葉鰕虎魚（*Paragobiodon xanthosomus*），這種鰕虎通常是黃綠色的（*xanthos* 是希臘文的黃色），但不以美觀或優雅著稱。這實在是一種很不可愛的魚類。

　　「我無意冒犯，」我說：「但牠們不是大自然最美好的。」

　　「噢，不！」黃瑪麗安（Marian Wong）笑著說：「我就是喜歡牠們。」黃瑪麗安的職涯有很長時間，都花在研究鰕虎和其他小魚。「不過我懂你意思，很多人都那麼說。他們說：『瑪麗安，你不能找個漂亮一點的魚嗎？』也有人說：『瑪麗安，你為什麼要研究大堡礁上最醜的魚？為什麼不能研究尼莫（Nemo）那種可愛的魚？』但我就是喜歡鰕虎。我很樂意整天盯著牠們看。我沒救了。」

　　我們因為 Skype 連線不穩而暫時斷訊。黃瑪麗安身處地球的另一端，她一直都在追隨魚類。她現年三十多歲，留著一頭完美的及肩黑直髮，說著一口難辨口音的英語。「那是我所有待過地方的混合，」她說。她出身一個來自馬來西亞的家庭，本身出生於英國，並在劍橋大學格頓學院取得動物學學士學位，然後跟著魚到處跑，先去昆士蘭，再到加拿大，如今則是重返澳洲，在臥龍岡大學的生物科學學院擔任高級講師。她一直笑，笑那些魚、笑我們、笑我們的做作。

　　「可是，為什麼，瑪麗安？」我問。

　　「什麼為什麼？」

　　我得要問：「為什麼你會研究魚？」

　　「這都怪我爸。他很愛養魚，曾經養到我媽不爽，那是在倫敦的時候，他在他們那間小小的單床公寓裡養了好幾缸。當然，康河裡看不見多少魚，所以，從劍橋畢業後，我就開開心心去了澳洲。」

　　何不研究魚呢？魚類有辦法生存四億五千萬年，很值得研究。

黃瑪麗安之前是在昆士蘭的詹姆斯庫克大學念博士，該校創立於 1970 年 4 月 20 日，這個日期是特別選定的，就在那天的整整兩百年前，庫克船長這位來自馬頓鎮的約克郡躁動小伙子，首次看見澳洲。黃瑪麗安的研究地點是蜥蜴島，那是周圍海域的另一座小島，位在鷺島以北七百五十英里，就沐浴在大堡礁北端的陽光下。庫克的「奮進號」曾經擱淺在這座珊瑚礁上。

在蜥蜴島周圍，這種醜醜的小鰕虎賣力游著，在這片狂野又危險的海域，努力生活在一種複雜的社會群體裡，跟其他同樣弱小又不可愛的小魚相處。黃副葉鰕虎魚幾乎不離開珊瑚，只要不離開那一小片珊瑚，就很安全。然而，牠們在那裡做的某件事很不尋常，甚至很驚人。

「你看牠們，」黃瑪麗安說：「全都排著隊，牠們很小心不去碰到彼此，但就是在那裡排好隊，那不可能是偶然的。這種行為是展演式的，是一種真實事件，一種展演。然後我們知道：這件事很重要，這不是隨機發生的，牠們並不是偶然這麼做。我們必須在學術上加以調查，這一定意味著些什麼。」

這到底意味著什麼？學術研究，始於公元前 387 年柏拉圖在客蒙美化過的那塊土地開設學校，目的就是要去瞭解。（柏拉圖最著名的學生亞里斯多德，在很大程度上是一位生物學家。）所以，這項鰕虎行為是關於什麼？

「我們看了又看，終於搞懂牠們在幹嘛，」黃瑪麗安說：「一切都跟 93 門檻有關。我們知道在 93 門檻左右，會有事情發生。」

每群魚都包含一對雄性種魚和雌性種魚，牠們負責繁殖，然後還有一些雌性非種魚，最多大概有十五隻這樣的低階雌魚。

「牠們是在展示。我們開始懂得那裡發生什麼事。這麼想好了：珊瑚礁等於安全，群體也是。但是對於魚類來說，世上沒有免費午餐這種東西，牠們得要付出換留下（pay-to-stay）。」

「付出？代價是？」我問。

她笑了。「好吧，事情是這樣的，」黃瑪麗安說：「禁食。那些魚會禁食。」

雌鰕虎在體型上表現出徹底的等差，身材會依序愈來愈小。在鰕虎這種魚類裡，社會排行（個體在行列中的位置）主要由體型決定。相對體型極為重要，群體成員很敏感於體型的細微差異。

「所以，牠們在排隊的時候，」黃瑪麗安說：「其實是在相互估量。真的，牠們就是在打量彼此的大小。」

這些估量決定你的排行，從而決定你的權利——還有你的義務。然而，社會群體的兩難就是：要是沒有某種限制，低階者就會有強烈動機去篡奪上一級高階者的地位，努力爬上階梯。這般野心若被所有或大量低階者（其下又有更低階者）仿效，將會造成一場噩夢。情況將惡化為困擾牛津哲學家霍布斯（Thomas Hobbes）的那般可怕夢境：持續不斷的大規模衝突—— *bellum omnium contra omnes*（一切人反對一切的戰爭）。

然而，動物行為學證據顯示，這種情況不會發生。當然還是會有角逐優勢地位的競爭，但社會性動物往往會隨著時間，形成相對穩定而可運作的共同社群。那是怎麼發生的？

一項成因機制就是被驅逐的威脅。正如黃瑪麗安所述：「一旦離開珊瑚，牠們就會被吃掉。留在珊瑚，你就安全。離開？就被吃掉。所以這很嚴重。這是一種實實在在的威脅。」因此，被放逐的威脅扮演一種有效機制，可以控制低階者的行為，並能促進群體的相對和平與持久穩定。

對於鰕虎這種重視體型的動物，低階者的過度生長將威脅到高階者。這個問題又因魚類的漸近生長速度（小魚比大魚長得更快）而更形嚴重。因此，低階者的體型成長得愈接近高階者，所構成的威脅就愈大：低階者就愈可能在競爭中，驅逐上一階的優勢者。所以，相關

機制就演化成：低階者的成長會受到調控。這機制會達到非常精確的程度：在珊瑚礁棲蝦虎當中，這個數字是 0.93。

「我們知道在 93 門檻左右會有事情發生，」黃瑪麗安說：「那是魔術數字。」這在別種魚類會有不同，但在蝦虎身上就是 0.93。換句話說，如果低階魚的體型跟上一階者相比，小於這個比例，那麼牠們就不構成威脅。牠們不會有力量打敗上一階者。

「我們想要更進一步瞭解發生了什麼事。觀看牠們如何生活是很吸引人的事。你會知道群體有哪些角色。有比較大隻的優勢魚，還有比較小隻的新秀努力測試底限。這會讓人上癮的。」

「就像肥皂劇嗎？」

「就像《老大哥》。是啊，你等不及穿上蛙鞋，去看看今天礁上發生什麼事情。」

「你會去潛水嗎？」我說。

「會啊，那很好玩，」她答道。

很高興聽到那樣：無關恐懼的潛水，為了樂趣的潛水。我決定跟她談到安東尼、麥可、那座湖。

▶「付出換留下」規則

黃瑪麗安和她的團隊在昆士蘭的珊瑚礁卓越研究中心做研究，她獲得研究蜥蜴島的補助。在謹慎控制的實驗程序中，他們採集蝦虎的樣本，然後進行測量，事前先用丁香油溶液加以麻醉，確保牠們不會受傷。測量時使用卡尺，精確量出尺寸；性別則是用顯微鏡來確定。那些蝦虎接著會被放回棲地，並在兩星期時程內，由研究人員著水肺潛水觀察（每兩天一次）。總共有來自五十四個群體的四百二十條魚受檢，目的是要測試被驅逐的風險，如何隨著高階魚和低階魚的體型比例而變化。

　　然而，由於驅逐的後果很嚴重，所以很少發生。「我在野外只看過兩三次，」黃瑪麗安說：「所以我們只好尋找別的方式，進行實驗研究。」

　　黃瑪麗安的團隊進行了一連串「競爭實驗」，他們把一些不相關的魚類，放在實驗用的珊瑚環境裡。活珊瑚是更理想的目的地（就像西倫敦），不過還有一片不太美好的死珊瑚碎塊在另一邊（就像貧民窟）。

　　根據觀察所見，這些鰕虎的衝突涉及追逐、頭撞和咬鰭。「牠們會相互打鬥，然後比較小的魚通常會退縮，但是仍會被追逐，而且會被追逼，直到被趕出去。」經過這些較勁，「輸家」魚被迫去到另一個地方（貧民窟），這就等於被逐出群體。黃瑪麗安的團隊發現，一旦低階者的體型超過高階者的 0.95，被驅逐的機率就會倍增。

　　所以那些鰕虎會調控自身生長，藉由保持較小的體型和較低的威脅性，牠們能夠享受群體社會生活的利益。黃瑪麗安的研究顯示，當低階者逼近那個關鍵係數，牠們就會開始節食。

　　「牠們會突然停止進食，」黃瑪麗安說。牠們進行禁食。「很驚人的是，即使我們提供過量的食物，要是牠們是在 93 門檻上，就不會去吃。這種鰕虎會對牠自己那麼做。被逐出的威脅很可能造成那種影響。這不是假的威脅，是來真的。」

　　此為「付出換留下」規則。社交接納的代價即是看緊你的腰圍、或是身材。研究顯示，其他魚類，像是尼莫這種小丑魚（*Amphiprion percula*），也有牠們自己的控制係數——牠們自己的魔術數字。因此，放逐的威脅在此真的限制了「獲取貪心放縱的成長，以致危及現狀」這種危險的顛覆行為。

　　如此的機制有助於穩定群體，減少代價很高的衝突和奪權。累積起來，這種被驅逐的威脅可以提高群體的生存能力和凝聚力。因此，放逐在兩個層面上，扮演某種威脅管理：首先，那會保護高階者；其

次，那同時也會提升和延長群體的生存能力。這是懲罰與合作的巧妙結合。

「關於放逐，你那些實驗可告訴我們什麼？」我問。

「喔，這種衝突解決方式，可促進社會群體的穩定。被逐出的威脅可能是社會控制的一種強大形式。我們相信，我們有可能會在許多動物社群裡發現這些機制。其他同事已經在研究狐獴、貓鼬、還有裸鼴鼠。你看過裸鼴鼠嗎？」

「我很想看看裸鼴鼠，」我說。

她笑了。「你一定要去看看裸鼴鼠。」

「那麼人類呢？」

「人類，」黃瑪麗安說：「也是動物。我想我們都活在受處罰的威脅底下。各種層面、各種方式都有，那確實控制我們的行為。被逐出會痛。當我看到大學或城市周圍的人，看到他們在做某些事情，我心裡會想：『噢，那樣超像雀鯛的（小丑魚屬於雀鯛科）。來啊，你是認真的嗎——那就是鰕虎的表現嘛。』當然，人類要複雜得多，但基本的社會行為是一樣的。」

在純粹巧合下，我們談話的時候，有一篇文章出現在我的推特訊息上，標題為〈孤獨如何影響你的健康〉：一項研究顯示，社交孤立會使罹患中風或冠狀動脈疾病的風險增加30%。「我覺得我完全不討人喜歡，」受訪者麥莉如是說，三十二歲的她經常苦於憂鬱。

「這些都是非常真實的社交問題，」黃瑪麗安說：「遍及所有社會性動物的羞辱和避之唯恐不及，全都一樣，都是要維持規範。我們人類就是一種社會性動物，因此，遭到排擠或放逐，勢必對我們產生非常強大的影響。」

「如何影響？影響我們去做什麼？」

「讓我們做出原本不會做的事情。我們的研究顯示，社會性動物很容易被操縱。事情就是這樣：群體規範影響我們，無論那規範是好

的⋯⋯」她停頓了一下,「還是壞的。是的,事情就是這樣,無論群體在做好事,還是做壞事」。

▶ 國際警察特遣隊

那一刻,她掙扎著是否按下「傳送」,只要按了就沒有回頭路,但是博科瓦奇(Kathy Bolkovac)並不曉得她的生活將會徹底改變。說得精確點:她熟悉的舊生活將會結束。她停頓了一下。

她知道自己正在考慮的事情很重大——那是毫無疑問的。可是真的那麼嚴重嗎?然而,她也瞭解自己的情況:她能走的路只有一條。

傳送。

那時候,就在 2000 年,博科瓦奇只是在國際衝突後「轉型正義」這部龐大機器裡,一顆很小很小的齒輪。她是三個孩子的媽,離過兩次婚,而且頭一次離家工作。

她家是在林肯市,那是內布拉斯加州的首府,深深坐落在密西西比河和落磯山脈之間的北美大平原上。博科瓦奇擁有一頭茂密的波浪金髮,還有一雙直視著你的眼睛。她的個性直接、認真、坦率,就是個大平原人。「我們住的地方,」她說:「都是農場、牧場,公認的大鄉野,那就是我們的家」。

她的家族姓氏其實來自克羅埃西亞,她祖父是在 1920 年代從巴爾幹半島來到美國。到了二十世紀末,他這孫女已經在內布拉斯加當了十年警察,並將重返祖居地。這一切之所以會發生,全是因為一張簡單的布告。

博科瓦奇當時年近四十,某天她看到那張傳單釘在警局布告欄,那是加入聯合國國際警察特遣隊(IPTF)的機會。在內布拉斯加這個大鄉野,加入一支國際特遣隊的機會是很顯眼誘人的。但接著有個不祥的破折號,隔開任務和地區,那後面寫的是波士尼亞。

　　博科瓦奇跟孩子們詳細討論這個職缺——這可得跨出很大一步。波士尼亞距離內布拉斯加的連綿農田很遠很遠，但這份工作會很像她一直在做的事情，因為她向來專門處理性犯罪，已經很有經驗。這份聯合國的工作是在塞拉耶佛，負責調查性侵害。博科瓦奇對自己的專業能力充滿信心，她辦案的定罪率將近百分之百。「祕訣，」她說：「在於取供。」

　　她那陣子正在籌措孩子們的學費（老大和老二都在讀大學），而國際警察特遣隊那份薪水是八萬五千美元，是她在林肯市警局賺的兩倍，相當誘人。然而，那張布告上面有個奇怪的標示，當時她並未多留意，就只是看過有印象，然後目光又轉回那 85K 的年薪。在那份印刷品上端，有個商標，那是美國國務院外包這項招募的承包商：戴恩公司（DynCorp）。

　　她沒聽過戴恩公司，但該公司是跟聯合國和美國國務院合作，所以當時她未再多想。這個專案是一項龐大的國際行動，而她只是個努力賺取孩子學費的內布拉斯加警察。她會盡力做好分內事，就像她一直在做的那樣——她會把自己投入進去。然而，她已經很有經驗，所以不會天真以對。「我就快四十歲了，」她說：「這是一份差事。所以，不，不是『博科瓦奇拯救世界』那種事，而是開始努力工作，兌現支票，確保孩子們的將來。」

　　話雖如此，「波士尼亞」一詞在內布拉斯加某處布告欄散發的異國魅力，確實很吸引人，她無法抗拒。她知道要是有幸獲得錄取，這將是一次很棒的經驗。然後，合約結束，她就回家。感謝你，戴恩公司——無論你是怎樣的公司。戴恩公司已獲國務院委派，他們正與聯合國密切合作，這很令人安心。

2. 受創的城市

　　被逐出任何群體，都意味著某種「社交死亡」。關於隨之而來的痛苦，最佳的表述來自美國心理學之父詹姆斯（William James）：「如果沒人在我們進去時轉過頭來，在我們說話時回應，或者在乎我們做了什麼……如果我們遇到的每個人都『完全不理我們』，而且當作我們是不存在的東西，那麼某種憤怒和無力絕望，很快就會在我們內在冒出，而最殘酷的身體折磨，將會成為一種解脫。」

　　但是在另一方面，正如密西根大學的動物學家亞歷山大（Richard Alexander）於 1974 年所述：「群體生活並沒有當然或普遍的好處。」

　　這兩種觀點，把我們扯入進退兩難的處境。究竟，社交生活是必須，還是多餘呢？

　　對於人類在內的許多物種，群體生活雖不容易，但離群索居卻是幾乎不可能。任何被發現有群體生活的地方，往往也被發現有各種模式的放逐。

　　許多非人類動物都被發現會放逐某些群體成員，而幾乎每個人類社會也都存在這種現象。但是，我們不能輕易推論，就因為非人類動物會將同類逐出群體，所以牠們這樣做的理由跟人類一樣。然而，非人類動物的情形顯示一種類似的過程，而且至少引發推論。社會譴責的目標往往違反某些群體規範，或被認為如此。由此觀之，放逐可被理解為疏遠可能惹事的社會夥伴——像是疏遠長到大得有威脅的魚。

　　在 1990 年代中期的坦尚尼亞，有一頭少年黑猩猩，因為拒絕循

例服從強勢雄性，而在一場集體襲擊中，遭到八頭雄性黑猩猩痛打。那頭少年黑猩猩被強行逐出群體。在那事件發生的十年前，著名的靈長類學家珍・古德（Jane Goodall）曾在坦尚尼亞的貢貝溪國家公園，觀察到可以相比的行為。有兩隻黑猩猩舉止怪異，其實是得了小兒麻痺，但牠們的異常行為使其受到排斥。牠們遭到孤立、受到攻擊。

對於歷史、人類學和跨文化紀錄的分析，證明人類放逐行為跨越時空、無處不在。在人類歷史當中，放逐可以是高度形式化的（就像在雅典那樣），並在實務上充滿儀式（譬如阿米許人這類緊密社群裡的拒絕現代化的行為）。這種現象可見於幾乎所有兒童遊樂場和其他活動場域，像是網路和社群媒體。人類喜歡跟其他人類群居的傾向，源自一項嚴峻的演化事實：落單的個體很可能會死亡；平均而言，落單的獨居人類更可能遭遇災難和死亡。

人類欠缺其他動物擁有的明顯防禦機制：速度、力量、體型。然而人們所能做的，而且擅長程度為大自然所未見的，就是在群體裡合作團結，一同狩獵、分擔勞動、共享食物或安全棲地。此外，人類幼兒的脆弱和成長緩慢，也造就群體生活的需要。

然而，群居有其局限。

跟其他人類一起生活，除了是一種解決方案，也是一項重大的生存問題：你常需要面對其他人帶來的鬼打牆的問題。

當我跟黃瑪麗安在 Skype 上閒談，一切突然豁然開朗。

「瑪麗安，」我說：「你對飛盤瞭解多少？」

「抱歉，」她說：「我沒聽懂。你是說飛盤嗎？」

「就是飛盤。」

「飛盤？」

「你知道的，」我說：「我之前在佛羅里達的這座海灘。」

「一座佛羅里達的海灘——還有飛盤？」

「瑪麗安，」我說：「我想有件事你需要知道。」

▶「佛羅里達」的東歐女孩

博科瓦奇在波士尼亞加入的群體，擁有來自世界各地的成員，他們都是想要幫助這個經歷最慘戰爭的國家進行重建。這裡發生的事情原本沒有名字。那名字是波士尼亞戰爭給的：這場衝突引進一個新詞到詞彙裡，那就是「種族清洗」。

這個詞也許早已有人在哪裡用過，但因為波士尼亞，如今大家都知道了。就算是在內布拉斯加鄉下，人們也都聽過。雖然事情發生在很遠的地方，而且中間隔著一片大洋，但當美國和北約開始轟炸，民眾偶爾也會在賣場裡，討論歐洲心臟地帶發生的這場可怕災難。竟然是在歐洲，這令人難以置信。

博科瓦奇的親友的擔心，是可以理解的。國際社會的下一步，就是要協助那些社群處理創傷並回復平靜生活。轉型正義、能力建構、伸張法治原則（尤其是調查性犯罪），全是值得做的工作。

博科瓦奇知道會有風險。這是一個主觀判斷（她知道這是一場賭博），但那些學費帳單一直來，而且她不會輕易被嚇到，如她所述，她可是個一百七十八公分高的「大骨架」警察。她遭遇過危險處境，曾經受傷、腦震盪、包上繃帶。「我不容易害怕，」博科瓦奇說。

孩子們都很鼓勵她。她可以向他們保證，該任務屬於調查工作，不會讓她直接上火線。

「不過，當時你覺得會讓自己面臨什麼？」我問。

博科瓦奇停頓下來。她從何談起？她該如何談起？她只能停頓下來，顧左右而言他。在我窗外有棵樹，葉子從樹上落下，飄降時快速旋轉，就像竹蜻蜓。「嗯，」博科瓦奇說：「哇……」

一到當地，這個荒廢的受創城市就讓她目瞪口呆。塞拉耶佛本身受害慘重。碎掉的窗戶、滿是砲彈破片痕跡的牆壁、還有彈坑——在

在顯示先前的圍城，以及大屠殺。這是什麼地方？她納悶想著。這裡發生過什麼事？「但我一直告訴自己，人們還在這裡生活，他們就是度過了那種事情。你知道，我們正在努力改善情況。」

她當過警察，她要幹回本行：去做警察做的事。

然而，波士尼亞具有可引爆的族群組合，當中包含穆斯林波斯尼亞克人、東正教塞族人、以及天主教克羅埃西亞人。在 1992 年到 1995 年間，戰爭無情肆虐，但戰爭的型態並非只有武裝戰士之間的傳統衝突。這場衝突的特性在於：採用恐怖手段對付敵對民族的平民人口。他們被強制遷離、關在集中營、挨餓、折磨、性侵犯、個別殺害、集體屠殺。這就發生在歐洲的心臟地帶、就在二十世紀的最後十年。令人難以置信。

在這場混亂過後，博科瓦奇的工作即是執行一項關於婦女受暴的計畫。聯合國國際警察特遣隊的工作，就是協助當地警方有效調查人權侵害事件，而其授權來自聯合國安理會本身。

有段時間會下很多雨，接著有段時間會下雪。積雪覆蓋一切、隱藏一切，就像一條漂亮毯子蓋著這座重傷城市。蓋著積雪，塞拉耶佛又再是個漂亮地方，就像曾經的那個城市，數座中世紀橋梁跨越一條寧靜河流。儘管今非昔比，人們還是生活在這裡，她要幫助他們。

幾個月後，博科瓦奇被調到澤尼察這座城市。澤尼察位於塞拉耶佛西北方一小時車程。她被派去負責當地一項對抗婦女受暴的聯合國計畫。不久之後，她就成功告發波士尼亞第一件家暴案。

接著，有一天在波士尼亞河（這條河發源於伊格曼山高原，往下流經澤尼察），發現一具屍體。那是一個年輕的烏克蘭女孩。她的後腦勺被打得凹陷，她是先遭殺害，再被棄屍河中。

不久之後，另一名年輕女子，一名迷路又迷惑的摩爾多瓦女孩，被發現一個人恍惚搖晃、沿著河岸而行。她被當地警察載了回去，但他們不知該如何處理，於是將她帶到博科瓦奇的辦公室。

博科瓦奇試著跟她面談，但那女孩深受創傷。她的裙子短到不能再短，上衣全是閃亮亮的亮片；再往上看，她的脖子有一塊塊瘀傷，連胸部和手臂也有。整個人看起來還像個孩子。她討了一根香菸。

當這兩個女人面對彼此，年輕的那個像在唸咒一樣，一再複述一個單詞：佛羅里達……佛羅里達……佛羅一里一達。

博科瓦奇先是感到困惑，然後想起瞥見過有間破落酒吧或俱樂部叫作佛羅里達。她開車出去一探究竟。

當她終於開著聯合國卡車抵達，那棟位於城鎮邊緣的破建築裡空無一人。也許那女孩（她的名字是維克托莉亞）弄錯了，或者說錯地方。這裡什麼都沒有，已經廢棄了。然而，「佛羅里達」這詞反覆被唸著，唸得那麼緊湊迫人，博科瓦奇認為事有蹊蹺。她在當警察的時候，面談過很多人，知道人們何時是在說實話。那就是博科瓦奇在做的事情。

門是開著的，真是怪了。一張張桌椅翻倒在地，吧臺散落著沒喝完的啤酒。吧臺後面有個金屬盒子，裡頭放著一疊疊美鈔，在一個外幣就像金粉的國家裡，那可是一大筆錢。然而，讓她膽顫心寒的，是在鈔票底下發現的東西。那是一堆護照，而且全都一樣：來自東歐各國的年輕女性。羅馬尼亞、烏克蘭、摩爾多瓦——維克托莉亞的護照。那是一個更快樂、更健康的維克托莉亞：面露微笑、懷抱希望、沒有瘀傷。維克托莉亞是對的，事情是在這裡發生的。

博科瓦奇走到外面，掛在外牆上要掉不掉的，是一具破舊的逃生出口燈。帶著幾分戰慄，她爬上梯子，金屬梯板在她的腳下嘎嘎搖晃，晃動建築本身。爬到頂，有一扇木門，是鎖著的，但經日晒雨淋，現已失修。一切都已失修，波士尼亞也是。博科瓦奇把門踹開。

在門後，驚恐抖縮，藏在一間鋪著兩張髒床墊的房間裡的，是七名年輕女性。

3. 別讀此信

　　以研究「放逐」著名的威廉斯（Kipling D. Williams），目前六十歲出頭，留著極短的花白頭髮，搭配一臉修剪整齊的鬍髭，現為印第安納州普渡大學的心理學教授。不過，他是在華盛頓大學讀大學那時，開始進行實驗室研究的，那需要很多大鼠。幾年後，他發覺自己受夠了大鼠，其實自己更愛跟人合作，尤其是在最有興趣的領域：社會影響。他如願以償。到 1980 年代中期，威廉斯成為德雷克大學（位於愛荷華州狄蒙因市）的年輕助理教授。改變他人生的那天，就像平常日子，他只是帶著狗到公園散步。

　　「她是一隻混種狗，」威廉斯說：「叫作米凱羅。我知道、我知道，就是那個啤酒牌子。我是在當學生的時候得到她的。她身上混了德國牧羊犬、柯利犬，還有一些其他品種。非常親切的狗狗。」

　　男人與狗正在湖邊休息，自顧自的坐在毯子上，這時有個東西從地上滾向他背後。威廉斯轉身去看，發現是個飛盤。

　　「我轉頭看到有兩個人正在等我回傳，就把飛盤撿起來丟回去，也沒再多想什麼。誰都會這麼做吧。可是讓我驚訝的是，接到的那個人又把飛盤丟向我，其實是丟回給我。我們沒有說話，但我們就開始玩飛盤。」

　　在公園互動（在當中我們會接觸各種陌生人）的複雜詞彙裡，那是「一種邀請」，威廉斯說。這場遊戲始於一般的正手擲盤，還有反手擲盤和倒盤槌式。然而，過了大約兩分鐘，那兩人不再將飛盤丟向

威廉斯，就像開始的時候一樣突然。

「一開始，我覺得有點奇怪，好像他們是在捉弄我一樣。然後我發現飛盤不再丟向我。」

威廉斯出局了。

「這件事讓我覺得自己很蠢。感覺很糟、糟透了。那很尷尬，就像被羞辱一樣。我覺得很受傷。」

他試著找出合理的理由。幾分鐘前他甚至不知道那兩人在那裡，以後也很可能不會再見。「所以，為什麼我會為了這麼小的事，覺得這麼糟？為什麼我要在乎？」

為什麼我們要在乎？為什麼我們顯然在乎？這促使我們恐懼人們內在的某種人性典型——放逐者。

▶ 無聲儀式開始了

博科瓦奇錯了，那些無名之事並未結束，如今仍在發生。是怎麼發生的？她是個警察，她要去調查。

博科瓦奇在「佛羅里達」夜總會樓上門後發現的七名年輕女子，都顯得憔悴、疲憊而又驚恐，驚恐得說不出話。她們是另一種戰爭的受害者，但參戰者是誰？戰掠物又是什麼？

她發現，這些年輕女子淪為某種形式的債奴：護照被沒收，並被迫償還「交通和食宿費用」。正如人權觀察組織（HRW）的波士尼亞與赫塞哥維納報告所詳述，她們能夠得到的受雇工作只有性工作。實際上，那些女子所背負的債額，就是人口販運者購買她們肉體所付的價錢。年輕女子有時會被賣掉好幾次，這樣的買賣市場是存在的。而在塞拉耶佛，她們被送去、扒光、戳弄及檢查的實體交易場所，就叫作「亞利桑納」。

試圖逃避這般可怕前景的女子，會被抓回來，還會挨打，或者落

得浮屍河面。愈來愈多年輕女子來到博科瓦奇這裡。她們來自遠如俄羅斯的國家，全都述說著類似的故事：她們如何被騙、上當、受辱、買賣，然後遭受性剝削。加總起來，波士尼亞大小城鎮共有超過兩百個這種夜總會，在交易被販運的年輕女性。

博科瓦奇還發現別的事情：國際警察工作隊有許多成員，不但跟這些弱勢的年輕女性發生性行為，還跟販運者收錢通報消息，像是何時發動查抄，或是哪裡可以抓回獲救女孩以便「回收」再供性剝削。

博科瓦奇決心對此有所作為。無論代價為何，她都要揭露弊端。首先，要讓每位關鍵人物都知情。

她草擬了一封電郵，列出她發現的所有弊端，然後把信寄給戴恩公司和聯合國數十位最高層人員，最高寄到聯合國波士尼亞與赫塞哥維納特派團的團長。她希望：此信能夠打破虛幻的泡影，高層人士讀過之後，就會覺悟過來。他們將會警醒起來，怎能不會？她在該電郵的主旨欄裡，鍵入以下文字：

別讀此信，如果你會反胃或心虛的話。

她按下「傳送」。

博科瓦奇立刻被請去參加高層會議，並因揭發這般惡劣慣行而獲感謝。調查委員會急速成立，配賦緊急資源，以支援她的工作和那些受虐和被剝削的年輕女性。博科瓦奇的英勇之舉，被認為證明了聯合國特派團的清白。這就是他們在此的理由。

以上是應該發生的事，以下是實際情況。

太陽依舊升起、照耀大地，而幾百名年輕女子也繼續受虐。博科瓦奇愈是談論性奴役，就愈遭同事冷落。她在自助餐廳裡遭到孤立，就像帶著某種傳染原一樣，大家對她避之唯恐不及。

在她周圍，情況有如石片正被刻劃；就像客蒙一樣，她的名字正被刻寫。那種古老做法、那種無聲儀式，開始了。整件事玄之又玄，彷彿時間正在循環，自助餐廳變成阿哥拉，巴爾幹變成雅典。

大家開始弄亂她的檔案，文件失蹤不見，上級將她調離個案，她的調查被蓄意妨礙。她的處境變得愈來愈難以忍受：她被調離現職，離開防制人口販運辦公室，離開人權工作，先被派去檢查無線電和接聽電話，接著就遭到停職。一連串指控都朝著她來，然後她就被解雇了。死亡威脅開始出現。

正如博科瓦奇所言，「你最好有心理準備會失去工作、失去職業生涯、失去銀行存款、失去退休生活，因為你會被抹黑，他們會做他們所能做的一切去傷害你。」

▶ 現代形式的放逐

做為核心生存策略，人類（還有其他動物）必須能夠敏銳辨認疾病徵象。這可以很簡單，像是避開打噴嚏的人。然而，疾病和異樣之間存在著複雜的交集。異樣行為也可能是危險的指標，像是珍・古德的小兒麻痺黑猩猩所表現的那樣。於是，這類系統也可能警示我們去注意異樣社會行為發出的危險徵象，那種行為的一個例子就是：做了不合規範的事。那正是博科瓦奇在波士尼亞所做的。

我們擁有許多現代形式的放逐，從在臉書和推特上刪除好友和取消追蹤，到英國政府最新的政策建議：歸化公民被判犯下恐怖主義相關罪行，應予褫奪公民身分。監獄也是某種形式的放逐。

在米亞特死於少年觀護所之後，我跟劍橋的同事進行研究，發現放逐會作用在好幾個層面。引人矚目之處，不僅在於這些年輕人受到的社會孤立和封鎖，更在於他們是受到如何看待：看成某種傳染原。他們被看作犯行、而非孩子。少年觀護所的管理員認為這些少年收容

人是截然不同的，是不同的「類型」。管理員描述這些孩子的用語，大多包含動物意象：必須在少年觀護所裡驅趕他們，「就像趕牛羊一樣」；必須「供食和供水」；必須小心他們的「狗咬狗」作風。

我們在米亞特的死因調查裡發現，雖然那些管理員負責照看的是社會裡最容易受傷害的一些孩子，但當中有某些管理員卻自稱是棒打者、碾壓者、毆打者、軋碎者。我們發現，儘管這是個青少年觀護機構，但他們用一張星星圖表來進行「本週之星」比賽。這個明星就是最常被管理員壓制的孩子。這引發一場危險的沉淪，先是貶損，再來是妖魔化，最終就是去人性化。所造成的情勢讓管理員容易對少年收容人危險使用暴力。那種做法發生在全英國各地。這會導致受傷，有些孩子失去知覺，其他人則是骨折。有個年輕人雙腕都骨折了。

整場沉淪，終於帶來死亡。

米亞特的母親帕姆在死因調查一開始，她說：「警方從我身邊帶走他的時候，我以為他會平安無事，一定會回家，回到我身邊。」她說她在兒子死後，不曾收到道歉或伸援。「這幾乎打斷我的生命，」帕姆說。

所以這是帕姆提問裡的另一部分，另一條關於那房間發生什麼事的線索。如同許多少年收容人，米亞特也遭社會放逐。那些少年收容人被貶低、忽視，還有虐待。太多時候，暴力被不當用於他們身上。在陪審團作出裁決後，帕姆告訴等候的記者群，面對她兒子的事已夠難受了，然而，聽到傷害在多年來一再發生，孩子們一直抱怨卻沒人聽，那讓人更加難受。非政府組織「死因調查」（INQUEST，該組織專門處理有爭議的死亡案件）的共同總監柯爾絲（Deborah Coles）說，米亞特之死「完全可以預防，那是一場等著發生的災難」。事實就是這些年輕人受關押、監禁、拋棄。我們不太關心我們拋棄的東西。

帕姆在法院裡被問到，怎樣才能幫助她往前走，她回答：「找到真相。」

　　博科瓦奇一直試圖揭露真相，但如今她被逐出了。博科瓦奇遭放逐了。她控訴戴恩公司非法解雇，而她的訴求就是：她因為做了法律上所稱的保護舉報（protected disclosure）而被妖魔化和放逐。她當了吹哨者，結果引發一場辯論激烈的法庭案件。在訴訟過程當中，戴恩公司確認有三名員工因嫖妓遭開除，還承認其中一人「買了」一個「性奴隸」，並將她置於自己的公寓。他付了七百美元。

　　博科瓦奇贏了。法院判定，戴恩公司之所以開除她，是因為她努力讓人注意人口販運案，而且揭發腐敗。正如法院所裁定，這家公司「脅迫該名應募者，並堅決將其調離性別監督工作。」庭長說：「很難想像，有哪個案子裡的公司會做得更冷酷、更狠。」」

　　然而，博科瓦奇發現她不可能重拾國際執法工作。正如法院所發現的，博科瓦奇的作為使自己變成一個「被標記的女人」。博科瓦奇如今跟她先生住在阿姆斯特丹附近，而且「回到校園」，這是她的講法。如她所述，「我還在努力要找出我的事業是什麼。」

　　在波士尼亞涉入性販運和賣淫活動的那些職員，無人遭到起訴。戴恩公司後來在伊拉克、阿富汗和海地等地，拿到一連串利潤豐厚的軍事合約（我們將在〈第六種人性典型：結夥者〉談到海地）。在撤銷上訴博科瓦奇不當解雇判決的三天後，戴恩公司就獲得美國國務院的合約，將在伊拉克提供維安服務。

　　「當你吹了哨，」博科瓦奇說：「多年來的歷史和經驗都顯示，你不大可能成功。那是我從之後認識的吹哨者那裡學到的。」

　　為什麼會發生那種情況？她可是在做正確的事，揭發一場惡劣的人口販運，並揭露年輕女性如何被火燒、被毆打、變得麻木，然後遭受全面的性剝削。她所服務的組織怎能不但忽視她，還冷落她──甚至放逐她？

　　科學可能會有答案。

4. 安全圈和苦難

　　研究「放逐」的心理學家威廉斯，知道那很重要——因為公園裡的擲飛盤事件傷了他，他知道那反映我們身上某件要緊事。「他們把我踢出遊戲，讓我覺得自己像個隱形人，」威廉斯說：「就像我沒存在過一樣。」這場飛盤遊戲只持續了兩分鐘，而他納悶的是，那般排擠如何傷人、又為何傷人？那是怎樣的痛苦？他知道他得將這種情境置於實驗控制之下。

　　八年來，威廉斯都想研究放逐現象，只是想不出辦法來做實驗。直到在公園裡，當他跟愛犬米凱羅坐在毯子上，滾向他背後的飛盤才給出了線索。他要去玩飛盤，不過是網路版的。「在實驗室裡操縱，真是乾淨俐落。」

　　在普渡大學的實驗室裡，威廉斯與同事開始使用一些策略來操縱人際相遇。他們在仔細建構的網路遊戲裡，進行操縱、製作痛苦，排斥某些自願受測者，也讓某些受測者受到忽視或拒絕。有些人被逐出聊天室，其他人則只受到不被理睬的刺痛。一切手段都是意在傳送社交痛苦。

　　「我們想要看看，我們能把這種事件弄到多小，然後還是可以造成遭排斥的感覺，」威廉斯說。他成功了。目前有大量實驗研究，記錄大腦如何收錄這種痛苦。那些研究顯示，我們徵用的神經系統，就跟經歷身體創傷時徵用的神經系統相同或相似。因此，有些腦部結構被觸發，像是評估疼痛程度的前腦島（anterior insula），還有跟身體疼

痛情緒有關的前扣帶皮質之背側區（dorsal anterior cingulate cortex）。

加州大學洛杉磯分校心理學系的艾森伯格（Naomi Eisenberger）在〈碎心與裂骨〉（Broken Hearts and Broken Bones）一文指出，儘管我們能區分這兩種疼痛，但兩者似乎共用神經生物學和神經上的基底。艾森伯格提到，當人們談到社會排斥，他們會用「他傷害我的感情」或「她傷了我的心」這類講法。這適用於各個文化，幾乎每種語言都用身體痛苦來描述社交痛苦。艾森伯格認為，事實上，在人類的演化過程裡，社會聯繫及依戀系統可能「搭載」在身體痛苦系統。因此，相關的心智模組可能並非單獨發展而來、可能並非完全獨立。於是，人們所描述的社交痛苦並非只是譬喻，而是真的會痛。

這些研究的一大發現就是：事情就像威廉斯所言，不論我們如何裝腔作勢，社交痛苦「的初始效應對大家的傷害都差不多，個性不同在一開始似乎並沒有太大影響。分歧在於我們如何應付，個別差異就出現在這裡，不過大家痛的程度差不多。」

痛苦是一種社會控制的方法，在動物界廣為各種社會性動物所運用。能夠放逐偏差份子或麻煩份子的群體，會變得更團結。然而，隨之而來的是，被放逐的動物前景不佳。正如黃瑪麗安所言：「當你出局，你就被吃掉。」這般極端結果不限於發生在非人類動物身上。

2013 年，昂斯沃思（Joshua Unsworth）在聖則濟利亞天主教高中就讀十一年級，該校位於蘭開郡的朗格里茲鎮。他跟父母住在一間改造農舍，位置就在附近的古老村莊葛斯洛格。雖然居住在偏鄉，昂斯沃思也會上 ask.fm。這是一個社交網站，創設者為兩名俄羅斯企業家：伊利亞·特雷賓（Ilya Terebin）和馬克·特雷賓（Mark Terebin），這兩兄弟的父親是一位紅軍軍人。該網站設在拉脫維亞的首都里加，不受任何實際管制。有爭議的是，該網站允許匿名向其他用戶發表評論或提問題，這項特色被兒童保護組織稱作「纏擾者的天堂」。

在好一段時間裡，昂斯沃思在 ask.fm 上，一再聽到別人說沒人

喜歡他。其中一條訊息寫道：「老實說，沒人在乎你，就連你爸媽也不要你，他們就快把你送去寄養了。」

2013 年 4 月 4 日上午 6 時 50 分，昂斯沃思被發現上吊於自家農舍後方的土地。醫護人員獲報趕來，但他仍被當場宣告死亡。

僅在這自殺事件的數月之前，昂斯沃思才發布了一段 YouTube 影片，他在影片中說他看到在社交媒體上，年輕人之間有多麼大的絕望。他說他想出一個主意來幫忙。他會試著支持任何覺得孤立和孤獨的人，方法就是貼出他的手機號碼，他願意跟任何有需要的人，來一場「友善閒聊」。昂斯沃思死了，時年十五歲。

▶ 不能忍受疏離

2000 年，威廉斯發表一項他跟普渡大學同事一起進行的研究。利用被他稱作「網路球」（Cyberball）的那種電腦版飛盤遊戲，他們讓一千四百八十六人，玩一場丟球遊戲。威廉斯告訴受測者的「幌子主題」如下：這項研究旨在探索受測者對於玩家是誰、溫度如何的「心理視覺化」，而誰接到球並不重要。

事實上，一切都跟誰接到球有關。在一開始被接納幾次過後，受測者將被排擠出去，螢幕上其他玩家會自個玩下去──彷彿受測者不再在場，變得隱形。那些遭受這種社交冷落的人（雖然那是虛擬的）後來在受訪時描述，他們的自尊、掌控力、歸屬感和生命意義，全都顯著降低。這不是「真實的」人生，這只是一場虛擬遊戲，玩家是他永遠不會遇見的匿名者。儘管如此，他們仍然感覺那是真實痛苦。

「這跟那些被接納的人形成對比，所以，那是在統計上可靠的降低。實在的事發生了，」威廉斯說。即使有些獲選的受測者被告知真相，亦即螢幕上的玩家其實皆由電腦產生，而非網路彼端的其他人，他們還是受到負面影響。這讓威廉斯與同事認為，那是一種相當「原

始」的反應，是在內心深處的感受。

「我們可以看到，」威廉斯說：「在磁振造影機裡，他們的大腦會在沒接到球的時候觸發。我們可以看到前扣帶皮質之背側區的明顯觸發，那裡正是人們在經歷身體疼痛的時候，被觸發的大腦區域。」

光是關於「網路球」，目前就有超過一百七十五篇已發表的論文或分析報告，受測者從七歲到八十五歲都有。在荷蘭的一項平行研究中，即使當接到球需要賠錢，沒接到球的受測者仍會感受被排斥的痛苦。即使所玩的遊戲是要拋接一枚隨時可以消滅一切的假想爆炸物，大家還是想跟別人一起玩。

「這麼想好了，」威廉斯解釋道：「這在概念上就像是你覺得很糟，只因為你沒被邀請去玩俄羅斯輪盤。那種衝動就是這麼強烈。」

被排斥（或被放逐）會威脅到我們的某種需要，那就是想要覺得有歸屬感，覺得自己值得注意，而非隱形人。正如威廉斯所言，這是一種「會持續作用」的痛苦。任何人對於這種社會排斥的反應，都是根本而激烈的。

2004 年 11 月 24 日星期三，這是印第安納州瓦爾帕萊索高中在感恩節假期前，最後一天上課的第一節課（從普渡大學網路球實驗室，沿著六十五號州際公路行車往北九十英里，即可抵達該校）。在西班牙文裡，瓦爾帕萊索（Valparaiso）意為天堂谷，很巧的是，事情就發生在西班牙文課準備播放影片之際，就在快要八點的時候。

在放映影片之前，盧爾克（James Lewerke）這名十五歲的班上學生，主動提出要去關上教室的門，還有把燈關掉。他站了起來。他的老師多比斯（Ashley Dobis，州眾議院議員之女），以為他只是熱心幫忙。學生在她面前，往往都表現得很好，他們都喜歡她——多比斯小姐在 ratemyteacher.com 的星級評價是：「她超讚的，她是全世界最棒的西班牙文老師，或者就是全世界最棒的老師，我愛她——五顆

星。」所以當多比斯小姐表示同意，盧爾克便站了起來。這孩子通常很安靜，成績也很好。然而，當他轉身面向全班，多比斯說：「他的雙眼就露出那種凶光。」盧爾克拿出一把砍刀和一把鋸子。

他用那些武器砍傷七名同學。

當盧爾克衝出教室，幾位勇敢的老師將他制伏，其中一位老師把染血的砍刀踢離學校走廊。後來，盧爾克告訴警方，他之所以無差別攻擊同學，是因為「他們全都那樣對他」。在那場暴行之後，《印第安納波利斯星報》報導：「今年秋天，他在學校裡就像隱形人，就連坐他旁邊的幾位學生也不知道他名字。」

「我沒發瘋，」十六歲的伍登（Luke Woodham）對精神醫師說：「只是生氣。」伍登是在 1997 年 10 月被捕，原因是他在密西西比州珍珠中學的自助餐廳裡，拿著獵槍開火。他造成兩死七傷。「這輩子，」伍登說：「我一直都被嘲笑、被毆打、被討厭。」

史考特（Adam Scott）說：「這就像一部恐怖電影。」史考特是被伍登射傷的學生之一。

「為了治癒被當隱形人的痛苦，」威廉斯說：「我們會去刺激別人來關注我們，強迫別人承認我們的存在。排斥是一條繩索，串起一件件校園暴力個案。」

2003 年，杜克大學心理學家利里（Mark Leary）與同事發表一份關於 1995 年以降、美國校園槍擊案的統合分析，題為〈嘲弄、排斥和暴力〉。他們發現，在所有事件裡，有 87% 的主要成因是急性或慢性的社會排斥。在那段期間，有四十名孩童被槍殺於學校走廊和教室裡。

「他們已經不再想要受人喜歡，或不再想要重新被社會接納，」威廉斯說：「他們可能還會想要靠著他們的行動、甚至是死亡，來留名。藉著做他們正在做的事，他們將會被注意，他們將不再隱形。」

「當動物感受極度的身體疼痛，」艾森伯格在《拒絕》（*Reject*）這部關於社會排斥的影片裡說：「牠們其中一項立即反應，就是攻擊身邊的東西，無論那是什麼。這解釋了為什麼人們在覺得被排斥之後會有攻擊性。調控身體疼痛的系統和調控排斥之痛的系統，這兩者的交疊程度，意味著人們對社會排斥的反應可能就是變得有攻擊性。」

我們會掃視社交視野，尋找我們被接納、或有不被接納之虞的線索。此外，研究顯示，人類發展出「行為免疫系統」來限制我們去接觸有礙健康的威脅，例如病原體和寄生蟲。然而，這種系統也可能極度敏感於其他種種「異樣」跡象，像是某個人違反了既定的群體規範或行為模式。

實際上，我們看到在不同類型「痛苦」下，被徵用的神經結構都差不多，無論那痛苦是身體的（從演化上來說，這裡可能是相關系統最先發展的地方），還是社交的（這部分的發展可能較為晚近——從演化時間而論，那涵蓋了過去幾百萬年；在這段期間裡，人科動物已生活在社會群體）。實際上，有證據顯示：那些被看作違反團體規範的人，如何被當成有病。我個人關於少年收容人的研究，也發現上述現象的證據。更有甚者，有些孩子相信自己受到汙染了，有些則像迦納的安東尼那樣，相信自己微不足道，或者更糟。

▶ 解決問題？把提出問題的人解決掉！

我們在做什麼？

根據這種分析，認知系統可能已經發展到能解決常見的重大生存問題，包括群體生活問題。偏離規範所觸發的系統，可能近似旨在疏離傳染原的系統。忠實堅守群體規範的成員，會避開那些背離或違反規範的個體，就像避開帶病者那樣。因此，排斥等於一種可被視為某種隔離的社交孤立，其終極制裁就是徹底逐出群體。

博科瓦奇最終被逐出群體，後來也沒再回去。博科瓦奇確實身懷傳染原——那傳染原就是真相。在非法妓院和後街酒吧的濁暗世界裡（裡面關著年輕女孩，外面會有國際機構用車停車光顧），她的確違反某種規範，她大膽挑戰了卑劣的現狀，她挫敗了這個陌生微世界的祕密共謀，那種野蠻事情摧殘了戰後波士尼亞。

如果說，放逐真的被群體成員當作一種威脅管理和社會控制，用於那個在戰後波士尼亞、近乎自主運作的失常世界中，那麼博科瓦奇就是被看作威脅。構成威脅的不只有她，還有真相。

因為博科瓦奇與真相對現狀太危險了，那些在國際干預後大賺其錢的害人勾當，恐將因而無法繼續。這將危害許多人的工作、職涯和錢包、貪婪、欲望和權力，並將令人強烈質疑聯合國該項國際任務的正當性。

要怎樣才能處理那麼巨大的風險呢？方法就是放逐那個傳訊者。

將她放逐，實行了兩項可見於大堡礁鰕虎魚群的威脅管理方式：保護和促進。那麼做保護了那些受益於剝削年輕女子的人，而且促進並延續群體的（失常）現狀。

從行為生態學來說，盛行於群居動物群體的「付出換留下」模式意味著：博科瓦奇要留在戰後波士尼亞的失靈小世界裡，就得有所付出。那個代價就是保持緘默，而她是不願意付的。

▶ 懼怕「社交死亡之吻」

當飛盤飛向威廉斯，那片改變他智識生活的飛盤也帶著關於人類溝通和聯繫的訊息。當然，自個丟球或丟飛盤可以提供同等或更好的運動效果，只是這對人類來說沒什麼意思。那不好玩。大體上，我們想要待在別人身邊——至少在某些時候如此。然而，在同時間，我們雖然通常不說，但卻有點害怕玩樂結束、害怕被剝奪，也有點害怕被

解除好友或取消追蹤。這一切是為了什麼？

除了一些相對少見的例外，我們大多數人都需要跟陌生人玩起即興的人生飛盤遊戲。未來或許會有互動的機會，意味著那些遊戲代表一種可接受的風險。然而，是什麼風險？答案是：排斥的風險，不同程度的放逐的風險，「社交死亡」的風險。

艾森伯格認為，遭社會排斥引發的心理刺痛可能是一種迴避適應（avoidance adaptation），是要教人避開那些可能導致遭排擠的行為，這是一種促進社會聯繫的方法。

威廉斯的看法也大致相同，他說：「我認為這是有演化基礎的。我們是做為社會性動物來演化的，而對一個社會性動物的生存來說，很重要的就是跟同類維持關係。所以，我們天生就能察覺可能失去這種關係的跡象。」

然而，那種團體關係並非平白而來。那是要付出代價的。

團體有各種規範和各種規則，這些規範和規則調控、產生和再生社會秩序。排斥或放逐（以及威脅要把你放逐）扮演一種社會控制，是在強制各成員遵守規範——即使那種秩序不公平或不公正，抑或病態而有害。排斥和放逐的力量，來自於那對準了我們的脆弱和不安：懼怕不歸屬，那終究就是懼怕落單。

「所以我們看到，」威廉斯說：「對於排斥的行為反應，出現一些有意思的模式。對許多人來說，他們更願意配合某個意見一致的團體，即使該團體的感知判斷顯然是錯的。他們會直接遵從。他們會更有可能配合命令、服從命令。」換言之，他們變得更容易接受社會影響，以避免威廉斯所謂的「社交死亡之吻」。

另外還有一種反應。那種反應更為激烈，就像我們見於瓦爾帕萊索高中——還有其他上百處的暴力現場。

對於「遭社會排斥，被認為不配合、不歸屬」的懼怕，很可能導致博科瓦奇所發現的人權侵害事件受到制度性漠視。他人遭受苦難，

而我們留在安全圈裡。所以事情繼續下去，安全圈和苦難都是。

那種懼怕，從我們想融入社群的需求裡榨取養分。要有博科瓦奇那種勇氣，才能違抗。

博科瓦奇不懈支持受剝削年輕女子的人權，終於使得那些涉嫌參與人口販運的官員辭職。但還有很多需要做的事，而且是很多很多。那些官員沒人被起訴。「正式控告從來都沒出現，因為誰都不允許任何一項調查完成，」博科瓦奇說。

2010 年，聯合國放映一部關於博科瓦奇事蹟的電影，並且邀請她演講。在另一場合，潘基文祕書長主持一場小組討論，探討關於戰亂局勢後的性侵害、人口販運和強迫賣淫。博科瓦奇當時擔心人們並未真的記取教訓，而她絕對有權保持疑慮。正如我在幾年後寫下的，有人指控包含聯合國和非聯合國人員在內的國際維和人員，在中非共和國對婦女進行嚴重的性剝削。

在挪威劇作家易卜生的劇本《人民公敵》裡，斯鐸曼這位挪威某處富裕溫泉小鎮的醫師，成為公憤對象，因為他指出該鎮的泉源被汙染了。他告訴鄰居，他們應該停止利用謊言牟利。斯鐸曼家裡的窗戶被砸，全家人被房東逐出，而在學校教書的女兒也遭開除，該鎮還通過一項決議，要求任何人都不得再雇用這位醫師。斯鐸曼被迫離開該鎮，因為他拒絕對真相保持沉默。

我問博科瓦奇是否知道這個劇本。

「我有自己的版本，」她說，雙眼注視著我。

「可是你並不想要。」

「不想要，也不需要，可是能怎麼辦？」那是來自北美大平原的堅忍。「你知道嗎，這些年來，大家一直問我，我的勇氣是從哪兒來的？我是怎麼辦到，又是怎麼不退讓的？即便我遭人排擠、針對、攻擊。唔，那是件很簡單的事。」

在我窗外的是那棵樹。樹葉不斷掉下，被脫落、拋棄，在她說話

時飄降。「對就是對，錯就是錯，」博科瓦奇說：「我認為事情總歸就是如此。」

▶ 我們既是放逐者，但也受其所害

「沒錯，」我告訴黃瑪麗安：「我是說飛盤。」

所以我將我所知道的，告訴她。我把威廉斯的研究寄給她，也把她的魚類研究寄給威廉斯。我們正在籌劃一支小型（但完整的）研究團隊，某種新鮮玩意，因為他們的驚人研究——魚和飛盤，一直叨念著我，不讓我休息。還有另一項關聯，讓我花了點時間才確定，然後我就懂了。

我深深相信，鰕虎魚和飛盤玩家暗中連結到本書稍後要談的另一種人類行為，那種行為是我一直試圖對抗的：FGM——女性外陰殘割（female genital mutilation）。

鵜鶘再次從空中飛過（我覺得就是之前那群），牠們的長喙在另一波低掠中，劃過佛羅里達天空。我把飛盤丟回那些百慕達短褲男，可是突然刮起風，那飛盤就要觸及他們，但卻巧妙懸停，停在他們指尖一英寸外，然後突然向我回飛。

「看來它想回去找你。」

「它喜歡我，」我一邊回答，一邊撿起飛盤，「看來你們玩得很開心。」

「超棒的，」他說：「你哪裡來的？」

「倫敦。」

「老兄，我得去那裡，我有家人在那。」

「在倫敦嗎？」

「是的，就在斯勞鎮。」

那對我們來說不太一樣，不過只有英國人才會懂。因為桂冠詩人貝傑曼（John Betjeman）給了一段頗為苛刻的著名評語：「來吧，友好的炸彈，落在斯勞吧，那裡現在不適合人類。」

「你知道斯勞鎮？」那位飛盤客問道。

世事多變。後貝傑曼時代的斯勞鎮，面臨不同的問題：英國前幾高的 FGM 發生率。同時，那裡也有人加以對抗。「我知道斯勞鎮，」我說。

「老兄，我得走了。」

「當然，請便。」

不同於威廉斯，我並不設法去跟陌生人玩遊戲。不過我會閒聊，而那又是另一種遊戲。

我們會放逐別人，也會被別人放逐；我們既是「放逐者」，但也受其所害。放逐有如手術刀直刺人心。神經系統會被觸發，迴避系統會被啟動，社交痛苦感覺就像真實痛苦。那是真實的。無論相關的心智模組是獨立發展而來，還是徵用原先存在的身體疼痛系統，我們都時常注意到社交痛苦的訊號。

接納和排斥事關重大。排斥的後果可能是：教室裡出現鋸子、染血的砍刀被踢離學校走廊、在實境節目中被驅逐之後的割腕、昂斯沃思這般好心男孩從父母的農舍悄悄走進樹林……

可可海灘那些男人，繼續玩著沒有我的飛盤遊戲。我再次走向水邊，但如今看不到箭形船，也看不到那兩個男孩：安東尼和麥可。大西洋仍是大西洋，令人寬慰。掠影在洋面上飛衝，排成幾何形狀；我用手掌遮在眼睛上方，看著鵜鶘消失於卡納維爾角彼端，還有太陽滑落巴納納河潟湖。

第三種人性典型

制懼者

瞥了一眼，我就知道這片地貌跟我見過的一切有多麼不同。
——達爾文，1832 年 12 月 17 日看見火地島的日記

1. 時候到了

窗外遠處傳來模糊的嚎叫聲。

你在黑暗中，走進女兒房間，看到她在 iPad 上寫的信，是寫給你的。

外頭傳來更多嚎叫聲，是夜裡那種可怕的尖叫。

你女兒躺在床上，iPad 就擱在她肚子上。你注意到 iPad 的剩餘電量：49%。事情有點奇怪。

通常你會看到螢幕保護程式（你看過上千次了）——她和愛犬在沙灘奔跑的老照片，那隻小獵犬名叫莎莉。然而，那已是好久以前，後來發生許多事情，在這麼長的時間裡，你都得照顧她。但是，現在你之所以能讀到這兩段密密的文字，只會代表一件事：她關掉了螢幕保護程式。她想要你發現她寫的東西。

當晚是個星夜，遠處的幼狐（最近剛出生的一窩崽子），嚎叫得愈來愈厲害，而夜裡的空氣明顯帶著寒意。隨著你讀下去，隨著你帶著漸增的驚恐用眼睛掃過每句話，另一種寒意開始滲透你全身。

　　親愛的爸媽：

　　我知道你們愛我，或許超過我所應得的。大家都知道我是個牢騷鬼，但我希望你們也知道這不是——不是真正的我。我有好久都不是真正的我了。真正的我是當年那個女孩，她太快在聖誕樹下拆禮物，讓你們笑著叫我別急，她穿著媽你為了學校音樂會和《約瑟

的神奇彩衣》歌劇做的俗氣戲服（但我還是很喜歡那些衣服）。那個才是我，現在這個只有病痛。我們都知道，這毀了我的人生，也毀了你們的人生。你們知道我一直受著的痛苦，我全身每一部分都會痛。我的指甲會痛、我的頭皮會痛，我的心碎了，而且也會痛。我不能生孩子，不能孕育生命，我並未擁有生命、值得一提的生命。

　　我還是不懂，為何有人得要如此受苦這麼多年。我想擺脫這種痛苦，而且相信我辦到了。然而，如果我像上次一樣搞砸，拜託幫幫我。這次我非得成功。所以我注射了所有的嗎啡。如果沒成功，我需要你們再給我一些。我用光了針筒裡的一切，所以這是我的責任。但是，如果那還不夠，如果走到那一步，拜託、拜託、幫幫我。我希望不會那樣，希望你們讀到信的時候我已經自由了。

　　很抱歉沒能告別，但告別太難了。永遠都要想我，好嗎？我知道這樣很自私，但我希望你們永遠都會想我，因為我也會想你們。不過現在你們可以不用再擔心，可以重拾你們的生活，很抱歉占用了你們這麼多時光，這對你們很不公平。我無法繼續承受病痛，也不想再讓你們跟我一起承受。我愛你們，也知道我們將會再見，不過不會是在一個痛苦這麼多的地方。然後，當我們相見，你們將會看到我始終都是對的，而且我會跟莎莉在一起。因為現在這個不是我，我是在康瓦爾海灘玩水，而且發現那種海馬的女孩。請永遠別忘了那個我。

　　永遠愛你們，親一個。

　　裝著嗎啡的針筒完全空了，推桿推到底了，這是你女兒親手完成的，她把全部都注射進去，但是……

　　但是，她還活著。她的呼吸很淺，又很費力。她還活著，還沒有擺脫痛苦。你可以幫她，也有能力幫她，幫她完成她討論過很多很多次、如今近乎成功的事：擺脫痛苦。那是你的漂亮女兒，也是在康瓦爾海灘發現那種罕見海馬的女孩。在過去三十年裡，康瓦爾只發現過

十幾隻，學名令人迷惑：*Hippocampus hippocampus*（歐洲海馬）。那是一種細小而短吻的海馬，看來既精巧又驕傲。

藥櫃裡，按照醫師指示，避光避熱妥善保存的，正是嗎啡，足以結束你女兒的生命。這件事你不敢細想，卻是她想要的。她曾試過，卻未成功，其後她的生活變得更糟。你一點也不懷疑，這就是她想要的：結束多年苦難，再次跟愛犬莎莉在一起，不僅是要跟她親愛的寵物在一起，而且也要回到過去，回到那個未被病痛籠罩的生活。然而這是你仍活著的女兒。

人們談論安樂死（mercy killing）。但這事有什麼可安樂的？這會是由你奪走你參與創造的生命。然而，你滿懷恐懼，怕她現在更加痛苦，怕你會讓她失望，怕你不能幫她結束那般苦難。

慢慢的，一部分的你，握住了藥櫃的光滑金屬把手。櫃門無聲滑開。相互衝突的思緒，讓你頭腦暈眩：你女兒無拘無羔奔跑在沙灘上……你女兒躺在床上，致命劑量流過她的血管；你看見沖上海灘的浪潮，你看見那種危險藥物滲透她全身。你心裡總是知道這天將會到來，而你將受到考驗。你早就準備好答案，只是現在似乎沒有答案。或者說，有兩個答案。

那些幼狐在寒夜裡打鬧嚎叫。你的手伸向嗎啡瓶、放下、伸向嗎啡瓶、放下、伸向……

▶ 求生不能，求死不得

首先，見見東尼。

在網路上，你可以找到他飄降的低畫質影片。他連著降落傘的細線，懸在空中。那降落傘有個波狀的淡黃色傘蓋，上方還有一個小小的引導傘，是霓桃紅色的蛋糕形狀。東尼穿著萊姆綠的跳傘服，他上方和周圍的天空都是無瑕的鑽藍色，他向鏡頭揮手。

「那是在阿聯（阿拉伯聯合大公國）某個地方的上空，」他的妻子珍說。她留著一頭幹練的栗色及領長髮。她以前當過護理師，忙得沒時間浪費在無關的事情上。從她的口音裡，可察覺一種細微而溫暖的顫音，那透露出她的多塞特郡出身。現年五十歲中段班的她，重回國民保健署工作，但不是擔任護理師，她做夠護理工作了。她跟我說，就一輩子來說，真的夠了。

「是的，那是我們在中東的時候拍攝的，」珍說：「如果你想跳傘，就該去那裡跳。那裡有完美的藍天，可以看到幾英里外。那是東尼送給自己的生日禮物，他很喜歡體驗各種事情。」

珍用多塞特口音描繪一幅完美景象，不過，有件事稍微擾動我思緒。我察覺便問：「他喜歡跳傘嗎？」

她笑了。「噢，很愛，超愛的。跳傘對他來說就是自由。」

這是第三種躍下：安東尼的是恐懼，黃瑪麗安的是好玩，東尼的是自由。「你會去做嗎？」我第一次這麼問珍。我知道自己將得問她同一個問題：「你會去做嗎？」但那是在稍後另一個完全不同的情境裡。這時我不想問出口，不想問出那個關鍵問題、唯一的真正問題。現在問，對我們彼此似乎都不恰當。珍率直而堅強，但她還是有一些底線。

「你是說我會從飛機跳傘嗎？」她說：「絕對不會。這輩子都別想讓我上去。幹嘛要跳？」她不為所動，「但是東尼他喜歡做那種瘋狂事。他很有趣、很招搖、很愛現。東尼的世界很精采、瘋狂。」

在影片裡，東尼飄過阿聯的天空，他向攝影機揮手，開心炫耀他的自由。

珍和東尼是在親友介紹下，在杜拜約會認識，那是在 1984 年，而約會場合則是狄昂・華薇克（Dionne Warwick）的演唱會。「我知道這聽起來有點俗氣，但那真的是一見鍾情。他就是這麼個高大、深膚、又很英俊的男人。非常有趣，他的人生和靈魂都是。」

　　東尼真的很高大，有一百九十四公分高，熱愛打橄欖球（其實是著迷於橄欖球），涉獵各種極限運動。你可能聽過他，他的全名就是東尼‧尼克林森（Tony Nicklinson）。

　　2005 年 6 月的意外，完全改變他和家人的生活。東尼當時出差到雅典。他是土木工程師，為一家希臘公司工作，雖然與家人定居阿聯，但得經常返回希臘，沒有時間去觀光景點，像是帕德嫩神廟和阿哥拉，而是都在工作——拚命工作。他拚命玩，但也拚命工作。

　　在飯店裡，東尼突然頭痛，痛到不行、痛個不停，他失去意識，接著被緊急送醫。那場嚴重中風讓他癱瘓。當時他五十一歲，跟珍結婚多年，育有兩女：羅倫和貝絲。按照珍的形容，她先生的身體突然從他的控制下消失，就像你搭的飛機驚人急墜，但安全裝置卻突然不見。東尼頓失所據，所能控制的只剩極小的一點——眨眼，而加重這般折磨的是，他的心智未受損害，全然完好。他患了閉鎖症候群。

　　東尼的控制範圍縮得很小，他的世界亦然。他曾經遊遍全球（包括南非、紐西蘭、阿聯、泰國），如今他的人生縮小到威爾特郡某座村莊、某間平房的一個房間，縮小到那房間裡一隻眼睛的眨眼。

　　東尼自己是這麼說的：「我現在的生活，跟中風前完全不一樣。當時我和家人住在杜拜外圍。我是當地體育會主席，也是中東橄欖球協會會長。我有一個好家庭，還有一份擔任建築公司資深經理的好工作，我的收入能讓全家過得舒適。我們並不富裕，不過什麼都不缺。現在，我卻跟太太靠著補助金維生，我什麼都要依賴別人。」

　　在雅典突發事件後的每一天裡，他都得對抗恐懼。這個活潑又有活力的人，受困在毫無反應且不可知的身體裡。然而，折磨不會只閉鎖於一處，正準備蔓延開來。

　　「雅典改變了一切，」珍說：「甚於任何地方」。

　　「現在你怎麼看待這件事？」

　　「看成終點，太多事情的終點。這件事影響我們全部的生活、我

們的小家庭。我們熟悉的生活結束了。在那之後的一整年裡，我每天早上醒來，都有半秒鐘覺得這不是真的，是場噩夢，而我們就要回歸正常了。然後你慢慢回過神，明白那是真的。這就是我們的生活。」

那是怎樣的生活？當東尼終於能用壓克力字母板跟珍溝通，也就是藉由注視來選定字母，並用眨眼來確認，這時他有個簡單但明確的訊息要給珍。

「當我們開始能夠溝通，」珍說：「他最先告訴我的一件事，就是他想去死。」

活在那具不可知的身體裡，是怎麼樣的？「我每年外出一次去看牙醫，」東尼說：「我不見那些打電話說要來探視我們的人，因為我討厭坐在那裡卻不能跟著一起聊。我寧可誰也不見。這是兩害之輕。我陷入一種可悲的處境，不能動，也不能說話，活在持續的精神痛苦裡。我不能像這樣活著。」

有一次，為了拍攝一部 BBC 的紀錄片，前大法官範克林（Charlie Falconer）去拜訪他。範克林當時正主持一個關於協助死亡的獨立委員會。他的委員會成員反對把求死權利，賦予東尼這類無法自殺的末期病人——這些人需要協助，才能求死。

「所以你建議我怎麼做？」東尼這麼問範克林，卻未得到令人滿意的回答。怎麼可能會有滿意的回答？

「我帶著驚悸，看待接下來二十年，」東尼說：「通道盡頭並沒有光。知道明天、後天都像今天，這真的很耗人心神。我像個嬰兒被餵食嬰兒食品，完全不能自理。我的餘生都是這樣。」

流質是從穿過腹壁的經皮內視鏡胃造口，直接注入他胃裡。東尼在給高等法院的宣誓書裡表示，大小便失禁是「迄今最難受的事」。

正如珍所解釋的，「這帶給他很多痛苦，每天都過得沒尊嚴。你沒了隱私，失去掌控，一切都要別人替你做。這讓他覺得丟臉，真的覺得難過。以前的他英俊、健壯、有趣、又受歡迎。他生活中熱愛的

一切，現在全都做不了。他以前很愛跟同伴一起去酒吧看橄欖球。」

東尼的生活（應該說，生活的殘餘），成為一種不變的流程：每天早上，他都得讓人用起吊機，粗魯的吊離床鋪，然後被放進輪椅。他還有一把扶手椅。每天晚上，他會被吊回床鋪。那就是他的世界：兩椅一床。東尼致信高等法院，他生活的最佳寫照即是「悽慘不堪、有損人格、毫無尊嚴、難以忍受」。

然而，有件事大大增加他的磨難：他無法掌控如何迎接死亡。自殺不是他所擁有的選項。

「我嚴重失能，根本無法自殺，得靠別人動手，」他說。

但誰來？

那就是我該問那關鍵問題的時候了。

「東尼中風以前，」珍告訴我：「老實說，我對協助死亡沒有任何意見。我約略記得在報紙讀過，但那總是發生在別人身上，對吧？不會是我們這種人。我們只是普通的在職家庭，不會是我們這種人。然後事情就發生了。」

「東尼是哪時候，走到他想求死的決定的？」

「當他一開始用字母板溝通，他就說了，而我也大概料到了，因為我知道他的個性，也知道他有多愛他以前的生活。完全可以預期那會是他的第一反應。所以我大概料到了。不過，他還有另外一面，堅決的一面，所以我們就等了一下。」

他們等待亂流通過，然後徹底討論，不要輕率行事，試著評估目前處境。

「我們做過所有討論，試著改變他的心意，結果成功了。他說他會試著多活幾年，看看能不能調適。他真的試了。對他來說，每一天都是這麼艱難，但他真的試了。然後在 2007 年 12 月（中風兩年半之後），他徹底被磨垮了。他沒辦法再承受更多，決定要開始……制定

計畫。他停掉所有延命藥物，也做了那種指示，表明要是再度中風，他不要做心肺復甦術。他說他不要被急救，還說我們應該讓他走。」

東尼做了所謂的「預立醫療決定」（advance directive），亦即「生時預囑」（living will），這是關於他將來醫療處置的一組正式指示，內容明確指出，若再發生心肺停止，他不願接受任何維生治療。

「我看到東尼受苦的樣子，」珍說：「我不相信有誰應該像那樣受苦。他過了八年地獄般的生活。」

「所以，」我答道：「你會去做嗎？」

珍停頓了一下。事實上，自從 2005 年 6 月，東尼在雅典入住飯店，接著中風被送出來，她的人生就停頓了。從那時起，她的人生都處於停頓。

「我會去做嗎？」珍說：「總得有人去做。要是我們找不到醫師願意做，我就會去做。我會為東尼去做。我想我很可能會去做。」

「可是，那是你，身為他妻子的你，去弄死你所愛的丈夫，」我說：「你真的做得下去嗎？」

「你怎麼可能做得下去，人們經常那麼問。可是，正是因為我愛他，所以我會去做。因為那是他唯一想要的。」

「你們有沒有討論過，他其實想要怎麼來做？」

「在某個理想世界中，他希望我給他一些鎮靜劑，然後看著他睡去。接下來，有位醫師會進來，給他致命劑量，所以我就不會真的成為殺了他的那個人。在某個理想世界中，那就是他想要的。」

那是在某個理想世界中。出自於對東尼的尊重，也出自於愛，珍繼續爭取有權選擇尊嚴死，將此「試驗案件」提交歐洲人權法院來審理。很難想像，這兩個普通好人的生活受到多大程度的破壞，以致考慮注射毒素來弄死一個心智完好的人，竟成了「某個理想世界」。

2012 年 8 月 16 日星期四，東尼夫妻在高等法院敗訴。特別召集的三法官合議庭（這反映該問題的極大重要性），駁回東尼主張有權

求死的訴訟。雖然這家人照例已在幾天前私下獲知法院判決，但是「就在高等法院判決之後，他崩潰了，」珍說：「這件事讓他無法承受，東尼被壓垮了，他非常、非常害怕。」

東尼如此勇敢對抗的恐懼回來了，通道盡頭會有光的機會已被熄滅。他的律師查哈爾（Saimo Chahal）是著名人權法律事務所賓德曼斯（Bindmans）的資深合夥人，她說：「東尼是最好的那種委託人。我經常告訴年輕律師，你最需要的就是一位既難搞又考驗人的委託人，因為他們會死命作對，拒絕在明顯不正義的地方妥協。東尼就是那樣，他會花上幾個小時跟我聯繫，擬定他在客廳想出來的巧妙論點，他很頑強。然後，當法院發下判決，他就崩潰了。這位極為堅強的男人，一直哭、一直哭。我從來沒有見過如此情形，這麼令人動容。然而，他就是無法理解：這是如此糟糕的不正義。在一個公平而有同情心的社會裡，怎能有人被迫承受這麼多年的苦難呢？他在星期日晚上發了電郵，問我他得等多久才能上訴。」

事情急轉直下。「判決是星期四在法庭上宣布的，」珍告訴我：「接著在星期六，東尼的情況變得很差。到了星期一，他就病得很嚴重了。醫師說，要是不接受治療，他就會死。」

東尼有一側的肺塌陷了，而他拒絕使用抗生素。

「他在星期三就去世了，」珍說：「那些醫師說他是死於肺炎。但他其實是死於心碎。我失去了一生摯愛，但至少他不再受苦。」

東尼最後做的其中一件事，就是撰寫一則推特文。他在推特上擁有超過五萬名追蹤者。藉著留下文字，東尼有點像是那段跳傘影片裡的他，在那裡留存下來，看著我們，然後揮手。那則推特文說：「別了世界，時候到了，我玩得很開心。」

2012 年 8 月 22 日星期三，東尼・尼克林森在威爾特郡梅克舍姆鎮的自家平房逝世，享年五十八歲，留下妻子珍和女兒羅倫與貝絲。

2. 電路斷了

　　我們的存在如此難得。那麼，活著有多麼了得呢？

　　更有甚者：活而知之，有多麼超凡了得呢？

　　隨著我們演化發展出更強的認知能力，有一項驚人能力就是能夠反思以下事實：我們真的在此、真的存在，而且（每隔一陣子）會很熱愛這樣。

　　這種迅速發展的自我意識有個麻煩，就是我們無疑將很快認識到天下無不散的宴席。賞賜的是生命，收回的也是生命。於是，或許反映真實情況的，就是人類文化活動的極早紀錄裡，便有相信超自然的證據──這表示存在著大於今生的事物。

　　尼安德塔人早在十萬年前，就開始埋葬亡者，這可能只是為了防止惡臭、疾病或食腐動物。隨後，人類出現一些變化。在舊石器時代裡、大約距今四萬年前，智人開始把小飾品和食物放在亡者身邊，看來就像他們相信死亡並非結局，之後可能還有另一段旅程。

　　為什麼這種信念會發展出來？對於死即消滅的承認是一種令人不安、煩惱且震驚的念頭。我們周遭一切都將持續下去，沒有我們，依舊存在。我們如何應對那種念頭？那念頭帶來嚴重焦慮的深遠風險。

　　在一篇跟同事合著於 2007 年的論文裡，心理學家所羅門（Sheldon Solomon）表示：「死亡會消解掌控、社會關係、意義、快樂，以及人類在生命中追求的其他一切……有大量文獻談到，與死亡相關的思想確實尤為強大。」這種磨人的焦慮和對日常運作的威脅，聽來就像我

們必須管理的生活問題。如果我們就這麼設計出一些機制來處理，那麼它們跟演化有什麼關係呢？

　　所羅門出身紐約市布朗克斯區的一個猶太勞工家庭，小時候他爸媽偶爾會故意開車繞路，載他經過哈林區。他們會指向那些窮困潦倒的街友，然後說：「所羅門，有些人會在那裡是自找的，但有更多人不是。永遠別忘了，你的首要責任就是顧好自己。但是，在你做到之後，接著你就應該伸出援手，去幫助那些需要幫助的人。」這個訓示是所羅門未曾忘記的。

　　就像當地很多家庭，他家也經歷過許多磨難，不只是大蕭條，還有納粹大屠殺。他們賴以應對這種無限恐怖的慰藉，並非來自任何超自然或屬靈的領域。所羅門的家庭是一個自豪的世俗家庭。然而，有個問題盤踞在年輕所羅門的心頭，那就是這一切有何意義？或者，也許說得更準確點，就是如何找出這一切的意義。

　　所羅門聲音粗啞、充滿活力，現年六十出頭，但仍留著一頭令人難忘的衝浪客般的及肩長髮。他有一種「門戶樂團」（the Doors）主唱吉姆・莫里森的風格，而那在別的方面也講得通：所羅門成年後都在努力窺探我們的感知之門，想要看看另一邊有什麼東西。所羅門的服裝偏好很獨特，他可以套上牙買加唱作歌手巴布・馬利的 T 恤，接受訪問，也能穿著紮染衣和短褲，進行學術報告。他的興趣很廣泛，範圍觸及烹飪。他跟一位教過的學生合開「世界語」（Esperanto）餐廳，店址就在薩拉托加泉市的卡羅琳街。他們在店裡販售出名的烤麵團，那是由所羅門本人設計調配，內含炒雞肉、香料、起司和奶油，全部包在披薩麵皮裡去烤。「我搞不懂為什麼大家喜歡吃，」所羅門說，但大家就是愛吃，「世界語」餐廳在夏天每晚能賣一千份。

　　所羅門先在賓州的富蘭克林暨馬歇爾學院取得心理學學士學位，接著前往堪薩斯大學，攻讀實驗社會心理學博士。所羅門很喜歡堪薩

斯，即使那裡一開始讓他很緊張。這並不是說當地人不友善，正好相反，他們太友善了。

「你要知道，我是在布朗克斯長大，」所羅門說：「在紐澤西州也住過。但是在堪薩斯州，路人、那些我沒見過的人，會跟我說嗨、問好，而我剛開始的反應是──不要！你在幹嘛？不要煩我。」

正是在堪薩斯大學，他遇上將會跟他合作一輩子的兩位心理學家格林伯格（Jeff Greenberg）和匹茨辛斯基（Tom Pyszczynski）。「我們愛惹人厭的作風，近乎是派森馬戲團式的，」所羅門告訴我：「我們很熱中於兩個大問題，當時我們認為兩者毫無關聯。星期一和星期三我們研究自尊，星期二和星期四研究偏見和破壞行為，星期五去打保齡球。但那時候，我們不曉得『對死亡焦慮的管理』與『演化』這兩個機制如何相連，或者兩者背後藏著什麼。」如同所羅門後來將會認識到的，真的有某種極其陰暗的事物，藏在這兩者背後。

▶「恐懼管理理論」誕生

1980 年，所羅門在紐約上州的斯基德莫爾學院拿到教職，那是一所高貴的私立文科學院。「記得剛到那裡的時候，我媽說：所羅門，看看停車場那些 BMW 轎車和保時捷跑車。然後我說：媽，那是學生停車場。」

教職員的車子遠遠沒有那麼舒適。

「儘管如此，我還是覺得斯基德莫爾是個好地方，」他說：「那時候我得教一門人格理論的課（我完全不懂人格理論──面試的時候忘記告訴他們了），正在圖書館裡上下尋找佛洛伊德的書，那似乎是個很好的起點。當時有一本書吸引我的目光，那就是《意義的誕生與死亡》。吸引住我的是書名，還有封面上的綠點──真的是這樣。作者是文化人類學家，這傢伙叫作貝克爾（Ernest Becker）。」

那本書改變了一切。正如所羅門所述,「就像找到羅塞塔石碑一樣。」突然間,生命裡隱藏的象形文字開始有了意義。

貝克爾的書裡有什麼東西,具有如此巨大的影響呢?

當我們思索東尼夫婦面對的無解困境,我們會認識到:對於受苦和失去控制的畏懼。我想我們瞭解那部分。然而,貝克爾檢視某種更為普遍的事物。東尼那一類人顯然苦苦被迫天天面對死亡。對於貝克爾來說,這裡頭有個教訓──影響其他所有人的教訓。

我們可以藉著提問一個問題,來開始理解。史上最有名的一段文字為何?這事可以辯個沒完沒了,所以我將提出一個合適選項,那就是哈姆雷特的「生存還是毀滅」獨白。在此,那位年輕王子思忖著:

……懼怕不可知的死後,懼怕那從來不曾有一個旅人回來過的神祕之國,是它迷惑了我們的意志,使我們寧願忍受目前的磨折,不敢向我們所不知道的痛苦飛去? (朱生豪譯)

我們在《哈姆雷特》裡,看到一件我們痛切認識的事情。我們看到思考自身死亡所致的癱瘓效應,而這正是貝克爾著作不僅檢視、而且發掘的。

這不僅是生命如何衝向死亡(如同東尼的個案),亦是其相反:死亡如何籠罩生命、如何籠罩每個生命。因為,對貝克爾來說,「現代思想的重大再發現」就是:死亡恐懼,總在我們不知不覺中,成為這麼多人類活動的核心。問題在於,那對日常生活構成多麼嚴重的挑戰?我們都知道,有些人因死亡焦慮而癱軟無力。但其他人呢?死亡焦慮是存在於我們的生活、甚至是以全像(holographic)方式存在嗎?若是如此,死亡焦慮的存在,理應具有生活常態問題的特性。如果死亡是必然的,那麼對於自身必然殞滅的焦慮,就得受到管理。但是如何管理呢?所羅門認為,演化的確(必定)有其作用。

　　貝克爾本人對死亡頗有瞭解。他在 1924 年出生於麻州春田市一個猶太家庭，後來服役的美軍步兵營曾在二戰末尾，解放一座納粹集中營。不僅如此，當貝克爾來到他自己的結尾，那可真是無情而悲慘。

　　在好多年裡，貝克爾的想法一點都不流行。他研究生涯裡的不祥主題和警醒訊息，幾乎毫無魅力。更糟的是，這些想法被認為無法接受實證檢驗，因而被看作「不科學的」。貝克爾在個人和專業上都付出沉重代價。他換了一個又一個學術工作，最終落腳加拿大。他在專業上遭看輕、排斥和忽視。然而，貝克爾不屈不撓，繼續發展自己的想法，因為他愈發看清，如何處理終將一死的恐懼，正是人類大部分奮鬥的核心。貝克爾的研究，集大成於他一生最後出版的一本書《拒斥死亡》（*The Denial of Death*）。

　　貝克爾的研究終將獲得認可，那本書廣受讚揚，並贏得 1974 年的普立茲獎，那是在貝克爾死於結腸癌的兩個月後。他去世時，僅四十九歲。

　　「在 1980 年，當我注意到貝克爾的構想，」所羅門說：「我很想讓大家都知道。」偕同格林伯格和匹茨辛斯基，他投入往後幾年時間，一邊接受那些構想的啟發，一邊加以逐步發展，求供學界之用。機會在 1984 年到來，就在實驗社會心理學學會的一場會議上。

　　「那是一場大型學術研討會，」所羅門說：「那裡有超過三百名心理學家，可是當我開始說話，他們就開始用手肘相互推擠，搶著離開現場，就像一群落魄的足球迷，要從失火的體育場逃走。格林伯格和匹茨辛斯基說：『看到那些人全部走掉，我想他們並不喜歡。』然後我說：『才不是呢，他們愛死了。他們只是跑去找我們還沒寫出來的那篇論文。』」

　　所以他們真的寫了一篇論文，那是一篇正式的學術論文。「我們把文章投到《美國心理學家》期刊，那是我們這個領域的大期刊。而

且我們都超興奮的，但我們卻收到這種審查意見，內容只有一句話，那句話說：『我毫不懷疑，任何在世或過世的心理學家都不會對這些想法感興趣。』而格林伯格和匹茨辛斯基這次又說：『我想他們並不喜歡。』但是，我覺得他們是在忸忸怩怩——他們其實想要我們。」

其實，他們並不想要所羅門這些人，也不想要這些人所發展的理論，因為那是基於貝克爾的研究。所羅門等人往後幾年充滿了學術上的挫折和拒絕。然而，他們緩步慢行、勤勉苦幹，終於做了貝克爾從來都沒機會做的。所羅門等人累積大批證實他們想法的實證資料，他們開始相信：自己目前的研究跟演化密切相關。

毫無疑問，人類認知能力在幾萬年前的驚人發展（這在演化史上是前所未有的進展），會立即用來解決生存、資源和繁衍問題。智人開始反思自身命運。他們周圍的每個活物都會死。他們的父母死了，他們最偉大的獵人或酋長死了，有時候連他們的孩子也死了。沒有誰能倖免，大家都會死。在全劇之初，哈姆雷特的父親就死了；到了劇末，他自己也死了。大家很快就會知道，死亡是必然的。所羅門與同事猜想，智人會有必要設法處理這項嚴酷現實的意涵，還有這般反思所產生的餘波——恐懼。

所羅門、格林伯格和匹茨辛斯基一起研究、論辯，並將這些想法拼湊起來。他們把結果稱為「恐懼管理理論」（terror management theory, TMT）。

▶ 我要讓痛苦消失……

接下來的故事，主角是身為母親的凱伊。

東尼的妻子珍面對難以想像的情況：刻意終結所愛之人的生命。她已在心裡做了決定，準備要協助她先生求死。然而，事情從未走到那一步，珍不曾需要手持一管嗎啡，站在摯愛身邊，猶豫著能否堅持

完成注射。但是，凱伊・吉德戴爾（Kay Gilderdale）卻需要。

　　這家人住在美好的東薩塞克斯郡伯沃什村，這個村莊坐落在高威爾德自然景觀保護區。這片區域在更亂的時期裡，常有攔路強盜和走私客出入，大作家吉卜林就在這裡過了大半輩子。

　　談到凱伊，她當過護理助理，而她先生理查，是當地的警察。他們是一對模範夫妻，受人喜愛、受人尊敬。在 1977 年，他們有了女兒，並取名為琳恩。她是一個出眾的孩子，不但漂亮又受歡迎，而且極具才華。這個聰穎活潑的女孩，既是籃網球校隊隊長，也是得獎的芭蕾舞者，還喜歡帆船運動和游泳。

　　他們過著恬靜的田園鄉村生活。然後在 1991 年 11 月，十四歲的琳恩在學校接種完卡介苗（那是預防結核病的標準疫苗），就莫名變得虛弱。

　　她母親接獲學校來電，被要求去接琳恩回家。疾病很快一個接著一個襲擊這位原本完全健康的女孩，那是一次又一次的磨難：流感、支氣管炎、扁桃腺炎、淋巴腺熱。

　　琳恩不願屈服，斷斷續續試著回到學校，但她總是承受不了。在接種大約六個月後，她便坐進輪椅，她的腰部以下癱瘓了。她無法吞嚥，每餐都得經由鼻胃管灌食。從 1992 年夏天起，她就臥床不起。護理助理和警察的愛女，永遠好不起來了。接著就是十六年的悽慘病榻生活和持續疼痛——肌痛性腦脊髓炎（myalgic encephalomyelitis）這項神經疾病是一種大腦和脊髓的炎症，已逐漸摧殘琳恩的生命。

　　凱伊說：「我做了一個清醒的決定。我告訴琳恩，無論多久，我都會在這裡照顧你。」她的確都在，固定陪伴她的孩子。琳恩僅有的另一個固定同伴就是痛苦，永遠都是痛苦。琳恩在往後十六年內，進了五十次醫院。問題一個接一個來。日光會刺痛她眼睛，所以她住的房間整天拉著窗簾，幫她隔絕這世界。她開始患上貧血、腎衰竭、肝功能障礙、下視丘功能異常、卵巢早衰，還有骨質疏鬆（骨質流失高

達 50%）。光是移動她，就有可能弄裂她的骨頭。時時刻刻，一直一直都是痛苦。

經過那十六年，琳恩已經快三十一歲了，而且如她所述，「從來沒有好好吻過一個男生，更不用說做過別的事了。」然而，傷她最深的是，她的卵巢萎縮。她永遠都不能生孩子了，這又是另一種痛苦。

「不過，她不難照顧，」凱伊說：「她可能就躺在那裡，然後痛到哭，但她不會抱怨。她非常堅強，是個真正的鬥士。可是，她覺得唯一的出路就是去死。」

這可能很難理解。然而，琳恩自己的話提供一條理解的途徑，其中有一部分，曾在之後舉行的審判庭上宣讀：

我無法繼續緊握這條爛命。我累了，我的靈魂碎了，我的身心都碎了。我渴望了結這座疼痛和痛苦的永動旋轉木馬。我再也受不了身陷這般疼痛，受不了每一天的每一秒都這麼想吐。我什麼也不剩，我已耗盡。

2008 年 12 月 3 日 1 時 45 分，琳恩給自己注射大量嗎啡。當她母親到來，她說：「我要讓痛苦消失。」我們聽到她的這句話，卻未完全理解真意。但你的孩子直視你的雙眼，讓你確知：她正試圖殺了自己。

凱伊試過勸阻女兒，卻看見琳恩臉上的堅決。琳恩要求媽媽拿來更多嗎啡。凱伊拿來了，但琳恩不讓媽媽靠近針筒。琳恩知道她得親手將那些有毒化學物質注入自己的血液。琳恩極為沉著，既要殺死自己，也要保護母親免受指責。在那距離天亮還早的時刻，屋裡燈光碰巧熄滅，電路斷了。琳恩推下針筒的推桿，立刻陷入昏迷。

最終，琳恩歷經三十小時才死去。終於，在隔天上午七點半，一切都結束了。

那是一場痛苦磨難。注入的嗎啡不夠，琳恩在生死之間煎熬。正如法院後來得知的，事情出了「大錯」。凱伊給了琳恩更多嗎啡。接著，如同家庭醫師伍德蓋特（Jane Woodgate）轉述，凱伊坦言自己後來三度利用針筒，將空氣注入琳恩的靜脈導管。凱伊告訴那位醫師，她很怕女兒會帶著腦部損傷又活下來。將空氣注入某人的血流，造成空氣栓塞，能夠阻止血液從心臟流向肺部，能夠弄死你。

「我知道我為琳恩做了對的事，」凱伊說：「她已經解脫了，而且很安寧。我沒有權利留她下來受更多苦。」

凱伊・吉德戴爾，現年五十五歲，被控對她女兒犯下企圖謀殺罪。

▶ 被死亡嚇壞的人

所羅門與同事所發展的恐懼管理理論，就跟貝克爾的研究一樣，借鑑了一連串的大思想家，包括：祁克果、佛洛伊德、詹姆斯、蘭克（Otto Rank）和達爾文。精髓就被捕捉在貝克爾那句陳述：「要活得透澈，就要意識到萬物底下的恐怖低響。」

我們照樣必須從達爾文談起。生物有一種持續且擋不住的自我保存（self-preservation）驅力，但這並非唯一的驅力，這種驅力可能從屬於某種追求傳播自身的基因的深層驅力。之後我們會再談到這種基因演化觀，該觀點認為天擇演化的基本單位是基因，而非個別的人類驅體。實際上，這方面常有高度技術性（偶爾火氣很大）的學術爭論。然而，無論自我保存的驅力是否從屬於某種更深層的驅力，或者終究是為了讓基因有機會複製到下一代的手段，我們都能陳述兩件事。

第一件事：我們認識到有一種追求自身生存的深度衝動，那是我們跟大多數其他動物共有的。或許那衝動不是毫無保留的，或許我們不願不計代價或不顧情況活下去，但就是存在著那種深度衝動。我們

很明白這點。讓我換個講法：在大多數情況下，我們明天寧可活著，也不要死掉。正如哲學家史賓諾沙告訴我們的，「萬物皆盡力延續自身的存有。」然而，對於人類來說，此處有個差別（或有個矛盾）是我們認識到的第二件事。

第二件事：不同於其他生物，我們擁有抽象思想能力。正如精神分析學家蘭克所言，人類有能力「化虛為實」。憑藉這項特殊力量，我們能將自己投射到未來。隱約出現在前方的是一個必然，是一件我們都知道的、令人鬱悶之事：生命無論是什麼，或有什麼等著我們，都會結束。

這就造成一種最根本的緊張：一邊是我們的生存意志，另一邊是我們對死亡必來的認識。正如貝克爾所言，「死亡概念和死亡恐懼，困擾人類甚於一切。」我們不知道死亡將在何時發生，但我們知其必將發生。死亡既惱人、又嚇人。然而，我們大多數人還是過得不錯。這是怎麼辦到的？

正是在這裡，恐懼管理理論提出一個具有挑戰性、而且發人深省的答案。這個答案如今已在全球數十間實驗室經過科學驗證，也產出大量經過實證檢驗和證實的衍生理論。不過，那還是有爭議。

怎能沒有爭議？這個答案處理的是我們心智生活最深奧、最擾人的某些特點，並試圖加以解釋。我們要如何在生活中設防，阻擋死亡焦慮那般令人失能的侵入？正如美國小說家羅斯（Philip Roth）在《垂死的肉身》所寫的，「在每個沉著理智的人身上，都隱藏著另一個被死亡嚇壞的人。」

▶ 另一條電路斷了

這場被稱作「女王訴吉德戴爾」（Queen against Gilderdale）的審判係於 2010 年 1 月在雷威斯市的皇家法院舉行，雷威斯市曾是東薩塞

克斯郡的郡治，就坐落在南部丘陵。在 1555 年至 1557 年間，這裡發生一件醜事：共有十七名新教殉教者，被燒死在當時的星辰旅館前面。原址現為市政廳，距離同在高街的皇家法院，只有一石之遙。

審判始於 1 月 12 日星期二，那天下了雪。這件公訴案是由御用大律師豪斯（Sally Howes）起訴。她完全承認被告確實是個「關愛」的母親。她進一步同意，琳恩受困於一種「重病，生活品質惡劣到難以想像」。然而她說，那並不是重點，無論我們任何人可能多麼同情。

那麼，什麼才是重點？

重點就是凱伊‧吉德戴爾的作為是否「落在法律之外」。按照豪斯的說法，法律是要來保護我們所有人——有時是要防範我們自己。她說，在裁決本案時，陪審團不該忽略凱伊‧吉德戴爾的作為並非意在使她生病的女兒好轉，而是帶著另一種意圖：「確保其死亡。」

控方證人被傳到庭。在這起控訴案裡，琳恩的父親理查是以證人身分被傳喚，同為控方證人的還有家庭醫師伍德蓋特。這場折磨人的審判，將持續兩個星期。

1 月 25 日星期一，由六男六女組成的陪審團，緩緩走回雷威斯皇家法院一號庭的深色木造空間。有位男士站了起來，他是陪審長，而書記官問了他以下問題。

「諸位陪審員，關於被告的第一項控罪，請問是否達成一致的裁定？」

「是的，」陪審長答道。

「諸位陪審員，請問是否裁定被告凱伊‧吉德戴爾，企圖謀殺罪成立？」

凱伊後來說，那一刻她心想，無論結果如何，無論判決如何，她都不會做出別的事情。

這是一個廣受報導的新聞，是頭條材料。在陪讀團宣讀裁決後，承審法官賓恩（David Bean）當庭表示：

　　我通常不會評論陪審團的裁決。但在本案當中，他們的決定展示了常識、正直和人性。正是這些特質，使得陪審制對這類案件如此重要。

　　在法院外頭，背靠莊嚴的石柱、站在臺階上的是凱伊的兒子史蒂芬，他在媒體聚光燈和相機閃光燈下不斷眨眼，同時代表全家回應。凱伊後來受訪談到，她所受的法律磨難，類似撕裂她的心。另一條電路斷了。

　　陪審團做出全體一致的裁決。凱伊被裁定：沒有企圖謀殺她女兒琳恩。

　　2010 年 10 月，就在凱伊協助她女兒求死的兩年後，琳恩的骨灰被灑在義本鎮附近的海灘，那裡就是琳恩小時候全家度假的地方。

　　當然，企圖謀殺是一項很嚴重的指控。不過，凱伊跟她女兒的案子讓我想起自己的一個案子，該案的嚴重程度正好相反，但也牽涉到一對母女，牽涉到恐懼和死亡。

3. 阿諾·史瓦辛格農場案

　　以色列巴伊蘭大學（BIU）的研究人員，為受測者裝上頭戴式錄影系統。該系統包括紅外線光源和攝影機。實驗目的是用攝影機記錄眼動時，如果讓選定的圖像進入眼睛，眼睛會看著什麼，又會轉向哪裡。那些研究人員想要知道的是：人身傷害的圖像是否會影響我們的恐懼管理？若會影響，又是如何影響？

　　所以，研究人員讓受測者觀看各種人身傷害的圖像。這些圖片已由一個代表性群體評定其效價（valence）——影響或擾亂觀看者的程度。然而，接下來就是神奇之處：在控制組裡，*kova* 這個希伯來詞，被偷偷閃現在螢幕上，閃現的時間為三十分之一秒，快到人眼無法有意識收錄。這是一項閾下促發（subliminal priming），但為中性促發。*kova* 意為帽子，沒有人認為閃示「帽子」一詞會影響人們如何回應人身傷害的圖片，結果確實是不會影響。然而，那是控制組，也就是對照組。研究人員真正想知道的是：如果受測者被促發死亡意念，會發生什麼事？

　　於是，對實驗組的受測者——真正的白老鼠，閃示的是另一個詞 *mavet*，同樣閃現三十分之一秒。*mavet* 在希伯來文裡，意為死亡。

　　然後，受測者接著被出示一組四幅圖像，包括中性圖像和人身傷害的圖像。利用紅外線攝影系統，可以精準測量受測者看了那些人身傷害圖像多久。當然，一般正常人在日常生活裡，大多不喜歡看見人身傷害，那很明顯。真正的問題在於：在受測者的無意識中促發死亡

意念，會不會影響他們對人身傷害的反應。所以，巴伊蘭團隊有何發現呢？

關於中性圖片（非關人身傷害），所用的祕密促發詞為何（無論那是 kova 或 mavet），並無影響。注視圖片的時間沒有顯著差異。然而當研究人員檢視關於人身傷害的效果，就發現了明顯差異，達到統計顯著性：一旦被促發死亡意念，人們就不會注視人身傷害那麼久。事實上，他們注視的時間顯著較少。他們避開那些畫面。請記住：那些受測者不知道自己在無意識中，被提示意為死亡的 mavet 一詞。那對他們仍為祕密，卻有很關鍵的影響。這項發現，以及其他許多支持證據的匯流，意義是很重大的。

上述發現顯示，就連意識閾下那種最輕微的死亡提示，都會導致我們想要避開人身傷害的圖像。幾分之一秒的細微眼動，揭露了個人內在的一個世界：在此，他在無意識中管理著死亡恐懼，應付小說家羅斯所說的那個隱藏著、被死亡嚇壞的人。

這是一項持續而祕密的封堵行為，是在尋找務實的方法，來充分利用一趟只有一個目的地的旅程。

▶ 這案情不單純

當我先前處理即將要談的那個案子之時，我並未意識到這些事情的重要性。要是我知道的話，那個案子就會更說得通了，因為那無疑是我碰過最難理解的案子之一。

那只是一份小小的訴訟案情摘要，卻使得整個謎團變得更大、更難懂。這個案子原本應該是很簡單的。後來，我將其稱作「阿諾·史瓦辛格農場案」。

L 小姐是一位智慧過人且外貌出眾的年輕女性，她是技藝嫻熟的大提琴手，也是英國頂尖大學的研究生，投身天文物理研究，觀察恆

星死亡。她的家族源自胡格諾派（Huguenot），那些新教徒是在十六世紀末從法國來到英國，藉以逃離太陽王路易十四的迫害。一旦來此，他們便蓬勃發展，就像 L 小姐的求學生涯一樣。然後，她竟然因為入店行竊，上了法庭。

由於某種沒人理解的原因，她即將拋棄她那閃亮的未來。

「那些東西，大部分我根本不想要，」她在法院外面告訴我。

比方說，她偷走的東西裡，有一項是阿諾‧史瓦辛格在 1977 年的電影《史瓦辛格健美之路》，內容是他如何贏得世界健美先生。我當學生的時候，看過那部片子，而且很喜歡史瓦辛格跟「無敵浩克」盧‧弗里基諾（Lou Ferrigno）玩的心理戰。

L 小姐為何對這部影片會有絲毫興趣，那是我完全想不透的。本案件已先停審，以便作成判決前調查報告（pre-sentence report, PSR）。結果來了一位頗為圓滑的緩刑官，是個年紀差不多的年輕女性，她斷言我的委託人是在「自毀」，因為 L 小姐無法符合眾人為她建構的完美形象。那是企圖解釋不可解釋之事的勇敢嘗試。但是，那種推論不太對勁。

「她以為她是誰？」L 小姐對我說，當時我正從報告總結段，為她唸出上述分析。「西格蒙德‧他媽的‧佛洛伊德嗎？」

更多自毀，還有抨擊那些試圖幫她的人？某種東西在 L 小姐內心咆哮、對著她咆哮。那位緩刑官的報告其實是深表同情的。L 小姐很多時候都對我很尖刻魯莽，不過律師都很厚臉皮，我們以此為傲。

「她嫉妒我，」L 小姐說。

「你是說緩刑官？」我回應：「我不相信。」

「是真的。我保證。」

「她有什麼好嫉妒你的？」

「我念的大學。當我跟她說我在哪個學院，她的興趣都來了，問了一大堆問題。」

「她是緩刑官嘛。」

「不對,原來她申請過我們學校,不過不是我們學院,只是她沒錄取。當她跟我講了這些,她就用這種尖刻批評的語氣宣告,好像是『你應該成為大人物的,現在看看你的樣子!』她是在評判我,她真的很享受那樣。」

「好吧、好吧,那不重要。讓我們聚焦一下,今天有誰會來?」

「來幹嘛?」

「你知道的,來支持你。」

「我其中一位導師本來要來的,但他已經寫了保證函。然後,還有音樂學會的某人。」

「沒錯,你是個大提琴手,不是嗎?」

「曾經是,」她說:「這一切有點……」

「礙事。」

「搞砸整件事,我覺得很糟。我讓朋友們失望了。我們本來是要演奏貝多芬的《幽靈》三重奏。他們肯定會去找個不會像我一樣拉壞最緩板的人。」

我沒告訴她,其實我幾個月前,才在倫敦聽了貝多芬那部魅惑的《幽靈》三重奏,那場演奏超棒的。但我覺得講出來無濟於事。

「不過,學校那邊沒人會來,」她說:「免得我有什麼毛病會傳染。你應該已經免疫了吧。」

我選擇不上她的當。「其實,」我說:「我指的是你的家人。你家有誰會來?」她沉默不語。

「完全沒人過來支持你嗎?」

這個案子完全讓我搞不懂。正正在那一刻,我覺得比起L小姐和她的案子,我更瞭解恆星的死亡。

發生什麼事?一位年輕優秀的女性因為偷了她不想要的東西,來到刑事庭,而且沒有人到庭支持她。然後,我想起我在判決前調查

報告裡做的頁邊筆記：報告裡沒有任何她家庭生活的細節。到底發生了什麼事？或許是因為她提到貝多芬，但就在那一刻，站在我面前的彷彿是個幽靈。那個鬼魂入店竊取她堅決討厭的東西。

「你媽呢？」我說。

她一聽到就哭了。

L小姐一直壓抑自己，如今再也壓抑不住了。氣人的是，就在同一刻，法庭傳喚員現身叫到我們的案子。我上前跟她小聲說話，請求允許我在法院外頭，跟我委託人談談。這一切顯然令人無法負荷。我說，如果有需要，我會向法官提出申請。但那位傳喚員說，她會請書記官把這個案子排到更後面。我向她道謝。她看著L小姐，然後悄悄對我說：「真可憐。」

我們站在陽光裡的法院臺階旁。那天是個晚春日子，這時季節已經轉變，足夠讓你不介意在外頭待上一會兒。

「所以，跟我說說我們的太陽，」我說，試著讓她暫時別想這個案子。

她並未抬頭看，而是兩眼盯著水泥石階。她點了根菸，我注意到那是高盧菸。她拿了一根要給我，我說我沒抽菸。「很好，」她說：「我也快抽光了。我們的太陽？不過是顆普通的恆星。」

「所以太陽會發生什麼事？」

「它會用光位在核心的燃料。」

「那聽起來不妙。」

她沒理我，逕自說：「一旦那樣，太陽就會極度擴張，膨脹到很大，大到吞噬所有的內行星，地球也包括在內。」

「聽起來很可怕。」

「不會。那會很壯觀，不過，到時候地球上的一切，早就燒成灰了。太陽的生命週期相當平凡，目前大概走到一半，到現在為止都很無聊。」

「我滿喜歡那樣的，」我說。

「開始律師老哏了，要說不平凡出自平凡。」

我笑了。我真的就是要講一件這樣的事。「可是那很了不起，」我說：「我是說生命。」

「怎麼說？」

「因為生命很難得。」

「生命出現在這個不幸的宇宙——或諸宇宙裡的某處，這在機率上是幾乎必然的。至於生命出現在地球上，好吧，可能性極小，我同意你那個說法。」

「感謝你的同意。」

這次她笑了，但只是一下下。她揮了揮菸頭。「我媽，她被診斷得了乳癌。她做過一次乳房切除術，但醫生還想切掉更多，她受不了了。她年輕的時候非常漂亮。」這我可以相信。

「你知道的，關於她年輕時候的最後幾件事，其中一件就是，她以前常說，她家人曾經擁有一座鄉村莊園，但我發現她是在一處農場長大的。我想她在那裡很開心。但是，那毛病——她是那麼稱呼的，那毛病嚇壞她了。她經常做噩夢，夢到她覺得就在眼前的痛苦死亡。所以她問我。」

「問你？」

「我會不會……幫她……」

我想我聽懂了，但需要她用自己的方式說出來。「幫她？」

「了斷！」她答道。

▶「管理」死亡

在另一項研究裡，巴伊蘭研究團隊調查他們所發現的效應（亦即在閾下促發死亡意念，會減少我們注視人身傷害的時間），是否只是

針對某個像是「死亡」之類的負面字詞的反應。他們想要（也需要）知道，被提醒死亡是否對我們會有獨特影響。

所以，他們比較了閃示 *mavet*（死亡）和閃示 *koev* 這個詞的情況。*koev* 在希伯來文，意為疼痛。然而，疼痛提示並未減少受測者注視人身傷害圖像的時間。這意味著什麼？

正如恐懼管理理論家所羅門所言，我們可以說是在一種持續過程裡處理死亡、「管理」死亡——就像在柏格曼（Ingmar Bergman）的電影《第七封印》裡那樣，不斷與之對弈。死亡及其前景，要比什麼都更影響我們的行為。

▶ 每天加諸自身的刑罰

我跟 L 小姐說：「你不用告訴我這些的。」

她搖搖頭，但什麼也沒再說。當年的我還是個年輕律師——我們稱之為律師寶寶，剛在法庭「學走」。我很多委託人都是跟我同齡、或歲數更大。無論如何，我得扛起責任，代表他們和他們的生活去發言。但我還沒學會如何對他們說話，或者對我自己說話。

「我是認真的，」我說，說得比我覺得的更有權威。「我們可以只處理這個案子，就這些笨錄影帶獲得最短刑期，然後離開這裡，讓你可以繼續你的人生。」

她哼了一聲。我不確定她是否自覺到。

「什麼人生？」她說。

「你有大好將來。」

「跟我媽說的一樣。」

「唔，她說得沒錯。」

「不，她一定覺得，當她在我這年紀，她有大好將來。結果變成怎麼樣？拜託你女兒幫你 OD（過量服藥）。」

我沉默了一下，然後說：「那不是全部的結果，過程中還有很多東西。」

「她不覺得她有膽自己來。她很怕癌症，但更怕死。」

「所以你怎麼做？」

「你要知道，從小到大，我媽都對我很壞。她討厭我。她說我毀了她的身材，毀了她的社交生活。我爸離開以後，我媽得獨自把我帶大，她說我毀了她幸福的機會。所以她覺得我欠她，應該回報她。」

「藉由弄死她嗎？」

「那不算是我弄死她，只是給她藥丸。」

「那算是，」我說。

「噢。」

「聽著，讓我再說一遍：這些事情你完全不用告訴我。你只是為了入店行竊案出庭。」

她沒有在聽，卻又抽了一口高盧菸，然後吐煙，長長的淡紫色煙羽飄到我們上方，當下無風，陽光繼續均勻灑落。「癌症復發了。發得更重、更兇。他媽的癌症！我們家族為了逃避迫害來到這個國家，那正是英國之所以偉大，對我自己，還有我們家來說，都是如此。英國給了我們庇護。可是你不能逃過癌症，能嗎？他媽的癌症！她很害怕，求我幫她，但我沒幫，我幫不了。」

「因為那是錯的？」

她點點頭。「而且因為，如果說老實話，而我一秒鐘也沒對那小小的自大緩刑官小姐說老實話，而且是因為，我心裡有一部分希望她受苦，為了她對我做的一切受苦。」

「你真的那麼想嗎？」

「也許吧，」她說得很沒說服力。

「而且，也許，」我說：「這堆錄影帶（多到本案得停審，來作成判決前調查報告）是你懲罰自己的方式，因為你沒能結束你母親的所

有恐懼。」

「她一直說自己好孤單，而我也能瞭解。可是，如果她走了，我也會變成那樣——很孤單。」

如今她孤單一人上法院。我清楚發現，我委託人的生活瀰漫著死亡、被死亡包圍，在她有關恆星終結的研究裡是如此，在她家裡也是如此。從心理學來說，死亡很「凸顯」：她經常被促發死亡意念。我們制伏恐懼有一種方式，就是待在一起，但這在家人重病時很難。正如巴伊蘭大學研究人員所發現的，被提醒死亡會使我們瞥開受傷和受苦的圖像，亦即瞥開那些令人聯想到自身死亡的提示。然而，如果那個提醒我們想起死亡的東西，跟那個受苦的圖像（我們有股衝動想要瞥開的圖像），正是同一個，正是我們所愛的人，那麼我們會怎麼做呢？但願我在多年前更瞭解此事。

「她真的了斷了，」L 小姐說：「沒我幫忙。」她哭了起來。

我倆都沉默了一會。法庭傳喚員從我們後方悄悄出現。她向我點頭示意，然後指著她那張夾著審訊案件表的寫字夾板。庭上在等。

「你希望我跟法官說什麼？」我問 L 小姐。

她掐熄菸頭，用雙手掌根隨便揩了臉。「說我很抱歉，」她說。

我照辦了。這是我做過最短的減刑請求，可能也是最有效的。

在不知不覺中，一切就結束了。我們又回到陽光下的法院臺階，然後道別。她獲得有條件釋放，這差不多是最低的量刑了。為何她要拿走那些她不想要的阿諾錄影帶？不是為了制伏因母親垂死而鮮明的恐懼，而是因為無法制伏——而且生命那閃亮而虛幻的意義和聚合，正在她周圍碎裂？

這很難說。然而，在那時候，我雖然是個年輕沒經驗的律師，但是看著她慢慢沒入集市日的人群，我確切相信，L 小姐每天加諸自身的刑罰，遠遠超過我所知道任何法院的最重制裁。

▶ 寬恕人生

　　很久沒聽到 L 小姐的消息，我很擔心，怕她出了大事，但就是沒有她的任何消息。她跟我講過的其他事情，就只有一件小事，卻讓我想了很多。那是一次學校旅行，他們就像許多英國學校一樣去了巴黎，然後參觀凡爾賽宮。這座宮殿屬於路易十四，正是這人在十七世紀末下令迫害她的家族。

　　「感覺像是一種背叛，」L 小姐告訴我：「不過凡爾賽宮真的很漂亮，大家都這麼說，說得很對。可是我看到，美麗和恐怖全都混在一起。好笑的是，我竟然跑去研究星星和太陽。」

　　「哪裡好笑？」我說。

　　「那是他的象徵，整座凡爾賽宮到處都有，他是太陽王。」

　　幾年後，我透過共同人脈查到，我這位前委託人放棄了她的研究生涯，而且搬到英格蘭西南部。她重新接觸音樂，這是我很高興聽到的。L 小姐婚姻美滿，生活在某處農場，她有三個孩子，並讓其中一個以她母親為名——我將此舉看作她在寬恕母親、寬恕自己，或許甚至（我希望如此）是在寬恕人生。因為我聽說，L 小姐的母親在自盡前留給女兒一張紙條，上頭只寫著：「親愛的，我很抱歉。」

4.　冰河期

　　對死亡敏感化會如何影響生活，可見於 L 小姐自身遭遇以外的一連串意外後果，範圍涵蓋了那些像是不願接受足部按摩那麼無害的事（沒錯，這是真的：在無意識中被促發死亡意念，會讓我們沒那麼熱中身體護理和修腳，因為我們會變得趨避自身的身體性），以及較不容忍公開哺乳和較不渴望性行為（至少在男性是如此）。然而，在光譜較暗的那端，還有其他更嚴重的表現。

　　就以那些亞利桑納州法官為例，如今他們在恐懼管理理論研究圈已是眾所周知。為什麼？

　　1987 年，所羅門和同事努力嘗試，想要瞭解掌權者被提醒死亡時會發生什麼事。他們的暫定假設是：藉由提升自尊心，以及堅信自己的世界觀，我們可以試著在生活中承受死亡焦慮的削弱效應。這些行動提供意義，有助於抵消死亡的無意義，也有助於管理恐懼。

　　所羅門和同事認為，如果這假設是對的，那麼，要是有人被促發死亡意念，那就可能以某種可測量的方式，影響其世界觀。

　　為了驗證這項預測，他們在亞利桑納州土桑市，招募了二十二位法官。他們都是市法院的法官，負責處理大量低端的法律問題。他們也就是你最可能碰到的那種司法官，其中十五位法官為男性，七位為女性。

　　所羅門的團隊選擇以賣淫，做為模擬案例的主題，藉以強調罪行的道德性。除了涉案婦女本身，或許還有社會觀感之外，在賣淫當中

沒有誰明顯「受害」。因此，對於所羅門的實驗目的，賣淫案是完美的選擇。

所羅門的團隊用了一個「幌子主題」，這是在心理學研究裡被廣為接受的障眼法。那個「幌子主題」就是：研究人員正在開發一種新的人格暨生活態度測驗。

所羅門團隊的這項實驗裡，的確有一份標準人格問卷，但是某些法官的問卷裡，嵌入了兩個重要問題，做為「死亡操縱」。這部分包括兩個開放式問題，填寫問卷的法官被要求以「最先的自然反應」來作答，因為研究人員表示，他們感興趣的是「直覺層面」的反應。其中一題要求那些法官敘述：想到自身終將死亡時，會在心裡激起什麼情緒。另一題要求盡量詳述：他們想像自己將死之際和死亡之時，會發生什麼事。

這樣就夠了。簡短、切要。就像要死了。

二十二位法官都拿到一份假想的案情摘要，內容關於他們是否應該釋放一名在昨晚被捕於土桑市奇蹟－英里商場的年輕性工作者；若是決定釋放，保釋金又該訂為多少。

那些填答標準問卷的法官，將保釋金訂在五十美元左右，這是當時的常見金額。然而，那些被「死亡操縱」促發的法官，所訂的保釋金平均為四百五十五美元。很顯然，那些法官在被提醒自身終將死亡之後，就嚴加對待這樣一個典型的道德違反者，嚴待程度為九倍。

不過，那是一場實驗，是幾位天才實驗社會心理學家的操作，在現實生活裡不可能這樣，對吧？

所羅門說：「我們以為法官是極度理性的人，不會受到情緒或感情所動搖，但是手邊資料告訴我們不是那樣。」

而那正是重點所在——法官乃至於所有人的「生物」特質。這我知道。

▶ 裸露的刀刃，裸露的喉嚨

那是當年最後一個銀行假日，我站在公車站，正要去看《冰原歷險記3：恐龍現身》。讓我這麼說好了，這部電影並非我的首選。那天是八月末的一個舒暖日子，大概有十五個人跟我一起等公車。我就漫不經心站在那裡，用 iPhone 查閱切爾西足球俱樂部最近在球員交易期進行的隱密操作。

我突然聽見馬路另一邊傳來尖叫聲，不停的尖叫聲。

我抬頭一看，在交叉路口那裡，有個年輕的金髮女性（後來我發現她是澳洲人），她過馬路過了一半；而從她後方赫然迫近、跨坐在腳踏車上的，是個身穿連帽外套的壯漢。那壯漢不斷打她，狠狠揍她的手臂、背部、還有頭部。壯漢從她背後襲擊是要搶奪她的 iPhone。

有一種老掉牙的說法是說，在這種時刻裡，一切都發生得很慢。但確實如此。金髮女郎試圖掙脫，而搶匪則是一手狠狠揍她，另一手試著拽走她的手機。她不肯放手，卻撐不住對方猛烈的攻擊。我接下來的舉動是不明智的。我幾乎路也沒看，就衝了過去，完全就只注意到搶匪落在她耳上的拳頭，還有她的尖叫。我竭力大喊：「放開她！放開她！」那搶匪匆匆瞥我一眼，竟又狠狠揍了她的後腦勺，真是令人憤怒。

金髮女郎已放開手機，而搶匪踩起腳踏車要走。這時，我幾乎已追上他們了。我試著抓住後輪，也試著將那搶匪打落，但他躲過了，他太快了。他騎著腳踏車離去，消失在迷宮般的住宅巷弄裡，他的逃跑路線可能經過妥善規劃和演練。金髮女郎跌坐在柏油地面，全身顫抖，我從未見過誰抖得這麼厲害。

我帶她回家（就在兩百碼外），幫她弄點甜茶（英國人還能做什麼？），然後等警察過來。

我做了一份簡短的筆錄來描述搶匪，心想不會再聽到此事下文。

這裡是倫敦,《獨立報》在約略同時,有篇文章談到,過去六個月內倫敦共發生五萬六千六百八十起手機竊案和搶案,而我才剛目擊另一起。

我要強調的是,我之所以告訴你這些事,不是因為當時我做了什麼,而是因為後來我做了什麼。我做了某件對所羅門有意義的事。

就在同一時間,我正要接受司法官訓練。為了擔任兼任法官,你不僅必須通過競爭激烈的公開考試,還得在法官學院度過高強度的一週。那訓練強度很高,而我就要度過去了。

受訓尾聲,你被要求就幾十個假設案例,撰寫量刑判決。那天早上,就在那起行兇搶案之前,我一直在苦思一個特別困擾我的案例。

這個案例是一位喝醉的商務人士,在深夜的地下道被三名年輕人搶劫。最年輕的被告是女性,是個十五、六歲的女孩,曾遭受冷落和虐待。判決前調查報告詳述她如何被人生發了一手爛牌。可是,她是三人當中犯行最重的:她拿刀抵著被害人的喉嚨,那把刀雖然沒有真的傷到被害人,但無疑很令人害怕。我完全接受這點。然而,我能否找到任何方式讓她不用坐牢呢?報告上說,一段時間的嚴密監管,能讓她有機會擺脫牢獄,然後過著正面生活。然而,我一直想到那把架在喉嚨的刀子。雖未造成傷害,但卻還是:裸露的刀刃架在裸露的喉嚨。

我在劍橋的研究顯示,少年監禁如何適得其反,而許多專家也認為如此。經過一段令人擔憂的收容人數膨脹,我們終於發現,我們在英國送了太多年輕人去監獄。雖然我們的少年監禁率仍然很高,而且需要繼續改善,但我們已在過去幾年裡全面將其減半。我要把這女孩加到那些可悲的統計數字嗎?最終,我決定順應報告上的建議,再給她最後一次機會,然後就沒再多想什麼。

那天後來,我去看了電影《冰原歷險記3》。我也到華威大學參加法官學院訓練課程,一邊專注在模擬審判和結案陳詞的架構,同時

努力抵抗所有法官候選人在受訓時，都會感受到的疲憊。然後在幾天後，我接到那通電話。

是警方打來的，他們需要跟我做份筆錄。我說：「可是我已經為那起行凶搶劫做過筆錄了。」

「我們需要再做一份，很抱歉，」那位女警探說。

之前是個男警探。「我不懂，」我說：「為什麼？我漏寫了什麼嗎？」

「不，不，不是那樣。我們只是需要從頭檢視整件事，然後看看你能不能提供我們更多細節。就是這樣而已。不過，昨天有一起很類似的事件，發生在你上次出手救人的那條路上。」

「呃，我是出手了，可是他躲過了，」我說。

「或許是你躲過了。」

我又聽不懂了。

那位警官繼續說：「有人試著插手，就像你上次那樣，結果搶匪用刀刺進他的心臟。他剛剛死了。」

當晚我一夜沒睡。我熬夜數小時，一再改寫地下道持刀少女的判決書，我送她去坐牢了。然而，這裡有件怪事。並不是我在想「那可能是我」，即便華威大學那裡不少人確切提到這種看法。

▶ 死亡的凸顯

發生了什麼事？一旦我們被促發死亡意念，便會使我們想到死亡，無論想到的時間多麼短暫。於是，我們就傾向訴諸於贊同和承認社會共同的規範。這種敏感化，亦即所羅門與同事所謂「死亡的凸顯」，似乎影響了我們對他人行為的判斷──判斷他人的行為落在界線的哪一邊。

所羅門在 911 恐怖攻擊事件後，注意到相同情形。「每次布希總

統談到恐怖威脅，」所羅門說：「還有他那消滅世上惡人的聖戰，他的支持率就會飆升。」眾所皆知，柴契爾夫人受益於福克蘭群島戰役因素，雷根總統選擇召喚邪惡帝國。

根據恐懼管理理論，這一切都是因為我們的文化（亦即我們建構來為人生賦予意義的那些規則和價值）是一種防禦，可以抵擋能癱瘓人的恐懼，抵擋哈姆雷特的懼怕。這是我們抵擋滅亡之禍的緩衝。一被提醒自身的死亡，我們就會團結起來。我們會更強烈指責外人，我們會猛力貶低對手。如同那些亞利桑納法官，我們嚴加懲罰妓女。

恐懼管理理論的核心主張，如今已在五大洲二十多國、超過五百項研究裡獲得證據支持，該理論確實有些道理。

有趣的是，這些研究所觀察到的效果——苛刻和偏見，並不會因為被提示其他厭惡事件（像是考試不及格）而產生。死亡對我們有著獨特影響，比什麼都更能扭曲我們的想法和判斷。

我現在知道事情是這樣的。因為最終、也最重要的是，有朵恩。

5. 面向太陽

　　起初，我跟朵恩聯繫全靠電郵，正如你將會明白的，事情必須如此。我不能透過電話跟她說話，也覺得前去拜訪會太打擾，就連提議要去都不恰當，所以我們用電郵聯繫。

　　朵恩很會寫電郵，正如你將會明白的。然而，一切開始得再尋常不過。我先寄了簡短的詢問訊息，然後收到以下回覆：

　　親愛的狄諤斯：
　　我很樂意你來信寄到這個電郵信箱。
　　祝福你
　　朵恩

　　我是在逃出西敏宮後，把 iPhone 開機，才收到這封電郵。當時我剛經歷一場又冗長又激烈的會議，我在會中針對有關 FGM（女性外陰殘割）的新法律，向國會議員提供建言，努力要讓議員和同儕相信，我們迫切需要強化英國的保護機制，不僅是為了遵守我們在國際法底下的義務，也是為了加強保護年輕女性和女孩免受 FGM。政治人物真的明白年輕女性和女孩此刻面臨的極端風險嗎？

　　我不確定是否完全說服他們。朵恩這封電郵（如同她往後給我發的其他電郵），似乎來得正是時候。我馬上回了信：

　　親愛的朵恩：

　　我終於逃出國會，然後想要再次聯繫你。

　　首先，感謝回信——非常感謝。要從哪開始好呢？或許，先讓我好好自我介紹……

　　我接著拿了一些細節來煩她，包括我是誰、在做哪種人權工作，還有為何要跟她對談。

　　囉唆了這麼多，只是想請問是否願意再和我通信，是的話就太好了。期待回音。

　　祝好

　　狄諤斯

　　我會再次得到朵恩的回音嗎？我不確定。我已經說明我想要的了，那會不會太私人——太痛苦呢？我焦急等候，那天後來都沒消息，隔天上午也沒有。到了下午，答案來了。

　　親愛的狄諤斯：

　　很高興聽到你終於逃離那些圓顱黨人！我很樂意回答你的任何問題，並盡我所能協助你。要是我回覆得有點慢，那是因為我正在寫一篇碩士學位要求的論文。

　　祝福你

　　朵恩

　　令人欣喜，還有鬆了口氣。我必須瞭解朵恩，瞭解她的遭遇，還有她因此做了什麼。朵恩的故事盤踞我心頭，所羅門一定也懂那種感覺。我回答：

你真是個大好人！沒錯，我正被圖顧黨人煩擾。能否讓我在明天寄上一些問題——絕對不用急著回覆。順帶一問，那是怎樣的論文？

我有很多問題，但其中一個是我立刻想問的。那很可能是最不重要的，只是我就想知道。我知道她喜歡重金屬樂團「黑色安息日」。好幾年前，我去聽過一場「黑色安息日」的演唱會，而這似乎是我與朵恩的共同之處——即便其他事物全都隔開我倆。我也獲知她住在斯塔福郡，而「黑色安息日」是來自伯明罕。

目前最後一件事：你喜歡「黑色安息日」——那是一件很英格蘭中部的事嗎？
祝好
狄諤斯

我完全認識到這問題有點蠢、完全沒意義，如同人類許多的好奇和通信。

親愛的狄諤斯：
要說喜歡「黑色安息日」是件很英格蘭中部的事，就像是說，喜歡 ABBA 樂團是件很瑞典的事一樣。
祝福你
朵恩

收到這訊息時，我剛離開一場辦在倫敦司法區的個案研討會，正在搭乘區域線地鐵。做為答覆，我寫道：

好吧、好吧，那是我自找的！收到你電郵的時候，我正坐在地

鐵裡，然後爆笑出來——其他乘客都覺得我瘋了吧，我想。

做為開頭，如果說我先寄上一串簡單的是非題，盡快涵蓋很大範圍，只需要你回答 Y 或 N，你覺得如何？當然，你可以在任何問題援用第五修正案（就像我那些美國同事所說的），也可以指其為無聊、無關緊要，或是蠢透了。法庭證人經常將那幾種標籤，貼在我的問題上。噢，還有改天一定要跟你說，我去聽過「黑色安息日」演唱會的事……

祝好

狄諤斯

隔天，我收到這樣的回覆：

親愛的狄諤斯：

我設計了一套五分制回答：Y、N、D、B、？，分別代表是、非、蠢、無聊和什麼意思。

祝福你

朵恩

我剛參加完的那場法律研討會，就辦在兩年前駁回尼克林森請求求死權之訴的那間高等法院。朵恩（全名是朵恩・費伊－韋伯斯特）現年四十二歲，育有十一歲的兒子亞歷山大，曾任文法學校電腦資訊教師，來自斯塔福郡的魯吉利鎮。你剛讀到的那些電郵文字，都是她對電腦螢幕眨眼輸入的，用的是她剩下能動的那隻眼睛，左眼。

她發生的事情，例示了大文學家愛倫坡的說法，那就是「災難的性質」有時可能很平庸——災難可能悄悄走近沙發上的你，就像事情發生在朵恩身上那樣。

▶ **她遭到閉鎖了**

那原本應該是她生命中最快樂的事。在 2003 年，朵恩的生活好得不能再好。結了婚、擁有心理學和計算機雙學位，在斯塔德文法學校任教，是一位成功且深受喜歡的老師。「我是會跟孩子們打成一片的那種老師。不過，他們知道不要惹我。還好我不會像無敵浩克那樣變綠——那不適合我。」我後來發現，她喜歡的顏色是紅色。

朵恩當時懷著她第一個孩子。她人生想要的一切都在成真。

然後，在 2003 年 6 月，她的脖子開始出現固定不移的疼痛。與此同時，她的血壓開始攀升，愈攀愈高，沒有下降的跡象。她的腳踝腫了起來。然而，她懷有身孕，才二十六週，或許那就說明了一切。事實上，這次懷孕頗為平靜。但是接著，她的寶寶突然降臨世上，急促得令人困惑。朵恩必須接受緊急剖腹手術。所以，在 2003 年 6 月 15 日，亞歷山大出生了，重量僅有六百八十公克。在朵恩出院返家後，亞歷山大必須留在史篤城市立綜合醫院的新生兒加護病房。持平而論，朵恩已被告知某種可能性，也做好心理準備，然後自己先回家。然而，隨著往後幾天慢慢過去，朵恩的情況正悄悄惡化。

她時不時就會暈眩起來，有時候暈得很厲害，讓她無法開車去醫院看亞歷山大。不過，她的父母能夠帶她過去。但是慢慢的，朵恩的世界開始變得模糊，銳利的邊緣被糊掉了，朵恩有如遭受浪潮衝撞，全身的分子隨著一股陌生的暗流漂走。就像在阿聯那片鈷藍天空跳傘的東尼，朵恩也擱淺了。

當她坐在家裡的沙發上，她的視野離奇解體，整個世界崩壞成一連串哈哈鏡，成了一座可怕的鏡子屋。最終，鏡子破裂：右眼進來的影像籠罩左邊影像，令人眼花繚亂。朵恩崩垮了，這天是星期五。到了星期六，她就陷入深度昏迷。

往後一週，她在斯塔福醫院裡時醒時昏。在這夢境般的漂流裡，

她知道有人圍繞在身邊。她對他們尖叫，卻沒人聽得見。她動不了身體任何部分，能動的只有雙眼——左邊、右邊；右邊、左邊……她對醫師和家人全力大喊，但病房裡沒人聽到半點聲音。有人會知道她還在那具軀體裡頭嗎？

她的腦幹底部發生一場嚴重中風。她的腦部被攻擊、被伏擊了。朵恩的心智運轉得很劇烈——既瘋狂又恐懼。她的身體完全癱瘓了，她遭到閉鎖了。

▶ 沒人聽得到你尖叫

我記得我讀過加州的馬許（Richard Marsh）的故事，他是一位退休警官和鑑識科學講師。他遭受嚴重中風，因而罹患閉鎖症候群。當他躺在醫院病床，他意識到醫師告訴他的妻子莉莉，他存活的機會微乎其微，只有2%，即便存活，也會變成植物人。而在整個過程裡，馬許就在他自己的病房裡，不為房裡任何人所知，卻對著他們無聲尖叫，因為他們正在討論關掉他的維生機器。

「我曉得我的認知能力是100%，」馬許在訪談裡說：「我能想，我能聽，我能聽到別人講話，但我不能說話。我不能動。」

那些醫師站在床尾，討論接下來怎麼做，討論應撤除維生治療，然後他就會死去。他們講話的樣子就像他不在房裡一樣，因為他們以為他不在。然而，馬許就藏在他們眼前，正在看著，他從眼睛的門戶望出，但卻動彈不得。他被埋在自己的身體裡。

馬許本人對此的說法引人好奇，他說他的大腦保護了他。他的大腦在中風那時出賣他，後來又開始保護他，幫他平靜下來，讓他應付恐懼。

這種困境一再讓許多作家全心投入，從《基度山恩仇記》的諾瓦迪埃這個角色，一直到《希區考克劇場》——在〈淚水決堤〉這集

裡，希區考克仍舊操著當年那個倫敦東區的男孩口音，看著攝影機，警告觀眾今晚的故事是「徹底可怕的」。的確，希區考克這集的主角還活著，但被視為不然，他的命運類似一些醫療案例。

在有些個案中，那需要四年到六年的時間。病人始終都有意識和知覺，他們受困在不能動的身體裡，一直沒被發現有意識。事實上，在〈眨眼就是活著〉（Blink and you live）這篇閉鎖病人的治療回顧文裡，比利時列日大學昏迷科學小組的布魯諾（Marie-Aurélie Bruno）與同事發現，在超過半數病例中，醫師未能認出病人仍有意識的早期跡象。

好多年前，我在倫敦中區到處亂逛，突然看見《異形》電影第一集的海報，就貼在萊斯特廣場一座巨大的告示牌上。那張海報的背景是廣闊的太空深處，中間是一顆不祥的灰蛋，就像月球表面那樣坑坑洞洞，真的令人毛骨悚然。我還記得那句標語令我顫慄：「太空裡沒人聽得到你尖叫。」

我一想到這句話就顫慄起來，還想知道那是什麼感覺——人類如何應對這種損害？在解剖學上，腦幹是腦部的一小部分，裡頭還有許多名稱奇特的較小結構：導水管（aqueduct）、神經管（canal）、錐體（pyramid）等等。腦幹調控心律、呼吸、睡眠、進食、維持意識、吞嚥……幾乎調控一切。2003 年 6 月，那次中風襲擊此處。朵恩的損害就在這裡，她所承受的正是這種破壞，涵蓋她頭腦裡的那些導水管、神經管、錐體。

朵恩，你如何跟外界取得聯繫？你到底是怎麼辦到的？

6. 一次一個字母

　　我們何時、又如何能有把握認定另一個人類擁有意識？這是科學和道德領域最傷腦筋的問題之一。這不光是引人好奇，也是一項實難對付的挑戰。然而，這能帶來深遠的實際後果：決定我們是否該關掉維生機器。

　　至今，各種意識障礙之間的界線，已經證明是有爭議的。這個重大問題是現代醫學一項不受瞭解且具倫理疑難的挑戰，就連那些名稱也有爭議。譬如，在 1972 年首見於《刺胳針》期刊的「持續性植物人狀態」（persistent vegetative state, PVS）一詞，在一連串困難病例和誤診出現之後，已被英國皇家內科醫學院摒棄。而歐洲意識障礙工作小組也拋棄「植物人」這個用語，改稱「無反應覺醒症候群」（unresponsive wakefulness syndrome, UWS）。這種取向所著重的是以下事實：對於這類受過嚴重腦損傷（無論成因是創傷或缺氧）的病人來說，自主呼吸能力等重要功能仍然完好。但是，不同於昏迷病人，他們保持或多或少的正常醒睡週期。他們「醒著」的時候會睜開眼睛，還會用眼睛環視房間。然而，他們對環境和自我完全沒有意識——他們是無反應的。因此，據認為，這樣的病人感覺不到周圍情況和他們自己，他們處在一種清醒的無意識狀態。

　　那曾是許多專家相信的正統觀點。然後在 2006 年，當時在劍橋大學的歐文（Adrian Owen）領導的神經科學家團隊，挑戰了這個觀點。

　　利用腦部掃描技術，歐文團隊證實：有些 UWS 或「植物人」病

人其實能意識到周圍情況，也能意識到自己。歐文認為，有某些未被發現的意識孤島，隱藏在心智迷霧中。歐文相信這些病人裡，有一些人知道周圍發生什麼事。

歐文團隊開始尋找通往那些孤島的途徑。他們的做法是利用一種了不起的對策：讓病人想像自己在打網球。

這裡有一些人，雖然在技術上還活著，卻被認為失去知覺。其實不然。在他們的大腦深處，仍然存有意識。他們只是沒有辦法跟外界溝通。有些人已經處於這種狀態好幾個月了，那就好像他們被緊緊包在保鮮膜裡，嘴巴和臉都被捲上好幾層，讓他們有如受困繭中，在無人知曉之下等待著。

歐文的關鍵病人是一名二十三歲的女性。2005 年，她在一場交通事故裡遭受嚴重的腦部損傷。她被一個多專業團隊，按現行國際標準診斷為處於植物人狀態。此外，她已處於該狀態有五個月了。然而，當她被要求想像在打網球，腦部訊號突然在她腦中某些區域給觸發了三十秒，直到她被告知「休息」。這些訊號出現於一處名為輔助運動區（supplementary motor area, SMA）的皮質。這處腦部結構已知涉及刻意想像協調運動，例如打網球。這名女性的反應，被拿來跟控制組的十二名健康受測者做比較。當那些受測者想像在打網球時，他們的腦部也會亮起，亮起的是同一皮質區，亦即 SMA。實際上，他們腦部亮起的情形在統計學上無異於這位女病人。當然，這位女病人可能是個異常案例，所以歐文的團隊加緊推進。

這位女病人接著被要求想像走過她家所有房間。這次，三個非常不同的腦部區域被觸發了：海馬旁回（parahippocampal gyrus）、後頂葉（posterior parietal lobe）和外側前運動皮質（lateral premotor cortex）。三者共同構成「海馬旁回場所領域」（parahippocampal place area, PPA）。

PPA 已知經常在人們執行或想像空間巡行（例如在房子裡走動）時被觸發。然後，就輪到那些健康受測者也進行相同的想像。

　　你知道歐文會發現什麼了。必然的結論就是：雖然被診斷處於植物人狀態，但歐文的病人能想像那些受測者所想像的，她能打算他們所打算的。她正在回應歐文的指示，她還在那裡！

　　她的意識是什麼樣子，這是幾乎無法確定的。別忘了她受過嚴重的腦部損傷。然而，儘管如此，她仍有反應；儘管如此，她並不像相關定義所述那般「無反應」。她所想像、心裡想著正在進行的，可能類似做夢或譫妄——但那就很不得了了。無論那種夢境般的漂流其實為何，她都能理解研究人員對她說的話。在他們的提示下，她能想像自己在哪裡——也許是在溫布頓的中央球場，送出一記呼嘯而過的反拍；她也能想像自己在家裡。

　　歐文與同事繼續研究，檢視五十四名重度腦部損傷的病人，發現其中五人能夠做出反應。原先被認為無反應的五名病人，「在科學意義上來說，能夠自主調變」他們的腦部活動。自主調變是神經科學家的叫法，你我的叫法則是溝通。

　　歐文團隊繼續對另一位病人進行測試。在使用腦部掃描儀之前，該病人被再次判定處於植物人狀態。事實上，他遭遇過一場嚴重的交通事故，並在十七個月後被診斷為處於永久性植物人狀態。這項診斷在三年半後，再次得到確認。如今，事發五年後，歐文團隊對他重新檢測。他被送去做磁振造影。歐文團隊設計出一個溝通協定：

　　是的話，請想像在打網球。
　　否的話，請想像走過熟悉的城市街道或你家。

　　該病人被要求想像揮動一隻手臂，來將網球回擊過網，或者設想在家裡走進一間間房間，並想像在那裡所見。網球代表「是」；家代表「否」。他被問了好幾個問題。

　　那些都是「你有兄弟嗎？」之類的問題。他竟能夠 100% 答對前

五題。這個男人曾在五年間被認為對周圍沒有意識，但他就在那裡！他記得、他回答、他知道。

正如愛倫坡所寫：「生與死的界線，充其量是朦朧而模糊的。」我想知道，歐文那位病人在那整整五年，去了哪裡。他在想什麼？那是什麼感覺？愛倫坡肯定沒說錯，被活活埋住、受困在沒有人知道你受困的狹窄空間裡，這大概是「凡人命運」裡最駭人的了。

▶ 活活被牆困住

是朵恩的哥哥馬克，發現她還在那裡的。中風之後，朵恩隨即經歷她自己的某種如夢漂流。她記得做過一些奇怪的夢。在其中一個夢裡，在她看來，她必須接受人體冷凍，就像電影《異形》中，諾斯托羅莫號太空船組員在前往外太空深處之前那樣。在另一個夢裡，朵恩成了伊拉克士兵（這一切就發生在美英聯軍入侵伊拉克期間）。

法國時尚雜誌《ELLE》的總編輯鮑比（Jean-Dominique Bauby）在被閉鎖之後寫道：當他的身體停滯，想像力卻開始起飛，帶他前往火地島或邁達斯王的宮廷。

歐文的植物人病人呢？那些年來，他到過哪些領域，看過哪些遙遠地方？

最終，朵恩和我相約見面。我到她家鄉去追求我問題的答案（那是什麼樣子？人類如何應付？）。我搭上火車、我準備筆記、我見到朵恩。我被擊垮了！

這是深不可測的不正義，宇宙如此不公平，卻似毫不在乎。這種事怎能發生在這樣一個好人──或是發生在任何人身上？法國人有個說法用來形容閉鎖症候群：*maladie de l'emmurévivant* ──活活被牆圍住。此語雖為誇飾，卻是關於該情況最精確的描述。

有句陳詞濫調是說：「我沒有準備好去面對接下來發現的事。」

為了避免這種情況，我努力做好去見朵恩可能需要的各項準備。我盡量閱讀有關閉鎖症候群的一切——這類文獻又多又雜。我也反覆觀看《潛水鐘與蝴蝶》這部關於鮑比的電影。我還一再反覆播放 YouTube 上那部關於朵恩的超短新聞短片。我想我可以摸著良心說，我已經為朵恩做好盡職調查（due diligence）。

差遠了。

▶ 彷彿被狙擊手擊中

看到腦幹中風對朵恩的摧殘，我很震驚。某種程度上，之前讓我鬆懈下來的，是我們通信裡的親切。那些電郵在很多方面就像我跟諸多法界和學界同行的通信，只是更加有趣。然而，我們的通聯如今連不通了，連不到我眼前所見，也連不到那般損害的殘忍。

朵恩被限制在輪椅上。她無法移動身體任何部位，只能眨眨左眼（右邊必須閉著）和稍微動動頭部。她的手臂疊放在膝部，但她卻控制不了。偶爾，在我們說話的時候，她會開始全身痙攣。她既不能說話，也不能吞嚥，得靠管子灌食液體食物。然而她的左眼能夠運作，而且超時運作，這很了不起。

她父親亞列克現年八十歲，戰時長大的他，聊到當年經歷哪些艱苦和匱乏，但他突然停下。「朵恩有話想說，」他說。他耐心進行他們的精細流程，唸出字母，讓朵恩眨眼確認。

「Ｖ－Ｉ－Ｏ－Ｌ……是的，不好笑，朵恩，」他說。

我不懂。

亞列克嚴肅搖著頭。「Violins，」他告訴我：「這表示她聽夠我的戰爭故事了。Violins。」為了強調這點，朵恩讓她的頭往胸口重重一沉，彷彿被狙擊手擊中。

朵恩留著長髮，長度過肩，就像她當學生的時候。（登門造訪過

後的某一天，為了喚起我的記憶，我請她提醒我那一頭長髮是什麼顏色。她回信道：「如同我的鋼琴。」）那天在她家整潔的客廳裡，我指出我倆都穿著紅色套頭毛衣，這是閒聊中的閒聊——我正試著爭取時間，以求釐清朵恩在我眼前的複雜現實。朵恩開始拼字。

他父親妥貼幫忙。「我……穿……噢，朵恩，」他突然打住。

我看著他，而她瞪著我的紅毛衣。

「她說她穿比較好看，」亞列克說。

朵恩跟父母一起住在斯塔福郡寧靜的集市小鎮魯吉利，就在特倫特河畔，而從魯吉利鎮沿著 A51 公路往北二十英里，即為史篤城，米亞特被關之前，就跟母親帕姆住在該城。我坐在那裡，輕聲跟朵恩講述我的法律工作、我的案子、帕姆、米亞特。

偶爾，朵恩會將左眼往上轉，這同時代表兩種意思：是，以及我還在聽。她父親這邊的家族姓費伊，是很實在的英格蘭中部百姓，他們的諾曼姓氏可以追溯到征服者威廉，那時野狼仍然漫步英國。亞列克做過族譜考察，那是正式的：他們家門廳有一張裱框證書。費伊家族的延續，遠遠長於野狼，野狼的末日在愛德華一世於 1281 年下令撲殺後，不久即至。

朵恩的祖父跟著皇家工兵團，奮戰於二戰的許多重要歐陸戰役，還跨足北非。他也在敦克爾克被傳奇的「小船」撤離。「他沒有認真談過，」亞列克說：「他不喜歡大驚小怪。」

然後，這個家族撐過那場襲擊不列顛諸島的可怕風暴，逃過敵機投下的大量炸彈。就是這麼回事：這家人不會大驚小怪。他們不怕發生在朵恩身上的事，也不怕發生在全家的事。

亞列克當了好多年的木工，如今他沒能放鬆心情享受退休生活，而是全職照顧癱瘓的女兒。他的妻子雪莉也是如此，他倆相識於六十年前的一場婚禮，新娘是雪莉的朋友，新郎則是亞列克的兄弟。雪莉在婚宴上把耳環掉在亞列克的口袋裡，而他後來找到了她。當時她十

七歲，他二十二歲。他倆從此都在一起。

當我在跟朵恩談話，雪莉給我送了一盤巧克力餅乾，那是我所見過最壯觀的。到了我要走的時候，她做了一份起司三明治，讓我在火車上吃——「只是怕你會有點餓。」我又請教，要去車站，搭哪家計程車最好。「就是老爸，」朵恩拼了出來。他們就是那麼好客的人。

▶ 多麼了不起的聲音

在造訪朵恩家之前，我上網查詢魯吉利鎮，尋找有興趣的景點。Google 顯示了尤托克西特路上的馴鹿公園，「此處擁有英格蘭最大的工作馴鹿群。」工作馴鹿？牠們在做什麼工作？我事先發了電郵給朵恩，詢問這處大受吹捧的景點是否值得一遊。

我帶過我兒子亞歷山大去那裡看馴鹿。他覺得沒什麼了不起。魯吉利鎮更有名的是謀殺案，而且不只一起。帕瑪醫師——魯吉利下毒者；還有血腥石階謀殺案。幸好，摩斯探長破了案！
祝福你
朵恩

你看，這就是問題所在。你平順讀完她的電郵，想像朵恩正在對你說話，說著她現在說不出來的話。

她當然說得沒錯：帕瑪醫師在 1856 年，因謀殺罪被絞死於斯塔福監獄。雖然帕瑪醫師在「老貝利」（位於倫敦老貝利街的中央刑事法院的俗稱）受審後，被證明他確實下毒殺了人（死者是他朋友庫可），不過警方強烈懷疑他殺害更多受害人，包括他自己家族的幾個成年人和他的四個嬰兒。狄更斯稱他「老貝利裡，歷來站過最壞的惡棍」。不久後，我在老貝利承審時，就聯想到帕瑪醫師（和朵恩）。

　　待在朵恩身邊，讓我想起她所有妙語——黑色安息日和ABBA；
對十七世紀獨裁者克倫威爾的厭惡（「十三年沒有聖誕節，還要穿得
像要參加葬禮一樣」）；可憐的魯吉利馴鹿……。她的溫和指責，還有
她的銳利評論，那一切都在我腦海響起，而我就坐在她身旁。朵恩能
動的那隻眼睛，發出信號給那對關愛她的父母；他倆接著辛苦唸出字
母，讓朵恩眨眼確認。

　　我們花了許多時間，討論魯吉利鎮的「血腥石階」謀殺案。那道
石階是從特倫特－默西運河岸向上連通，在1839年的時候，有個名
叫克里斯蒂娜的年輕女子，在這裡被幾名酒醉船夫殺害。據說那些石
階仍會滲出被害人的血。克里斯蒂娜的墳墓位於聖奧古斯丁教堂，
沿著路走就到了。這個案子後來出現在摩斯探長推理小說《村姑之
死》。我決定要在離開朵恩家之後，造訪克里斯蒂娜的墳墓。

　　我們的「交談」以冰河般的速度前進，一次一個字母：A、H、
N、T。亞列克或雪莉從特製的字母表唸出聲，那是她兄嫂發明的方
法，這位兄嫂是尤托克西特某所學校的科學組長。該表將二十六個字
母依序分到四個象限（各有七個、六個、六個、七個字母），以便加
速檢出。朵恩利用眨眼來指出字母。靠著一次眨出一個字母，她選讀
了嚴格的學程，進行嚴謹的學術研究。就這樣，朵恩掙得了古代史的
學位；就這樣，朵恩正在修讀藝術史碩士，並在過程中用現象學，來
評論霍爾拜因（Hans Holbein）的名畫《出訪英國宮廷的法國大使》。

　　朵恩就這樣活著。我為之驚嘆，不僅因為她明顯的勇氣和沉著，
更是因為「她那高飛心智與外界的聯繫，皺縮成一隻眼睛的眨閃」。
我必須承認自己有愧於擁有大量機會。我坐上計程車離開朵恩家，車
子穿越魯吉利鎮，車窗在冬夜裡散發暖暖金色，而我努力不去想自己
有多麼揮霍生命。我只記得我們對話的片段。

　　我站在魯吉利特倫特河谷車站被風吹拂的月臺上，當時的我一片
茫然。雲層飄到頭頂上，又快又低，繼而愈降愈低。

火車跟雲賽跑，看誰先回到倫敦。火車頭穿過英格蘭中部鄉間，卻靜得令人心慌，彷彿是降雪壓抑了一切——除了朵恩，壓抑不住的朵恩、激烈活著的朵恩。

朵恩並非無聲，她的聲帶仍然能發出深沉聲響，我是到了見面才知道的，這讓我驚訝。我可以想像，那聲響會讓沒準備好的人倉皇不安，但那其實是一種勝利。

「多麼了不起的聲音，」我稍後寫簡訊告訴她。

「我有烏奇族（《星際大戰》裡的外星種族）血統，」她以驚人的速度回覆：「等我試過自家牲畜，就輪到你了。」

接近倫敦，天空開始下雨，雨水沿著鐵軌奔流穿過樹林，那些樹枝皆已冬禿，就像伏塔湖裡那些突起物一樣枯荒。我發現自己想著安東尼。我很希望安東尼能見見朵恩。他們是這世界裡的兩個世界、兩個人類、兩種人性典型。

而朵恩是什麼典型？是個制懼者。她制伏了恐懼。

然而，想要瞭解她有多勇敢，我得告訴你事情是怎麼開始的。

7. 閉鎖在外

最先注意到的是她母親。

「朵恩，你腳踝腫起來了，」雪莉告訴女兒。

懷孕腳踝腫——用那句老話來說，是時候去叫助產士了。朵恩的腳踝的確很腫，另外，不僅助產士發現她有蛋白尿，她的血壓也相當高，而且還在攀升。在一陣閃燈和警笛聲中，救護車緊急將朵恩送到斯塔福醫院。急診醫師很擔心，該怎麼辦？為了保護朵恩，最好立刻手術；為了保護孩子，最好再等。婦科醫師告訴她：「你每多留住寶寶一天，你就是給他更好的存活機會。」

朵恩撐住了，英勇撐了六天。

在整段期間裡，她的血壓一直攀升。每天她都將自己置於愈來愈大的風險，這全都是為了孩子。朵恩不願傷害未出世的寶寶，她保護了他。藉此，朵恩給了亞歷山大每個存活的機會，雖然早產時只有二十八公分長，但他緊緊堅持住了。如今的他當然不可能只有二十八公分高，他已經十二歲大了。我看見他的照片，想到他現在差不多是安東尼被父親賣為奴隸的年紀。亞歷山大的個頭不大，米亞特也是。穿過時空，我看見這兩個男孩在一條奇妙相繫的鏈條上。

現實就是：朵恩所做的犧牲，很可能讓她一生全身癱瘓。她所有信件裡的徹底坦率，以及我希望我們建立了的交情，讓我鼓起勇氣。我決定問她：「知道了現在發生在你身上的事，你還會再做一次，為亞歷山大撐住嗎？」

她簡單回覆，用的是她為我們設計的代碼：Y。

如何理解無意義？如何使其有意義？朵恩制伏了恐懼，那般恐懼在於心智受困在近乎全癱的身體，而又明瞭自身生命毀壞跟生下兒子有關。她拒絕做出會傷害孩子的事。她讓自己暴露於最嚴重的風險，而且願意再來一次。她不想說 violins。

朵恩發生的事不是無意義的。在更廣義上，那是生命的擴增——若你試算那種可怕算法，若你將其加總起來：把她的生命（儘管有所改變）加上她兒子的。這必定是她的算法。然而我們必須明白：朵恩的情況不是克服逆境的勝利，而是伴隨逆境的勝利，亦是在一次次費力眨眼中的勝利。她正面迎戰恐懼，在非凡的旅路上拖著恐懼前進。

▶ 害怕自己的影子，那就面向太陽

鄧約翰（John Donne）在 1611 年寫下〈依納爵的祕密會議〉這篇陰鬱惱人的文章，敘述一個躁動靈魂「擁有自由，能漫遊所有地方，並能調查清點天國所有房間和書籍，以及理解情況、狀態、人民和政治。」

嚴重的中風，束縛了生命和肢體，卻有解放心智的矛盾效果。這是一個又一個倖存者表述過的。這給了心智一種不受歡迎、殘酷卻又罕見的機會，去重新觀看世界、能漫遊所有地方，以及理解人民和政治。就如貝克爾（見第 141 頁）所述，去「擴展到世界和時間的方方面面，而不動一根肢體。」

憑著堅決的眨眼，朵恩在智識上、還有想像裡，一路前往古希臘和羅馬求取學位。「在古典世界裡，你最喜歡哪個人物？」我曾這麼問她。「亞歷山大，」她立刻回答。

我們談到亞歷山大大帝如何馴服他那匹馬的著名事蹟。這故事是從普魯塔克的《亞歷山大傳》流傳下來——亦從尼科米底亞的阿里安

（Arrian of Nicomedia）流傳下來。斐洛尼庫斯（Philonicus）這名色薩利人，帶來一匹皮毛烏黑的高頭大馬，開價十三個塔冷通（talent），只是那馬野性難馴、無人能制。年方十三歲的亞歷山大，不顧前有多人失敗，相信自己可以完成這項看似不可能的任務。沒有人相信他，但他辦到了，靠的是一項巧妙調整。讓眾人驚訝的是，他竟能接近這頭躍立的大馬，然後輕巧跨上去。他是怎麼辦到的？他發現布西發拉斯（Bucephalus）這匹馬害怕自己的影子，於是將牠調頭面向太陽。

為什麼朵恩如此敬佩這位馬其頓人？「因為他成就這許多，」朵恩說：「亞歷山大大帝在公元前 323 年去世時，年僅三十二歲。試想他要是活得更久，他還會成些什麼？」

對於朵恩，那就是答案——或是關鍵答案之一。

面對中風帶來的黯淡前景和幾乎全癱，朵恩依然決定：不僅是要活著，還要活得有意義，活出價值來；不僅是要制伏恐懼，還要將恐懼搗成有意義的東西。就像亞歷山大大帝的那匹悍馬，她也領會到看似不可能之事，其實就在掌握裡——如果你從對的那邊著手，如果你轉身面向太陽。

「中風過後，我不過是換個方式來體驗生命，但生命同樣珍貴。你的夢想或許非得改變，但那仍是你的夢想。我想讓大家看到我還是朵恩，看到我還在這裡。我能改變過去、改變中風嗎？不行。但你能改變你的未來，而我正要那麼做。」

就像那位偉大的馬其頓人，朵恩也有一整串想做的事和想征服的世界。經過六年艱苦努力，當她終於獲頒古代史學位，她父親亞列克對她說：「我們現在要來休息一下嗎，朵恩？」

她對亞列克說：「你可以啊。我想要再讀碩士。」

「你跟她怎麼說？」我問。

亞列克緩緩搖著頭。「我說：『噢，朵恩。』」

　　朵恩堅持苦幹了兩年多,以每小時眨出五十個詞的速度,攻讀藝術史碩士。像本段這樣短短的一段,就要花上她一小時。她接著又決定要攻讀博士。我毫不懷疑她能成功。

▶ 每天都為自己創造意義

　　朵恩的案例,讓人想到布魯諾與同事的深入研究。這些研究人員考察四十四名閉鎖症候群病人,試圖瞭解病人「大為改變的身體」在何種程度上消滅其自我感——中風後他們是誰。布魯諾等人檢驗了以下三件事:

　　第一、他們是否感覺自己還是同一個人;
　　第二、他們是否將新的身體認作是「自己的」;
　　第三、他們是否覺得生活仍有意義,即便幾乎完全癱瘓。

　　該研究值得注意之處在於:閉鎖病人的答案,被拿來跟對照組做比較。對照組為二十名醫師,全部來自巴黎史達林格勒大街的阿維塞納醫院。這些醫師被要求假想自己全身癱瘓,來回答相同的問題。然而,根據布魯諾與同事所述,那些醫師「未能料中病人的經驗」。

　　這項研究結果,必然使我們停下來思考,因為真正閉鎖病人最強烈的反應就是:即便身體已成「牢籠」,但在裡頭的仍是他們;即便失能,仍然覺得活得積極;即便癱瘓,仍然能對家人做出貢獻;即便發生這一切,仍然可以表達自己是誰。

　　換言之,他們仍然找到方法,可在生活中找出意義。因此,即便面對「活活被牆圍住」的纏身恐懼,要是走到那一步,人類仍然可以找到出路去制伏恐懼。

　　很有可能的是,我們這麼做已經很久了。所羅門很可能是對的:

幾乎就始於我們意識到：

第一、我們活著；
第二、我們不會永遠活下去。

　　制伏恐懼是一種持續性的維修行動，就像一邊不斷漆著一座代表恐懼的福斯鋼梁大橋，一邊記得這般警告：隨著年齡增長，死亡變得更為凸顯──顯得更為巨大。制伏恐懼是一種無處不在的人類需求，它影響深遠、卻又可能消磨人的意志；因此，很有理由要有一個特化的執行系統或心智模組來處理。或者，也許這還會拉進其他的東西。的確，在《演化心理學》期刊一篇明確表達立場的論文裡，所羅門與同事斷言，他們相信進一步的研究，將促成恐懼管理理論和演化觀點的「進一步整合」。讓我們拭目以待吧。

　　弗蘭克（見第60頁）告誡我們：不要為生活尋求某種外在的、全包的、最終的意義，某種可以一勞永逸解決問題、制伏恐懼的東西。與其問「生命的意義是什麼？」，他認為我們應該「將自己想作那些每日每時被生命質問的人。」

　　那種生命概念讓我們接受考驗。那很吸引人，卻包含危險。

　　因為，要是我們沒通過考驗呢？要是我們就像東尼・尼克林森或琳恩・吉德戴爾那樣不想繼續活下去呢？因此，我們可否就把生命想成某種複雜的邀請？正如孟克（Edvard Munch）於1899年所繪的那幅糾纏人心的名畫《生命之舞》裡，生命詢問我們：是否想要跳舞？那讓我們認識到，接受生命的邀請很不容易。而且，我們可別忘了，死亡也提出它的邀請。

　　最終，我們可能因為像哈姆雷特那樣害怕不可知的死後，而拚命抓住生命，就像L小姐的母親一樣，想死、卻怕死。在這一切裡，朵恩的奮鬥可以不被看作是在尋找意義，而被看作是在創造意義。藉

由她所做的，朵恩每天都為自己創造意義。因此，我們不僅是在尋找意義而已，也是在創造意義。那是一種複雜的自由：活得免於那種消磨東尼心志的痛苦和龐大精神折磨。

有一次，朵恩告訴我：「我曾經是一個非常棒的老師。」

「真的嗎——你？」我說。我們經常互開玩笑。

「迄今最棒的。」

「你？」我又說一遍。

「在電腦教室的旋轉椅翹輪競速比賽，我是最棒的。我曾經是個非常棒的老師。」

這裡有個實情：朵恩仍然在教學。我們懂得傾聽嗎？

▶ 我們是否被閉鎖在外？

見到朵恩以後，我開始領會達爾文在 1832 年 12 月 17 日那天必定看見的。那時「小獵犬號」穿過南大西洋的浪潮，達爾文將鹹鹹的浪花從雙眼擦去，看見火地島浮現在面前：有幅景象以無法想像的方式揭露世界。

這一切，都在我見到朵恩以後，豁然開朗。

當然，有兩種看待的方式。第一種方式：死亡這項最大奧祕始終存在的前景，似乎會將我們的生命化為毫無價值。透過天文望遠鏡錯誤的那端來觀察，我們就會消失不見。然而我覺得還有第二種方式，那是更好的做法：透過顯微鏡來觀察生命——傳達那細微的一切，就像朵恩透過眨眼所做的。那麼所有事物就充滿熱情和激情，那種可以至所欲至、言所欲言的機會，就充滿最深刻、最簡單的快樂。

如此，突然間，此刻在我們面前和周圍的機會，閃起難以抗拒的誘惑。見過朵恩，世界變得廣闊，脈動著令人目眩的可能性。我發現自己伸展手指、蜷起腳趾，試著追蹤從大腦到四肢不受阻礙的神經訊

號——「我的四肢只是不想跟頭腦說話，」她寫信說道：「掛上『勿擾』牌子。」

我們有各種恐懼得要制伏。我試著想像朵恩生活中的一些情境；之所以用想像的，是因為這些是我自覺無權問她的事。當寶寶在她中風後首次被帶進病房，而她卻無法觸碰他；當她初為人母，聽見孩子哭聲，卻無法餵他；當她無法將手指伸向他。諸如此類。

這是什麼狀態呢？在品特（Harold Pinter）的劇作《另一種阿拉斯加》裡，主角黛博拉因為嗜睡性腦炎而沉「睡」了二十九年，她一醒來就問，在這整段時間裡，她都在做什麼，又都在哪裡。而問題是，正如她身旁的醫師坦白告訴她的，我們並不曉得。

為什麼朵恩很重要？她被推向人類經驗的外緣邊境，並痛苦贏來某種知識。在一個陷於恐懼和生命流逝的世界裡，她提醒我們，生命微少的每日流逝也很重要。她提醒我們，我們可以就此做些事情，我們可以重拾自己拋棄的夢想。更有甚者：她示範這些小事如何每天防止你陷入被遺忘的窘境。那些事情不僅是我們所能做的，更是我們所需要做的。

關於朵恩，有一種看法是：她就跟我們一樣。

另一種看法是：她是非凡卓越的。

我的看法則是：她接觸了我們內在的非凡卓越，不是因為她想，而是因為不得不，為的是她自己和亞歷山大。沒錯，她在腦幹中風後幾乎完全癱瘓；沒錯，她被閉鎖了（朵恩，請原諒我用了這個詞）；但她同時也是個年輕母親。雖然只能眨動左眼，但她一直都在兒子的生活裡。她拉拔他長大。

當他們來我家觀看《誰是接班人》最後一集錄影（朵恩和我都錯過首播），亞歷山大花了很多時間，在電腦上玩《祕境探險4：盜賊末路》之類的冒險遊戲。我就讓他看看我那老舊的地球儀，看看我最近去了哪些地方，看看伏塔湖在哪裡。我跟他談到那些捕魚的孩子。

他說他對這一切不大高興，還說我們必須想辦法阻止這種情況發生。他是對的。

我用食指滑過地球儀的細微起伏，朵恩的兒子也用食指跟著滑，然後他又繼續玩電腦遊戲，還有吃巧克力瑞士捲。

我開始明白朵恩為何而戰。

世上有各種恐懼。恐懼就是發生在朵恩腦幹的事，也是腦幹中風後對她做的事。制伏恐懼的方式也有很多種，包括叫你兒子不要再玩PlayStation。那樣也是，而且是極了。

時間都去哪裡了？時間要去哪裡？我承認貝克爾所寫的死亡焦慮的恐怖。然而，還有另一種焦慮：關於生命的焦慮。朵恩不喜歡「閉鎖」這個詞，我現在懂了，但我想知道，我們是否被閉鎖在外，被生活匆忙遮蔽，看不見世上那麼多奇蹟。

這不是在批評，只是陳述事實。朵恩給我們上的那一課是，情況不必如此。我從未見過有誰在每個清醒日子和每次眨眼裡，都如此注滿熱切。十九世紀的法國神經學家沙可（Jean-Martin Charcot）寫到無情折磨病人的帕金森氏症，他說那病症不肯停戰。朵恩同樣不肯。她是不退讓的，也是壓抑不住的。透過她，我們可以瞭解制懼者得做的叛逆作為。那很艱難，但會是很英勇的。

▶ 不讓恐懼擊敗自己

窗外遠方傳來模糊的嚎叫聲，你在黑暗中走進女兒的臥室，看到她在 iPad 上寫好的信，是寫給你的。

親愛的爸媽：

我知道你們愛我，或許超過我所應得的……

我們又回到那間臥室了。然而，如今的你是在什麼處境——你打算怎麼做？你是否就像珍‧尼克林森，準備好要幫愛人求死嗎？珍是個護理師，也是個深情妻子。正是因為我愛他，所以我會去做。東尼死得太迅速了，醫師說，是死於肺炎，珍說，是死於心碎。所以，事情從未走到那一步。但是，在凱伊‧吉德戴爾那裡卻走到了。

……如果走到那一步，拜託、拜託、幫幫我。

那就是你現在面臨的選擇。你真能採取必要手段、或採取任何手段，來確保你的骨肉免於所有痛苦？你不禁想起朵恩，光榮頑抗的朵恩。還有一件事，我得在你決定前告訴你。

當朵恩終於能靠眨眼溝通，而家人和醫師也終於發現她還在那副軀體裡面，她便向前夫（亦即亞歷山大的父親）提出一項簡單要求，那就是：「拜託助我一死。」

然而，朵恩改變了心意。她能制伏恐懼至少到這程度：就算她不能完全擊敗恐懼，她也不讓恐懼擊敗自己。

再來就是 L 小姐。我經常想到我這委託人和她的三個孩子，生活在那座英格蘭西南部的農場上。他們在我心目中（我知道這樣太善感了）總是沐浴著陽光。我從未查到她母親的名字，而我漸漸瞭解，那不要緊，因為那會是任何名字——那是任何名字。

如同朵恩，L 小姐也懸崖勒馬，她同自己鬥爭而免於人生毫無意義。如同亞歷山大大帝，L 小姐也是直接轉向太陽。

所以，那些人在那房間裡陪著你：珍和凱伊，朵恩和 L 小姐。

那些幼狐在寒夜裡打鬧嚎叫。你的手伸向嗎啡瓶、放下、伸向嗎啡瓶、放下、伸向……

第四種人性典型
注視者

時間不多了，而水在高漲。
—— 卡佛（Raymond Carver），美國短篇小說家

The Beholder

1. 他們眼裡只有我的臉

「在我成長過程中，」拉娜說：「就是十幾歲那時候，學校裡有個女孩，沒人喜歡她。」

那女孩很愛下棋，這讓她顯得很聰明，但也有點令人生畏。然而她之所以會在印度某邦某城受到班上同學猜疑對待，是有別的原因。

「她臉上有個印記，一個胎記，」拉娜說：「就像個地圖。你知道年輕女孩可以有多惡毒。不是只有年輕女孩會這樣，只是她們最糟糕。」

拉娜的話語流洩，既快又強，近乎激動，彷彿所剩時間不夠。話說回來，她已經失去這麼多時間。拉娜發現，自己經常凝視那女孩的臉。她著了迷：那是什麼地方的地圖？那女孩沒有朋友──大家都被嚇退，看不見西洋棋或胎記之外的東西。

「我試著跟她講話，可是我那些朋友說：『拉娜，幹嘛跟她講話？你哪裡不對勁嗎？』」

拉娜不想失去朋友，她不想與眾不同。那女孩後來離開學校。

「你跟其他女孩還有聯絡嗎？」我問。

她停頓了一下。「自從事情發生後，」她指的是我們之所以交談的那個原因，「她們大多都跟我絕交了。有時候，其中一個會傳訊問我過得怎樣，我想那是因為她們很內疚。她們說：『噢，拉娜，你好勇敢。』然後我說：『還能怎麼辦？』她們問我都在忙什麼。我尷尬得說不出來。」

拉娜在忙的，就是閱讀——這是她最沒料到的事。她的閱讀內容尤其關於某個地方，她會認為、也真的認為那裡擁有最偉大的故事。

某位維斯塔貞女的雙生子被置於籃中拋棄，籃子順流而下，撞進蘆葦叢裡。有隻野狼走近這對脆弱嬰孩，但那狼是隻母狼，牠非但沒吞了他們，還予以哺乳。那對雙生子都是男孩，他倆活了下來、長大成人，並在獲救地點建了一座山城。

那座山城變成城市，那座城市變成羅馬。七個世紀間，羅馬享有無比的征服和勝利。然後，羅馬停下來喘息。共和國變成帝國，奧古斯都（Augustus）放下征服世界和遠方作戰的宏大計畫，羅馬這座「七丘之城」將要鞏固起來。不過尚有一件未竟事業，那就是不列顛，羅馬重要編年史家塔西佗（Tacitus）形容那是一座神祕小島，「被不斷的降雨和雲霧遮蔽。」

「我喜歡吉朋（Edward Gibbon）書上談到貴國的部分，」拉娜說：「有關你們如何被征服。」吉朋是十八世紀的英國歷史學家，寫了著名的《羅馬帝國衰亡史》。

我感謝拉娜對不列顛有興趣。後來我查了一下，吉朋告訴我們，羅馬經歷四十年浴血戰爭，才征服不列顛，這項方略「始於最愚蠢的羅馬皇帝克勞狄烏斯（Claudius），繼於最放蕩的尼祿（Nero），終於最膽怯的圖密善（Domitian）。」我慢慢發現，這些故事不僅激勵拉娜，還以某種難以想像的方式拯救了她。

「而我在吉朋書裡發現的，是他關於希望的說法，」拉娜問說：「你曉得嗎？」我不曉得。「那是最佳的慰藉，」她說。

吉朋的原文是說：「希望，乃不完美情況裡的最佳慰藉。」我也查了那句話。我知道拉娜希冀什麼。然而，過了很久我們才能談到那裡。那太痛苦了，所以我很高興能在同時，讀到在不列顛的那些羅馬人。

這一切的開始，要比克勞狄烏斯早了將近一個世紀，甚至早於基

督誕生，地點就在肯特郡白堊海岸的某處海灘。凱撒大帝幸運碰上有利於戰船和偵察船的風勢與潮汐，他讓一萬名軍團士兵和百夫長，登陸布滿卵石和頁岩的平坦海岸。那片海岸很靠近迪爾市──就是兩千年後，他們找到蔻蓋特（Florence Colgate）的地方。

▶ 你不要太漂亮，那太迫人

「中街魚吧」是一間位於迪爾的古雅老式餐館。從凱撒大帝的部隊登陸處過去那裡，只需沿著 A258 公路開車七分鐘。在店裡工作的是蔻蓋特。有一陣子，十八歲的她，因為某一特點而受到國際關注。

「我寄去一張照片，」蔻蓋特說：「呃，沒化妝的那種，然後，我接到電話通知，說我從八千人裡闖進最後五強。」

蔻蓋特從五名決賽佳麗中勝出，這促使一連串研究者，仔細檢視她容貌和五官的精確比例。

「我想我只是看著我的臉，然後看到我自己，」她說：「我根本看不到裡頭的科學。」

蔻蓋特贏得獨立電視臺（ITV）《洛琳秀》（Lorraine）的比賽，那是在尋找英國最「自然」的美麗──沒有化妝，沒有整形，就只是天生麗質的你。在獲勝之後，蔻蓋特，或者說至少是蔻蓋特的臉，出現在全英國各地 Superdrug 連鎖藥妝店的海報和宣傳品上。

2015 年在中國，大牌演員兼超級名模 Angelababy（本名楊穎）經歷她一生最惱人的「試鏡」。（楊穎被譽為中國的金・卡戴珊，她那耗費三千一百萬美元的婚禮，可能是中國史上最昂貴的，並有線上直播。）

在中國醫學科學院，楊穎公開接受一連串侵入式檢驗。當時楊穎被迫上法院，控告大連瑞麗醫療美容門診部有限公司誹謗，因為該醫

美診所宣稱她做過整形手術：「Angelababy 整形失敗，網友稱下巴極不自然。」

楊穎需要保衛她形象的可信度，亦即其美麗（臉孔）的自然性。

越過太平洋，在美國西岸這裡，史丹福大學 MBA 暨矽谷財富管理師米勒（Michelle Miller），也讓自己捲入爭議。她發明一種美的理論「七分理論」。

米勒是《承銷》（*The Underwriting*）部落格的作者，她的著名說法就是自稱能靠以下步驟，輕鬆踏進她那些男性角色的頭腦：第一步，關掉他 80% 的大腦；然後第二步，把剩餘部分的一半拿來想著性。她揭露自己成功的祕訣，那就是「拿到七分」。你不要太漂亮，那太迫人、太惹人厭了，但你也不想要一張毫無魅力的臉。

你需要足夠魅力，才能得到注意，但也不要美得逼人而被劃掉。米勒主張，就女人容貌而言，十分裡的七分，正是介於美麗和平庸的「甜蜜點」。

再越過另一片大洋，在大西洋彼端，傅尼（Laura Fernee）自稱偏離那個甜蜜點——不過是偏到高分端去。這位拿到倫敦大學第一級榮譽學位的前醫學研究科學家說，她的人生被容貌毀了。

「事實就是，」這位三十三歲女性說：「我的美貌給我造成很大麻煩……這不是我的錯……外表這樣，我也沒辦法。」她還說，那些痴迷的男同事在她桌上留下「求愛禮物」。即便當她穿著刷手服在實驗室裡，他們依舊情不自禁，就連「我沒化妝，他們還是想勾搭我，全是因為我的自然魅力。我沒辦法阻止。」

拿到博士學位後，傅尼陸續工作於好幾家開發藥物的醫學研究公司。她對醫藥領域的興趣，源自母親罹患自體免疫疾病，因此她的研究深涉個人。然而，由於受不了太多矚目，傅尼離開科學研究單位，

轉而著手寫書，論述臉蛋太美而工作不了的滋味。「他們只注意到我的樣子，」傅尼抱怨道：「他們眼裡只有我的臉。」

無可避免的是，傅尼因為膽敢直陳此事，而遭受強烈反彈。情況來勢猛烈。最能反映大眾惡評謾罵的《每日郵報》指出，她在一夜之間成了「英國最討人厭的女人」。

社群媒體上的評論如預料般大量湧入——「得了吧」、「你才沒那麼特別，親愛的」、「你妝太厚了」、「你看起來像我媽」。當中有人建議說，她那些問題裡，沒有什麼是不能藉由在臉上施加某種東西來「解決」的。那就是酸液。

2. 懲罰平庸

　　他們在法國南部的隆河河底，發現這座半身像。發現者朗氏（Luc Long）表示，臉上的五官非常逼真，幾乎就像「刻在人肉上」。這座半身像目前坐落在亞爾古代博物館的一個白色基座上，周圍擺放其他從河裡撈起的文物。法國文化部長艾爾巴內（Christine Albanel）稱之為「那位皇帝最早的造像」。然而，其他人則是沒那麼肯定。

　　劍橋古典學教授比爾德（Mary Beard）在她的《一位大學老師的生活》部落格寫道：「我想，那有一點點可能會是凱撒，但完全沒有特別理由去認為那一定是。」

　　另一位部落客「無賴古典學者」（rogueclassicist）說：「我覺得那看起來更像小布希總統。」

　　然而，打從一開始，凱撒的臉就很重要。那一直都表徵他特出的成就及性格。有爭議的維多利亞學者弗魯德（James Anthony Froude）在1892年至1894年擔任牛津近代史欽定教授，他曾就凱撒寫了一段著名描述：「五官之精緻，甚於一般羅馬人，額寬而高，鼻大而窄，嘴唇飽滿，眼珠深灰似鷹，頸部極其粗壯。膚色淺淡，鬍髭保持剃淨。」

　　我們從臉推論性格、推論整個人。這是一種捷思法（heuristic）、一種工具，也是一種陷阱。

　　拉娜知道這種陷阱，她現在也身陷其中。這是因為，自從事情發生（那也是我們交流的原因）之後，拉娜就變得總是想著人們的臉，而她也絕對有權如此。約略在事情發生那時，就在法國南部的一條河

流、距離拉娜最終住院地點四千英里遠，有個男性半身像被從水中打撈起來，那可能是凱撒大帝，也可能不是。

▶ 美貌溢價，平庸罰分

動物（無論是人類、還是非人類）的親和行為，高度依賴其他同類所顯現的身體線索，尤其是他們的長相。這控制我們如何結交和聯合、排斥和退避其他同類。人類從他人臉上，提取大量寶貴訊息。

有魅力者比起較無魅力者，更有可能獲得雇用。他們更有可能獲得晉升和更佳報酬。這存在一種美貌溢價（beauty premium），或者反過來說，存在一種平庸罰分（plainness penalty）。有魅力的被告比起較無魅力者更有可能獲准交保或被判無罪。因此，魅力不僅影響財富，也會影響自由。當容貌完全不稱當，後果可能會很悽慘。正如史丹佛大學的社會心理學家埃伯哈（Jennifer Eberhardt）的駭人研究所示，被判殺人罪的被告「如具典型黑人外貌特徵，殺害白人獲判死刑的可能性，就會比淺膚非裔美籍被告，高出一倍以上。」

因此，不管怎樣，你的外表都很重要。處理這些訊息的心智模組「注視者」，所注視的事情有時候真的攸關生死。

「他一直在看我，」拉娜說：「你知道男生有時候會那樣。偷看你一眼，然後一被逮到，就轉開視線。所以，當我逮到他的時候，我會試著對這男孩微笑回去，跟他說：『沒關係，你可以看唷。』我當然喜歡他看我。」

拉娜現年二十八、九歲，而事情是在多年前發生於印度。拉娜在上大學前，空出一年到某個非政府組織當志工，該組織是在協助讀寫能力低落的孩子。不過，這並非全為了做好事。「當時我很瘋時尚，真的真的很瘋。很沒意義吧，但那就是我的生活。」

「為什麼？」我問。

她笑了，是那種帶刺的笑。「我沒有好答案給你。我就是喜歡美麗的東西，那是我的生活。我喜歡在非政府組織幫忙，但我真正愛的是過得開心、樣子好看、還有時尚。我有點自私，你知道的。」她停頓一下，「我是說，我還年輕。」

「那個男生呢？」

「被人注意，」她告訴我：「真好。第一次感覺這麼棒。我從來都不是最漂亮、最漂亮的那個。」

她給我看了在那件事情發生之前不久拍的照片。我必須表示不同意。照片上的年輕女子有張爽朗、無瑕而柔和的臉。她就在一座滿是樹木的園子裡。

「在我們家裡，」她告訴我：「我們種了果樹。我從小看著它們年年開花結果。就像變魔術，一定是魔術。」

基於保密理由（這點對拉娜極為重要，你很快就會理解），我不會更加詳述她本身及所在。事實就是，拉娜不喜歡看著這些照片。她拿著照片讓我看，把照片正面轉離自己，看也不看。那些照片讓她痛苦。其實，她受不了。

提出「七分理論」的米勒說，在她的財富管理生涯裡，她發現有很多女人的成就和頭腦受害於外表效應，原因正如她所述：「她們太火辣了。」她們落在職業魅力的窄區之外。米勒認為，職場上對於女性外表「七分」的偏好是「一種無意識偏見——這些我們用來看世界的捷思法，真的會發生。」

毫無疑問，她的七分理論替她贏得寶貴的專欄篇幅和廣播時間。然而，七分理論有沒有客觀依據呢？看看蔻蓋特那張深受審視的臉呈何比例：她的瞳孔間距為臉寬的 44%；眼嘴距離為臉長的 32.8%。當我們看到這種「完美」比例的臉，我們看見了什麼？

　　同樣重要的，是誰（或者是什麼）在「看」？

　　「美貌就在注視者眼裡」這句老話，是否貼切？美貌透過眼睛而來，接著又滲入我們的大腦，整個謎團就是在這裡變得更深、更難。美貌在大腦裡做了些什麼？影響到什麼——影響到誰？

　　「可是，」拉娜說：「當我更瞭解他一些，開始跟他相處，我就發覺哪裡不對勁。我是說，他是真的很帥，我朋友他們也一直說，他對我有意思是我運氣好。可是她們不曉得實際情況，不曉得他跟我在一起是怎樣。重點就是，他在人前是一張臉，我倆獨處的時候又是另一張臉。他不斷問我跟哪個男生講話——有多少個、在什麼時候、聊些什麼。我們都還沒正式交往，但我就開始覺得怪怪的。我覺得哪裡不對勁。」

　　她是對的。隨著時間進展，情況變得很不正常。她的愛慕者（我把他叫作尤夫拉吉）開始跟蹤她。

　　「我會跟我那些女生朋友出門，然後他會出現在對街，就只是看著，偶爾他會用手機拍照。不是我先注意到的，是我最好的朋友。她說：『那個男生幹嘛用手機偷拍我們？』我抬頭一看，你知道嗎，是尤夫拉吉。他在那裡。」

　　又一次，他迅速瞥開。但這次拉娜沒有笑容，她不想讓他看。不要那樣看。那不是在看；那是在看守，是在盯著。

　　「接下來幾天，我都沒有他的消息，」拉娜說：「然後他突然跑來我家，假裝什麼也沒發生過。我問他為什麼跟蹤我。他說他沒有，我一定是認錯人了。」

　　她沒認錯。相同情況一再發生。

　　「我發了簡訊給他，」拉娜說：「我非常非常客氣的說，拜託，尤夫拉吉，拜託，我想我們走不下去，所以，我們不該再見面了。所以，拜託，別來我家，也別發簡訊給我。」

接著突然斷聯了一陣子。

「那陣子的斷聯甚至更糟，」拉娜說：「我一直在想，他的頭腦是在想什麼，才會有這種舉動？不過，至少我已經告訴過他，別再打擾我了。那就是我試著對他說的，我很客氣表達我想要怎樣，我為什麼不能告訴他我想要怎樣？」

但那並不是對方想要的。事情就要一發不可收拾了。

▶ **天生的臉部辨識機制**

這一切是從嬰兒開始。

毫無疑問，在我們成長歲月裡，洪水般的訊息沖來許多關乎美的理想標準（甚至只是優先標準）的影像和意念。這周圍無疑是有一種龐大的社會建構。然而，可能也有別的東西在作用。研究證據顯示，我們心智裡那些評價魅力並產生積極或消極回應的系統，從年紀很小就開始運作。

人類嬰兒比較喜歡看著有魅力的人臉，甚於被成人評為較無魅力的那些臉龐。德州大學的朗格魯瓦（Judith Langlois）團隊早先研究發現，才六個月大的嬰兒，就會偏好有魅力的臉孔。這種現象涵蓋各類臉孔，涵蓋各族群、各年齡層和不同性別的「刺激物」──也就是被觀看的臉孔。這種現象會穩定出現於各類成對的臉孔，例如，兩張年輕白人女性的臉孔，或是兩張年老黑人男性的臉孔。所以，我們自幼即存在一種對美的持續偏好。

英國艾希特大學史萊特（Alan Slater）團隊的新近研究顯示，這種明顯的審美偏好，亦可見於出生兩天（這是樣本群的平均值）的新生兒。這種現象甚至可見於才出生幾小時的嬰兒。當研究人員出示一組完美成對、僅魅力有高低的兩張臉孔，人類新生兒平均花了 80% 的時間注視那張有魅力的臉孔。史萊特的結論就是：人類「天生就能

鑑賞人臉的細部表徵」。這導向另一項驚人結論：我們對這世界進行審美分類和篩選的能力，不單單是一種社會建構（亦即某種學自他人的東西）。這種能力可能具有更為先天的成分。正如史萊特所述，「魅力不僅存在於注視者眼裡，而且是從出生那一刻，甚至在出生前，就存在於新生兒的大腦裡。」

的確，史萊特團隊在後續實驗裡發現，三個月大的嬰兒對沒見過的非人類動物，也會有偏好（此處成對的是好看和不好看的老虎）。這些結果顯示我們生來就有一種固有機制。然而，為什麼會有這種機制？究竟那是因應未來交配選擇的適應，還是一般訊息處理機制（感知－認知）的副產品呢？

雖然學術界和科學界就這點持續爭論，但很明顯的是，人類嬰兒最早（和最快）有反應和認得的視覺圖像，就是人臉。的確，喜歡注視臉孔的這項偏好，會在人類出生二十四小時內被啟動：注視臉孔是我們最早做的事情之一。這項偏好具有明顯的適應意義。正如加州大學聖巴巴拉分校的瑞夫林（Russell Revlin），在分析人類認知能力時所言：這種快速辨識臉孔的能力「起自基本的人類大腦結構，而且是一種具有生物基礎的普遍特徵」。

從演化上來說，精確臉部辨識機制的及早啟動，可成為一項不可或缺的生存工具：辨認親族和照護者，留意陌生人，從而察覺可能的威脅。然而，為何這種臉部辨識機制表現出某種對於魅力的偏好呢？被認為平均較有吸引力的五官，可能不僅暗示生殖成就（即使還要再等一段時間），而且也暗示健康和免疫強度（這表示五官的主人沒有疾病或畸形，甚至可以抗抵寄生蟲）。

如果悅目事物的這種深深魅力，至少在某種程度上已布線於我們內在，那麼在望著美貌時，我們會怎麼樣？

還有，碰到相反情況又如何呢？在得不到時，我們會怎麼樣？

▶ 她的臉慢慢消失了

事情發生那天，天空一片純藍。

拉娜跟她那些女生朋友，去了一家服裝店，她們都很瘋迷那件帶有奢華收口袖的漂亮印花連衣裙。她愛上那件連衣裙，還有那股浪漫——「就像來自童話故事，來自夢裡。」

那布料是焦橘色的，這是她最記得的——或許這點印象是被即將發生的事情加深。連衣裙的深深焦橘色和天空的矢車菊藍，映滿她眼簾，那般鮮明組合帶來簡單樂趣。

「可是那件超貴的，」拉娜說：「超殺的。我真的負擔得起嗎？可是那超夢幻的，然後我朋友她們就說：『你真的承擔得起不買嗎？就是你，拉娜，就是你。』我們那時候就是像那樣的。像債務這種生活中的嚴肅事情，不是我們關心的事。當時沒有什麼事真的讓我們煩惱，是吧？」

她把八年前講得像是另一個年代，另一種生活。或許確實如此。

離開服裝店之後，她們去某家餐館喝奶昔，然後分道揚鑣。「我得買個禮物給我媽。隔天是她生日。她就像是世上最棒的媽媽，我要幫她買點特別的。」

當拉娜在街道穿梭，她發覺有人在跟蹤。就是那種第六感、那種頸後微顫和寒意。然而，她環顧四周，卻沒看到人。有一次，她瞥見一個人影溜進她背後的小巷。她轉身想去查看，卻又猶豫了。所以她繼續行進，去找她母親的生日禮物。她心裡有兩個想法：白色瓷馬或圍巾。不過，瓷馬並不恰當、不適合（太多回憶了）。所以，她覺得就是圍巾了，而且要很鮮豔。

時不時她就往後瞥一下。那裡沒半個人，她一定是看錯了。她已經緊張了好一陣子，搞得好像每片陰影都是跟蹤狂，每道浮光都是威脅。那樣並非生活之道，而她也不願那樣生活。

她想著更美好的事情、想到織品：要給媽媽的圍巾、洋裝。管它什麼價格，生命太短了。總之，錢有何用？

她轉進一條小巷、一條捷徑。上方可見細窄藍天，接著前方突然一片模糊，然後什麼都沒有，就只有咕隆聲。這被她大腦的某一部分理解為一部怠速機車——這就是那模糊形影之所以突然出現的原因：有部機車急煞停在巷口。所以什麼也沒有，就只有那部機車的聲音，像是在吼向什麼……應該是吼向她。

另一件事，也是唯一的一件，就是劇痛——模糊視線的痛、割剮般的痛，全都刺進她。世界消失了，她的臉也慢慢消失了，幾乎整張臉都消失了。

當拉娜穿過服裝區的一條小巷，有人騎機車到她面前，朝她臉上潑了一大杯強酸。

3. 火海

波士頓麻省總醫院「動機與情緒神經科學中心」的阿哈倫（Itzhak Aharon）與同事，利用功能性磁振造影，來研究人腦對撩人的視覺刺激做何反應。他們試圖破解一項古老祕密：當男人觀看一位有魅力的女人，他的頭腦裡會發生什麼事？在哪裡發生？

大腦有特定的酬賞迴路，會在我們期待滿足感的時候被觸發。研究人員證實：這些系統會在觀看者面對那些提供滿足感的事物時，被啟動，像是面對毒品（不論是尼古丁、古柯鹼或安非他命）、金錢，或是可以去除某種不足狀態（譬如寒冷、口渴、飢餓）的東西──這些是體內平衡調節或恆定態傾向的一部分。然而，被出示人臉會有什麼效果呢？同樣的酬賞系統是否會被誘發？換言之，阿哈倫的研究旨在分析人臉是否不單只是我們可以做出審美判斷的對象，也是預期酬賞的對象。

功能性磁振造影設備，被用來聚焦在「過往的研究顯示人類和非人類動物的大腦中，與酬賞有關的六個區域」，這些區域包括：杏仁體、下視丘、額葉眼眶面皮質、依核（nucleus accumbens）等。

為了調查此事，阿哈倫的研究團隊募集一批異性戀男性，來觀看一整套臉孔，總共八十張臉，男女都有。有些很有魅力，其他則差得多。

按照這個電腦觀看系統的設計，螢幕會將每張圖像出示八秒鐘。然而，觀看者也可以決定某張臉會在螢幕上停留多久。他們可以按下

某個按鍵來減少播放時間，或是按下另一個按鍵來延長觀看時間；甚至保留圖像或刪除。

觀看整組八十張圖像的全部時間為四十分鐘，而受測者想要觀看整組圖像多少次都可以，任憑他們按鍵操控。平均而言，他們觀看整組圖像三到四次。

就那四個範疇（男性／女性、有魅力／無魅力）來說，受測者只有看到有魅力的女性臉孔，才會費心力來延長觀看時間。或許那是預料中事。然而，出乎意料的是，平均而言，男人注視有魅力男性臉孔的時間，長於無魅力女性臉孔。為什麼會這樣？

究竟這是某種估量潛在對手的傾向，還是某種純淨同性情慾的表現？或者說，是否人類大都喜歡看著美的事物？阿哈倫團隊試圖進一步理解這個過程，方法就是監測哪些腦部系統在觀看時間內被啟動。

結果顯示，男性異性戀受測者覺得有魅力男性的臉孔很悅目，不過沒有「酬賞效果」。反之，觀看悅目的女性臉孔，觸發了腦部的神經酬賞迴路。其中一項關鍵發現就是，觀看有魅力女性會啟動依核。依核具有複雜的酬賞功能，尤其有關於對酬賞的預期。因此，當男性觀看者觀看有魅力的女性臉孔，不僅將其視為美感上悅目（如同他們對有魅力的男性臉孔所做的反應），而且那些會在預期有酬賞時才會觸發的神經系統，也被誘發了。

這項研究的意涵就是：有兩項不同的大腦歷程被啟動（至少是在年輕異性戀男性身上），一項是關於美感判斷，另一項是酬賞迴路。就第一項而言，意義是年輕男性願意付出心力，觀看有魅力的女性，即使除了觀看行為之外，沒有別的直接酬賞。觀看本身就讓人快樂。而第二項的意義則是關乎對酬賞或未來滿足感的期望或希望。如此，年輕男性活在希望之中。然而，當那些希望破滅，他們頭腦裡會發生什麼事呢？

▶ 沉著的「美女」

納基留瓦（Hanifa Nakiryowa）她國家的全國性日報《新視野》，有一版刊出一張她的照片，她坐著跟兩個孩子一同入鏡。時年三十歲的納基留瓦，頭戴精緻的鏽色頭巾，身穿時髦的灰夾克，上面飾有一枚華麗鈕扣和大翻領。那篇報導形容她是「美女」，這說得頗為精準。然而，這個講法並未捕捉到她真正的本質。她身上有一種沉著，就從那張照片強烈散發出來。這項特質是她往後會急切需要的。

「我成長在烏干達西部，靠近盧安達邊境那邊。那裡是個很棒的地方，非常漂亮。我父親是做為傳教團的一份子，被派駐當地，可是我們為錢所困。我是六個孩子的其中一個。在那裡，我看到很多我不喜歡的事情，尤其是女人和女孩被對待的方式。從十歲開始，我就能看到那些差別，所以我對教育產生熱情，因為我看到受過教育的女性是如何擁有發言權和講臺。她們受到更多尊重。所以我決定想辦法提升自己——用某種方法。我知道我唯一能上大學的方法，就是努力用功，還要限制我跟朋友出去玩的時間。我必須要有那種自律、那種毅力，才能讀書讀得更久更勤。但我們的情況變得更加困難了，因為我父母分居了，我們都給拋下。這情形很複雜。真的，這是一團亂。我沒辦法跟你說我是怎麼撐過來的。我現在一直在問自己是怎麼撐過來的。我是家中老大，我還要照料弟弟妹妹。」

她身上的那種沉著，在這一團亂裡起了作用，她逼著自己在過程中拚命努力。那般不懈苦幹，讓納基留瓦贏得一份眾所渴望的政府獎學金，得以前往首都坎帕拉上大學。她跳到後面的故事，「後來，大學畢業之後，問題開始的時候，我得到一份我很愛的工作，」她說：「這讓我很自豪，因為讓我可以獨立自主，還有扶養孩子。」她受雇於一項位在首都的聯合國兒童基金會（UNICEF）計畫，宗旨是保護婦女和兒童免於暴力和虐待。「我們試著對抗那些最終傷害到弱勢者

的宗教教義。我們試著提供別的思考方式，讓大家看到還有另一種有尊重和人權的方式。這是一個很有效的模式。我們試著讓她們看到教育可以如何為她們增能。這是一種基於社群的方法，同時也跟男人和社群長老、精神領袖進行對話，挑戰宗教在限制婦女和女孩角色與生活機會這方面的作用。」

納基留瓦現年三十九歲，她已經搬到美國，正在賓州的匹茲堡大學攻讀國際開發碩士。我們對談的時候，正是美國時間凌晨四點，而她每天凌晨三點起床。

「你很了不起，」我對她說。

「不，那是不得不的。這時候孩子還在睡，所以我可以做功課和研究。我愛匹大。我知道這裡離家很遠，大家都告訴我，天氣會變得很冷，不過目前還好。」

我們初次對談是在十月初。我提醒她秋天的魅力是會騙人的。我告訴她，我在哈佛那時候，被新英格蘭的秋天騙了——然後極地渦旋忽然降臨，氣溫降到攝氏零下二十五度。

「零下？」她問。

「恐怕是的，」我答道。

她停頓了一下。在對話裡的這種停頓當中，你幾乎可以聽見對方在思考。「嗯，我準備好了，」她說：「在老家碰過那件事以後，我現在總是準備好了。」

▶ 今日麵包－明日果醬原則

接續阿哈倫團隊的研究，威爾生（Margo Wilson）和戴利（Martin Daly）的加拿大團隊，調查了男性如何應對魅力女性這件事的另一面向。他們著眼於折現（discounting）的概念。

一般而言，生物都偏好現有物資，甚於未來獲得物資的指望或前

景。這就是「今日麵包－明日果醬原則」——這通常認為出自卡羅所著《鏡中奇遇》的白女王。該原則是一種活在當下的行為模式，而且具有適應性。那種做法是有道理的。在整個生命過程中，不斷進行折現，可以提高生存和繁殖前景。這是生命的算學，亦即「為繁殖而努力的排程」，正如威爾生和戴利所說，是一種賭博。

折現率會有變化。比方說，在死亡率較高的時候，工蜂會願意進行更危險的覓食任務——要是你更有可能會死，你就會接受更大的風險。這可見於難民冒著明顯危險，只為爬上小船越過地中海。研究顯示，海洛因成癮者將未來折現的程度更大，他們更關注現在的酬賞和滿足感。未來，或者說任何有意義的未來，都模糊不見了。

一般來說，針對人類折現（或稱「時間偏好」效應）的研究，都是在受控條件下進行的，方法是提供真實或設想的選擇，選項是不同時間尺度上的不同財務回報。你會選擇現在拿少的，還是以後再拿多一些的？

威爾生和戴利假設，如果男人事先看了有魅力女性的圖像，他們會更有可能把未來折現：他們情願現在有錢，而非以後有錢。這源自有關人類追求酬賞的研究基礎。對食物或飲用水等自然酬賞的追求，會影響人類行為並啟動酬賞系統。然而問題在於：人臉能否充當類似的刺激，在（未必有意識）追求交配機會、亦即追求「性」的時候，啟動相同的酬賞系統？

威爾生和戴利的研究，有九十六名男性大學生和一百一十三名女性大學生參與。受測者先被評定個人的折現傾向（每人略有不同），接著，研究人員出示十二張異性臉孔，然後重新評定每位受測者的折現傾向。評定折現傾向的方法，是讓受測者選擇在明天領取較小金額（十五美元至三十五美元），或在更久之後（一星期到數月後）領取較大金額（五十美元至七十五美元）。

威爾生和戴利所發現的是：看到有魅力的女性臉孔，會導致男性

更願意將未來折現。經過觀看這些女性臉孔的簡單行為，男性受測者變得更願意馬上拿錢。他們會選擇此刻先拿較少的錢。那些被出示較無魅力女性臉孔的男性受測者，並未增加折現意願。

這是一項重大結果，因為正如兩位作者所述：「我們相信這是首次展示出，以實驗引發人類折現意願的改變。」這傾向為何發生？

威爾生和戴利指出（如同阿哈倫團隊發現的），有魅力臉孔具有激發效果，可以觸發有關「性機會線索」的神經迴路。換言之，觀看有魅力臉孔，會讓男人變得更加「當下導向」。

一旦被促發進入「交配機會」心態，他們就更有可能偏好現在的金錢，也就是理論上可用於威爾生和戴利所謂「交配努力」的資源。當然，這一切全都不可能是有自覺的。然而，在此有一項行為改變，產生自「出示美女照片」這種手段。

▶ 希望——不完美情況裡的最佳慰藉

身為一位攻讀經濟學學位的大學生，納基留瓦對這些人類決策選擇和行為很感興趣。在坎帕拉那所學院求學期間，她遇到的一位教授就是在講授那些模組的其中一個。那位教授非常驚艷於這位明星學生兼班代——認真投入、懷有抱負、顯具魅力。但一開始她拒絕了教授的好感和表示。然而，由於她是班代，所以他們經常接觸。教授堅持不懈，經過一個又一個學期，終於靠著求婚，讓納基留瓦相信他是認真的。那是納基留瓦在校最後一年，她接受了求婚。

起初兩人的婚姻還算順利——至少對她先生來說如此。「是有過一段蜜月期，」納基留瓦說：「可是我覺得開心的人是他，因為回過頭看，我不覺得我開心。他開始叫我做這個、做那個，而我當時以為婚姻就是這個樣子，有品格的女人就該這麼做。一開始你並不介意去做這些小事、出做讓步，你只求家裡平靜。」然而，五個月後，納基

留瓦再也受不了了。

「我試著離家出走。我告訴我表姊，我很不喜歡我婚姻裡發生的事情，所以我離家出走。我很不開心，也很擔心。可是我家人把我帶回去交給我先生。」

「你家人嗎？」

「他們告訴我，我會讓自己和家人丟臉。社會會怎樣看我？讓婚姻順利是女人的責任，那是你的任務。如果你婚姻失敗，你就是沒在家裡當好你該當的好女人。如果他會虐待你，那就是你做錯了什麼，你就是問題所在。你一定要改，想辦法讓事情順利。他們說：『納基留瓦，你為什麼要讓你先生失望？你做錯了什麼？你一定要改，你得取悅你先生。』」

然而，她先生變得愈來愈有占有欲和控制狂。

「他跟別人說，他控制不了一個薪水是他兩倍的女人。比起他的大學薪俸，聯合國兒童基金會的待遇很好。他說他是我先生，他有權決定我見到誰、接觸誰、甚至是怎麼穿著。他會查我的手機和電腦，查我跟誰講話。他變得很偏執，有時還會打我，甚至是在孩子面前。上一次是因為我買了一個 USB 沒告訴他。」

「你先生，」我說：「那位教授嗎？」

「真不好意思，跟你講這些。對婦女施暴可以是這樣的，沒有身分階級之分。他會在大學講課，然後在家打我，就在同一天，幾乎就在同一個小時。他那次回到家，發現我買了一個 USB。我想很多婦女都會對此默不吭聲。她們一開始是被嚇到，然後覺得羞恥，非常非常羞恥。這不是我們的錯、我們的失敗，可是不知怎的卻又像是。」

「你在受虐後離開了嗎？」

「我做了太多婦女做過的事。」

我在法院看過太多次了。

「我留了下來，」納基留瓦接著說：「我覺得，我們留在這種處境

裡，是因為我們抱著希望。」

「希望？」我想起拉娜談到吉朋時所說的「希望，乃不完美情況裡的最佳慰藉」。放在這裡有一種違和感。

「我希望，如果我照他們說的來做，情況就會變好，」納基留瓦說：「只要我聽話照做。可是，最終你就被繳械了，你什麼都不剩。所以我知道我得離開，不然我就會完全迷失。」

▶ 被扔進一片火海

在亞利桑納大學的一項研究裡，受測者被分為兩組。研究人員向其中一組出示某條尋常街道的幾張照片，並要求受測者花三分鐘，寫一寫那裡的理想天氣會是怎樣。這是中性控制條件。

在實驗組裡，研究人員向受測者出示三張有魅力異性的照片，再要求受測者從中選出最迷人的。這組也獲得三分鐘時間，不過現在他們得要描述跟這樣一個人的理想約會。

兩組的所有受測者接著都被要求：試想自己的銀行帳戶裡，有五千美元，你願意把多少錢花在奢侈品上（列了五項，包括手錶、新手機、國外度假）。

對女性受測者來說，無論被促發的念頭是街道還是有魅力的男人，都沒有統計上的差異。對男性來說，情況就明顯不同了。

正如該研究團隊所假設的，觀看有魅力女性的影像（即便只看了幾分鐘），會導致男性從事炫耀性消費的表現。這種藉著購買奢侈品而傳送的昂貴信號，是受到「吸引配偶」策略所驅動。那是一項複雜過程的一部分，有助於男性用信號表示他是富有資源的，是一種高度策略性的自我呈現。很顯然，一張有魅力的女性臉孔，能使男人做出他們原本不會做的事，就如納基留瓦即將發現的那樣。

納基留瓦帶著孩子一起離開。她渴望奪回對自己生活的掌控。

「我想為我自己做每件事。我想證明我可以。同時，在我工作當中，我也在幫助其他女性跟她們的孩子。那是在 2011 年 8 月。到了10 月，我開始收到威脅簡訊。上面說我會被殺掉。當我先生來跟我談，他拜託我回去，他跟我家人一起拜託。可是我不依賴任何人，也不麻煩任何人，我供養自己和孩子，所以我可以為自己做決定。我讓他定期看我們的孩子，因為這一切都不是孩子的錯。12 月 11 日，孩子跟他在一起兩天了，他叫我過去接他們。我照他說的，去了他在大學校園的公寓。到了那裡，我可以聽見腳步聲。我覺得那可能是我先生，可是等著我的是個年輕人。我以為他是保全。我停下腳步。我搞不懂，為什麼他想要跟我講話？那不過是一秒鐘的瞬間。他想要做什麼？是什麼目的，讓這個年輕人走向我？」

納基留瓦她先生家門外，那名不明男子帶著一個紅色塑膠罐，那是個煞車油罐，而且被切成兩半，包在一個黑色塑膠袋裡。他把酸液潑在納基留瓦臉上，然後將剩下的倒在地上。她還記得：在地上。

「突然間，你的人生改變了，你的舊人生不見了，就好像你被扔進一片火海。」

4. 水在高漲

　　她就像全身著火，感覺自己同時要燒死又要溺水了。

　　「他把液體潑到我臉上，」納基留瓦說：「然後把剩下的倒在地上。一開始液體是涼涼的，接著燒起來。我的衣服滴著酸液，然後崩解，我的臉也是，就像是在無形的火焰裡燃燒，我甚至無法形容那是怎樣的世界。後來是鄰居送我去醫院。」

　　到了坎帕拉的穆拉戈醫院，納基留瓦就開始漫長而曲折的醫療過程。她先是住院好幾個月，然後得要承受二十次手術。至此，所有手術都是重建手術，因為首要任務即為重新建構臉部，她肋骨的軟骨就被用於重建鼻子。

　　「人們看到我的臉都會嚇到，」她說：「我爸第一次來看我，就昏過去了。我很抱歉、很痛心，竟然害我父親那樣——都是我的臉害的。是我見了也會嚇到。在那之前，我從沒聽過酸暴力。不過在住院的時候，我遇見其他受害婦女。每週都有受害婦女進來，女性受害者愈來愈多，她們的臉部遭到攻擊，攻擊者企圖奪去你的身分、奪去你的自尊。」她又鎮定下來。「我心想，『呃，納基留瓦，你要讓他們那麼做嗎？』看到人們看你的表情，還有他們的評判，你就懂了。可是為什麼人們要評判我的能力、我是誰、我值多少價、我能做什麼，就只因為我的五官？我的人生怎麼過由我選擇。我決心讓他們看看。」

　　納基留瓦極為聰明且能言。她打算利用自身遭遇來「動員」那些受害者，鼓勵她們像她一樣勇敢站出來，面對世界。

許多倖存者根本無法應付這種慘重創傷。她們認輸、自傷、甚而輕生。其他人則被大眾、甚至家人避之唯恐不及，從而流落街頭。

「人們總是對我說，納基留瓦，跟你聊過之後，我們就看不見你的疤痕了。但那正是問題所在。」

事實上，這裡有兩個問題。怎樣防止這種攻擊？然後，如果事情發生，怎樣讓人跟毀容的你說話、傾聽你？這應該是一種簡單的人際交流：傾聽。然而，我們似乎也用眼睛來聽。

▶ 美不會化為虛無

酸倖存者國際信託組織（Acid Survivors Trust International, ASTI）的總部設於倫敦，執行董事沙阿（Jaf Shah）談到他們曾在柬埔寨試圖扶持的一位女性。她在遇襲後就戴上面紗，即便她雙眼都已失明。她知道自己的臉現在是什麼樣子，即使她無法親眼看到。他人的反應讓她差恥難當，因而遮掩自己，而且經常如此。

這能概括反映酸液攻擊高發生率國家（印度、孟加拉、柬埔寨、烏干達）那些倖存者的命運。在此，倖存者所承受的不僅是酸液攻擊造成的身心痛苦及其餘波，還有別的。

康乃爾大學「國際人權診所」有一支研究團隊，代表聯合國人權事務高級專員辦事處（OHCHR）進行研究。該團隊發現倖存者面臨邊緣化和汙名化。這種社交孤立可能有部分原因在於：絕大多數個案的受害者都逾越了從屬的性別角色，她們竟敢為自己挺身而出（就像納基留瓦所為），企圖挑戰那些會壓抑、強迫或控制她們的人。

然而，還有另一個面向。她們的毀容也在另一方面有所逾越：那不符合大家對人類應有樣貌的理解。我們身上的「注視者」是關乎美麗和美好外形的大腦模組；這第四種人性典型正掙扎著。

真是慘上加慘！由於受害者如此易見，因此社會出手壓制「容

貌異樣這項偏離」正常規範的情形，將她們化為隱形，使得那種偏離消失。所以，酸暴力受害者成了棄民。她們真的是被遺棄了。

正如康乃爾大學的〈酸液攻擊報告〉所指出，加害者「瞄準女人臉部，以求摧毀大眾眼中她的一大資產——她的美貌。

濟慈在其詩作《恩底彌翁》寫道，美的事物是一種永恆的愉悅。那行詩句太過為人所知，乃至於其原動力已被無聊的複述和過度熟悉給剝去了。然而，濟慈接著說，美不會化為虛無。那正是納基留瓦之類臉部遇襲的倖存者所抵抗的。她們拒絕受挫於臉上發生的事、拒絕受困於容貌被奪、拒絕受制於因毀容而來的社會排斥。她們拒絕敗給酸暴力想達到的目的——剝奪她們的尊嚴、人品、人際關係、人性。她們拒絕化為虛無。

▶ 權力遊戲

拉娜還沒有去買洋裝。「但是我會的，」她說：「我會去買一件很特別、很特別的洋裝。」

「你知道是哪時候嗎？」

「噢，天哪，是啊，我清清楚楚知道是哪時候：我做完最後一次手術就會去。那就是我的哪時候。」

「瞭解。」

「你一定覺得我這樣很蠢，買件洋裝想這麼多？」

我停頓了一下，接著說：「是啊，沒錯。那太過分了，拉娜。」然後她就笑了。「要傳張照片給我，」我說。

「噢，天哪，一定要的，」拉娜說。她調了調那塊幾乎蓋住全臉的頭巾。

她想要成為老師，繼續她在讀寫中心開始做的事情。我的思緒繞回到朵恩：她被推往完全相反的方向，從教學到學習。

「事情發生後，」拉娜說：「我有好多時間。我不停閱讀。」

如果你突然有一兩年在家、遠離全世界，你會閱讀什麼？

「我閱讀關於你們的事，」拉娜笑著說：「你們國家、不列顛的歷史、凱撒大帝如何去到那裡。不列顛統治過我的國家，但也被羅馬人統治過。那就是我會去讀的，就是關於羅馬人。被統治的人有什麼感覺？從被統治中脫身，又是怎樣的感覺？我喜歡吉朋的《羅馬帝國衰亡史》。那全部都在線上，讀起來就像在看連續劇《冰與火之歌：權力遊戲》，而且幾乎更棒。」拉娜又笑了。聽到她笑真好。

「你覺得我在開玩笑？羅馬人把大象帶去你們那個寒冷國家。你知道那回事嗎？」

惹人厭的時候到了。我有一瞬間糾結著到底要不要講，結果還是忍不住。「不列顛在羅馬人之前就有大象，」我盡量說得若無其事，「只是有好幾千年都沒有了。」

「你們那個寒冷國家嗎？」

所以我全告訴她了。

幾年前，我讀到艾貝斯菲特象（Ebbsfleet elephant），這隻象牙筆直的哺乳類，大約是現代非洲象的兩倍大。牠是在四十二萬年前被早期人類所殺，兇手可能有四個人。當時不列顛可能還跟歐洲大陸相連，不列顛群島還沒成為島嶼。那頭巨象是在建造連接海岸的高鐵的過程，被挖到的。巨象安眠近半百萬年之處，如今就埋在 B259 南菲特路底下。

「我好愛這些，」拉娜說：「兩倍大嗎？所以那就是我要做的：去教書，教歷史。我有一天一定、一定要去教歷史。也許甚至是時尚史。而且，就像你們的吉朋先生，我希望有一天可以站在那個廣場。想像一下，好嗎？我在古羅馬廣場。我在凱撒大帝的戰車開過的街道上。」

她停了下來，而我也是。她出去拿杯飲料，而我查看了電郵。朵

恩傳了簡訊給我。「你對法國哲學家傅柯，有何瞭解？」她問道。

　　「請來一敘，」我回了簡訊。我要開始變得非常無聊了。傅柯考察過的一件事情就是：人們不僅發現自由，還製造自由、建構自由，甚至在最不樂觀的情況亦然，那也就是施控者和受控者的共舞。我很想說這就是朵恩所從事的計畫，可是那樣太簡化了。總之，她正在做研究，要寫一篇論文。拉娜回來之後，我們繼續談論歷史，不過是另一種歷史——她自己的歷史。

　　「我爸去世之後，我變得有一點，你知道的，野，」她告訴我。「我的頭腦很硬，我媽是說頑固。『拉娜，』她說：『你這孩子變得好頑固。』只是我不是個孩子，或者說不覺得自己是。」

　　「這可以理解，不是嗎？」我說：「在那樣的事情過後，會有某種反應？」我們從來都不曉得那會以什麼形式出現。在我自己的父親過世以後，有好多年我都沒辦法彈鋼琴，我不知道為什麼。在得知他死訊後，我最先試著彈的，就是我一直在練的一首貝多芬。但我卻彈不了。

　　「我想了很多，在想我哪裡出了問題，」拉娜說：「在想發生什麼事。我那時候經常喝醉回家、醉倒在地。曾經有很長、很長一段時間，我都不明白，但是經過……尤夫拉吉的事，我開始在網路上讀歷史，去看看著名人物的人生。你可以讀到他們全部，那都在網路上，就在《對照記》（*Parallel Lives*）。」

　　這來自一世紀希臘作家普魯塔克，他為那些著名的希臘人和羅馬人寫下極好的傳記，描述他們的生平、功績和愚行。普魯塔克橫跨希臘和羅馬世界，曾在雅典學習哲學和數學，但也多次造訪羅馬，甚至可能見過圖拉真皇帝。

　　「我開始讀這些傳記，」拉娜說：「我想，噢，這些真的是很偉大的故事。你讀了一篇，就打開一個瀏覽器，然後你就得再讀一篇，然後再一篇，因為好多篇都有關聯。」

那天晚上，我用了她提供的連結。我得承認我迷上了。我讀了蘇拉（Sulla）的傳記，再來是梭倫（Solon），還有塞多留（Sertorius）和科里奧拉努斯（Coriolanus）。

「而且你在讀的時候，」拉娜說：「會看到，真的會看到。」

「看到什麼？」

「他們完完全全就是人。你會發現，那些最偉大的偉人，他們是真實的人，還有他們做了這麼多超蠢的事，就跟我一樣。」

一開始，我沒領會她的意思。然而事情全貌逐漸浮現，既緩慢、又艱難，就像那具沉沒的半身像從河裡一寸寸升起那樣。

在河裡升起的，不是只有一個男孩，而是有兩個。

▶ 納基留瓦不迴避戰鬥

失去臉孔可以造成如此耗人磨人的痛苦，讓受害者走不下去。納基留瓦在烏干達的醫院，看到那種情形發生在周圍的婦女身上。她很堅強，會想辦法不要屈服。「雖然我遭遇了這一切，」她說：「可是我決心告訴自己、告訴全世界，我的人生還沒完，我還有未來，我會去面對的。」所以她反擊回去。

遇襲後的那年裡，納基留瓦試圖做些事情，來幫助其他像她那樣受害受苦的女性。她跟別人共同創立了「酸暨燒傷暴力倖存者康復中心」（CERESAV）。藉由積極發起運動，加上一份高達三十萬人透過change.org 簽署的線上請願書，他們成功遊說烏干達政府，認真看待酸暴力。2016 年 1 月，烏干達司法部長宣布，〈毒性化學物質禁止暨控制法案〉將會通過成為法律。這是控制腐蝕性物質取得的第一步，不過還需要更多努力，來制定反映酸暴力嚴重性的刑罰。儘管如此，納基留瓦所成就的一切，仍是她和其他倖存者的勝利。這場戰鬥不是她們選擇的，但她們不會迴避。

▶ 母親的愛

在整個城市最時髦的其中一家酒吧，白色圍牆內種了樹，還有一座舞池。拉娜的目光落在一個年輕人臉上。她墜入了愛河。

「這另一個男生，」拉娜說：「他很漂亮。你知道的，有些男人很火熱。可是這一個，他很漂亮。而且更棒的是，他自己並不真的知道。或者說，這對他來說就是沒什麼了不起。他會看著你，就是用那雙很憂傷、很憂傷的眼睛看著你，還有噢……」

「可是我媽，她不同意。我家人他們找了一個人讓我嫁。這位未來丈夫，他過得非常、非常好。他在這裡有生意，在杜拜也有，賺了很多錢。我們出去過幾次，他是個非常聰明的男人，很精明，可是我就是不夠喜歡他。我跟我媽大吵一架，我說：『拜託拜託，媽，我不愛他，我永遠都沒辦法愛他。我愛這另一個男生。』而我媽說不行，絕對不行。你不可以，你不應該。他們那種人不是我們這種人。」

她的意思是，他們是別的種姓。

這樁婚事也是她父親幫忙安排的事，是他所做的最後幾件事。拉娜深愛父親，不願有辱先父聲名。

「所以我那麼做了，」拉娜說：「我砸碎了我媽心愛的東西。」

那是一匹藍眼睛的小白馬，是瓷做的。有一次在他們城市裡的某個市集，她母親買了這個白色小東西。

「我不曉得她為什麼買了那個。總之我把它摔在地上，看著它砸碎。然後我心裡想：我剛才做了什麼？然後我心裡又想：我還能怎麼做呢？」

接連好幾星期，拉娜和母親都沒講話。他們同住一間房子，但卻避著彼此，一個在、另一個就不在——另一種對照記。有時候拉娜會喝醉回家，有兩次她醉倒了，她母親會把她弄乾淨，接著不發一語就消失。然後有一天，拉娜的母親衝進她房間。

「我很驚訝看到她，」拉娜說：「我站了起來。她把我的臉緊緊捧在手裡，直直看著我的眼睛，看得很用力、很用力。我的臉上面有答案嗎？可是她的問題是什麼？她說：『你愛這個男孩。』她不是問說：『你愛他嗎？』她看著我的臉，說你真的愛他。她看得出來，她看到我有多不開心。她說：『好啦、好啦，拉娜，我會想辦法。』」

這就是為什麼，拉娜那天會跟那些女生朋友出去，是要慶祝母親改變心意。這就是為什麼，她特意想給母親買一件生日禮物，不只是要慶祝這一天，更是要向母親道謝和道歉。她有一會兒想著，如果找得到的話，她要買另一匹瓷馬。可是後來她覺得不妥，那匹瓷馬已經碎了、沒了，新瓷馬會讓母親想起舊瓷馬。所以她要給母親買別的，也許買條圍巾。

正當她在心裡來回想著這一切，有個人一直都在看著。那是尤夫拉吉還是別人，她不曉得。那場襲擊是一陣模糊：機車出現、對她轟鳴、世界消失——她仍然無法確定確切發生了什麼事。而且她沒有證據指出是誰幹的。也沒有任何證人出面。

在襲擊事件後，那個眼神憂傷的男孩無法調適，不願等待一次次手術和拉娜在遙遠將來的可能樣貌。所以，拉娜只剩下自己一個人，在那之後一直陪伴她的，正是從她臉上診出相思病的母親。

▶ 看見一個更自由的人

納基留瓦找到屬於自己的全新方法，來獲得自由。「你知道的，我以前從來不自拍。有很長一段時間，我都沒辦法勉強自己去拍。但是現在我會拍了。當我看著我的照片，我看見一個更自由的人。我有了一張不一樣的臉。我眨眼的時候你不會知道，因為傷疤限制了我的眼皮。所以我睡覺是睜著眼睛的。所以，今天，是啊，我是個不一樣的人。而且我也變得更敢言……更堅強。我想要分享發生在我身上的

事，因為我認為很多女性都以不同方式經歷我經歷過的事。不只是被潑酸，還有她們如何受到傷害和控制，如何被奪走自我。那正發生在各行各階層的女性身上，而加害者之所以逃過制裁，有部分原因在於我們失去信心和自我。我們覺得羞恥。」

納基留瓦繼續說道：「所以，我們現在試著告訴女孩子的就是，就算你們的關係從外面看起來很亮麗，可是在裡面你是受困受苦的，那就要有所行動。不要只是接受。這很不容易，因為在非洲有一種沉默文化，你不會去談牆裡發生的事。」

我告訴她，我不確定那只局限在非洲。無論我們偏好美麗事物的傾向是其他認知處理過程的副產品，還是一個獨立的心智模組，都會產生一種普遍到令人不安的結果：破壞我們無法擁有的漂亮東西。那是一種占有欲、一種毀壞狂。我們腦內的酬賞系統很強大，一旦受挫也會引發強烈反應。

「這就是我正在做的工作，」納基留瓦說：「打破這個循環。因為年輕女孩本來是會模仿她們所看到的，她們的母親或姊姊被控制、受虐待或毆打，她們就得承擔、處理、接受。可是這不是任何人該接受的，那麼我就想加以改變。所以我要讓大家知道，我並不是坐著哀悼我的失去。我並不只是我所失去的那張臉。我看著我以前的照片，我閱讀那些照片。」

「閱讀？」我說，不確定我在 Skype 線上聽得對不對。

「沒錯，就是閱讀。當我閱讀這些我以前的照片，我看到過去有一個憂傷的女生，她或許是對著鏡頭微笑，但心底卻是既憂傷又不自由。人生這麼短，我們不能過得不自由來浪費。」

時間不多了，美國短篇小說家卡佛如此寫道：「時間不多了，而水在高漲。」

「這麼多事情發生在我身上，」納基留瓦說：「這麼多事情都變了，但我現在更自由了。我在那些照片看到的那個年輕女性，她在微

笑、對著我微笑，可是她不自由。」

「你怎麼知道的？」我問。

「我看得出來，」納基留瓦說：「我從她臉上看出來了。」

▶ 每件事都會教我們一些東西

我想像著，拉娜站在古羅馬廣場（由圖拉真皇帝敕建、由大馬士革的阿波羅多羅斯設計的廣場）的光輝裡，讓那輕拂歷任羅馬皇帝臉龐的涼風吹皺了頭巾。那一刻，我希望沒有別人在場，讓她在那一分鐘裡獨享古羅馬遺址，可以取下那塊阻隔在她臉龐和世界之間的布料，好好去看。

「有些人，這我知道，有時候他們會覺得……很難看著我，我感到很抱歉。我總是道歉。」竟然是她道歉！「有一次，我看到鏡子裡的我。我覺得那就像發生過一場車禍，只是沒有車子。我現在正在努力前進。這裡的貧窮太多了。你都知道，但你從來沒有真的看到。我們花了幾十億在板球、汽車和手機上，然後假裝，是啊，我們看不到這些活生生的人。我覺得，我們就像那些羅馬皇帝。這不是說，你知道的，這件……事情讓我變成更好的人。我還是我，那個喜歡時尚的拉娜。發生過的每件事，都會教我們一些東西，」拉娜說：「每件事都會。」

我們的對話沉寂下來。最終，拉娜說：「你是個法官，對吧？你懲罰別人。」

「我得給他們判刑，」我答道：「如果他們違法的話。」

她等了一下，消化我的答案，然後說：「如果說，這一切就是我受的懲罰呢？」

「你？為了什麼受懲罰？」

「因為我沒試著幫她。」

「她？」

「我們學校那個女孩。她非常非常孤單，她所想要的就只是一個朋友。」拉娜停頓了一下，接著說：「你相信命運嗎？」

「什麼意思？」

「就像羅馬人那樣相信。」

我很想說「我不是羅馬人」。不過那太油滑、太簡單了。我想相信：我們就是我們人生的作者，雖然深深受制於社會和環境，但卻仍有力量改變事情、做出事情、成為事情。然而，誰都難有說服力，把這些講給有過拉娜這般經歷的人聽。於是，我求助一位希臘人，而非羅馬人。我用了一個傳自蘇格拉底的方法。蘇格拉底被盛傳為歷來最聰明的人，因為他知道自己一無所知。我很苦惱於拉娜的想法，她相信是無情的命運之手，將這一切加諸她身上。所以，我做了蘇格拉底鼓勵我們做的：我問了一個問題。

「你們班上其他女孩，」我說：「她們後來怎麼樣了？」

「有些人還在念大學，有些結婚了，有些生了孩子。」

「你覺得她們正在受懲罰嗎？」她沉默了。「至少你試著跟她說話，」我說。

「有人說她常上臉書，」拉娜問說：「你想我該搜尋她嗎？」

「你怎麼想？」

「我想我該搜尋她。」

「我想，那聽起來是個好主意，」我說。

▶ 我們把最重的判決留給自己

在我寫下這些的時候，我不曉得拉娜找到那個女孩了沒有。她準備好了就會告訴我，對此我很有信心。在連線的另一端，我聽到一個聲音，是從別的房間傳來的幾句話。那是拉娜的母親。我聽不見她母

親說什麼。我不需要。我從未見過她母親或那些果樹。知道都在那裡
就夠了。

後來，按照拉娜的建議，我去查了那段激發她想像的文字。吉朋
這位 1737 年出生於倫敦西南邊的普特尼教區的歷史學家，寫到他那
部巨著的誕生，「我是在卡庇多神殿的廢墟裡，首先發想出一部讓我
歡樂又忙碌近二十年的作品。」

拉娜自己的漫長工作繼續著。那次襲擊已經過去好些年了，自從
她去買生日禮物那天發生事情，她母親一直沒有停止哭過，而且永遠
不會。生活已在我們身上留下痕跡。然而，她們家園子裡的樹木依舊
開花結果，流轉的季節慢慢讓她們遠離那個折磨和痛苦的時刻。

有一次，在一間隨著班機頻繁降落機場而作響的法庭裡，我判了
一名男子入獄。在我那麼做了之後，他站在被告席上鞠躬向我致謝。
某種東西在我們之間悄悄傳遞，那是我當時並不理解的。那人讓家人
失望透了，他丟掉了自由和名譽，而我把他送進監獄。他在我宣判之
後鞠了躬，然後被帶往囚室。我是在跟拉娜聊過以後，想起了他。

按照在判處監禁時所要求的，我向他告知他必須服刑多久，才有
資格獲得假釋。

我們身上的「注視者」也注視著它自己。我們看向自己，然後裁
判。我們把最重的判決留給自己。然後，或許就像那個向我鞠躬的人
那樣：被告知在未來某一刻，可能會有某種假釋。

我一直想著拉娜的話——「發生過的每件事，都會教我們一些東
西，每件事都會。」然後思忖自己正學著什麼。在我周圍，新聞充斥
這騷亂世界的種種影像。整群整群的人都在流動著。在某種微不足道
的意義上，我也是。人們搭著簡陋小船橫渡地中海。水在高漲。他們
來自何方？他們為何要來？他們是誰？

　　當時已有許多驚人報導，但我覺得，還有一個故事沒被講述。我向朵恩傳了一些我最愛的傅柯，然後尋找我的旅行證件：皮夾、保單、護照，還有米亞特那張摺起的照片。我收整了這些，也收整了自己，然後下定決心要回去。我拿出我的舊地球儀，慢慢轉動細微起伏的表面，找到了那個地方。

第五種人性典型
攻擊者

荷索：

我再次夢到螃蟹侵襲陸地。橘色大螃蟹從海裡出來。

一開始沒人在意牠們。但是，後來數量多到讓我害怕。

牠們覆蓋了整個世界。

——記者戈德史密斯（Michael Goldsmith）

致德國導演荷索（Werner Herzog）的信

1. 第 72.058 號條例

　　當我告訴同事（包含人權律師、國際援助人員、新聞記者）我想去那裡，大家都覺得我瘋了。他們真的用了那個字眼——瘋了。聯合國警告，該國的法律和秩序徹底瓦解，對整個區域的穩定構成威脅，情況恐將惡化為種族滅絕。

　　當我告訴朋友，得到的反應又不一樣。甚至很少有人知道該國存在。這是地球上最大的人道危機之一，套用拉娜的講法，就發生在人類血肉上，可是聽我講過的人當中，很少有人知道該國存在。那些知道的人也不是真的瞭解那是什麼區域、什麼地區。至於那些真正瞭解的少數人，全都滿懷悲傷和絕望。這就是聯合國所謂「世上最無聲的危機」。

　　聯合國兒童基金會駐該國副代表雷維葉（Judith Léveillée），她告訴我：「我從沒見過這種破壞。我曾經派駐柬埔寨、科索沃危機期間的阿爾巴尼亞、還有葉門，可是沒有任何地方像這樣的，我從來沒見過這麼悽慘的景象。」

　　「你可以看到風暴逼近，」雷維葉這位加拿大人說：「千鈞一髮之際。法國紅蝴蝶部隊（Sangaris）在 12 月來到這個國家。要是他們沒來，傷亡會很慘重。一切都被掠奪，而且不止一次。一切都遭破壞、摧毀。我們碰到這樣一個麻煩，就只是要確保老鼠不會吃掉我們帶給飢餓孩子的高蛋白餅乾。我們每晚還得把倉庫大門焊死，隔天一早再用噴槍打開，就只是為了阻止掠奪者和民兵。我想最糟的就是，這個

國家是可以很繁榮的，可是資源都被有權有勢的人占據了。那些精英利用殘暴手段把持資源，像是鑽石、黃金、天然資源。這是個水源豐富、森林豐富的國家——本來是的。太多非法伐木了。大卡車紛紛開進喀麥隆，後頭的拖車上都平放著被砍倒的樹幹。你看過嗎？」我看過。「那些都是這個美麗國家的林木。有人會向人道事務資深協調員送上鑽石。就像那樣，大家都知道，沒有人會害怕遭到起訴，因為那裡沒有規則、沒有法律。那裡就像拓荒時代的美國大西部，只不過現在是發生在非洲中央，就在非洲中央這個遭遺忘的國家。」

　　這場世界重大人道危機，就發生在中非共和國（CAR）。為了即將明朗的原因，我得過去。

▶ 紅色警告

　　在我規劃行程期間，我會夢到中非共和國的首都班基（Bangui）。這座古老的法國殖民城市，建於一條鬱悶大河的右岸，整座城市曾為歐洲殖民主的遊樂場，當時稱作班基拉科凱特（Bangui la Coquette），是非洲中部一個處處有法式蛋糕店和麵包店的地方，但也是法國「林業公司」（Compagnie forestière）的基地。該公司以殘酷聞名，無情剝削那些在熱帶密林採橡膠的「本地雇工」，殖民官員和買辦在那裡勾結，聯手綁架工人的妻小來讓男人專心，許多人質就死於不可言喻的境況。

　　我得去的首都，得名自流經這片動盪之境的烏班基河。這條河很可能也不為你所聽聞，卻是某條知名大河的一大支流，或許那能解釋何以我對其關注。烏班基河正是剛果河的一大源流。

　　中非共和國是非洲內陸一片不規則土地。在貪婪的歐洲列強「瓜分非洲」期間，曾於 1885 年和 1890 年分別在柏林和布魯塞爾，隆重開會劃定殖民地圖，現今的中非共和國在那上頭，僅是一片空白。

不過，那是歐洲人的事。人類在這片區域生活了成千上萬年，他們育兒、相愛、維生於起伏的平原（法國文學家紀德所謂的廣闊「草原」）或西南部的熱帶雨林。熱帶雨林住著侏儒採獵者，也就是偉大的阿卡人（Aka），他們的口傳歷史被聯合國教科文組織（UNESCO）宣告為人類代表作之一。

這些雨林是世上少數僅存的大型自然保護區，被普立茲中心形容為「最後的真正荒野之一」。《國家地理》雜誌講得更白，稱為「世上最後之地」。然而，現在該國一大片一大片地區都遭到嚴重蹂躪，所以我得過去。我正準備要支付去班基的機票錢（去那裡的航班又少又不便），就接到電話。當時我剛好在法國拜訪幾位朋友，他們住在塞納河一處蓊鬱河岸，就在巴黎下游。

我在英國的司法界同事從電話那頭說：「狄諤斯，我聽不清楚你說什麼。那是什麼音樂？」

我用手蓋著耳朵。「是跳舞噴泉，剛剛噴了起來，還放了這個超大聲的音樂。」

我們正在進行來到此地的必遊行程──參觀凡爾賽宮。L小姐說得沒錯：真的很漂亮。然而我也想到，太陽王除了叫人建造噴泉，還下令發動那場恐怖迫害。

「是喔，真有趣，」他說。其實他一點興趣也沒有。「我只是想知道，你看過外交部警告了沒？」

「什麼警告？」

「關於你要去的那個地方。」

「上面怎麼講？」

「打了一些常見的膽小官腔。」

「上面到底怎麼講？」

他停頓了一下。「唔，不要去。」

中非共和國就連一英里的鐵路也沒有，境內的鋪設路面也比整個

非洲大陸任何地方都少，所以旅行會很艱難。旅行有時會是這樣，不足為奇。我看過英國外交部的旅遊警示網站。任何特定國家的地圖都可以著成三種顏色之一，分別代表三個建議等級。綠色代表旅行大致安全，但應於行前閱讀有關健康風險等方面的說明。黃色警告代表外交部勸阻所有非必要旅遊。除非非去不可，否則不要去。然後是紅色警告。

在官方術語裡，紅色表示外交部「勸阻所有旅遊」。不要去！有些國家，像是奈及利亞，全國包括首都阿布加和沿岸城市拉哥斯，大多是綠色，卻有一些動亂熱點。比方說，奈國東北部有一片片黃色或紅色，「博科聖地」（Boko Haram，有奈及利亞的「塔利班」之稱）組織就在那裡活動。

我查過中非共和國的地圖。我想，或許我可以避開那些熱點。在當時，那就是我的計畫。但是，等到我上網查看了外交部的地圖：整個國家竟然都是紅的，每一寸土地都是火紅的！我往下看完外交部的國家概述：「如有安全的可行方法和目的地，英國國民應立即離開。滯留者應採取一切預防措施，並維持足夠存量的食物和水。不聽勸阻而滯留者或造訪者應注意，外交部無法提供領事服務，也無法安排或協助您撤離該國。」

聽來不妙。該網站經常會更新，我查詢了最新建議，情況同樣嚴峻：「發生多起政府部長、人道工作者和聯合國人員被綁架事件。」

可是，這是個政府網站。政府不都是為了保護公民，寧可謹慎過頭？我問了一位朋友的朋友，此人服務於外交部某個非洲司。中非共和國有什麼內幕？「請把建議當真，」他說：「那是根據政府的最佳情報。」

「好吧，沒有什麼比得上政府的最佳情報了，」我說。

「電話那頭的是人權律師，對吧？很好，你的保安計畫和離場策略是什麼？」

「保安計畫？」

「沒錯，就是保安計畫。」

「我是要去參訪，不是在謀劃政變。」

「你需要應變謀劃。」

「我會去買旅遊保險，」我說。

他笑了。「拜託，告訴我，你會去做一份妥當的安全風險評估。告訴我，你會請誰來評估任務風險？」

「別鬧了。」

「你需要走完所有程序。我知道那樣不好玩，也不能拯救世界，不過或許可能拯救你的性命。來接你的是什麼車？誰來當你隨扈，是政府還是私人包商？是私人的話，又是誰？有多少人？他們有多少武裝？使用什麼武器？你規劃好撤離計畫了嗎？外交部不會為你實施『黑鷹計畫』。我們不會進去接你，你不是那麼重要的資產。你在那邊要靠自己。」

我謝過他，而且是真心誠意的。他讓我開了眼界。這事對他一點都不重要──我們未曾謀面。

「我還是會去買保險，」我說：「要是他們搞丟我的行李，可怎麼辦？」

他笑了。「就是他媽的別去！」他說。

就話術來說，那很有說服力，這部分我承認。可是接著，就像你真的很想做成某件事的時候，心裡會想的──我開始建構種種反駁論點：他終究是為政府工作，不是嗎？這不是在複述官方立場嗎？公務員無論多麼好意，不都是受雇來小心行事嗎？我在幾十個法律案件裡看過那種制度性謹慎。

凡爾賽宮的音樂停了。就像開始時一樣突然，太陽王的跳舞噴泉消失了。我需要第二意見。

▶ 到達世上最後之地

我聯絡了幾個好朋友，都是南非人，而且在整個漠南非洲的自然保育界和商界擁有人脈。他們會知道——或認識知道的人。我發了一則簡訊，語氣盡可能輕鬆：在巴黎向你問好，最近怎麼樣呢，史塔方回到倫敦了沒，噢，我正打算過去中非共和國，有什麼意見嗎？

一則簡訊很快回傳過來：「不要去。」

接著傳來詳情：「我朋友的自然保育團隊在六個月裡，就有三人死亡、一隻耳朵被割掉、還有四起綁架。」

奇怪的是，引起我共鳴的是那單單一項細節：一隻耳朵被割掉。那吻合我對中非共和國人權史的研究。因為在 1972 年 7 月 29 日，卜卡薩（Jean-Bédel Bokassa）這位有如中世紀發瘋國王或歷任羅馬皇帝裡較野蠻者的終身總統兼獨裁者（後來自封皇帝），頒布了第 72.058 號條例：

> 竊盜初犯，割去一耳。
> 竊盜再犯，割去另一耳。
> 竊盜三犯，砍下右手。

這些「手術」會在判決後二十四小時內，以剪刀和刀子進行。

在 2011 年版《世界人口展望》裡，聯合國經濟和社會事務部（UN DESA）按照預期壽命排列全世界一百九十四個國家，中非共和國就排在第一百九十四位。而且，中非共和國的宗派暴力是在之後十八個月裡，才真正惡化為大規模暴力；到了那時，預期壽命又更低了。

無國界醫師（Médecins Sans Frontières）組織的成員，曾目睹一名醫護人員遭到處決，以及人道工作者受到暴力襲擊。二十六歲的雷巴吉（Camille Lepage）是一名法籍自由記者，作品見於《世界報》和

《紐約時報》，她隻身前進中非共和國。2014 年 5 月，她被發現陳屍於一輛民兵吉普車的後頭。雷巴吉遇害於中非共和國西部，就在喀麥隆邊境附近。在我規劃行程的時候，有位六十七歲的法國女性，被人用槍押走，她是明愛（Caritas）慈善機構的援助人員。正如雷維葉所說：「人道工作者受到攻擊的程度，高得前所未見」。

如此，整幅陰鬱寫照就差不多完整了。然而，非洲的中心這裡有一種持續的拉力，正如英國小說家葛林（Graham Greene）所述，這片大陸是「人心的形狀」。到頭來，那就是我最想要探索的。我指的不是那一整個跳動著的器官，而是一個小小角落——還有某樣或許是、或許不是其中一部分的東西：攻擊。我得找到別的途徑。

然而，這並不像求知欲那麼純粹。我們內心有某種乖張頑固，一聽到「不」、「不可以」、「你敢」，就會被激發。我沉迷於我想認識這處不可認識之地的沉迷。這般專注是為了什麼？

那成為我的使命：尋找另一條途徑來進入這片充斥荒廢和殘酷、私刑和截肢的地方。那裡有人被活活燒死和刺穿，教堂和清真寺也遭焚毀，但是那裡有難以想像的自然之美，還住著低地大猩猩、森林象和近乎絕種的羚羊。於是，那就是我的使命：到達世上最後之地。

▶ 驚奇的早晨

以下就是在記述那另一條途徑。

幾乎是在最終，當我跟帕崔斯最後一次見面，那處散落著碎石的卡車站，已經化為一灘泥濘。

夜裡下過了雨，是那種狂暴的熱帶雨。我抱怨不得，因為這是雨季，即便是小雨季。水窪形成於坑坑洞洞的地面上，在熱浪中開始散發一縷縷蒸氣。一些繃著臉的鳥蹲踞在路旁樹上，在晨光下呈現深藍色，樣子介於烏鴉和樫鳥之間，還長了一顆長長的怪頭，但我其實不

認識這片大陸上的鳥類。距離不遠就是喀麥隆首都雅溫德，該城位在赤道以北兩百六十五英里處。

我剛到雅溫德的時候，嚮導兼聯絡人法蘭索瓦這個友善快活的大塊頭，開車載我。當我們開上雅溫德眾多斜坡裡的又一個，他就跟我說：「這裡被叫作中非的羅馬。七丘之城。我們非常自豪，為我們的城市自豪。」

在雅溫德很難看得遠，原因正是那些山丘，其中一些覆蓋掉熱帶雨林眾多祕密的線索，而熱帶雨林就覆蓋著喀麥隆一片片廣大土地。

「那個方向，」法蘭索瓦告訴我，用他那隻戴滿珠寶的手，指過我的肩膀，「是剛果共和國、加彭、赤道幾內亞。那裡，」他指著西邊說：「有很多水，是幾內亞灣。北邊那裡，」他指著西北方和北方說：「奈及利亞、查德。還有查德湖。」

然而，我所掛念的是東邊。「那邊有什麼？」我問。

法蘭索瓦停頓了一下。他的腳從油門鬆開，或許自己並未發覺。「那裡？」他說：「什麼都沒有。」他又再停頓了一下，說道：「什麼都有。」

我後來才知道，他那兩個答案何以都是真的。然而，我剛從美好的倫敦抵達，還無法理解。因為，喀麥隆的東邊有一長條守備鬆散的邊界鄰接著，沒有更好的詞了——混亂。

如果你從雅溫德開車往東行駛，幾小時後就會抵達中非共和國。住在雅溫德的法蘭索瓦，跟中非共和國社群有聯繫，這是我一開始不太瞭解的。他喜歡在我們的路途上，播放舊時的摩城音樂。我是透過他，才見到了帕崔斯。

到了我旅程的彼端，在那處卡車站，就在我們最後的碰面，我和帕崔斯從相反方向走向對方，就像來自兩個世界的特使。那些繃著臉的鳥兒看著，並不作聲。

「驚奇的早晨，」我對他說。

帕崔斯聳聳肩，不表同意，好像是在說：「你還期待些什麼？」

「好啊、好啊，你想要驚奇的，是吧？」由於某種我不甚瞭解的原因，我們之間逐漸形成競爭關係。我從牛仔褲口袋拿出 iPhone。「看看這個，」我一邊說，同時將手機對準天空，「我會讓你瞧瞧驚奇的。」

他把臉靠了過去。我點按那個應用程式，突然間，螢幕上就出現一大堆星星。

「現在你在天空看不到它們，不過它們就在那裡，」我說：「這個應用程式可以告訴你，天空每顆重要星星的名字。」

「對你來說，這就是驚奇嗎？」

那些星星的名字開始出現在螢幕上的星圖裡——天狼星、仙女座、飛馬座……即便此刻在晨光裡看不到。我對太空的興趣被「新視野號」的相關報導增強了，那艘太空探測船在經過九年的孤獨旅行之後，正在接近冥王星。「在英國，」我說：「多年以來，或許應該說自從我有記憶以來，我在晚上會看見這顆大星星。我原本以為，我們總在天空看見的、往往靠近月球的這個大東西，就是所謂的北極星，但我錯了。」

每隔一會兒，我們周圍的空氣就會隨著一陣巨大紊流，而顫動起來。那是卡車頭拖著裝輪車架開出車場，嗅探著如何走向國道。其中有些載著巨大的樹幹，載了一大堆，全都平放，還流著樹液。有些卡車往南走，行經剛果、加彭、安哥拉，甚至去到南非。其他卡車則是走上相反方向，往北駛向查德，或著穿越奈及利亞，再到撒哈拉、尼日和利比亞，一路前進地中海。

「那點亮光，那顆大星星，」我說：「不是恆星。」

「不是恆星嗎？」帕崔斯說。

「不是，那是一顆行星，是木星。」

帕崔斯看著我，沉默不語。在路上，一輛輛車嘎嘎行進，有的往

左，有的往右，有的往東，有的往西，邁向這片廣大而等待著的非洲大陸的另一部分。

在我腳下的溼土上，我用手指畫了一個圓。「那是太陽，」太陽恰在那一刻從東方天際浮現，就在非洲的心臟地帶升起，是個色淡而明朗的半圓盤。我在泥土上畫了另一個點，然後繞著太陽畫了一圈勻稱的軌道。「水星、」我說，接著畫了更多，「金星、地球、火星，然後是這個，最大的一個：木星。這是我們太陽系裡最大的東西，比其他行星加起來還大。每晚它都在我們的天空裡。多年來我都一直看著天空裡的這團光，卻不知道那是什麼。然而，這個應用程式告訴我，那是木星。對我來說，這就是驚奇。」

我甚至沒機會告訴他，我所知道的其他事情：伽利略在 1610 年率先以望遠鏡觀測木星，發現木星有自己的衛星，這是歷史上一個明確時刻，思想上的徹底革命，挑戰了公認知識，挑戰了權力、教條、迷信、不加批判的思考。

能在天空中看見木星這個光點，那就是自由的閃耀時刻。我原本想要跟他談談冥王星——新視野號探測船這位機械使節，即將到達那裡，這可是一件驚人事蹟。但我沒機會跟他談到這一切，因為他開口說話了。「在非洲，」帕崔斯說：「我們看星星不用手機。」

我啞口無言了一會兒。

「你們很幸運，」我說。

帕崔斯這位中非之子，這位自封的「生意人」，即將向我透露當代祕史中，少數的人類冒險旅程之一。他跟我講過，他是怎麼在中非共和國殺了一名男子的。但他停頓了下來，看了看周圍。在那一刻，沒人在我們附近。令人不安的是，沒有什麼在動，也沒有誰在看，就只有樹上那些不知名的鳥。牠們盯著看，一臉不以為然。不過，除此之外，在一座塞了二百萬人的城市邊緣，我們短暫獨處。

「我會讓你瞧瞧驚奇的，」他說。而他說到做到。

2. 金盒子

　　護親者、感痛者、放逐者、制懼者、注視者。還有什麼？人腦裡是否有某個系統會激起和煽動攻擊？如果有的話，為什麼會有？那是怎樣的？究竟我們能對它瞭解些什麼？

　　1864 年 2 月 9 日，賓州《亞當斯守望暨廣告報》的晚報在四版刊出一則故事，報導維多利亞女王的第五個孫兒誕生。那是個男孩。該報聲稱，維多利亞女王及兒女的子嗣繁多，皇室傳承似乎得到確保。

　　在同一版上，出現一則來自附近的故事，內容關於在賓州當地的牧草地發現的槍枝。該報導指出「有二萬八千支火槍堆在田野上」。這可是一大堆火槍。那些槍枝是在一場明顯重大的武裝衝突之後，蒐集起來的。該報接著說：「在這些槍枝裡，有二萬四千支被發現已裝填彈丸，有一萬二千支裝了兩發彈丸，有六千支裝了三到十發彈丸。在許多槍枝裡，有半打彈丸被塞到單單一份火藥上。」

　　上述牧草地位在亞當斯郡的郡治以南。該郡治即是名為蓋茨堡的城鎮。

　　所以，重點來了：在美國內戰的這場決勝戰役裡，似乎有成千上萬支火槍被裝填卻未開火。有好幾千支槍被一再裝填卻未開火。發生了什麼事？

　　擁有這些火槍的士兵可能不開火嗎？他們沒有機會開火嗎？還是另有原因？難道在蓋茨堡鎮南邊的田野上，成千上萬的士兵不能逼自己開火嗎？如果不能的話，為什麼不能？

▶ 鑽石的故鄉

　　幾乎從賽拉有記憶開始，她就想要一個金盒子。那不是真黃金，不過在年幼的她看來就像黃金，那個盒子就是幼弟去世後，她在世上最想要的東西。

　　他們居住的小鎮坐落在中非共和國東中部區域，該地區被科托河（Kotto River）這條大河盤踞，遍布湍流和雷鳴般的瀑布。當父親帶她去看瀑布，陽光從翻滾的水流彈射出來。她跟父親手牽手站立，笑著讓悅人水霧裏起他們。她父親有近視，需要摘下習慣戴著的厚眼鏡。「父親跟我說：賽拉，永遠不要忘記，我們是最初之地的子民。非洲就是最初之地。」

　　根據她父親的講法，這裡是一片光與水之地──跟歐洲人所謂的「黑暗大陸」正好相反。經常晴朗的遼闊天空就在他們頭上；光到處都是，甚至被捕捉在最微小的物事，甚至被鎖在他們地底下的岩石裡──鑽石。賽拉就生活在中非共和國兩大鑽石開採區之一。她父親是鑽石供應採購鏈的一份子，中非共和國的穆斯林少數人口就在那條鏈上興盛發展。

　　她父親夢想有一天能看見巴黎寬闊的環狀大道──有位鑽石採購辦事處代表住過那裡。那男人可能是黎巴嫩人，他說巴黎有一根恰好一公尺長的金屬棒，而他之所以知道，是因為他「朋友」在巴黎讀理科。賽拉的父親覺得他們是那種喜歡男人的男人，但他無法確定，而且怎樣都無所謂，他的觀點進步。至於賽拉，她覺得很多金屬棒都是一公尺長，那又怎樣？她父親說，不，這是史上第一個公尺。這是很了不起的想法：史上第一個公尺。

　　那個鑽石採購辦事處，就是中非共和國鑽石採購局（Bureau d'Achat de Diamant en Centrafrique），簡稱巴第卡（Badica）。在中非共和國，主要的鑽石供應鏈如下：採礦業者－收購者－巴第卡－商業市場（通常最

終到達比利時的安特衛普）－全世界。因此，歐洲和北美那些年輕女性手指上的鑽石，很可能就是來自中非共和國，來自賽拉的家鄉。

「那些採礦業者發現鑽石就藏在我們的土地裡，」賽拉說：「我爸說：看哪，賽拉，我們來自同樣這片土地。我們就像鑽石一樣。」

關於巴黎的公尺棒，那位或為同性戀的黎巴嫩男人他朋友，差不多講對了。然而，為什麼一公尺會是一公尺呢？1791年，就在法國大革命之後那股重啟一切的熱情裡，法國科學院決定，新的長度度量「一公尺」將是北極經巴黎至赤道這段經線的千萬分之一。而該段經線正好在中非共和國以西觸及赤道。雖然巴黎的國家檔案館藏有一些早期的公尺棒，不過在1889年，有一根由90%鉑和10%銥組成的改良品，被製造出來。那根全新的金屬棒不在巴黎市區，而在巴黎西南邊的色佛爾鎮（國際度量衡局位於該地）。然而如今，一公尺的長度是用光在真空中的波長和速度來定義的。

在地殼表面底下一百五十公里（十五萬公尺）處，就在地函裡，有個可以形成鑽石的高壓區。在此，碳在攝氏一千五百度裡被擠壓，產生新的晶體結構：鑽石。那是地球上最硬的天然物質。

正是從這片曖曖含光的地下區域，鑽石開始踏上旅程，一路來到第五大道或龐德街上、某位剛訂婚女孩指上的戒指。然而，就在放進精巧打光的展示櫃、擺在黑色天鵝絨墊子之前，這種石頭是跟著金伯利岩（角礫雲母橄欖岩）的岩漿，從地下岩漿庫被推送到火山通道或火山管。它出現在不起眼又想不到的地方——這些碳晶體碎片見光的主要地點之一，就是中非共和國。

某種神祕祝福（也許那是一種詛咒），使得中非共和國境內發現的鑽石，有很高比例都是世上最亮、最透明的。那些鑽石優於工業鑽石，注定成為珠寶上的寶石，出現在那些亮面雜誌的奢華廣告裡。總的來說，中非鑽石是特別寶貴的寶石，而那就是問題的一部分。

賽拉開始上學，而且善於學習。她父親堅持要她專注學業。為了補強課程，他經常在晚上讀書給賽拉聽。他告訴賽拉，書比鑽石還寶貴。這她同意，但她還是想要金盒子。

「有一年，我在街上玩著玩著，就絆倒了。地上有個破瓶子，邊緣是鋸齒狀的。我跌在那上面，結果割傷了手。我大哭大叫。我爸他很冷靜。他輕聲說：『沒事的，賽拉。沒事的。』他用那東西（她指著鑷子）從我手裡取出碎玻璃，然後幫我洗手包紮。傷口很痛，可是我爸親了我頭頂，我就不哭了。」

她得去大城鎮的診所裡縫針。直到如今，她都還留著疤痕。

「隔天他下班回來，他把雙手放到背後說：『賽拉，我有個東西給你，可是你得自己找出來。』我跑到他背後去，發現他拿著那個金盒子。我拿了過來，然後看著。那好漂亮，我好高興。可是他說：『你還沒找到。』我說：『我找到了，』手還指著盒子。『不，你看，賽拉，』他說。」

然後她照辦了。她慢慢打開蓋子，盒裡什麼都沒有，就只有一份字條，就寫在一張薄得透光的藍線紙上，整張紙被摺了好幾摺。賽拉小心翼翼，慢慢展開字條。她父親那優雅細緻的字跡，就只是寫了：*Tout est possible*（一切皆有可能）。

賽拉覺得很難談起這些事情，因為不可否認的是：鑽石讓她家有了生計；他們全靠鑽石，才買得起那個金盒子。然而，正是鑽石（以及對於鎖在這些碎石裡的閃光的無厭慾求），導致她周圍的屠殺和流血。

不斷有村莊被毀，不斷有人被殺，就連概念也被打碎。比方說，她原本自以為知道當個孩子是什麼概念。然而，她周圍有些孩子正在變化。他們一個個加入武裝團體，成了士兵、戰士、殺手。

賽拉很想知道，是否每個人在內心深處都是個殺手？是否每個人在內心某處都充滿攻擊性？

▶ 薩哈巴墳場

他們是在建造水壩時，發現那些遺骸的。

那是亞斯文高壩，壩體高出尼羅河水面一百一十一公尺。整面石牆雄踞兩岸之間，其目標是那些偉大法老應能理解的。

亞斯文高壩的興建，淹沒了阿布辛貝古埃及神殿群的原址，所以那些原由強大的拉美西斯二世所建的古蹟，只得遷走。然而，其他遺址也有淹沒之虞。最重要的是其中三個，兩個在河的一邊，一個在對岸。在「薩哈巴（Jebel Sahaba）墳場保存計畫」期間，保存團隊在現今的北蘇丹發現二十四具女性、十九具男性和十三具兒童遺骸。還有另外三個人並未得到可靠的辨識結果，他們有太多骨頭不見了。

那些骨骸經碳定年法測定，約有一萬三千年歷史。這些在那裡躺了上萬年的人，有將近一半是死於暴力。來自利物浦和阿拉斯加等大學的人類學家組成團隊，審視這些來自流沙的遺骸，就像也許哪天別人也會審視我們之中某些人的遺骸那樣。他們在背部和頭骨上發現創傷，貫穿下顎和頸部。其中一具遺體身上，嵌著三十九片來自箭和矛的燧石。

薩哈巴墳場位在撒哈拉沙漠的邊緣。大英博物館那些古埃及專家指出，這處 117 號遺址，是關於大規模人類暴行的最早證據，例證了聯合殺戮——戰爭。如今，在一萬三千年後，你可以前去觀看這場屠殺。薩哈巴墳場那些死者遺骸，就展示於大英博物館的 64 號室。

為什麼父母會連同孩子一起命喪該遺址，為什麼會有如此攻擊，為什麼會有這些戰爭行動呢？怎麼會有？

我們內在是否有一種系統、一項適應，一個「攻擊者」？

3. 就像火炬

　　1986 年 5 月，二十位世界頂尖的社會科學家和自然科學家，齊聚第六屆「大腦與攻擊性國際會議」，探討 117 號遺址所引起的那類問題。這場會議辦在古代腓尼基人在西班牙南部安達魯西亞的殖民地——塞維亞。該市擁有一座距海五十英里的港口，1519 年，麥哲倫即是從這裡展開史上首次環球航行。大會的聲明——後來稱為〈塞維亞反暴力聲明〉，係由動物行為學家、行為遺傳學家、神經生理學家、政治及社會心理學家共同起草。聲明內容如下：

　　認為人類從我們的動物祖先那裡繼承了戰爭傾向的說法，在科學上是站不住腳的……認為戰爭和其他暴力行為已經被基因編碼到人的本性……以及人類有「暴力大腦」的說法，在科學上是站不住腳的。

　　該聲明發布於聯合國「國際和平年」，並於 1989 年由聯合國教科文組織在第二十五屆大會上採納。這份宣言成了試金石、圖騰、信條——是從一個陷入困境的星球，向我們自身的較佳部分發出祈求。

　　五年後，有八十萬人到一百萬人於一百天內，在盧安達遭屠殺，包括那些聯合國機構在內，全世界都只旁觀而無作為。

　　隔年，亦即 1995 年，國際刑事法庭認定：塞爾維亞族準軍事組織「蠍子」部隊，對波士尼亞人進行種族滅絕式屠殺。有塊白色巨石，無聲紀念著斯雷布雷尼察大屠殺（Srebrenici massacre），上面刻著 8372 這

個遇害人數。這是納粹大屠殺以來，歐洲最慘重的種族清洗行動。

在往後二十年裡，我們看到一連串衝突，未必是在一級權力集團之間，而是較小的戰爭，往往涉及自相殘殺。這些衝突的特徵是驚人而不斷加劇的殘忍。令人矚目的未必是傷亡人數，而是暴行的性質和程度。毫無疑問，最理智的人都情願〈塞維亞反暴力聲明〉是對的。我們不希望這世界或人類本來就愛戰爭。實際上，之所以會有〈塞維亞反暴力聲明〉，是因為起草人深感有必要探討「人類最危險且最具破壞性的活動，亦即暴力和戰爭」。然而，這份聲明雖然立意良善，後來卻遭到嚴厲的批評。哈佛大學認知科學家平克（見第 42 頁）認為，該聲明犯了「道德主義謬誤」；另外，還有人稱之為「意識型態和恐懼」的產物。

然而，如果暫且擱置雙方的論點，我們必會看到某種事情一直在地球上發生。這世界一直目睹劇烈殘暴的小範圍人類攻擊不斷爆發。這是真的。這一次次密集暴行，令人得以洞悉人類攻擊的運作，卻又感到擔憂。這類可憎暴行最殘暴的其中一場，就發生在中非共和國。

▶ 血鑽石

兩年來，賽拉都很自豪擁有那個金盒子。這時，可怕的衝突已來到她鎮上。叛軍和武裝團體從北部和東部席捲而至。人們還森然談到東南方更可怕的危險：科尼（Joseph Kony）的聖主抵抗軍（LRA），該組織來自納基留瓦的故鄉烏干達。他們一再侵襲中非共和國，恐嚇當地居民，既殘酷又無情。

「有一天，我爸帶著我媽走進我臥房，然後說：『我們可能得要離開，賽拉。』可是我喜歡我們小鎮，我朋友都在這裡，我這麼告訴我爸。但他說：『留下來太危險了。』我問說，為什麼這些人要給我們鎮上製造這麼多麻煩。」

賽拉說她父親回答不了。這個問題太大了，要說的太多了，所以他什麼也沒說。她真的擔心了起來，因為他父親這位喜歡科學的讀書人，開始在門後放了一根大棍子。賽拉問了另一個問題。

「他們想要什麼？」她問。

「每個，」他說：「都想要鑽石。」

關於中非共和國與這麼多血腥動亂的根源，他說得沒錯。

中非共和國陷入混亂的成因有很多解釋，就像第一次世界大戰、法國大革命或甘迺迪遇刺案的原因，也仍有很多揣測。

然而，還是有一些可供參考的固定點。中非共和國原為法國殖民地烏班基沙立（Oubangui-Chari），是法屬赤道非洲的一部分，此地於1960年終獲獨立，然後經歷一連串腐敗無能的總統，包括惡名昭彰的卜卡薩，此人自立皇帝，加冕儀式用上白馬、拿破崙式制服，還有一頂要價全國 GDP 總值三分之一的鑽石皇冠。然而，我們很容易嘲笑後殖民非洲的奢侈無度，卻忘了幾十年、幾百年殖民剝削和強制奴役的深刻傷痕。

軍事暴政在1993年被文人統制取代，但在2003年，軍方首領博齊澤（Bozize）將軍發動政變成功。博齊澤優待首都班基的那一小群政治精英及族群，忽視並排斥以穆斯林為主的該國東北部，結果引發強烈不滿。一些反叛組織和盜匪團體就在相對偏遠的東北區域，開始反抗博齊澤的統治，而博齊澤對當地的控制也較弱。整場衝突的此一階段，稱為中非叢林戰爭。叛亂團體忙著劫掠和搶奪，尤其鎖定東北地區那些利潤豐厚的礦區。

在2012年，這些團體當中的幾個，組成了一個聯盟——當地桑戈語裡，把聯盟叫作「塞雷卡」（Séléka）。他們開始前進首都。塞雷卡的成員以穆斯林為主，包含來自查德和蘇丹的傭兵和軍閥。

2013年3月，叛軍包圍班基，博齊澤逃往喀麥隆首都雅溫德，塞雷卡領導人喬托迪亞（Michel Djotodia）這位穆斯林，中止憲法，並

解散國會。喬托迪亞自封國家元首，接著就是塞雷卡將近一年的暴力血腥統治。

　　然而，回到 2010 年，賽拉所在的東北部小鎮，似乎平安無事，即便她父親一再警告。幾週後，賽拉問父親叛軍是否還會來。「他抬頭看向天空，就像這樣（她用鼻子指向雲端），好像在看，是不是有事情就要發生。」

　　又過了一段時間，還是平安無事。她去上學，只是人數在減少，因為她有很多同學都離開了。然後，一切來得很快。一輛輛車子開進鎮上。

　　那些是吉普車和卡車，其中一輛就停在他們家外頭。兩名男子踹開門，她父親抓起門後那根長棍，一名帶步槍的男子重擊她父親的頭部，她父親倒了下去，眼鏡也飛掉了。

　　「他對我爸說：『鑽石在哪？』這就是我爸害怕的，他怕別人談論他和鑽石。那些人把我爸拉起來，讓他跪著。『走啊、賽拉、快走啊，』我爸小聲說。『鑽石在哪裡？』另一個人說。『我沒有保管鑽石，』我爸說。那個人又再用步槍打他，我爸倒下了。另一個人想要抓住我，但是我衝出門口。好多村裡的人都在街上，他們臉朝地面趴著，就趴在路中間。男人的背上都被人踩著，那些人就站在他們身上。我一直跑，也不知道我媽在哪，然後就聽到槍聲，我不知道我爸發生什麼事。」

　　賽拉跑上一座小山丘，當她從高處往回看，她家燒得就像火炬，而且傳來槍聲，有人正在呼喊，但卻看不見人。濃煙和火舌竄升，她幾乎可以伸手觸及。她在樹叢裡躲到黃昏。

　　她想回去，可是有一群逃離的村民悄悄跟她說，她會被殺的，反叛團體占領了整座村莊。濃煙緩緩繚繞整間小屋，裊裊升向漸暗的天空。賽拉的父母親都遇害了。

▶ 哈佛大學的「模擬殺戮」研究

就在離開英國前往哈佛大學研修之前，我在老貝利擔任一件兇殺案的首席辯護律師，案情就是有個年輕男子被殘忍刺死，起因是一名年輕男子（甚至不是最終的遇害者）在倫敦西北部某家洗車場，沒搭理另一名年輕男子（不是兇手）。

這似乎是一場毫無意義的殺戮行動。所以，當我在波士頓碰到關於「模擬殺戮」的研究，我就很納悶為什麼需要模擬。難道殺戮不夠多嗎？

我的法律工作有很大部分涉及殺人案；在賽拉周圍，人們正在相互殘殺。提出電車難題的道德哲學家湯姆森（Judith Thomson）在 1989 年寫道，你不用顯微鏡就能觀察人類行為——你只需要環顧四周，看看人們在做什麼。

然而，蓋茨堡那些步槍和許多其他軍事軼聞都顯示，即便是在戰鬥當中，人們仍然覺得很難去傷害別人。就像常有人說的，人類本身就是戰爭科技最主要的部分，但在同時，人類心智也是戰爭最主要的阻礙。

正是這項基本矛盾，促使哈佛心理學家卡許曼（Fiery Cushman）與同事將人類暴力帶進實驗室，並置於實驗控制之下——以某種方式加以檢驗。他們選定了「殺戮」。

血液不會自動流過我們的身體，而是必須被推送。由於血管（靜脈和動脈）具有阻力，如同水被推送流過水管時的阻力，因此血液需要受功，才會流動。如果這些血管變窄，會變得更難持續推送血液，泵送血液就需要做更多功。這種血管收縮會發生在我們面臨威脅或感受壓力的時候，而這種身體現象，特別有助於探討我們關於傷害他人的感受。

科學研究顯示，我們對傷害行為的負面道德判斷，不單源自審慎

推理，或高度「理性」的認知裁決。我們對這般行為的譴責，也包含強烈的情感（情緒）成分。研究人員已設法衡量我們對於施加傷害的負面情緒或反感。當然，他們可以直接詢問受測者，亦即蒐集自我報告資料，但他們可以更進一步。

負面壓力反應的水準有一項指標，是血管系統推送血液的難度，也就是總周邊血管阻力（total peripheral resistance, TPR）。這部分的計算，可藉由將感測器貼在受測者身上，來測量血壓和心臟在壓力下有何反應。計算結果接著又能反映我們有多麼厭惡傷害別人——為此多麼困擾或緊張。為了檢驗這一點，卡許曼與同事做了一些研究，來調查人類厭惡的根據。

然而，說我們不願傷害別人是一回事，理解原因又是另一回事。當卡許曼進入這場關鍵的科學暨道德對話，他認識到主流觀點認為我們的厭惡源自對「受害者」的同情。換言之，如果我們不傷害他人，那是因為對受害者的關切。這在現實生活裡當然是答案的一部分，正如我們在「感痛者」那裡所見的。但是，事情不止如此。

卡許曼團隊用心電圖和血壓感測器，檢測了一百零八名自願受測者。首先，卡許曼團隊測定每個人對壓力的獨特反應，因為個體之間存在差異。為了檢驗這一點，他們要求受測者快速倒數 7 的倍數。有點像這樣：

從 1296 開始。

現在用 7 倒數。

第一次很簡單：1289。

但是數快點。再來呢？

1282。再來呢？

1275……1268……

　　光是打出上面這段文字和數字，我就意識到研究人員所謂「增強的心臟運作」了：我的心跳加速。同時，我也屏住呼吸。我猜你的反應大致如此，所以「用 7 的倍數倒數」這項考驗，提供了一道良好基線，可以顯示個人身體處理壓力的差異程度。

　　接下來，他們請受測者進行「模擬的無傷害行動」。卡許曼團隊弄出一些怪招。一名研究助理穿著一條看似普通的褲子，接著發給受測者一把真的錘子，然後指示受測者敲在那位研究助理腿上——用力敲。受測者被清楚告知，褲管底下是硬塑膠管，全力敲擊該助理不會造成任何傷害。但受測者很抗拒。這是在敲擊看似某人腿部的東西。

　　在其他模擬當中，研究助理的手要讓石頭砸下去。石頭是真的，而手是假的。可是受測者還是很抗拒，真的很抗拒。然後，有一把細節和重量都很逼真的複製手槍，要受測者拿來對著助理的臉擊發；有一把刀（橡膠製）要受測者用來劃過助理的喉嚨；有一個嬰兒（當然是假的）要受測者捧起來，砸在桌緣上。

　　從頭到尾，卡許曼團隊都向受測者強調不會造成任何傷害。儘管如此，還是出現顯著的 TPR 反應度：血管正在收縮。這般血管收縮，出現在不會造成任何可預見傷害的情況下，這就告訴我們一件很重要的事：人們不只在意結果，一切不只關乎同理心。他們的血管變窄、血壓和壓力水準上升了，即便他們是在進行明知不會造成絲毫傷害的行為。那起大批步槍沒開火的戰場疑團，也就說得通了。有些行動我們就是做不下去。那些行動就算沒有明顯有害的後果，還是讓我們鄙視。比方說，在蓋茨堡，那些步槍可以往敵兵的頭部上空瞄準，這樣開火也不會造成傷害。但是，或許僅僅是扣扳機這個動作，就增加了抗拒感——不論是否有人會受到傷害。

　　因此，無論是發射（無效的）手槍，或是用錘子敲打一條（套著硬塑膠管的）腿，還是用（橡膠）刀割別人喉嚨，我們都覺得做起來壓力很大。這正是卡許曼與同事所謂的「行動反感」，一種無論後果

如何都不願意做出該行動的抗拒。因此，固然我們對於傷人行為的道德譴責，在很大程度上來自於設想他人的痛苦，但那並非事情全貌。我們還會想像要是我們做出該行為會是什麼感覺。我們厭惡想像自己是殺手，而不只厭惡想像受害者的痛苦。

▶ 怎麼有人下得了毒手？

這件事的陰影面，就是在行動既不直接切身、也不明顯跟傷害有關時，可能很容易發生在我們身上的事情。舉個例子，遠距無人機的手術式冷酷暗殺和處決行動，怎麼樣呢？

將我們跟目標分離、拉開距離，會讓殺戮變得容易。執行一項我們通常不會聯想到巨大傷害的動作，例如按下按鈕，也會讓殺戮變得容易。不過，按鈕是一種現代才有的新事物，即使我們以為現代戰爭就是那樣。然而那並不是常態，那不是現今世上衝突中，人殺人的一般做法。

現今的衝突，大部分都不是在幾百公里、幾千公里外的電腦螢幕上進行的高自動化虛擬戰。現今大多數戰爭正好是跟以上相反：是很個人的，是一對一的，通常是用刀子和砍刀親手殺人，是血腥而殘酷的，是充滿狂熱和宰割的，是在村子街上站在某個趴著的人背上、開槍打他後腦勺，是涉及有研究顯示我們很反感的那種行為。然而，那還是很常發生，就發生在此時此刻世上一場場衝突裡，就像在賽拉她家鎮上。為什麼會是這樣？

有個方法可以深入瞭解這一切，那就是提問一個簡單問題：我們在多大程度上認同自己像昆蟲？

4. 你會喜歡他的

　　橫掃中非共和國、並摧毀賽拉一家的萬般混亂，是一堆令人困惑的字母。一個個縮寫，代表一個個名稱不祥的叛黨，其間只有兩個區別：所用的字母，還有掠奪的殘忍程度。

　　那裡有個 UFDR，即「爭取團結民主力量聯盟」(Union des Forces Démocratiques pour le Rassemblement)，他們宣稱是在反對班基政府忽視該國北部至查德邊界、東部至蘇丹邊界的大片土地。UFDR 的成員以古拉族為主，其中一位領導人喬托迪亞，後來接管中非共和國。另外，朗格族因應自身受到的宗派暴力而組成 CPJP，亦即「爭取正義與和平愛國者同盟」(Convention of Patriots for Justice and Peace)。

　　鄉下的採礦聚落開始逃離 CPJP 這個團體。他們是自由鬥士嗎？爭的是誰的自由？他們是否只是犯法的投機份子，趁著沒有任何有效政府和安保之際，壯大自己？事實上，是自由鬥士、還是投機份子，對現地民眾沒什麼差別。CPJP 竊取鑽石，到處勒索、搶劫、殘傷、殺人。有些當地人逃進叢林，有些逃回到城鎮，有些則是動作不夠快。賽拉家正好位在武裝團體的掃掠路徑上，整個被捲了進去。賽拉被奪走家人，而且不明就裡。那是 2010 年，當時她十四歲。

　　在這一切當中，帕崔斯又是個怎樣的人呢？北部和東部動盪期間，他人在首都班基。他有一個目標，那就是賺錢。

　　那些動盪和叛亂都不關他的事。他甚至不大明白他們在爭什麼，當然也不相信各方的宣傳和主張，而且不感關心──讓他們去鬥吧，

只要沒人找他麻煩，就讓他們自己去鬥出個結果。帕崔斯說：「所以有人在鬥？這就是人生。我希望自己看起來像個美國明星，那我該怎麼辦？哭嗎？不，這就是人生。」他仍在做著小買賣（鞋子、牛仔褲、舊手機、手搖式收音機），買低賣稍高，然後留著任何自己喜歡的東西。他特別喜歡西方設計師的品牌服飾，這是當我終於見到他的時候發現的。

「你會喜歡他的，」我的嚮導法蘭索瓦說。他笑了。法蘭索瓦這人既巨大又龐大，坐在他那輛老賓士車裡，就像個親切的相撲選手。

「每個人我都喜歡，」我說。

這位相撲選手將戴滿金戒的手，掛在駕駛座窗外，那輛老舊的白轎車被他叫作禮車。「或許他甚至會喜歡你，」法蘭索瓦手握著方向盤，轉頭一瞥，像一艘豪華帆船的驕傲船長。見到法蘭索瓦，我才明白車子對男人代表什麼。摩城音樂大聲播放著，因為摩城音樂就該被大聲播放。

「然後每個人也都反過來喜歡你？」法蘭索瓦問。

「有什麼不好的呢？」我說。

他困惑得皺眉，然後摸了一下吊在後照鏡的護身符——那是個破舊的深色皮袋，不大於一張信用卡，周邊縫了黃線。我們各自說著各具特色的法語，或許我講的話在翻譯過程裡有所流失。法蘭索瓦在喀麥隆能弄到或找到任何東西，也能幫忙喬任何事情，他是個喬事人。

當諾貝爾文學獎得主奈波爾（V. S. Naipaul）談起他在伊朗伊斯蘭革命後旅遊當地，他也提到那種負責「開路」的人。在雅溫德這類地方，人人都需要一位法蘭索瓦——有許多路要開，有許多事要喬。

我們繼續行駛於首都的瘋狂車流裡，四周那些破舊的黃色計程車就像無頭蒼蠅一樣亂衝，替這個街頭劇場火上加油。

我把話題換了一個方向。「如果他不喜歡我，那也沒關係，」我說：「沒人喜歡律師。」法蘭索瓦笑了，這樣比較好。他用手腕靈巧

輕甩，操縱那部禮車繞開一群晃過馬路的山羊，然後踩盡油門，深情輕撫儀表板。自從 1885 年賓士（Karl Benz）打造出世上首輛汽油驅動的「機動車」，法蘭索瓦恐怕是最忠誠的客戶。「沒人喜歡律師？沒人喜歡藥，」他說：「可是他們需要藥，呃，英國律師佬？」

在我律師執業生涯二十多年來，這是我聽過關於律師最好的定義之一：我們是藥。

▶ 紅蝴蝶部隊

法蘭索瓦很快就變成不只是喬事人，還是食物顧問、日常生活哲學家、朋友。有一次，我們開車在商業區，碰上一輛不要命的計程車，那位司機毫不專心，把手機像助聽器般壓在耳朵上，差點就撞上法蘭索瓦的禮車。法蘭索瓦朝著窗外大喊。

「你說了什麼？」我問。

「我祝他有個美好的一天，還祝他老婆身體健康，」他答道。

「他看起來不是很開心。」

「也許他不喜歡他老婆。」那就是法蘭索瓦。我很高興能跟他在一起。不過，後來我會用一種更悲傷的眼光來看他。

我跟他問了，我在飯店品嘗過的那種灼辣的當地醬料 piment（唸作 pee-mahn）。其實，我們是在爭論。

「好啦、好啦，我承認那很厲害，」我說。

「是最辣的，」法蘭索瓦說。

「抱歉，我的朋友，但是加勒比海的巴貝多島有一種辣椒醬，會辣爆你的頭。」

法蘭索瓦大力搖著頭，「不、不、不，我會用勺子吃這種巴貝多嬰兒食品。」

「我想親眼看看，」我笑著說。

法蘭索瓦的心愛禮車在某個紅綠燈前，突然熄火。他轉動點火開關，勸誘那部巨獸甦醒過來，就像是對鬧彆扭的情人輕聲低語，還加以撫摸。

不久之後，法蘭索瓦把車停靠在一家棚屋餐館外，一旁就是某種停車場或調車場，不時有卡車開進去。我們已經離開雅溫德市中心，這時就坐在白色塑膠椅上，等候帕崔斯。法蘭索瓦點了一杯咖啡，而我點了附加冰牛奶的茶。我用法語盡了力索取冰牛奶，結果得到一包雀巢奶粉、還有一支茶匙——但至少我拿到一支茶匙。（我在認識安東尼和麥可之後，就稍微溫習過法語。不過，有些不規則動詞還是要查辭典。）

帕崔斯懶洋洋走過來，就像水銀般移動，他不想喝任何東西。他很高，有一百八十八公分高，全身肌肉有如雕刻似的凸起，沒有一處贅肉——就好像他跟法蘭索瓦做了交換，所有贅肉全都堆在法蘭索瓦身上。我喜歡法蘭索瓦，要喜歡他很容易。帕崔斯就不一樣了。

「你有香菸嗎？」他跟我握完手後問道。這將是他純用英語對我說的少數幾件事之一。

我們在這地方碰頭，因為帕崔斯正在交涉出境的便車。我後來得知帕崔斯向來看重便宜。於是我們來到卡車休息站。

「我不抽菸，」我說。

法蘭索瓦幫了忙，從一包開過的香菸拿出一根要給他。帕崔斯拿了兩根，一根輕輕放在白色的塑膠桌上，另一根收進白襯衫的胸前口袋，他還穿著白牛仔褲和黑運動鞋。他年約三十五歲（是我估計的，沒問過他），剃了光頭，還有一臉精修的鬍渣。他的鼻子非常銳利，有如鳥喙，而他皮膚散發的光澤就像太空灰的 iPhone。他戴著一副圓形的黑色反光太陽眼鏡。

「紅蝴蝶部隊，」他說，吐出一團煙，「他們有香菸。」

在前往中非共和國以前，我就聽過紅蝴蝶部隊——雷維葉跟我講

過他們的事。紅蝴蝶部隊是被派往中非共和國維和的法國部隊，部隊名稱源自可見於中非共和國的著名蝴蝶，燦爛卻不長久——那場法國軍事干預，本來也該如此。我們等著瞧。

「紅蝴蝶部隊，」帕崔斯說：「他們老是跟你說，他們什麼也沒有，但這很難說。我在檢查站排隊⋯⋯」

「在班基？」我問。

他沒有直接回答，這不是個好的開始。「而且排得這麼長，我在想，我哪能弄到一根菸呢？」

▶ 血紅色的蝴蝶

血漪蛺蝶（*Cymothoe sangaris*）這種蝴蝶擁有驚人的紅翅膀，俗稱為「血紅蛺蝶」。血漪蛺蝶這個物種，屬於「漪蛺蝶屬」，該屬包含八十二種蝴蝶，全都生活在非洲熱帶森林，尤其是上冠層。

血漪蛺蝶的翅膀鮮艷得像火。血漪蛺蝶及其近親是在中新世後期開始在基因上分了家，時間大約在七百萬年前。那是一個劇變時期：地球降溫、森林減少，熱帶洋流也發生變化。

在同一時期裡，人類先祖也終於在基因上，從我們和最相近的親戚（黑猩猩、大猩猩和紅毛猩猩）的最後共祖「大猿」，分歧出來。

「所以，我去找這個老一點的紅蝴蝶戰士。他站在旁邊，他的槍斜在胸前，就像那樣。」他比劃。「絕對不要找那種很年輕的，他們太怕我們，他們很守規矩。所以我去找老一點的紅蝴蝶戰士。我說：『打擾一下，先生，你有打火機嗎？』我從牛仔褲裡拿出一包菸，笑了起來。他說有，然後拿出打火機。」

「所以他給了我打火機，然後我說：『上帝，發生什麼事？香菸盒空了，抽完了。』我讓他看看。我說：『你有菸嗎，或許？』」

「那位紅蝴蝶戰士，正要說他沒有，但是我說：『呃，你有打火機，怎麼會有人帶了打火機卻沒菸呢？也許我不懂，我懂得不多，可是，要是我能跟村裡人說，有位貴客給了我一根小香菸，我會覺得很榮幸。』」

「他給了你一根嗎？」我問道。

「他給了我兩根，然後說滾開。我跟他說謝謝，謝謝他的菸，也謝謝那聲滾開。那個空盒不是每次都有效，不過幫我弄到不少紅蝴蝶香菸。」

我笑了，法蘭索瓦也笑了，可是帕崔斯沒有笑。他輕聲冷言，問我：「那麼，你在非洲幹什麼？」

法蘭索瓦向他喊了一些我聽不懂的話。

「沒關係，」我說。

「他是來幫忙的，」法蘭索瓦說。

「對呀、對呀，來幫忙。那些國際部隊，他們過來『幫忙』。班基那邊有查德軍隊跟他們在一塊，他們會殺了我們。所以在中非共和國，我們都知道外國人是進來幫忙的。」

我們三人陷入一陣緊張的沉默。遠處傳來微弱的音樂聲，是某種剛果的舞曲節拍，彷彿是用那種快活嘲弄我們。

帕崔斯停頓了一下，才說：「你不是這裡的人。」這句話既不是問句，也不是陳述，而是指控。

「我試著要瞭解，」我說。

「瞭解什麼？」帕崔斯說。我可以看見自己的模樣，模糊映在他的圓形墨鏡上。

「中非共和國，」我說。

帕崔斯把圓形墨鏡拿了下來，這是我印象中很少、很少幾次中的一次。然後他揉了揉眼睛。「祝你好運，先生，」他說。

▶ 你不是這裡的人

雖然血漬蛺蝶以及多到讓人迷惑的近親，都棲息在非洲廣大潮溼的森林裡，但牠們被發現為同域共存（sympatry）：親緣相近的物種，生存在同一地域裡。然而，血漬蛺蝶的雄蝶，將短暫的生命濫用於互相殘殺。同域共存也給林冠下那些住在相同地理區的人類，帶來類似挑戰。

帕崔斯取下墨鏡後，對我上下打量，並未表示認可。「你旅館裡還有牛仔褲嗎？」

「還有幾條，」我說。

「嘿，他不是來這裡賣衣服的，」法蘭索瓦說。

「不成問題，」我說。

「價錢會讓你喜歡的，」帕崔斯說：「不是高價。不過，會是公道價。」

「可是之後我要穿什麼？」

「之後你就回家了，你家裡有更多衣服，也許。」

他說得對，對得就像他先前說「你不是這裡的人」。我覺得離家很遠，此刻的我正逐步接近世上一大血腥衝突，這場血腥衝突讓我搞不懂。而我想知道是否有誰懂。

帕崔斯和法蘭索瓦開始大聲爭吵。法蘭索瓦早先警告過我，「不要跟這傢伙買賣任何東西，懂嗎？」我跟他說過，我沒有這種打算。

帕崔斯指向法蘭索瓦的賓士車。「你怎麼會有那種反巴拉卡（見第280頁）的東西？」他吼道。

我當時不明白，但那其實指的是車上的護身符。

「跟你們那些蠢民兵沒有關係！」法蘭索瓦吼了回去。

這場爭吵繼續下去，而我沒聽懂他們講的其他事情。帕崔斯突然

　　起身要走，法蘭索瓦用戴滿珠寶的手，把他拉了回來。我給他們時間平靜下來。我們都在查看手機，或者假裝在查看。帕崔斯把菸掐熄。

　　又是一陣沉默。

　　餐館那女人或許是看見我被雀巢奶粉嚇到，所以給我送來一條烤大蕉。這水果長長的，很像香蕉，摸起來熱呼呼的，很舒服。

　　「原諒我，先生，」她一邊說，同時給了我那份求和禮。

　　「拜託，真的不用道歉。我是英國人，我們喜歡冰牛奶。」

　　我在喀麥隆遭遇過很多事情，她這件小小的好意表現，不過是其中之一，但卻讓我不斷想起。這或許是因為那跟帕崔斯給我的感覺，形成劇烈對比。事實就是，本書寫作過程遇到的許多人，包括朵恩、安東尼、珍、潘格納、所羅門，甚至是 L 小姐，我都是打從一開始就喜歡。帕崔斯是例外，所以最終法蘭索瓦錯了：帕崔斯不喜歡我，而我也不喜歡他。

　　大蕉的氣味淡淡飄在我們周圍，就像烤在營火上的栗子。

　　「好了、好了，他同意了，」法蘭索瓦終於開口說了，「他會告訴你。」

　　「告訴我？」我說。

　　「鑽石的事，」法蘭索瓦說。

　　帕崔斯把手伸進他那件設計師品牌的白色襯衫口袋，緩緩拿出第二根菸來點。這時，我才真正注意到：他皮膚上淡淡的太空灰光澤。

5. 你跟小昆蟲有多像？

心理學裡有個概念，稱為目標相似性（target similarity），這確實會阻礙殺戮。或者，說得更精確點：在一開始的時候會。

這意味著殺戮有其代價。明顯於外在的，是受害者承受的不利後果。然而，在內在，加害者在殺戮時也會受影響，那涉及他們的自我意識，亦即他們對自己所是、自己所能的理解。

這尤其可見於當加害者和受害者（亦即目標）之間，存在可感知的相似性。這是否成了一種障礙，令人在社群撕裂、近親相鬥之際，無法在蓋茨堡擊發火槍？臨床研究顯示，對於士兵來說，創傷後壓力疾患（PTSD）跟內疚感和羞恥感，密切相關，這跟其他許多類型的創傷後壓力疾患有所不同。某位替越戰老兵治療創傷的心理學家說過：「你意識到你做了不可想像的事情，你炸掉了一部分的自己。」這就是蟲子登場的地方。

或者說得更確切點：是藥丸蟲（你可能稱之為木蝨）。或者再說得更確切點，是藥丸蟲和一臺消滅機。這項研究很巧妙、恐怖，而且真的很噁心。不過，從科學觀點來看，該研究提供了寶貴的洞見。

那些洞見讓人窺見什麼？就是我們對於傷害他人的抗拒，還有傷害他人會如何損害我們自己、損害我們的自我意識。那臺恐怖的消滅機是從咖啡研磨機改造來的，側邊裝了一根黃銅管，為上方的白色漏斗提供一個滑道，一路向下通往機器的研磨刀片。至少，那就是受測者聽到的。

　　事實上，有個隱藏的塞子防止蟲子被消滅。做為替代品的紙屑被預先裝進研磨機裡，藉以模擬研磨蟲子的可怕過程。因此，研究人員可以由衷說出：沒有任何蟲子在本研究進行中受到傷害。蟲子被裝在無蓋的透明小塑膠杯裡，呈給受測者，所以那些半寸長的蟲子能在被「消滅」前，先被檢視。

　　亞利桑納州立大學的研究人員，仔細計算每個人在二十秒內殺了多少隻蟲子——或者說，相信自己殺了多少隻蟲子（那些蟲子已給偷偷倒進一個密封容器）。研究人員要求受測者回答一個標準的 9 分制問題，1 分代表完全不類似，9 分代表非常類似。問題如下：「請評定你覺得自己跟那些小昆蟲有多麼類似、或不同。」

　　我得提出一項相關資訊的小問題：出人意料的是，藥丸蟲不像血漪蛺蝶或其他蝴蝶那樣屬於昆蟲類，而是屬於甲殼類。藥丸蟲擁有堅硬的外骨骼，而且比較接近蝦子和螯蝦。藥丸蟲也很接近螃蟹——戈德史密斯（見第 229 頁）這位在卜卡薩時期被關在中非共和國的西方記者，就是夢到螃蟹從海裡爬出來接管世界。儘管螃蟹成群爬行的異象深深驚擾戈德史密斯，嚇得他寫信告訴德國導演荷索；不過就實驗效度而言，沒有證據顯示我們覺得自己更像甲殼類或更像昆蟲類，或是我們更害怕其中一類。

　　試驗條件有兩種。一種是「試殺」條件，這讓受測者先在消滅機裡「研磨」一隻蟲子當作練習，藉以熟悉整個過程。另一種是「無試殺」條件，當中並沒有練習。

　　在無試殺情況下，受測者不用進行試殺練習，並被要求在二十秒的消滅期間，殺掉盡量多的蟲子。他們殺掉蟲子的數量隨著對蟲子的認同度升高而驟降，他們愈是覺得自己跟蟲子類似，就殺得愈少。這是可以預料的。

　　但是在有試殺情況下，不尋常的事情發生了。在那些強烈覺得自己像蟲子的人身上，不但沒有出現少殺的情況，更有甚者，所殺的蟲

子數量出現些微、但可辨認的增加。是增加。他們愈是認同自己像蟲子，就殺得愈多。這項發現提供一種洞見，有助於進一步認識中非共和國和其他地區可能正在發生的事情。

重點回顧：那些更認同自己像這些被消滅的小生物的人，現在傾向殺掉更多他們認同的生物。為什麼？發生什麼事？

各種匯流的證據顯示：我們大多數人根本不是預先設定來傷害和殺害他人的。那不是我們的自然狀態或預設狀態。甚至，可以證明的是，實際情況正好相反。支持該命題的證據就是：受測者殺死的蟲子數量，隨著個人愈覺得自己像那些小生物而下降。除了……那個試殺條件呢？那在乍看之下令人不解。直到我們理解其中機制。

一旦開殺，就會「威脅」個人的自我意識——那種內在成本。矛盾的是，解決該威脅的一個辦法就是繼續殺下去。這就是為何那些看見自己有幾分像蟲子的受測者，最終殺了更多。繼續殺下去是為了解決（掩蓋）最初的逾越感、違犯，還有你做了「不可想像之事」的可怕覺悟。你炸掉了一小部分的自己。

然後我們可以聯想到相殘衝突，當中人們開始殺害周圍的人、殺害他們的鄰居……

▶ 賽拉是這麼想的

在雙親遇害後，賽拉前去好幾英里外的主城鎮，她阿姨就住在那裡。當地有一些政府軍，但人數不多。沒人曉得接著會發生什麼事。賽拉沒有別的地方可去，她沒有別人可以依靠了。

在兩年間，賽拉跟阿姨和阿姨的男友同住。至少她頭上有屋頂。她努力工作、做盡家事，但至少她有得吃。她阿姨就在那裡，雖然賽拉不喜歡阿姨的男友（他脾氣兇暴，有時還會打她阿姨），但至少她有得住。阿姨的男友名叫阿邁德，他得拄著木杖走路，因為他發生過車

禍，當時他從機車摔下，倒下的機車壓傷他右腳。所以，雖然他很兇惡，但賽拉都容忍著他，認為他也許仍苦於車禍造成的疼痛。另外，阿邁德還酗酒，賽拉也將此歸因於那場車禍。所以當他施暴，那是因為疼痛和酒精，而不是因為他。賽拉是這麼想的。

「有天晚上，」賽拉說：「我在睡覺。你知道，有時候你會莫名其妙醒來嗎？有時候會這樣。我正要繼續睡，但我意識到自己醒了，因為阿邁德在房裡，至少我覺得那是阿邁德。房裡很暗，可是我看得到他。他站在門邊，看著我。『怎麼了？』我說。他什麼也沒說就走了，然後我就沒看到他了。外面有狗在叫，是那些狗把我吵醒的嗎？我試著回去睡，也許是那些狗。我很納悶：是阿邁德還是狗把我吵醒的？他真的在房裡嗎？」

隔天，阿邁德什麼都沒說，賽拉也是。然後大約一個月後，賽拉又在半夜醒來，這一次有種氣味。「那是他的氣味，」她說：「香菸跟酒的氣味。我醒來看見阿邁德坐在我床上，我坐了起來。阿邁德說：『賽拉，你現在好美，你現在是個小女人了。』我什麼也沒說。『我要買東西給你，』他說。我說我什麼都不要。我記得我留在家裡的金盒子，我從來就只想要那個，但我說我什麼都不要，不過我還是跟他說了謝謝。我想，只要我有禮貌，就會平安無事。」她錯了。

「在那之後，每次他……來，都會把手杖放在我頭旁邊。我覺得他會用手杖打我，我覺得手杖可以打破我的頭，不過他從來沒用手杖打過我。」

他不需要那麼做。有時候在夜裡，賽拉會給自己哼歌，彷彿那曲子具有魔力，可以阻止他接近。「有時候很有效，」賽拉說。

但不是總是有效？

「不是，」她說：「可是我沒有別的地方可去。」這種性騷擾開始的時候，賽拉十五歲。

▶ 最赤裸的血慾

在我們遙遠的演化過往裡，人類有好長一段時間既是獵物、也是獵人，就只是長長食物鏈上的一環，而非位居頂端。實際上，當我們的祖先因為所居住的森林乾枯而進入開闊的非洲莽原，他們特別容易遭到攻擊和掠食，但也遇到新的機會。

有證據顯示，我們的人類祖先早在上新世（結束於二百五十萬年前）就在狩獵小型哺乳動物。這跟製造工具的最早證據時間重疊。當時他們有可能同時併行採集、撿拾大型動物屍體和獵殺小型獵物。然而在四十萬年前左右，幾個早期人類物種開始從事另一種狩獵：獵殺大型動物——那群獵殺艾貝斯菲特象的早期人類，即可為證。

在野外獵取動物很不容易，涉及極大的困難、痛苦和匱乏。但是時至今日，世界各地都還有人在打獵。在全世界現今僅存的幾個採獵社會裡，人們幾乎都會打獵。而在西方，有些人很努力找機會打獵。他們這麼做所要付出的，不只有金錢成本，還有機會成本——他們本來有許多別的事可做，然而他們還是要打獵。他們談到那種亢奮。難道這種人有病或是瘋了？還是說，這個過程、這個儀式，敲開了我們內在某種更為原始的東西？

正如許多科學研究顯示的：獵殺動物會讓人產生腦內啡、血清素和睪固酮，這些化學物質能讓獵人不怕困難，而且會在獵人或獵人們（成群打獵更快樂）逼近獵物的時候遽升，然後流經血液。那些化學物質可以緩解疼痛，並能產生快樂，甚至產生狂喜。下個時刻就是獵物被捕獲、切割或宰殺，這是完成、興奮、勝利的時刻。我要強調，這並不代表那是一件好事，或者可被接受（多年來，我都為那些爭取動物權利和解放的人代言），但大腦的機制就是這樣。

與我們親緣最近的生物也是如此。黑猩猩跟我們有 95% 至 98% 的 DNA 相同，牠們也是無情的獵人。

　　哈佛大學人類學家蘭姆（Richard Wrangham）指出，在追獵小型猴類時，黑猩猩的攻擊化為強烈興奮：「整座森林因著黑猩猩的吼聲、呼喊和嚎叫而活躍起來，被喚起的新到客從各方趕來。猴子可能會被活活吃掉，尖叫著被撕裂。優勢雄性黑猩猩紛紛試圖抓住獵物，結果引發打鬥、衝突和怒叫。在一兩小時或更久的時間裡，那些興奮的黑猩猩會把猴子撕裂吃光。這是最赤裸的血慾。」

　　不過，也許那只是黑猩猩的攻擊性。不是我們人類。

　　另一方面，請考慮 1909 年 3 月 25 日號《切爾滕納姆觀察家報》（*Cheltenham Examiner*）這篇獵狐報導：「埃爾威上尉的兩個孩子，在父親的獵場目睹一隻狐狸喪命。『塗血』這項古老狩獵習俗，由比契姆（Charlie Beacham）妥適執行，他先將那隻狐狸的尾巴蘸一下那隻狐狸的血，然後把血灑在兩個孩子的額頭上。」

　　《殺戮為樂》（*Killing for Sport*）這部人道主義反狩獵小冊子，發行於 1914 年，由蕭伯納作序。其中也有一篇報導，談到讓孩子「塗血」，主角是一位公主（這份報導複製自某份倫敦報刊）：「有個漂亮小女孩乘著栗色矮腳馬，一頭金色捲髮散落在藏青色騎馬裝上，她在內克頓鎮的西諾福克獵狐犬相見會，成了目光焦點。這個漂亮小女孩就是威爾斯公主瑪麗，而這天將是她畢生難忘的一天。她乘車返回桑德令罕府，帶著她第一副狐狸尾巴……瑪麗公主讓獵犬管理人『塗血』，並獲獻該副尾巴，那被掛在她的馬鞍上。」

　　那就發生在人類（以及我們最近的基因近親）發洩某種攻擊欲望並獵殺其他動物的時候。（耐人尋味的是，蘭姆與同事發現，黑猩猩和現存人類採獵社會，有著相似的致命暴力率。）然而，如果人類獵殺其他人類的話，會怎麼樣？那樣的話，我們的攻擊行動會怎麼樣？

6. 帶著決心、帶著欣喜

當阿邁德開始那一切，賽拉便不再閱讀，甚至不再想到閱讀，就好像她的心思太滿了。

「這種事持續發生了大概一年，」賽拉說：「我沒跟他做所有事情，可是他什麼都想做，我說不要，他就說，他要跟阿姨講我在幹什麼。我覺得困惑，很困惑。他的講法讓我在想：是啊，這是我的錯。這是我的錯嗎？我做了什麼？我覺得我爸會以我為恥，想到這裡我就哭了。大家都說會有更多戰爭，大家都要離開這座小鎮，可是我阿姨她要留下來。」

賽拉做了決定。「我掉了好多眼淚，就一生來說太多了。所以我說，不，你該停了。眼淚該停了，不然你就會消失。」

她很怕繼續待下去，因為她覺得自己可能會真的殺了阿邁德。她甚至都想好了：在床墊底下放把刀，趁他在夜裡過來躺在身邊——就在那時候，殺了他。

這念頭把她嚇壞了，因為那種想法就在她心裡。那是從哪裡冒出來的？她是否就像其他加入民兵部隊的年輕人？她是個殺手嗎？這不是她向來以為的自己。她不想成為那個人。

結果，賽拉逃跑了。

三天三夜間，賽拉恍惚行進，跟著難民人流，走著崎嶇道路，穿過樹蔭，身邊都是逃難者的身影。不過這名少女也在逃離一場個人危機。「睡意都不來，我一直在走，走著找睡意，可是睡意都不來。」

就像是她得了熱病，但她體內很冷，好像冰冷的手指在她體內伸開。有一次，她在路上跨過一根圓木，然後發現那是一具屍體，是個男人，他是被射殺的。他那伸出的手，緊握一塊白色破布。他是誰？那塊布又是什麼？那代表什麼？他的雙眼還睜著。

那場奇怪熱病愈發嚴重，整個世界逐漸消失。賽拉倒下了。附近村莊的居民將她交給控制當地的那些人。他們庇護她、醒了就給她東西吃，即便她一開始吃不下，他們還給了她新衣服。

該團體在一陣狂暴中，從中非共和國東北部席捲而下，那是叫作塞雷卡的武裝民兵組織，他們是個鬆散、複雜、且不斷變動的聯盟，聯盟成員都是那些反對當權者且不滿現況的團體，包括遠自蘇丹達佛地區的金戈威德（Janjaweed）民兵組織，其他團體則是來自查德。賽拉加入塞雷卡的時候，她十六歲。

▶ 戰鬥亢奮

康士坦茲這座歷史悠久的圍牆城市（也是大學城），位於德國西南部、毗鄰瑞士，坐落在康士坦茲湖（波登湖）湖畔。發源自瑞士阿爾卑斯山脈的萊茵河，即流經此湖。康士坦茲湖為歐洲第三大湖，僅次於附近的日內瓦湖和匈牙利的巴拉頓湖，而且也是康士坦茲出名的另一原因：康士坦茲湖被聯合國教科文組織列為世界遺址。

因為康士坦茲湖周圍有公元前五千年人類居住的證據，亦即保存完好的新石器時代木樁建築——木造高腳屋。這些蓋在沼澤地上方、木樁平臺上的小木屋，是蓋來預防洪水、鼠害和其他危險的。這些防備危險和攻擊的古老預防措施，在康士坦茲那所現代大學某些實驗室進行的研究裡，得到呼應。

就在這所大學的心理學系，埃伯特（Thomas Elbert）擔任臨床神經心理學教授。他現年六十五歲左右，結實粗壯得讓人覺得可靠——有

人或許會說很有分量。他散發那種有分量之人和有智識者的靈氣。精修的白鬍子和銳利的雙眼，似乎很適合這位世界頂尖的壓力暨創傷專家。而他也是田野工作的老手，經常置身於世上最易引燃和最危險的衝突環境。但是，儘管埃伯特研究的是一長串的暴行，他卻具有一種很有感染力的正向性格，而且擁有一種天賦，能把複雜難解的概念，裝進不沉悶的講法裡。

「好的，你問到童兵。你必須瞭解他們有些人如何生活，」埃伯特說：「他們是專業殺手。他們之所以會那樣，是因為他們就是那麼長大的，或者說是被那麼養大的。要是我們碰到挫折，你我會做什麼來放鬆？我們會回家，接著咒罵同事，或者以你來說，咒罵你在法庭上的對手，然後我們會喝杯葡萄酒或啤酒。對於這些身處武裝團體的孩子來說，情況也一樣。他們對於出去殺人，也有同樣感受。」

我一開始並不理解他這些話的含義。我請他解釋一下。

「你看，他們知道在叢林裡跟著民兵和叛軍生活有多糟糕，隨時都有可能受傷或被殺。他們沒有多少食物、藥品和掩蔽。這種生活很糟糕。然後挫折就在他們內心累積，當情況變得愈來愈嚴重，他們就求助於『毒品』，但那不是霞多麗白葡萄酒或海尼根啤酒，他們的毒品是『戰鬥亢奮』。他們的戰鬥癮接管一切，他們出去打仗、殺人。然後，挫折消退，直到下一次。」

「孩子？」我說。

埃伯特停頓了一下。「是的，你可以看看平時的他們，然後說，噢，這些都是孩子。他們也的確是。可是接著又是時候，再進行一次戰鬥亢奮了。」

埃伯特曾在慕尼黑研究心理學、數學和物理學，於 1978 年獲得博士學位。他列名的學術論文發表超過四百篇，並獲選為德國科學院院士。他探究人類心智，範圍涵蓋耳鳴的神經生理學、到近年來占用他最多研究時間的領域：戰區裡的心理健康。

　　埃伯特研究場域的清單，讀來就像世上最殘酷衝突的地圖：阿富汗、斯里蘭卡、盧安達、剛果、烏干達、索馬利亞。埃伯特和他的研究團隊訪談過哥倫比亞的叛軍、盧安達種族滅絕的加害者、烏干達的童兵。此外，為了提供歷史對照群體，還訪談了德國二戰老兵。他們訪談過超過兩千名戰士，而且這個數字還在增加。

　　我們談話的時候，我剛從中非共和國邊界以西回來，而他正要回去東剛果（民主剛果）。

　　「民主剛果那邊的基伏地區，重點就是，」埃伯特說：「雖然當地有著流血和苦難，卻是美得難以置信的地方。」

　　我正要問這是否會讓情況更糟？在去過一處位在重大衝突邊上的類似地方之後，我很難想像有什麼事情會讓身陷其中的人更慘。然而就像基伏一樣，中非共和國與喀麥隆邊境地區也是美得無法形容。埃伯特剛才那個回答，顯露出他的實證和智識探究的一貫主題：除了用創新方式考察神經解剖，埃伯特還有一項未明言的抱負，那就是解除人類苦難。最終，正是這個理由讓他勇敢挺進高度危險地區，明知山有虎，偏向虎山行。

▶ 血液線索

　　「血很有意思，」埃伯特說：「血是一種有力的生物線索，可以吸引人，也可以令人噁心。」

　　「真的嗎？吸引人？」

　　「是的，無論個人神智健全與否，效果都一樣。比方說，我們在哥倫比亞的時候，那裡有個當事人（這是他對受訪者的代稱，旨在消除敵意），他以前是戰士，他不斷回到當地醫院。」

　　「醫院？」我問，思緒開始急轉起來。「去看受傷的人？」

　　「不只這樣，」埃伯特說：「是去喝血。」我還沒好好理解這項事

實，他又接著說：「在商業上，我們用血的氣味，來讓香腸甚至蘑菇更吸引人。有一種人造物質可以產生在化學上相同的氣味，這種物質可噴灑在某些產品上，讓那些產品聞起來和嘗起來……更新鮮。這是因為我們人類有生物性準備（biological preparedness），等著那條線索——血液線索。這種準備大概可以追溯到我們祖先的狩獵模式，而且至今仍然存在。」

確實如此，歐洲超市裡的肉品都被人為保持鮮紅——從而是「血腥的」。處理方式就是灌入混合氣體，其中包含二氧化碳、氮氣和氧氣。超市產業以混合氣體「處理」這些貨架肉品的過程，稱為「氣變包裝」（modified atmosphere packaging, MAP）。在美國，食品藥物管理局允許使用一氧化碳（歐洲禁用）這種存在於汽車廢氣的致命成分。雖然用量很小，但那還是一氧化碳。

氣變包裝是一種精細且極為複雜的技術，利用適量的「食品級氣體」來處理動物血肉。這是一門大生意。那直接起源於我們內在深處某個東西。事實上，即便不是每個人都愛吃帶血牛排，但我們都希望買來的肉品是血紅的。換言之，當我們宣稱想要鮮肉，其實是想要鮮宰肉品。

埃伯特回過來談童兵。「所以，對於某些待過戰鬥團體的孩子，暴力對他們來說就像海洛因，他們藉著暴力和殺戮，來緩解挫折和壓力。你會聽到他們偶爾談到他們的行動、他們做過的事，以及所造成的傷害、所濺的血。除非我們承認並理解那種癮頭，否則我們將無法加以消解。而他們也仍會渴望那種癮頭。」

換言之，那種血慾將會繼續存在。

我們的談話暫歇。我們已經聊到很多，處理創傷是個艱難領域。我們簡單討論了正統理論：暴力如何與創傷相關。比方說，關於越戰老兵的研究顯示，那些殺過人的老兵所患的創傷後壓力疾患，程度高於那些沒殺過人的。

這項發現很好理解，那可以結合到卡許曼（見第249頁）的研究。我們對傷害他人的抑制，本身就是一種充滿壓力的行為。

「那些木造高腳屋值得去看嗎？」我問。

埃伯特笑了。「我們在康士坦茲只有一些，但在湖泊區有很多，這些都是建於好幾千年前，但能告訴我們一些重要的事。你可以看到，一談到生存，人類有多麼善於應變。這就是我們在這些童兵的行為上發現的重點：他們的行為是，說來奇怪，那是具有適應性的。出去殺人——沒錯，這有毀滅性，沒錯，很可怕，可是在實地裡，就在那裡，那幫助他們生存。」

「生存？」我說：「怎麼個生存法？」

「那可以給他們打預防針。那給了他們韌性。」

▶ 兩類攻擊行為，動機大不同

為了拆解上述機制，必須在時空裡倒退，越過康士坦茲湖周圍的新石器時代高腳屋，再往回退，或許退到冰蝕湖本身形成於阿爾卑斯山邊緣的時候。

只要概觀動物界，就能發現：在超過五億年來，攻擊和掠食一直都是動物行為和生存裡不可或缺的一部分。無論是為了爭奪食物、資源、領域，或是保護幼兒，還是贏取配偶（這一切有可能都是相互關聯的），你能想到的每一屬動物，都會競爭和攻擊。這並不是一項新發展。

現有最早關於動物掠食的證據，可以追溯到六億年以前的元古元（Proterozoic Eon）。在化石紀錄裡，我們發現克勞德管蟲（Cloudina）化石上，有掠食者留下的圓孔。在其後不久（以地質時間來說），我們發現鱟的證據，這是地球上很早的生物兼掠食者。牠們至今依然存在，幾乎沒變。四億五千萬年來，鱟一直都爬行在海岸上，因此被美

國國家公園管理局稱作「活化石」。

隨著生物在寒武紀大爆發，掠食者也跟著倍增，其中之一就是歐巴賓海蠍（Opabinia）。這是一種水生動物，頭部前方有五隻眼睛，還有一副長長的吻部，上頭配備致命的抓刺。所以，從最早的時候開始，動物界的掠食者就是各式各樣都有。人類掠食者依然如此，但人類掠食很複雜，而人類暴力也是。

很多時候，至少從表面看來，人類暴力都很令人困惑——就像我辯護的那件刺殺案，竟是起自倫敦西北部某處洗車場裡，最輕微的輕蔑。雖然關於人類攻擊的確切性質，尚無普遍共識，但心理學研究人員通常將人類攻擊分為兩大類。

正如埃伯特與同事所觀察的，第一類攻擊是在回應威脅或回應感知到的威脅。這類攻擊行為是在反應、報復、防禦和保護，我們藉此保護家人、孩子、財產和家園。

第二類攻擊是工具性的。這類攻擊是用來獲取利益或獎賞，用以競爭或贏得資源、地位、權力、群眾；或者用以在論戰裡爭取勝利。1415年，就在康士坦茲這座如今怎麼看都很體面且文明的城市，捷克神職人員兼哲學家胡斯（Jan Hus）被剝光衣服，脖子給繞上鏈子，鏈子又被固定在木樁上，木頭和稻草堆到他下巴高度，然後胡斯被活活燒死，就只因為他被認為違反某項正統教義。胡斯的骨灰後來撒在萊茵河。

這第二類攻擊是主動的。這類攻擊也很常見。在胡斯遭處決一事所處光譜的另一端，就是我們周圍那些好鬥、好戰又強硬的人，所展現的行為——那算是這第二類攻擊的溫和表現，但也具有代表性。

這第二類攻擊包含某種計畫成分，正如莎士比亞筆下的大陰謀家理查三世所言，「我這裡已設下圈套，搬弄些是非，用盡醉酒誑言、誹謗、夢囈，」要用「機敏陰毒」的策略，取得英國王位。

▶ 可怕的享樂式攻擊

然而，這第二類攻擊可能會有某種發展、某種變樣。這種變樣的攻擊可能是我們過往狩獵行為的遺留。那是一種享樂式的攻擊。換言之，暴力行動被用來酬賞施暴者，讓施暴者感受到陣陣愉悅。

這種享樂式攻擊行動，回應了埃伯特所謂「狩獵相關線索，像是血液和獵物叫喊」。實際上，正如埃伯特所述，受害景象提供「一種必要酬賞給施暴者」。因此，這類攻擊經驗從令人厭惡、反感和恐懼轉變為一種刺激體驗。這是「把對他人的攻擊行為，看作令人著迷、激動和興奮的舉動」。這使人不是避開暴力，而是趨近暴力；不是斥責暴力，而是崇尚暴力。

當然，從統計上來說，那些涉入武裝衝突的人，必定有一些是反社會人格障礙者。有些人確實很有可能正是因為反社會人格障礙，而被吸引到戰區去。然而愈來愈多研究，在全球一處處發生暴行的衝突區，發現另一種或許更令人不安的解釋：目睹和犯下暴行，可能變得令人興奮。那可以提供快樂——我沒有更準確的詞了。

康士坦茲研究團隊在柬埔寨、哥倫比亞、南蘇丹、索馬利亞、剛果、烏干達和斯里蘭卡這些衝突區，都記錄到這種現象。該現象跨越洲界、渡過重洋，而且似乎無視衝突的原因、或個人身處哪個陣營。這不是一種罕見或例外的偏差。這竟是一種可以產生適應性結果的機制，可以提供韌性。

因此，當你開始覺得暴力很刺激，那似乎至少在某程度上，替你接種預防壓力和創傷。但在同時，那跟極端殘忍行為有關——問題也在此。

埃伯特團隊調查參加過哥倫比亞長期內戰的前游擊隊和民兵。他們在該國東北部的復員營訪問「哥倫比亞革命軍—人民軍」（FARC，簡稱「哥革武」）這個醜惡組織的前成員。他們發現，將暴力想成有吸

引力或刺激的這種做法，會是「具有適應性的」，能在受困於極端險惡環境時，增加生存機會。然而這種「預防接種」是要付出代價的：殘忍助長殘忍。有些受測者甚至開始對其渴望，而那會上癮。

這些和許多類似研究駁斥了以下假設：「人類的獵殺行為局限於某個病態子群體，像是反社會人格障礙者。」因為，先前研究進行的基礎都是「只有反社會人格障礙者，才會故意獵殺人類」。事實上，在暴力裡找樂子，「似乎是人類行為的一個普遍面向，會在戰爭環境裡浮現出來。」

在體驗過暴力、發展出變樣的攻擊行為之後，卡許曼團隊發現的那種阻止殺害他人的抑制，就被克服了。正是狩獵欲的這種發展或突變（尤其是在集體的層次上釋放），可能會導致大規模殺戮、殘傷、暴行、種族滅絕。如此對他人施加痛苦，不僅是帶著決心的，而且正如辛巴威神經心理學家內爾（Victor Nell）在他的開創性論文〈殘忍的酬賞〉裡所述：那也是帶著欣喜的。

7. 鑽石

　　阿瓦姬安（Sabrina Avakian）擁有一綹綹黃褐色的及肩捲髮，這團捲髮是義大利和亞美尼亞混血的結果。她成長於衣索比亞（那是義大利在非洲施展帝國野心的場域），不過是在義大利研習法律和執業。她祖父是亞美尼亞人，曾經乘船逃往衣索比亞，藉以躲避 1915 年的亞美尼亞種族大屠殺，當時有一百萬亞美尼亞人遇害。目前，阿瓦姬安在聯合國兒童基金會位於貝爾圖阿（Bertoua）的喀麥隆東部特派團，擔任團長。貝爾圖阿是一座邊境城市，距離首都很遠，位在一切的邊緣，還面對著某個又大又野的東西。那東西就是中非共和國。從貝爾圖阿這邊，阿瓦姬安提供支援給一群營地，那些營地容納數以萬計的難民，全都是來這裡躲避邊界另一邊中非共和國境內的殺戮。

　　然而，這場流離者危機所造成的巨大問題，碰上了阿瓦姬安這位對手。「我身上有一些非洲血統，」阿瓦姬安說：「人們看不到。他們心想：那個叫阿瓦姬安的瘋女人，她是歐洲人。或許我被丟進過整桶漂白水裡，也許吧，可是我的非洲血液，流過我的心臟。」阿瓦姬安勇往直前，她不停工作，而且毫不畏懼。

　　回到羅馬那裡，阿瓦姬安可是家事調解法官和少年司法的國際專家。「但是，我為什麼要留在義大利？」她說。她在距離中非共和國邊界二十英里處，指責似的指著加多（Gado）一號營某條無辜的排水溝，對我說：「不，不，狄諤斯，既然這裡就是問題所在，我為什麼要留在羅馬？」

　　我就是跟著阿瓦姬安，才首度進到聯合國難民營。一大堆白帳篷搭在微傾的地面，有點像是一支疲乏不堪、卻得再戰的拿破崙軍隊。這一天明亮得很惱人（幾乎亮得讓人看不見），即便此時是在七月，地球正好公轉到每年的遠日點——距離太陽最遠的位置。正當我們開著白色豐田「陸巡」車，沿著引道行進，陽光也完成九千五百萬英里的旅程，並從帳篷頂部反射進到我們瞇起的眼睛。就跟我們一樣，在帳篷裡頭挨熱的人也都知道：衝突仍在中非共和國大部分地區持續進行，難民不斷湧入，帳篷不敷使用，需要更多帆布，需要阿瓦姬安。雖然她經歷過一起可怕的創傷事件（我們之後會談到），但卻還是回到中非，而我就是這樣遇到她的。

▶ **血木材**

　　阿瓦姬安是資深的急難暨人道援助專家。舉例來說，她能流利使用安哥拉葡萄牙語，懂得裡頭所有最髒的髒話，並在安哥拉戰爭後的去軍事化過程裡，幫助流浪兒童。阿瓦姬安講話混著法語、英語、義大利語，偶爾還有幾個葡語詞彙，老實說，我不知道還有什麼。我後來稱之為阿瓦姬安語。

　　「所以，阿瓦姬安，」我說：「跟我說說中非共和國吧。」她笑了。你會發現，阿瓦姬安經常笑，但這次的笑並不是真正的笑。「有好幾次，我都覺得自己會被殺掉，」這位特派團團長說：「噢，肯定會砰的一聲，再見！阿瓦姬安就不見了。可是我還在這裡煩你，所以天上有人或有東西喜歡我，或者還不想跟我打交道。」

　　在過去十年裡，阿瓦姬安信了佛教。她不吃肉，相信吃肉是在嚥下苦難。她也學了空手道。「你懂我，阿瓦姬安面面俱到，」她說。

　　此刻我們坐在貝爾圖阿的曼薩飯店，享受著宜人傍晚。此前我們經過三個半小時的艱難旅程，才從加多營地的帳篷城，回到阿瓦姬安

位在貝爾圖阿的聯合國兒童基金會總部。一路上，我們行經一幕幕濃密綠樹叢林，還有嬌嫩的黃花爬上枝頭。我一直想問席琳，那些是什麼花。席琳是我們自信心驚人的司機，來自南部靠近赤道幾內亞的地方。偶爾，會有小男孩衝到路邊，他們手裡高舉棍棒，上頭懸著倒楣的獴，據說那是滋味甚美的野味。每隔一會兒，就有一條有毒的綠曼巴蛇（非洲最致命的蛇之一），爬過我們前方路面。還有巨大卡車經常堵塞道路，車後平板放滿被砍下的粗大樹幹，其中一些掠奪自中非共和國的古老森林，而黑犀牛這種大型有角草食動物，也在那裡遭到獵殺。這一切都會讓聯合國兒童基金會的雷維葉心碎。

在管制全球鑽石交易的金伯利流程（Kimberley Process）將中非共和國停權後，民兵組織就加強非法伐木——追求「血木材」。中非共和國森林屬於攸關生態的剛果河雨林，那是世界第二大雨林，僅次於亞馬遜河雨林。

▶ 佛教空手道法官

回到貝爾圖阿，曼薩飯店附近有家紅盒子酒吧，店招上自豪宣傳其「VIP 歌廳」。飯店本身建在一條小河岸邊。阿瓦姬安再次指責似的指著，這回她指著毫無戒心的河水。「看見有多美吧？就像天堂。可是沒人知道這條河叫什麼。我問了，他們只是聳聳肩。」

「阿瓦姬安，」我說，試著拉回正題，「談談中非共和國吧？」

「Allora – woooo – mon père, mon père（嗯－喔喔喔－我的爸啊－我的爸啊），」她的法語口音帶著濃濃的義大利腔。「我是 2013 年 10 月在交戰中到的，去了博桑戈阿（Bossangoa）。其實，你知道嗎？我是自願去那裡的。嘿，很瘋吧？」

在一場血腥衝突的血腥歷史裡，博桑戈阿周邊發生了一些最嚴重的流血事件。阿瓦姬安就進駐到一棟被法國某非政府組織廢棄的建築

物，而該組織之所以離開，是因為有位工作人員被人槍擊頭部，行搶手機。阿瓦姬安抵達之際，適逢塞雷卡民兵的短暫統治期間。博桑戈阿是瓦姆省的首府，位於班基以北二百英里處。「除了聯合國兒童基金會，幾乎沒有別人在那裡。我接洽了牧師和伊瑪目（伊斯蘭教儀式上領禱的人），我們三人為四萬個饑民打理食物。其中好幾千個是孩子，營養不良得很嚴重、很嚴重。」

阿瓦姬安的活動，並不受塞雷卡民兵領導階層歡迎。

「要是你沒供應食物會怎樣？」我問。

「已經有人陸續死掉，你知道的，會死更多人。」

「可是，塞雷卡不喜歡你們正在做的事情吧？」

「我才不管塞雷卡或任何民兵組織怎麼想。我對他們說：哈，好吧，抱歉，我很遺憾你不喜歡我做的事。可是大家都在挨餓，我要給他們東西吃。那些是人，這是食物。我才不管誰是基督徒、誰是穆斯林，他們都快餓死了。」

聯合國兒童基金會和民兵組織的關係愈來愈緊張，結果導致亞亞（Yaya）將軍這位惡名昭彰的塞雷卡指揮官——其中最殘忍的一位，對上阿瓦姬安。

「他找上門來。他說：『阿瓦姬安博士，你很勇敢。』然後他拿著一把衝鋒槍指著我的臉，正對著我的頭。我跪了下來，感覺到槍管抵著我的頭。」她指向自己的頭頂，將兩根手指插進她那頭捲髮裡。

「那位將軍為什麼這麼生氣？」

「因為他們想要說：你睜大眼睛給我看仔細點，我們掌管一切，我們經營一切。亞亞指揮官必須證明他們擁有所有權力。」

亞亞將軍可以管生，也可以管死。阿瓦姬安險些喪命，原因不是她傷害人，而是她救了人。那就是中非共和國，生與死都很沒道理而隨機，既任意又可怕。不過，有好幾百件死亡都被一位「義大利－亞美尼亞裔的佛教空手道法官」給避免了。

▶「清理行動」

正當賽拉加入塞雷卡，「生意人」帕崔斯則是在首都大有斬獲。

人們情急心切，隨著危機日深，他們願意付更多錢來買東西。如果你能像帕崔斯那樣保持冷靜、不選邊站，就有錢可賺，而那正是他的人生目標。他不太在乎是哪些壞蛋或土匪在掌管首都——那會有什麼差別？他什麼都賣：收音機、打火機、SIM卡，二手或三手手機、儲油罐、塑膠布料，以及國際機構提供的其他NFI（非食物品項）。事情持續變糟。

當占多數的基督徒強烈反對新的塞雷卡政府及其犯下的諸多虐待行為，暴力循環也隨之加劇。基督教社群紛紛組成自衛「委員會」，這些民兵組織稱作「反巴拉卡」（anti-Balaka），在當地的桑戈語裡，反巴拉卡意為反砍刀。穆斯林在所謂的「清理行動」遭到無情追殺，情況逐漸失控。塞雷卡首領喬托迪亞這位新任總統，解散了塞雷卡這個武裝組織聯盟。

我向帕崔斯問到那段時期，他一聽到就笑了出來。「噗，」他吹鼓了臉頰說：「似乎沒人警告過塞雷卡。」

然後，喬托迪亞才在位八個月，就辭職了。塞雷卡武裝團體如今正式成為「前塞雷卡」。這並不是說情況會有多大不同，他們還是繼續蹂躪和劫掠鄉間。為了報復，一支支瘋狂、可怕的反巴拉卡小隊，到處無情追殺穆斯林。兇殺和殘傷席捲全國。正當首都陷入這一切瘋狂，帕崔斯往北走，前往他家族的祖居地區。

帕崔斯發現一座座村莊都廢棄了，他搬進一間房子，那其實是一組建物，共有四間，排成L形，位在一條泥土路旁，這些建物也是廢棄的，那裡曾住著穆斯林，不過現在沒了。人雖然不是他趕走的，但他也不會讓空空的房子浪費了。然後，有一天回來的時候，帕崔斯去了外屋，那裡是他養家畜的地方。就在那第四間建物裡，他發

現有個男孩——躲著。

那男孩坐在地上，背部靠著角落牆壁。

「滾出去！」帕崔斯說。

「求求你，」男孩說。

「你偷了什麼？」

「沒有。我發誓，真的沒有。」

「你是來這裡偷東西的。」

「要是我是來偷東西，我早就走了。」

那男孩五官清秀，有著高顴骨，當時他的年紀應為十七歲左右。帕崔斯猜得出來，那男孩是穆斯林。

「拜託，」那男孩說：「我沒偷你東西。」

「哈！是我運氣好，及時趕回來。」男孩對帕崔斯搖搖頭，但帕崔斯不理他。「然後你運氣不好，我回來發現你。」

「求求你，」那男孩說。

「求求你，求求你，」帕崔斯語帶嘲弄說：「你沒別的可以說了嗎？」

那男孩停頓了一下。「我想要讓你……」

「怎樣？」

「發現我。」

帕崔斯停了下來。他知道自己很世故，他懂得大部分的手段，也很自豪發明了其中一些。他能應付民兵、聯合國軍人，甚至是查德的好戰份子。但他感到困惑，這男孩令他困惑。（「真他奶奶的，這男孩，」他後來告訴我：「我希望我沒見過這男孩。」）帕崔斯知道這男孩一定是在勸誘他，但是感覺起來又好像不是。這是他甚至在幾個月後都搞不懂的。

「想要，哼？」帕崔斯說：「就像你想要讓民兵發現你嗎？」

「不，」這個倔男孩一邊說，同時直視著他。「是你。我在叢林裡

遇見兩個穆斯林。他們說……求求你……」

「又來了，求求你，求求你，」帕崔斯嘲諷他。

這個男孩頭一次站起來。他沒有帕崔斯那麼高。

男孩說：「他們說，你不像其他人。」

「其他人？」

「這裡的人，這裡的基督徒。」

「現在就滾，不然我就去找民兵，」帕崔斯說。

「他們說，你不在乎這種信仰、那種信仰。」

這是真的，可是帕崔斯不想回答，不想被捲入進一步的對話。因為他真正想要的，是讓男孩滾出他的外屋。

「求求你，他們會殺了我，你知道他們會對我們的人做什麼。」

「我們的人，」帕崔斯輕聲說。他氣得更厲害了，不過惹怒他的不只是那男孩，還有危害中非共和國的瘋狂局面。「我們的人？你是哪個國家來的？蘇丹？民主剛果？還是來這個國家搞亂的查德人？」

「中非共和國，」那男孩困惑說著。

「那就別再講廢話，什麼你們的人、我們的人。全都是蠢話！什麼我的人，他們的人──誰的人？你們每一個，都是白痴。」

「求求你，你知道的，」那男孩說：「他們會對穆斯林做什麼。」

帕崔斯不需要被提醒，也不想被提醒。大約一個月前，某處城鎮廣場聚集群眾，大伙喊著：「看看這裡是我們的穆斯林弟兄。」有個男人跪在人群中間，大伙在旁觀看，然後反巴拉卡的人直接割開那男人的喉嚨。那男人沒有說話，他沒有乞求眾人饒他一命。但是，帕崔斯也注意到，其他人並未試圖救他，更糟的是他們的眼神。他心想：我們是什麼樣子？

「不，」帕崔斯後來告訴我：「那是錯的。我想這下子我懂了：這就是我們的樣子。」

　　帕崔斯對那男孩說：「你留下來，會給我惹麻煩。」接著抓住男孩，把他拖到門口。然後男孩說了一句話，那句話改變了一切。

　　「我知道東西在哪裡。」

　　「什麼東西？」

　　「你想要的東西。叢林裡的穆斯林，他們說那個男人，班基來的那個男人，他是做生意的。找他就對了。」

　　後來，帕崔斯跟我說：「當時我正要甩他一巴掌。他怎麼知道我想要什麼？」

　　「所以他說了什麼？」我問。

　　「他跟我說：『求求你，我知道你會想要這個。』」

　　在屋外的泥土路上，皮卡車嘎聲停下，那些潤滑嚴重不足的煞車尖聲抗議。是反巴拉卡民兵！男孩的目光急切，從帕崔斯身上瞥向門口，又瞥回來，再瞥向門口。一群手拿砍刀、鼻孔噴火的人，就在那邊跳下車來叫囂。

　　「就在叢林裡，我知道他們把東西藏在哪裡，」男孩說。

　　「什麼？」

　　「我會帶你去。我有看到他們在藏，我當時正躲著。」

　　「快點告訴我，」帕崔斯說：「快點！」

　　外頭傳來喊叫聲，反巴拉卡士兵叫嚷著，說有塞雷卡叛軍躲在這一帶。那男孩嚇得睜大眼睛。

　　帕崔斯跟我說：「我正要打開外屋的門，讓那些民兵看看這個塞雷卡。然後他就告訴我了。」

　　「告訴你了？」我說。

　　「告訴我了。然後我想，好吧，這男孩可以再多活一會。」

　　「他說了什麼？」

　　「他說，他知道民兵在哪裡藏著那些 *Les diamants*。」

是鑽石。

我們的談話暫停了一下，這時帕崔斯爬上某輛卡車的駕駛艙，詢問司機要去哪裡，還有搭便車要多少錢。那輛車正要啟程向西，前往杜阿拉（Douala），該處是一百五十英里外的港口兼第一大城。那不是帕崔斯想要的，那裡還不夠遠。

在他交涉的時候，我看到一輛卡車的駕駛艙窗戶貼了犀牛貼紙。我想到中非共和國那最後一頭犀牛，想到這種動物從當地滅絕的不久之前。牠這樣孤身一隻有多久？牠是否發現沒有其他同類殘存？

帕崔斯抽著菸，走了回來。「永遠都有便車可搭，」他說：「就看你有多急著搭。」

「那個人瘋了，」法蘭索瓦說：「開價太高了。」

帕崔斯抽了口菸，說：「大家都要生活。」

我認為，這話的意思是，大家都得賺錢謀生。

「外屋裡那個年輕人，」我說：「你怎麼知道可以相信他？」

「你要怎麼樣才能相信別人？」帕崔斯答道。

「這些參加過戰鬥團體的孩子，」我說（我讀過文獻）：「他們可能……很難搞。」

「*Difficile? Non!*」帕崔斯說。

我懷疑自己是否用了正確的法語詞彙。

「不難搞，」他說：「他們是很野、很危險。那並不代表你絕對不能信任他們。」

他停頓了一下，繼續說道：「也許在你們國家，你誰都信不了，可是人就是人。」

他成功表達他的觀點。所以，好吧，我願意承認，人際接觸有某部分意味著，我們得處理許多細微線索，以便迅速決定誰可信、誰不可信。

▶ 那個戴著獸牙項鍊的民兵

更多皮卡車陸續到來。那些車子的引擎聲更大，侵襲那容納帕崔斯和男孩的外屋。接著傳來靴子聲，是民兵跳下來了。

「正常來說，」帕崔斯告訴我：「我知道該怎麼做。可是當時我卻不曉得。我可以跟那些反巴拉卡說點什麼，然後那男孩就會死。我記得當時我看著那男孩，心裡想著你可能會死。不過，他死了我就會繼續窮下去。或者……」

「或者你可以去找那些鑽石，」我說。

外面那些男人正在叫囂，「我們的穆斯林弟兄在哪？」

「可是當時我碰到一個問題，」帕崔斯說：「因為反巴拉卡他們在外面。我聽到他們用刀柄砰砰砰的敲著其他房子的門。他們一路過來，所以我就叫那男孩從後窗出去。那些民兵來了，就快到了。我一開門，有個民兵就在那裡，就在我面前。他身上有一排彈鏈，上頭串滿子彈，就像肩帶一樣掛在肩上。繞在他脖子上的是一條獸牙項鍊。那些皮卡車裡的其他人，有一些戴了假髮，其中一人戴的是糟透了的金髮，蓬亂得就像淫掉的茅草。他們每一個都戴著大小形狀各異的護身符。我在喀麥隆的難民營問過那些護身符，沒有人想談起，就好像那些東西受了詛咒。那些都是小錢包或小飾物，繫在一起、掛在脖子上，據說可以保護佩戴者不被敵人子彈打中──那是泛靈信仰的一部分，泛靈信仰構成反巴拉卡的奇怪哲學。」帕崔斯屋門外其中一個男人，拿著一把長柄斧。

「門口那個人對我說：『我們指揮官，他說所有房子全部都要搜。』所以我說：『搜？搜什麼啊，今天？』他說：『我們正在追捕塞雷卡，這一帶有塞雷卡。』」這個民兵穿著綠色的紐約噴射機隊 T恤，綠得就像房子後方的樹冠，他雙手手腕都戴著錶。

「『啊，你們在追捕啊？』我說：『你看，昨天你們同夥來過，結

果什麼都沒搜到，再往前一天也是沒有，每次來都讓我花錢。』我注意到他右手腕的錶，時間是錯的。我說：『不過今天也許就不一樣了，因為今天你們是在追捕。』那民兵說：『這是我得到的命令。』所以我說：『我的隊長，你來遲了。』」

「來遲了？」

帕崔斯停頓了一下，然後跟他說：「要來根菸嗎？」

「給我！」那個民兵說。

「我給了他一根菸，」帕崔斯告訴我：「我不喜歡把我的菸給人。我幫他點菸，用的是我那個幸運打火機。那上面印了一張紙牌。」

這幾乎是標準程序了：民兵討取、要求、強索貢品。那通常是香菸。路上設有路障，而且還會收取過路費：金錢、香菸、任何有價值的東西。當民兵到你家，他們很少空手而歸。

「去那邊跪著，我們要搜整座房產，」那個民兵說。

帕崔斯知道他們會找到男孩，然後一切就結束了。他想到在廣場上安靜跪著的穆斯林男子。他把門甩開。

「請進，各位弟兄，」他說，表現出極度的禮貌和殷勤。「進來搜搜你們的兩位巡邏兵搜過的這些空房子，那些塞雷卡罪犯可是正開著車，到全國各地殺我們的人。是啊，你們就是這樣保護我們的。請進，請進。噢、噢，讓我看看你們的手。讓我看看你們的砍刀。哈！你們拿得好像小孩子在拿棍子一樣。不，你們不是我們的救星。等你們刀子沾了血再回來吧，到時候我就相信你們是真的愛我們國家。」

帕崔斯告訴我，這總像是在走鋼索。跟民兵打交道的時候，你總是一邊保持平衡，一邊搖晃，隨時都會掉下去。帕崔斯擔心這回玩過頭了。

那部皮卡車的駕駛說：「我認識這個人。他賣過我收音機。」

帕崔斯後來告訴我，那些是手搖式收音機，不用電池的那種。他是從某個商人那裡便宜弄來的。他不曉得、也不關心那個商人又是從

哪裡弄來的。那些收音機是背面附有搖柄的小綠盒。

「是啊，我記得，」帕崔斯說（雖然他不記得）:「我有很多滿意的顧客。」

「能用嗎？」第二部皮卡車有個男人喊道。

「爛透了。」那位買家說:「我用錘子把它砸了。」另一部皮卡車上那些人都在笑。

「咱們走吧，」那位駕駛說。

突然間，那個戴著獸牙項鍊的民兵說:「那是什麼聲音？」所有人立刻止住了笑。

「我不知道，」帕崔斯告訴我:「是那男孩發出聲音，還是這男人在做夢。『是狗啦，』我說。『狗？』那民兵說。『有狂犬病，』我說:『但我還是要吃了牠。把你砍刀給我。』」

那些人又笑了起來。

「別管他了，」駕駛說:「他瘋了。」

門口拿著砍刀的那人咬牙切齒，用刀面蹭著帕崔斯的胯下。

帕崔斯告訴我:「他低聲跟我說，『下次我會殺了你。管你是不是基督徒，我會殺了你。』我什麼都沒說。我知道我再多說一件事，多說一句話，還是呼一口氣，他會殺了我，就在那裡，就在那一刻，他會殺了我。我站在門口，動也沒動，也沒眨眼睛。但是我注意到:沒錯，他的另一隻手錶也沒在走。我就知道:這些人，他們不在乎時間。」

帕崔斯望著沙塵遠颺，一輛輛皮卡車正轟隆隆開向下個村莊。那些手錶可能是向受害者搶來的，就只是戰利品，沒有用處。以前的那種時間停了。

「我從腰帶裡拿出香菸，然後點了一根。那是我這輩子抽過最棒的香菸。」

帕崔斯慢慢關上外屋的門，接著轉過身去找男孩。

8. 睜著眼睛

　　經過在博桑戈阿被人用衝鋒槍抵著頭以後，阿瓦姬安就離開了中非共和國，回到羅馬重拾司法職責。她在瓦姆省目睹的一切，造成深刻創傷，聯合國也為此提供了諮商。然後就在三個月後的某天早晨，她驚醒過來。她知道她得離開義大利，她知道她得回去。「我心想：我在這裡幹嘛？事情還在繼續。」

　　有個三歲女孩是她在博桑戈阿營地特別看顧的，這孩子不只營養不良，還有精神問題。她會跟著阿瓦姬安到處跑，那些穆斯林就受困在這處飛地，周圍都是反巴拉卡，只要離開就必死無疑。

　　「我覺得，」阿瓦姬安告訴我：「我遺棄了這女孩。我不曉得為什麼這個女孩會讓我心煩，是吧？是否她，怎麼說，象徵有關中非共和國更大的事情。但人的頭腦不是像那樣想的。我就只是說，阿瓦姬安，你要回去，去打包手提箱。」

　　她真的回去了。當她重返聯合國兒童基金會特派團，博桑戈阿的情況惡化得驚人。「大約有一千五百個家庭受困在自由學校，」我倆皆未評論那所關了四千人的學校有個多麼諷刺的名字，「但是我們發現別的事情：那裡的人私下流傳一些事情。他們瞭解我、信任我。他們悄悄說，阿瓦姬安小姐，他們現在正在幹這檔事。」阿瓦姬安搖搖頭。

　　「這檔事是什麼？」我問。

　　「現在是反巴拉卡在幹這些鳥事。他們把穆斯林囚禁起來。」

「你是說受困在那片飛地嗎？」我說得有點困惑，「受困在那所學校嗎？」

阿瓦姬安再度搖頭，她那一綹綹黃褐色頭髮四處飛揚，然後落回原位。「不止，」她低聲說：「那邊有這些金屬貨櫃，你知道的，很大的貨櫃，就像貨運在用的。穆斯林正被塞進裡面，就塞在金屬貨櫃裡面，關在那裡承受可怕的高溫。有多高？啊，攝氏四十五度！」

她擔心裡面那些人真的會被烤死。

「你怎麼解釋這一切，中非共和國正在發生的事？」我問道。

「一開始是在爭權奪利。人們覺得，真的，我們這個國家是座鑽石礦。我們全部都要。」

「現在還是那樣嗎？」

「我要怎麼解釋？」阿瓦姬安說。我們待在曼薩酒店幾乎全空的餐廳區，她背後的壁掛電視正在大聲播放一部南美肥皂劇——身穿黑色比基尼的女人，被小鬍子男拖過浴室地板。

阿瓦姬安啜飲一口雪碧，「我試著解釋看看，我試看看。」

「或許有些事情就是難以解釋，」我說。

「碰到戰爭，情況就像大家都變成不一樣的人。我們聯合國兒童基金會特派團辦公室遭襲擊，你知道的，被洗劫一空，每樣東西都被拿走，不是塞雷卡或反巴拉卡幹的，而是我們正試著幫助的那些人。他們突然攻擊我我們。暴力會助長暴力，傷害會滋生傷害。舊的法律啾的一聲，不見了。」

「那麼，有新的法律嗎？」

「不是你這法官知道的那種法律，狄諤斯。不是新的，也不是舊的，這麼說吧，就是不一樣的，」阿瓦姬安告訴我。

正如聯合國人權事務高級專員皮萊（Navi Pillay）所言：「殘酷的程度，還有對於生命和尊嚴的無視，都很令人震驚，公然殘割身體、截斷肢體和生殖器、以及砍頭……散布更深的恐怖。」

　　阿瓦姬安喝完雪碧，跟服務生善意爭論她下一杯飲料要放多少冰塊。她喜歡冰塊，這是曼薩酒店裡，每個人都知道的。服務生關掉電視：留著陰險小鬍子的男人消失了。在外頭，那條無名河流繼續悄悄流進叢林。

　　「是啊，這些不一樣的法律來了，」阿瓦姬安說：「慢慢、慢慢包圍你，你看到這些全新的人。他們是誰？可是，重點來了，對吧？他們是同樣那些人。只是現在，不管你相不相信，他們已不是同樣那些人。這些沉靜善良的人，現在變得很暴力，非常非常暴力。」

　　現在，人們被放進金屬貨櫃裡。

▶ 促慾的攻擊

　　康士坦茲大學心理學系的埃伯特與同事，稱呼這種攻擊是促慾的（appetitive）。他們用上這一術語，是想捕捉這個事實：暴力變得既致癮又刺激，既誘人又愉快。為了加以量測、為了提供量化實證，他們開發了一套「促慾攻擊量表」（Appetitive Aggression Scale）。他們已經拿來跟世界各衝突區的戰士測試過了。他們問的問題就像：

　　在戰鬥當中，獵殺的慾望是否控制了你？
　　當你習慣了殘忍，你是否想要變得愈來愈殘忍？

　　我們稍後會來談談相關答案。然而，這些問題在整個人類歷史上都是有意義的。實際上，關於人類攻擊性的其中一項最早描述，可見於荷馬的史詩《伊利亞德》，以及可謂史上最著名戰士的故事裡。

　　在《伊利亞德》這部巨作的第二十二卷，荷馬搬出了兩邊頭號戰士的大戰：一邊是赫克特，他是普里阿摩斯王的兒子，也是特洛伊王子；另一邊是強大的阿基里斯，他是希臘人當中超群絕倫的鬥士。經

過一場激戰，阿基里斯不滿足只是擊敗赫克特。光是贏還不夠。阿基里斯不只需要擊敗對手，還要褻瀆他。

〔阿基里斯〕心中謀劃著如何羞辱光榮的赫克特。他捅穿死者的筋腱，在腳背後面，從腳跟到踝骨的部位，穿進牛皮切出的繩帶，把雙足連在一起，綁上戰車，讓死者貼著地面，倒懸著頭顱。然後，他登上戰車，把光榮的鎧甲提進車身，揚鞭催馬，後者撒開蹄腿，飛馳而去，不帶半點勉強。駿馬揚蹄迅跑，赫克特身邊捲起騰飛的塵末，紛亂飄散，整個頭臉，曾是那樣英俊瀟灑的臉面，跌跌撞撞磕磕在泥塵裡——宙斯已把他交給敵人，在故鄉的土地上，由他們褻瀆髒損。

（陳中梅譯）

荷馬描寫人類暴力的徒勞，以及人類偶爾會有的可怕暴力慾望。一個個戰士倒下，留下成千上萬具屍體，「做為美食，扔給了狗和兀鳥」，此語正是詩人在史詩首行的不祥警告。

埃伯特在德國康士坦茲大學的研究團隊，所進行的大規模研究計畫，一直嘗試用科學來檢視我們的陰暗攻擊面向。該計畫已經開始產出一連串驚人成果。因為研究人員已經發現極端人類暴力行為的驚人內情：儘管造成那一切殘殺，但那些行為卻也能夠提供明顯的心理益處。極端暴力行為會為加害者接種預防某種心理傷害。這種現象非常明顯出現在兒童身上，在童兵身上。

所以，帕崔斯決定不把男孩交給民兵。但是這個闖進來的男孩、這個亡命的年輕穆斯林，到底是誰？答案在賽拉那裡。

「所以你加入了那個民兵組織？」我問賽拉。

「是他們發現我的，」賽拉說：「就在我走到暈倒之後。」

「你是個士兵嗎？」

「我從來都沒有槍。沒槍也可以打仗。」

「待在民兵組織是什麼感覺？」

「大家都覺得這些民兵全是禽獸。但他們幫助我、收留我。可是大家還是覺得他們全是禽獸。」

「大家是誰？」

她停頓了一下，「像是你。」

「可是我不明白，賽拉。我不懂。」

一個在法律上還是兒童的女孩，要怎樣應付身在民兵團體裡的處境？賽拉的生活是什麼樣子？我的參考點全被切斷了。這是個全新領域。

我跟賽拉說：「我真的很希望你能幫我，但這必須是你願意。幫我瞭解這個民兵團體裡發生的事情及發生的原因，那些人是什麼樣子的人，而他們又是如何改變的。」

賽拉真的幫了。

▶ 一切都是我們的財產

在那個塞雷卡民兵組織裡，賽拉成了副指揮官的「妻子」。

民兵團體並沒有正規軍的那種軍階，或者沒有嚴格遵照。賽拉並未結婚，但她無疑是副指揮官的新娘。

「我被『給了』他，」賽拉說：「就是那樣講的。給了。」副指揮官的戰場綽號是托內爾（Tonnerre），意為雷霆。

這代表其他男人都不會像那樣靠近她，對此她很感激。但是托內爾會，對此她就不感激了。托內爾有一把獵刀，上頭有很多鋸齒，賽拉說：「這是他很愛誇耀的，他的刀。」

他們從中非共和國東北部一路打向首都班基，有時候走叢林路，有時候走國道。就在抵達班基前的某個地方，她想不起確切地點，她

注意到有個大約十六、七歲的男孩，加入他們團體。男孩約略跟她同齡，而且也是穆斯林，就像他們團體裡幾乎所有人一樣（只有幾個不是）。賽拉真的跟他沒有什麼相干。她有太多雜務、家事和煮食工作要做。多一個男孩有什麼用？然而，就在突襲某座村莊過後，男孩讓她注意到了。

過去幾個月裡有太多次這樣的突襲，所以這沒什麼特別的。這個村莊是個窮得可憐的地方，沒有太多東西可拿。賽拉心想，這場突襲只是要讓那些男人搞些破壞。這就是他們偶爾會幹的事。

「我不在那裡，所以這是他們告訴我的，」賽拉說：「那座村莊裡有位老人家，他有一隻老山羊。他不願意把羊交給我們的人。他說他們什麼都可以要，就是不可以要了他的山羊。『沒問題，』托內爾說：『我們會改拿別的東西。』老人家試著解釋，那隻山羊病了，但他已經讓牠好轉了，所以他拜託他們讓他留著山羊。『沒問題，』托內爾說：『拿下他的手，抓著山羊的那隻。』男孩被交辦這項任務。團體裡的小伙子常常接到這種命令，他們被逼著去幹壞事。這時候，男孩得要砍下老人的手。他拿起一把砍刀，走向老人。然後，他停了下來。他說：『這是一位老人，這是一隻老山羊。我們可以找到更好的山羊。我會幫你找到一隻更好的山羊。』每個人都嚇到了，沒有人說些什麼。但是托內爾笑了，他說：『沒關係，一切就都結束了。』然後他轉過身來，開槍打在山羊頭上。老人家尖叫出來。他又開槍打在老人家胸口。『這是一隻老山羊，』托內爾說：『我們可以找到更好的山羊。』」

當他們回到塞雷卡營地，托內爾就在大家面前痛打男孩。他是用一根棍子一直打，打在腿部後側，還有兩條手臂上，打得非常用力，連棍子都打斷了。

托內爾說：「現在一切都是我們的財產，一切都是我們的，就連他們的手也是我們的。可是你，你不把他們那些屬於我的手給我。所

以我需要另一隻手。你欠我的那隻手在哪？」

現場有一塊大石頭。

托內爾向其他人說：「我會讓你們瞧瞧，我們國家應該要成為什麼樣子！」

他拿出他的寶貝——他的獵刀。他叫男孩把手放在石頭上。「我會讓你看看，」他說，向眾人展示刀上的鋸齒。「把手放上去！」他用刀面輕拍那塊石頭。

賽拉跟我說：「我不認識這個男孩，但是我內心在哭。男孩把手放在石頭上，他微微點了頭。我心裡在想，他為什麼要點頭？這是什麼意思？托內爾將刀高舉過頭，舉得很高很高。我在哭，在腦海裡哭。托內爾說：『看，這裡是我的另一隻手。』然後指揮官來了，他說：『放了他。他槍法不錯。放了他。』男孩動也沒動，他的手還在石頭上。然後我心想：這是個什麼樣的男孩？」

男孩沒得到任何食物。深夜裡，賽拉趁著身旁的托內爾睡著，溜出來，偷偷塞了一些食物給那男孩。那是她在打掃的時候藏起來的。

那裡有一條布滿石頭的小溪。在夜晚的寂靜裡，流水為他們製造某種音樂。男孩靠著一棵樹坐著，雙手被綁在背後。那是他所受處罰的另一部分。

當賽拉拿來剩菜，男孩說：「為什麼你要這麼做？」

「為什麼你要在乎那位老人家？」她問道。

男孩狼吞虎嚥吃下她餵的食物，但他似乎很不好意思被餵，就好像他是個娃兒似的。有那麼一會兒，他沉默不語，注視著那條小溪。然後他說：「你覺得他們睡了嗎？」

「指揮官都睡了，」賽拉說。

「不是指揮官。」

「你指的是誰？」賽拉說。

「牠們——那些魚，」男孩說。

▶ 魚是睜著眼睛睡覺的

我問賽拉：「男孩說了什麼？」

「他說：『那些魚，牠們會睡覺嗎？』我說我不知道。但是他早就知道答案了，這讓我很生氣，因為他為什麼知道答案還問我？」

「可是答案是什麼？」我問賽拉。當時我是真的不知道，或者說不確定。

「他說：『魚是睜著眼睛睡覺的。』我被搞糊塗了，」賽拉說：「我想到躺在路上死了的那個人，手裡抓著布條，眼睛還睜著。可是他說的不是那個。我很生氣。我說：『可是你為什麼要講到這些魚？我是在問你，為什麼要在乎那位老人家？』」

「然後他怎麼說？」

「什麼都沒說，當時他什麼都沒說。」

他們就坐在沁涼溪水旁邊，幾乎沒再說話，也不需要。因為小溪繼續自言自語。

「那天晚上我躺著，躺在小屋裡，」賽拉說：「一直很認真在想這件事。我一直在想：為什麼他要提到魚怎麼睡覺？我就在想著這些事情，然後，突然間那個就來了。」

「那個？你說的那個是什麼？」

「睡意。這麼久以來，這是我第一次輕易找到睡意。所以我心裡想：這男孩是誰？」

那是他倆第一次交談。

9. 第四代戰爭

　　正當我在新千年第二個十年裡寫下這些故事，世界各地大概有三十萬名童兵。在全球八十多起軍事衝突裡，這類孩子常被要求執行最危險和最可怕的任務。他們不僅擔任搬運工、守衛、探子、女傭（偶爾也有男傭），還被當成性奴隸，或者被視為消耗品，推上前線，用來吸引火力或耗掉敵方子彈、當誘餌犧牲掉、做為尖兵派到未知領域用雙腳和肉身掃雷。

　　各大洲的衝突區創造了成千上萬生活在悲慘境況的棄兒或孤兒。因此，衝突本身對於招募軍士非常有效。布蕾特（Rachel Brett）和施佩希特（Irma Specht）深入研究過童兵的角色，這兩位研究員表示：是戰爭找上他們。而且，正如埃伯特與同事紹爾（Maggie Schauer）所述，「在歷史上，童兵從來沒有扮演過這麼突出的角色。」

　　這種改變可能就是第四代戰爭（fourth-generation warfare, 4GW）的一部分。第四代戰爭進行的方式，在質的方面有所不同，主要是靠非正規戰力（非政府軍）來打仗。這是一種高度象徵性的戰爭，不僅打擊身體，而且也打擊心靈。其中一項關鍵武器，就是引發某種恐怖。

　　這種戰爭鎖定平民，施以大規模暴行、徹底的性暴力、屠殺和殘傷。的確，戰爭傷亡中，平民所占的百分比在整個二十世紀裡都在增加。在這當中，童兵變成前美國陸戰隊上校漢默斯（Thomas Hammes）這位反暴動專家所稱的：是今日這種「暴動的新演化形式」不可或缺的。世界各地都有兒童被部署、利用、用掉。從英國，他們前往敘利

亞。在中非共和國，他們被迫加入武裝團體，或是因為戰亂而捲了進去，就像賽拉那樣。

但是，並非所有孩子都以相同方式，回應身為童兵的新生活。他們目睹的種種暴行提供了條件，可能引發嚴重的精神和心理後果，甚至是創傷後壓力疾患。然而，正如埃伯特和紹爾所發現的，在某些孩子身上，事情並非如此。

對於這些年輕人來說，有一種漸進轉變，發生在他們如何看待和體驗自身被迫犯下或目睹的暴行。一開始，那很令人驚恐。相符於卡許曼團隊的發現，他們覺得施暴這事深深令人苦惱。比方說，柯莉這名年輕女子曾於十三歲時，在烏干達被科尼的聖主抵抗軍抓去。指揮官下令她用棍子打死她朋友。

我知道我不想這麼做。桃樂絲就趴在我們旁邊的地上。我們站起來，還舉起棍棒。那些棍棒大概跟我的手臂一樣粗、跟我的手臂一樣長。我們開始打她，打在她的屁股、她的肩膀、她的後背。我聽著她哭喊呼救。大家都在看著我們……我覺得很無助。然後桃麗絲哭喊我的名字。她喊著：「你要打死我了，我們是這麼好的朋友，結果現在你要打死我了。」我盡可能放慢了下手的速度，而且回答她：「我不想這麼做，我是被逼的……我希望我不用這麼做。」之後桃麗絲就沒出聲了，她不再哭了。

然而，經過一再暴露於這種經驗，施暴可能變得不只是正常、可接受的，而且是令人著迷的。那會變得令人興奮。這種機制正是埃伯特與同事在促慾暴力研究裡，試圖理解的。

那些融入武裝團體的兒童，都具有逆來順受、不世故和迷惑等特質，這提供一扇很大的「機會之窗」，讓暴力能轉變為一種激勵。兒童的眼界較窄，他們比較不能評估風險，也比較少接觸社會規範和道

德行為標準。他們的心智是可塑的，可以被打破、重塑、重新調校。因此，他們可以被改造成「可怕的殺手」，就如埃伯特與同事在烏干達北部訪談前童兵時，所聽到的。

渥太華大學的兒童心理專家麥克盧爾（Richard MacLure）和丹諾芙（Myriam Denov），撰文論及他們對獅子山前民兵做的研究，內容提到孩子被塑造成犯下「不可言喻暴行」的戰士。埃伯特推論，在童兵身上，那種阻止殺害他人的抑制，要不是在他們所處那種泯滅人性的環境裡失靈了，就是在某些兒童身上根本並未習得——尤其是在兒童成長於武裝團體的情況。

或許，這是預料中事。那很駭人。我們情願事情不是如此，但那是可以預料的。這種逆來順受又被隔絕的兒童，畢竟很容易受影響。正是在此意義上，查德軍隊有一名高級軍官說：「童兵很理想……你叫他們殺，他們就殺。」

然而，在對童兵進行的研究調查裡，更驚人的發現是：那些更加「殘酷」的人、那些頻繁擁抱暴行和殺戮的人，並未遭受相同比例的創傷後壓力，即便他們參與或目睹了極端的暴力、恐怖和死亡。這是一項有力的發現，調查對象是各衝突區的童兵，範圍涵蓋從西尼羅和南蘇丹、到斯里蘭卡，再回到剛果和盧安達種族滅絕。這些孩子開始以非常特殊的方式行事：「……在他們殺了某人之後，他們坐在一塊，聊起他們的殺戮事，就好像聊著一場冒險，然後重新表演受害者的苦難。」埃伯特發現，他們在嘲弄，他們在笑。

▶ 近乎歐威爾式的發展

賽拉必須保持警覺，不讓別人看到她對那男孩友好。這不只是因為她被「給了」副指揮官托內爾，更是因為成年頭目勸阻青少年過從甚密。他們總是擔心孩子會逃跑。因此，有點像是麥可和安東尼在伏

塔湖的經驗，要是有人試圖逃跑或背叛，那些頭目就會發出可怕的連坐威脅。

研究人員發現，這種模式也存在於中非共和國以外。中非大湖區坐落著蒲隆地（潘格納那位特別病人的出身國）。在該國首位民選總統於 1993 年被刺殺後，多數族群圖西族（Tutsi）和胡圖族（Hutu）叛軍的內戰，奪走超過二十五萬條性命。成千上萬的兒童被徵入交戰雙方。絕大多數前童兵都告訴研究人員，締結友誼是受到禁止的。在一種近乎歐威爾式的發展當中，個人之事不如族群的理想和願景重要，忠誠是對於團體的，而不是對於彼此的。

正如宋蘇珊（Suzan Song）和狄容（Joop de Jong）在他們的蒲隆地研究中發現的：「那些叛軍指揮官建構一種文化，在那當中，友誼是被禁止的，從而成了一種潛在壓力源，因此童兵學會安靜和獨處。」

這段描述雖然不等同於賽拉所處的世界，卻是她會認得的。接近那男孩會是一種風險，對他倆來說都是，而他倆也都知道。所以賽拉必須很小心。然而，儘管面臨風險，她卻變得愈發堅決。她會想辦法去瞭解那男孩。

他倆有好幾個星期沒再單獨交談，甚至沒再看著對方，好像都因為某種原因而尷尬。她一直想著他為老人和山羊所做的，還有他講到魚的事情。他的意思是什麼？他為什麼那麼做？在這麼多殺戮之中，那位老人對他來說是什麼意義？那男孩令人惱火。賽拉搞不懂他。賽拉每晚都會跟托內爾同睡，而那男孩則會溜進她腦海。

然後有一天，男孩走完漫長的夜巡，隔天就在路障，累到睡著。（民兵團體常用車子、甚至是石塊和圓木來擋路，然後攔車搶劫。這是另一種賺錢方法，也是整場瘋狂戰事的另一部分。）

這一次，托內爾用皮帶抽打他，而那也許更糟。托內爾從褲頭拉出皮帶來抽打那男孩，其他民兵都在笑。這一次，他獲准吃東西，懲罰也只是像個孩子般，讓人用皮帶抽打，他的雙手沒被鐵絲綁住。

後來，那男孩背上都是蛇一般的抽痕。賽拉帶來一碗水，還放了點鹽。她所能想到的，就只有這樣了。

「會痛喔，」賽拉說。

「好，」男孩說。

創口裡有髒汙，因為托內爾在塵土裡把男孩踢來踢去。一道道鞭痕呈現憤怒的血紅，全都橫過男孩的背。賽拉用了一塊布，是她所能找到最乾淨的東西。男孩被鹽刺痛而皺眉，但絕不吭聲。賽拉將傷口清理完畢。

「我爸，」男孩說：「他不是個勇敢的男人。」

「為什麼要講到你爸？」賽拉說。她不想聽到任何爸爸。她有好一陣子都逼自己驅除心中記憶。現在，這就像是打開了一個盒子。這就像是把你的手放進碎玻璃裡——你為什麼要這麼做？「當敵人攻擊我們村莊，我們的男人都站出來對抗他們。可是我爸，他跑了。他被開槍打死了，」男孩說：「很多人也是。可是至少他們試著反擊。」

「你是從哪裡來的？」賽拉問道。

「跟你同一個地方，」男孩說。

賽拉生氣了。他覺得她很笨嗎？

「你不是來自我們鎮上，」她怒道。

「你不是來自你們鎮上，」男孩說。

賽拉覺得男孩是想說一件要緊事，但她激動得沒辦法去想，掙扎於因他提起爸爸而激起的情緒。他倆就只是並肩坐在地上，靠近某輛皮卡車的一側。

「下一次，」男孩說：「我會殺了他。」

「托內爾嗎？」她說：「你去跟托內爾拚，他們就會殺了你。」

男孩聳聳肩。

「有時候，」她說：「托內爾晚上會哭。他家人都被殺了。」

這其實是真的。她之所以講出來，是不想讓男孩惹上更多麻煩，然後被殺。

「那不重要，」男孩說：「我還是會殺了他。」

「你最好去做點別的。」

「什麼？」

自從他倆第一次聊天，也就是在溪邊那晚，她就一直在思考這件事。現在，她覺得自己有了答案。

「離開！」她說。

「你說離開，意思是離開這個民兵團體嗎？」我問賽拉。

賽拉回答我：「所以，他問我說：『離開？離開這裡嗎？』然後我跟他說：『沒錯，離開這裡。』」

男孩沉默了好一會兒，心裡思索著。

「你會來嗎？」男孩問。

賽拉沒回應。她內心某個東西無法給出任何答案。她希望自己能回答，只要說聲「好」，但她所不瞭解的內心某個東西在阻止她。為了填補內心的空虛，她開始哼歌，是她熟悉已久的童年曲調。

大家都在談論即將要對反巴拉卡敵軍進行的大戰。賽拉的民兵團體將會聯合那些堅決協助塞雷卡的當地穆斯林團體。有很多人會死，這大家都知道。賽拉也知道，她可能被殺，男孩也可能被殺。他們正前往當地首府。也許一切就將那麼結束，就是突然死掉。而今，她遇到一個她喜歡的人，卻不知道該說些什麼，只好繼續哼著她兒時的曲調。

那是他倆第二次交談。

10. 燃燒的鄉野

　　托騰嫩（Nim Tottenham）是紐約哥倫比亞大學心理學系副教授，她在系上負責「發展情感神經科學實驗室」。這間實驗室的研究，幫助我們更深入瞭解早期生活經驗（尤其是創傷）如何影響行為。最重要的是，托騰嫩團隊檢視了壓力源如何影響底下的神經生物機制，亦即腦部結構暴露於創傷後有何變化。

　　這項研究的關鍵，就是依戀（attachment）問題。

　　「人類不像海龜，」托騰嫩解釋。她說起話來，既從容又清楚。「海龜永遠不會見到爸媽，而且也不被期望會見到。」

　　「那麼，人類的期望就是我們會跟父母形成連結嗎？」我問。

　　「要瞭解的是，人類孩童的大腦並非只是迷你版的成人大腦。神經生物學顯示，那是一種特殊的適應，可以極大化發育中幼兒的存活機會。那非常、非常仰賴人類期望會有的照護。」

　　中非共和國成千上萬流離、隔絕且失親的孩童，正是在這方面為該國的將來創造一個潛在的火藥桶。我們對談的時候，托騰嫩穿著俐落白襯衫，完美現身。她擁有聰明絕頂的樣貌，還有一頭漂亮的深色頭髮。在來到哥倫比亞大學之前，她是在明尼蘇達大學讀博士。她的開創性研究，贏得美國心理學會頒發的傑出青年科學家獎。

　　「我們在創傷上學到的一件事，」托騰嫩說：「就是那是可以在基因組裡傳遞的。這是愈來愈多證據告訴我們的。因此，就那些在中非共和國被徵入戰鬥團體的孩童來說，他們受到的傷害不是只會跟著他

們，還會影響到他們的後代、以及該國的未來。」

托騰嫩團隊詳細探索失去適當親子接觸和照護，會如何對孤兒院等機構環境裡的孩子造成創傷。即便是在看來「不錯」的機構裡，失去父母也會在腦部解剖結構裡產生非常明顯的變化，從而影響行為。

「在武裝團體裡被帶大的孩子，」我問：「或者在裡頭待了很久的那些人呢？」

「想一想依戀問題，」托騰嫩說：「人類的神經生物機制是造來應付發育中人類的需求。依戀是性命攸關的。如果依戀的對象是某個武裝團體，那麼你就可能發現，孩子會對多數人眼中極為危險的活動產生趨近行為。」

「像是重大暴力嗎？」

「是的，他們不是產生厭惡或避開行為，而是直直走了進去。依戀就是這麼重要，無論那個『父母』的角色多麼機能不良。從而你會發現，孩子就算是被帶離嚴重施虐的父母，還是會因此高度受創。」

在此意義上，拿掉一個施虐父母，並不會帶來解脫，而是會造成離別之痛。

「看起來，」托騰嫩說：「我們在成長過程中，需要有個東西可以依戀。」

「那麼，如果那是個戰鬥團體呢？如果那是在暴力環境裡呢？」

「讓我這麼說吧，人類大腦很精細調適於當下的生存環境、肉體的生存環境。這講起來夠嚇人的：那些把兒童招進武裝團體的人，從神經生物學觀點來說，他們正在做對的事情。」

「為什麼？」我問。

這時，空調在托騰嫩的哥大辦公室裡自動啟動。她起身去關掉，回來之後，她說：「人類大腦直到十歲左右都在神經可塑性的高峰。那意味著，你可以有效形塑你要讓大腦怎麼運作，然後，那種運作就會固定住。這非常難改變。不是不可能，可是很難。」

我向托騰嫩說明了，我跟逃離中非共和國殺戮的難民做的研究。

「從神經解剖學的觀點來看，你談到的這些人，這些經營戰鬥團體的人，他們很聰明，去追求孩子。」

「怎麼說？」我問。

「如果他們想要打造殺戮機器的話。」

▶ 孩子很瘦，禿鷹很肥

事實就是：賽拉不明白為什麼她無法回答男孩、並同意逃走。那般不明白，讓她想哭。

幾個月前，有個賽拉認識的女孩（應該說只是知道對方，因為事情發生在賽拉剛加入不久，她們還沒真的好好互相認識），這女孩懷孕了。她不想在團體裡生下孩子。她是被迫跟某個士兵睡在一塊，而她不想生下那士兵的孩子。可是與此同時，在她體內成長的是她的寶寶，她想生下孩子——這一切都令人困惑。然後她流產了。然後她悄悄用刀割了左腕，割得又直又深，最終在夜裡流血致死。

逃跑的方法有很多種。麻煩的是，賽拉就是不知道要是離開，能去哪裡？要跑去哪？要逃去哪？

中非共和國有很多年輕人都是孤兒。這個國家正在變成一座大型露天孤兒院。一具具屍體就暴露在路上和村裡。孤兒很多，禿鷹也很多。在喀麥隆，我後來跟著帕崔斯見了一位老婦人。在中非共和國失去所有家人的她，跟我說：「什麼是中非共和國？我們的孩子很瘦，我們的禿鷹很肥。那就是我們的國家，那就是中非共和國。」

某天晚上，到處都是星星。賽拉依附的民兵團體就在田野邊上，已經跟其他穆斯林聯合。大戰隔天就要開打。賽拉注意到，當晚大家都不知道該怎麼過，就像每逢浴血前夕常見的那樣。

然後發生了一件事：亮光似乎從天空落下——流星。指揮官，也

就是這個民兵團體的老大，很懂似的說，這表示天空是有可能會塌下來的。托內爾立刻表示認同，賽拉也點了點頭，但心裡知道那不是真的。她讀了太多書了。她被那種全然無知給氣到了，就一個人晃著離開營地。

賽拉站在田野邊上。此地的作物都被燒掉了，她不知道原因，也不知道是誰下的手。這次是男孩走向她，這可是頭一回。

「怎麼了？」男孩問。

有一股可怕氣味充斥空氣中，鄉野正燒著。她動身走開，而他跟上她。

「你為什麼想要跟我一起散步？」她說。

他回指營地。「那裡有誰是可以一起散步的？」他面露笑容說。

「是喔，那是唯一的理由嗎？」

「那是我所想到的。也許，如果我們去散步，我會想到別的，」他說。

「也許。」

這回輪到她笑了。她的臉上不禁露出笑容。

「所以你現在怎麼了？」他說。

「我想回去學習，」賽拉說。她很惦記著她那些書，她不知道自己是否還能閱讀。

「這個國家沒有人在學習，」他說。

「那麼我會找別的國家，」賽拉說。

他沉默了一會兒，就像他正在吞嚥這個巨大的想法。「他會傷害你嗎？」他問：「我是說托內爾。」

「不會，」賽拉答道，但她並未認真理會這個提問。她心裡想著她父親、那個金盒子、還有那張紙條。一切皆有可能——或許在別的國家，那是真的有可能的。或許不是巴黎；巴黎是她父親的夢想，沒能實現。那麼，剛果或喀麥隆呢？是的，很多人都在逃往喀麥隆，

畢竟賽拉身處的這個民兵團體已經越過數百英里國土，如今更接近喀麥隆了。

「真的嗎，他不會傷害你？大家都知道他很殘忍。」

「他不會傷害我，」賽拉說。

「當時，我很氣他問這個問題，」賽拉告訴我。

「你為什麼生氣？」

「我在想：這個男孩是誰啊，憑什麼問我這種事情？」

我很想知道，是否她迫切希望對方相信她太有價值、太珍貴，而不會被傷害。然而，她並沒有那麼說。

「我們在大戰之後離開吧，」男孩說。

「好，」她立刻回答，但是突然有一種不好的感覺爬上她喉嚨。

「事情都會順利的，」男孩說。

「然後你怎麼說？」我問。

「我什麼也沒說，」賽拉說：「可是那種感覺，變得更糟了。」

一切都決定好了：清晨一早將會發動突襲，那時候，他們就會離開。當天晚上出現月亮，然後又不見了。

那是他倆第三次交談。

11. 生意人

隔天那場大戰，就跟其他所有戰鬥沒兩樣，只是他們這邊輸了。他們這邊的男人大多被殺了，包括托內爾和指揮官。賽拉在過去幾個月認識的其他人幾乎都死了，她不知道該作何感受。那些棄械投降的男人也被殺了，甚至死得更慘。有一些婦女則是被反巴拉卡帶走。至於那男孩，他不見了。賽拉不知道他發生什麼事。

幾個月劫掠下來，她那個塞雷卡團體的高階軍官積下大量金錢和鑽石，但是全都被反巴拉卡拿走了。現在，她不曉得那些抓她的人會怎麼處置她。

大約一星期後，就在中非共和國的同一區域，帕崔斯發現有個男孩在他家外屋的角落裡，靠牆蹲著。那些民兵剛剛開著皮卡車離開，帕崔斯抽著他這一生最甜美的香菸，迎上在 L 形建築群後方躲著的男孩。「所以，」帕崔斯說：「告訴我那些鑽石的事。」

「數量很多，」男孩說。

「鑽石在哪？」男孩猶豫起來。「在哪？」帕崔斯吼道。

最終男孩說：「反巴拉卡有鑽石。他們從塞雷卡手上拿走很多穆斯林的鑽石。」

「在哪裡？」

「藏在叢林裡。我知道在哪裡，我看到他們在藏鑽石。我在大戰之後逃跑，不過我一直看著他們在做什麼，我在叢林裡偷窺，沒被他們看到。」

「為什麼？」

「因為反巴拉卡他們抓走我認識的一個人。」

「什麼意思？」

「反巴拉卡抓了一些人，我認為他們會殺了那些俘虜。」

▶ 聽見金屬砸碎那俘虜腦袋的聲響

「然後你怎麼說？」我問帕崔斯。

「我說，我不知道這些白痴民兵在幹嘛——他們全都在做一些瘋狂的事，」帕崔斯說：「但是我跟那男孩說，反巴拉卡要殺誰，不關我的事。」

帕崔斯告訴我，雖然他沒聽說過金屬貨櫃的事，不過聽說偶爾反巴拉卡會拘留俘虜，就只是為了自娛。

「然後那男孩說：『我想回去，因為那是我的朋友。請你幫助我回去，然後我就會帶你去找鑽石。』我問他為什麼需要我，他說因為他需要武器，可是他沒有武器，如果我能幫他弄到武器，他就會帶我去找鑽石。然後我問他，這個朋友是誰。『一個女孩，』他說。我對他吼著說：『我才不會為了一個女孩回去。這裡就有很多女孩，永遠都有女孩。』」

帕崔斯比出一個手勢，就好像他腦袋爆炸了。「然後我說：『你是我見過最蠢的年輕人，蠢到我想親自用這雙手殺了你。』」

「我抓著他猛搖。他的身子很單薄，他的肩膀也很單薄，可是我大力搖他。我說：『我們沒辦法為那些俘虜做什麼，我們沒辦法救你的女孩，你懂嗎？』他說：『她不是我的女孩。』所以我說：『那麼那為什麼重要？』他低下頭，『我不知道，』他說。」

「他沒看著我，我也沒看著他，」帕崔斯告訴我：「當時我心裡在想，去你的這男孩，去你的這年輕人。你知道的，有好多次我都希望

從沒遇過這個年輕人。」

即便過了這麼久（都已經是一年多前的事了），帕崔斯還是一講起來就呼吸急促。他緊握著兩隻拳頭，而我有好一會兒什麼都沒說，然後他的呼吸慢慢變得規律，那股激動消退下去。

「所以發生了什麼事？」我繼續追問。

「所以，我們一起回去了。」帕崔斯告訴我。

「可是你為什麼要去？」

「為了鑽石，」帕崔斯說：「還會有別的嗎？我或許就能得到一些鑽石。至少，你知道的，我想知道鑽石在哪。」

我才不相信——問題出在他的口吻。我不確定他是否相信過。不過，我暫且放過這事，轉而問他是在哪裡弄到武器。

「在中非共和國，」他說：「弄到武器不是問題——要付錢，當然。你永遠都弄得到武器。」

「你弄到什麼武器？你真的弄到什麼了嗎？」

「一把榔頭、一支長刀，這些是我本來就有的。然後是一把很舊很舊的中國手槍，這是我付錢買的。那男孩說他懂槍。比我懂啊，我是個生意人嘛。他驗了槍，他說還行。不優，但是還行。」

我想了很久都想不通，為什麼帕崔斯要去反巴拉卡營地。男孩想要回去，這我能從我對他和賽拉的認識來理解，可是帕崔斯，為什麼要一起回去？

那裡其實有一小群共三處營地。帕崔斯和男孩去到第一處營地，看見兩名俘虜手腳都被綁起來——雙手綁在背後，雙腳綁在一起。那裡有一堆營火，周圍坐著反巴拉卡民兵。

根據帕崔斯描述，其中一名俘虜跪著，他的手腳都還綁著，但臉上流了很多血。帕崔斯和男孩聽著傳來的說話聲。時不時就會有個民兵從樹樁站起來，踹踹那俘虜的肋骨，那俘虜會倒下，其中好幾個民兵會強迫他起身，所以他再次雙膝跪地，然後一切又會平靜下來。那

些民兵遞著某種酒，說笑變多了，也給營火添了柴。在中非夜晚的星空下，火光裡可以看見鮮血從那俘虜臉上創口滲出。

另一個民兵就從帕崔斯和男孩眼前，走向營火。他倆看不到那個民兵的臉，只看見他寬闊的背部，還有他揮動突擊步槍。看不清楚打在哪裡，卻能聽見金屬砸碎那俘虜腦袋的聲響。

「『他們今晚就會殺了俘虜，』男孩告訴我。我們爬離那營地。我很用力在想，要怎麼做？該怎麼做？我問他那女孩在哪。男孩說，她一定是在別的營地，因為他沒看到她。」

還有兩處營地要窺探。

第二處營地只有一個反巴拉卡民兵。他一臉鬱悶坐在營火前，下巴撐在拳頭上，手肘又撐在膝蓋上，注視著營火。周圍是幾間簡陋小屋。時不時那名守衛的眼睛會閉上，他那顆頂著寬簷帽（按照帕崔斯的形容，大概就像巴拿馬帽）的頭，也會上下晃動。這是一項乏味的工作、最單調的瑣事；所有樂趣都是在另一處玩弄俘虜，才會有的。那名守衛似乎很孤單，陪伴他的就只有一臺收音機，還有大聲播放的音樂——但那不是常見的舞曲，而是某種更柔和的東西，這讓那名守衛更是昏昏欲睡。

「她不在這裡，」帕崔斯對男孩說。

「那代表她那個營地有很多槍，」男孩答道。

那是個大問題。帕崔斯非常努力把它想個透澈，然後有了一個想法。「所有的槍都在另一處營地。」

「她也是，」男孩說。

「所以我們要讓所有民兵過來。」

「怎麼做？」男孩說。

帕崔斯認為有個辦法。營地後方的樹林邊上，有人停了一輛皮卡車。一個個油罐就立在車後平板上，那正是帕崔斯所需要的。他心想一個油罐就夠了。他開始行動。

12. 渦旋

　　帕崔斯的腳踩進海綿般的紅土裡。這處營地周圍有一股強烈的難聞氣味，但在皮卡車的平板上，他能看到他的目標：一個個四方形油罐，有如士兵般排排站。有盞燈擱在車子的引擎蓋上，散發出光暈。

　　帕崔斯一直試著讓戰爭從身旁流過——讓戰爭去忙戰爭的，而他會去忙他的。然而，終於來到這一天，就像他所說的，雙方「困在一根管子裡」，有一方必須闖過另一方。

　　那就是帕崔斯的理解，那就是眼前的事態。他已受困在一根管子裡——真倒楣。「好吧，沒關係，沒關係。別無他法了，」他沒有怨恨，「就闖到另一邊吧。」此時擋路的，正是那個反巴拉卡守衛，他坐在火堆旁一根圓木上，一把衝鋒槍就橫放在膝上。

　　現在當他回顧過去，一切似乎都很瘋狂。但在當時，那是他做過最重要的事。多年來，他都覺得痛切需要最好的衣服、手機等等。但他告訴我，在那一刻，這輩子沒有別的是他這麼想要的：救出女孩。

　　「還有，得到鑽石嗎？」我提醒。

　　「對啦、對啦，還有鑽石，」他告訴我。那聽起來就像事後的想法。

　　「別忘了鑽石，帕崔斯。」

　　「不、不，絕對不會，我不會忘了鑽石，」帕崔斯說。

　　「只是……你看，你就是忘了。」

　　帕崔斯聳聳肩，難得一次淺淺笑了。難得一次，我真的因他而感

動。我的朋友，感動。

那個民兵守衛的臉，在火光裡發亮。他不時閉上眼、點著頭。帕崔斯和男孩看著那名守衛的護身符從脖子垂下。如果帕崔斯能弄到其中一個油罐，他就有可能完成他的計畫。他在矮樹叢裡，往後靠上一根樹幹，好好想個清楚。他討厭這所有的樹。就像所有植被一樣，那些樹只是在妨礙他。然後，這座不停在動的森林突然靜默。森林屏住氣，帕崔斯也試著穩住呼吸。血液在他頭腦轟轟流動。他向男孩說明整個計畫。

「這很危險，」男孩說：「但我相信我們辦得到。」

「你拿槍。要是他看到我，就開槍打他，」帕崔斯說：「我不是殺手。」他這個人畢竟是個生意人。接著他又聞到一股惡臭，一股刺鼻、令人不快的氣味。

▶ 大火有如野獸般咆哮

夜晚的溫暖、營火的舒緩劈啪聲、森林的濃濃植物味，還有太多的酒。那名守衛睡著了。他在打鼾，打得很輕，不過是在打鼾無誤。

帕崔斯和男孩轉了方向，繞著樹林邊緣繼續爬行。兩人看見俘虜躺在那裡，就像垃圾被拋在一旁。在下一個灌木叢後面，堆得像木材的，正是三具腐爛的屍體，那股氣味灌滿他鼻孔。這讓他下定決心，馬上動手，不然就太遲了。

帕崔斯匍匐爬出林線，爬向皮卡車。男孩用那把中國舊手槍掩護他。收音機繼續放著低緩的催眠曲。帕崔斯爬到肚子都刮破皮了，嘴裡也塞滿泥土，但他已碰觸到皮卡車的後輪。然後，他發覺他計畫裡的缺點：打開油罐會發出聲音；或者說，有可能會。

帕崔斯很熟悉這些油罐，他在兩年前賣過：是二十公升的北約油罐，附有倒油嘴和軟管。可是舊款的油罐在轉開時會發出聲響，而這

些油罐看起來是舊款的。帕崔斯正準備照原路撤退回去，這時卻聽到聲音——那守衛打鼾打得更響了。帕崔斯便蹲坐起來，他的手指靈活移動，掠過整排油罐的蓋子，指尖拂過有溝槽的金屬側邊。他靠向皮卡車的平板，然後拿起最近的油罐。

帕崔斯的呼吸加快，胸部也開始起伏，周圍冒著濃烈汽油味。他拿起最靠近後輪的那一罐，打開蓋子。他開始倒了，倒得很慢。在退回灌木叢途中，帕崔斯每隔幾步就停一下，確定自己還能聽到守衛的鼾聲。他持續倒出汽油，一長條汽油都滲進土裡。不知不覺中，他已經倒退十碼，回到矮樹叢的掩護、回到男孩身旁。現在就是他計畫裡的關鍵時刻了。

「好了嗎？」帕崔斯問道。

「好了，」男孩答道。

一切就隨即發生了。帕崔斯記得，他當時從口袋裡拿出他的幸運打火機，就是印著紙牌的那個。帕崔斯也記得，他看見灌木叢旁邊那個空油罐，他可不希望那罐子離自己太近。帕崔斯也清清楚楚看到，在營火的火光之中，那名守衛依然彎著身子，頭靠在手上。帕崔斯還想起，他就要點燃一把乾草，並指示男孩退進矮樹叢裡——那就是他記得的他就要做的事。

但實際情況是，突然間整片地方都著了火：一幕火焰有如海浪襲岸般，沿著林中空地湧去，嘶嘶翻滾，同時往外往上擴散，然後衝向空中。那些油罐也猛然怒吼，噴出火來。守衛突然醒來，還很昏沉茫然，搞不懂正在發生的事情。他的帽子被吹掉，火焰躍上皮卡車，躍進那一排排油罐，整輛車都跳起來抗議，彷彿地面波動起來——每件物事都在與火共舞。

「你看過汽油怎麼燃燒嗎？」帕崔斯用食指在空中橫向畫螺旋，「滾呀滾呀。」

烈火跳越物體之間，彷彿電流閃過，用火焰串連起一切。那些小

屋在燃燒，那輛皮卡車在燃燒，帕崔斯周圍的樹枝也在燃燒。就好像整個夜晚本身都著火了。火焰爬上一棵棵樹，然後纏繞著樹枝。大火有如野獸般咆哮。

帕崔斯用手指轉了一圈又一圈，看起來就像個渦旋。「我心想，我做了這一切。」

可是接著，情況變得更糟。有堆彈藥（他之前不知道那是什麼）燒了起來。那股爆炸震撼了他周圍那些樹。過熱金屬的鋒利破片，劃破草木——哐啷、哐啷、哐啷，割碎了一切。

帕崔斯沒看到那是怎麼發生的，但那名守衛已被炸倒在地，幾乎不動了，他的眼睛嚇得瞪大。大火很快覆蓋了他，接著，大火開始吞噬一切、吞噬他的衣服、他的護身符，把他燒掉——而且他自己也知道。

「我看著他，」帕崔斯說：「現在，他不是我的敵人了。我看著他，他眼睛好大，我從來沒見過這麼大的眼睛。然後他就不在了，我殺了他。」

▶ 那男孩在哪？

那陣聲響和混亂，帶來他想要的效果：他可以聽到那些反巴拉卡民兵邊喊邊叫，衝向這處營地。他們開始開槍。「我周圍都是這種聲響：咻咻咻……咻咻……咻咻。我看了看四周——那男孩在哪？」

他們兩人在叢林裡失散，帕崔斯不確定是怎麼失散的。到處都是槍火，就像下雨般射進他周圍的樹叢裡。他盡全力跑，皮膚都被銳利的樹枝劃破。他躲了很久，還把身體壓進泥土裡，不知道該怎麼辦。

過了好幾個小時，就在確定周圍都沒有反巴拉卡民兵之後，帕崔斯繞了一大圈，爬到營地的另一邊。然後，帕崔斯看到那男孩。或者說，看到那男孩的屍體。

帕崔斯沒告訴我，他們對那男孩做了什麼。我不想知道，也沒有問，這代表我從那時就經常想像最糟的情況。我親耳聽過一些目睹類似暴行的人，講述中非共和國境內那些殘傷、褻瀆和砍頭故事。不知道反巴拉卡民兵對那男孩做了什麼，是一種幸運。可是我的腦海裡全是那些暴行。這就是帕崔斯每天都承受著的。

帕崔斯還得承受的是，這次重返營地，在另一種意義上徹底失敗了：他並未找到那女孩。

13. 十七天

　　帕崔斯跟我在雅溫德外圍那處滿地碎石的卡車站重逢。夜裡下過雨，是狂暴的熱帶雨，弄得那裡一片泥濘，坑坑洞洞的地表，處處形成水窪，在熱度裡開始冒出一絲絲蒸氣。有些鳥繃著臉，蹲踞在路旁樹上，在晨光下呈現深藍色，樣子介於烏鴉和樫鳥之間。但我其實不認識這片大陸上的鳥類。

　　「驚奇的早晨，」我說。

　　帕崔斯聳肩表示同意，就好像是說，你還期待些什麼？於是，我試著要讓他驚奇，就跟他講了木星的事——你都知道了。但他不為所動、不感興趣。我自討沒趣。

　　「我就讓你看看什麼叫作驚奇，」他說。

　　他拿出手機，我還以為是要向我秀出某個應用程式。老實說，我當時心裡在想：帕崔斯，最好那個應用程式好到贏過我的觀星圖。就讓我們看看，生意人先生，讓我們看看。

　　男人之間好像什麼都可以比。然而，你能相信嗎，他竟然真的把手機當手機用。他撥了一通電話，卻不說話，而是一接通就掛斷——某種安排好的計畫。

　　兩位女性從一輛巨大卡車的拖車後面現身。有一位年紀很大，臉上皺紋很深，容顏滿是悲傷。她佝僂著身子，小步小步緩慢前進，整個人彎得像個問號。她走近我，就在我們面前哭泣號叫。

　　「她家人試著逃出班基，結果被拖下卡車，就在她眼前，全被殺

掉，」帕崔斯說：「我告訴她，你是無能為力的。」

法律能有什麼用？法律在無法地帶有什麼用？我深刻體會律師執業的局限。

「她想要告訴別人，」帕崔斯說。

我太專注在老婦人的悲痛，沒注意到另一位女性突然悄悄來到老人家身旁，緊握她的手，在她的耳邊輕聲說話，讓她知道自己並不孤單。

「沒事的，」帕崔斯輕聲說。

這位年輕女子戴著印有綠葉的黃頭巾，還打上一個鬆鬆的結，不過加了羽飾。顯然是個在乎別人眼光的人。

「沒事的，賽拉，」帕崔斯說：「沒事的。」

　　一方面，我有了新的生活，我拋開了森林，還有那些日子的所有艱辛。另一方面……有時候晚上我會走出房子，尤其是當我做了那些夢，然後注視天空。
　　── K.K.G（男性，十六歲），他有三年時間是跟著
　　　　剛果民主共和國的馬伊馬伊（Mai-Mai）叛軍

創傷後壓力疾患（PTSD）如今已是廣受承認的現象，病徵就是瞬間重歷其境（flashback）或噩夢的侵入，其逼真和深刻就如埃伯特與紹爾所述，會讓「受害者相信自己回到那些暴行之中」。然而對賽拉來說，情況不是像那樣的。當你跟她說話，聽她靜靜講述發生過的事，你會覺得她不是重歷其境，而是從未離開。賽拉還在那裡！

有時候當你跟她說話，你會在她臉上看到那所有事件。你會覺得你看到了：她阿姨的男友靜靜站在她臥室裡看著；沙漠微風從叛軍出發的北部和東部吹來；她父親低聲說走啊、賽拉、走啊，即便他明白可能再也見不到女兒。

有時候，這個纖細的年輕女孩會聽著帕崔斯跟我說話，還會輕輕對自己哼歌，聲音小得幾乎聽不見，緩緩的音符從她身上流出，就像某種催眠曲。與此同時，就在她頭頂上，非洲天空的遼闊蒼穹，將這座她被命運趕來的陌生城市，連到她那遭遺棄的家園。偶爾，她會用穿著涼鞋的腳尖，在泥地上畫出完美的圓圈，造出某種奇怪的象形文字。在這整段時間裡，太陽持續升起。太陽不會停止。

▶ 那個在中非共和國的男孩

最終，一如通常，在這麼多混亂過後的，是一片靜止和沉寂。另一場武裝衝突發生在帕崔斯和男孩返回營地的兩天後。這一回，殺了男孩的反巴拉卡團體大多都被殺了。帕崔斯甚至還回去他初見男孩的房子。沒有發生什麼事，十七天裡都沒有。然後，帕崔斯的地產上又來了一些皮卡車。

然而，這些皮卡車屬於另一群民兵，是帕崔斯認識的人。他們說在叢林裡發現東西。在第三輛皮卡車的平板上，有一個消瘦的女孩，身上衣物就跟破布差不多。她的名字叫作賽拉。

帕崔斯照顧她，給她買了新衣服，最終在幾個月後，和她越過西部邊界進入喀麥隆。這趟旅程很危險，許多人都沒能走到最後，那些人不是遇害，就是受困在飛地，一旦離開就必死無疑。

然而，帕崔斯和賽拉走過來了。就在越境幾個月後，他帶她來見我。當晚稍後，我坐在車裡，乘車穿梭雅溫德。我轉動搖把，打開車窗。

「怎麼啦？」法蘭索瓦說：「要不要我開冷氣？不太靈，但我試試。」

「不用，沒關係，」我回答。我把臉放到玻璃原先所在的空間，感受著噴過我額頭的微風。那風又暖又有生氣，就像熱帶空氣讓人驚

嘆的那樣。我問法蘭索瓦，是否想過要去中非共和國？

法蘭索瓦吹鼓了雙頰。「為什麼？」他說。

「為什麼不呢？」我說。

「因為中非共和國是地獄。」那是地獄！

暖空氣急掠過我臉頰，我的眼睛也感覺到了。這時，雖然我們疾駛在雅溫德中心區蔓延的水泥路上，但有那麼幾刻，我彷彿就跟賽拉和那男孩，一起坐在中非共和國那條溪邊，靠近沁涼的溪水。

「她能夠告訴你更多關於那男孩的事，」帕崔斯那天稍早，在卡車站說過。

賽拉能夠，也真的告訴我了。

「他這個人怎麼樣？」我問她。

帕崔斯搓了搓他那尖銳鼻子的側邊，再用他印有紙牌的打火機，點了一根菸──那張紙牌是國王（我忘了是梅花、還是黑桃）。那幾乎就像是一場祝典，用幾縷煙來致敬。

「他非常安靜，」賽拉說：「而且非常勇敢。他不太講話，但當他講話，我就聽。我喜歡聽著歐默講話。」

我發現自己一口氣屏在胸口。「歐默？」我說。

「他的名字叫歐默，」賽拉說。

那個在中非共和國的男孩、那個在叢林裡遇害的童兵，他的名字叫歐默。

14. 大沙漠

　　我承認這一切讓我不忍卒聞。認識了他倆以後，我回到歐洲有好幾天都像賽拉講的那樣，覺得很難找到睡意。雖然回到一座相對安全的西方城市，周圍都是我認識和喜愛的人，但我還是走在我心中那些叢林小徑上，而睡意也持續躲避著我。我忘不掉這麼多人跟我講的，有關中非共和國的那些瘋狂和兇殺故事、那一長串私刑和殘傷。

　　在某種狂熱之中，想像力起了作用，我持續把這個國家的精神錯亂，聯想到那些煩擾戈德史密斯的橘色大螃蟹（見第 262 頁），那些甲殼類從海裡爬出來侵擾全世界。我開始把來自中非共和國的呼救聲，聯想到阿根廷巴塔哥尼亞那個驚人洞穴──現為世界遺址，內部有一面岩壁印著伸出的人手，那些手從遠古伸向我們。

　　然而，中非共和國也擁有這麼多美好，因為就在該國飽經戰亂的國境之內，存在著另一個中非共和國：散布著美好的獸類，像是森林象和瀕臨絕種的羚羊，還流著雷鳴般的河流。那是世上最後之地。我開始意識到，這個國家是世界中的世界。

　　一片片原有人居的土地，如今都荒廢了。人權觀察組織指出，在博桑戈阿周圍地區開上幾小時的車，可能都看不到半個人在家。聯合國調查委員會在 2014 年 12 月認定，該國首都 99% 的穆斯林人口不是已經遇害，就是被迫流離。在整個中非共和國裡，80% 的穆斯林都被針對他們的暴力驅趕出國。其中有很多都在喀麥隆尋求庇護，我在那裡遇見了一位，也就是賽拉，並聽聞了另一位，那就是歐默。不

同於他倆，帕崔斯是基督徒（這並不是說他自認虔誠）；嚴格來說，帕崔斯是屬於「另一邊」（這並不是說他自認隸屬其中一邊），不過這種宗派衝突不能化約為過度簡化的「基督徒對抗穆斯林」。比方說，塞雷卡並不追求擁立一位哈里發。

我必須強調，我無意選邊站。我相信帕崔斯是對的：你們的人、我們的人、誰的人——那種想法正是問題的一部分。整個問題就是把人與人之間的差異，煽動成屠殺的藉口。無疑的是，兩個陣營都幹過難以想像的暴行。

▶ 兒童不是士兵

實際上，反巴拉卡和塞雷卡都被列在聯合國那份不名譽的〈附件一〉，該名單列出各地武裝衝突的重要當事方。因此，這兩個中非共和國派系都同流於剛果民主共和國的馬伊馬伊武裝組織、索馬利亞的青年黨、緬甸的戰鬥團體、以及敘利亞的叛軍。塞雷卡和反巴拉卡都被列為使用、招募、殺害、並施加性暴力於兒童。此外，聯合國還推斷，反巴拉卡對中非共和國的穆斯林族群採行一種堅決的「種族清洗政策」。已開發國家的一般大眾，有多少人知道這場災難性的人類悲劇？我想，如果我們不知情，就不可能去關心。在很長一段時間裡，我都不知情。

然而，現在我知情了，並打算做些什麼。在本書末章，我將發展這項主題，並提出一些建議告訴你可以怎麼做，如果你想做的話。

聯合國祕書長在 2015 年夏季向安理會提出報告：2014 年是紀錄上衝突區的兒童處遇，前幾差的一年。拐帶兒童出現上升趨勢，而極端暴力也升至前所未有的水準。做為回應，聯合國兒童基金會發起「兒童不是士兵」（Children, Not Soldiers）倡議。但是聯合國兒童基金會正面臨著巨大挑戰。

　　許多困著受驚百姓的飛地，都還存在於中非共和國。正如阿瓦姬安在貝爾圖阿的特派團總部告訴我的，「這就像我在科索沃看到的情況整個重演：他們成了自己國家的囚徒。」我發現，把衝鋒槍架在她頭上的那位亞亞將軍，已在班基附近戰死，時間就在 2014 年塞雷卡倒臺之前。但是，他死前涉嫌讓七名農民被綑緊、扔進湍急的瓦姆河去淹死。奇蹟般的是，其中三人倖存下來。

　　我帶著一顆沉重的心，離開難民營。加多一號營的大小，如今已被加多二號營追上。人們還是必須逃離中非共和國危機；聯合國兒童基金會和聯合國難民署還是必須從事人道救援工作。正如阿瓦姬安說過的，「事情還在繼續。」國際危機組織（International Crisis Group）報告指出：這個失敗國家的凋敝，加上發生相殘動盪，使得中非共和國成了世界上「衝突鑽石」（血鑽石）的主要來源之一。許多都是透過走私路線，經過喀麥隆被偷運到西方的——就沿著我從中非共和國邊界返回貝爾圖阿的路線，也就是綠曼巴蛇橫行的那條路。

▶ 避亂難民的悲劇

　　帕崔斯、賽拉和我坐在簡易餐館的白色塑膠椅上。

　　「所以你們現在要怎麼做？」我問。

　　正當帕崔斯手拿香菸，全盤托出他的宏大計畫，我逐漸充滿另一種擔憂。「你非得這麼做嗎？」我說：「誰都知道這有多危險。」

　　「那中非共和國就不危險嗎？」帕崔斯答道。

　　「可是你是在這裡，在喀麥隆。」

　　帕崔斯看著我，而我看到自己模糊映在他的圓型墨鏡上。「讓我問你：你想留在這裡嗎，留在喀麥隆？」

　　「不想，」我說。

　　「為何不想？」

「好吧，我瞭了。不過，只因為這裡不是你家。」

「如果我不能待在我家，我要盡量找最好的。」

我告訴他，我們在倫敦的律師事務所如何投入保護那些被蛇頭剝削的人，還有我們如何扶助和代表難民尋求庇護者。我們努力去做。我承認那似乎微不足道。「所以我會在歐洲見到你嗎？」我說。

「到時候你會給我那些牛仔褲，是吧？」帕崔斯說。

我笑了。「當然，是的。那你會給我一個好價錢嗎？」

「公道價，」他說：「我跟你講過是公道價。」

我們握了握手。所以，到了最後，法蘭索瓦說對了嗎：我喜歡他這位生意人嗎？看來似乎更甚於此。

賽拉慢慢張開雙手，顯然她想說些什麼。我們兩個都沉默下來。

「原諒我，」她說：「可是他們說的是真的嗎？」

「你指的是？」我問。

「歐洲人，他們不想要我們過去？他們討厭我們？」

我能怎麼說？她用那雙聰明洞察的眼睛看著我，試圖瞭解歐洲人現在怎麼看待難民。我覺得她值得知道真相。

「有些人是像那樣，」我說：「很多，但不是全部。」

「可是很多？」

「是的，」我說。

「我愛我的國家。可是在那裡，他們要殺了我。」

「我知道，」我說。

那就是避亂難民的悲劇：熱愛家園，卻要逃離暴行和虐殺。

我跟帕崔斯一起晃向法蘭索瓦的賓士車。這時只有我們兩個人，法蘭索瓦正在餐館裡跟賽拉講話。

「你有什麼想法？」我問：「你要怎麼越過地中海？」

「一定是搭船，」帕崔斯說。

這是我最不想聽到的事,但帕崔斯這個務實派決定聽天由命。

「這將會非常艱難,」我說。

他一手摸過自己的光頭,抹去在雅溫德陽光下閃亮的汗珠。「那片沙漠,」他說:「還要更糟。」我聽過那些故事:很多人都在橫越撒哈拉沙漠途中喪命、遇害或遭到綁架。「不過,我會知道,」帕崔斯接著說:「誰可以信任。」

我相信他,我信任他。他信任那男孩。在我認識的人裡,沒有幾個是我願意支持去做那件事的。帕崔斯正是其中之一。接下來只有一兩件事要補充。

▶ 你的奢華,他的鮮血

我接近了。

加多難民營距離中非共和國邊界只有二十英里。我可以感覺到那裡的強大拉力。我急切想要越界,卻被勸告不要,還不要,除非有了適當的保安計畫。好吧,我告訴自己,好吧,要有耐心。無論如何,前往班基以外(甚至那座首都的某些區塊)仍是極為危險的。而我想跟受困在這場瘋狂裡的普通百姓直接對談,而非只是見見官員。在聯合國喀麥隆東部難民營裡,我得以遇見許多逃過屠殺的人。

當你進入那些營地,注意到的第一件事就是到處都是孩子(60%的難民是幼兒或青少年)。在加多一號營裡,我最終跟四十多個來自中非共和國的六、七歲孩子踢起足球。這當然有點不合規矩——我贏了。我就是忍不住。很抱歉,我的朋友們,不過足球就是足球。他們明白。他們圍了上來,全都假裝在敲我的頭。能被敲頭是幸福的。

然而,即便是在那個歡欣時刻,我還是注意到,有個身穿破爛綠汗衫的小男孩,就站在我們剛才踢足球的那片灰土地邊上。他纖瘦的身子傾向左邊,耐心倚著一根木頭做的代用枴杖。他失去膝蓋以下的

大部分左腿。醫務員告訴我，有時候中非共和國的兒童會被截肢，因為完全沒有任何醫療處置可預防疾病。然而，正如聯合國所報告的，有時候兒童會遭傷殘，做為一種戰爭行為。

我花時間訪談（或者，說更精確點，是傾聽）那些流離失所的人類同胞，他們既渴望又害怕回家——在回頭不到一小時路程外，殺戮還在繼續。他們講起家鄉的時候，帶著痛苦，同時也流露極大自豪。然而，一直都有更多鮮血流下，森林也受到劫掠而逐漸消失。

阿瓦姬安跟我始終沒能進到紅盒子酒吧，那裡的 VIP 歌廳依舊成謎，就像那些高高爬上樹梢的嬌嫩黃花。在貝爾圖阿和那些營地，阿瓦姬安繼續孤軍對抗營養不良、疾病和無家可歸。請容我在僅此一句話裡，夾帶阿瓦姬安語：「*Allora*（然後），阿瓦姬安，*mon dieu*（我的天啊），我知道你討厭這樣，好吧，可是，很抱歉，是啊，可是，你為中非共和國所做的一切，都很偉大。*Va bene*（好的），阿瓦姬安，*obrigado*（謝謝）。」

於是，隨著這些影像緩緩在腦海翻過，我也搭著法國航空從雅溫德飛往巴黎（溫雅德並沒有直飛英國的航班）。機上的飛行地圖顯示我們正飛向撒哈拉沙漠心臟地帶上空，途經尼日共和國中部的阿加德茲，這是穿越大沙漠的人的一個暫停點；我們高高飛過馬利共和國的廷巴克圖東邊，接著在地中海再度發現水，然後終於離開這片人心形狀的非洲大陸。我在一個安全、消毒過的機艙裡完成這一切，只用了幾小時。同樣的路程，可能要耗費帕崔斯和賽拉數週或數月時間。

我有一種明顯不安的感覺，我回程的飛機不同於來程的——這是另一種飛行機器；我前方椅背袋裡的雜誌，不是同一種刊物。

我們飛過不祥的大沙漠，飛過那些抓緊鼓脹背包和夢想走向大海和歐洲的人。永遠都有便車可搭，帕崔斯這麼說過。還有多遠才能越過可怕的大沙地呢？我從椅背袋拿出雜誌。「您的個人印本，」法航《女士》（*Madame*）雜誌夏季刊編輯群大方宣告。這就像是有人留

下專屬於我的禮物。我快速瀏覽那些光鮮亮麗的廣告，並沒有特別讀進什麼，直到有件事觸動我：所有廣告幾乎每兩個，就有一個是關於 *joaillerie* ——珠寶。我在之前那種飛機和雜誌上，從未發覺多到這種程度，那時我尚未遇到帕崔斯和賽拉，尚未遇到別的事情。

　　從封面的卡地亞和梵克雅寶，內頁的布契拉提、尚美巴黎、蕭邦錶、寶詩龍、伯爵錶、寶格麗、帕斯夸萊布魯尼，再到香奈兒的全版封底，全部都是 *les diamants* ——鑽石。

15. 那些手從遠古伸向我們

在中非共和國，「攻擊者」似乎脫了韁，到處亂跑。

然而，那不是事情全貌，那不可能是，〈塞維亞反暴力聲明〉要我們相信那不是。我們急切想要那麼相信。當我們在過去幾年一再聽聞關於暴行和恐怖活動的報導，我們想要把〈塞維亞反暴力聲明〉當作信條緊握。所以，我們學到了什麼？

我們必須認識到，攻擊是一種適應。攻擊是求生行為的一部分，被動物用了好幾億年，而且遍布大自然。它就在我們內在，可能是我們的一部分，但不是唯一的一部分。它甚至不是最重要的部分，但就是在那裡。它並不界定我們，也不決定我們。它的演化同步於文化，同步於規則、限制、同情。

然而，我們必須清楚瞭解它是什麼，還有它不是什麼。埃伯特之類的勇者，不斷探索創新而聰明的方法，來對付戰鬥亢奮、以及那種癮頭溢到衝突後生活和社會的情形。埃伯特團隊的研究，對衝突後社會和轉型正義，都有重大意涵。事實上，「攻擊者」出現在非常特殊的情況，大家正奮力要加以壓制。不過，先讓我們誠心理解。

我們還學到些什麼？我認為，在這〈第五種人性典型：攻擊者〉篇章裡，我們遇到一些非凡人物，那些人物各以與眾不同的方式（這些人之間幾乎不能更不同了），試圖勝了世界。

阿瓦姬安，她擋著裝填好的武器，說人們需要食物。

歐默，他身處瘋狂之中，卻發自內心拒絕「攻擊者」，寧可失去

自己的手，也不奪走別人的手。

賽拉，她冒著被痛打或更糟的風險，只為照料歐默的傷口。

帕崔斯——我該怎麼形容帕崔斯呢？他發現一個男孩，那男孩所屬信仰是「他的人」理應敵對的，但他卻信任男孩，跟著一起回到危險之中。如今他到哪裡都會記得那個男孩。

這些人各以不同方式面對「攻擊者」；他們都找到全新方法，來獲得自由。

▶「攻擊者」並非不受拘束

在西非往歐洲那條又長又糟的路線某處，有個小點就在從非洲衝突區逃難到北方的那道蜿蜒人流之中，或許是在可怕大沙漠邊上其中一處人口販運淵藪裡，或是一身塵土半睡在一輛快解體的卡車後面，又或是跟其他走險者擠在一艘不堪航海的小船（蛇頭買的）甲板上。有個男人就像水銀般移動，他那光頭上還戴著圓形墨鏡，他會在你面前，用印著黑色國王紙牌的打火機點香菸。然而，在這段旅程中，他不會完全孤單。

因為陪伴他的還有一個人，就是那位曾讓父親給自己買了金盒子的年輕女子。也許她會抵達巴黎，即便她父親從未到過。在這場漫長而危險的苦行、這場基於求好、喘息、希望……這些舊理由的新遷徙中，兩人背後將會跟著一個影子，那影子的主人是個男孩，他的名字叫歐默。

這個少年在我們時代最殘酷的衝突裡，成了童兵。正當周圍的人都被殘傷和瘋狂吞沒，他找到方法來忠於心中某樣好的東西。歐默找到自己的方法來保持自由。

聯合國教科文組織很可能是對的：我們並非在基因上設定成有一個「暴力大腦」。然而，人對人的暴力仍然摧殘我們的生活和群體，

充斥新聞節目和報紙。有些心理機制讓人傾向去殺、去克服我們對於傷害他人的厭惡，正是那些機制讓人把蟲子倒進世上各種消滅機；但我們內在也有其他本能和衝動，與之交戰。那般衝突的結果，可能就是我們的行動、我們最終的作為。如果說我們有個「攻擊者」，那麼它在幾乎所有人身上、在幾乎所有時候，都不是不受拘束的。能夠展現攻擊性的能力，有時候無疑具有生存利益：保護自己的幼兒、防禦可能致命的攻擊。然而，能夠展現攻擊性，並不會使我們在天性上僅存有攻擊性的特質。我們還有其他特質，像是同情心，像是犧牲。

歐默回去了。他回去救那個照料他傷口的年輕女孩，也就是那個痛打他的男人的叢林新娘。在他國家內戰的愚行裡，那女孩是他的朋友。在他們周圍的狂熱和暴亂裡，歐默內在有個東西在反抗，那東西排斥屠殺暴行，卻讓他付出極大代價，最終更付出了終極代價。

當歐默這麼做，他就在我們其中一項無止境的自我爭執裡，選邊站了，那項爭執（依據考古證據）可溯及一萬三千年前、溯及薩哈巴墳場。歐默堅決反對那些會去屠殺和殘傷的人。他沒有慾念去幹那些事。這意味著，他所目睹的暴行極可能讓他深受苦惱和創傷。他很可能沒有發展出韌性。在觀看那一切的時候，他並不是像一條睜著眼但終歸是睡著的魚。他原原本本看到了。他試圖搭救他人，最終卻因而喪命。

我知道這樣很不理智，但是我仔細觀看非洲移民被義大利海巡隊（那身連帽外衣和口罩白得讓人不安），從蔚藍地中海拉起的影片，很想知道能否看到帕崔斯和賽拉。我之所以講述他們的故事，是要讓大家知道，這兩個人跟隨成千上萬人冒死越過非洲撒哈拉沙漠的人，來自何方，還有他們的生活是怎樣的。要讓我們別急著譴責、轉過臉、關電視。

我從未見過歐默，就像我也從未見過米亞特，或是安東尼的朋友麥可。然而，我將歐默看作那條奧祕的生命之鏈的一環，那條長鏈穿

過時空，串起米亞特、朵恩的兒子亞歷山大、安東尼和麥可，如今串連到中非這名逝去的男孩，也就是歐默。

我之所以講述這些，也是因為埃伯特和紹爾寫過的另一件事。他們談到，遇見倖存者的時候，我們這些不曾直接置身衝突和混亂的人能做一件很有用的事：

記錄並承認人權侵犯事件，
可以讓人重視那些撐過恐怖境遇和組織暴力的人的記憶熱點。

還有一個詞可以形容做紀錄這事：做見證。那就是埃伯特與同事所做的。他們正在開發一些干預措施，來對抗衝突暴力的持久影響、對抗「攻擊者」的那些表現。

聯合國兒童基金會的雷維葉，努力尋找創新方式，來促使大眾注意中非共和國兒童的困境，還有結成新的同盟。「你知道的，」雷維葉說：「我們對抗這場危機，用的一直都是十九世紀的方法——床單和水桶。那些東西很重要，可是我們必須要能做得更好。」受到她的刺激，我去調查了已故天文物理學家霍金跟俄羅斯的「科學慈善家」米爾納（Yuri Milner）合作的計畫。配備「光帆」的微型太空船，將被發射到霍金所謂「我們跟那些恆星之間的廣大空虛」。在計畫發表會上，霍金還說：「我們是人類，我們的天性就是要飛。我相信，我們的獨特之處，就是超越自身極限。」

「噢，還有蓆子，」雷維葉說：「我們用了蓆子。蓆子很重要，可是難道我們不能為所有這些人做得更好嗎？那就是我們能做到的最好嗎？」

聯合國將中非共和國稱作：世上最大的「遭遺忘的人道危機」。我記得賽拉說過的話。「拜託跟他們說說，」她對我說：「拜託跟他們說說我的國家。」

▶ 你我齊聚在這顆岩球上

有一次帕崔斯問我：「你的手機有地圖嗎？」我說有。當時我們是在討論他眼前的旅程。「我們在哪裡？」他說：「給我看看我們在哪裡。」我照辦了。

那個應用程式呈現出雅溫德的衛星地圖，用了一個白圈藍點，標出我們的位置。

「你能把它變小嗎？」帕崔斯問。

我在觸控螢幕上夾捏，然後我們就拉遠了。雅溫德這座城市的各個區，出現了，條條國道穿過片片綠色森林。突然間，杜阿拉港市就出現在喀麥隆國境西邊的海岸上，與喀麥隆東邊靠近中非共和國邊界的貝爾圖阿，遙遙相對。

「再小，」帕崔斯說。我再拉遠，幾內亞灣提供了一片沁涼的藍色，是由奈及利亞、貝南和迦納圍成的。再拉遠，大西洋就出現了，往北邊，西北非在西班牙輕觸歐洲盡頭——那是古希臘人的海克力士之柱。東北非的埃及，則將非洲連到中東，突然就出現了伊拉克，然後是伊朗、哈薩克和蒙古。

「再來，」帕崔斯說。我在螢幕上手指一劃，我們就滑過日本，越過太平洋，進入美國大草原的心臟地帶，包括堪薩斯州和內布拉斯加州，再經過我熟悉的地方——紐約和波士頓。接著，迅速越過北大西洋，看到我那小小的島國家鄉英國，坐落在歐洲大陸以外，就像是後來才添上的。然後我向下捲動，既突然又令人目眩的是，我們回到了雅溫德。

「我們在哪裡？」帕崔斯又問了一遍。

他成功表達他的觀點。這就是我們的所在：齊聚在一顆在太空中靜靜自轉的扁橢球狀岩體。帕崔斯和賽拉的故土，既是她父親所說的最初之地，也是世上最後之地，來自那裡的兩人正另尋地方過活。

　　我不知道他們能否辦到，也不知道他們能否活下來。我希望賽拉的父親是對的，我希望 *tout est possible*，一切皆有可能。

第六種人性典型
結夥者

就對他說：「你說示播列。」

以法蓮人因為咬不真字音，便說：「西播列。」

基列人就將他拿住，殺在約旦河的渡口。

——〈士師記〉12：6

1. 充滿聲響的島嶼

　　這個篇章原本會是一片靜默、一片空缺和空白。我在海地的聯絡人珍努，讓我意識到：我的作為（說得更精切點，是我的不作為）造就一片靜默、一片空缺和空白。

　　我想瞭解人類的一項明顯特質：我們有某種迅速、偶爾不理性的傾向，會去形成團體、子團體、派系、國族、網路——也就是拉幫結夥。我們身上是否有某種人性典型、有個「結夥者」，促使我們形成團體？我曾經有機會在一個很特殊的人類境況裡探究，那幾乎是個時間零點。我有過那個機會，卻又失去了。

　　法庭生活和公開辦案總是展演式的，所有辯護律師都曉得這點。那種生活總是一種展演。然而，我從中非返回之後，有些事情正在改變。我開始察覺庭外生活裡的展演性。這一切始於新聞報導了一部即將播出的偷拍紀錄片。那一定會造成轟動。監禁機構裡的孩子仍在受著傷害和虐待，米亞特就曾遭遇如此情況，而我知道那還會發生。也就是說，我擔心那會一再發生。米亞特的母親帕姆告訴過我會那樣。為什麼？又是同樣那個繞人心頭的問題。但是現在，我把那問題連到別的事情，連到安東尼和麥可在迦納的遭遇、連到中非共和國的賽拉和歐默。

　　讓我先說清楚：我還能正常工作、正常過日子。從外表看來，沒有誰會察覺什麼異樣。我依舊出庭、辯護、偶爾擔任法官。我受託撰文並準時交稿、更新到期車險、打開印表機排除卡紙、做我出名的托

斯卡尼千層麵——這可是十年一次的大事，那道菜是我在義大利聖吉米尼亞諾附近一座農莊的中世紀塔樓裡，跟一位八十歲女士學的。然而我不斷回想到本書開頭提出的那些問題：我們是誰？我們是什麼？我們內在有誰？

我想到麥可游過一座不是湖的湖，看著魚、也被魚看，也想到歐默把手放上那塊石頭而不退縮。我正發訊給朵恩，我跟她慢慢成為朋友。她想知道我的旅行，而我也想知道她的學習之旅。她已從古代史繼續前進，現在整個地球的藝術史都向她開放。這一切全都捲在米亞特那些影片畫格上，裡頭的他默默走過走廊、左轉、關上門。那房間裡發生了什麼事？

我本來打算去海地，我很想去。那裡的人權專案是我希望可以有所貢獻的。然而，我無法下定決心去訂機票。為什麼？這不是一趟直航的航班，必須搭英航到美國佛羅里達州的邁阿密，隔天再從邁阿密轉機到海地首都太子港。可是那不是我推拖的理由。在邁阿密待上一晚，那有什麼大不了的。那不是實際理由。

我再度聯絡珍努，她就住在太子港，而且從事人權工作。那時，我們正要拓展我在漠南非洲的工作，試圖找到更好的方法，來保護弱勢者、兒童和婦女。我就站在泰晤士河那座通往泰特現代美術館的步橋上，距離老貝利後面只有一石之遙。珍努投入大量努力，要讓我的行程順利，她安排了一些人讓我去見、去聊、去瞭解。電話響了，當她在大洋彼端接通電話，步橋正在我腳下晃動。駁船滑過橋下，遊客紛紛拍照。

「珍努，是我，狄諤斯。」

「嘿、嘿，」她說：「所以你從非洲回來了？」

「我回來了。」

「我猜你有個故事要說？」

「不只一個，」我說：「有好多故事。」

「啊，那很好啊，不是嗎？」珍努的法語口音，帶著加勒比海的溫暖。

「是啊，」我淡淡的說。

接著傳來你能聽到最溫柔的聲音。「你還好嗎？」

「我不過去海地了，」我說：「對不起。」

我做好心理準備。珍努完全有權大發脾氣、罵我一頓。我把皮繃緊了。

「啊，我也很遺憾，」她說：「可是你還好嗎，狄諤斯？發生了什麼事？」

發生了什麼事？我試著退後一步，仔細想想。

發生了中非的事！我跟她談到帕崔斯、賽拉和歐默，也談到我造訪鄰近中非共和國的難民營，看見數以萬計的流離者。我還談到我是怎麼遇見幾十個孩子，跟他們踢了足球，太喜歡了，然後離開。那次離開讓我心裡一直糾結著。不過，跟珍努的對話才是「醫師，你醫治自己吧」的時刻。我之前都在研究同理心的認知成本，並且撰文談論。偷偷的、輕輕的，那已經悄悄影響到我。我還沒讓自己認清「目睹、暴露於這些事情的真正影響」——這是另一種曝光。我們試圖加以控制，這是一種防衛和否認。

「你去了那裡，你離開原本的生活，跑去那裡觀察，」珍努說。我沒想到她會這麼說：「那很了不起。」

「可是，光是觀察，」我說：「還不夠。」

談話停頓了一下。「那麼你打算怎麼做？」她輕聲說。

珍努的話，讓我想起一個問題。先前我跟同事花了好幾星期，打完我經驗中最激烈而野蠻的幾場法律戰，然後替帕姆及其家人爭得一份「好」判決。陪審團給了我們所想要的：用一份敘事判決（narrative verdict）嚴厲譴責英國監禁機構對待米亞特和其他孩子的方式。所以，沒錯，他們給了我們這些律師所想要的，可是沒能把帕姆的兒子還給

她。如果她不能如願，那麼她希望不要再讓其他父母坐在她坐了一週又一週的位置，看著那些奉命看顧這些弱勢孩子的人不斷閃躲卸責。

聽到珍努說「你打算怎麼做」，我知道我必須做得更多，就本書核心的三個關鍵問題去瞭解更多。可是在那一刻，我已經承受不了。所以我沒有去海地，當時沒有。因此，在幾個月裡，本章一直都是一片靜默、一片空缺和空白。

▶ 我們的種族意識有多牢固？

想像一下現代生活的一小片地獄：有個很吵的新鄰居搬進隔壁。你不滿、你抱怨。隔壁聲響沒完沒了——他們到底在幹嘛？

許多動物都對鄰居發出的聲響非常敏感。聲響就是訊息。從演化來說，偷聽具有某種作用。偷聽可能是具有適應性的，可以提供微小但有意義的生存優勢。雌鳥會偷聽吵嚷的雄鳥比拚歌聲，接著，雌鳥會尋求來自「贏家」的配偶外受精（extra-pair fertilisation）。歌聲受到頌揚的夜鶯——詩人濟慈所謂「樹林的輕翅精靈」，就用那種聲響來捍衛領域，用歌聲蓋過入侵雄鳥來表現敵意。另一方面，雄夜鶯在交配後，就較少發出聲響了。

所以聲響不僅只是噪音。可是你新鄰居發出的聲響太吵了。你跟家人抱怨，也跟朋友抱怨。他們想知道這個人是誰：「這個折磨你的傢伙是男的、還是女的？」「這個男的或女的，大概幾歲？」

但是，還有別的因素是這場對話會聊到的，還有別的事情是我們會想知道的。也許是他們來自國內何處；也可能是他們的社經地位。我們很可能會問，他們是做什麼的。比方說，下面的描述對你來說，是否充分？

「我那惱人的新鄰居是個女的。」

「她大概二十八、九歲。」

「我不確定她是做什麼的。」

這樣夠嗎？別的訊息會有用嗎？其他描述能幫助你嗎？

第一種描述：我那惱人的新鄰居是個女的；大概二十八、九歲；我不確定她是做什麼的。

第二種描述：我那惱人的新鄰居是個女的；大概二十八、九歲；我不確定她是做什麼的；她是黑人。

那第二種描述（不管我們喜不喜歡），立刻創造出一系列不一樣的心像和聯想（除非個人的身分和居住地，讓我們一開始就將她想成黑人——在這種情況下，請替換為白人、拉美裔或華人）。

科學研究一再發現，某些經常出現的「向量」（vector）浮現於我們希望迅速瞭解他人的時候。所以，每當碰到一個新的個人，我們通常會用社交空間裡那三個向量加以分類：性別、年齡和種族。我們對假設情境中那位新鄰居的想像，會因為他是個年老白人男性或年輕黑人女性，而大不相同。他們依舊產生同樣擾鄰的聲響，但我們對他們卻有著不同想像。當然，我們會那麼想像。為什麼？

很諷刺的是，我寫下這些的當天，正是聯合國「國際消除種族歧視日」，而種族相關議題一直以來都非常突出。在美國，布朗這名十八歲黑人在密蘇里州弗格森市被一名白人警察槍殺，引發了「舉手」運動；另外，川普總統針對幾個穆斯林國家，宣布了旅行禁令。越過大西洋，歐洲正面臨另一種危機，那就是同樣灌滿種族火藥的移民議題。在英國的脫歐公投當中，一項項調查都顯示選民心目中的頭號議題就是移民，這個複雜問題的核心，離不開種族——還有文化差異。

但是，有一群演化心理學家認為，在上述三項分類範疇之中，有一項不是一定要在名單上。也就是說，那三個向量裡有一個並未深植於心智。那個向量就是種族。

演化心理學家的論點是：在遙遠的演化過往裡，我們的心智機制在無數個千年裡持續演化，雖然人類總是形成群體（我們是社會性動

物），但我們的祖先就是沒碰過一看就像別的「種族」的其他人類。對比一下今日西方任何大都會區的生活。站在泰晤士河上通往泰特現代美術館的步橋上，我身邊走過中國旅行團、斯堪地那維亞學生、阿拉伯遊客、美國人，還有一些英國人，全都靠近彼此，都在幾秒鐘就可碰到彼此的空間裡。

所以，如果種族對今日的我們這麼重要，那麼這項概念到底有多麼根深柢固？庫茲班（見第30頁）在加州大學聖塔芭芭拉分校演化心理學中心領導的研究團隊，已經著手調查我們的種族意識到底有多牢固——我們是否真的天生敏感於種族？人類究竟如何、又為何形成群體？

▶ 去那邊，要趁天黑前

我的案子庭外和解的談判破裂了——謀殺案偶爾也會進行庭外和解。所以，出乎意料之外，我突然又有機會去海地了，因為原本需要待在倫敦法庭的一個月消失了。消失之快，差點就像2010年1月12日的事件（海地發生芮氏規模七的強震），當時原本裝滿的，瞬間空了；原本站立的，被壓碎。就在災變的幾秒鐘裡，千千萬萬人的世界和對於世界的理解完全改變了。

不過，首先我的謀殺案庭外和解談判破裂，我自由了（即便我的當事人得等候新的審理日期，尚未自由）。我得溫習法語。然而，即便溫習了，我也知道還不夠。我將需要海地克里奧爾語，而那代表我需要一名通譯。這就有意思了，因為我這次旅程在根本上最終也是關乎解譯。一個人要如何解譯（如何能夠解譯）海地這處驚人的奇蹟和災難？

我得做好醫藥準備。所以我又得去一趟肯辛頓高街的旅遊診所。一到那裡，我就發現大門封起來了，這讓我非常沮喪。奇怪的是，有

個高個子黑人男性，一身無暇白襯衫，還打了個緊緊的領帶結，就坐在外面人行道的凳子上。

「你想要打針嗎？」他問。

「要是我說真的想要，就是在說謊，」我答道：「不過我確定醫師會說，我得打滿整條手臂。」

這名白襯衫男子拿著一把長長的高爾夫傘。他將傘揮向巷道和大樓後方。「整修中。我教你怎麼從後面進去。」

於是我們走向送貨入口，走下幾階，經過幾位用收音機聽古典樂的工人。結果，我接種的疫苗大多還沒過期。我缺的是霍亂。海地從2010年以來多次爆發霍亂，如今大家愈來愈相信霍亂是聯合國維和人員與緊急援助人員帶來的，來源可能是尼泊爾。

「海地、海地……海－地，」護理師一邊唸著，一邊捲動螢幕上的資訊，「就請保持飲食衛生的最高標準。」她詳閱最新疫情週報，查死亡人數。「霍亂是經水傳播的，所以請用瓶裝水刷牙。噢，不要喝到你淋浴的水。」

「喝到我的什麼？」

「淋浴的時候閉上嘴巴。」她撕開一個小包裝，再把神祕的白色內容物加進水裡。那杯水開始發出嘶嘶聲。

我帶著懷疑注視著。「這是會有多可怕？」

那位鬍子修齊、面帶笑容的醫師說：「其實不難喝，這有點像是1970年代的人工碳酸飲料。」

「就像我說的，這是會有多可怕？」

「請再說一遍，」醫師臉上仍是笑容，「你為什麼要去海地？」

在我寫作本書期間去過的所有地方裡，我得到的建議以關於海地的最多，而且大多相互衝突。那些建議涵蓋了安全狀況、醫療風險程度、哪裡能去、哪裡不能去、什麼能吃、什麼要避免。不過，有一項

建議是大家意見一致的：不要在天黑後才到，務必訂到白天降落的航班。就那麼簡單。所以，突然間我就飛到了邁阿密。那正是風暴前的寧靜。

只是在我降落的時候，有一場可怕的風暴正襲擊佛羅里達。我所見過最黑的扁平積雲，低空掠過海面，帶來一片片狂暴的斜雨，就像在抽打著泳客，將他們驅離海灘。在暴雨中，棕櫚樹葉就像溼透的長旗那樣被吹向一邊。有股閃電觸發一陣震耳欲聾的汽車警報聲。這原本該是那陣寧靜才對。

然而，至少我很接近了。這比我能接受的還更倉促。可是，庭審律師不能挑剔。我們的生活受控於訴訟的極大不確定性，也就是說，幾乎不受控。我站在暴雨中的海灘，凝視著大西洋的浪潮。在美國東南沿海這裡的幾百英里外，就坐落著海地。

後來，當我在暴雨猖獗之際，坐看泳池周圍那些捲收的雨傘，女服務生收掉我的古巴總匯三明治。她其實是多明尼加人，就來自海地跟多明尼加共享的伊斯帕尼奧拉島的另一邊。

「你要去海地，真的很了不起，」她說：「怎麼會有個地方要受這麼多苦難？我哥是醫務員，他在 2010 年 1 月過去那邊，結果到現在還是不肯跟我講起那邊發生的事。你知道嗎，我大概從他的眼神看見了，看見那一切。」

我等著帳單送來，但她卻帶回一盤我沒點的東西，是三片切得漂漂亮亮的果仁蜜餅。「我們主廚，他是土耳其人，」她說：「這裡每個人都在玩樂，你卻要去那邊。他希望你享用這些。」

我向她道了謝，然後咬了第一口，這是我品嘗過的最溼潤的果仁蜜餅。我問她有沒有什麼建議。

「你知道的，去那邊，要趁天黑前，」她說。

2.　碼頭

　　《聖經》的第七卷書〈士師記〉，講述基列人和以法蓮人這兩個閃族支派如何交戰。在一場重大戰役後，基列人在約旦河的渡口設了封鎖，要捉拿逃走的敵軍。由於這兩個群體在外觀上無法區分，因此把守渡口的守衛奉命要求每個想要平安通過的人，唸出一個詞。這個詞就是「示播列」（shibboleth）。

　　示播列有好幾個意思：玉米穗或橄欖枝、溪流或湍流。然而，這個詞的重要性在於，以法蓮人的語言沒有 sh 這個音。他們沒辦法唸成那樣。當他們過不了測試，就會被殺掉。

　　但是，那只是一則《聖經》故事。那種任意測試（後來就被稱作示播列），只能是個宏大譬喻，用來代表人類的歧視行為和卑劣的結夥行為。

　　當他在 12 月 6 日踏上這座島，他相信自己碰巧發現日本，或者甚至是《聖經》中的示巴王國。然後過了幾星期，就在 1492 年的聖誕節這天，他的旗艦在沿岸航行時，再度擱淺。他將這片地方命名為西班牙島（La Isla Española）。該島是世界第十大島，至今仍然叫作哥倫布當年給的名字：伊斯帕尼奧拉。

　　哥倫布賜名的該島，並非無人居住。幾千年來都有大群農民和漁民，散布全島而興盛。他們是隸屬阿拉瓦克人的泰諾人，是上萬年前開始的那場人類大遷徙的一部分，他們的祖先從西伯利亞跨越陸橋來

到阿拉斯加，南下美洲。在進入加勒比地區之前，可能已遠至南美。

　　總之，島民熱情歡迎哥倫布和他那幫新來乍到的歐洲人。正如哥倫布本人所寫的：

　　他們沒有鐵、鋼或武器，也不懂得如何使用，雖然體格健壯、身材健美，但是因為他們極其膽怯……他們擁有的任何東西，如果你向他們索取，他們從不說不。他們反而會邀請對方共享，還會流露很多的愛，就好像是在交出他們的心。

　　有許多當代的報導，談到哥倫布「發現」後發生的事情。其中一份來自拉斯卡薩斯（Bartolomé de las Casas）這位塞維亞小商人之子。拉斯卡薩斯於 1502 年離開西班牙，前往伊斯帕尼奧拉島，就在哥倫布到達的十年內抵達該島。他寫道，大洋外的這片神祕土地是「最幸福的小島，名叫伊斯帕尼奧拉，這裡確實擁有最肥沃的土壤。」對於那些往西航向未知的歐洲海員，此處一定看似個奇蹟，有點像是天堂。甚至到了今天，這座島嶼仍有一大半覆蓋著熱帶溼潤森林，而且出沒著老鷹、蜂鳥、紅隼、杜鵑、鴿子和長尾小鸚鵡。

　　如同哥倫布，拉斯卡薩斯也很驚訝於當地原住民的性格。「如今在無數人類之中，」拉斯卡薩斯寫道：「這些是最天真無邪、最無惡意……而且一點都不渴望復仇，放下了所有怨恨、騷動和憎惡。」

　　拉斯卡薩斯獲得一份王室贈地，他仔細記錄所目睹的情況，後來更在西班牙出版他的記述《西印度毀滅述略》。過不了多久，該書就將遭到查禁，因為拉斯卡薩斯在書裡寫道，他的歐洲同胞開始「進行大屠殺和奇怪的暴行。他們襲擊城鎮，而且不放過孩童、老人、孕婦和產床上的婦女。」甚至，他觀察到在他的西班牙同胞之間，「殘酷成了一種常規，不只是要殘酷，而且是要非常殘酷，乃至於嚴厲無情的對待，這將使印地安人不敢自視為人。」

結果，伊斯帕尼奧拉島的原住人口不是被殺害或奴役，就是死於歐洲人帶來的疾病。哥倫布的「聖瑪麗亞號」是在 1492 年聖誕節擱淺於現今海地，他接著建立「新世界」第一處歐洲人聚居地，在此後幾個世代內，這座幸福島的原住民就差不多全遭滅絕了。

▶ 非常賺錢的奴隸殖民地

我坐在邁阿密國際機場，等待登機門打開。但是海地已然在此，我四周都有人說著海地克里奧爾語。在安檢站，有位年長女士被要求脫下帽子。其實是所有帽子——她戴了三頂，一頂疊著一頂。此外，她也穿了三件外套。

「女士，為什麼你要穿這麼多衣服？」那位警衛問道。

「為什麼你穿這麼少？」她立刻回答。

她其實說得很對。太對了。

我到的時候是白天，可是太子港發生某種事故，所以安全人員不讓來接我的司機進機場。我打了電話給珍努。她語氣堅定，清楚告訴我：「走出大門，但不要走出大門範圍，不要走進停車場，不要跟任何人講話，不要看任何人。什麼事都別做，在大門口等著就好。不要讓任何人碰你包包。」我等著。然後，正當威脅感不斷累積，突然間他就從擠向機場大門的人群裡出現了。

「歡迎光臨海地，」約內爾露齒笑說。這時下起傾盆大雨，正是我拋在邁阿密的鋒面，那道鋒面延伸籠罩我們飛航路線串起的片片土地：巴哈馬群島、古巴北岸、關塔那摩以東。

約內爾身上 T 恤的顏色，就跟剛剛消失的太陽一樣。他年約四十歲，身材粗矮，臉上常保笑容。「這是你第一次來海地嗎？」

「是啊，」我說。

「我們希望你會再來好多、好多次。」

我們握了握手，他是如此真誠歡迎、如此讓人放心的真誠，讓我很過意不去剛才在機場大門那麼害怕。他給人一種親切感，不只是因為他的樣貌，也是因為他的氣質。當我爬上他那輛運動休旅車，我瞥見那位穿戴三套外套和帽子的婦女也在停車場裡，她正將衣帽分給前來迎接並擁抱她的家人。他們一家人在雨中團聚，臉上滿是喜悅。他們的確需要那些外套。

正當約內爾和我開車穿梭在首都的大街小巷，就像我想每個海地人碰到初次訪客都會做的，他跟我解釋了那場地震。

「大部分帳篷都不見了，」約內爾說：「但是有一些還在。」大雨打在車頂，然後變成奔流，衝進一條條巷道──這座城市的殘骸似乎都是傾斜的，雨水就從一片片坡面奔瀉而下。我很想知道那些還在的營地，會是什麼情況。我很快就會發現。

「你看，這裡沒人知道地震是怎麼一回事。所以，大地震發生的當下，大家都很驚駭：現在發生的這是什麼啊？大家都不知道該怎麼辦。街上有些人跑進房子裡。噢噢噢。」

那種在危機中找掩避的本能，是可以理解的，但這回卻造成致命後果。

「你知道那些被帶來這島上的人，原本是從哪來的嗎？」我問約內爾。這裡的奴隸制始於西班牙人，然後在法國人底下加劇。海地是一處非常賺錢的奴隸殖民地。或許是最賺錢的。

「一定是來自非洲，」約內爾說。

「我只是好奇是非洲哪裡，如果你知道的話。」

他搖搖頭。「老人家他們說是從中非洲，還有貝南。」我的眼神一定亮了起來。「貝南？」我說。

「你知道貝南？」

突然間我好像回到了布孔（見第 76 頁）：一隻雞晃了過去，一個杏仁眼的男孩，正在練習拳擊的搖閃動作。

「我認識一個那裡來的人，」我說。所以：中非和貝南。帕崔斯會怎麼想？安東尼又會怎麼想？

「還有一些來自幾內亞，」約內爾說：「還有一些來自迦納。你知道迦納嗎？」

雨繼續在下。我們經過震損留下的建物骨架，上面的東西全都剝落、垮掉、粉碎了。「我知道迦納，」我說。

▶ 語言成為一種疆界

今天有兩千萬人生活在這座曾為泰諾人家園的島上。這兩千萬人幾乎可以均分為二：一半在東邊三分之二的土地，構成多明尼加共和國，那是個西語國家，全國 10% 左右的人口為黑人。伊斯帕尼奧拉島的西邊則是第一個黑人共和國，也是第一場黑人起義的發生地（打贏了拿破崙的軍隊），這片土地的居民說著海地克里奧爾語和法語，其中 95% 為黑人。他們住在地球上前幾貧窮的地方——海地。這座島嶼的切分正是關鍵所在。歷史上，那種切分刻劃、弄殘了伊斯帕尼奧拉島；在很多方面，情況還是那樣。

在 2010 年 1 月以前，海地最為世人所知的事件發生在 1937 年。那是一場屠殺。

1937 年 10 月，特魯希略（Rafael Leónidas Trujillo）這位法西斯傾向的軍事獨裁者，下令殺害那些越界定居多明尼加共和國的海地工人，那些人主要是來從事甘蔗生產。

特魯希略本人原先是甘蔗種植園的高級職員，後來跟著美國陸戰隊所訓練的國民警衛隊崛起掌權。1937 年的大屠殺，目的就是「邊境的多明尼加化」，是要把「他們」完全去除，把土地留給「我們」。從另一個角度來看，就是「去海地化」——正如紐約城市大學歷史教授保利諾（Edward Paulino）所述，就是「抹去海地克里奧爾語」。

這場衝突的根源很深，而且情況複雜。邊境在一個多世紀裡都是雙方爭奪之地，期間海地時而發動軍事入侵。然而整條邊界很鬆散，雙方邊區的居民往往難以區分。有些人從小說西班牙語，其他人則是說克里奧爾語。這意味著：語言本身就被視為某種邊界，是兩個不同族群的區別標記——這是一種虛假的區分，因為在歷史上這些人是交織相融的。儘管如此，正如海地裔作家丹提卡（Edwidge Danticat）在《鋤骨》裡所述，那導致一種情況，使得人們的言語被認為透露了「誰屬於哪一邊」。

為了分辨非裔多明尼加人和非裔海地人，行刑隊會將一把香芹，舉向那些被步槍槍口對著或被砍刀架著脖子的人。他們會要求對方講出那是什麼。香芹在西班牙語叫作 *perejil*。然而，那些不是從小就講西語的人，發現自己幾乎不可能把 *r* 發成打舌音或顫音，於是發不出 *perrrr-e-hil*。這就要了他們的性命。所以，某種示播列被用上了，就在過去一百年內。

人們被射殺、勒死或被砍刀砍死。在多明尼加的蒙特克里斯蒂港口，有一千人被趕下碼頭，溺死在伊斯帕尼奧拉島沿岸海裡，很接近四百四十五年前聖瑪麗亞號擱淺的地方。

即便經過這麼久，1937 年大屠殺死了多少人，還是有爭議。相關數字從五百人到三萬五千人都有。然而在學術文獻上，似乎愈來愈有共識，認定死者介於一萬二千人到一萬五千人。換言之，是用步槍和砍刀屠殺了一萬二千人到一萬五千人。砍刀是行刑隊偏好使用的屠殺武器，目的是要讓人覺得這是多明尼加公民的自發反應。事實上，這是一場軍事行動，係由國民警衛隊和軍隊精心策劃，並由民間志願者增補。正如美國大使在電報裡，向小羅斯福總統報告的，這場行動是「一場全面的滅絕行動……對準所有海地裔居民。」

時至今日，伊斯帕尼奧拉島依然承受著那種切分的傷痕。根據歷史教授保利諾所述，多明尼加共和國仍深陷於「多明尼加認同的排他

觀」，那種觀念將海地裔黑人百姓貶到次等地位——在自己出生的島上，被視為外國人和外人，甚至是敵人。

也就是區分成「我們」和「他們」。

3. 狗都變野了

　　在加州大學聖塔芭芭拉分校演化心理學中心，庫茲班跟兩位共同創辦人科斯米德斯和托比（見第 29 頁），試著研究「種族」這項分類工具有多難消除。他們很想知道，那是否可以根除？為了仔細檢視這個問題，他們採用了一種典型的記憶混淆實驗，這種實驗設計至少可以追溯到 1970 年代。

　　研究人員向自願受測者出示一些照片和一連串逐字稿語句。照片拍的是某場籃球賽裡的球員，語句則是爭執某次犯規的吵架片段，內容大概是像這樣：

　　你抓了我隊友的臉，還想裝沒事？
　　那是胡扯！你要聽哨音打球。沒響哨就沒犯規。

　　以上是高強度競賽裡常見的垃圾話，而且有人會說，這是樂趣的一部分，是「有節制的暴力」的宣洩（那又是另一回事了）。對於受測者來說（全都是加州大學聖塔芭芭拉分校的大學生），下個任務就是完成記憶測驗。首先，有一項一分鐘的補空／分心活動，比方說，受測者被要求指認美國的五十個州和州府。然後他們就進到該研究的真正重點：受測者可以多麼成功把個別球員，匹配到陳述、匹配到他在爭執中講的話？

　　那些語句以隨機順序重新出示。受測者是否能將球員跟語句配對

起來？如果不行，如果在歸分上出現錯誤，那麼那些誤歸有沒有任何模式？這個實驗設計上，有一項關鍵特徵，就是有些球員是白人，其他球員則是黑人（非裔美國人）。那項特徵會不會表現在結果中？

庫茲班與同事所發現的是：在未明顯標示每位球員所屬球隊的情況下，受測者較少將某段表述誤歸到另一「種族」群體的某人。換言之，種族是凸顯的：那些白傢伙在講這個，那些黑傢伙在講那個。

記憶混淆實驗模型的原理，就是受測者所犯記憶錯誤的種類，可以揭露他們如何將人分類、用以劃分世界的分割線為何。種族似乎可以引導個人想起是誰在說什麼。

這個實驗後來又重做了一次。這回，那些球員穿上隊服，有些人穿黃色，有些人穿銀灰色，這明顯標示每個人所屬的團體，同盟線索於是被放大和強調。這回，受測者出的錯有了重大變化，很少誤歸是落在團體（隊伍）的界線上。也就是說，受測者大多能正確指出「穿黃的傢伙在講這個，穿銀灰的傢伙在講那個」。大家反而是在按種族界線將陳述歸到球員時，出了更多錯。庫茲班研究團隊的假說主張，受測者一旦獲得同盟（隸屬團體）的資訊，他們會偏重那些界線產生的分類，而偏廢種族。種族變得沒那麼凸顯，沒那麼重要。

這項發現稱作「種族抹除效應」，具有可能影響深遠的意涵。是否真的就如庫茲班論文標題所示，種族可以被「抹除」？若是如此，那麼這對我們的先天種族敏感性，說了些什麼？

庫茲班團隊的研究成果非常重要，引發荷蘭研究人員試圖重複驗證相關發現。他們使用類似的方法，結果發現：雖然種族敏感性未被完全「抹除」，但確實減少了。看來，某些線索或信號，像是穿著不同運動隊伍的上衣，來標示隸屬，可以產生類似種族的作用：那些線索或信號可以做為劃分和理解世界的凸顯方式，從而可以減少種族的影響。

根據實驗結果，研究人員認為：我們並未自動為種族編碼；種族

其實是其他結盟線索的副產品。換言之，種族是一種用於界定內團體（「我們」的團體）和外團體（「他們」的團體）的代用品或速記法。這是因為，一旦受測者看見其他相衝突的結盟線索，種族的影響雖然未被根除，但卻會顯著縮減。

要是我們的大腦真的已針對種族「硬布線」，上述發現就會令人更驚訝。因為我們的種族敏感性迴路應該會被觸發，而且我們應該會持續注意到種族。然而，那並未發生在庫茲班的實驗，亦未發生在荷蘭的重複驗證研究。這無疑是一項重大結果。庫茲班與同事發表的論文，後來被引用了好幾百次。

庫茲班的論文提到，「對於人類心智，種族只是一種歷史上偶然的同盟子類型」。這些實驗的受測者成長於現代世界——在那當中，種族是一種在社會上意義重大而顯著的範疇，是我們的主要分類方法之一。然而，事情並非總是那樣。回溯到演化過往，種族很可能或多或少是無關緊要的，因為我們的祖先不會遇到其他「種族」。當時世界人口稀少，而且太過分散。

我們祖先遇到的那些部落，一定都跟自家部落很像，在基因上和外觀上皆然。差異不會在於種族。然而，那個問題依然存在：如何決定要信任誰、害怕誰、聯合誰、避開誰。這是將世界分為我們和他們的恆久問題。在 2010 年 1 月 12 日的伊斯帕尼奧拉島上，這個問題帶來毀滅性的效應。

▶ 這個國家垮了

事情發生在那天下午，離五點還有七分鐘。當時，辦公室就要關門了，學校也在放學，正是伊斯帕尼奧拉島上人類每天最繁忙的時刻之一，到處都是人。

一開始，那物事穿過草地蜿蜒而來，就像是一條蛇，蛇尾深及地

表以下八英里，然後突然就現身了。就在太子港西南方十五英里處的萊奧甘（Leogane），那個地底下的物事集中起來，竄出地面。地獄之火被釋放，既兇猛又無情。大地震動起來，真的在震動！

然而，地震並未持續很久，大概在三十秒到一分鐘之間。那似乎不是很久，除非你身在其中。但正是那極短期間發生的事，改變了一切。

2010 年 1 月 12 日星期二，下午四點五十三分，一場芮氏規模七的地震，襲擊海地。超過二十五萬人遇難，太子港被毀，震央所在的萊奧甘被夷為平地，海地南部的大部分地區全垮。位於首都的聯合國大樓原為一座六層樓的行政大樓，裡頭有一百人，就跟著一個個樓層和一堆堆水泥塊一起垮下來。

美國駐海地大使梅頓（Kenneth Merten）就該國發生的情況，作了最好的描述。「看起來，」他說：「就像原子彈爆炸一樣。」

海地是西半球最窮的國家──美國中央情報局出版的年鑑《世界概況》如是說。中情局也在網路上，貼出大量事實。我在海地的頁面往下捲動。以下是另一樁事實：「2010 年 1 月，一場規模七的大地震襲擊海地，震央位於首都太子港以西大約十五英里處。據估計有超過三十萬人遇難，一百五十萬人無家可歸。這場地震被評為該地區在過去兩百年來，最嚴重的一次。」

海地這個國家垮了。

人們聚在教堂外祈禱、聚在政府大樓的瓦礫堆外唱歌。到處都是屍體，到處都成了露天停屍間。各項生活問題都以全新樣貌重現──老問題、新樣貌。住處、食物、水、安全、……，尤其是安全。到處都是危險：來自腳底下的地面，來自頭頂上搖搖欲墜的建物和磚塊，來自周圍的人們。

帳篷城紛紛出現。沒有社區，沒有街道，只剩下家庭的碎片，就好像有一隻不可思議的巨手隨機撿人──你、你、不是你。在一次心

跳的時間裡，大地一震，其他人都不見了。

正如太子港某所學校的負責人娜歐蜜所說：「突然間，砰！沒有富人，也沒有窮人。每個人都在聖皮耶廣場的帳篷裡，這時候我們明白自己不過是人。我看到街上有個男孩正在流血，我試著去幫他。我看到我們學校一位老師整個趴在街上，他的背裂開了。裂開了──他的背完全裂開了。接著我就哭了起來。我不知道該怎麼辦，而且一直哭。然後，後面有一隻手放在我的肩膀上，是個女人，我在之前和之後都沒見過她。她輕聲說：『別哭。我們不能哭。我們有工作要做。我們都有工作要做。』」

這是真的。光是要活下去，就有好多工作要做。然而，其他人開始從事另一種工作。

▶ 全新的幫夥

世界是全新的。人們要怎麼過活？海地人做了人類很可能一直都在做的事：他們形成群體。我們身上很古老的那部分重新浮現。隨著舊有方式消逝，人們之間出現新的群落。有一種全新的他們，以及一種全新的我們──全新的幫夥。有些人會將食物給予陌生人，給予那些共享這小小奇蹟、同樣蒙恩倖存的人。然而，那裡還有其他人──劫匪。劫匪會為了任何東西殺了你，像是你手裡的一袋米。他們會把人拖出車外，還會射殺駕駛，開走車子。他們才不在乎。有一些還是原先的鄰居，可是此時再也沒有什麼像是鄰里的東西了。

伊斯帕尼奧拉島這西半邊的世界，是全新的。

狗都變野了。有些狗就像城裡其他不幸的動物一樣死去，其他狗則是跟著黑幫劫匪到處跑。劫匪帶著棍子、砍刀、鐵棒、削尖的木頭、任何硬物。有些店主武裝起來，他們開槍射向劫匪，其中一些就喪命了。人們從窗子或塌了的屋頂爬進掏空的房子，拖出床墊，而屍

體還在裡面。人們在口鼻上綁著東西當作口罩，藉以來抵擋惡臭和空氣傳染病。牙膏成了搶手貨，被抹在鼻子底下，以抵擋屍臭味。到處都是死者，車子都被用作靈車。然而，就連這些車子也遭劫奪。屍體被扔出，車子被開走。黑幫沿路形成，然後製造路障，強索過路費。他們制定一種新稅制。一切都是新的，卻也非常古老。有時候，屍體會被堆起來當路障。

這發生得多麼快，卻又多麼可料？什麼出現了？一幫幫竊賊和劫匪，從首都以外趕來。不過，有很多賊匪已經在那裡了。太子港的主要監獄垮了，全部四千名囚徒都能逃脫。「他們利用這場災難，」國際紅十字會如是說。那些犯罪黑幫拚鬥殘餘警力，同時也相互拚鬥。國際援助機構的醫師發現，除了那些需要他們幫忙處理骨折和頭部受傷的人，還有一些人身上有槍傷。

有些黑幫「收費」讓人劫掠某些倉庫，這是另一種稅。他們拚鬥首都居民，爭搶任何東西，像是蠟燭、肥皂盒，還有一切一切。某家國際通訊社報導一場劫掠「瘋狂」（frenzy）。那樣寫，對嗎？英文的frenzy 源自希臘文的 phren，原意為心智。當時人們失去了心智嗎？

在太子港卡佛區的聖公會教堂，科爾（Reverend Paul Frantz Cole）牧師說：「如果人們得不到食物，他們就會有理由發洩我們所有人內在的暴力。」

他說的「我們」指的是誰？他說對了嗎？我們的內在有什麼？

4. 就像在切葉子或削水果

　　佩蒂翁維爾（Pétionville）在歷史上是太子港其中一處高端社區。在當地某座山丘斜掛下來的一條巷道上，坐落著卡內索夫（Kanesof）的辦公室，卡內索夫是一所由婦女組織經營的學校。她們正在建造一道牆。一塊塊磚頭堆疊整齊，旁邊是一堆破碎石塊。正如我即將發現的，太子港很多婦女組織都得建造堅固的圍牆。

　　我們把車停在瓦礫堆旁邊。建物群的另一邊，圍著危傾的浪板。這是我想要已久的一場聚會，為的是要聽取她們的工作，探討我們有什麼方法可以協助支持她們的各項人權計畫。

　　娜歐蜜是該組織的負責人。四十多歲的她，個子雖小卻很堅強，整個人散發自信，眼神也透出堅定。

　　我們就坐在娜歐密團隊蓋的這所學校的一間教室裡，室內的木製長凳擺成馬蹄形，窗子全都沒有玻璃，就只是牆上的開口，教室後面漆上鮮明的金絲雀黃。其他幾面磚牆全都裸露。正當二十位左右的婦女聚集，一陣涼風就從附近那些圍繞該市的山丘吹來。

　　「我媽啟發了我，」娜歐密說：「我爸媽有九個孩子，我們全都不懂得讀寫，所以我媽自己去了學校、去學。大家都取笑她，一個大人還去上學，就連我爸也在笑。可是她不在意。她一邊努力學習，一邊把我們帶大，她還成了老師。我很自豪看到我媽當了老師。所以等到我長大，我就主動接下擔子，去教婦女和兒童讀寫。我開始教那些里斯塔維克（Restavek）孩童。你剛才跟我們談到迦納的童奴，唔，我

們在海地也有一種童工，這些孩子被稱作里斯塔維克。」

里斯塔維克所源自的海地克里奧爾語詞彙，意為「待在一起」。那些孩子是被送去待在另一個家庭，送離父母身邊——如果說他們有父母的話。他們形同成為某種家財或他人的動產。這是某種形式的童奴。

「這深植在我們文化裡，」娜歐蜜接著說：「我沒辦法阻止，我很想，可是沒辦法，所以我就想，我可以做些什麼來幫忙？然後我發現：我可以教這些孩子讀寫。我開了一個班，裡面有三十五個孩子。可是外頭還有這麼多孩子。『求求你教我學讀寫，然後我就會找到通往自由的方式，』他們說。我要怎麼幫他們？」

娜歐蜜去拜訪了佩蒂翁維爾的區長。2002 年 10 月，她給一百八十二個孩子上課，一年後變成二百五十五個，現在則是有八百個。

「這些孩子大多沒什麼東西吃，我們盡量每天給他們一餐熱食。可是有些日子裡，我沒辦法給他們提供食物，那就真的慘了。我覺得讓他們失望，我睡都睡不著，因為我知道這些孩子會餓著肚子睡覺，那樣我怎麼吃得下？怎麼可以？」

娜歐蜜繼續訴說：「1 月 12 日那天下午，我們有一個里斯塔維克團體班。我們都是在下午給他們上課，因為他們上午得工作。那是他們的生活，我不喜歡，可是也沒辦法。我那些職員在上課，而我整天都覺得不舒服，就像有一股壓力在我腦袋裡往下壓。我沒有感冒或什麼的，可是整天都不舒服。我正在市中心幫孩子們採購幾臺縫紉機，然後不知怎的，我就打了電話給校長，請他在四點三十分讓孩子們放學。我不曉得我為什麼那麼做。我說：『四點三十分讓他們放學。』我回到學校，孩子們已經放學了，所以在砰砰砰的那時候，學校幾乎是空的。我不曉得那是什麼，牆壁都搖了起來，好像就要倒在我們身上，大家都在逃跑。」

她指著我們開車進入卡內索夫校區停靠的那面牆。那面牆先前倒

塌，害死五個人。「我跑到德爾瑪七十五號幹道，看見一個流著血的孩子，他說：『我要找我姊姊，我姊姊在哪裡？』我不認識他，也不認識他姊姊。他就渾身是血在那裡說：『我要找我姊姊。』一間間房子都倒了，人們都在尖叫、受困、生命垂危，而這孩子說：『我要找我姊姊。』然後我看到我們一個老師趴在地上，背都裂開了，而且不會動。我開始哭了起來。」

「在那之後，我開始對人生有不同看法。我們沒有自己想的那麼重要。在三十五秒之內，整個國家就失去三十萬人。地震過後，我更瞭解人了。沒過多久，我就有六十個人待在我房子裡。我怎麼餵飽他們？可是多年來，我找到方法餵飽幾百個人，所以我知道我會再次找到方法。」

婦女得要排隊領取應急物資。她們在某種代券制度裡，拿到領用卡。「那些保全，」娜歐蜜說：「他們有時候會要求婦女先跟他們發生性關係，才能使用這些卡片。」

性成了一種貨幣。那些持有倉庫鑰匙的人——男人，要求女人以性來支付。一個情急的年輕媽媽該怎麼做？或者一個父親死了、母親又壓傷垂危的十幾歲女孩呢？

▶ 此地只剩兩個群體：他們，以及他們的受害者

世界重新劃分，分成兩個幫夥：有產者和無產者。

在地震後那場達爾文式生存鬥爭裡，人類做了人類總在做的事：形成群體。我們的社會腦（social brain）和聰明才智，為了追求生存策略，被吸引到一種非常古老的辦法：聯合起來，組成同盟。大家都是群體行動，也將世界看作一個個群體。然而，在那些個充滿恐懼和餘震的可怕日子裡，各種分類有了新的配置。有些人掌控資源，其他人則是一無所有。

　　聚在學校那些婦女中的另一位，也就是菲斯林女士，她正是一無所有的那種。

　　在我們說話的時候，菲斯林調整了頭上草帽的寬簷。那頂帽子帶給她一種快活質樸的氣息，與此對比的，是她的涼鞋，趾間綁帶上有個仿銀飾針，帶來一抹魅力，象徵某種不同的東西。那飾針在陽光下閃耀著，這一點細節讓她與眾不同。她的身形消瘦結實，像是經常在動。她是的：她是一名護理師兼助產士。

　　「地震襲擊我們的時候，」菲斯林說：「整個世界都結束了。沒有安全設施，沒有圍牆，大家都擠在一個小範圍裡。你沒辦法阻止壞人進來亂跑。我以前從來都不懂這東西有多麼寶貴，」她一邊說，一邊輕敲背後的牆壁。「門是多麼寶貴的東西。許多被攻擊的女孩都是晚上去廁所的時候被攻擊的。那些男人在看著，他們在等著。總統府旁邊的戰神廣場有三處營地。每個人彼此住得太近，那樣不好，人都需要空間，我們需要至少一些……距離。前一分鐘我還有房子，我自己的家，而且是我很喜歡的，接著我就住在帳篷裡了。人要怎麼生活在帳篷裡？突然間，沒有富人，也沒有窮人，每個人都住在帳篷裡。我點了一根蠟燭來弄點光，因為天一黑那些男人就來，燭光可以阻止他們靠近。可是帳篷卻著了火，開始燒起來。那些男人就在外頭，我可以穿過火焰看到他們，他們在等著。有時候他們臉上戴了口罩，但你還是看得見他們的眼睛，在看著。他們知道，因為著了火，所以我們會跑出去，跑到他們所在那邊。那邊沒有光，只有星星。火在燒著，那些男人就等著我們跑出去、跑到他們所在那邊，就是這麼回事──帳篷裡的那些人，還有在外頭等著的那些人。」

　　1990 年代初期，菲斯林女士是個年輕民運人士。當時她熱切支持贏得海地首次自由民選的總統阿里斯蒂德（Jean-Bertrand Aristide）。他一上任，就著手終結海地歷來高壓政權所施加的許多人權侵犯。然而，他受到強烈反對。當年稍後，那些有錢有勢者及其軍方支持者，

在一場政變裡將他推翻。在那之後，那些繼續支持阿里斯蒂德、設法讓他復職的人，受到嚴厲報復。菲斯林也是，她被抓了起來，而且遭到性侵，結果就有了一個兒子。當時她十六歲。

　　菲斯林有時候會在另一家婦女扶助中心工作，該中心名叫莫科佩克（Mercopek），位在太子港另一處。菲斯林的雙眼閃亮且溼潤，彷彿隨時就要流淚。她說話的時候，會用長長的手指扒著空氣，扯開某種似乎圍著她的隱形網子。當時熱到讓人受不了，全市都停電了。菲斯林一邊小心抹去臉上汗珠，一邊說話。「地震襲擊我們的時候，我跟兩個孩子在門廊上。我先生沒撐過來。我們的房子垮了，他被壓在裡面。當時是星期二晚上，大家都跑出來街上，那晚他就死了。」

　　正如菲斯林描述的，情況變成史上最可怕的一場狂歡節。她語帶鍾愛，談起所失去的「一片花草樹木之地，周圍還環繞著一片溫柔海洋」。突然間，他們就住進帳篷裡了。

　　「說真的，那甚至連帳篷都不算。那是一張床單。我們把棍子插在地上的洞裡，做出自己的避難所。我們用上不管是從哪找到的床單。有時候，人們得從商店或住戶死掉的房子裡拿。我很遺憾所發生的一切，可是我們要生存。下雨的時候，我爬進我們舊房子的殘骸，去拿了一條毯子。我很愛這條毯子，可是它現在變成屋頂。我孩子他們很小、還只是寶寶的時候，經常在這條毯子上玩耍、打滾和歡笑，可是現在，它是我們的屋頂。這就是我們僅有的。我們就是像這樣過活。我，還有我五個孩子，包括我十七歲的女兒，那個晚上就像這樣在街上過活。」

　　「哪個晚上？」我問。

　　「那些男人來的那個晚上。」

　　她停頓了一下，深吸一口氣，然後再吸一口氣。她的手指糾結，捲在一塊，然後靜止。

　　「地震是在星期二發生的，那些男人星期四就來了，很快這所有

惡行就統統出籠。你知道嗎，大家都說：『小心，小心，監獄的圍牆倒了。』」

好幾百名囚徒都逃出來了。他們當中有許多人是被還押候審，有些人甚至未被控罪。有一些只是侮辱或冒犯了他們惹不起的人。有一些則是完全無辜的。然而，那裡還有其他人。

首都的劫匪嗅到機會，遂與那些趕到太子港的人，形成幫夥。他們武裝起來。這裡沒有法律，就只有這些在夜裡等著的人，還有那些躲在床單後面用毯子當屋頂的人。

「你要瞭解，」菲斯林說：「當時完全沒有電。他們從黑暗中走出來，這些男人，如果他們還算是人的話，他們開始……在營地裡到處行動。沒人知道該怎麼辦。要是我們離開，我那些孩子可能會更危險，他們會來抓我，他們會來抓我孩子。附近有個警察局，可是警察不會來幫我們，他們不會進來營地，他們沒做任何事來保護我們。所以我心裡想，好吧，既然不能帶著孩子逃走，那我唯一的選擇就是盡力保護他們。我可以聽到那些男人在隔壁帳篷裡，我們隔壁的人在尖叫，然後沒了聲音。這些男人，我們聽說過他們怎麼攻擊六歲女孩和七十歲婦女。他們再也沒有把我們當人看了。某種事情發生了，某種糟糕的事情發生在他們頭腦裡。」

對於這些男人來說，世上就只有兩個群體：他們，以及他們的受害者。一切都被化約成那樣。有時候，菲斯林講得就好像這些男人餓得荒，有時候又好像他們飽食饜足了。就好像某種原本受壓抑的東西再也壓抑不住了；就好像某種糟過任何病毒或傳染病的疾病，正在感染一切；菲斯林講得就好像夜裡有個黑暗而駭人的東西，展翅遮住整座城市。年老婦人祈求白日再來；人們在暗夜裡屏息。那些入侵者會帶著猙獰表情出現，那是代表噩夢和夢碎的醜惡面具。人們擠在床單後面，圍著殘燭等待，沒有別的可做了。

「他們帶著砍刀和剃刀來到我們的帳篷，」菲斯林說：「刀刃劃破

床單，就像在切葉子或削水果。」

　　他們問菲斯林有沒有錢。她說她沒有。他們說，他們非得拿點什麼，既然都來了，他們不能空手而歸。在這種全新的「我們」和「他們」當中，那就是新的法律，他們的法律。

　　「我讓我女兒躲在我們所有衣服底下。當時我在想，如果他們拿了我，他們就會走，他們就會離開。他們……侵犯我，就在我那些孩子面前，包括我兒子，而他之所以來到這世上，正是因為我十六歲為了民主和阿里斯蒂德奮鬥的時候被侵犯。世界就是這樣。可是我保護了我女兒，他們沒找到我女兒。」菲斯林女士垂下了視線。雖然她雙眼溼潤，卻沒有淚水，或者沒有看得見的淚水。她振作精神，抬起頭來。她說：「他們沒找到她，而我願意去做、去做、再做一次。」

▶ 我們必須自己站起來

　　後來，我在莫科佩克的一個邊間裡，跟中心領導人阿妮亞（Pastor Aniya）牧師面談。不知怎的，他們把一部發電機弄到能動。一臺吱嘎作聲的老舊風扇，吹了一股涼風到我頸背上，也吹動牧師面前桌上那疊受害者陳述。

　　「是的，實際情況就是這個樣子，」阿妮亞說：「很多監獄都毀壞了，然後突然間，這些男人全部都在外面，這對他們來說是個開放局面。我們的辦公室垮了，可是我們必須堅守整項計畫，因為現在更多婦女需要我們幫助。當我們意識到所有年輕女孩都有危險，我們就下定決心，我們這些女人要自己組織起來。現在就只剩我們，還有攻擊我們的人。」

　　「大家都很著急。他們到處去找，要看看親人是不是還活著，可是這些男人卻到處去找女孩子。他們會在暗處等著，他們會等著女孩子去廁所，然後他們就會行動。他們會走出暗處，那就是他們躲藏的

地方。當時沒有電，你知道的，什麼都沒有。只剩下我們和頭頂上的天空，還有這些男人在暗處裡等著。」阿妮亞牧師繼續說：「當你住在營地，你不知道鄰居是誰。可以是任何人、各種人、幫派份子、強姦犯、毒蟲、瘋子。可是我們該怎麼辦？我們決定做點事情，反擊回去。我們做的其中一件事情，就是弄來哨子。大部分廁所都在營地外面。我們給婦女訓練，告訴她們哨子不是玩具，而是一種用具、一種武器——我們的武器。所以我們做了一些演習，內容就是有個遇到危險的婦女吹了哨子，然後有很多婦女跑過來，一起保護她。我曾經帶著一組 CNN 人員前往其中一處營地，然後我吹了哨子。結果有好多婦女用跑的過來，那些拍攝人員都不敢相信。」

稍早，娜歐蜜也告訴過我類似的事情。「那些婦女團體自己組織起來，還找了懂武術的人來訓練她們。婦女在晚上守望營地，她們白天努力工作，賺錢去買火把和哨子，到了晚上，就去擊退那些等著攻擊女孩的男人。她們開始反擊回去。沒人可以保護她們，所以她們決定自己幫自己。你還能怎麼辦？那段經驗裡最好的部分，就是婦女互相傾訴，那些媽媽開始照料彼此。」

「所以我們就想，為什麼就此打住？」阿妮亞牧師接著說：「營地裡的婦女也面臨來自先生的威脅。壓力太多，導致家暴上升。男人開始對女人動手，但是這些女人現在有了哨子。一被先生攻擊，她們就吹哨子。也許這是她們這輩子頭一次對家暴出聲。可是我們也知道，我們必須把男人拉進來，一起設法解決這個問題。所以我們找來二十五個女兒或太太遭性侵的男人，設法讓他們參與，請他們去跟其他男人講。我們這裡有各種男人，甚至還有幫派份子。他們很適合來跟其他男人說，女人不是物品，傷害女人就是犯罪，我們保證會讓他們被抓去關。讓男人去跟男人說，那樣真的很有效。」

「而我們這些住在營地的女人，不能依靠等待外界援助或幫忙。我們必須自己來做，我們必須為了自己站起來。時間往前走了，可是

女人還是一直遭到攻擊。一開始沒有法院，不過法院慢慢回來了。因此，我們試著發起一些預防計畫，陪伴和支持婦女取得醫療援助，以及上法院所需的法律扶助。可是，當我們開始用這種方式幫助人，我們的總機就陸續接到威脅電話，然後是死亡威脅。我們碰到有人來我們辦公室，威脅我們。我們有一名員工被綁架，我們其中一個共同創辦人不得不逃走。」阿妮亞牧師繼續說：「我見過一些電郵宣布阿妮亞牧師的死訊。我就是阿妮亞，我也是個牧師，可是我沒死。如果他們想要那麼做，好吧，我不喜歡，但是我不會停下來，我永遠不會停下來。之前有幾個陌生男子來我們辦公室要見我。他們想要找到我、捉住我。隔天他們又來了，而且拍了我們接待員的照片，威脅她，問她我在哪裡，還說他們會再來。他們要我知道我有生命危險。」

「那你為什麼還在這裡？」我問。

她停頓了一下，看著她的手機。「我們不能全都跑掉，我們不能全都跑到國外。在我們對談的時候，狄諤斯，我們已經漏接兩位倖存者打來的電話，那是兩位遭到性侵的女性。如果我不做了，誰會來幫助她們？如果我們不互相幫助，如果我們關上大門，那些對弱勢女性做出這種事的人，他們就會覺得，沒有別人在那裡，沒有人在意，那麼我們會讓更多女性陷入危險，而不是只有我。這並不容易，可是重要的事情哪時候容易過？」

2010 年那時候，娜歐蜜不斷去吵、去勸、去纏、去借，終於找到可靠的食物來源，供給她周圍的婦女和兒童。她們的組織成長起來。在大地震後兩個月內，娜歐蜜開辦了一項微型信貸計畫。透過小額放款，她能給每位婦女六十四美元去進貨做小生意，在街上販賣食物和用品。就連大腹便便的孕婦也在工作，頭上頂著整籃重重的食物，試著賣點東西來餵養自家孩子，或她們決定照顧的其他孩子。那些婦女分享收益，她們幫助彼此。

如今，經過了六年，有些人已經建立起價值五百美元的生意。娜

歐蜜說：「她們會買賣任何東西，但不會買賣她們自己，你懂嗎？再也不會。不會，現在不會了，因為現在我們重新掌握自己的生活。我們要改變自己的處境。」

這場奮鬥以多種形式進行。

「我們試著對抗姊妹們內心的恐懼，」菲斯林告訴我。她停了下來，這時機器突然吱嘎作響，是電力恢復了。「恐懼會吞噬她們。我們要怎樣阻止恐懼吞噬她們？那就是我們試著要解決的。首先，我們努力讓姊妹們知道，她們是女人，她們是很好很寶貴的，我們跟她們站在一起，幫助她們站起來爭取自己的權利。」

菲斯林和她那些同事去到任何交通可及的地方——「快快」（tap-tap）那種破爛野雞車到得了的任何地方。碰到在山裡沒路了，她們就用走的。她們提供烹飪和縫紉課程，還有一間安全的房子，給那些得去躲起來的受害者。她們弄到醫療援助，而且陪伴並支持那些把案子告上法院的婦女。然而，這是充滿風險的工作，菲斯林自己也得跑去躲起來。那些黑幫正在找她，他們對她的房子開槍。

我問她，為什麼要繼續那番工作。

「我爸媽在我十二歲的時候就死了，是別人幫了我。當我十幾歲被攻擊然後懷孕，別人也幫了我跟孩子。所以，任何時候只要我能幫助別人，我就會覺得堅強。我必須回饋給別人，我不希望其他婦女和女孩經歷我經歷過的事。我會拚到底，付出我所有，來阻止這一切，讓其他婦女和女孩覺得更安全。團結就是力量！」

▶ 我們不是天生且不可變的種族主義者

然而，即使庫茲班和荷蘭那些實驗指出種族並非不可消除，但是正如社會心理學家布魯爾（Marilynn Brewer）所論斷的，內團體偏私和外團體冷漠（甚至敵視）隨處都有。比方說，看足球賽、去學校、

上教堂。例如，芮斯（Martin Rees）這位英國皇家學會前會長，並沒有任何有神信仰，不過，正如他告訴《自私的基因》作者道金斯的，他去教堂當個「沒信教的聖公會徒……是出自於對我家族的忠誠」。

為了測試布魯爾的主張，我就問問這個簡單的問題：「有沒有過哪個社會是從未存在『內團體偏私和外團體冷漠』現象的？」繼續探究下去，問題就會變成：「你屬於哪個群體？」同樣重要的問題是：「你有多麼注意你所不屬於的那些群體？」

當我們檢視其他靈長類（人類的近親）群體裡的行為，也會看到結盟行為和外團體衝突的綜合。庫茲班團隊指出，這種建立同盟和提防外人的特有傾向，可能出現得早於「我們跟其他靈長類在演化上分家之時」，而且可能是我們演化樹這一支的重要特徵。其意義在於：內團體偏私使得我們優待團體同儕。我們傾向把更多資源和物資，給予那些被視為「我們一份子」的人；我們傾向從寬評判他們的行為。反過來說，在外面的那些人會受到從嚴對待和評判。

這種行為非常容易創造，有人會說容易得嚇人。曾經有研究人員沿著完全任意的分界，將不認識的人隨意劃分，用的是無意義或隨便的分類，亦即所謂的最小團體（minimal group）。比方說，人們可以按照喜歡瑞士畫家克利或俄羅斯畫家康丁斯基的繪畫，分成不同團體；或者更為任意的是，按照擲幣結果分成正面和反面團體。研究人員發現，內團體偏私幾乎立即出現，即便這些群體只有最小社會的內容，而且其實是無根據、無意義或前所未聞的分類。這種行為有些是從社會習得的。不過，這種迅速且往往非理性的形成群體的傾向，似乎產自人類神經運算系統和心智組成的某部分。形成和加入內團體，有可能曾經是在演化上有利的。這種行為的盛行是很明顯的：想一想辦公室政治、遊樂場政治、家族政治，更不用說政黨互鬥和派系內鬥了。劃定分界通常不用太久。

在遙遠的演化過往，大致同質的社會裡，並沒有種族差異，這時

其他社會標誌和分類很可能會被用來產生細分。當時的世界是被視為同族的不同群體的集合。這些群體，姑且稱為「幫夥」。我們的心智組成的這一部分——這位「結夥者」，會在我們進行分類、結盟、競爭、衝突和鬥爭時，繼續影響我們。然而，在近幾個世紀以來，隨著重大人口遷移發生在世界許多地方，種族就成了劃分近代世界的一種方式。研究結果一再顯示：連同年齡和性別，種族也是我們使用的一大向量。

在此脈絡中，庫茲班與同事研究發現的明顯意涵就是：種族不是一項不可變的分類工具，種族可以被「覆寫掉」：「另有一種社會世界，在當中，種族對主要的結盟方式無關緊要；一旦人們處在這種社會世界不到四分鐘，他們就很少再以種族觀點來區分他人了。」

那是一項不得了的研究成果，而且激勵我們設法努力到達更高的社會和諧——或是較不有害的不和諧。諸多研究證據都顯示，我們有形成群體的傾向。那有可能既是從文化習得的，也是天生的。在莽原討生活的時期，若能形成團體，無疑提供了生存利益。在那種無情的環境裡，那些能夠採取結盟策略的人，有可能要比獨行者擁有更佳的生存前景。因此，我們是會形成團體的社會性動物。我們在這個意義上是「結夥者」。我們傾向優待我們的內團體，我們傾向漠視或提防外團體，我們對自家幫夥表現極高的忠誠。

然而，外團體的構成並不固定。外團體的形成，無論在歷史上或地理上，都有很高的機遇成分。因此，種族敏感性並不是天生的；種族敏感性很可能只是「用於評估結盟方式的心智機制」的副產品。這種評估始終是我們心智機制的一個必要功能，也是我們做為高度社會性動物的一項關鍵特徵。因此，我們身上的「結夥者」未必得從種族角度來看世界。而且，如果「結夥者」因我們所生活的地理環境與歷史脈絡而那麼做，那也是可以被影響、削弱和減輕的，即使不能完全反轉。種族可以被覆寫掉，因為那只是群體成員身分的眾多代用品之

一。種族是晚近歷史的物事，它表述我們現在是誰，但不表述我們過去是誰，或者更重要的是，不表述我們永遠都得是誰。

看來，在一個複雜費解的世界裡，我們都在尋找捷徑。那些途徑讓我們拆開和理解周圍的社會空間，並對他人的可能行為做出可靠的預測。為了在社交互動裡迅速做到這點，我們尋找觀察得到的線索。我們使用各種標記、識別符、代碼、文化密碼──這些都是示播列。這些捷思法是社會和文化偵測的手段。在現代多元文化世界裡，除了年齡和性別，其中一個最明顯的例子就是種族。

然而，我們並不是在使用一種「造來讓人敏感於種族或基因差異的心智機制」。正好相反，是我們的結盟運算機制，為了進行快速評估，採用了種族做為捷徑，來推論社交結果和行為。事情不一定非得那樣。

我們大家雖然都盡力避免，但卻仍會做出基於種族的推論。我們大家都很有可能在不同程度上，對種族有刻板印象。當我們想到這項社會分類所造成和正在造成的種種問題，種族並非不可變的這種想法讓我們有希望加以克服。我們可以向前邁進，我們不是注定要透過種族眼光來看世界，我們這個物種不是天生且不可變的種族主義者。

我很高興知道是這樣。我們可能會把世界看成「一個個幫夥」，但我們那些幫夥不一定是我們所想的那樣。我們需要幫夥吊晃在眼前逗弄我們的那東西，那就是歸屬。

▶ 女人不是甘蔗

卡內索夫那些婦女親眼見到，人類社會可以多快產生新的群體。在 2010 年海地大地震後的混亂裡，人們在那些個可怕的日子裡，發現自己幾乎是近來世上最接近第零年（year zero）的。在最初那些日子裡，一切都被毀壞、破壞、摧毀。接著，新的群體崛起，但同時也

有人做出回應。我面前這些女人想到一個辦法：她們形成她們自己的群體，她們反擊回去！

正當在卡內索夫的集會結束，我看到有一位該組織的成員正在房間後面默默哭泣。她叫作瑪西，是個三十多歲的婦女。從這場集會開始到結束，在所有討論過程中，她一直都待在教室後方安靜傾聽，總是顯得有話想說，卻都沒能鼓起勇氣說。這時候其他人都在悄悄兜圈子閒聊，所以我趁機找她講話。

「謝謝你來，」我說。她看著我，但沒說話，還轉動著手腕上的手環。一陣尷尬的沉默降臨我們之間，我試著找些無害的話去填補。「很高興聽到你們所有的成果。」還是沉默。「我特別有興趣的是，娜歐蜜剛才講到……」

「不，聽我說。拜託，聽我說，」瑪西說。她抓住我的手，還用手指大力緊握著。「聽你講到迦納那裡的孩子被賣掉，我心裡就在哭泣。因為我把我孩子送到別的親戚那邊，就好像我把孩子賣給非洲那些船家。我是個壞媽媽。娜歐蜜說你是法官。或許你該送我去坐牢。可是我愛我的孩子，我很怕沒辦法餵飽孩子，我不知道該怎麼辦。可是現在，我那被送走的孩子會怎樣看待我？我要怎麼看著我孩子的眼睛？我希望我孩子可以上學。我親戚可以讓我那孩子上學。我先生他什麼都沒做，沒送錢給我們。我從沒上過學，我父親有一群牛，他寧可去買更多牛，也不想花錢給女兒受教育，讓我可以學習讀寫。可是現在我知道我必須做什麼，我必須把我的孩子找回來。我會的，你明白嗎？」

「我明白，」我說。

「我撐過那場地震，撐過那些黑幫，還做了生意。現在我不能把我的孩子找回來嗎？」

她抬頭看著我，想要我跟她說，她贖完罪了。可是，我憑什麼跟她那麼說呢？

「我不能嗎？」她再說一次。

「我在非洲見過一些婦女，」我說：「她們都把孩子賣給勞力仲介。她們相信要是不這麼做，其他孩子就會挨餓。她們都不是壞人。她們跟我說：『我能怎麼辦？我其他孩子會挨餓。』」

「她們那麼說嗎？」

「是的。」

「那樣的話，你可以原諒我嗎？」

「不該由我來原諒你，瑪西。你必須原諒你自己。能原諒你的人只有你，還有你兒子。把他找回來，問他。」

「要是他恨我呢？」

我想到麥可、安東尼、以及我在迦納遇過的所有年輕人。「要是他不恨你呢？」我說。

瑪西不是在哭，也不是在笑，而是哭笑交雜。我們緊握彼此，我不知道為什麼。當時沒別的事好做。我人在海地這裡，但坦白說，我心裡正想著安東尼和麥可。我想多待一會兒，可是那些婦女有許多都是小販。她們必須靠自己謀生，而且做得很出色、很傲氣，就在太子港的街上。娜歐蜜請大家回座，準備做正式結束。

我問：「有什麼訊息，是你們想要送給非洲許多對抗 FGM（女性外陰殘割）和童奴的婦女的？」

我希望能有東西讓我帶著，越過幾世紀前她們越過的那片海，回去交給幾世紀前她們所從出的人們。她們不是給我一個答案，而是給我做了一個答案。她們彼此未發一語，突然全都站了起來，然後拍著手歌唱——各位讀者，我真希望你們能親眼看到。那首音調優美的頌歌，就是〈女人不是甘蔗〉。

一開始我並不明白。她們的祖先被塞進船艙，越洋運到各座島嶼砍甘蔗，像是到牙買加、古巴和這裡，而海地這裡尤其利潤驚人。

「女人不是甘蔗，」她們唱道。

　　娜歐蜜低聲對我說：「不是要讓人嚼的，不是要讓人吐掉的。」

　　「女人不是甘蔗，」她們唱著。

　　瑪西也跟著唱。她唱著歌，拍著手，為了她失去的孩子流著淚。菲斯林頭戴草帽唱著，娜歐蜜則是站在前頭領唱，如此堅強不屈，就像遠方那些聳立懾人的山丘，靈魂般隱約圍繞全城——據說就像她們所有祖先的靈魂。

　　這個篇章原本將會是一片靜默、一片空缺和空白，我現在可以帶給你這個：〈女人不是甘蔗〉。那就是她們所唱的——那聲音重大得足以越過大洋。那就是她們希望我帶著越過那片海水的。

　　這就是我從海地帶回來的篇章。

第七種人性典型
養育者

然而，到了 1669 年，開口處必須放上格柵，
以防父母把年長孩子也硬塞進去。
——人類學家哈爾迪（Sarah Blaffer Hrdy），
　《母性》（1999 年出版）

1. 左邊、右邊

有個東西。

某個深深的本能刺激，穿過層層睡眠，把你從夢裡拖了出來。你還滿享受那個夢的，夢境是在一大片夏日森林，就在新罕布夏州的白山，那裡你去過一次。你在夢裡看見有隻鳥飛掠樹頂，你還試圖用那種炙金色的翼羽來辨認，然後這東西──這某個東西，突然把你從森林裡拉了出來……你醒了。你在家裡，身處黑暗。然後你發現是什麼在打擾你。

你鼻孔裡有一絲絲刺激不適，喉嚨也有些搔癢。是煙。

不可能啊。你伸手拿來手機，輕點一下，螢幕亮了起來，散發淡綠光暈：上午四點三十四分。是夢裡那片森林在燃燒嗎，是那樣嗎？你伸手拿來床邊的杯子，喝口冷水。是啊，一定是那樣。然後，就在螢幕關掉前，你瞥見有一股無聲不祥的濃霧從門底下滲入，滾進你的生活，接著籠罩一切──是煙，真的煙。

想像你在家裡。

而且你有兩個孩子，兩個都是女兒。

你的伴侶今晚不在。名義上，家裡由你做主，但這沒那麼重要，因為你們家就像許多家庭，都是兩個人一塊處理事情。只是現在你非做主不可。你粗略讀過一些統計數據，是上週在美國消防總署的推特連結讀到的：「關於火的事實──火能助人，也能害人。」

要點如下：

* 早期人類大約是在八十萬年前開始用火。
* 控制用火，是人類演化的一個轉捩點。
* 消防局每年都要處理超過三十五萬起房屋火災。
* 每年有二千五百人因火災而死亡。
* 未滿四歲的孩童尤其危險。

只是這一次，那些受困住家大火（那是燒到攝氏一千一百度的煉獄，足以把鋁熔化）的孩子，不是新聞裡的孩子，而是你的孩子。你的孩子可能成為新聞。你去轉了轉門把，燙得手掌很痛。

以下是更多的火災事實、更多的要點：

* 如果門把很燙，請勿開門。另找出路。
* 關上的門可以延緩火勢——關上的門可以救命。

可是，你的孩子就在那扇門的另一邊。對你來說，他們的性命最要緊，你想要去救。你努力對抗專家建議，然後置之不理，接著就握住門把、燒傷了手。你開了門，大火就衝進你的生活。

控制用火是演化的轉捩點？這裡的火都失控了。你站在走廊，被煙嗆著，你那兩個女兒，麗莎在左邊，露絲在右邊。你喊著她們的名字，卻沒有得到回應。

另一項火災事實：

* 罹難者通常是先被濃煙擊垮。

他們很可能吸入濃煙而失去意識。隨著頭腦進煙，你感到頭昏目

眩。然而你得清醒思考，因為你有個抉擇要做。那是一個生死抉擇：

- 你只能救其中一個孩子。
- 無法都救。
- 只能救其中一個女兒。
- 麗莎在左邊，露絲在右邊。

　　她們的臥室位在走廊兩端，可是火勢洶洶，在你周圍舞動片片烈焰，而你就是沒時間兩個都救。不過，你能救出一個，你絕對能救出一個。所以情況就是：你先救哪個，哪個就會得救。麗莎在左邊，露絲在右邊。你能救出一個，那是你能做到的。你要左轉還是右轉？

　　這是一個很難的抉擇。然而，現實生活裡的父母偶爾會被迫去做這類艱難的抉擇。這就是電影《蘇菲的抉擇》所描述的那種決定。而你打算告訴我：「我無法在我孩子之間做抉擇。我不會在我孩子之間做抉擇。」

　　所以讓我幫幫你。因為你完全有權利不在他們之間做抉擇，那是你的權利。你對他們同樣喜愛，從而無法抉擇。流水般的烈焰沿著地毯滾向你，吞噬布料裡的化學物質。你覺得頭很輕、心很重。你的考慮正在消耗時間，吃掉救命的每一秒。你在想你能否做出選擇，而不是在想要選擇誰。麗莎在左邊，露絲在右邊。他們不省人事、躺在臥室裡，周圍的火焰都在爬向她們身體。你在想，要父母做出這種抉擇是不可能的。所以讓我幫幫你，讓我給你一個等式：

- 如果你不做選擇，兩個都會死掉 ＝ 2 死
- 如果你選擇一個（任何一個），會有一個孩子活命 ＝ 1 死

　　那是你的抉擇。你還是覺得：我沒辦法做出那個決定。我怎麼可

能選擇其中一個孩子而放棄另一個？讓我幫幫你。因為我尚未給你太多關於你孩子的資訊，現在讓我告訴你吧。話說回來，有什麼資訊會讓你做出這般抉擇？

會有嗎？

露絲六歲，麗莎七歲，這點沒有太大差別。未滿四歲的兒童，死於火災的風險最高，可是露絲已經六歲了。不過，要是你老實說，那六年絕非一帆風順。事實上，那些年是漫長的折磨，對你和你伴侶都是，可是你們時常都想知道，對露絲來說，得了白血病是什麼感覺。然而，她很堅強、很勇敢。你還記得，剛出生的她，就帶著痛苦來到這世上。你想起她的臉。當時她稍稍哭泣，卻又流露這種堅毅、睿智的表情，好像是在告訴你這位受驚的父親（或母親）：「一切都會沒事的。」然而，現在你正感受另一種痛苦：現在房子就在你家人的周圍燃燒。

在過去六年裡，你竭盡所能——其實大家都是，包括你的親人，還有那些醫師，他們總是很專業，在那回答問題，從來不給假希望。可是現在，露絲的病情正在迅速惡化。

那些醫師不肯確切告訴你他們的想法，但你一再逼問，因為你想知道真相，也值得知道真相。你對醫師說：「你瞧，你甚至不需要講出來，只要寫下來就好，我就只需要這個，讓我可以知道。你只要寫下來就好。」就是那個數字，是用綠色原子筆（她為什麼要用綠色的筆來寫？）寫在一張對摺的中國餐館帳單背面。你把那張紙，夾在床邊抽屜裡的一本書中。就這樣。那是一本觀鳥書，是露絲買給你的生日禮物，封面上有隻翅膀帶紅的鳥。夾在裡頭的那張紙片上，就只有一個數字：12。那代表你剩下十二個月可以陪伴心愛的孩子，現在已經過了三個月。這時候，房子正在燃燒。你家著火了，就像美國每年其他三十五萬件房屋火災，只不過這次是你家。

可是麗莎呢？她大露絲一歲，一直都很健康，這使得關於露絲

的消息更加令人震驚。麗莎健康、聰明又漂亮。她是那種天之驕子，是上天的祝福和恩賜。麗莎的房間在左邊。

你已經接受自己必須做出抉擇的現實。露絲還是麗莎？右邊還是左邊？你無法（絕對無法）兩個都救。想要兩個都救，就會兩個都失去。你還有什麼選擇？往哪邊走都好，你要在煙霧和烈焰中奮力前進，在黑暗裡蹣跚而行，一路摸到你女兒的床鋪，抱起她，試著抓好她那癱軟的身體，並在房子被烈焰吞沒之前，奮力逃出。你能那麼做的：營救她、挽救她。你將完成那部分——你將拋下另一個女兒。屋頂將塌下，大火將燒毀整間房子和其中一切。又是那組等式：

- 如果你不做選擇，兩個都會死掉 = 2 死
- 如果你選擇一個（任何一個），會有一個孩子活命 = 1 死

你要轉向哪邊？快沒時間了。此刻濃煙幾乎讓人看不見。每次忍痛呼吸，都讓那股刺鼻臭氣深入體內。所以，你要轉向哪邊？左邊還是右邊？

▶ 就像擊打在我們身上

我想我知道你會怎麼做。在許多方面，這比本書〈前言〉提到的學校情境更艱難。為何如此？現在命懸一線的孩子不是二十五個，而是只有兩個。然而，那兩個孩子都跟你密切相關，都是你的骨肉。說得更精確、更科學點（這將告訴我們許多事實）：這兩個孩子都有你的基因。

基因？你會問，這跟基因有什麼關係？我們很快就會看到。

所以，你是怎麼做出選擇的？你又作何感受？這是你原以為你是的那種人嗎？（如果答案給了你任何安慰，我只能說，當我努力

應對那棟著火的房子，我也覺得很反胃和糾結——如果你將自己投入這問題的情境，設身處地去思考這個艱難的抉擇，你必定會感受到的。）

但我知道，我的本能把我驅向心中唯一真正（在人性上）可能做的選擇。我走向左邊，我選了麗莎。

你也是嗎？是的話，又是為什麼？你的立足點是什麼？或許就像我一樣，你也認為露絲再活也不過一年的這項事實，具有決定性。你將那一年對比麗莎的無限前景。當然，人都會死。儘管如此，這般選擇似乎是我們能做的：一年以下，比起很可能是七十年以上。

所以，我們現在懂得什麼？我們能在人命之間做出抉擇。更有甚者：我們能在自家孩子之間做抉擇。

然而，或許是因為這兩個女孩的生命前景如此不平衡，所以明確的決定可以做得出來。那麼，我們怎樣才能把天平再往露絲那邊平衡呢？如果說她得到的預後是有五年可活呢？那是否意味著，你就無法在左右之間做出抉擇，從而現在，你或多或少會更隨機選擇其中一個女兒呢？

五年可能還不夠。要是那些醫師說露絲將在未來十年內病死，只是說不準是在何時；那麼，這會改變你對上述抉擇的看法嗎？這讓抉擇變得更艱難，但這意味著你不會去救麗莎嗎？

透過討論這些問題，我們更能理解：哪種人命是我們會選擇擺在優先的——當我們……如果……走到那一步，我們實際上會怎麼做。

可是且慢。

我們？這個「我們」是誰？是誰在決定這些事情？是誰將你的雙腳轉向左邊、而非轉向右邊？

當你在失火的房子的煙霧裡摸索前進，其實你並不孤單。

陪伴、指點、影響——驅動？事實上，你的腳步所代表的，就是「十種人性典型」裡的另一種。

　　我們頭腦裡的這個角色，是要做什麼的？護親者現身於那所遭槍手闖入的學校。護親者驅使你選擇自己的骨肉、放棄其他人——放棄很多很多其他人。然而，如今身陷險境的全是你的骨肉。護親者幫不了你，護親者被癱瘓了，你也被癱瘓了。而感痛者可以預想火燒的痛苦，感痛者會將你投射到你那兩個孩子的煎熬痛苦裡，但是感痛者無法在兩者之間做出抉擇。至於制懼者，它正低聲訴說「我告訴過你會這樣」：生命包含了我們周圍的一扇扇死亡之門。儘管如此，即便如此，這一切都幫不了你。

　　不過，有個人可以。

　　你的另一個自我站了出來，在刺鼻濃煙中現身相助。那是一種由演化所形塑的心理機制，歷經無數世代的養育和痛苦而發展出來。那個自我讓我們對街上嬰兒傻笑，那個自我不僅養育自己的後代，也養育全人類。那個自我在無數深夜裡，驅使累得像狗的父母，起床走向哭鬧的孩子。

　　這意味著：我們覺得子女受到的打擊，就像打在我們身上。為什麼？因為，正如我們將會看到的，在某個程度上，那些打擊確實打在我們身上。那個自我使我們問都不問，就付錢支應食物、衣服、假期、理髮、甚至蜜月，為的是另一個（並不總是感激的）人類。而今，明確到可能讓我們驚訝的是，那個自我驅使我們放棄我們其中一個孩子。怎麼會呢？

　　為求瞭解，我們首先必須看看，那個自我所能做出來的黑暗面。就讓我們用養育的無情，來調和為人父母的浪漫，讓我們呼喚這個自我的名字，讓我們把它唸出來——「養育者」。

2. 養育的無情

我將把她叫作安娜。

顯然，她的名字不是安娜。我必須保護她的身分，而且也將這麼做，不過為了方便起見，就讓我們把她叫作安娜。在我們繼續之前，有件事你得知道，那就是我並不知道安娜最終怎麼了，因為就在一場慢動作事故後（那是你將讀到的），突然間，她的足跡就消失了。那就好像有一次我們跟著哈佛踏青社（徒步旅行和冒險的成癮者），去爬新罕布夏州某座山。我是跟著一小群人去的，上坡途中還有一群外校女大學生加入我們，她們不停唱著 1980 年代辛蒂‧露波那首〈一次又一次〉。森林裡有一條足跡小徑突然沒了去路，突然打住了。安娜的足跡就像那樣。

我初次見到安娜，是在麻州的劍橋，因為跟我一起對抗 FGM 的烏芭，一直跟我說：「你一定要見見安娜，你一定要見見安娜，她真的很棒，大家都喜歡安娜。」烏芭和安娜住在波士頓的同一區域，都做過很多臨時工，認識的人有所重疊，於是兩人成了朋友。「大家都喜歡安娜，」烏芭一邊說，一邊不得不在哈佛大學懷德納圖書館門前的石階坐下來，烏芭的腳踝偶爾會出問題。

「大家都喜歡她。只是，她老是遲到。」

「好的，我會記得，」我說：「還有什麼？」

烏芭笑了。「她討厭貓。」

「貓？」

「還有，她不喜歡對的巧克力。」

「世上竟然有某種對的巧克力？教教我，」我說。

烏芭停頓了一下。「我跟你講過：你們英國人，你們有最棒的巧克力。吉百利－乳品－牛奶－巧克力，」她說，講得好像這四個部分同樣重要。

「我會盡量記得的，」我說。

▶ 霍普的《自動販賣店》

果然，在我們終於相見那天，安娜遲到了。我在我辦公的詹姆斯大樓的樓下大廳等候。出自心理學大師詹姆斯本人的引文，就明顯刻在電梯門上方的牆上：「少了個體的衝動，群體就會停滯。」我同意這句話嗎？我真的懂嗎？我被迫閒混了十五分鐘在等安娜。我已經檢查過電子郵件，所以為了找事情做，我看著詹姆斯那句話，那是我每天想也沒想、就經過十幾次的標語。到底什麼叫作停滯？然後，突然間，安娜就到了。

「抱歉，真的很抱歉，」她說，臉上帶著迷人微笑，「我這輩子都會遲到。」她總是微笑，就算沒在微笑，也像在微笑──這是我後來發現的。她的腔調雖然已經大致美國化（「我打 Skype 回去的時候，朋友都說我是好萊塢化，」安娜這麼說過），不過還是帶著她在東歐成長的痕跡。她抓著好幾個購物袋，其中一個來自某家德國設計師品牌。安娜這時可能二十八、九歲，我沒問過她確切年齡，這點從來都不重要。她是那種與其說是有魅力，不如說是魅力懾人的人。你心想，她的顴骨不可能有那麼高，她的皮膚不可能有那麼完美，她的頭髮不可能有那麼亮。結果全部都有。

「好高──的建築，」她笑著說。「好高」拉了長音。

詹姆斯大樓是校園前幾高的建築。有些人說是最高的，但是存在

爭議，所以姑且稱之為前幾高的建築。這棟大樓一共十五層，駐有心理學系在內的幾個系所，是由設計世貿中心的建築師山崎實所設計。這是一棟白色的現代主義大廈，底下踩著造型支柱，向上聳入劍橋天際。

「是啊，還滿高的，」我說：「視野超棒的。」這是真的，哈佛給了我一間極佳的辦公室，唯一的問題就是：空調吹個不停。桌子後方有個出風口，持續滲出冰冷空氣，我嘗試反擊：我用一堆研究報告把它擋住（我相信這樣違反規定）。

「你辦公室在哪？」安娜問道。

「在十四樓，別擔心，」我指著電梯說：「我不會讓你用走的，除非你想。」

我感覺到（就只是她的表情閃了一下），有什麼事情讓她緊張。

「我知道，」她說，再次露出微笑，「天氣這麼好，不如我們去別的地方？西班牙老店。你知道那家西班牙老店嗎？」

「我知道那家西班牙老店，不過我可以在辦公室幫你弄杯咖啡。這不會違反哈佛校規。大多數事情都會，但那樣不會。他們給了英國人一些通融。」

「我一直都想試試那家西班牙餐廳。我有個朋友在麻省理工學院旁邊的酒吧工作，他知道劍橋區所有餐廳。他叫我試試西班牙老店。你想試試西班牙老店嗎？」

「我想試試西班牙老店，」我說。

這似乎有點奇怪，計畫突然有了微妙轉變，但我當時並沒有想太多。這一切的意義，要到很久以後才會顯現（我就先不講了）。

所以，我們慢慢穿越哈佛園的完美草坪，經過約翰·哈佛的雕像（免不了又有嘈雜的遊客爭相講出關於這座雕像的三個謊言），再經過懷德納圖書館（我告訴她有關這座圖書館由來的悲慘故事，以及該館跟鐵達尼號沉沒的關聯），接著越過麻薩諸塞大道，然後邁向那間餐

廳。我得承認，一路上那半片念頭都在煩擾著我：為什麼她不想在我辦公室裡談呢？那是一間很棒的辦公室——詹姆斯大樓提供很棒的辦公室。不過，我還是讓那念頭溜過。

我們坐進一張室外桌。這時還是天空蔚藍的大好白天，只是在查爾斯河彼岸的天際有一大團雲。我們坐在沉甸甸的鍛鐵椅上，點了咖啡。或者，說得精確點：她點了咖啡，我點了茶。她一隻鞋進了石子，便脫了下來。有個斜肩的高個服務生看著她，整個人都怔住了，彷彿那是一隻玻璃鞋。我還是經常想起這樣的安娜，即便那是個充滿陽光和溫暖的場景，可是當我想起來，感覺就好像有人關了燈，讓戶外變成室內，而安娜就獨自一人，坐占一張桌子，永遠凝視一杯咖啡。直到後來，我才意識到我看到的是什麼：美國繪畫大師霍普1927 年的畫作《自動販賣店》。

但她點了咖啡，那是確實發生的。安娜穿著活潑的花裙，還有豔綠的開襟衫。她把開襟衫脫下來，拋掛在椅背上。她說：「你們英國人，總是喝茶。」

「並非總是，只是幾乎總是，」我答道：「所以，很高興終於見到你。烏芭說你忙著上課。」我在波士頓遇到的每個人，似乎都在上課。

「她才忙呢，」安娜說：「她很了不起。」她是很了不起。

「那個課程在市中心哪裡？」我說。

「我得去好幾個地方。那超酷的。」

「是攝影課，對吧？」

「我想當攝影記者。」

「很好、很好，很有意思。」這時我們之間有點安靜，就像人們初次見面偶爾會發生的那樣。為了塞些話，我就說：「烏芭跟我說你超愛貓的。」

安娜爆笑出來。「拜託告訴我，你該不是那種喜歡貓的男人吧？

或是假裝喜歡貓。」

「我都喜歡。我是跟狗一塊長大的，但我現在也滿愛貓的。」

她猛力搖頭。「對面公寓這個克羅埃西亞老太婆，她有隻貓，那是一隻邪惡的貓。」

「貓要怎麼邪惡呢？」

「牠爬進我家窗戶，然後在我的植物裡大便。」

「你的植物裡？」

「那些……盆子？」她一邊說，一邊在腦裡找詞。

「啊，盆栽。」

「那不好笑！」她強調說，還拍了桌子，不過我們都笑了。「唯一比貓還糟的東西，就是男人！」

「我們男人做了什麼？」

「那傢伙，」她偷偷靠過來，低聲說：「他一直在社交媒體上煩我。他在麻省理工附近那間很酷的酒吧工作。」

我知道那地方，因為我曾經走路路過。那裡看起來太時髦，讓我這英國律師不敢進去（除非弄了紋身、新髮型和明顯變裝，坦白說那番工夫似乎不值得費）。「是啊，我知道那裡，」我說。

「所以他說：安娜，我愛你，我愛上你了，我愛你，我愛你。」

「別一開始就說不。有人欣賞是好事。」

「是啊，可是那可以無聊到你想去拿手邊最近的那瓶——你們叫作什麼？喔，拿清潔劑喝掉。總之，我對他說，真的？你真的愛我？他說，真的。然後我說有多愛？他就一直講，講到「像星星那麼高」之類的廢話。那其實還滿好笑的，可是我說不夠。所以他說比星星還更高，我告訴他還是不夠。然後他說那要怎樣才夠？我說，一個普拉達手提包，那樣就夠了。」

我笑了。「妙招。你有拿到嗎？」

「後來就再也沒有他的消息了，」她說：「男人啊。」

　　服務生送上飲料。他為我的茶帶來熱奶泡：這是某種歪曲——事實上，是一種文化犯罪。我要了冰的，這讓他難以理解，好似我要求他在我們面前跳踢踏舞。

　　安娜打了呵欠。

　　「抱歉，讓你不能去睡覺，」我說。

　　她笑了。「抱歉、抱歉。我剛從舊金山回來。你去過嗎？」

　　「去過一次，」我說：「我去了惡魔島，他們想把我關在那裡。我還去唐人街吃了這輩子最棒的中國菜。那裡的唐人街很厲害。」

　　「這裡的也很厲害，」她說。

　　「在波士頓？真的嗎？我不知道這裡的有那麼大。」

　　「我不是說大，我是說厲害，你該注意聽的，律師先生，他們該把你關在惡魔島的。」

　　然後我們都笑了。

　　我喜歡她的好勝，而我之所以跟你說這些關於安娜的事，是想讓你瞭解我所認識的安娜，至少是我所認識的其中一個安娜。因為安娜不是只有一個。

　　為了瞭解「養育者」，我們必須見見另一個安娜，那個被生命所傷的安娜、《自動販賣店》裡的安娜。

▶「親代投資」理論

　　在十種人性典型裡頭，或許最讓研究人員不懈追探的，就是「養育者」。理由很簡單，這部分所表現的行為，至少在乍看之下，顯得矛盾得令人不安。這一分鐘關愛，下一分鐘冷酷。我們希望父母愛我們，可父母也是可以一走了之的人。父母這種傷人的分裂行為，是人類歷史自始有之的固有部分。

　　受到這些難題的吸引，實驗心理學家曼恩（Janet Mann）試圖進逼

這個角色。曼恩研究加拿大的媽媽如何跟早產雙胞胎互動。這一對對雙胞胎都是「高風險」新生兒，每一對都很不健康，不過通常其中一個預後較佳（存活率較佳）。實質上，曼恩是在研究所謂的親代投資（parental investment）。這個概念是說，我們生活在一個資源有限的世界，而父母的時間在正確理解下，也是一種資源。

這是親職的一大挑戰，也是孩子常有的偏執和指控：你比較喜歡他／她。所有父母都懂得，有巨大壓力要你公平對待所有孩子，公平去愛他們——也許最難的就是公平喜歡他們。我們能守住底線嗎？還是會屈服？在極為緊張的時刻，會不會開始出現某些行為模式，教人要把哪個孩子擺在優先？

已經有可觀的人類學紀錄顯示，在世界各地許多傳統社會裡，孩子要是天生有缺陷，或是生存機會顯然不高，就會遭受不同程度的遺棄。有時是被忽視，有時則是任其死亡——甚至會被弄死。比方說，有關亞馬遜地區亞諾馬米人的報導揭露，天生有缺陷的孩子會被放在淺墳用樹葉悶死、下毒、或丟在熱帶雨林裡。「養育者」不養育，那是為什麼？

這是否反映出，相較於現代社會的我們，這樣的傳統社會繼續實踐劣等的「原始」做法？比方說，亞諾馬米人認為有缺陷的孩子沒有靈魂。

然而事情有這麼簡單嗎？都可怪罪於奇異古怪的部落信仰嗎？因為還有另一種看法，那種看法將我們號稱的文化優越性，標誌為不僅無禮、而且還是毫無根據的自捧。在西方，孩童也會遭遺棄，也會被父母弄死。而且，確有其他報告談到有些亞諾馬米父母，在部落領導者下令後，並未傷害病弱的孩子，而是試圖藉著吃下毒根來自殺。

當然，有人會說，這些深刻的亞諾馬米困境是發生在沒有現代醫學來改善生存機會的社會。的確，西方醫學的奇蹟已經提升了勝算，帶有嚴重先天缺陷的孩童不一定會死，健康不佳的孩子可以、也應該

受到照護。可是，事情就到此為止嗎？這個問題在某種程度上，就是曼恩正在研究的東西。

在一項大膽而敏感的研究計畫裡，曼恩研究早產雙胞胎的媽媽，如何分配時間和精力來照顧孩子。當然，曼恩所研究的是一個邁向二十一世紀的現代西方民主國家。不過，上述那種較為算計的態度，是否留下任何痕跡？儘管我們聲稱擁有「文明」，但我們是否保留了某種殘忍遺風？

必須強調的是，沒有證據顯示曼恩所調查的那些媽媽，表現出有意或無意的忽視。實際上，曼恩很佩服她們在最艱難的情況裡，還這麼努力付出。然而同樣重要的，是要認出在照護分配上出現明顯可見的差異。到了四個月，有某種模式就可以察覺得到。到了八個月，那就變得很清楚了。

與其說那是忽略病得較重的孩子，倒不如說是優先「投資」較健康的那個孩子。媽媽會對健康孩子的哭聲更有反應。看起來，在「極大壓力」的情況裡，當父母因照顧兩個病重孩子而承受身心耗竭的折磨，照護不會平均分配。媽媽會表現出偏向較健康孩子的明顯行為偏好。在某種意義上，她們把最好的自己，留給存活機會較佳的孩子。

她們轉向左邊，而非右邊。

沒有人說那些媽媽在只有一個病弱孩子的情況，不會為那孩子做盡一切。正如威爾生和戴利（見第 210 頁）這兩位心理學家所主張的，父母之愛是「我們所知最近乎無私的愛」。然而，一旦父母就是無力為兩個孩子都做到同樣的付出，一旦父母必須做出選擇，結果就是會偏向較健康的孩子。

你驚訝嗎？我驚訝了。所以我們該怎麼說？父母之愛是有條件的嗎？或者，也許是被條件制約了。若是如此，父母之愛又是被什麼條件制約了？

▶ 養育孩子一定是很辛苦的

「所以烏芭去見了對面公寓的那個瘋女人，」安娜說。

「那個養貓的克羅埃西亞人？」我問。

安娜大力點頭。「烏芭對她說：不好意思，女士。你家的貓又跑來我們大樓搗亂，所以我要去買把槍，謝謝。」

「至少她說了謝謝。」

「烏芭很有禮貌的。」

「可是一把槍，」我說：「那還滿極端的。」

「我們住的地方，有一半的人有槍，不過你很可能不知道這些事情。」

那位服務生還是沒有補救這場重大茶災：我還是沒有冰牛奶。轉瞬之間，天空開始烏雲密布。一團團黑底的積雨雲，從查爾斯河對岸滾來。正當那位服務生經過，我還來不及溫柔提醒他，安娜就對他微笑，就好像發出了一束雷射。他馬上走了過來，回以微笑。

「我們要了牛奶，」她面無表情說，她的直率就像是一巴掌打在服務生臉上。他帶著困惑退下了。安娜把椅背上那件豔綠開襟衫拉過來，當作披肩披上。她身上隱約有著某種精靈氣質、某種脆弱，不同於她言辭裡的虛張聲勢。

「罰他錢，」她說。

「罰錢？」

「不給小費。看看他那張臉，真是蠢材。我們要了冰牛奶，結果他一臉好像我們在他啤酒裡吐痰還什麼的。」

「直布羅陀的事，他可能還沒原諒我們。」

「什麼？」

「說來話長，」我說。

我們都啜飲了一下飲料，然後聊起 FGM 的方方面面。安娜之所

以請求見我，是因為她想做一篇圖像論文，而烏芭跟她說，想瞭解該問題的人權面向，就該見見我。我知道她跟烏芭住在唐人街邊上同一棟公寓裡。

「所以 FGM 怎麼個不一樣？」她問。

「不一樣？」

「你知道的，就是跟其他兒童受暴相比？」

我呼了一口氣，而且很大聲。

「什麼？」她問：「我像個蠢材一樣問錯問題了嗎？」

「不、不。只是這個問題太大了。你知道嗎，就 FGM 來說，很重要的是要瞭解，家內暴力如何在兒童受暴和婦女受暴的廣泛脈絡裡作用。」

「暴力就是暴力，」她說。

這本身就是很有趣的問題。對於法國社會學大師布迪厄（Pierre Bourdieu）這樣的社會理論家，世上不是只有種族主義，而是存在各種種族主義。我能想像布迪厄會主張：世上不只有一種暴力，而是存在各種暴力。

我正要講出這些，安娜就問說：「為什麼那些媽媽會對孩子那麼做？」

「還有爸爸也會，」我補充道。

「可是那對媽媽來說不一樣。她們懷胎九個月，然後生下孩子。那是她們的骨肉。」

「那也是父親的基因。」我有一項目標，就是讓更多男人參與對抗 FGM。到目前為止，他們都太輕鬆逃過了。

安娜沉默了一會兒。她將幾根散髮從額頭撥開。「我爸爸是個律師，」她終於說了。

「很好。」

「跟你不一樣。」

「他真幸運。」

「不，我是說他是政府裡的律師。我們的政府很爛，不過那是一份好工作，而且那代表我們擁有一間很棒的公寓。我們住在……前幾高的大樓。」她有提到他們首都的名字。「那裡很適合居住，有一個陽臺，可以看到整座城市，可是樓層很高。我最早的記憶有一些就是我們住在雲裡。有些人家會看到車子經過窗外，我們家以前看到的是雲。那不完全是真實的，不過那就是我記得的。」

安娜的國家（顧及她的身分，我不講出來）經歷過極為動盪的時期，就像巴爾幹大多數地方一樣。我不確定她在美國待了多久，但必定有好多年了。烏芭說安娜在市中心一家飯店工作。

「當律師對他來說，壓力太大了，」她說：「因為他知道所有這些……事情正在發生，所以他就一直喝酒。我覺得他是個好人，內心深處是個好人，但他知道所有這些事情，而他不喜歡這些事情。他以前很愛釣魚的，然後有一天他再也不釣了。他折斷他的……」

「釣竿？」

「對，那些竿子。他把它們當作垃圾丟了。他一直喝酒，最後他就生病了，病得很嚴重。」

在我們背後，雲團逐漸膨脹，在河面上空變黑，黑得嚇人。安娜似乎沒注意到。她告訴我，她父親之所以會死，不只是因為酒精，也因為他努力想要隔絕的那股可怕壓力。

「所以我們失去那間公寓，」她說：「他們不讓我們待下去。這太不公平了，因為那是我們的家，我跟我兩個弟弟，我們從沒住過別的地方。可是我媽媽，她再也付不出租金了。她在醫院找了一份工作，那份工作賺的錢不夠，所以我們必須搬走。我們的新公寓是個滿是老鼠的噁心地方，大廳裡還有醉漢。我很害怕，因為你知道那是怎麼回事。我走過去，他們都在看我。我那時候才十三歲。」

「所以你媽媽在醫院工作？」

「她沒受過訓練，她是清潔工。」

安娜似乎亂了思緒。於是我說：「烏芭說你在市中心一家飯店工作？」

安娜沒回答，似乎陷入十多年前那段時光。「我想她喜歡在那裡工作，」她說：「接觸病人，逃離我們。逃離我跟弟弟他們。我們就是變野了，變得超野的。如果我媽媽上早班，我們就得自己做飯、自己準備上學。然後她回家後會說，可憐的某某先生，我想幫他找個好東西。我可以幫他找到什麼好東西？還有可憐的某某太太，她要我下班留下來陪她說話，那位太太很孤獨。所以我媽媽就留下來。可是她自己的孩子呢，我們都在家裡，試著長大。我爸爸去世以後，她變得好像再也不是我們的媽媽了。」

「也許，」我說：「那就是太辛苦了。她在醫院累壞了。」

安娜搖搖頭。「我想，我們讓她想起來。」

「讓她想起什麼？」

「想起我爸。她怪罪我們。她說我爸必須這麼辛苦工作，來養我們。她老是說，他們結了婚、還沒有我們那時候，有多幸福。大家都說最幸福的時光就是當你有了寶寶，可是那是在理論上，而不是實際上。養育孩子一定是很辛苦的。」

安娜停住了話，望向河邊。她蹙起眉，還揉了揉肩膀。她把那件綠色開襟衫，拉過來圍住脖子。「這種事我絕對不幹，」她說。

「什麼事？」

「生孩子，」她終於說了。

3. 像我這樣的案子

　　現存最早的法律彙編之一，就是著名的《漢摩拉比法典》，名稱來自巴比倫第六任國王。在一塊超過七英尺高的黑色指狀大石上，用楔形文字刻在深色火成岩上的，就是對父母賣子的認可。如果這種買賣是為了償債，《漢摩拉比法典》規定孩子得要經受三年強制勞動。

　　漢摩拉比統治巴比倫是在公元前 1750 年左右。在迦納，幾年前，安東尼的父親將兒子賣為奴隸，那是否是在償債，我不知道，安東尼也不知道。但是，不僅是漢摩拉比，就連一千年後、公元前五世紀的任何羅馬父親，也認得這項行為，因為羅馬法學的一大基石《十二銅表法》規定：「家長如三次出賣其子的，該子即脫離家長權而獲得解放。」（本句譯文出處：《十二銅表法》，法律出版社 2000 年出版。）也就是說，賣子兩次似乎是可以接受的。

　　我們把時間快轉到公元 313 年，羅馬首位基督教皇帝君士坦丁大帝，也承認買賣孩童的合法性。此後不久，該撒利亞的巴西流（Basil of Caesarea）這位迦帕多家聖人，便帶著關懷，寫到出賣孩童的事情：

　　我要怎樣才能向您呈現窮人的痛苦？……他沒有黃金，而且永遠都不會有。他能怎麼辦？他最終將目光轉向自己的孩子：賣了他們，他就可以推延死亡。試想極度飢餓和親子羈絆之間的掙扎……

　　那麼他的想法是怎樣的？

　　我該從哪個開始賣？糧食拍賣官會最喜歡哪一個？我該從老大

開始賣嗎？可是考慮到他的年紀，我很不願意那麼做。老么呢？我可憐他年幼無知……太悲慘了……我就要變成哪種禽獸了呢？……要是堅持守住他們全部，我就會看到他們全都死於飢餓。

　　巴西流是在四世紀下半葉寫下這些話，地點是在小亞細亞，亦即現今的土耳其。往南穿越黎凡特（Levant），我們就會發現：承認抵押孩子的猶太法律傳統。

　　時間再往近代前進，越過另一千年，稍微看看我們底下的中世紀育嬰堂，那是我們會再回過來談的。然後，繼續經過一個個十年和一個個世代，直到我們跳進現今這個紛擾世紀裡。在這裡，我們發現安娜，還有她發生的事。

▶ 一處充滿真正痛苦和虛假歡樂的谷地

　　「他是個大學教授，」安娜說：「是助理教授。我希望有一天能上大學，但也知道我們賺不到學費，不過他說我可以替他做點打掃和歸檔工作。他跟我們家有關係，所以想要幫忙。這對我來說，是個好機會，對我們大家都是。」

　　「你是說，對全家來說都是個好機會？」

　　安娜點點頭。「我那兩個弟弟開始惹上麻煩，尤其是大的那個。他在街上閒蕩，有時候甚至還吸膠。那是流浪兒在做的事，為的是得到快感，還有禦寒，但那不會是像我們這樣的人、像我們以前那樣的人，我是說我爸過世以前。可是我們就一直往下掉、再掉。我們的人生正在衝向街頭，衝向……」她指著人行道，指著排水溝。

　　「所以你去替那位教授工作？」

　　「那不像正式工作。但是，是的，他讓我做。而且你要知道，他也對我很好。他會說，安娜，你看起來好瘦，然後給我帶一份披薩，

那可不像這裡的披薩。或是他會說，安娜，你衣服太舊了，然後給我錢去買新的。事情就是這樣開始的。這讓我覺得，我長大了。他通常對我很和善，還跟我講到克林姆（奧地利畫家）和一些書，講到巴爾扎克（法國作家），我之前甚至還沒聽過巴爾扎克。」

那般最淡、最淺的微笑，掠過她臉龐，卻又消失殆盡。我們稍微聊到我最近讀過的巴爾扎克小說，那就是類似莎士比亞《李爾王》的《高老頭》，收錄在他絕妙的《人間喜劇》系列。巴爾扎克在當中寫到他的巴黎，也就是他的世界，寫到那如何是「一處充滿真正痛苦和虛假歡樂的谷地」。

「他喝醉的時候，」安娜說：「就會大喊大叫，咒罵我：看你害我做了什麼？就好像我是魔鬼，就好像全都怪我，都是我對他做了這件事。」

「對他做了什麼？」我問道。

「害他外遇。他結婚了。」

事情開始說得通了。至少當時我是那麼想的：又是那個常見的模式。結果我錯了。

「他對我好的時候，就好像他背後有一扇扇門，通往那些美好事物：詩歌、藝術展、音樂，那些都是以前我爸還在的時候，我們常常看常聽的，後來全消失了。我很興奮，因為我覺得他有鑰匙。他可以打開那些門，然後我走過去，那邊就有更好的生活。可是，從來沒有，」安娜說：「我從來沒有走過去。他從來都不讓我走過去。」

「為什麼不讓你走過去？」我問道。

「因為他非常、非常會嫉妒。他對我說：『安娜，你要懂男人想要什麼，你要長大，安娜，要懂男人想要什麼。』好像他不是男人、不是那些男人之一，而且也不會想要。但是，他想要，他總是想要。他以前常出去跟朋友打撲克牌。『那就是男人在做的事，安娜，』他這麼對我說，講得好像男人是另一種動物，好像他們很危險，然後我絕

對不可以接近他們。」

「結果每次都是他——是他從牌局回來，是他喝醉酒，他就是我得小心的那個人。有時候情況會變得很糟，然後他會吼我，還說全是我的錯，我是魔鬼。情況糟到有時候我得躲進櫃子。我跑進櫃子躲起來，然後他拉開門。『你為什麼要躲起來？什麼——你覺得我會傷害你嗎，安娜？』他抓著我的頭髮，把我拖出去。有一次，他動手拿金屬衣架打我，打在我手臂上。『你害我做了些什麼？』他說：『看看你都害我做了些什麼。』」

「安娜，你不用告訴我這些的，」我說：「你還不瞭解我。」

「我瞭解我，」她說：「我想要講。」

「我只是個律師。」

「律師見過很多事情。你見過很多事情吧？」

「我見過很多事情。」

我後來承審一件家暴案，該案被告是個男的，那人因為不明原因找不到辯護人，所以就在我面前進行自辯——我大力勸他別那麼做，因為我極有可能就要送他去坐牢。判決前調查報告指出，他痛悔自己的行為（在酒後以鈍器攻擊他的妻子，這是長年家暴行為模式的一部分）。然而，當他代表自己向我陳詞，他似乎真正關心的是發生在自己身上的事情，還有他無論如何也是個受害者，他的痛悔都圍繞在他的命運。我真的送他去坐牢了。

「你見過像我這樣的案子嗎？」安娜說。

「太多了。」

「所以你知道些什麼？」她的語氣就像是在質問。我覺得好像在接受面試，試的是我所不知的事。我想著該如何應對，覺得我該說實話。

「我知道你責怪自己，」我說。

她未置可否。「還有呢？」她問。

「我還知道，打了你之後，他很懊惱，大概也哭了。而你就過去安慰他，然後同樣的事情又再發生。」

她沉默了。「你錯了，」她說：「他從沒哭過。」

「可是你會安慰他？」

「他說只有我懂他。」

「事情開始的時候，你幾歲？」

「十六歲，」她說。

「你當時還是個孩子，安娜。他為什麼要一直打你？」

「他很氣我做的事，」安娜說。

我等著她告訴我，我的腦筋急轉，努力在想這個年輕女人能對那個年長男子做出什麼。但她顯然很懊惱。

「我懷孕了，」她終於說了。

▶ 一直都有孩子被遺棄

北美有研究人員用另一種方式檢視「親對子的態度」這種現象。在該研究中，他們檢視哪種死亡引起父母更大的悲傷：一個健康孩子的死亡，還是一個生病孩子的死亡。

數百名自願回覆者在實驗條件下被詢問，用以評估他們的「悲傷強度」。結果很清楚：失去健康孩子會讓父母更為痛苦。為何如此？難道就只因為健康孩子平均而言會比不健康孩子活得更久？這般額外悲傷的成因是什麼？

我們很快就會自己做個實驗來瞭解。然而，在我們那麼做之前，我得說，我不能假裝我拚搏這類困境的經驗，完全推翻我對「我們是誰」的看法，但那已經使其動搖。這讓我想要瞭解更多。所有人命不都是平等的嗎？身為人權律師和追求社會正義的研究人員，這是我熱切相信的。可是相關證據似乎顯示，我們最終並未公平行事。所

以，我想要正視這點並瞭解究竟發生了什麼事。光是因為我們不喜歡，並不代表那不會發生。如果那真的發生了，也不代表我們不能試著加以改變。

然而，首先我們必須瞭解發生什麼事。且來概括一下我們在那間著火房子裡做的決定：

- 我們兩個都選擇遺棄其中一個自家孩子。
- 我們自問這問題：任何父母怎麼可能那麼做？
- 但最終我們都選擇很健康的麗莎。

這個問題所暗示的是：沒有哪個像樣的父母會遺棄孩子。但是，正如千百年的歷史記載所證明的，人類生活的殘酷現實就是一直都有孩子被遺棄，而且，以後也繼續會有孩子被遺棄。我們很快就會看到相關實證透露，哪些類型的孩子更容易被拋棄、遭傷害或殺害。不過現在我們開始看到，當我們選擇左轉而非右轉（那就是你選擇轉往的方向，不是嗎？），當我們選擇麗莎，我們並不孤單。

這並不是說，任何生命本身會比不上另一條生命（露絲在某方面確實是劣於麗莎的人類）。但是，難道那間著火房子沒告訴我們，在極端情況裡，我們必會優先考慮搶救某些人的生命嗎？

認清了這一點，就有個進一步的問題需要回答：是憑什麼原則，我們才可能做出（或敢於設想）這樣的生死抉擇？在那間著火的房子裡，是什麼因素驅使我們左轉或右轉？是什麼因素總是堅決引領我們走向藏在學校掃具櫃的自家孩子、而遠離滿是其他孩子的教室？

藉著強迫自己只能從火裡救出一個孩子、藉著使其成為生死抉擇（就像在學校裡放進一名四處搜尋的槍手），我們正在剝去層層禮儀和禮節。我們已經逾越那些有禮貌或受歡迎的選擇，那些選擇是做來討好別人，讓他們對我們有好感，也讓我們對自己有好感。我們正在鑽

探人類最基本的動機。我們現在必須做出研究人員所謂的「生物上重要」的決定。那絕不容易，也不該容易。我們所試著理解的，不是人們可能會以為自己會做的事，而是他們實際會做的事——以及那麼做的終極原因。讓我舉個進一步的例子。

　　試想我們面對完全相同的情況。房子著火，烈焰升騰，濃煙讓你幾乎看不見。

　　✤　火場裡並不明亮，而是一片漆黑。
　　✤　黑煙造成黑暗。

　　你正在那片令人窒息的黑暗裡摸索著。就像彌爾頓《失樂園》那句話講的：你看見的是看得見的黑暗。

　　如果你是在黑暗中不知所在而無法選擇，那就簡單多了。不過，我不能這樣放過你。你必須選擇。所以，你得想辦法想清楚，你得想辦法像平常那樣想清楚。美國消防總署的那條推特連結，你希望自己從沒讀過。就好像是那帶衰了你、帶衰了你家人。但上面講的另一件事正在發生：你的 T 恤正在冒煙，是著火了。

　　✤　如果你衣服著火，請做「停、倒、滾」。
　　✤　停在原地、倒在地上、一滾再滾。

　　你往下一倒，胡亂打滾，弄滅身上的火。你的孩子又怎麼樣呢？你有兩個女兒，她們身穿棉質睡衣，在各自臥室裡被火包圍。麗莎在左邊，露絲在右邊。

　　現在請試想兩個女孩都是十二歲，她們是雙胞胎。不過，露絲有一點不同於麗莎。露絲有個先天問題讓她不能生孩子。我接下來要請你考慮一件很殘酷的事情。你這兩個女兒，她們真的完全相同，只是

其中一個不能生孩子。那很要緊嗎？該要緊嗎？那是否會影響誰生誰死呢？如果會的話，又為什麼會呢？

在火災裡，罹難者大多死於吸入濃煙。無饜的火舌吸光空氣裡所有氧氣，大火在空氣裡灌滿毒物。最致命的正是這種缺氧。這意味著你必須馬上做決定。

正當你苦思生育能力是否要緊──在你心裡左轉、右轉之際，那種可怕的化學反應正在作用，吸走空氣裡的氧氣，吸走孩子臥室裡的生機。

在其他每個方面，你那兩個女兒之間，完全沒有區別。她們都很健康；她們都很愛你，也都為你所愛；她們相親相愛。然而，你必須選擇其中一個。火焰爬上了牆。灰泥熔化，然後緩緩流下，在砌磚上留下淚痕。走廊上有兩扇臥室門，每扇門後都躺著你其中一個女兒。她們沒有回應你的呼喊，她們都不省人事。在這項生死抉擇的每個重要方面上，她們都是一樣的。只不過，一個能有孩子，另一個不能。你要選擇哪一邊？

左邊或右邊？

麗莎或露絲？

4. 文明的表面

　　我想我知道你選了誰。如果你又選了麗莎，那麼你就是跟多倫多和東京這兩地的科學研究計畫裡幾百名受測者為伍。那些結果顯示，失去一個少年，往往要比失去一個幼兒，更讓我們悲傷。為何如此？當然，我們很可能認識那個小大人比較久，也有較大機會形成更強的連結。但是，事情就是這樣而已嗎？

　　為了回答那個問題，我們得再考慮兩件事。

　　首先，回想你的答案：你要救的是誰？是麗莎。露絲是否因為不能懷孕而受罰？這一點又是如何減損她的生存權呢？

　　讓我們再想想：畢竟，沒有誰能保證麗莎會有孩子，也沒有證據顯示她特別想要生孩子。那麼，我們這麼選擇的背後，有何理由？為什麼生殖潛能（reproductive potential）如此重要？

　　為了瞭解其中的關鍵，就讓我們快轉十年。

　　兩個女孩都已長大，同樣都是二十二歲。露絲還是不孕，但這回麗莎被診斷出絕症。她最多可以再活十年，可能更少，但上限就是十年。現在，終於，我們要右轉了嗎？選擇如下：

　　❧　左邊 ＝ 麗莎（二十二歲），只有十年可活，不過能生孩子。
　　❧　右邊 ＝ 露絲（二十二歲），不能生孩子。

　　現在，我們終於要去救露絲了嗎？

我去了，而那幾乎是一種解脫。我們先前不救患病的露絲，也不救不孕的她，而今她的姊妹病了，不孕的露絲便能得救。

但是，我們也能再往左轉，所需要的就只是加上一件簡單事實。這件事實將會翻轉一切。你可能已經猜到了——還沒猜到嗎？

麗莎懷孕了。

現在你要救誰？罹患絕症但有身孕的麗莎，還是無辜注定終生沒有親生孩子的露絲？露絲當然可以去領養孩子。她可以那樣成為母親，但她永遠生不了親生孩子。你要救誰？

如果麗莎懷孕八個月，你就會犧牲露絲來救麗莎嗎？那個算式是怎樣的？我們可以把事情化約到殘酷的基本事項嗎？

🐝　麗莎（十年可活）＋寶寶　＞（不孕的）露絲……？

我想告訴你另一項驚人研究。這套實驗要求成年人估計「其他父母在不同年齡的孩子死去時的悲傷程度」，因此受測者的基因並未直接涉入其中。這項實驗裡發生了很有意思的事。

首先，估計的悲傷程度和死去孩子的生殖潛能，有著頗為穩健的相關。孩子的年齡愈接近青春期，失去孩子的悲傷程度就愈大。考慮到我們看過的其他研究，會有那種結果是可以預期的。然而，真正的新發現是：悲傷曲線幾乎完全對應非洲某個族群的生殖潛能曲線。該族群就是住在喀拉哈里沙漠的昆人（!Kung）。為什麼一項訪談加拿大和日本受測者的研究，所產生的一連串選擇，竟然對應到這個傳統沙漠民族的生殖潛能曲線？

答案在於昆人是個採獵民族，他們的生活方式更像我們祖先在人類歷史上大約 99% 時間裡過的那樣。在此意義上，他們比我們更能代表歷史上的人類。我們這些世故的現代人怎麼做？當我們被要求就生死這種血淋淋的事情做決定，我們的決策模式就很類似採獵者。

那很有意思。但到底這是怎麼發生的？

對於演化心理學家來說，這些類型的困境讓我們得以穿透文明和現代生活的表面效應，窺探人類心智的深層結構。藉由這麼做，我們開始觸及藏在內心的終極驅力。那可以被直白陳述，並不需要令人舒適的委婉語，也不加裝飾和修飾：*生存和繁殖的需要*。

▶ 這個可怕的大祕密

所以，那就是少女安娜的大罪：她懷孕了。

我想到這個脆弱的年輕人，從藏身的櫃子被拖出來，驚恐的她還被對方用衣架痛打——而且她懷著身孕。這就是我之所以跟你談起安娜的原因。

「『拿掉它，拿掉它，你要去拿掉它，』他說。我也告訴自己，安娜，你要去拿掉它。可是裡面有個東西，我裡面有個東西，我甚至不知道它是在那裡，它在我頭腦裡同時說：『你不會的，無論如何，你都不會。』我，我不懂。我不想要有個寶寶，我不能生下寶寶。那很差恥。可是，我頭腦裡這個聲音說你不會，你不會拿掉它。也許他看見什麼，也許是我在哭——我記不得了。但他很快就變回那個親切的他，就像他沒喝酒的時候，所以他很溫柔親切，就說：『別擔心，我會付錢，我會照顧你。沒有人會知道。我們會一起來處理。你不用擔心。我們會一起來做。』他知道怎麼做，他認識醫師。事情就那樣安排了，我將會去墮胎。」

這時候，雨滴開始讓人不舒服。馬路對面再過去不遠，有另一家餐廳，坐在外面的客人紛紛要求換到室內桌。在麻薩諸塞大道上，車子沿著寬闊的車道奔馳，然後會突然煞停，讓路給一群不看路就步下人行道的哈佛學生，他們確知這世界會為他們而停止——這世界總是會的。

「墮胎的時候，」我問：「你多大？」

她搖搖頭。「我沒去墮胎。」

再一次，這個故事又脫軌了。「沒去嗎？」我說。

「我做不下去。」

我們都突然沉默了。我看著她，而她看向別處，她看來正打算把話收回。

然後我覺得，她意識到沒必要收回，因為我不會相信。在某種意義上，把事情講出來，似乎讓她鬆了一口氣。她頭髮上閃著雨滴。

「我生了他的寶寶，」她說：「一切都失控了。」

「你當時多大？」

「十七歲，」她說：「我是十六歲懷孕的。」

年紀好小——太小了。但是，墮胎在她的國家是否違法？我沒機會問她。

「我試著保守祕密，可是終於有一天，我憋不住了，當時我甚至還沒有看起來真的、真的很明顯，然後我告訴我媽媽。我一直都對一切……」她抱緊自己。

「守口如瓶。」

風大了起來。一張散落的報紙，風滾草似的沿街滾動。

「對，隱藏這整件事，這個可怕的大祕密。所以我有點高興能告訴她，可是她卻變得很冷淡。當時她正在煎魚，鍋子裡有熱油。我還以為她會把鍋子砸在我臉上，我還以為她想要把鍋子砸在我臉上，但她幾乎什麼都沒說。她叫我滾出去，講得很小聲。然後，她把爐子關掉。『滾出去，』她說，真的講得很小聲。於是我哭了起來，說媽媽求求你原諒我。我在求她原諒我，可是她卻尖叫著說：『滾出去！』她不停尖叫著說：『滾出去，滾出去，滾出去，滾出去，滾出去！』我說：『媽媽，求求你看著我。』她才不看，只是看著鍋子。我去拉她的手臂，結果她轉了過來，那張臉、那個表情，那不是我媽媽。」

安娜告訴我：鍋裡的油燙得一直嘶嘶作響，而她母親說，跟她斷絕母女關係了。

「可是你一定需要她幫忙的。」

「我做的事情太糟糕了。」

「可是，一個十幾歲的孩子，不靠你媽，自己度過孕期，那非常非常艱難。」

「她永遠不會原諒我。」

「你媽很虔誠信教嗎？」

「他──孩子的爸……」

我搞糊塗了。「他很虔誠信教嗎？」

「他是我舅舅，」安娜說：「是我媽的弟弟。」

5. 出讓

　　沒有清楚證據顯示，首個轉輪是在何處打造的。不過很清楚的是這些裝置一啟用，就廣受需要。這種轉輪有許多名字：在葡萄牙文裡叫作 *roda*，在法文裡叫作 *tour*、在義大利文叫作 *ruota*。那不是一般的輪子，最好的解釋方法，就是想想最有名的其中一個。

　　布魯內萊斯基（Filippo Brunelleschi）是十四世紀後期佛羅倫斯某位公證人三個兒子中的第二個。布魯內萊斯基年輕時是才華洋溢的雕塑家，在佛羅倫斯文藝復興的激情裡，參賽競爭「設計聖若堂洗禮堂大門」的榮譽。他的作品是歷來一大著名兒童獻祭：亞伯拉罕獻祭兒子以撒。可是布魯內萊斯基落敗了。他的落敗是文藝復興之福。然而即使他能得知自己所輸的對手吉貝爾蒂（Lorenzo Ghiberti）實至名歸（乃至於一個世紀後，米開朗基羅看到得獎作品會說：「沒錯，這些就是天堂之門。」），那也不算什麼安慰。

　　所以，布魯內萊斯基把心思轉到別處，轉到建築。這就是我們今日認識他的緣由。布魯內萊斯基解決了佛羅倫斯主教座堂「聖母百花聖殿」打造圓頂的難題。不過，這並不是他的第一個建案。

　　布魯內萊斯基第一件案子就是佛羅倫斯孤兒院。這項佛羅倫斯育嬰堂設計案，來自有錢有勢的佛羅倫斯各大行會，像是絲綢行會。落成之後，該院就成了世上首個專門照顧孩童的機構，而且大受需要。在托斯卡尼，就像在中世紀歐洲其他地方一樣，孩童會被「暴露」，亦即被遺棄。

有些孩童是被棄置街頭，有些則被放在教堂門口。被放下的嬰兒得要面對天氣、餓犬、機遇。整個問題變得不可容忍，必須找到某種制度解方。孤兒院正是對棄嬰問題的一項回應。該院建在一處農場舊址。起初，孩童是被置於前門廊的大理石盆，但是到了十七世紀，前門廊就裝上一個 *ruota* ——轉輪。

這裝置包括牆上的一個洞，後面是一個平放的轉輪。嬰兒可以放在一側，接著輪子可以被轉動，然後孩子就會沒入孤兒院的範圍，而父母也將保持匿名。這種轉輪裝置讓父母得以放下孩子而不被認出，從而大受歡迎。

那些轉輪的起源，已經消失在歷史迷霧和亡佚紀錄裡。當然，在1180年，當首座棄兒庇護所在法國開張，那裡就有某種初始的轉輪裝置。1196年，教皇諾森三世發布一道敕令，規定所有育嬰堂都要裝設一個轉輪。到十九世紀初始，一千兩百個義大利都市、城鎮和村莊，都設置轉輪讓人棄置兒童。

正如哈爾迪（見第371頁）這位加州大學戴維斯分校的演化人類學家所寫的：佛羅倫斯孤兒院的大理石盆，在1660年被換成轉輪；到了1669年，開口處必須放上格柵，以防父母把年長孩子也硬塞進去。

▶ 但願我能相信你

我們進到那間西班牙餐廳裡面，躲避外頭的傾盆大雨。安娜綁起頭髮，她的髮絲閃亮著雨滴。她忽然顯得年長許多。

「現在你討厭我了，」她說。

「因為你舅舅嗎？」我說。

「因為你評判我。」

「我真的沒有。」

「有，你有。大家都說不會評判你，可是他們就是會。我瞭解，

我也評判我自己，我做了一件很糟糕的事。」

「你當時是個十幾歲的少女，安娜。他才是那個大人。」

「他從小陪著我，我知道他已婚，我認識他太太好多年了。沒人喜歡他太太，她超胖的，又矮又胖，我爸媽他們都叫她沙灘球，就連自己的先生也不喜歡她。那就是他告訴我的。」

服務人員到各桌去點蠟燭。這就像是在洞穴裡，讓一座座小篝火照亮，同時外頭光線迅速變弱。

「我媽說他值得更好的對象。我媽總是護著他。他年紀比較小，是我媽的弟弟。我們從小到大，他都是個好舅舅。」安娜緩緩搖了搖頭。「太瘋狂了，我還是不知道事情是怎麼發生的。我不該讓這件事發生的。」

我繼續說她才十六歲，也沒意義了。我在法庭上發現，有人就是不想要你替他辯護，那樣的人當起自己的控方。

「我讓出我的孩子，」她說：「給人家收養。」安娜站了起來。她很小聲說：「我不要你討厭我。」

「我沒有權利討厭你，」我說。

「但願我能相信你。」她走向門口。

「別走，」我說：「看看外面的雨。」波士頓要下雨的時候，真的很能下。太陽努力想要露臉，卻失敗了，煙霧般的雲層橫過。

「但願我能相信你，」安娜又說了一次，她的眼睛在我臉上尋找信號。

「那就相信我吧，」我說。

整間餐廳坐得滿滿的，卻又彷彿空無一人。在顧客的嗡嗡交談聲和輕柔的吉普賽音樂裡，我們就像是被包在繭裡獨處。

但我辯護失敗。她走了。

當晚稍後，她來電為她突然離開道歉（但我覺得她沒有道歉的必要），我才明白，她為什麼覺得我會討厭她。我試著跟她解釋：雖然

我不知道她國家的確切情況，不過還是可能有某種方式，可以謹慎重新聯繫上她的孩子——她的兒子。

　　我有認識的律師認識她國家的律師，我可以去查有沒有法律認可的做法。在過去二十年裡，對於收養的態度逐漸變得開放：大家愈發肯承認生父生母的痛苦和權利。我知道有一種悲傷模式，源自文獻中所謂的「出讓」孩子，而那很類似喪親。我在想，這一切是否才是她最初真正想見我的原因（而不是 FGM），看我能否給她關於收養的法律意見。然而，事情還要更複雜。

　　實情就是：生下孩子之後，她就把孩子出讓給別人收養——那是真的，但不是故事全貌。安娜把寶寶賣了。

6. 玫塊

　　這種棄嬰轉輪是搖籃和轉盤的奇怪合體：先將孩子放在嬰兒床般的空間裡，然後轉動，孩子就會消失在醫院或孤兒院的牆壁後面，進入某種機構撫育。布朗大學的歷史教授柯澤（David Kertzer）指出，那些轉輪是兩個世界之間的門戶：「外面是自然和罪惡，裡面是文明和救贖。」

　　在此可見，這些機構雖然一方面為臨危嬰兒提供解決方案，但同時也在管控婦女、以及管控她們的身體和性。那裡頭注滿了嚴厲的道德譴責，這正是安娜最終講出她跟年長男性的關係後發現的。

　　因此，那些為轉輪辯護的人，認為那是一種手段，可以保護兒童免於身陷「不純潔的腐敗氛圍……而沾染罪惡」；對於出讓孩子的女人來說，那是一種方法，可以隱藏「愧疚與羞恥的見證」。正如安娜所發現的，焦點仍然持續放在她身上——就像歷來一樣，不是放在讓這些年輕女性懷孕的男人身上。於是，這種轉輪體現這樣的觀念：一個生在無節之性、危險和色慾的世界的孩子，可以被送進體制內、送進道德安全的環境。

　　當然，現實並非如此。許多孩子都死了。

　　他們死得或快或慢，但時常都死了。當父母將嬰兒放進育嬰堂的轉輪，他們究竟是在做什麼？實質上，那是不是一種社會殺嬰行為，一種有效結束一條你無法結束的生命的方式？或者是在打一個極為冒險的賭——勝率低到不行的一注，卻也是僅存的一注？

有時候會有信物留下。例如1739年倫敦的育嬰堂，柏妮（Florella Burney）這孩子的母親，給她留了一小塊綴有圓點的奶油色布料，上頭繡著一朵盛開的紅花。這塊布上釘了一張紙條，紙條上留有極為整齊的筆跡，她懇求「特別照顧」她的孩子，因為這孩子將來「會被接回去」。誰能真正估量柏妮的母親承受的悲痛？然而，事實上，像柏妮這樣的孩子很少被領回。

在義大利，信物不是只有撕下的布料，還有外國硬幣、圖畫的碎片、聖人圖像。那些東西被稱作 *segni di riconoscimento*：相認的記號。它們代表什麼？是最後的希望，或者，往往是像柯澤教授所認為的，是對殘忍遺棄的否認。

▶ 能否跟遺棄他的母親團聚？

我們應該怎麼理解寇兒他母親的行動？他們住在一個供應童奴給伏塔湖的沿海社群裡。然而，寇兒的母親有個長久的問題：要怎麼餵飽她所有孩子？

寇兒的母親出讓他來換取一小筆錢。那筆錢攸關生存，幫助她餵養其他孩子。然而，代價就是寇兒。那個出錢的男人說服了她，讓她相信寇兒會得到有用的雇用，相信她兒子會受到好好的照顧。那全是謊言。那男人其實是個蛇頭。

寇兒被逼著在湖上捕魚。那是很磨人的勞動，他在勞動當中常遭毒打。有一天，就在湖岸主要聚居地耶吉鎮附近，寇兒看見有個男孩潛到水裡要去解開漁網。那孩子溺死了。從那一刻起，寇兒的心裡就揮不去那個念頭，就是他會像那男孩那樣死掉，他會受困在水底，而那座湖永遠都不會放他走。

寇兒現在將近十四歲了。他在湖上待了超過四年，期間從未得到報酬，而且經常被毒打。那裡沒有學校，沒有教育，只有工作。事情

的轉機是在有個被救離湖上的孩子，向丹佛絲（見第67頁）的同事提到寇兒。丹佛絲的團隊找到了他。從那時起，他們在非政府組織的救援中心給他庇護和扶助。

寇兒的心裡，還是揮不去那座湖，或許永遠都揮不去。你離開了湖，但湖不會放開你，就如同長在水裡的那些樹也不放開網子。或者那些樹死了嗎？那座湖的問題就是：難以得知什麼活著、什麼死了。

儘管如此，寇兒開始上學了。他正在學習，學著去瞭解湖以外的世界、學著去瞭解他自己，還有去瞭解：雖然他曾經被強迫工作，但他現在不是奴隸了，他的生活可以、也將會不同於那樣。

情況會變好的。

但是寇兒能否跟出讓他的母親團聚？那就是問題所在。

▶ 一朵壓過的白玫瑰花

賣掉孩子讓安娜拿到一千美元。她是透過仲介賣給一對「西方」夫婦。就我所知，在那個時期、在那個區域，確實存在一種後來被稱作「嬰兒買賣」的做法。當時有成千上萬的孩子被賣給了西方人。仲介紛紛湧現。這是一門大生意，安娜的孩子就在其中。

安娜告訴我，她不知道還能怎麼辦。正如她所形容的，她有一些朋友在賣「別的東西」。

「我知道可以這麼做。她們跑去坐在國際飯店的大廳——然後等著。你給點錢，保全就讓你等。其中有一些，她們是很聰明的女孩。她們想上大學，可是沒錢。這就是她們賺學費的方法。可是，有時候她們只是花錢亂買、買名牌貨。」像是普拉達手提包。

「我朋友說，你為你的寶寶做了你能做的最好選擇，」安娜說：「可是，我在想：那麼我對寶寶做了什麼呢？就是這樣，我在想：我對寶寶做了什麼。」

她頭腦裡的控方，再次指控她。我試著在我們通話中拉她一把，但她拒絕任何減刑。我們談話的時候，事情已經過去十多年了，可是在她心裡，她還是有罪，而且會繼續有罪。

大約一個月後，某天我在我哈佛辦公室外頭的長廊檢查收信箱，就在詹姆斯大樓十四樓，收信箱設在飲水機旁邊。從那裡，你可以看到伸向查爾斯河的校園全景，其間散布著一座座宿舍建築，各宿舍的白色鐘樓都直指天際。我發現寄給的我是一張字跡整齊的卡片，寄件人是安娜。

卡片正面有一幅畫，是一叢白玫瑰，畫得幾乎太完美了，就像一幅細緻的拼貼畫。我不明白她為什麼選了這張卡片。也許這是店裡唯一的一張；也許這不代表什麼。可是為什麼是一叢白玫瑰？當我從信封中取出卡片，有個東西掉了出來：一朵壓過的白玫瑰花，就像卡片正面那些花朵。

狄諤斯，感謝你說要拿我的案子去問你的律師朋友。有好長一段時間，我都假裝一切結束了，假裝我兒子不在我人生裡，可是他在。我來到這個國家，假裝他不在，但那不是真的，因為他就是在。我知道你還是會說你不會評判我，我相信。但我沒辦法繼續寫那篇 FGM 的論文了。怎麼有辦法，我這個人這麼糟糕，是我所認識最爛的。我希望我兒子一切都好。我想他會很幸福，是個長大了的大男孩，我沒有權利再次傷害他。我原以為，我想要你幫我找到他。可是他會感到羞恥，我也會感到羞恥。所以我不會試著找到他，不過，謝謝你說你會幫忙。　安娜

隨著我一再重讀她那張卡片，我心裡在想，也許那些將我們帶來世上的奇異激情，未必陪伴我們走完人生旅程。因此，完全有可能的是，安娜的兒子會在某個富裕的西方城市，過著全然滿足且受寵的生

活；或許他永遠不會知道，自己出生所造成的混亂和創傷。跟安娜一樣，我也希望情況如此。我把卡片和壓花，放在空調風口那堆研究論文上面。

德拉瓦大學的心理學家多齊爾（Mary Dozier）與同事，做了詳盡研究，來調查養育過程有哪些因素會影響兒童。

研究人員檢視五十名寄養照顧人和所照顧兒童的關係。那些寶寶的年齡介於剛出生到二十個月大。在控制社經地位和種族等其他變量後，多齊爾發現，關於孩子對寄養照顧人的安全依戀程度，最佳的預測指標就是以下這件事：照顧者覺得自身童年經歷，有多麼溫暖和正面。

安全依戀指的是：孩子尋求所需的安慰，而且確信會受到撫慰。安全依戀是很重要的。安全依戀關係到孩子將來能跟其他孩子和老師有著成功的人際關係。然而，個人的童年經歷會如何影響他們將來的養育行為呢？

自從 1990 年代初期，相關研究就顯示，那些對自身被養育經歷有著糾結態度的父母，往往會嚇到孩子。這接著又導致他們的孩子長大後也有育兒問題。依戀對象造成的創傷或虐待，可以壓過行為系統，並導致往後的育兒問題。這種情況有時稱作「依戀相關創傷」。

創傷在這種脈絡裡，一向被理解為強烈的害怕、恐懼或無助。那可能包括所謂的「跟死亡擦身而過」——此語出自梅因（Mary Main）和赫塞（Erik Hesse）。這兩位兒童心理學家曾於 1980 年代，在舊金山灣區研究創傷現象。

直到後來，我才不經意明白這是如何關乎安娜。因為我以為在收到那張卡片之後，不會再見到她了。沒過多久，她突然打電話給我。「這是緊急情況，」她說。

真正的緊急情況。

我搭著地鐵紅線一路進入波士頓，從哈佛廣場來到下城十字區。然而，需要幫助的人不是安娜，而是烏芭。

安娜試著在電話裡解釋。「她崩潰了，」安娜說：「她又發生瞬間重歷其境了。你知道她的腳踝一直會痛嗎？」

「知道，」我說：「我有注意到。」

「所有事情統統都回來了。」

我之前就看過那如何發生在倖存者身上。烏芭是 FGM 的倖存者。有時候，受過 FGM 的人會經歷最折磨人的瞬間重歷其境，回到她們遭受 FGM 的時候——通常是在兒時。那會讓人癱瘓、耗弱、恐慌。

「我得出去一趟，」安娜說：「我非去不可。對不起，現在沒有其他人有空。她信任你。我陪她一個下午了，只要幾個小時，然後我就會回來。」

「我會過去，」我說。

▶ 湖岸的兩隻蜘蛛

有一次當山繆在湖岸，他在某棵樹的根部旁邊看見兩隻蜘蛛。大蜘蛛吃掉小蜘蛛。那就是他現在對自己童年的看法：被某個大東西吃掉。

當山繆還是個小男孩（他不曉得確切年齡），他的母親就把他從家裡所在的海岸城鎮溫尼巴，送去湖上。原本的計畫是要讓住在伏塔湖的親戚照顧他。山繆會去工作、捕魚，不過，是跟著親戚，親戚會好好待他。計畫就是那樣。

事情並不是像那樣發展。最終，他母親把他賣給另一個人，那個人跟他們家沒有親戚關係。山繆遭到販運和奴役。

幾年後，救援隊在湖上找到他，但他卻不願意離開。他的主人在他心中種下恐懼，讓他覺得那些宣稱要營救童奴的人，其實都把他們

轉賣掉，或是會對他們更糟。

　　經過兩小時的勸說，山繆態度軟化。他跟著救援隊離開，將那座湖拋在背後。在湖上的時候，他無所不做：撒網、拖網、潛到水底去解開被漆黑樹枝勾住的網。那座湖就是他的生活。從這麼小的年紀開始，而且經過九年，山繆很難想像別種生活。然而，現在他正在接受重新培訓。他已將網子換成線。他正在學當裁縫。

　　那座湖永遠都在他心裡。他的記憶好比被勾住了，就像漁網被渾水裡的樹木勾到。然而，縫紉機平穩的輕擊聲，撫慰了他，將他拖回陸地。山繆替別人製作衣裝，也給自己披上新事物，像是：夢想和希望。山繆夢想有一天要成為時裝設計師。

　　山繆也夢想：等到他的裁縫店發達了，他打算利用收入來資助和援救其他受困湖上的孩子，他們的處境就像當年被母親賣掉的他。

　　然而有時候，正當縫紉機在跑，山繆不禁去想誰是那隻大蜘蛛？是他母親，還是那座湖？那是他不明白的。他會在織縫的時候，想起那兩隻蜘蛛。

▶ 廣場帳篷裡的生孩子表演

　　曾經有個名叫腓特烈的男孩，出生在某處廣場上的一座帳篷裡。他的出生令所有人難以置信，因為沒人相信他母親能懷孕。

　　然而，腓特烈終究是被生了下來，就在1194年出生於某處廣場上的一座帳篷裡。

　　不過腓特烈三歲時，父親就去世了。翌年，亦即1198年，他母親科斯坦察也亡故了。但是科斯坦察在死前已做好安排，將她唯一的孩子託付給中世紀歐洲最有名的男人之一，也就是教皇諾森三世（正是此人頒布了棄嬰轉輪救令）。腓特烈的父親亨利六世是德意志霍亨斯陶芬王朝成員，兼領西西里王國和神聖羅馬帝國——後者是法蘭克

人和德意志人的王國，疆域不斷變動擴展，其成立是在西元 800 年聖誕節、查理大帝加冕之後。

雖然，包括《大英百科全書》在內的許多權威來源都為了從簡，而稱腓特烈為神聖羅馬帝國皇帝，不過該頭銜是在腓特烈於 1250 年去世後四年，才正式啟用。因此，說得更確切點，腓特烈是羅馬人的皇帝。這體現了那團圍繞神聖羅馬帝國的模糊混亂，正如法國思想家伏爾泰所言，它既不神聖，也不羅馬，更不帝國。

科斯坦察為腓特烈這兒子做的決定，就算不是違反常情，還是很令人困惑。多年來，她丈夫的德意志家族跟羅馬教會激烈相鬥，兩個權力集團互爭優勢。但是，在她丈夫死後，科斯坦察卻將兒子託付給他父祖對抗過的政治實體。這是哪門子養育？這要怎樣才可能理解？

不可能！只不過，科斯坦察明白，在她丈夫死後，爭奪西西里的戰爭就會興起，讓當地陷入混亂、流血和叛亂；她知道，她兒子的性命將會陷入險境，只要她一死，這位幼王就會成為孤兒，周圍環繞著那些想誅殺他的人。

所以，從腓特烈出生那一刻起，科斯坦察就竭盡所能保護他。她產下這孩子的地點是在耶西鎮，這座羅馬城鎮接近義大利中部馬凱大區的安科納城。一個對於新手媽媽該是苦樂交加的時刻，卻被科斯坦察變成一場公開表演。科斯坦察是在一座帳篷裡生下腓特烈，就在公共廣場上。

她真的平息了眾人對她兒子王位權的任何懷疑。因為科斯坦察四十歲了，也已經跟亨利六世結婚九年。很多謠言都說她無法為國王產下子嗣。因此，她在眾目之下忍受陣痛。為保不失，科斯坦察又再演示一回：為了證明那不是某種戲法，她就在鎮上要人的注視下，公開給孩子哺乳。

科斯坦察的慘痛經驗，讓她很熟悉皇室血脈難逃的暴亂。在近來那場爭奪西西里王位的流血繼承戰爭裡，她被自家兄弟的（私生）兒

子坦克雷迪背叛和軟禁。因此，將腓特烈交由教皇監護，是這位情急母親保護兒子的作為。

經歷這一切所造成的龐大壓力，科斯坦察就在丈夫死後十四個月跟著離世了。她在 1198 年 11 月 27 日去世，但也已經完成她的任務：保全了她兒子腓特烈。

我之所以敘述腓特烈二世的一些來歷細節，是因為圍繞他母親和他血統的陰謀，很有可能驅使他多番思考「為何人們如其所是、為其所為」，還有思考「為何孩子變成他們所變成的大人，尤其是當他們童年時受撫養於窘迫環境中」。腓特烈自幼成為孤兒，他的生活一直處於危險之中。

教皇諾森三世雖在名義上受託監護這孩子，卻甚少留意他，而且只見過一次面。那位教皇寫信給年幼的腓特烈，這樣告訴他：「上帝並未放下管教的杖，祂帶走了你的父親和母親，卻給了你一位更好的母親，那就是教會。」腓特烈當時五歲。

然而，腓特烈活了下來。1212 年，他加冕為日耳曼國王；1220 年，他再加冕為神聖羅馬皇帝；1229 年，他又在聖墓教堂加冕為耶路撒冷之王。

但在事實上，腓特烈沒那麼在乎神界的奧祕，而是更掛念在他面前的自然之謎——尤其是在他自己內心的自然之謎。腓特烈開始著手研究，做了實驗。

毫無疑問，腓特烈這個人天資極高。尼采後來稱他為「第一個歐洲人」。一位當代編年史家稱他為 stupor mundi ——世界奇蹟。然而，腓特烈的內心藏著一股冷酷。

腓特烈授命進行有關養育最早的一些實驗。他拿孩子做實驗。

7. 生命的渴望

　　腓特烈想要知道。他要知其然，也要知其所以然。不久之後，關於腓特烈的「好奇心」（或者說「過分」）的可怕傳言，就從宮廷泄漏出來。

　　其中一些可能是胡亂誇大，謠言起自臆測，而臆測起自空想。然而，那些傳言不大可能全屬虛構。十三世紀的方濟會修士撒林裴尼，真的見過腓特烈。撒林裴尼的《年代記》就講到腓特烈如何有興趣瞭解養育的本質、瞭解兒童。

　　腓特烈想知道，為什麼兒童如其所是？其中有幾分是天生的，又有多大程度涉及我們如何養育他們。腓特烈會有這種好奇心，有可能是因為父母早逝，又由陌生人養大嗎？他下令進行一項實驗。

　　1211 年，一些孩子被交託給保母和奶媽。她們只准給那些嬰兒哺乳和洗澡。她們與嬰兒的接觸，受到嚴格的限制——正如撒林裴尼告訴我們的，他們的照料者「絕不會跟他們咿咿呀呀或說話」。那些孩子被養在隔絕和靜默之中。

　　腓特烈想要知道，在剝奪刺激或其他人類接觸的情況下，孩子是否會憑本能說出希伯來語（他認為這是最早的語言）、希臘語、拉丁語或阿拉伯語，甚至是親生父母的語言。腓特烈想要知道「上帝的語言」是什麼？

　　腓特烈的實驗以災難告終。

　　得不到關愛，又被剝奪他人「歡顏」這般簡單的東西，那些嬰兒

全都死了。我很想知道,當腓特烈聽聞那些養在無聲中的孩子死去,他是否想到自己的母親?有鑑於科斯坦察去世時,他才四歲,他會記得那位以犧牲和堅定來保全他性命(而且很可能縮短了自己壽命)的女人嗎?就此,歷史並未言明。

但丁在《神曲》裡,將腓特烈的母親放在〈天堂篇〉。在科斯坦察走完一生之後,她的遺體長眠於其父祖的家鄉西西里島,就躺在巴勒莫主教座堂內的墓座裡。在科斯坦察身旁幾步外,就躺著她在帳篷裡生下的兒子。

▶ 他們說:小孩子會被狼抓走

過了很久,安娜回來了。

我們坐在波士頓公園南邊某家中國餐館,就在唐人街邊上,距離安娜和烏芭的住處大約一條街。在先前幾個小時裡,我靜靜坐著陪烏芭。我們就只是閒聊,大多言不及義,這正是她想要的。然而,現在她累癱睡著了。

所以安娜回來了。空氣裡飄散著烤鴨和醬油的濃香,時不時還傳來附近海港的氣味。我們對面有一家越南餐廳,窗內的紅色霓虹燈飾亮著,顯示還在營業。這時候很晚了,店家都在打烊。

「所以一切都好嗎?」安娜說。我發現她化了妝,雖然不明顯,但是錯不了,就好像她剛才是去約會。

「都還好,」我說。

服務生給我們送上一壺茉莉花茶。服務生似乎認識安娜,而且對她陪笑。她悄悄說了些話,就是幾個詞而已,我猜那是廣東話。安娜等到服務生走開,才對我說:「我打電話給你的時候,你以為是跟我有關嗎?」

我沒回答,我們都知道答案。那壺茶呼出一小團香氣,瀰漫我們

周圍。烏芭正在睡覺。安娜有我們兩個的手機號碼。

「謝謝你的卡片，」我說。

「不過是張卡片。」

「唔，我有留著。我很喜歡那朵玫瑰。」

「我不該寄那個給你的。」

「為什麼不該？」

「大家都覺得：噢，漂亮女孩。弱弱的漂亮女孩。」

「他們會那樣想嗎？」我問。

「我才不像我的外表。」

「什麼意思？」

「我能應付我碰到的事情。」

「為什麼你就得應付？」

安娜望向對街的越南餐廳，行人在回家路上經過，有個討剩菜的街友試著擠進那間店，接著傳來一些叫嚷，兩名服務生把他轟走。

「在我的國家，」安娜盯著那場面，說：「在山上，他們會講故事，他們說小孩子會被狼抓走。烏芭跟我都知道這聽起來很蠢很蠢，可是我們有好幾次都聊到狼，跟她聊過之後，我發現：那些狼就是男人，還有女人，不過大部分都是男人。」

狼對現代英國人來說很陌生，所以我後來去查了一下，想知道不列顛狼發生了什麼事。

愛德華一世在 1281 年的敕令，導致英格蘭狼群遭到全面撲殺。沒人曉得最後一隻英格蘭狼何時喪命，但那可能是在 1500 年左右。不列顛狼在蘇格蘭存續較久。有些蘇格蘭人會把死者埋在離岸的小島上，以防墳墓被狼挖開褻瀆。蘇格蘭最後一匹狼，據傳於 1680 年基利克蘭基村為卡麥隆爵士所殺。不過，雖然不列顛群島的野狼已遭滅絕，但同類仍然漫步在安娜的國境，有時還會在暗夜裡被人聽見。正如英國女性主義作家安潔拉・卡特（Angela Carter）在《與狼為伴》

裡所述，「僅此一頭野獸，到了夜裡會在林中嚎叫。」今日，全歐洲的野狼只剩一萬二千隻，有相當數量就在安娜的國境裡。

　　那位衣衫襤褸的街友，在遭拒後還想再試，於是走向我們這家餐廳門邊。我們的服務生突然板起一張兇臉，站著擋在門口。那男人改往其他店家走去。

　　「我一直過意不去，」安娜說：「好像我們該幫幫那傢伙。」

　　「這很難，」我說。

　　「會嗎？」

　　「不會，可是我們不幫。」

　　「有時候，我覺得外面那裡，」安娜說，她指向玻璃窗外，「就是森林。可是我不知道──他們是狼嗎？每次想到發生過的事情，我就會不斷思考這點。」她停頓了一下。「我們是嗎？老實說，」安娜告訴我：「他讓我害怕。」

　　「你舅舅？」

　　她搖搖頭。「他傷害我，他打了我。人打人。」她語氣淡泊，混著放棄和厭世無奈，讓我想起羅馬皇帝兼思想家奧里略《沉思錄》的難解字句：「你會氣憤那些腋下發臭的人嗎？這樣對你有何好處？」對於奧里略、對於安娜，世界就是如此。

　　「我不怕他，」安娜說。

　　「我搞糊塗了，你說他讓你害怕。」

　　「不是那個他，」她說：「不是那男人，我不害怕他那種男人。他們做他們會做的事。」

　　「那麼你害怕的是誰？」

　　服務生把椅子倒放在桌上，好讓清潔工吸地板。

　　安娜眼眶泛起淚水。「我害怕我的寶寶，」她說。

　　「可是他能對你做什麼？他只是個孩子。」

　　「不是他能做什麼？」

「那麼是什麼？」

「那麼我……那麼我……那麼，」我仍清楚記得，她像唸咒般重複，鬱鬱垂視她的白瓷杯，還用手轉呀轉的，弄得小小的白茉莉花瓣在杯裡打旋。「那麼我能做什麼。」

「你能做什麼？」

「我能傷害他，」她說。

安娜停頓了好長一會兒。「我好怕，」她說：「我會傷害他。」

她講得這麼篤定，所以我並未質疑她。我本來要說：安娜，沒道理要覺得你會傷害你剛生下的孩子。可是我真的很擔心。有時候，人家會用不容置疑的態度，跟你講事情。我所不懂的是，為什麼安娜會完全那麼相信。

▶「童年被機構收容」所誘發的壓力

哥倫比亞大學學者托騰嫩（見第 302 頁）的研究，擴及養育和照顧如何影響兒童的行為和他們的腦部結構。

從康乃狄克州的康乃爾大學到加州，十七位來自美國各學術機構的研究人員共同合作，進行大量實驗工作來研究 PI 兒童。PI 意為曾被機構收容（previously institutionalised）。

已有許多文獻討論到，兒童從小成長於機構而非家庭的相關行為困難。然而，托騰嫩與同事想要探索的，是任何隨之而來的神經生理變化。換言之，是要看看在孤兒院養大，是否會影響腦部結構。

一共有七十八名兒童接受評估。其中三十八名曾被機構收容；另外四十名為控制組，不曾被機構收容，而是在自家長大。這項實驗的真正意義在於：那些待過孤兒院的孩子，後來的美國收養家庭在概況上，大致比得上控制組兒童的家庭。兩組兒童如今都在家戶收入相似（高於全美平均）的家庭。那麼，早年曾被機構收容的經驗，是否會

反映在他們的腦部結構呢？

托騰嫩團隊用磁振造影，掃描其中六十二名兒童的腦部。會有任何結構差異嗎？有的話又會是什麼呢？

那些 PI 兒童雖在收養家庭裡被撫養多年，卻還是有較高的心理問題發生率。事實上，其中 53% 患有至少一種精神疾患。他們的杏仁體也有所不同。

那些收養兒分為兩類：早被收養者（亦即在十五個月大之前即離開機構的兒童），以及晚被收養者（亦即在上述年齡之後離開機構的那些兒童）。磁振造影掃描顯示，晚被收養的 PI 兒童的杏仁體，體積顯著大於早被收養的兒童或那些未被收養的兒童。這意味著什麼？

正如我們所見，杏仁體這個將觸手伸出本身特有「杏仁」形狀的複雜腦部結構，關係到我們如何處理和回應威脅、壓力等情緒線索。那攸關我們如何細察自身環境的安全程度。

此外，在人類身上，杏仁體會在最初幾年迅速發育，其生長通常在四歲前完成（女孩身上也必定是）。因此，杏仁體極為敏感於孩子碰到的成長環境。研究人員認為，在這段成長最快的時期裡，像杏仁體這樣的神經結構，最容易受到環境影響。

在孤兒院裡，孩子面臨的壓力可能會以非常特殊的形式出現。提供照護的人經常替換，也必須替換，因為照護員需要輪班。於是，孩子就無法對某位特定照護者——某個「母親」角色，形成穩定依戀。少了對母依戀，有個壓力系統就會填補那空缺：杏仁體過早被啟動和觸發。如果杏仁體在早年不斷被觸發，或被過度觸發，或是長時間被持續觸發，就會改變這個偵測威脅情況的腦部結構本身，也改變了孩子的心理反應。

於是，童年被機構收容的壓力，導致這個腦神經區域的過度刺激和異常增長。說得更簡單點：長期安置在孤兒院，會改變孩子腦部的解剖結構。那會增長壓力結構。

這種「童年被機構收容」所誘發的壓力結構增長，會在壓力和創傷結束多年後，繼續存在。托騰嫩與同事主張，他們的研究具有深遠的政策意涵。那凸顯出他們所謂孤兒院兒童的「快速收養程序」是必要的。

這對於安娜的決定意味著什麼？如果她要出讓孩子，她可能最好是在孩子出生之後不久，就讓人收養。她把他賣了，這是不可否認的。然而另一個選項，也就是讓他住進在一家照護差得出名的孤兒院，等待一對可能永遠不會來的養父母，那反而可能會極為有害。

面對這兩個可怕選項，在出生時出讓兒子，可能會讓兒子有較佳的神經發育，他的杏仁體較可能不會被早期壓力啟動而過度發育；他較可能不會在處理日常生活壓力的過程中，發展出相關的行為問題；他也較可能擁有更為穩定的生活。

然而，他始終沒能跟著母親。他被拿去換錢。他可能永遠不會完全明瞭自己是誰，又是來自哪裡。那也是安娜的決定所意味的，而這在她身上留下痕跡。

▶ 他們是「生命」的子女

「所以，我出生的時候，把我媽害慘了，」安娜說：「我媽的陣痛持續好多個小時。這是一場很慘的生產，她失了很多血，差點就死了。生完之後，她就變得不一樣了。就好像她內在的某個東西……」我記得，安娜用雙手做出某種撕裂的動作，就好像拿著一張精緻的紙巾，慢慢撕成兩半。其實桌上就有一張紙巾，只是她沒用上。

「所以我媽病了。不只身體病了，你懂嗎？然後那些醫師，他們很擔心。她不斷進出那種……特殊醫院。有時候他們很擔心她會對我做出什麼事。所以我爸只得試著照顧我。我奶奶來了，跟我們住在一起。我媽病了好幾個星期。有時候我跟我媽在一起。有時候那些醫師

說，不，孩子跟母親在一起不安全。」

「不過，她還是回家了吧？」我說：「終於，你媽回家。全家團聚了吧？」

真相就要大白，但完全不是我所想的那樣。

「我爸應付不了。他會待在政府辦公室，他會處理案子到很晚，他會喝酒。他開始跟那裡的女人搞外遇，我不知道有幾個，我媽從來都沒告訴我有幾個，但我覺得有很多個。我媽跟一個小小孩，一起困在那棟公寓大樓裡，高高遠離底下的城市。所以我想我媽騙了我爸。她又懷孕了。我爸不想要再有孩子，但是我媽拿安全期騙他，然後懷孕了。我媽覺得也許給他生個男孩，我爸就會對她很滿意。我爸一直想要有個男孩，可是他一發現我媽懷孕，就很生氣。他說他想殺了我媽。他說他被困住，被我媽困住。他離開我們，所以剩下我媽。當時我四歲，我媽懷孕，我爸離開我們。這下子我們就自己住在一棟高高的公寓大樓上面。我只記得一些片段，不過我媽的弟弟也跟我講過，他是聽他老婆講的，就是那個『沙灘球』講的，他老婆又是聽我們一個鄰居講的，那個鄰居是他老婆的朋友。所以，其他人也知道發生什麼事，所以我沒瘋。」

安娜繼續說：「有天晚上，我媽讓我下床，還幫我穿上外套。她為什麼要幫我穿上我的粉紅外套，我永遠都搞不懂。她幫我穿上外套，然後走出我家前門，走進梯廳。她走向電梯，但沒搭電梯。她走向樓梯——那是逃生梯，可以通到屋頂。我跟她一起爬到屋頂，她一直握著我的手。那是城裡前幾高的公寓大樓。當時是晚上，整座城市和所有燈火，一切都在我們下面。我們站在雲端，她牽著我的手一起走，而我就穿著我的粉紅外套，我們慢慢走向邊緣。」

安娜停了下來。我想像著：風吹過首都的樓頂，孩子的粉紅外套在微風中拍動，星星一閃一閃，灰色細絲帶般的水泥街道就在遠遠的底下。我想到我在詹姆斯大樓的辦公室，先前她不願上樓來談，那間

辦公室也是高高在上，拔地十四層，盡收波士頓非凡眩目的景色。正如幼年安娜所見，一切盡在眼前：城市的盈滿，天空的空虛。

「有人看見我媽、看見我們，」安娜說：「他們打電話報警，結果我媽只得回去那家特殊醫院，然後我被送去寄養。我在外面待了兩年，沒什麼，兩年都在寄養院那種爛地方。」

「我不覺得她會真的那麼做，」安娜說：「我覺得她有想過要跳下去，但我不覺得她真的會做。」

安娜是否相信：安娜這個人會對自己的孩子做出那樣的事？她一定很害怕。當我想到她是怎麼被養育的，也許她是該害怕。她不想承擔涉及兒子安全的風險。我開始把安娜的行為，看作也是一種養育──不只是在養育她自己的孩子，更是在養育生命。就像黎巴嫩詩人紀伯倫寫下的那些話：

你的孩子不是你的孩子。

他們是「生命」的子女，是生命對自身的渴望。

棄嬰艙（棄嬰輪盤的現代版）的波蘭文是 okno ˙zycia，意為「生命之窗」。世上有各種艙口、各種窗子。安娜找到自己的窗子。她用它來讓孩子安全。問題是她無法透視。但是，她覺得那扇塗黑的窗子好過屋頂、好過天空。我在想，最終是否可能在安娜所為中，不只看到養育，也看到愛？

8. 所有的安娜

　　有件事是我一再想到的，那就是在安娜的故事裡，有哪些通往自由的可能。在很長一段時間裡，我都相信沒有。她指控自己，判自己有罪，還處以刑罰，將自己永久流放於再見到孩子的希望之外。那怎麼會是自由呢？然後，我懷疑自己是否用錯了眼光來看。要是我考慮她兒子呢？考慮她兒子被免去些什麼。她是如何藉著她的行為，讓兒子免於貧窮、恥辱和汙名。在那裡頭是否有某種自由呢？我想像她兒子是在西方國家的首都長大，念好學校、閱覽群書、打網球、看藝術展。我想知道新父母是否已經告訴他真相？他們究竟會不會告訴他？免於得知真相，有可能會是一種自由嗎？

　　最近，我代表一名被控謀殺生活伴侶的婦女，那位伴侶多年來都對她進行身體剝削和性剝削。我們讓控罪從謀殺罪，降為非預謀殺人罪，而她也認罪了。我問她為什麼要待在對方身邊。她聳聳肩。「就似乎沒別的辦法了，」她說。聽到她那麼說，讓我想起安娜講過，某個東西突然從她內在湧起，力量大到不行，壓都壓不住，甚至當她被金屬衣架痛打，那個她先前不知其存在的東西，仍然堅定告訴她：要繼續懷孕，不要墮胎。無論那東西叫作什麼——無論我們稱之為「養育者」、還是別的名字，那股衝動的力量讓她獨撐到生下孩子，即便周圍的大人都對她施壓。

　　有一天，就在我和安娜於中餐館談話過後幾個月，我跟烏芭見面討論某項對抗 FGM 的國際行動，當時我正在準備要給聯合國的簡

報，想把一些想法講給她聽聽，因為我想跟親身認識該問題的人談過。在繞過那個話題之後，我們免不了開始談起安娜。

我們就在查爾斯河岸邊的甘迺迪公園碰面。一輛輛車子在紀念堂大道的紅綠燈之間急馳，河水彼岸坐落著軍人運動場區，還有巨大的哈佛體育場，突出得就像一座羅馬競技場。甘迺迪公園距離好幾個月前我跟安娜初次見面的地方不遠。

「哈，你看起來不太好，」烏芭說。

「欸，我也愛你，烏芭，」我答道。

「你工作過量了，一直做做做，這些工作哪時候才會結束？也許我們改變了世界，也許世界改變了我們。」我還沒能回應，她就接著說：「所以，你有在聽我朋友尤妮斯嗎，就像我跟你講的？」

「我有在聽尤妮斯，」我說：「可是安娜怎麼樣？」

尤妮斯・偉蒙（Eunice Kathleen Waymon）是烏芭的好朋友，即便兩人未曾謀面。之後我會再詳細介紹，但不是現在。

「你一定要去聽尤妮斯，」烏芭說：「她說的話。那個聲音。」

「我同意，烏芭。不過安娜怎麼了？」

我們周圍突然靜止，是城市裡那種奇怪的靜止，一時之間沒有動靜，也沒有聲音。

然後，烏芭告訴我，安娜有陣子都在跟麻省理工學院附近那間酒吧的傢伙約會。那傢伙終於送她一個普拉達手提包──雖然是假貨。那讓她笑了。可是不久，安娜的錢就快用光了，沒辦法繼續交錢上攝影課，所以她就退課了。我問烏芭，安娜是不是丟了飯店的工作。烏芭聳了聳肩，然後眺向河面的緩慢起伏。

這時候有了動靜：一男一女兩個人，猛力划著兩艘鮮黃色皮艇，在周圍濺出水量。

「安娜如今在幹嘛？」我問道。

烏芭沒回答。

「她怎麼了？」我說。

「不是我該說的。」

「噢，別鬧了。你不可以這樣。」

「你知道的，安娜是我朋友。」

「發生什麼事？」

烏芭沉默了一會兒。在我們旁邊，車流疾馳而過，帶著尋常的引擎齊鳴聲，衝向麻薩諸塞大道。

「好吧，」烏芭說：「是因為我知道她喜歡你，才跟你說。」

烏芭很為難。她當時告訴我的事情，不是安娜直接告訴她的，而是安娜一位同國友人從安娜那裡聽到、再轉告她的。這就是我們在法律上所謂的「多重傳聞」，眾所皆知這種證據薄弱無用，我當法官的時候幾乎一定會裁定為不可採納。可是，這是我們僅有的訊息，所以我們也只好將就了。

「你知道嗎，」烏芭說：「安娜不是在一家飯店工作。」

「她在哪裡工作？」我問。

「呃，她是。」

「什麼？」安娜的故事似乎又從我身邊溜走。

烏芭深深吸了一口氣。「她是在很多家飯店工作，」她心照不宣看著我，「很多。」

甚至她還沒再說一遍「很多」，我就恍然大悟了。我覺得自己很蠢。我應該是精通法律的御用大律師，也是鑑證分析專家，結果真相一直在我眼前，我卻完全沒看到。我想起安娜是怎麼講到有些「聰明女孩」會跑去她祖國首都那些國際飯店裡等著。每次我問到在飯店工作的事，她都沒有真的回答。那是個無害的問題，我也沒有多想她為什麼要迴避。現在我才明白，安娜來電要我代為照料烏芭那天是去了哪裡——她臉上的妝、那般緊急、她必須做的工作。

「所以她沒在上課？」我問道。

「不，她有，」烏芭強調：「她不是……一直都在工作，可是那掏空她的一切。」不是在跟烏芭談話當下，而是在後來，我在心裡細想奧地利哲學家維根斯坦的幾句話（是朵恩先前讓我注意到的），內容是說：我們永遠不會懷疑既有、可見的事物，因其總在我們眼前。

「有一次，」烏芭很難過的說：「他們讓她飛去舊金山待三天。三天而已。那是某艘大船上的派對。」

「是遊艇嗎？」

「船主是個中國大商人。安娜跟我說，他們有黃金浴缸，我說不會吧，但安娜說真的有。她回來之後，睡了一個星期。」

在我心裡，我能聽見安娜在跟服務生講那幾個廣東話詞彙。我希望她平安，也希望她想自保平安，但我沒把握。我再也不知道她到底在乎自己多少。她內心的控方，不斷指控自己是史上最爛的人。

多年來，我代表過不少從事性工作的女性，擔任法官的時候也碰過好幾位。她們的動機有很多種：有時甚至是某種奇怪的動機缺乏、內心的空虛或死寂，是在逃離內在某個東西；有時則是出現某種複雜的疏離自我、疏離個人創傷——心理學家稱之為解離行為。某些令人不安的研究結果顯示，受害者會將性創傷體驗為某種「出體」經歷：他們「站在」一旁觀望，試著斷開身體被迫承受的痛苦和他們自己。這些年輕女性活在一個孤獨、隔絕和恐懼的世界。她們是在逃離狼。

「安娜帶走所有家當，」烏芭悲嘆道：「她離開了波士頓，沒人知道去哪了。」

我很想給讀者一個更好的結局，也很想告訴讀者更具體的事，可是直到寫作的這一刻（事情大概過了三年），沒人聽到安娜的消息。

我明白這結局並非好萊塢式的，而只是凡人的。不過，或許還有一件安娜的事，是我可以告訴你的，我原本打算略過不提，因為那件事似乎不重要——就只是她說過的一些話。可是我現在想了想，那或許很重要。我寫出來，留給你評斷。

　　當時，我們離開了唐人街那家餐廳，一個個街友都縮在壁凹和店門口，盡量尋找這種掩蔽，來躲過大西洋吹來的寒風。他們看來不知所措。

　　「你不用跟我走，」安娜說。

　　我走路送她回家。「這是習慣，」我說。

　　她告訴我，仲介所裡有個女人說，她應該用賣孩子的這一千美元去過更好的生活、她想要的生活。那是來自她孩子的禮物。在很長時間裡，安娜幾乎都沒去動用，除非是為了緊急情況。她最終買了一張去美國的機票，擺脫掉她希望自己不曾有過的那筆錢。

　　「現在，」安娜告訴我：「我已經不太記得孩子的臉了。你知道嗎，不是完全記得了。他的臉好小，這點我沒忘。他看著我，他一直用那張小臉看著我，好像在問：你是誰？你是我的嗎？可是我不記得他的臉是像這樣、還是那樣。因為我花了很長時間試著不去想到他，因為當我那樣想的時候，心會很痛。所以現在我沒辦法說，是啊，他長得像這樣。我在博伊爾斯頓街看到好多爸媽帶著孩子，就想那個可能是他、那個可能是他、那個……」她說。我們在她家大樓外頭停下來。我在兩小時前才到過那裡，現在看起來卻不一樣，那大樓高到不行。音樂從一處落地窗傳出，是一組墨西哥街頭樂隊。

　　「可是，我還是可以感覺到他摸我臉的感覺，」安娜說：「他的手指一直摸著我整張臉，就好像搞懂了躺在他旁邊的這東西是什麼。我還是可以感覺到，感覺到他是怎麼摸我臉的。」

▶ 你會一次又一次找到我

　　我去了新罕布夏州的白山，爬上接近林線頂端的一處斜坡，心裡想著安娜和她祖國那些野狼闊步的山地。當我們緩步穿越小徑，有一群別間大學的年輕女生，用一種誇張的諷刺調調，唱著辛蒂·露波的

熱門歌曲〈一次又一次〉：「要是你迷了路，你可以張望一下，你會一次又一次找到我。」我發現自己一再回想安娜兒時的那個事件：她站在可怕的高樓頂上，身穿粉紅色的外套，抓緊她母親的手；外套下擺切著風；水泥街道在底下等著；她的腳趾躡近邊緣。

　　然而，我人在白山。有那麼一瞬間，我的目光瞟向一隻鳥，還有鳥翼上的幾抹炎金色。牠消失在森林的樹冠層裡，而森林小徑也驟然而止。可是安娜不在那裡。我希望她平安，也希望她孩子平安。只是兩人都不見了。

　　那麼，自由又怎麼樣呢？安娜想讓她兒子遠離那些野狼。她想讓自己免於成為其中一隻。nurture 這個英文字，跟意為餵養的 nourish，來自同一個字根。安娜試圖確保她兒子平安，希望有人能來餵養他。她明白那人不會是她。我們演化而來「把自家後代擺第一、看重其福祉幾乎甚於一切」的那種心智機制、那種執行系統，用一種無情而直白的方式跟安娜說：讓他平安。那一條訊息燒穿痛苦而來，那就是：保全他。

　　幾天後，我重返哈佛。當時是晚上，我回到十四樓的辦公室。我在想，安娜是如何讓兒子免於被孤兒院造成神經結構的破壞性改變，這並不是說安娜可能早就知道那回事。但是，有個東西透過直覺告訴她，那樣會傷害他。

　　是養育者嗎？是神經元的偷偷觸發、以及情感的產生——情緒或感受發於衷而形於外嗎？我一直在想著這些事，並從書架拿下某任訪問學者留下的一本書。那本書的書名大約是《情感神經科學：人類情緒的基礎》。然後我注意到一件事：清潔工已將我堆在空調送風口的研究報告移除。

　　我不在的時候，消過毒的緩緩陣風，吹過安娜的卡片。那張卡片可憐已躺在地上。我瘋了似的到處尋找安娜送的那朵花，找過桌子底下，也找過廢紙箱，卻都找不到。我放下那本厚重的教科書，然後在

地上爬著找。可是，那朵花一定是被當成垃圾，連同迴紋針和揉掉的便利貼，一起掃走了。

這時候是晚上，波士頓的萬千燈火都在我腳下。安娜不是我的委託人，也不是同事或朋友，可是跟她的接觸，深深擾動了我。我希望所有的安娜都平安：穿著豔綠開襟衫的安娜、遊艇上的安娜、從藏身的櫃子被拖出來的安娜、放棄孩子的安娜、穿著粉紅色外套的安娜、還有《自動販賣店》的安娜。我想起那些女孩在白山上唱了辛蒂‧露波那首歌：「要是你迷了路，你可以張望一下，你會一次又一次找到我。」就那麼一瞬間，高高身處辦公室的我，看見安娜當時所見：城市的盈滿、天空的空虛。就好像我是第一次看見。

你回到那間著火的房子，濃煙正從你面前的門框滲入，門的另一端是你兩個孩子。麗莎在左邊，露絲在右邊。你對自己說，你無法在她們之間做抉擇，父母不可能在自家孩子之間做抉擇。然而，我們看到一直有人那麼做。縱觀歷史，有些時候父母不得不那麼做——遠自漢摩拉比，經過該撒利亞的巴西流，再到那些育嬰堂和裡頭的轉輪。

你伸手去轉門把，手掌被燙得很慘。你進到走廊、嗆著煙，眼前火勢洶洶，烈焰在周圍跳躍。你只能救一個孩子，她倆都被濃煙嗆昏了，煙霧在你頭上盤繞，但你可以救出一個。麗莎在左邊，露絲在右邊。你想起安娜，她只生了一個孩子，卻也等同於在兩個孩子之間做抉擇：其中一個將成長於孤兒院的悲慘裡，而另一個將被賣掉。

如果你面對那個抉擇，而且知道我們現在所知的一切，知道相關研究成果告訴我們的一切，知道那有多難或能有多難、有多殘酷、有多無情、有多讓人失措——如果那個抉擇是像這樣，如果露絲要進孤兒院，如果麗莎要被賣掉，你會轉向哪一邊？你會像安娜那樣做嗎？你會轉向哪一邊？左邊還是右邊？

第八種人性典型
求愛者

戀愛中的人，總是趕在時鐘的前頭。
—— 莎士比亞，《威尼斯商人》第二幕，第六場

1. 禮物

　　一切事情始於某場婚禮上的爭執，還有冷落。

　　在奧林匹斯山上，眾神都受邀參加忒提斯和佩琉斯的婚禮，這對仙女和凡人日後將生下最強戰士阿基里斯。可是厄里斯（也被稱作狄斯可迪婭）並未獲邀，這位「不和女神」受到冷落，以免她來挑起爭端。儘管如此，她還是決心參加。厄里斯到婚宴就發現大家立刻轉過臉，於是巧妙想出別的方法來惹事。她使出送禮這招簡單伎倆。

　　她從世界西端的赫斯珀里得斯聖園，滾了一顆金蘋果到在場諸位女神之間──這項獎品要由「當中最美那位」領取。受到厄里斯的挑撥，阿芙蘿黛蒂、赫拉和雅典娜這三位最美的女神，相互爭奪這顆蘋果。然而，這場爭論無法解決。打算保持中立的宙斯（畢竟，赫拉是他的妻子），決定該由年輕的特洛伊王子帕里斯來作裁決（帕里斯的父親為普里阿摩斯王，他的兄長赫克特後來被阿基里斯殺害、並用戰車拖行）。為了引誘帕里斯支持，三位女神分別向他提供一樣不同的東西，而且各自認為自己的提議最能打動男人的心。

　　赫拉提供無邊的世俗權力，承諾使帕里斯成為歐羅巴暨亞細亞之王，統治已知的世界。

　　雅典娜提供戰爭威能、戰鬥技藝和運用前兩者的智慧，讓帕里斯能在戰場上攻無不克。

　　然而，獲勝的卻是阿芙蘿黛蒂。

　　因為阿芙蘿黛蒂知道，那禮物能打開凡夫內心的祕密根源。諷刺

的是，她提供的禮物後來成了男人的「阿基里斯踵」，那就是愛情。她提供帕里斯世上最美的女人。

帕里斯選擇了海倫，他選擇了愛情。帕里斯的決定，引發那場標竿戰爭，導致千船來襲、特洛伊一座座入雲高塔被燒毀。根據考古證據，那場戰爭甚至可能真的發生過。鄉野傳說為這場戰爭擺滿了英雄角色，那些英雄蓋過往後兩千五百年、西方正典裡的所有後輩。

但是，這個裹上譬喻和神話的故事，在多大程度上，體現了人性的某個經久面向（尤其是在男性身上）？如果最根本的達爾文式驅力是生存和繁殖，那麼存在一個「目標是繁殖」的執行系統——交配模組，也不足為奇。然而，出奇的是，「求愛者」會從事的行為是這麼的古怪。我是說，真的很古怪。

▶ 所謂「男性慷慨」

公元 597 年，有位本篤會修士被教宗聖國瑞一世派赴英國。就在這片土地的東南隅，奧斯定這位修士為國王艾塞爾伯特施洗，並在其首都坎特伯里，建立英格蘭的教會。該地區之所以獲選，至少有一點是因為愛情：艾塞爾伯特娶了一位基督徒公主，因此被認為能夠接受奧斯定的提議。

十四個世紀過後，有一張奇怪的小廣告突然出現在坎特伯里當地肯特大學戲劇系的布告欄。該廣告徵求「觀看員」參加心理學系的一連串實驗，實驗目的是要探究「求愛者」的一個面向。這些實驗之所以需要戲劇系學生，為的是一樣重要東西：他們的臉。

所有受測者都接受十名異性學生評分他們的魅力。獲評為最具魅力的兩位戲劇系學生，被挑選出來。一位是男性，一位是女性。他們兩人將會成為觀看員。

男性的公開行為——吹噓、作態、表現、打鬥，引起許多問題，

對於演化論尤其如此。這些行為當中，最特別是男性慷慨的表現。愈來愈多的證據顯示，在公開場合，男性往往會比女性更慷慨對待陌生人，無論是在慈善捐贈，還是在街上出手助人。

有一些貌似合理的解釋是連結到男性較大的經濟和社會資本、習得的社會規範（可是那些規範從何而來、為何而來？）、男性的身體威懾力，還有在公共干預情境裡的自信（這在某程度上也是性別不平等的結果）。也有人認為那是互惠利他的一部分，是藉由付出，來求取回報。然而，肯特大學心理學系的研究團隊，企圖檢視這般男性行為，是否也能連結到某種相當不同的事物：連結到交配行為，連結到求愛者。

受測者先是進行一項隨機任務，而且因此賺到錢，接著得到機會可以把那筆收入的某個比例，捐作慈善。受測的地方擺了一張桌子、一個電腦螢幕和一把椅子，在第一個實驗條件裡，他們將能決定在私下捐出多少。但在另兩種安排裡，他們會被觀看。

有位觀看員將會坐在他們身邊，而且能夠觀看螢幕，從而看得到他們決定捐多少。有些受測者是被同性觀看員來觀看，其他人則是被異性觀看員來觀看——那可是一位有魅力的異性，是被同儕評為最好看的戲劇系學生。

當女性受測者來捐錢時，她們在三種條件裡捐出的收入比例差別不大——通常是在 40% 這一級。但是男人就不同了。捐出比例從沒有觀看員的 35% 左右，降到被另一位男性觀看時的 30% 左右；然而，被女性（一位有魅力的女性）觀看時，他們的捐款就躍升到那筆進帳的 60% 左右。

那位女性觀看員什麼都沒說，她不可以說話；她什麼都沒做，她並不需要做。肯特大學的實驗揭示，男性受測者在被有魅力的女性觀看時，會給得更多。而且是多得多，幾乎多了一倍，就只因為坐在椅子上無所事事的人換了性別。這件事，阿芙蘿黛蒂肯定早就知道了。

　　怎樣才能解釋這項差異？是什麼造成這種男性慷慨和送禮呢？這是後天的習得行為的後果嗎？或者，是否有某種先天的深層或平行的作用，來自基礎神經系統？更深入的洞見並非得自肯特大學，而是在大堡礁以北，就在拍打澳洲東北海岸的珊瑚海。不過，在我們過去瞭解之前，我們需要重訪某人。一位老朋友。

▶ 有時候男人會做出很瘋狂的事

　　他被索求過的最大禮物、他所能想像的最大慷慨之舉，其實大到超乎他想像，讓他震驚、悲傷到要過好多年，才能向人提起。那是他唯一似曾愛過的女人向他索求的。

　　那女人不願離開家鄉、不願離開鄉親，而且比他遇過的任何人，都更確知死了也好過被俘虜或奴役。因為死亡與為奴，對她來說沒有兩樣。

　　他這種人跟這個故事、這項奇怪的送禮請求，完全不搭調。

　　你已經認識他了。我初見他，是在喀麥隆首都雅溫德，那裡號稱中非洲的羅馬，周圍都是綠樹蓊鬱的山丘。當時我正掛念著另一個國家，試圖瞭解那個不可知之境：中非共和國。

　　那個人就是法蘭索瓦。

　　記得我在喀麥隆的最後其中一天，法蘭索瓦先是介紹我跟帕崔斯認識，然後開著他那部快解體的老賓士，帶我穿梭雅溫德鬧街。一路上我跟他講述米亞特案，談到我們在死因調查裡為求揭露真相而經歷的苦戰，那一切都讓米亞特的母親帕姆愈看愈驚。我記得第一次見到帕姆的時候，她很高興這案子進了法庭，讓大家可以說明到底發生什麼事。當時我必須向她預告：那會是在打仗。確實如此。而這樣一段敘述——關於英格蘭也有這等黑暗面的敘述，並不符合法蘭索瓦心目中的英格蘭美好形象。

「請幫我告訴她，我很遺憾，」法蘭索瓦說。

「當然，」我說。

他突然轉向路邊，一旁有個攤位。「你餓了嗎？」他說。

「拜託別告訴我，你又餓了。我們一個鐘頭前才吃過。」我只是說得誇張一點。這種突然變調很難解釋，不過，對法蘭索瓦來說，吃東西是件勵志的事，是一種慶祝。

「所以，哪天我不在了，我會把自己餓壞，」他說：「這家是最棒最棒的路邊小吃。我會幫你叫恩多爾（ndole）。」

恩多爾是當地的招牌菜，這道料理巧妙混合了花生、蝦子、牛肉和某種貌似菠菜的苦葉子（就是恩多爾本身）。一群顯然很滿意的顧客逗留在攤位周圍。法蘭索瓦沒下車，而是對著車窗外講話，用的是英語，那無疑是為了我。他告訴老闆：「今天要特別、特別優惠。我開了我的禮車，來跟你買兩碗恩多爾。」

那個戴著豪華頭巾的女人說：「哈，我給你三份。三份餐，既然你要把你那部髒車開到離我餐廳很遠很遠的地方。」

他們兩個都爆笑出來。我們帶著三份佳餚開車離開，然後停車用餐。吃完之後，我問法蘭索瓦，那道菜怎麼做，但他似乎沒在聽。他在把玩那個吊在後照鏡上的皮製小護身符。他直直看向前方，好像是在看著某個遠到不在雅溫德、甚至喀麥隆的東西。法蘭索瓦說有件事想告訴我。「只是很小、很小的事，」他說。他那粗壯手臂半掛在賓士車窗外，就跟往常一樣。

「小即是好，」我答道。他不作聲，仍是凝望著。為了填滿這個令人不安的空洞，我接著說：「小即是美。」

還在念書的時候，我有一次讀了（其實是被逼著讀的）經濟學家舒馬赫（E. F. Schumacher）那本以《小即是美》為名的書。當我坐在這座中非洲城市的一部開著車門的老賓士裡，所能記得的就只有那個副標題，那句話打動了當時十幾歲的我：〈假裝人民真的很要緊的經

濟學研究〉。基於我對中非共和國與當地殘酷衝突的認識，我被迫思考人民在整個大局裡到底有多要緊。話說回來，透過法蘭索瓦，我認識了帕崔斯和賽拉，然後透過帕崔斯和賽拉，我間接認識了歐默。無論喀麥隆東部邊界彼端的屠殺和混亂是怎樣的，這些人都很要緊。

「一件很小、很小的事，」法蘭索瓦說。

「我們要不要下車啊？」我說。

「非常、非常、非常小的事，」他說。

我們兩個好像在各說各話。在一次不尋常的皺眉裡，我那一貫歡欣的朋友扭曲了臉，整張臉幾乎擠成平常的三分之二。

「你知道嗎，有時候男人會做出很 *fou* 的事。」

「是 foolish 嗎？是只有男人會做嗎？」我說：「還是人類？」

法蘭索瓦用一根粗短的手指，猛然戳向我。我想像著那根手指刺進我胸口。

「你、我，男人，」他說。

「是 foolish 嗎？」

他緩慢搖頭，「超、超 *fou* 的，*fou* 到你想哭。可是別哭啊，我的朋友，噢？」最終，法蘭索瓦最讓我記得的那張笑容，又重新顯現。「生命太短了，不能再⋯⋯我不確定用英文怎麼講，律師先生，生命太短了，不能再 *tristesse*（悲傷）。」

然後，他跟我說他在心煩什麼。那讓我用另一種眼光，看待他在我面前說過或做過的一切。

「你知道嗎，」法蘭索瓦一邊說，同時仍凝望前方，「我沒跟你說實話。」

2. 謊話

　　如果沿著大堡礁的和緩弧線，在澳洲海岸外北行，經過鷺島和蜥蜴島，然後告別黃瑪麗安和她的鰕虎，最終就會來到陸地盡頭，澳洲到此為止。昆士蘭州北端跟新幾內亞南緣，隔著一道最窄處僅約九十英里寬的水域，那就是托雷斯海峽，命名由來是西班牙探險家托雷斯（Luis Vaez de Torres），他在 1606 年航過該水道。

　　托雷斯與船員必須保持警覺，因為這片海域危險難測，散落著幾十座島嶼和淺灘。這些岩塊和沙堆可能是亞澳陸橋的殘餘——現代原住民的祖先就是利用這些墊腳石，前往廣大且奇怪的澳洲大陸。

　　托雷斯海峽群島裡，有個島稍微突出東邊，名叫墨累島，當地人稱作梅爾島，是由一座一百萬年沒有活動的死火山所構成。墨累島現有四百五十名講著某種克里奧爾語的原住民島民。歐洲人開始居住墨累島是在 1870 年代，當時麥克法蘭（Samuel Macfarlane）牧師在那裡建立傳教團總部。麥克法蘭出生於蘇格蘭格拉斯哥市附近的一個貧窮家庭，他立志成為傳教士，並獲倫敦傳道會接受。麥克法蘭行遍新幾內亞，建立好幾個傳教站，還在墨累島上創辦一所宗教學校。麥克法蘭後來回到英格蘭，他在 1894 年發行冒險紀錄，並按當時的慣用語，將書名定為《跟新幾內亞食人族為伍》。

　　今日，墨累島的島民是靠園藝和觀光謀生，但也依賴他們從亞洲破浪南下途中，必然發展、精進的一項活動：海上覓食，也就是男性島民在周圍海域的狩獵。

正是「海上覓食」這項活動，成了遠隔重洋以外，科學家專注研究的目標。

▶ 去國懷鄉

「哪件事你沒跟我說實話？」我問法蘭索瓦。

「你知道嗎，當我告訴你那件事。」

「哪件事？」

「我家。喀麥隆。」

「是啊。所以呢？」

「我現在來自喀麥隆。」

「是啊，所以呢？」我又說了一遍。

「不，不，聽著。現在我來自喀麥隆。但是當初，我來自中非共和國。」

「等等。你得全部給我重講一遍，」我說：「我們之前聊到的時候，你說你絕對不會想去那裡。還說那裡是地獄。」

「那是因為我瞭解它。我之所以瞭解它，是因為我就是它。有些人，不是嗎，他們討厭某些東西，是因為不瞭解。但你也可以真的、真的很討厭你瞭解的東西。我瞭解那個地方，瞭解那裡發生什麼事、以及正在發生什麼事。」

我的思緒為之一亂，開始重測他和帕崔斯之間的動態，並回顧我跟法蘭索瓦相處期間的對話。「我以為你來自喀麥隆，」我說。當下我只能做到那樣。

他整張臉氣得扭曲。「我看起來像是來自喀麥隆的嗎？」

「老實說，」我說：「我不知道。」

他稍微笑了笑。「沒關係。你怎麼會知道啦，英國律師佬？但是你覺得中非人他們為什麼會相信我？因為我也是他們的一份子啊。」

「我以為，你做這個是為了錢。」

「我做這個是為了錢，而且因為我是他們的一份子。我們中非人總可以賺錢吧，我們為什麼不可以賺錢呢？可是糟透了啊。這個我們愛的國家，看看他們在對它做什麼。」

他接下來談論中非共和國的方式，讓我想起波蘭人擁有的一個詞 żal（發音為 jhal 或 zhal）。這個詞有名之處，就是被蕭邦用來形容他的音樂，並體現在他許多基於傳統波蘭民俗音樂的瑪祖卡舞曲裡。żal 這個詞內涵很廣，包含的不僅有悲傷和哀痛，還能容納憤怒、同情、遺憾、憂思、懷舊、狂躁，甚至是蕭邦音樂裡流露的去國懷鄉。我後來發現，法蘭索瓦對中非共和國的感情包含了上述每一項。

法蘭索瓦一開始先告訴我，他在離開故國之前看到的事情。當時他人在離首都班基稍遠的家鄉。有一天，他看到所有的鳥都從叢林飛出來。「這麼多鳥就從家家戶戶的屋頂上空飛過，這麼多鳥，多到你數不清。就像……」

他用了一個我不知道的詞，後來我才明白他指的是蝗蟲。

你數不清，就像蝗蟲。當地人說那是某種預兆。然而，他知道那都是因為人們。人們相互殘殺，最近一場內鬥流血愈逼愈近。「而我知道，」法蘭索瓦說：「那些鳥會再回來，因為那裡會有屍體。整個國家正在變成這樣。我待不下去了。」

什麼是中非共和國？我們的孩子很瘦，我們的禿鷹很肥。
那就是我們的國家，那就是中非共和國。

一具具屍體躺在街上無人照看，周圍的學校和診所、還有房屋和醫院，全都成了悶燒的殘骸。人們受到的殘傷太過可怕，讓法蘭索瓦連要開始解釋都難。他不想要解釋，而我也不想要他解釋。他有一種令人不安的想法：要是再也沒有人了呢？中非共和國的屠殺規模這

麼大，要是所有人都被殺了呢？

在十九世紀的歐洲，蕭邦已經歷類似的事情。1830 年 11 月，波蘭人民起來反抗俄羅斯統治。這場起事遭受血腥鎮壓，成千上萬的波蘭人遇害或受傷。正在維也納巡演的蕭邦，注定流亡在祖國之外。蕭邦寫信給他在華沙的同窗華賽蕭斯基（Tytus Wojciechowski）：

> 我想我要遠走，去永遠遺忘家鄉。
>
> 我想我要遠走去死。死在異鄉，該會有多麼可怕。

中非共和國發生大屠殺之際，法蘭索瓦心想：好吧，世界就是這樣，什麼都不在乎，不在乎人的性命，不在乎人的自由，當然也不在乎他。

「不過，沒關係，」法蘭索瓦告訴我：「我在乎我自己。如果再也沒有誰在乎我，我會來在乎我自己，我不會去在乎任何人。」憑著那種赤裸裸的人生觀，他不但活了下來，而且活力旺盛，即便戰爭肆虐、國家自毀。法蘭索瓦離開了中非共和國，越境進入喀麥隆。大家都說喀麥隆有錢賺。要不是為了他父親，要不是為了那女孩和那份禮物，他本來會一直待在那裡。

▶ 信號理論——詮釋男性的公開慷慨行為

大多數靈長類物種中的雄性，不會貢獻太多雌性和幼崽要吃的食物。然而，人類的演化則不同。由於在採獵社會裡，肉類蛋白質是維生必要的，因此通常會發現兩項特徵：首先，狩獵活動主要是由男人進行；其次，分享獵得的動物，成為成功男性獵人精心設計的公開展示的一部分。

在非人類動物裡，有一種稱作信號理論（signalling theory）的行

為解釋方法，已針對原本難解的行為，提供穩健而中肯的理解。這種分析方法圍繞著那項簡單但有力的中心思想，亦即生物的行為表現和外觀會傳達關於牠們的重要資訊。比方說，信號理論解釋了幾內亞共和國東南部博蘇地區某些靈長類（尤其是雄性黑猩猩）的奇怪行為。

雖然這些黑猩猩幾乎從不分享野生的可食植物，但當涉及牠們從人類耕地竊取的作物，情況就明顯不同了。牠們會分享人類鄰居種的木瓜，而那可是冒著很大風險偷來的。這種「禁果」因為必須冒險才能取得，所以成了一種備受渴求的物品。然而，這項物品並非被囤積或獨享，而是給分享出來。在絕大多數情況下，這發生在雄性黑猩猩讓能孕的雌性享用贓物。這般行為很可能是某種信號策略的一部分，是偷竊成性又好色的成年雄性黑猩猩，所出的「以食換性」招式。提供普遍可得的森林果物，不會產生相同水準的誘惑力。因為那是誰都可以得到的。

在過去幾十年裡，信號理論已被用於人類。那產出了愈來愈多的民族誌研究，紛紛顯示人類的公開展示，尤其是採獵社會裡，男性的公開慷慨行為關乎地位和聲望的取得。而且很重要的是，這又可以轉化為一種很特殊的成功——繁殖成功。

▶ 故國奔喪

人們驚慌逃離殺戮。那是一片混亂。

穆斯林為主的塞雷卡民兵，從東北部的根據地出擊劫掠，導致全國陷入危機，一大堆人都在逃命。然而，法蘭索瓦卻離開安全的雅溫德和喀麥隆，直直衝向塞雷卡的前進路線，因為那裡有他父親的家、他記憶中的老家。他別無選擇。

他父親病得很重，沒有多久可活了。一直替法蘭索瓦照顧父親的表姊歐荷伊（是他母親那邊的親戚），緊急聯絡他，還說如果他想見

父親最後一面，就快從喀麥隆回來。每個月，法蘭索瓦都為了父親寄錢給歐荷伊。這並非總是那麼容易，因為中非共和國某些部分已經陷入崩潰。不過，還是有個複雜的地下匯錢管道（一直都存在），他就設法把錢弄回去，讓表姊替他照顧父親。

正當法蘭索瓦講述這一切，雖然他並未直接告訴我，但我感覺得到他跟父親失和。至於為什麼失和，我不知道，也無權過問。

雖然法蘭索瓦盡了力，但他在邊界買的那輛老吉普車發生故障，結果耽誤了一天，因而無法及時趕到家鄉。他抵達的時候，父親已經過世了。

在葬禮過後那幾天裡，法蘭索瓦在老家逗留，不知該做什麼。他在過去幾年跟父親少有接觸，但喪父還是一大打擊，遠比他所能想像的還要沉重。他整個人方寸大亂，就只因為回到他成長的地方，面對他努力逃離的許多回憶。

「你怎麼不回雅溫德？」我問道。

他搖搖頭，雙手握著賓士車的方向盤，即便我們是停著的。

「你父母有人去世嗎？」他問。

「我父親去世了，」我說。

「那你幹嘛問我這個？」

我沒回答。我想起自己在父親去世後，回到成長的家鄉。在茫然之中，我把包包忘在火車上，逕自走上月臺。之前我從未那樣過。

當然，法蘭索瓦向歐荷伊道了謝。她依然常在他父親的房子裡走動——她這個人既笨重，身體又不健康，光是移動兩腿就快沒力了，還喘著氣收拾整理，即便法蘭索瓦看不出有何必要。儘管如此，他還是謝過歐荷伊所做的。

然而，接下來發生的事，緩緩向他襲來。

歐荷伊關於老人家的說法，跟法蘭索瓦的記憶不符。當然，人會變，而且他離開中非共和國很久了。可是當他問到，是否曾用他從喀

麥隆寄來的錢，幫父親弄到最愛的香菸和棕櫚酒，歐荷伊的回答是，這很不容易，但她辦到了。法蘭索瓦於是知道歐荷伊在撒謊。那是一項測試，而她沒通過。

他父親很厭惡酒，有一次還因為法蘭索瓦讓弟弟偷嘗了棕櫚酒，而打了他一頓。法蘭索瓦愈是試探，就愈確定歐荷伊沒怎麼幫忙他父親。兩人起了劇烈爭執，她的話語既惡毒又傷人，說他父親是個難搞的糟老頭，對她從來沒有滿意過。她說法蘭索瓦是個丟下父親的失職兒子。法蘭索瓦回罵了她。然後她講了一件事，是我起初聽法蘭索瓦轉述時，還不明白的。「你甚至不是家人。你不要再講什麼了，因為對我來說，你不是我家人。」她離開了。

這場爭吵過後，有位鄰居過來，她證實歐荷伊沒做什麼，但是雇了一個年輕女孩，來照顧他父親。

那位鄰居給了法蘭索瓦一封信，是他父親寫給他的。老人家並未把信交託給歐荷伊。在小鎮大街上，法蘭索瓦低頭注視父親的字跡。內容如下：

　　法蘭索瓦，這女孩沒能救我一命，沒有誰能救我一命，我病得太重了。可是她為我做盡一切。你要幫幫她，因為我沒留下什麼東西。她的名字是瑪麗埃爾，你要確保她平安。

他立即認得那筆跡，還有那般不帶情感和修飾。除了這些話，他父親似乎沒有留下其他遺言。

最終，在小鎮邊上一間簡陋小屋裡，法蘭索瓦找到了瑪麗埃爾，當時她就在一棵樹的樹蔭裡，坐在凳子上，縫補一件棉質白襯衫。就是這女人照料過他垂死的父親。

3. 馬車與白馬

「你就是瑪麗埃爾嗎？」法蘭索瓦問道。

「是的，先生，」她說。

「我是——」

「對不起，我知道你是誰，」她一邊平靜說著，同時抬頭望。

「你怎麼知道？」

「我看過照片。你父親給我看過你的照片。」

法蘭索瓦沒有回答。瑪麗埃爾大概二十出頭，有著一張光滑、輕信的臉。「這是真的嗎，」他說：「是你照顧我爸？」

她把針線活擱在一旁，在連衣裙上揩了手，然後站了起來。「是的，先生。」

「為什麼歐荷伊不做？」

「她太忙了。」

法蘭索瓦氣炸了。「是太懶吧。她沒什麼事好做，整天坐著，然後發胖。」

「我不知道，」這個年輕女子說。

「又肥、又懶、又蠢……」他發現自己在街上咒罵自己的表姊，於是停了下來，沉默了一會兒，然後從陽光底下走進女孩站立的那片涼蔭。「是你照顧我爸嗎？」他說。

「我試著去做，」瑪麗埃爾說。

法蘭索瓦還是搞不懂：他那不講理又暴躁的父親，還有這個瘦小

女孩。「你覺得他怎麼樣？」法蘭索瓦問道。

「你父親他教了我很多東西。我試著盡量幫他。」

「真的？」法蘭索瓦說，心裡還是有些懷疑。「你做了什麼？」

「做得很少，」她說得和緩而平靜。「大部分時間就只是待在他身邊，他需要的話，就幫他拿水。」

「我想，你還會幫他拿菸，」法蘭索瓦說。

「他從不抽菸的，」她說：「我沒看過。或許更早以前他會抽，但是我沒看過。」

他知道瑪麗埃爾在說實話。

「你在最後陪著他嗎？」法蘭索瓦問。

她垂下視線。「很抱歉，」她說。

「不要抱歉！」他厲聲道：「告訴我發生什麼事，」法蘭索瓦堅決要求，「告訴我事情經過。」

「求求你，先生，我不想說。」

「告訴我。」

「求求你，先生。」

「他是我爸！」法蘭索瓦吼道。

路邊有隻流浪狗沿著水溝一路嗅聞，兩個穿著過窄 T 恤的孩子正在一堆破爛家具裡玩耍。法蘭索瓦發現自己呼吸困難又痛苦，就好像胸口正在收緊。他彎下腰，手放膝蓋，試著歇口氣。那隻狗對兩個孩子吠了幾下，又改變念頭，蹓躂走了。

「請進，」瑪麗埃爾說：「我可以給你一點水。」

他走進那間小屋（室內空間幾乎不夠容納兩人），然後用一個橘色的小塑膠杯喝水。這是瑪麗埃爾僅有的，不過他的呼吸緩了下來、變得規律。「所以，」她說：「事情是這樣發生的。」

在最後一兩天，他父親的腳開始變得非常冷。外頭很熱，熱到令人窒息，但他父親的腳一直都很冰冷。

「他叫我幫他搓腳，用手握著就好，幫他搓暖，」瑪麗埃爾輕聲說：「我不確定他可以感覺到，但他裝作他可以。」

起初，老人家試著抬頭示意，可是接著當他來到人生最後一站，他偶爾對著天花板短短一笑。

所以他父親就是那樣去世的。如今，法蘭索瓦面對這女孩，這個他從來不知其存在的女孩。人人都說，武裝民兵逼近這座城鎮，而父親遺言要他幫助這女孩，這個他從來不知其存在的安靜女孩。

「你想要什麼？」法蘭索瓦問。

「想要？」她困惑說著。

「想要。人人都想要。」

「不，先生。」

「老實說，歐荷伊是不是欠你錢？」

「一點點。」

法蘭索瓦拿出皮夾。

「不要緊，」她說。

「也許這些東西對你來說不要緊。」

「你需要幫忙嗎？」她說。

「幫忙？」

「幫忙收拾家裡的東西？歐荷伊小姐不希望我在你回來以後，還到那裡，她不希望你見到我。」

「無所謂，」法蘭索瓦回她說。對此刻的他來說，這全都無所謂了。「接下來你要做什麼？」

「我會去找工作。」

「工作？你知道塞雷卡快來了嗎？」

「也許他們不會到我們鎮上。」

「他們會到這所有鎮上，你不懂嗎？」

她搖搖頭。「這些事情不關我的事。」

「我可以多給你一點錢，」法蘭索瓦說：「除了歐荷伊欠你的錢之外，我再多給你一點。這樣你就可以離開這裡了。你有家人在別的地方嗎？」

「我沒有別的地方。現在只有我一個人。」

法蘭索瓦停頓了一下，想了想。他可以怎樣對待這個他從來不知其存在的女孩？「聽著，我可以在去喀麥隆的路上，載你到班基，」他說：「你可以在那裡隨便找個地方。」

「我為什麼要去首都？」她說：「這裡是我家。」

「這裡就要變成戰區了，」法蘭索瓦說。

「一樣還是我家。」

「你知道有多少人正被殺嗎？塞雷卡會殺掉任何人。」

「可是我對他們做過什麼了？」

「是啊，他們就是那麼幹的，」他說得諷刺，可是看到她繼續平靜看著自己，睜大眼睛相信的樣子，他就後悔了。為什麼這個女孩讓他不爽？他把心思轉回手上的任務，也就是他父親的信，還有其中包含的遺願。他在想，要怎樣才能加以實踐。「聽好了，我會載你去班基，或者給你錢。你自己選。」瑪麗埃爾沒回應，亦未表露任何偏好或興趣。「或者，好啦好啦，我可以兩樣都做，」他說，就像給出一條壓倒性的最終報價。現在事情將會解決，他是這麼相信的。兩樣都給她，然後了結整件事。

「你人真好，就像你爸，可是我不需要任何東西。」

「啊啊，你真的沒救了！」法蘭索瓦吼道：「我時間不多了。」

「拜託，那就別花在我身上，祝你一切都好。我喜歡你父親，他的事我很遺憾。」

這更加惹怒他，但無論如何，她似乎很真誠。她顯然為了他父親的死而難過。她的悲痛似乎更為純粹。不過，她不用在老人家和他的管教底下長大。

「這太沒道理了，」法蘭索瓦說：「我很快就要走了。如果你想要什麼，就到那房子告訴我。時間不多了，我才不會等塞雷卡過來，也不會等你，懂嗎？不會等，我會直接走掉。」

她點點頭。「祝你一路順風，」她說。卻只是更激怒他。

然而，當晚她就來了，這讓他很高興。

當時他正在把父親的微薄家當，裝進吉普車，突然發現她就直直站在離房子不遠處。他很高興，但不是因為他很想見她——她對他有什麼相干？而是因為這讓他知道，他在雅溫德後街討價還價學到的：這世界的道理和動力並沒有改變，人們總是想要些什麼，問題只在於他們要過多久才向你要，還有那值多少錢。總是如此。她這就來了。

「怎麼啦？」他說。

「有個東西，」瑪麗埃爾說。

「怎麼啦，有個東西？」他答道。

「有個東西我想要。」

「怎麼啦，」他又說。

法蘭索瓦覺得已經搞定她了。是啊，她很不賴：來軟的，裝作不在乎錢，其實都是花招，是在交涉。他得誇獎她：她很棒。

她終於開口索求了。

▶ 墨累島的海龜獵人

在墨累島的火山露頭上，托雷斯海峽島民採集棲息在珊瑚礁和暖水域的魚貝類。這是一項稱作海上覓食的習俗。然而，在所有覓食活動裡，有一項的評價高於一切，那就是獵海龜。

在歷史上，墨累島婦女傾向從事費力的可食植物採集（收穫量可以展現她們的勤奮），而男性則更傾向從事追求搶手食物的高危險狩

獵，那可以展現技術和靈巧。在珊瑚礁上，他們用魚叉捕小魚——那些目標閃躲飛快，需要極大耐心和穩定沉著。但那相形之下，還是遜於追獵綠蠵龜的壯舉。

綠蠵龜這種海洋動物，在墨累島被奉為節慶食物。在海龜上岸的產卵季節裡，整個社群（男人、女人和孩童）合力在海灘撿海龜。不過那是共同採集。跟這項傳統相當不同的，就是在該島周圍海域獵海龜的做法。這種能長到四英尺的動物，會被乘浪而來的小船追蹤。只要發現海龜，船頭其中一個獵人就會跳到牠身上。

相較於採集，這種狩獵更難。獵海龜既危險又耗時，而且所費不貲。獵人必須支付小船的燃料費用，才能追蹤這些主要為植食性的海洋動物，因為牠們會在海床上的海草場到處啃食。在非產卵季節，那些凱旋的獵人會宣揚自身成功，也就是在公開盛宴上，跟整個社群分享所獲，而參加的島民平均都有大約一百七十五人，也就是略多於墨累島島民的三分之一。

緬因大學和華盛頓大學兩校人類學家的多年研究顯示，成功的海龜獵人在交配和繁殖上，要比其他男人更成功。透過公開分享來宣揚他們的狩獵，似乎可以有效發出信號，表示他們的強大；由此而來的聲望和地位，就跟「性成功」相關。對於乘船追逐海龜的男人來說，就是這樣：比起島上其他男人，成功的海龜獵人發生更多性行為，而且是跟更多女伴，發生更多在生殖上成功的性行為。

在亞澳陸橋殘餘的這些小塊蒼翠露頭上，男人投資寶貴的時間和金錢來獵海龜，然後把海龜贈送出去。在某層面上，那很沒意義。然而當你導入性競爭和性擇（sexual selection）的概念，那就講得通了。這些大肆揮霍的慷慨表現，可以收穫回報。

是什麼在驅動這種行為？墨累島島民的情況絕非僅有。狩獵成功跟繁殖成功的關聯，廣泛發現於其他許多採獵社會，像是巴拉圭的亞契人、坦尚尼亞的哈扎人、玻利維亞低地森林的奇美內人。那麼在

全球北方呢？是否可以合理假設那些公開展現慷慨（表明其富有資源）的人，會有更大的交配成功嗎？富人會吸引更美的女性嗎？而且吸引到更多嗎？

結婚時兩家之間的給付，已經存在數千年。有紀錄的證據可追溯到公元前 3000 年。很有可能的是，這類給付在那之前，就以某種方式存在了好幾千年。婚姻相關的各種給付流傳於印加人、美索不達米亞人、埃及人、希伯來人和阿茲特克人。時至今日，這類制度當中最著名的，或許就是嫁妝：妻家提供金錢或資源，來成就女兒的婚事。

然而，這其實發生在比較少的文化裡。1967 年，《世界民族誌地圖集》匯集來一千多個前工業社會的證據。嫁妝只出現在其中大約二十分之一的社會裡。遠遠更為普遍的是聘禮的概念。在此，男方或夫家為了女方付出金錢或禮物。他們的付出是為了什麼？有可能在很大程度上，是為了她的生殖潛力。為了弄到那生殖潛力，需要具體展示資源。

由此觀之，男性公開表現慷慨，正是另一種展現個人富有資源的方法。相關的證據基礎清楚表明，在自給自足的社會裡，這種表現確實跟性成功相關。然而，那是一種因果關係嗎？有捨就有得嗎？（而且是因為他能捨？）若是如此，慷慨表現就是交易性的；那些表現並非單方向的施益，而是在雙向道上，福利會從另一頭回來——那些利益可能是基因上的。

▶ 拜託你給我這件禮物

法蘭索瓦的父親曾在警界服務。當他還是班基的一個年輕新警察時，卜卡薩這位滑稽的非洲獨裁者自行加冕為皇帝卜卡薩一世，並將國家重新命名為中非帝國，加冕典禮（惡名昭彰的是）耗費中非共和國年度預算極大部分，典禮出現身穿仿拿破崙時期制服的儀仗隊以及

白馬馬車，而卜卡薩本人就扮演偉大的拿破崙。法蘭索瓦的父親經歷過這一切，他就在現場。這名睜大眼睛的年輕新警察，只是負責擋住人群，但就是在現場。那是在 1977 年。

1979 年，警方圍捕學童，因為他們拒絕穿上被迫買自卜卡薩家族的制服。國際特赦組織向驚駭的世人報告，大約有一百名兒童遇害。

那時候，法蘭索瓦剛出世。他弟弟喬治要在兩年後才誕生。因此法蘭索瓦對卜卡薩時期毫無記憶，但他記得他父親和警察制服，還有父親對那身制服有多自豪，尤其是當全家搬回位在首都班基以外的家鄉，而他父親也在警界晉升之後。法蘭索瓦記得，父親勤心勞力保持制服摺痕燙得直挺，還告誡兩個兒子責任和義務至關重大。然而，他父親絕對不會談到那些往昔——在卜卡薩時期的所見所為。他父親的傷疤慢慢將其蓋起，隔開了全世界，隔開了自己與兒子。

他們的關係隨著法蘭索瓦長大而嚴重惡化。可是現在他知道父親的遺願：幫助那個在最終對自己好的女孩。現在，她就站在他面前，靠近他在喀麥隆邊境買的那部老舊吉普車。

「所以你想要什麼？」法蘭索瓦問她。

「塞雷卡真的快來了嗎？」

「他們會來，這我確定，」他說。

她點點頭，垂下視線，慢慢閉上眼睛，然後仰望著說：「你真的會試著幫我嗎？」

「我爸希望那樣。」

「那麼我知道我想要什麼，」她說。可是她沒說別的。

「嗯，告訴我，你想要的是什麼？」他說。

「你確定，塞雷卡快來了嗎？」

「我講過了，」他說。

「那麼我想要一把槍。」

法蘭索瓦忍不住笑了。

可是她很誠摯、十足認真。「我試著幫你父親做任何我能做的。那不是一件苦差事。我做的時候很難過，但也高興能幫他。我不想要錢，也不想去喀麥隆，可是在你離開之前，拜託就做這麼一件事，請給我這樣的禮物。」

「一把槍？一把槍？你要槍來做什麼？你以為你能用一把槍，阻止塞雷卡？」

「我用別的方法跟他們拚。」

「怎麼做？」

「我拚的方法，讓他們沒辦法打敗我。」

「為什麼？」法蘭索瓦說道，但他全身滲過一陣寒意，心裡很不安。「你瘋了！」

「被他們抓到，是瘋了嗎？我現在跟別人聊過更多了。被強姦是瘋了嗎？」

「跟我走。我可以帶你去喀麥隆。」

「我知道你可以，」她說。

「不，我是說我會。我想要。」

「你帶我去雅溫德，然後我變成跟那些女人一樣。我在這裡就可以跟那些女人一樣了。」

「那不是我試著要做的。」

在那觸電瞬間，瑪麗埃爾握住法蘭索瓦的手。「我覺得你是個好人，就像你父親。可是我永遠不會離開我的家鄉，我永遠不會離開我的鄉親，我永遠不會離開我們的土地。對不起，法蘭索瓦先生。」

「別那樣叫我。」

「對不起，可是我沒錢去買一把槍。拜託你給我這件禮物。」

「槍槍槍，瘋了啊，你要槍。我會帶你去喀麥隆。」

「我知道，你講過了，」瑪麗埃爾仰望著法蘭索瓦，目光直視著他的雙眼。「我知道為什麼你要這麼做。」

「是我爸希望我做的。」

「不，我知道，」她強調：「我知道你為什麼想要讓我平安，沒關係的。」

「為什麼？為什麼？你在講什麼，傻女孩？這樣你就不會死啊，那就是為什麼。」

「可是我知道，」她說。

法蘭索瓦停頓下來。兩人之間一片沉默，然後他說：「你到底在講什麼？」

她垂下視線。「我知道發生什麼事。」

「你知道？你知道？你知道什麼？發生什麼事？在哪時候？」法蘭索瓦帶著更多怒意，對她吼叫。

瑪麗埃爾放開了他。「你父親，他告訴我了，」她說。

法蘭索瓦氣炸了。「你根本不知道在講什麼。這不關你的事。」

「我很遺憾。」

「遺憾什麼？」

「遺憾發生那些事。」

「不要再說什麼遺憾。不要再講了。」這回輪到法蘭索瓦握住瑪麗埃爾的手，而且是用力抓住。「給我停止！」他一邊大吼，一邊搖她肩膀。

所以瑪麗埃爾照辦了。她沒動，但在他的怒氣底下，也沒退縮。那股掠過他的狂怒，就像一股巨浪。他什麼也做不了，直到那浪到頂落下。當他的思緒終於開始清晰，他發現自己還擁著她。他的呼吸又快又重，汗珠順著他鼻子滑下，滾落地上。

「你知道些什麼？」他輕聲說。

瑪麗埃爾仰頭看他，並不害怕，也沒被他的行為擾亂。

「我知道，」她說：「不是你的錯。」

4. 超越那一切的東西

　　他們的父親值完長班回家。那是在 1990 年代初期，正要邁入少年的兩兄弟，迷上父親的珍藏：一把老獵槍。

　　那把槍是父親向某個剛果商人買來的，是一把失修的爛槍。那商人說是從某個法國傘兵那裡弄來的，那傘兵降落的時機不佳，所以賣了所有行頭。法蘭索瓦的父親把空閒都花在這把獵槍，為槍身上油和除鏽，給槍托打磨拋光，還會撫摸它，跟它說話，就好像他正在救活一具屍體，令其起死回生。在某種意義上，確實如此。他修好了槍，而槍也修好了他，將他抽離出從事警察工作所見的一切。

　　可是現在，他們的父親上完長班，正在睡覺。這是法蘭索瓦的主意，帶著父親的珍藏進去叢林，去殺鳥、殺動物、殺蛇、殺任何他們找得到的東西。因為那畢竟是一把獵槍。

　　法蘭索瓦記得的，就只有那天風很大。當時他就像個專家一樣告訴弟弟，開槍時要考慮到風向。但是，他能記得的就這麼多了。經過這麼多年，他還是不曉得槍是怎麼走火的。

　　當他把槍交給弟弟喬治，他確定藥室是空的。他確信自己檢查過了。槍是怎麼走火的，槍怎麼可能像那樣走火？至今他仍然苦思不透。喬治前一分鐘還站在他身旁，下一分鐘就倒地了。

　　在他們葬了喬治以後，法蘭索瓦和父親之間的關係，就再也不一樣了。喬治是他們生命中的亮光，是位於全家中心的明燈，突然間，亮光滅了。

　　如今，法蘭索瓦發現自己又回到父親家裡。他突然雙腿無力，往後靠上吉普車，聽著站在眼前的瑪麗埃爾講述他埋藏多年的這些事。

　　「你父親說，這不是你的錯，」瑪麗埃爾說：「他叫我告訴你：我知道，法蘭索瓦，我知道這不是你的錯。」

　　「如果那是真的，為什麼他不寫在信裡面？」

　　「有時候，人們覺得很難跟當事人說抱歉，」她說：「他覺得很抱歉。他想要我跟你說，他很抱歉。他叫我跟你說，他不怪你。他該好好修理那把槍的。」

　　「其他每個人，」法蘭索瓦說：「他們都怪我。」

　　「為什麼，如果那是意外的話？」

　　「因為他們知道內情，知道我是從哪來的。」

　　瑪麗埃爾一臉疑惑看著他。

　　「我爸的爸媽早就選好我爸的新娘。聘金都談好了，一切都是。可是他遇見我媽。我媽才是我爸喜歡的那個。可是他爸媽說不行，那女孩不行，那家是窮人家。他們已經跟別家談好聘金，是跟他們一樣的有錢人家庭。可是我爸，他愛我媽，真的很愛，結果她懷孕了。」

　　「然後他娶了她嗎？」

　　「給別家的聘金都談好了，」法蘭索瓦說。

　　（法蘭索瓦告訴我這些事情的時候，我起初並不理解他所說的一切。但在中非共和國，父母往往會安排婚姻，在三十年前更是如此。準新郎會為選定的新娘她家工作個幾年，男方家最終也會付出聘金。可是法蘭索瓦的父親已經墜入愛河。那個孩子，也就是法蘭索瓦，是非婚生的。他父親娶了另一個女人。幾年後，法蘭索瓦的母親去世，他就過去跟父親一起生活。這時他父親已經有了第二個兒子，也就是法蘭索瓦的異母弟弟喬治。）

「那些人，」法蘭索瓦對瑪麗埃爾說：「他們在說閒話。他們說我因為嫉妒，就殺了他。我不是真正的兒子，那就是為什麼。那就是閒話。」

「人們總是說閒話，」瑪麗埃爾說。

「我記不得我媽，」法蘭索瓦說：「當時我太小了。」

在他說完那些之後，兩人沉默了很久。當晚，他們就睡在一起。

▶ 她的體熱蒸發了

正當法蘭索瓦告訴我這一切，天氣起了變化。太陽早已沒入堆滿天邊的雲層中，天空變成某種咖啡色，整座城市的天際看起來就像瘀傷，還打起雷來。

「我沒看見任何閃電，」我說。

「沒有，」法蘭索瓦答道。

「如果打雷一定有閃電。」

「可是你不一定會看見。我們來杯飲料嗎？」

「好啊，」我說。

「你知道嗎，」他一邊說，同時稍微摸了那護身符，「我媽，她守著老路子。她相信萬物都活著。是啊，統統都活著，可是她相信萬物都有生命，我爸是那麼跟我解釋的。那些樹、那些河。我們的樹、我們的河。我爸的爸媽，他們想要新事物，就是歐洲人擁有的那些，像是車子、書本、藥品。他們希望孩子可以活得更久，所以我怎麼能說這是件壞事？可是我媽，他們覺得她很蠢，竟然相信那些簡單路子、老路子，相信我們只是世界的一部分，甚至不是地上最重要的東西。」

法蘭索瓦發動了車子引擎，那部老賓士不情不願發出轟隆聲，活了過來。雖然他沒說，但我懷疑那護身符可能終究跟民兵無關，就像

他告訴帕崔斯的。我確信法蘭索瓦跟帕崔斯一樣討厭民兵。我很想知道那護身符是不是跟他母親有關。

「瞧，」他說。

「什麼？」

「看到沒？山丘那邊，有閃電。」

我看到了。

他們隔天整日待在床上，這很危險、不負責，卻又歡愉。

他不顧危險留下來。她想要一把槍，而他給了她別的：他自己。他留了下來。

她不只是一個女人，更代表了很多女人，還有他跟她們的混淆關係，那或許可以一路追溯到他無法好好想起的母親。讓他永遠搞不懂的不是她們，而是他自己的行為，他搞不懂自己對她們表現的極端瘋狂和極端混亂。壓迫、占有、疏離、分心、冷漠，這些他全都能對她們做，而且也都做過。

沒有什麼行得通。一段段關係都垮了，他想跟某個女人共度未來的信念也是。然後，瑪麗埃爾憑空出現，進入他的人生。

瑪麗埃爾有些不同。那是什麼？她有些不同，但法蘭索瓦說不上來是什麼，不過他知道他想要她。然而，塞雷卡快來了，戰爭幾乎就在他們門口。他身上每一分理性，都叫他立刻離開那裡。

他繼續逗留，陪著瑪麗埃爾。

她真正想要的是什麼？他要給她錢，她不要。他要給她安全，她不理。她顯然不甚瞭解，即將吞沒他們家園的無情血洗。然而，她瞭解別的東西、超越那一切的東西。只是法蘭索瓦不清楚那是什麼。

是她先聽到的，遠處傳來隆隆聲。

他們聊著他那座遙遠的城市雅溫德，那是他父親語帶不屑說過的

地方，因為它帶走了兒子。瑪麗埃爾這時困在這個陷入戰爭和死亡的國家，那裡在她聽來就像天堂。

「真的有七座嗎？」她問了法蘭索瓦。

「他們都這麼說，七丘。不過，這全都取決於你認為什麼算是山丘。」大約就在此時，床邊那杯水在石頭地上開始作響。

「那你想要什麼？」她問。

「什麼？」

「在你的七丘之城？」

法蘭索瓦不用多想，因為他早已知道。「我想要一部賓士，」他說：「一部白賓士。」

「我希望有一天，你會得到。」她說：「不，我說錯了。」

「我不會嗎？」法蘭索瓦問她，就好像她什麼都知道。在那一刻他是那麼相信的。

「我不是在希望，因為我知道。我知道你會得到白色的賓士。」她一說完，就伸手摀著他的嘴。如果幾天前在雅溫德有誰這麼做，那人就有麻煩了。但法蘭索瓦這會兒發現自己很喜歡這樣。他發生了什麼事？

「注意聽，」她低聲說。

一開始法蘭索瓦什麼都沒聽見。然後他明白了：那是民兵卡車，而且有很多輛。

「你該走了，」她說。

「跟我走，」他說。

「為什麼？」

「因為他們會殺了你。」

「也許他們會開過去。」

「可是，要是他們沒有呢。」法蘭索瓦捧住她的臉，她的臉頰就夾在他攤開的手掌之間。「瑪麗埃爾，如果你留下來，我就留下來。

就這麼簡單。」

「我不想要你留下來。」

「那麼我們走，」他說。

她沒反對。

「真的？」他說：「真的？」

他們四目交接。瑪麗埃爾露出微笑，慢慢眨了眼。

那就夠了。法蘭索瓦跳下床，穿上牛仔褲，還有一件 T 恤。

「能拿的盡量拿，」他說。

「我沒有什麼想要的，」她答道。

那天非常熱，熱氣逼進眼睛，悶熱到讓人受不了。法蘭索瓦還沒走到吉普車，身上 T 恤就被汗溼透了。瑪麗埃爾上車，坐到他旁邊。沒有匆忙，只有從容。他們開車遠離後方車隊的聲音，然後快速繞過下一個彎道，直直衝向塞雷卡的路障。

一陣彈雨猛然打過來，有些擊穿車子的水箱護罩，有些從後照鏡彈開，有些衝向擋風玻璃和瑪麗埃爾。有顆子彈打中她肩膀，打得她半轉過身，另一顆則擊中她胸口，讓她吐氣吐得像在咳嗽。法蘭索瓦不顧腦袋周圍子彈亂飛，仍努力駕駛著吉普車，一手放在方向盤上，另一手伸向傾倒的瑪麗埃爾。他試著把車調頭，結果打滑差點翻車。不過他還是救了回來——卻是徒勞：車子一頭衝進路邊的排水溝。

他的頭重重撞上方向盤，撞得他眼冒金星。他隱約意識到，瑪麗埃爾就在這一切之外的某處，動也不動。他被撞得腦震盪，整個人失去控制。在他發覺之前，那些民兵就已全部圍在他身邊。他們人數很多，而且都拿著木棍。他們將他拖出吉普車。水溝裡沒有水，太久沒下雨了。他呼叫瑪麗埃爾，但沒有回應。正當那陣擊打開始從看似雲朵和天空的地方落下，他隱約意識到他們也正將瑪麗埃爾拖出車子。

他們抓著法蘭索瓦的腿，把他拖到路上。這樣比較方便擊打。法蘭索瓦拚了命反擊，一邊喊著瑪麗埃爾的名字，一邊出腳踢著，直到

有人一棒打在他的膝蓋，那是重重一擊，是最痛的一下。法蘭索瓦尖叫出來。他們把瑪麗埃爾拉到路上，緊鄰著他。他們為著自己的理由試著救活她。後來他們放棄了，就推開她的身子。即便是在大白天，他們的車子還是亮著大燈，就像兩隻眼睛在瞪著他，就像是另一種羞辱。路障後面走來一個年輕的塞雷卡成員，那人不過是個男孩，穿著短褲和夾腳拖，他拿出一根粗毛繩來回甩動。法蘭索瓦心想，也許他們是要把我從樹上吊下來，也許要把我綁在車後拖行。他聽說塞雷卡做過這兩件事。他們什麼都幹得出來。

但在實際上，就在他完全任憑擺布之際，他們卻只是試著將他的吉普車拉出水溝，然後拉不起來，就走了。留下被打到動不了的法蘭索瓦，就躺在路上，挨著瑪麗埃爾。

瑪麗埃爾的雙腳挨著他的肩膀，這就是這一切的姿態，他們就是這樣被拖出來又拋棄的。瑪麗埃爾的腳踝靠齊，就好像她卡嗒一聲併攏腳跟。儘管法蘭索瓦雙臂疼痛，但還是伸出手，輕輕幫她脫鞋，慢慢將鞋拉過腳跟。她的雙腳還是溫熱的。他不明所以，但他被打得頭腦糊塗了。

是的，瑪麗埃爾的赤腳仍然溫熱。法蘭索瓦很困惑，因為他無法計算身體的溫度在死後能維持多久。在他周圍，所有聲音緩緩消逝。他躺在那裡，知道瑪麗埃爾死於胸部重傷。他那被民兵打到痛得抖動的手指，觸及她皮膚。這時她的體熱蒸發了，她也已經蒸發了。

5. 狂熱

　　那都是好幾年前的事了，正值塞雷卡叛亂和政變的高峰。當時，賽拉和歐默加入別的塞雷卡戰鬥團體，雖然是在該國別處，但還是加入了塞雷卡，從而跟法蘭索瓦和瑪麗埃爾不同邊。至於帕崔斯，他當然是站在他自己那邊。

　　法蘭索瓦講完這一切的時候，我就坐在雅溫德某家飯店的中庭酒吧，糾結於各種互相衝突的情緒，實在無法理解這一切。閃電閃過雅溫德家家戶戶的屋頂，突然照亮了熱帶樹木。接著，那許多座名山上空的混亂散去，轟鳴的雷聲前去擾亂別處。

　　這時，很不搭調的是，音響發出微弱的鋼琴樂。我試著辨認那音樂，然後放棄了。

　　「我可以問一件事嗎？」我說。

　　法蘭索瓦點頭。

　　「為什麼那些民兵就這樣走了？」

　　「你是說，為什麼他們沒殺了我？」

　　我已經說得很小心了，但是沒錯，就是那個意思。

　　「那時候有太多人可殺。至於我，也許他們以為我死了，或者快死了。所以，也許他們不想浪費一顆子彈，」他說：「也許他們覺得用一顆子彈讓我死，那樣太便宜我了。」

　　在我們周圍那些發亮的黑色矮桌上，坐著一群穿著斜紋棉褲、運動夾克的俄羅斯人，還有幾個西裝筆挺的喀麥隆男人，雙方正在激烈

談判。「這不是事實！」其中一個俄羅斯人一邊吼道，一邊砰的一聲拍桌。那些非洲人恭敬笑著，但似乎並不同意。他們的事實跟俄羅斯人的事實不一樣。

法蘭索瓦噘起嘴，煩躁轉著他的玻璃杯，弄得杯墊在黑亮桌面上滑來滑去。「現在到處都是俄羅斯人和中國人，」他說：「人人都想要非洲。」

「你會回去嗎，回中非共和國？」

他深深吸了一口氣。「會，」他說。他的語氣裡帶著聽天由命，那種情緒屬於一個未曾真正離開的人。他的語氣裡帶著 *żal*。

我經常想到瑪麗埃爾向法蘭索瓦索求的禮物。為什麼要槍？她是真的想要一把槍嗎，或者那是某種測試呢？當然，他最終給出的禮物是他自己。為了待到最後，他幾乎獻出生命。他為什麼這樣做？是為了性嗎？

從演化來說，法蘭索瓦的行動可以理解為某種慷慨行為；在信號理論裡，則可看作某種展示，是要表明及證明他的明確投入，是要顯示他值得信任。他對瑪麗埃爾做了昂貴、高風險的投資。他身上有個求愛者，亦即人類心智組成裡催動帕里斯王子和法蘭索瓦的那部分。只有當她對此放心，她才願意跟他離開。可悲的是，一切都太遲了。對她或他倆來說都是。

那項對墨累島島民做的研究，似乎沒有神經科學或功能性磁振造影的成分。不過，明顯的公開慷慨行為可見於全球各地那些迥異、且彼此無聯繫的採獵社群。這必然至少產生一個推論，也就是當中很可能涉及某種交配模組。

愈來愈多重要研究記錄到：男性在交配心態被啟動或人為促發後會做出看似古怪的行為。正如肯瑞克和格里斯克維西斯（見第 30 頁）這兩位心理學家所述，在他們的幾十項研究裡，讓男性觀看「有魅力

女性的照片，或想像正在約會或觀賞愛情片」會產生某種心態，使得男性變得「更為魯莽、大膽、有創意、積極、英勇、獨立，而且更願意花錢在虛華的產品上」。如果說腦部確實是模組化的，那麼交配模組的存在，就是其中一個明顯且可能的候選者。

很多研究都會用到蠅類，世上有很多很多研究，用了很多很多蠅類。其中有一種叫作黑腹果蠅（*Drosophila melanogaster*），其雄性有著非常精確的交配套路。或許很多雄性都是如此。黑腹果蠅受到潘玉峰（Yufeng Pan）、羅賓奈特（Carmen Robinett）和貝克（Bruce Baker）詳細研究，研究成果發表在 2011 年的〈挑逗雄性〉一文。

在當中，他們巧妙置入神經科學的智識探索，「要在分子細節上瞭解神經迴路如何運作，來讓個體感知世界，並憑那些感知執行特定行為。」就黑腹果蠅來說，這種方法透露了些什麼？

黑腹果蠅交配套路的形式和順序都很固定，過程包括「定向、尾隨、輕敲、歌唱（展翅振動）、舔舐、曲腹、試圖交尾、交尾以及射精」。然而，他們也發現，有某個神經迴路涉及該行為。不僅如此，那個神經迴路可以被誘發。藉由人為觸發某些神經元，這隻倒楣的受試雄蠅雖然隔離在任何理想雌蠅之外，還是能被誘入發情狀態。

確實，潘玉峰團隊發現黑腹果蠅身上可能存在平行或重疊的神經元通路。這將具有演化意義。有鑑於繁殖這事至關重要，置入冗餘性（redundancy）可以提升整體的生存優勢。如果某項基因突變使得其中一個系統無法作用，那麼，通往激情的平行通路可以開始作用。該動物的基因還是可以順利傳遞下去。

▶ 他的出生是因為愛

我們喝完飲料，然後我跟著法蘭索瓦踏出飯店大廳的滅菌冷氣，再度走進非洲熱氣。那種熱氣立刻從各方襲來。先前飯店門房不吭一

聲，滿臉不悅和不屑揮著手，示意不准法蘭索瓦把他的老賓士車停在前院裡，不准它靠近那一整排氣勢逼人的凌志、保時捷、以及擦亮了的四驅車。那些俄羅斯人魚貫而出。他們的司機同時以皇室手法打開車子後門。至於我們，法蘭索瓦和我一塊晃到他停放老賓士車的那條街上。那是我最後一次看到那個吊在後照鏡上的護身符。整座城市的喧囂纏繞著我們。那些高樓飯店和建造中的辦公大樓，讓我們相形見矮。雅溫德正在上升；非洲也是。

「瑪麗埃爾的事，我很遺憾，」我說。這是我的五大失言之一。真了不起：我是個庭審律師，有過辯才無礙、口沫橫飛的時刻。然而在這個時刻，到底我想說些什麼？我們該說什麼？我們能說什麼？

法蘭索瓦拉直衣服。「太短了噢？」他說。

他未曾有機會真正認識那女孩，就像他沒能認識母親那樣。「這就，」他說：「像是瘋狂。」

「有時候，有點瘋狂還好，」我說。

「那你呢？」

我笑了。「我幾乎到了中非共和國邊界，不是嗎？我在這裡跟著你，沒有嗎？或許我該跨過去的。」

「太多瘋狂了，」他說。

我還是掛念著那地方。我曾經直衝到邊緣，去刺探。那樣足以清除感染嗎——我這時對那個不可知的地方，知道夠多了嗎？

「不過如果你要去，」法蘭索瓦說：「我可以安排。很好很好的價錢。」

「有什麼事是你安排不了的嗎？」

他假裝認真去想，然後說：「完全沒有。」我猜他是對的，在那個地方，在那個時候，很可能幾乎沒有什麼事是他安排不了的。我也知道，我倆對中非共和國的渴望雖然各有理由，但都沒有完全滿足。

厚重的他站在我面前，緩緩點了頭。

「很難瞭解那裡面有什麼，」他說。

「中非共和國裡面嗎？」

「有我們。大家都害怕中非共和國，所以他們害怕我們。我們不該害怕我們的，」他說。

「不該，」我說。我記得他告訴過我：中非共和國裡面什麼都沒有，也什麼都有——兩者皆是。

「不過答應我好嗎？如果你要去，讓我帶你去。」

「如果價錢對的話，」我說。

「我的價錢永遠都是對的，」他回過頭，笑著。

在我們周圍，這座城市——中非的羅馬、七座日晒山丘的城市，並未停歇、也不在乎，但我們仍然笑了笑、握握手、說再見。然後都沒再多說什麼，就這麼一次擁抱了彼此。

我回到飯店大廳。那股微弱的鋼琴樂持續被放送到空氣中，沒有人注意，也不值得注意。喀麥隆生意人坐的那桌，又上了一輪飲料。既然俄羅斯人離開了，他們就脫下夾克、鬆開領帶，露出些許笑容。在酒吧裡，有個比利時男子慢慢喝醉。

我得打包返回倫敦。可是我不想回到房間，回到那單人旅客的囚室，現在還不要。我一直想著自己沒能跨過邊界。那種禁忌、那種狂熱發出神祕的魅惑歌聲，就像博物學家威爾森（見第 14 頁）所寫到的那種駭人吸引力：狂熱沼澤裡的怪物。我們就如我們所是，就如我們所能是。什麼都有，也什麼都沒有。所以，這算失敗嗎？成功的定義又是什麼？

我一直想到法蘭索瓦和瑪麗埃爾，還有兩人在周遭世界著火之際偶然發現彼此。再來是想到他父親，及其對法蘭索瓦生母的愛。我想到法蘭索瓦，我喜歡這麼想：他的出生是因為愛，而非責任和社會義務。我想起那個護身符。

飯店大廳裡出現一陣騷動：有位年輕服務生送上牛奶讓我佐茶，

卻失手掉了罐子。一小灘白色，在擦得很亮的富美家地板散開，就好像突然張開的手指。領班很氣他這個年輕隨員。我跟他說不要緊，真的，我不需要牛奶，我可以喝純的茶。

聯合國兒童基金會的雷維葉（這位堅定勇敢的老手，去過世上幾個最艱困的地方），她也達到了極限，不得不離開中非共和國。如同很多跟我談到這地方的人，她也是掙扎著，一邊要設法處理她所見劫掠的沉重，一邊又對當地堅韌百姓懷有深切情感。

「我很想念那個國家，還有那裡的人，」雷維葉說：「那裡的人觸動我的心。你必須接觸眾人，但也知道哪個時候該停下來充電，控管你的能量。」

她被掏空了，知道必須重整，才能繼續她的工作。「回家以後，我才發覺整個情況是什麼樣子。我回到蒙特婁，只是去了超市。就這樣而已。我認識到：我們在班基為全國提供基本人道援助的倉庫，就跟那間超市一樣大。我們當時得把東西發送全國四方，而我現在只是在本地超市裡，推著推車閒逛。所以，是啊，現在我回家了，在去過中非共和國之後，回到『正常』生活。然後聽到你們的霍金談到一項大型太空計畫，要利用光能去探索宇宙，看看那裡有什麼。」

當時，霍金正攜手俄羅斯企業家米爾納，發起一項名為「突破星擊」（Breakthrough Starshot）的一億美元計畫，旨在開發一種能夠利用太陽風的光驅動微型太空船，要以二十年的航程，抵達距離太陽系最近的恆星「比鄰星」。

「是啊，那很了不起，」雷維葉說：「我知道，我懂。可是，你知道嗎，我們只有一個地球，只有一個地方可以生活，所以我們必須關心這裡的一切。」她停頓了一下，「還有關心彼此。」

我問到，一億美元可以在中非共和國做些什麼。

「別這樣，」雷維葉輕聲說：「別這樣。」

我們都停頓了一會兒。「你會回去嗎？」我問。

這個問題讓雷維葉難以回答，而我也沒再逼問。那太複雜了。回到雅溫德這裡，也就是法蘭索瓦的新家，我坐在大廳酒吧裡思忖他的類似處境——他還能回到他真正的家嗎？我知道蕭邦在離開波蘭流亡後，沒那麼幸運。

蕭邦曾在去世前不久造訪英國，而他最後一次公開演奏是在現今倫敦的蘭開斯特府，當時維多利亞女王也蒞臨現場。蕭邦的鋼琴獨奏夾在兩段美聲歌唱之間，那些討喜表演是由當時很受歡迎的歌劇明星所唱。維多利亞女王在日記裡，提到那些演唱者唱得不錯。接著她又寫道：「有一些鋼琴師在演奏。」

沒過幾個月，蕭邦因為病情加重而完全失能，所患的可能是結核病。這場病緊咬著他不放。他逝世於 1849 年，然後葬在巴黎。他給友人提圖斯的話一語成讖：人要是死在異鄉，該會有多麼可怕。依從蕭邦的強烈遺願，他姊姊露德薇卡設法確保他的心臟回歸波蘭，並葬於華沙聖十字教堂。三十九年前（1810 年），蕭邦這位可說是跟浪漫時期鋼琴樂最有關的人，就是出生在華沙附近。

我回到飯店房間。從窗戶可以看到牢牢長在山丘的熱帶樹木，其中有一長串一路往回延伸到中非共和國邊境，這些沉默的哨兵就看著卡車從眼前運走中非共和國的森林，法蘭索瓦的母親相信那些都是活著的——具有生命。

我們短暫在世，然後離去。我們的基因可能會流傳下去，也可能不會。所經由的可能是責任、愛情、戀情、或熱血。那位求其流傳的「求愛者」——那位戰略家兼戰術家，也許成功，也許失敗，可能慷慨，也可能不會，可能送禮，也可能不送，就像法蘭索瓦不送槍給瑪麗埃爾。其背後的驅力受到希臘人承認、並以歌謠和故事頌揚。

會這麼做的還有我們，還有人類基因將流傳到的那些人——如果那些基因得以流傳的話。

第九種人性典型

搭救者

唔，我警告過你了。

——杜斯妥也夫斯基，《卡拉馬助夫兄弟》作者序（1880年）

1. 赫卡柏對他有什麼相干？

　　還要一會兒，你才會真的觀看蘇珊。

　　蘇珊不在實驗室的接待室，那是系館的一間辦公室，經過匆匆改造，放上室內布飾、盆栽和一些生活雜誌，弄得像家裡一般舒適而無威脅，這讓你覺得更糟、更不祥。蘇珊也不在觀看室，你以為她會在那裡，因為你正是為此而來：來觀看、來觀看蘇珊。

　　另一方面，這項活動就如社會人類學家所言，是我們用了大量清醒時光去做的事：觀看別人。然而，在此你是有償去做的。錢不多，但是有償，答謝你來實驗室參加實驗。所以你進去了。

　　進到刻意弄得放鬆的環境，遇見史帝夫和傑夫這兩位面帶笑容的研究助理。這一切都經過倫理委員會的仔細審查和核准。這是很安全的，這當然是完全安全的。可是，你心裡有一部分還是覺得奇怪。不管怎麼說，你就要觀看某人遭電擊了。

　　即將施用的電擊很輕微，而且頂著科學的名義。但是，你馬上就得仔細觀看某人遭電擊。科學有時候就是這樣進展的，我們就是這樣探查已知世界的邊緣、以及未知的世界。這裡是靠小心調控的疼痛，來踏出幾小步，當中沒有半點險惡。

　　「我希望你別擔心蘇珊，」實驗室助理傑夫說：「有些受測者會擔心她，那是很自然的。但是，其實這全都很簡單而且無害。」他用手指梳過那頭濃密的波浪金髮，「而且，蘇珊跟你一樣也是受測者。她迫不及待想要探索心智如何運作。」

我們的心智如何運作——這事擄獲你的關注，讓你回覆那張招募實驗受測者的廣告。玩點科學、學點東西、賺點報酬，就是這樣，而將接受電擊的則是蘇珊。

要是傑夫穿著白色實驗外套就好了，那是你原先預期的，某種消毒過的手術裝扮。結果，他穿得這麼低調、這麼違反你的想像：牛仔褲和寬鬆套衫。傑夫笑得讓人放心，他的笑容很棒。在他背後牆上，有一幅畫著一座山的繪畫。你很想知道，那座山在哪裡？還有，為何接待室裡會有一幅畫著一座山的圖畫？或者，也許那幅畫就只是掛在那裡，沒人想過要取下來。那無關緊要。

「我剛才說的，你都瞭解嗎？」傑夫說。

你的思緒爬到那座無關緊要的山上。「最後那部分，可不可以重講一遍，」你說。

「我們想要確定的是，微小的靜電作用，就像你可能會從手機或平板感受到的那種微弱脈衝，會如何隨著時間經過累積，而影響我們的學習能力。這是關於在不利的靜電條件底下的認知處理。」

「喔，」你回了一聲。

你在簡介裡讀過那些東西，知道這是關於任務效能的研究，但你並沒有完全聽進去。你簽了同意書，但你也沒有完全讀進去。你從來沒有認真讀過那些東西。

「所以我剛才說的是，」傑夫接著說：「我們在這回合實驗加大電流，我們想要看看蘇珊表現如何。不過這完全都在授權範圍內，低於上限。所以要是你沒問題的話，我們何不移駕觀看室呢？」

從你內心某處——你一直沒意識到心裡，想著這件事，直到聽見自己說了出來。你問道：「那座山在哪裡？」

你為什麼要問這個？有可能是在分散注意力，或者是在逃避。為的是要拖延時間，不去觀看室觀看、觀看蘇珊。對勇於求知的蘇珊來說，她是頂著科學名義做這事的。

「啊，」傑夫說，短暫的困惑變回預設的笑容，「那座山在這裡很久了，就只是擺著。我可以去查看看，如果你想知道的話。」

你沒回答，而是發問：「對蘇珊來說，那個電擊會像怎樣呢？」你很納悶自己為何關心蘇珊。

「好的，很多人都在問。那些受測者說，有點像是走在尼龍地毯上，然後按下電梯按鈕。就像那樣有一點刺痛。」

「你試過嗎？」

傑夫的笑容顯得更緊張了。一定是在掩飾什麼。「啊，我們不准去試。」

「像被螫到嗎？」你說。（你怎麼會有這麼多問題？）

「或者就像你去打針。」

你想起上一次打針。針尖抵著皮膚，就像戳在氣球表面上，然後突然刺穿。「她知道會被電嗎？」你問。

「她同意了，」傑夫說：「不過電擊是隨機的，她不曉得什麼時候會被電，這可以說是重點的一部分，你沒辦法預做準備。」

「那麼你想要我做什麼？」你問。

「給你的指示，」傑夫笑著說：「就放在觀看室裡。請詳閱觀看室裡的指示。」

你走了進去，這房間只有四面牆壁、一把椅子、一張桌子、一面螢幕。沒有窗戶、沒有自然光、沒有圖畫、也沒有山。桌上有一張護貝過的單子：

感謝您自願參與本項重要研究，並感謝您付出寶貴時間！當您透過網路攝影機觀看進行中的實驗，請盡量設想自己身在那位答題者的處境。她已同意在磨難條件下作答，但是絕對安全。請想像她在想什麼、覺得怎樣、想要什麼，請想像她的感受。請在所提供的紙張，寫下任何你覺得關乎她感受的事項。請確定您已關掉手機。

所提供的紙張——什麼所提供的紙張？

你正要呼叫：「不好意思，可是沒有——」，就發現螢幕旁邊有個蜂鳴器。你按了下去，同時凝視著那些指示，再次覺得第一行字的那個驚嘆號很沒必要、很不適當、很高高在上。你告訴自己：鎮定、鎮定，那只是個驚嘆號。

這時，傑夫的寬鬆套衫突然出現在你背後。

「怎麼了嗎？」傑夫馬上說。他的笑容不見了，那張親切假面滲出焦慮。

「紙呢？」你說。

「啊，」傑夫說：「又是沒紙的老問題。」你發現他瞥了一下螢幕。「我還以為是跟實驗有關。」

「實驗還沒開始，」你說。

▶ 他對赫卡柏又有什麼相干？

其實開始了。

蘇珊留著栗色及肩長髮，戴著粉紅色塑膠腕帶——她為什麼會有那條腕帶？

這位年輕小姐走進另一個房間。她坐在書桌前，看著她自己的螢幕，上頭播放一部短片，然後她得快速回答一堆記憶題和觀察題。你看不到螢幕內容。那不關你的事，你是來觀看那位受測者的。

蘇珊使用滑鼠，這真是老派，古雅得讓人安心。左鍵和右鍵大概代表是和不是。她有一隻手閒著，是她的非慣用手，就是沒有粉紅色腕帶那隻。不過那隻手其實並非完全閒著，一下子跑出螢幕，一下子又回到你眼前，平放在桌子上。那上頭連著某個東西：她手背上有一張方形箔片，已用膠帶貼好。電線從底下伸出，連到某個黑盒子。問題接連過來，蘇珊不時揪起臉。有太多細節需要她注意。她顯然很努

力要專注，卻仍不時揪起臉。她正在接受電擊，間隔是隨機的，她無法預測。

你拿到紙張，你在寫東西，寫下你有關想法的想法，寫下你心想蘇珊在想什麼。她一遭電擊就揪起臉。她無法預測或準備，但仍繼續作答，一題又一題。接著蜂鳴器響起，第一回合結束。蘇珊獲准撕下箔片。她搓揉她那蒼白的皮膚、她的手背，搓揉電擊處。她用被電擊的那隻手，不停捲繞著另一隻手腕上的桃紅腕帶。那腕帶是什麼——是獎品，還是標籤？蜂鳴器再度響起，第二回合開始。

快速連發的問題又來了，蘇珊急切作答，一下點左鍵，一下點右鍵。電擊又來了，箔片已經貼回原位。她揪起了臉，她在想什麼？你覺得她在想什麼？蘇珊用力專注在螢幕上，而你用力專注在她身上。

每當蘇珊被電得揪起臉，你心裡某個地方也跟著揪了起來。她不太舒服，卻還是堅持下去。你很佩服她的堅持，她讓你想起某人。

某個兄弟姊妹、同輩親戚、親朋好友。那種專注而堅決的眼神。是誰？蘇珊往上瞥了一下下，瞥向攝影機，瞥向你，而且知道你在看她。你打算就其哀求的表情，寫些什麼呢？你們兩人彷彿四目交接。突然間蜂鳴器響起，第二回合結束。

蘇珊討了一杯水，她至少該有杯水的。她將箔片撕下，搓手搓得更用力了，而且正在向傑夫說些什麼。蘇珊看起來不開心。

傑夫努力安撫，一再露出同情笑容，他的笑容很棒，但蘇珊沒被安撫到。她在說什麼？你把頭挪近螢幕，試著從嘴形讀出她吐出的語詞。她在說什麼？是哪裡出了錯嗎？是校準，還是疼痛程度？你更仔細去看。突然間，螢幕變成空白。

他們讓你等著。另一個房間裡發生了什麼事？沒人過來找你，所以你晃回接待區，又看到牆上那幅山的圖畫。傑夫飄了進來，手裡拿著你的筆記。你認出自己的筆跡。

「很抱歉久等了，」他說：「我只是——」

「她還好嗎？」你問道。

「蘇珊嗎？她只是有點累。」傑夫微笑說道：「但她好得很。」

好得很？「總共有多少回合？」你問。

「啊，總共十個，」傑夫說。

「十個？」

「唔，還有八個，我們做完兩個了。」

是蘇珊做完兩個。

傑夫在瞥看你的筆記、閱讀你的觀察。「這些很棒，」他說。

你努力忍住得意。可是我們是社會性動物，會對吹捧有反應。

「很有意思的觀察。」

「她還有八個回合嗎？」你說。

他還在讀，看都沒看你就說：「我是說，你不一定要留下來。」

「留下來？」

「觀看。」

「觀看？」

「我是說，你不一定要留下來觀看蘇珊，」傑夫一邊說，同時仍在翻閱你的筆記，「我想這樣夠了，這些真的很有用，」這個不曾接受電擊的人繼續說：「所以你可以拿到酬勞。如果你喜歡的話，我會叫史帝夫付現給你。總之，下一位觀看者到了。他們來得有點早，不過要是你想離開，他們可以接手。」

「那蘇珊呢？」你說。

「蘇珊沒事，只是有點累。」

「她還有八個回合嗎？」

傑夫停頓了一下。「不一定。」他現在看著你。

「什麼意思？」

「蘇珊不用繼續下去。如果，呃……只要有人來幫我們答題，她就不用。所以如果……」

「如果什麼？」你問道，心裡已經知道答案。你已經在想那條粉紅腕帶戴起來是什麼感覺。

「如果你願意代替她，她就不用，」傑夫說。

你似乎有三個選擇：

第一、留下來觀看蘇珊再被電擊八個回合。

第二、領取現金，獲得觀看蘇珊的報酬，讓蘇珊在你離開後，繼續遭電擊。

第三、你代替蘇珊。

可是蘇珊是誰？你為什麼要在乎蘇珊？畢竟這與你何干？蘇珊對你露出懇求眼神，你們四目交接——那又怎樣？你並不認識蘇珊。就像《哈姆雷特》裡的那句話：「赫卡柏對他有什麼相干，他對赫卡柏又有什麼相干？」（朱生豪譯）

我們為什麼要在乎別人？

然而，想一想你在想什麼。是不是有什麼東西讓你把注意力轉向蘇珊？讓你想要代替她、搭救她。是什麼讓你那樣？

是誰讓你那樣？你內心深處發生什麼事？那是什麼樣的人性，使你那樣？你凝視那幅山的圖畫，彷彿答案就在裡頭。

2. 命名

所以：在遠離非洲之後。

回到英國，不斷工作，靜不下來。倫敦變得愈來愈認不得了，這座陌生的大城市到處都是新車，那是乾淨的車、能跑的車，沒有一輛像是法蘭索瓦的禮車——那輛黑天鵝般罕見的老舊白色賓士。倫敦似乎不那麼屬於我了。

我剛在老貝利審完案子，然後走出法庭入口。辦公大樓化為巨大鋼架，站在裡頭的人渾然不覺底下有人、不覺再底下也還有人。我自以為瞭解這座城市，其實不然。在泰晤士河畔，我望著滿載遊客的觀光船……我看見伏塔湖上的箭形船；在柯芬園附近的人群裡，我瞥見他們的臉：帕崔斯、賽拉、法蘭索瓦、安東尼。東尼則從藍天飄降，揮著手。然後，我的手機響了，而我也回過神來。

「狄諤斯，他願意跟你談談，」電話彼端的聲音如是說，那是男人的聲音，聽起來微弱不清。

我等這通電話已等了好幾天。由於證人和陪審員出了問題，所以當天案子提早了結，因此我突然有機會去做一件我早就想做的事：參觀那具遺體。

「這是好消息，」我回答。

有批遊客走向那具遺體，所以我讓開到一邊去。我來得遲了點，我原本希望在整點後一分鐘抵達，因為保存遺體的箱子每小時都會向外拍一張照片，然後用推特發給全世界，拍的是遺體在被看的時候，

看到什麼。「他喜歡用什麼聊？電話還是 Skype？」我問道。

電話彼端一陣沉默。

情況不妙。我一頭熱的拚命塞話。「他要講的事情非常重要，我很樂意負擔國際通話費，或者他也可以打對方付費電話過來。」

「他願意跟你談，」這個不具形體的聲音說。我將這聲音疊合在玻璃箱裡那具費心保存的遺體上。有那麼一瞬間，感覺好像是那位死於 1832 年的偉人在說話。

「是啊，」我又說了一次，「這是好消息。」

「可是只能當面談。」

這就不是好消息了。

遊客各自拍了照，然後就得走開。你就只能瞻仰遺體這麼久。

「為什麼？」我說。

「你知道嗎，狄諤斯，他有偏執症。在這些國家生活過的人，很多都這樣。」這些國家？

「天性將人類置於痛苦與快樂的主宰之下」——這個說法是邊沁（Jeremy Bentham）所創，他的遺體被弄乾保存，在我面前靜止不動。這位「功利主義（utilitarianism）之父」維持那樣的身形，已快要兩百年了，就在倫敦一所大學的玻璃箱裡。

「所以我得過去那邊嗎？」我說。

「是的，過來這邊，」我的聯絡人說。

一切就是那樣再次開始的。又要離開倫敦了。

為了理解她，還有她後來所為，你得回到她的起點。如果說我們每個人都有好幾個起點，那麼其中一個就是被命名的時候。在她的族人之間，這可是件大事。

所以，命名儀式當天，就在西歐般大的中亞草原上，在這孩子被放進幼兒床之前，就如她民族（那個有名的遊牧民族）的傳統，宗族的一位長老走近這個初生女孩。那位可敬的族老是她所屬部落的一位

年老男性，他俯向這孩子（她後來會將此事告訴她的搭救者），在她耳邊輕喊三次：「萊娜、萊娜、萊娜。」

▶ 世界第九大國

街道盡頭聳立著雪頂群山，彷彿有人完美畫出一座來自中土世界的神話山脈，當作背幕吊掛起來。太驚人了，完美到不像真的。我搭紅眼班機，乍到這座城市，整個人很疲憊卻又興奮，把山頂看作遠方的雲朵——就高掛在你眼前。接著，你發現這些飄浮的白色團塊其實是覆雪的山頂。當時我不知道那些山的名字。

「這些就是天山，」駕駛說。

我後來發現那意指天界的山。天山是世上前幾長的山脈，但我卻未曾聽聞其名。此刻陽光傾瀉，正值中亞的夏末，山峰上面積著雪，下面的馬路塞著車。剛才有個駕駛開著速霸陸超我們車，他的心情一點都不如天界美妙。總之我到了，我「過來這邊」，就要會見瓦西里了。

早些時候，我從希斯洛機場起飛，然後打開機上娛樂設備的動態地圖，瀏覽一下我正前往的地方。時間一直很緊：有一度我似乎可能無法成行。此前幾星期，我都在老貝利審一件案子，同時也準備一場將在倫敦以外舉行的謀殺訴訟。有一天，我從聖潘克拉斯車站搭高鐵南下，列車駛離倫敦不久，就突然停下。我抬頭一看，站名太讓我欣喜了。

「是艾貝斯菲特，」我對旅伴說。她聽了困惑不語。「就是發現艾貝斯菲特象的地點，」我接著說。她就只看見「艾貝斯菲特國際車站」。我沒能讓她對艾貝斯菲特象產生半點熱情，我們可是驚擾了巨象的遺骸，才能快個三十分鐘到海岸。「艾貝斯菲特象有現代非洲象的兩倍大，」我試了一下，這細節曾讓拉娜大吃一驚（見第 219 頁）。

但我那旅伴卻說，我應當休息一下。

　　然後，當我在紅眼班機上，發現自己身處三萬英尺的高空、看著動態地圖螢幕上那些充滿邪惡的靜電波紋之時，我是應當休息一下的──但這並不真的能休息。沒過多久，飲料送了上來，螢幕也閃出影像，上頭的文字都是斯拉夫字母。我們往東飛越歐亞大陸，這片廣袤大地從法國的加萊，一直向東延伸到海參崴，兩端橫跨五千英里，約當倫敦到洛杉磯的距離。我們的任務就是要飛越其中一大部分。我看到我們從基輔以北和莫斯科以南的中間穿了過去。整條飛航路線的盡頭就是我的目的地：世界第九大國的舊都。

　　如同桌遊「戰國風雲」裡各家對手一般，散落該國周圍的，都是神話和想像之地：蒙古、撒馬爾罕、塔什干、比斯凱克、布哈拉，其中最突出的，就是陰沉憂思的西伯利亞。

　　動態地圖螢幕上標出三個西伯利亞的城市：車里雅賓斯克（我記得幾年前有隕石在此墜地，那團火球被上百臺智慧手機拍到）、葉卡捷琳堡（不知為何，我就是知道末代沙皇一家被監禁和槍決於此）、諾佛西比斯克（當時我對諾佛西比斯克一無所知，直到很後來才發現其意為「新西伯利亞」，但在我飛往中亞的那一刻，諾佛西比斯克對我毫無意義）。

　　稍早我還在英國的時候，正要離開邊沁遺體，就聽到我的聯絡人說：「祝你在哈薩克玩得開心。」

　　我記得當時心想：旅客會在哈薩克玩得開心嗎？然後我想，為何不會呢？到底會還是不會，我不曉得。但是突然之間，我飛到了世界第九大國哈薩克。在阿拉木圖國際機場的入境管制站，有位海關官員穿著質樸的軍裝，戴著一頂帽簷很大的軍帽。他盯著我的護照，也盯著我（老實說，護照上的照片不是很像我）。一張紙片掉了出來，是米亞特的照片。他冷冷看了看那照片，又看了看我，接著將照片小心插進我的護照後面，然後說：「歡迎光臨哈薩克。」

如今，靜默而威嚴的天山山脈，就聳立在我眼前，仲夏的積雪讓我看得驚訝。我等候著瓦西里。

▶ 披著利己外衣，做利他事

快樂和痛苦。將快樂極大化、將痛苦極小化。

當邊沁和他的門徒彌爾（John Stuart Mill），試著稱呼一切人類行動的根本泉源，那就是他們給出的名稱：快樂和痛苦——我們的雙主宰。

這在哲學上當然是功利主義，在心理學上則是利己主義（egoism）理論，所產生的影響難以估量，而且支撐了西方自由主義經濟和社會理論的廣泛領域。這種人性觀是嚴厲且不妥協的。當我們看似為他人利益行事，我們同時也在內心深處受到終極自我利益的驅動：自身快樂的最大化，自身痛苦的最小化。你不相信嗎？

想一想這個簡單設想：看到別人表現自私，我們會驚訝嗎？然而當某人表現自我犧牲和無私，難道我們不會覺得他們值得讚揚嗎？難道我們不會同時也暗自懷疑他們的真實動機嗎？我們並不總是懷疑，但是很常懷疑。「他表現得完全無私，」有人說。聽到這樣的話，我們心裡在想什麼？真的嗎——他是嗎？「不，他真的是。」

他是嗎？

我們會馬上相信嗎？還是需要知道更多，才敢相信？而且，如果我們認可這種思路，那是不是因為我們的人生經驗告訴我們，人都是自私自利的？或者，是不是因為我們經常聽到人家說「人都是自私自利的」？的確，即使我們自己行事無私、慈善，我們也寧願相信自己多少是為了自利。

社會心理學家霍姆斯（John Holmes）、米勒（Dale Miller）與勒納（Melvin Lerner）在 2002 年發表一項重大研究成果，該研究發現：如果

把捐贈行為包裝成某種交換，人們會更願意捐錢做慈善，而且捐得更多。因此，如果就每筆慈善捐獻，回贈一個無甚價值的小玩意（例如蠟燭），人們會更願意交出錢來。那種玩意叫「去抑制（disinhibition）工具」，可創造出交換的假象。這給了捐獻者「依其同情心行事的許可」。霍姆斯三人的論文，就是這樣被冠上社會心理學已發表文獻裡前幾佳的標題：〈披著利己外衣做利他事〉。

然而，為什麼我們會是這個樣子？其中涉及哪些利害關係？從某個角度來看，這是一場吵了幾十年的枯燥智識爭論——就像倫敦大學學院裡的邊沁遺體一樣乾枯。但是從另一個角度來看，這是關乎一件更為攸關性命的事情：「我們是誰？我們是什麼？我們內在有誰？」其中一大面向的活生生真相。

這就是為什麼，我需要跟瓦西里談談。

要怎麼樣，我們才會去幫助別人——準備好犧牲自身利益來服務他人利益呢？我們內心是否有某個部分，會去執行這項任務？姑且給它一個名字：我們內心是否有個「搭救者」呢？

3. 開羅

　　事情一開始並不順利，那是你得先知道的。

　　我們約在阿拉木圖諸多公園裡的一個，背景是壯麗群山——天山看著我們，天山等著我們。從天界時間觀之，山底下狂熱的人類喜劇很快就會過去。統統都會。當然，個別人類也會。其中的兩個就相會在這座城市的無數樹木之間：瓦西里和我。

　　我們的計畫是讓雙方都穿上一身紅。這是瓦西里的主意。我沒帶太多紅衣服，要是在登機前就知道，我就先去免稅店買了。於是，我大膽走進阿拉木圖一家廉價超市，買了一套便宜的紅色運動服，但我拒絕穿上那件超醜的紅褲子。

　　天山大約形成於五千萬年前，當時印度次大陸脫離非洲，並以驚人速度向北漂移，然後撞進歐亞大陸板塊，在地殼上造成翻天覆地的褶皺。就地質時間尺度來說，約略同時發生的就是「白堊紀－第三紀滅絕事件」，墨西哥猶加敦半島的彗星撞擊，幾乎消滅所有恐龍，並將剩下的一切留給了哺乳類、留給我們。

　　走近我的那男人未著紅衣。他叫了我的名字，悶悶言道：「瓦西里不能來。」

　　這位消沉的傳話人個子很高，要比長跑選手那種苗條還瘦，樣子近乎營養不良。他的兩頰凹陷，臉上刻劃著深紋，就連鼻子也有點被擠壓，好像陷進臉去。他頭髮剃得很短，而且留著平整的鬍渣。他是哈薩克的俄裔居民之一，這裡約有 35% 到 40% 的居民是俄羅斯裔

——這是蘇共及先前沙俄的遺緒。

「他不能來嗎？」我一邊說，同時試著保持沉著和天界氣質。

「他不能來。」

「他有說為什麼嗎？」

「他的小傢伙，那個小女生，生病了。」

「很遺憾聽到這樣的事。那你是？」

「瓦西里的朋友。」

顯然是的。我伸出手。「我是狄諤斯。」

「我是……奧列格。」

這個停頓，停得太久了。他的名字肯定不是奧列格。「你好，奧列格，」我對這個假奧列格說：「請你幫我傳話給瓦西里，請你告訴他，要是他不想見面也沒關係。可是如果他想，一切由他決定。他可以告訴我他想講的，也可以不告訴我他不想講的。一切由他決定。所以，一開始很簡單、很快，只要很快談一下。」

假奧列格仔細打量我，好像要給他朋友做一份詳盡的報告。不曉得我通過了沒有？

「好，我會告訴他，」假奧列格說。他轉過身，準備要走。

我沒多想，就使出標準話術，那是我從波士頓到阿克拉再到劍橋一直用的，作用是讓人安心，以求解除潛在受訪者的壓力。然而，考慮到此時情境，那似乎不適切、不夠火候。天山值得更好的。

「奧列格，」我對假奧列格說：「我只是個倫敦來的律師。我知道那裡很遙遠，而且很可能不代表什麼。可是，我真的很想跟瓦西里談談。我覺得他可能有一些值得讓人知道的事情。如果我錯了，那也沒關係。可是，我覺得瓦西里碰過某種壞事，但好事可能由此產生。不過如果沒有……沒有，就像我說的，那也沒關係。如果他不想見面，我想我會上到那些山裡去。」

「什麼山？」他說，就好像他從未察覺那些山在那裡。

「噢，少來了，看看那些山，全部都好大。」是的，我贏得了中亞盃廢話冠軍。他想了想，覺得我的意見不值得回應。這也無所謂，我就知道會那樣。我是真的很想上到天山裡去，那些山在地質上還很活躍——還在上升。這個區域經常發生地震：阿拉木圖就坐落在「地殼應力」區。1911 年那次大地震，摧毀了整座城市，最近一次地震則是發生在我抵達的幾個月前。

我蹲坐下來，從一根落地的大樹枝，折下一枝細枝。靠近樹幹的土壤比較沒被晒乾，我開始用細枝到處挖。

「你在幹嘛？」假奧列格說。

「喔，沒什麼，只是在找螞蟻，」我答道，這無疑又在他給瓦西里的報告裡，添上一筆缺點。我之所以翻找螞蟻，是因為在飛機上用我的文獻軟體 Sente 讀了一篇學術文獻。我沒辦法跟他解釋這麼多。

我望著他晃步離開，背景正是天山。這座山脈在邊界彼端的吉爾吉斯共和國境內，會升高到二萬四千英尺。我很好奇，站在及膝積雪裡俯瞰炎熱的夏日城市，會是什麼感覺。所以，如果最糟的情況發生了，我就會上去那裡。不過話說回來，我真的很想跟瓦西里談談，因為他的遭遇或許能為演化論的一個核心問題提供線索。演化論的核心有個問題，那就是搭救者的問題。

▶ 致命的陷阱

你可以在樹下的鬆土裡發現牠們，也可以憑著沙地上的足跡（或者，應該稱為塗鴉）來追蹤牠們。這可見於世界各地，尤其是在溫暖乾燥的地區。雖然牠們一羽化就成了貌似小型蜻蜓的有翅昆蟲（叫作蟻蛉），不過牠們的惡名是來自於幼蟲階段——叫作蟻獅，這個時期可以持續長達三年。因為這些足跡洩漏蟻獅正在尋找合適地點，以進行牠們的招牌活動：建造陷阱，來捕捉獵物。

在幼體階段，掠食性的蟻獅是以各種昆蟲、甚至蜘蛛為食，但吃最多的還是螞蟻。這給了蟻獅名字的前半部。後半部則很可能來自其兇猛。因為蟻獅的顎部有兩根象牙狀的中空突出物，就像《異形》片中的外星生物的那種恐怖玩意，可以吸乾任何捕獲的獵物。這就是我在阿拉木圖那座公園裡所尋找的。

蟻獅會在沙裡造出一個坑，這個坑呈倒錐形，坑壁的坡度設計成達到臨界角——再陡一點就會塌掉，再淺一點獵物就能爬出。因此，那個陡度是刻意弄的：確保你一掉進去就逃不出來。在坑底，蟻獅就藏在錐頂的沙子下面，張開大顎等著。

一隻晃過沙地的無知螞蟻，或許絆到沙坑邊緣。坑緣在牠腳下崩塌，讓那隻倒楣鬼滑落陡坡。牠愈賣力爬，坑壁就崩得愈厲害，讓牠更往下滑，滑向那個等著牠的東西。

有時候，螞蟻會被活活吃掉，體液被顎管吸出。但有時候，蟻獅會失手，螞蟻就能往回爬上去、爬離危險、爬出生天。不過，蟻獅還沒完。

蟻獅瘋狂轉動肢體，捲起一陣飛沙，讓逃走的螞蟻滑落回去。螞蟻被慢慢拖進沙底，然後消失不見。這種危急劇情每天重演數萬次，顯示演化的無情鬥爭。然而，我們感興趣的是這場微小而巨大的生存鬥爭的另一面。因為，儘管沙坑陷阱很致命、蟻獅大顎很可怕、落坑螞蟻很無助，但是演化也已經發展出另一種機制——搭救。

▶ 斯坦諸國

我在阿拉木圖的開羅餐館裡一直等、一直等。

盡量不要去看 iPhone 上的時間。那會讓時間變慢，真的會。

盡量不要想著瓦西里又爽約了。那會讓他真的爽約。

盡量保持冷靜。還有保持涼爽。

地窖裡熱得令人窒息，這有可能是故意的，是要讓人想起埃及的市集，還有些許尼羅河的熱度。所以我選擇了露臺，那些熟客在桌間兜來轉去，互道色蘭（祝安詞）。哈薩克大概有一半人口是穆斯林，至少是在名義上的。我們在阿拉木圖市區，距離柴可夫斯基街不遠。這家餐館的露臺只是個棚子，就搭在人行道上，往下斜向繁忙的馬路。樹木就從鋪板地面往上長，穿過被菸燻黃的天篷。在外面的幹道上，藍白色的電動巴士，連接充電用的架空電纜，巧妙呼應了開羅餐館那些叼著水菸管的客人。

這地方不是我挑的，但如果瓦西里覺得在這裡比較自在，那麼我願意忍受菸氣。我其實不喜歡菸氣。然後，有人迅速走近我的桌位。我心頭一沉，又是假奧列格。

他坐上我對面的黃紫雙色豪華墊子。菸氣飄向天山，彷彿是從一艘戰船的十幾個砲口升騰而上。

「很好，你找到這個地方，」他說：「很抱歉遲到了。我的小傢伙，她不太舒服。」

「你的也是？」我答道：「很遺憾聽到這樣的消息，奧列格。」

「對啊，好慘。」

「是啊。還有，別誤會我意思，但我真的是在等瓦西里。拜託告訴我，他就躲在這些菸霧裡。」我只是稍微誇大了一點。有些顧客吹出精巧的菸圈，在空中飄晃一下才消散。其他人則是深深吸著細長的菸管，然後哈出芳香的菸霧，籠罩住一切。「雖然這些技巧很厲害，真的很厲害，可是我真的很想見到瓦西里。」

「你不喜歡菸嗎？」他說。

「從來都不喜歡，也永遠不會喜歡。」

「你一定是很勇敢，才能說永遠不會。」他在我對面坐了下來。

「奧列格，」我說：「我希望你告訴我，瓦西里會來。你要告訴我瓦西里會來嗎？」

「你說誰？」他揉揉額頭的皺紋，卻撫也撫不平。

「瓦西里。還是你要告訴我，他又不能來了，奧列格？」

「你說的奧列格，是誰？」

我覺得很困惑。他用指節敲了敲那張深色木桌（那桌面幾乎只是一面網格），然後等我接著說。

我決定重新開始。「好吧，」我說：「很簡單，現在情況如何：瓦西里能來還是不能？」

「瓦西里能來。」

我還來不及說出哈利路亞之類的話，我那餐友就突然向室內另一端大喊。「歐亞，阿利亞。」（聽起來是像那樣。）

那位戴頭巾的女服務生瞥了他一眼，她擺出兇臉，然後故意轉過身去。

「看到沒？」他說：「她喜歡我。」

「是啊，一定是的，」我答道。

「你看這個阿利亞，」他說：「她真是個好人，但是裝得好像，啊啊啊，警察那樣討人厭。」那位女服務生再次出現，他又喊了她，她也又一次不理他。「她喜歡我，」他說。

「瓦西里呢？」我說：「瓦西里在哪？」

他伸出手。「我就是瓦西里。」

這時我恍然大悟，卻不知道是要生氣，還是要覺得自己傻。

「好吧、好吧，」我說，一切就順其自然。人們在這種時候會說什麼呢？

你在開玩笑吧？（沒有人在開玩笑。）

我早就知道了！（才怪！）

我早該機靈點的。結果，我說：「很高興見到你，瓦西里。」太英式了？是太遜了。

「是啊，我知道，」他說：「我太糟糕了。第一次見外國來的陌生

律師，何必這麼小心呢？」

他會那麼想，頗有道理，尤其是考慮到他自己是來自一個紛亂的國家——不是哈薩克，而是俄羅斯。

「我猜倫敦律師一定顯得很怪，」我說。

他幾乎要笑了出來：他眼周的深紋短暫往上皺起，額頭上的深深橫紋擠到一塊，然後整張臉才放鬆回到平靜表情。

「你到過哈薩克嗎？」他問。

「第一次來，」我說。

「哈薩克是這附近最棒的國家，遠遠勝過其他的『斯坦』。西方人是這麼叫的，對吧？」

在學術文獻裡，這些國家有時會被稱作中亞諸國，但這五個前蘇聯衛星國——烏茲別克斯坦、吉爾吉斯斯坦、塔吉克斯坦、土庫曼斯坦、以及其中最大的哈薩克斯坦，共同有一個較不正式的略稱，就是斯坦諸國。（斯坦是波斯語，哈薩克斯坦意為哈薩克人的國家。）

「有些人會用那個詞，」我說。

「你到過其他斯坦嗎？」

「沒有，這是我到的第一個斯坦。」

「你沒到過任何斯坦嗎？」他說，語氣更加不信了。

「唔，沒有，除非你把斯坦威也算進去。」

「斯坦威？這個斯坦威是什麼東西？世上有這種地方嗎？」

「這個問題是我們國家的人也常問的，」我說：「可是，沒有，我沒去過別的斯坦。」（斯坦威是倫敦希斯洛機場旁的小區域。）

「你肯定知道阿富汗斯坦，不過你也知道達吉斯坦嗎？」

「哪裡？」我好像隱約聽過，但不能假裝熟悉。

那位女服務生晃到附近，他示意她過來。我們點了東西——我屏住呼吸，點了紅茶附上冰牛奶。

「你是說達吉斯坦共和國嗎？」我說。

瓦西里用猜疑眼神，盯望四周餐桌。所有客人都抽著長蛇般的菸管，並擠在一起聊天，全部都被菸霧慢慢吞沒。

「我遇到這個女孩，」他說：「她叫萊娜。」

這是他第一次提到她的名字。

「有時候，我們會做一些事情……」他在心裡找詞，「很糟糕的事情。」

「你是說，雷—娜嗎？」我問道。在我聽來就像那樣。我重問了一遍，但瓦西里沒有回答。

「有時候，我們不是有意要做這些糟糕的事，可是，你知道的，我們就是做了。」

他講話的樣子就好像我不在場，就好像他說話的對象是別人，是在場的我看不見的。

▶ 動物界的搭救行為很罕見

霍利絲（Karen Hollis）和諾巴哈麗（Elise Nowbahari）這兩位生物學家對蟻獅做了詳盡研究。她們發現，有時候當螞蟻滾落陷阱，牠們會被其他螞蟻所救。但是，相救的不是任何路過的螞蟻，救援行為幾乎完全限於巢友。所以搭救者與獲救者之間，有著基因連結。

她們發現，跟受害者不同種的螞蟻，幾乎都不會試著搭救。然而即便是同種，要是路過的螞蟻碰巧來自別的蟻巢，就算那蟻巢距離自家只有幾公尺，搭救行為也是少到可以忽略。這有可能是因為螞蟻依賴氣味之類的親緣指標。要是你氣味不對，就不會得到幫助，而蟻獅也就會獲得獵物。

同樣的，螞蟻的生息地——微棲地，也很關鍵。搭救行為可見於實際存有蟻獅陷阱風險的地域，也就是充斥蟻獅及陷阱的疏鬆沙土區域，而非那些晒得乾硬而少有陷阱的地帶。換言之，螞蟻在「採

取搭救行為將會有演化優勢」的環境裡，挺身搭救，因為「個別螞蟻在統計上有更高風險會落入陷阱」。因此，對於這些物種，像是地中海周圍的疾行箭蟻（*Cataglyphis cursor*）和花居箭蟻（*Cataglyphis floricola*），演化擇取了那些更願意搭救同類的螞蟻。

這些不同種類的沙地螞蟻之所以受到仔細研究，是因為搭救行為（一隻動物為別隻動物冒險）是動物世界裡的例外。正如諾巴哈麗和霍利絲所述：「搭救行為既迷人又罕見，這正是因為搭救者並沒有立即的直接利益。」

的確，在科學文獻裡，直到最近也才只有兩件動物搭救行為的分析：螞蟻和老鼠。放寬一點來說，被觀察到的動物搭救行動，還包括1950年代有海豚幫助受傷的同群夥伴，以及十年前有隻僧帽猴出手解救一對受到敵對群體攻擊的僧帽猴母子。在這些記述以外，關於動物界搭救行為的真實報導，少到幾乎沒有。

事實是，很少有動物會試圖搭救遇險的同類。然而，據說人類有時候會那麼做。據說如此。

4. 山的另一邊

「你知道嗎，」瓦西里說：「哈薩克這裡什麼都是馬、馬、馬。他們很喜歡馬。什麼都是馬。」

我注意到了。哈薩克人對馬有某種崇拜，在此同時，我也只在這裡看過飯店自助餐廳在早餐貝果旁邊，擺上一盤馬肉。

「哈薩克人曾經過著遊牧生活，」我說：「他們會喜歡馬是很合理的。」

他揮了手。「每個人都是遊牧民族，對吧？」

他很可能是對的：我們的遠祖很可能都是流動的採獵團。

「而且，這裡的人不喜歡狗，」瓦西里說：「哈薩克人說他們喜歡狗，」他接著說：「其實他們不喜歡狗。他們認為狗應該待在外面。可是我們俄羅斯人，對我們來說，在家裡養狗是好事，不成問題。你知道嗎，萊娜她就不一樣了。她喜歡狗。」

後來我見到我的哈薩克通譯兼嚮導馬扎恩，就問她這件事。「是的，你朋友沒說錯，」她說：「狗很髒，牠們應該待在外面。」

「那麼萊娜是哈薩克人嗎？」我問瓦西里。

他停頓了一下，這時候飲料來了。「狄諤斯，你知道嗎，我今天不想談萊娜。」

現在他抓住我的心思，現在我被吸引住了。然而，我也擔心嚇跑他——這樣的研究總是一場微妙的共舞。你進我退，你退我進，這時我小心後退。「我們英國人就像你們，全國都為狗著迷。大家都說我

們是個愛狗者的國家。」

「你們愛狗，絕對沒有像我們愛萊卡那樣。」

「萊卡？」我說。

一開始我還以為他又講了一次萊娜，但不是，是萊卡。

瓦西里往西邊指去，指向大草原的方向。

「那邊，拜科努爾（Baikonur）那裡，就在蘇聯時期，他們把我們俄羅斯的狗萊卡，射進太空，就從這裡，」他捶了桌子，「從哈薩克這裡。」他的手和視線都慢慢升向天空，這座湛藍蒼穹從天山延伸到遼闊的草海，整片草原向西延伸數千英里。

正如我在當晚發現的，他說得沒錯。哈薩克草原的拜科努爾，坐落著太空火箭發射場，這是世上最早、最大的太空設施，既是蘇聯在太空競賽中的宣告，也是冷戰的一大戰場。

所以，1957 年 11 月 3 日這天（這是為了紀念 1917 年俄國共產革命四十週年），就從哈薩克這裡，蘇聯人發射了旅伴二號（Sputnik 2）人造衛星。攜載旅伴二號的龐大火箭，穿越雲層，發出強大震波，正如負責這次任務的塞利亞平（Alexander Seryapin）上校所述，你可以感覺「整個地面都在振動」。坐在這具極其夢幻的煙火頂端的，只有一名乘客，那是一隻學名為 *Canis lupus familiaris* 的動物，也就是犬，是從莫斯科街頭找來的流浪狗，名字叫作萊卡。

在發射後那些令人目眩的時刻和日子裡，萊卡的名聲勝過地球上任何演員或運動員。全世界都屏息關注，大家都注視著天空，到處都在為小萊卡祈禱。然而，就像冷戰政治裡常見的那樣，接下來事情變得撲朔迷離。

「這麼多年，他們都對她發生的事說謊，」瓦西里說道，似乎感同身受。過了很久，我才明白為什麼。

我後來發現，這件事他也說得沒錯。好多年裡（事實上是四十五年裡），蘇聯人都在隱匿旅伴二號人造衛星裡的真相。萊卡（這個名

字的意思是吠叫者）以令人目眩的高速繞行地球，她的心率飆到正常的三倍。她待在專屬的金魚缸玻璃罩裡，繞著地球轉呀轉，速度接近每小時一萬八千英里。萊卡有著一身白色短毛，黑色的臉上長了一道很有特色的細窄白紋，一路從鼻頭延伸到雙眼之間，幾乎就像賽車條紋。

「你知道嗎，他們選了她，是因為她是……脫繩的狗，」瓦西里告訴我。

「流浪狗？」

「對，流浪狗。」

「是因為她被拋棄了嗎？」我說：「是因為她沒有主人？」這是一場很超現實的對話，而且還裹在水菸的菸霧裡──我們兩個人身處中亞中間，在第三個千禧年的第二個十年裡，討論一隻活在六十年前的流浪狗的命運。而我真正想打聽的，卻是萊娜。

「不是、不是，」瓦西里說得火大，「他們不是因為她沒主人，才選她的。聽著，你懂狗嗎？」

這個挑戰可大了。「我從小跟狗長大，」我應道。

「純種的？還是街狗？」

「都有，」我說：「我養了純種的品種狗，還有一隻超棒的混種，就是英語裡所謂的雜種狗。」

「這個小女生是怎樣的？這隻……雜種狗？」

「是小男生，他是最忠實、溫和、沉著的狗狗了，」我說。

瓦西里笑了。「那樣，」他說：「就像萊卡。」

▶ 萊卡之死

我就是那樣見到瓦西里的。或者說，在那場假奧列格鬧劇後，正式見到他。即便是在這第二次相遇，我們也完全沒談到我之所以希望

見面的原因，但至少我得知她的名字——萊娜。

　　當晚在飯店裡，我陷入那種可怕的吸血鬼狀態，整個人累壞了，卻又睡不著。我出現了時差症候群——此刻在西歐還很早。不過，我變得一心想要更瞭解第一隻從地球航向太空的活體生物，這是我很樂意承認的。

　　我發現瓦西里講的另一件事也是真的：萊卡之所以獲選，是因為性格沉著、平穩，也因為在莫斯科街頭流浪過的她很堅強。她學會忍受苦難、飢餓和俄羅斯的酷寒，而且活了下來。

　　謠傳該計畫要在萊卡完成英勇任務後，將她平安投放回地球。正當全世界好奇等待之際，蘇聯官方公開宣稱會盡一切努力帶回她。然而，真相遠非如此。蘇聯官方從未打算救回萊卡。那是一張單程票，他們在發射前就知道萊卡注定死在太空裡。但是在五十年間，蘇聯官方都謊報實情。

　　由於某項系統失靈（這種事在冷戰期間是絕對不能承認的），萊卡的太空艙開始過熱。艙溫並未保持在攝氏二十度左右，而是衝到四十一度。從那一刻起，正如俄羅斯科學院的賈岑科（Oleg Gazenko）將軍所言，萊卡「就死定了」。

　　確切發生時間並不清楚。但是，就發生在旅伴二號繞行地球的第三圈或第四圈中。在荒涼的太空裡，萊卡孤單一個，只有那些慢慢轉動的恆星、附近的火星和木星、遙遠的冥王星作伴，經歷了塞利亞平上校所坦言的「緩慢而痛苦的死亡」。

　　儘管如此，旅伴二號還是在地球周圍繼續繞行五個月，總共兩千五百圈。然後在 1958 年 4 月 14 日，那艘從哈薩克轟動射進太空的太空艙，載著萊卡的遺體，重新進入地球大氣層，很快就與大氣激烈摩擦而燒毀，沒有半點剩下。

　　雖然萊卡的故事無疑是一場悲劇，但是為了兩個原因，我還是跟你分享。首先，因為那是瓦西里跟我談過的事情裡，第一件屬實的。

但更重要的是，因為那體現出瓦西里對狗的情感有多強烈。一定要知道這點，才能瞭解萊娜發生的事情，還有搭救者。

▶ 她生命中的混亂開始了

有關萊娜是誰，還有實際發生什麼事，本篇剩餘的章節會揭曉。不過，先讓我把你將讀到的內容，定在一些牢靠的參考點上。

在族群上，萊娜是哈薩克人。

她在遇見瓦西里的不久之前，住在阿拉木圖。不過，她真正的來處並不清楚，就如你會看到的。

她很堅強，這點是你也會看到的。

正當那具太空艙載著世上首隻太空犬，疾繞地球之際，在中亞大草原某處，萊娜的父母就活在共產統治下。史達林的一大遺害，就是讓中亞那些受制於蘇聯的偉大漫遊民族，遭到套軛、馴服、拴繩。蘇聯當局把大規模集體農場制，強加給哈薩克人。那種戕害人命的集體化，正是史達林的一大罪行。上百萬的哈薩克人死亡，總數可能高達二百萬人。然而，萊娜的祖父母和父母都在這當中倖存。在 1980 年代共產主義崩潰之前，他們有了下一代，那是個女孩，也就是萊娜。

這片草原的遼闊是出了名的：這裡是全球最大的曠野之一，出身這麼個了不起的地方是很值得驕傲的。然而，隨著萊娜長大，這片無垠曠野同時也在某方面上顯得太小。發生的事太少了。真正的生活，她指的是刺激的生活，發生在別處。不是在這片輕柔起伏的虛無，而是在城市——阿拉木圖或莫斯科。

萊娜的家族來自中玉茲。哈薩克人分為三大部：大玉茲、中玉茲和小玉茲。我們帶著輕蔑語氣使用「玉茲」這個詞，因為那是成吉思汗和蒙古征服的遺緒。不過，玉茲的意思就只是一百人，一個一百人的共同團體。至少，一切就是這樣開始的。

　　萊娜所屬的中玉茲，在歷史上居住在（嚴謹的講，是漫遊在）該國廣大的中央和北部。萊娜十幾歲的時候，她祖父談到他去過的偉大城市阿拉木圖，那裡的樹木多到數不清，多得就像草原上的草葉。他說，在這座城市後方，有如巨人般守衛著的，是群山，在山的另一邊是吉爾吉斯，再過去則是中國。所以，那就是年輕的萊娜拚命想去的地方：總有一天要去莫斯科，但先去阿拉木圖。

　　有一次，萊娜記得就那麼一次，她夢到自己坐上那隻大白鵝，也就是所有人的母親，當時大白鵝滑翔飛過綿延不絕的草原，那就是整個世界，也是他們的家；但萊娜卻想讓那隻大白鵝轉向，飛越遠方群山。

　　萊娜於是知道自己想要逃離。她父親並不贊成。他說城市充滿罪惡，不讓她去。不過，她祖父（比她父親那輩更接近遊牧生活）鼓勵她去闖盪。儘管父親揚言跟她斷絕關係，最終她還是去了。她要去闖盪，她要探索山的另一邊。

　　就是在那時候，她生命中的混亂開始了，整個人掉進她料想不到的某種坑裡。

5. 路

　　那項動物行為之謎，深深困擾著達爾文，是他在生前始終沒能解決的。那就是螞蟻。

　　螞蟻很令人迷惑：為什麼螞蟻會為了彼此，而犧牲自己？為什麼有些螞蟻階級，像是無翅雌工蟻，不能生育？從生存和繁殖來衡量，這沒道理。而且，為什麼會有螞蟻把生命花在奴隸般的苦工，只為了提升那些非親生螞蟻的前景？

　　達爾文寫作於十九世紀中葉，他當然不可能知道遺傳學。必須要有孟德爾（Gregor Mendel）這位偉大修道院長所發展的遺傳律，再加上孟德爾思想和達爾文天擇演化理論的交流，才能產生更為圓滿的生命解釋。可是那對達爾文來說，來得太遲了。

　　在被智識疑惑所困的歲月裡，達爾文知道螞蟻是個嚴重問題。在他看來，螞蟻的自我犧牲行為似乎為他的演化論，帶來「難以克服」的障礙。正如他在《物種原始論》裡所寫道，螞蟻會無私犧牲的這個問題，可能「毀滅我整個理論」。

　　結果並沒有。儘管如此，早先關於該問題的解決建議，都圍繞在「幫助」的行為是「為了整個物種的利益」。比方說，大象早就被觀察到會「幫助」其他大象，譬如扶持受傷的象群同伴、從同伴的側腹拔出麻醉飛鏢、用泥沙代為封住傷口。為了解釋這種行為，有人認為上述行動是為了「大象整體的利益」──是為了整個群體，也是為了整個物種。這種理論就叫作群擇（group selection）。

　　然而，這個理論受到愈來愈多的質疑。（即便群擇思想後來一度復興，這件事我們會再談到。）然後在 1960 年代，牛津學者漢彌爾頓（Bill Hamilton）提出一種想法，被有些人認為是演化論在達爾文之後最重大的進展。漢彌爾頓主張：群擇是對演化論的「誤讀」，達爾文的理論無疑需要一番大修、需要「一項擴充」，但那一項絕對不是群擇。（其實需要兩項擴充，我們很快就會來談第二項。）

　　擴充的意義在於：能在不同層面、用不同眼光，來理解深深困擾達爾文的那種合作行為。關鍵不是群體，不在個別動物之外，而在之內，關鍵正是基因。

　　漢彌爾頓認為，基因親緣度確實攸關性命。因為，基因眺越了搭載它們的「必死載體」，放眼前方更誘人的無窮繁衍、無限複製，還有講白一點，就是永生。在這廣闊遠景裡，我們這些脆弱的人類軀殼將會消亡，但是被複製又複製的基因將會延續下去。

　　脆弱的人類軀殼，就是「必死載體」——這個駭人名詞，出自漢密爾頓與同事艾瑟羅德（Robert Axelrod）之筆。

　　「基因永生」這項動機的引誘力，大到可以驅動個體去幫助其他擁有一部分相同基因的相關個體。這個觀念稱作親擇（kin selection）。在〈合作的演化〉這篇開創性的論文裡，漢彌爾頓和艾瑟羅德舉例說明，蜜蜂的工蜂會用「自殺螫針」來保護蜂巢和親屬。不過，就讓我們回到螞蟻。

　　沙地螞蟻的搭救行為是一種代價特別高的援助，是為了其他螞蟻以身犯險。然而，從親擇眼光來看，沙地螞蟻的搭救努力就變得簡單明瞭：牠們冒險去救的不只是同類或巢友，也在搶救自己的基因——雖然只是其中的某一部分。這場跟蟻獅的爭鬥既微小又巨大，個別的利他螞蟻可能死去，但是搭救者某一部分的基因，實際上是在獲救者體內存續下去了。

　　不過螞蟻是螞蟻，那並不能完全處理我們具體呈現的問題，因為

人類所體現的概念難題，在於搭救行為不限於基因親緣度高的人；人類的搭救行為還擴及那些跟我們沒有血緣關係的人。為了理解達爾文原創想法的這項進一步問題，演化論還需要進一步升級。

▶ 那條路在哪裡？

「我搜尋過有關萊卡的資料，」隔天我告訴瓦西里，而這次碰面還是在嘈雜的開羅餐館。「你說得對。他們一把她射進太空，就沒打算救她。」

這次還是我先到，就跟之前一樣。我抬頭看見那些可憐的植物從頂篷支柱垂下來，全都被水蒸燻得快死了。我幫我倆都要了一杯水，然後他吞了一顆米色膠囊，是他從一個小塑膠瓶搖出來的。我猜那是某種止痛藥，但是讀不到包裝。他就在這家過熱的餐館裡，喝了一口冷水。

「他們在阿爾泰某個洞穴，找到一隻狗，」瓦西里輕聲說。

「阿爾泰？」

「阿爾泰山脈位在北邊的西伯利亞，也往南延伸到哈薩克，」瓦西里說：「他們說洞穴裡的那隻狗，可能是最早的狗。在哈薩克這裡什麼都是馬馬馬，說馬是我們的最早的朋友。不對，狗才是。人跟狗才是朋友。」

「好吧，」我說：「是阿爾泰嗎？我會去查一下。」我默默感謝偉大的谷歌。（阿爾泰山脈還延伸到蒙古，這是我後來發現的。）

這時，瓦西里話鋒再轉。

「我不想跟你瞎扯，」他說：「我就快離開阿拉木圖，我還要開車工作，所以我沒太多時間。」

「我也是。我能待在哈薩克的時間不多，瓦西里。」

「所以我不想跟你瞎扯。大家都跟我說，瓦西里，你幹嘛這麼生

氣呢？所以政府對一隻狗的事情說謊，對吧？他們對一隻狗的死說謊。而那就是我的意思：他們就連一隻狗的事情都要說謊。人哪，什麼都能說謊，什麼都幹得出來。」

「你相信是那樣嗎？」

「相信？要相信什麼？我見過。」

「見過？」

「人哪，他們才不在乎呢。當我去到達吉斯坦，他們對其他人，什麼都幹得出來，什麼都行。那正是你想找我談的原因，對吧？」

這很複雜，不是那樣簡單，但在某種意義上卻又是。「對，」我先簡短回答。

「你想要多瞭解那些貨物，對吧？」

「什麼貨物？」

「人肉貨物。」

「人口販運，是的。」

「你想塞滿這裡，」他用長長的食指用力敲著皺紋深深的額頭，敲出咚咚聲，「你想要拿這所有東西，來塞滿這裡？」

「並不是因為我想要，」我說：「而是因為這太重要了，我需要更加瞭解。可是很少有人知道那是什麼樣子。」

有一會兒，這個高大的俄羅斯人沒發一語。然後他說：「他媽的可憐小狗！」他指向天空，指向萊卡。對他來說，這全都是相連的。

所以，我們的共舞有了新的轉折。有時候你就是可以感覺到是時候了。那天阿拉木圖依舊繁忙，我坐在開羅餐館，感覺到是時候了。瓦西里的手指從那個白色的小塑膠瓶挪開，上頭寫著 feverfew。

「讓我們談談這個萊娜的事，瓦西里，」我說。

「不瞎扯？」

「不瞎扯，」我說。當時我不曉得 feverfew 是什麼。

「好的，」瓦西里說：「好的。」他要了一根水菸管。「首先，你

知道嗎，那裡有這張照片。」

「照片？」

「這張有一條路的照片。」

瓦西里兒時跟父親同住莫斯科一間小公寓，前廳牆上貼了一幅廉價海報，底下擺著瓦西里父親的心愛椅子。曾在蘇軍服役的他，習慣坐進那張椅子，在他從阿富汗回來之後，更是如此。這一家人生活在莫斯科好幾代了。瓦西里有位祖先是勞工，曾在俄羅斯人燒毀莫斯科來阻撓拿破崙之後，參與重建這座聖城。當瓦西里一開始講到他們家前廳的擺設，椅子顯得要比海報有意思。但是我錯了。

那椅子是一張躺椅，椅背微拱，也許是以貓的姿態，致敬那副仿皮椅套：某種豹紋印花。他父親會坐在上頭好幾個小時，在阿富汗戰爭結束後更是如此。

那把椅子上方有一幅廉價海報，怎麼看都像那把椅子一樣廉價和沒品味。不過誰能評斷？那幅海報上面，有一片黯淡的玻璃面板，或者說是一片玻璃蓋在那幅黯淡映出這世界的海報上，所以當幼年瓦西里站在那幅海報前面（他更小的時候還得站在椅子上），他可以看見自己模糊的輪廓。有時候，如果光線對了的話，看起來他就像站在照片裡。

那幅海報的畫面裡，是一條路。那條路既沒特色、也不特別，就只是彎過原野、伸向遠方。那是下過雨的畫面，天上的雲朵被捕捉起來，帶到地上，落入路面一灘灘水裡。

年少的瓦西里很想知道兩件事：那條路在哪裡？在那上頭走個沒完，會是什麼感覺？隨著事情發展，他將會找到答案。

6. 關於我們的問題

　　在沒有親擇的情況下（亦即沒有可識別的基因連結或家族連結的情況），演化論要如何解釋幫助行為呢？漢彌爾頓的洞見後來就是在這點上，由崔弗斯（Robert Trivers）這位哈佛大學研究人員加以發展。

　　崔弗斯去過非洲，他在那裡迷上了雄狒狒的互動、以及合作。他的發現如下：年長的雄狒狒致力獨占跟某些可孕雌性交配的機會。這對那些希望完成演化使命並傳播基因的年輕雄性，自然就成了問題。牠們要怎麼打敗一隻優勢雄性？正面衝突一定沒有好下場，也許還會受傷。不過還有別的方法：跟另一隻年輕雄性結盟。合在一起，牠們就能戰勝那隻更強大的狒狒。

　　然而，這種在野外的權宜之計，只能解決問題的一部分。擊退優勢雄性是一回事，但那並不能決定哪隻年輕雄性能跟雌性交配。利他行為的理論就是在此處登場亮相。如果說，其中一隻後輩之所以協力攻擊，是在期待未來獲得協助、而能輪到自己跟別的雌性交配呢？雖然沒有立即散播自身基因的直接利益，不過卻有另一種未來利益：現在的幫助行為，在未來會得到回報，乃至獲得交配繁殖機會。於是，低位階狒狒的利他行為，便是有意義的，因為將來會得到報答。崔弗斯的想法，正是因此被稱作互惠利他。

　　後來有一些動物的利他行為，每隔一段時間就會被舉出來，以證明無親緣動物之間的互惠利他。例如，靈長類之間的理毛，某些蝙蝠之間的分食血液。

　　但這些非人類動物的行為，是否真的代表互惠利他？事實上，近年來，這些一開始很吸引人的例子，紛紛受到質疑。比方說，崔弗斯那些狒狒搭檔裡的「利他者」，在優勢雄性被打敗後，不是光在一旁等候未來「輪到」自己交配。根據生態學家對狒狒行為的進一步觀察，一旦年長雄性被擊退，原先合作的那兩隻狒狒就會瘋狂爭搶交配機會，誰都不願居後。求取優勢的鬥爭重新開始，只是換了一對主角——原先合作的那兩隻年輕狒狒。因此，這種協定不應理解為互惠利他，而是在建立策略聯盟——互利共生的短期聯盟，以求贏得立即的交配機會。

　　因此，學術界逐漸形成的共識就是：非人類動物關於互惠利他的確證很少。那甚至有可能是虛幻的：看似互助合作的行為，其實代表別的事情，譬如互利共生（基於共同的利益而臨時結盟）或操縱（被較具優勢的年輕個體所迫）。

　　然而，當你把人類放進這個方程式，局面就變得更加模糊了。毫無疑問，儘管我們從未停止戰爭、罪行、暴力和流血，但我們也大量合作。問題是，我們的合作行為，迄今仍是生命科學家待解的巨大難題。而這，當然也是我們人類的巨大難題。

▶ 整個人陷入黑洞

　　瓦西里的父母又在爭吵，瓦西里替母親喊著、叫著，因為父親愈打她，她就愈沉默。以我個人來說，我在法界看到家庭暴力能像黑洞般吸進一切。所以，瓦西里的父親正在打她，而她毫不作聲。他們兩人都長得好看，而且不久前還算相愛。他們的生活出了什麼問題？發生了什麼事？

　　發生了阿富汗的事。就在瓦西里的父親從阿富汗回來之後，一切都變了。在那裡見過什麼、做過什麼？他從來沒說。當然，你不用

去過戰區也能有家庭暴力。有些家庭本身就是某種戰區。

但是，瓦西里的父親一從戰區歸來，就強迫自己坐進他那張豹紋椅子。那是他的哨點，他守衛著那幅道路海報。然後，他內心某個東西突然無端迸斷。就像機器裡的風扇皮帶斷掉，把其他零件甩往各個方向。其中一個主要方向，通常就是他妻子。

有人說，我們總是傷害最愛的人，而瓦西里的父親則只是傷害離他最近的人。那就是他妻子。他妻子設法確保在這種時候離他最近，始終站在砲火線上，吞下砲火、吸收砲火，整個人陷入黑洞，只為保護兒子。

這一回，瓦西里從外頭玩耍回來。一身泥濘的他，看到媽媽被爸爸暴打，就對爸爸尖叫。爸爸叫孩子進浴室洗手，瓦西里很緊張的站在臉盆邊，打開水龍頭。這時候，爸爸悄悄走近他背後。

「放滿臉盆，」他爸說。

瓦西里抖著手，塞好塞子。當那個裂了的舊瓷盆裝滿冷水，他爸就說：「洗手。」

瓦西里將發抖的雙手放進冷水裡。

「用肥皂，」他爸說。

瓦西里抓不好那一小條肥皂，他就是這麼緊張。

「只要用肥皂洗手，就可以避免很多疾病。那是部隊在阿富汗教我們的，」他爸說。

在某層面上，男孩覺得這有道理，他決定更常洗手。沒錯，這有道理，將來他要確保自己完全照做。他爸抓住他細細的脖子，就像抓住狗的頸背，突然間，瓦西里的臉被壓進水裡，他爸猛揍他的背、他的腎，逼出最後幾口寶貴空氣。冷水衝進他鼻孔，灌進氣管。他爸要悶死他、溺死他。

「有人說十公分深的水就能溺死人，對吧？」瓦西里對我說：「臉盆就能溺死人。」

家也能溺死人。就在男孩行將昏厥之際，爸爸將他放開。瓦西里倒在冰冷的瓷磚地板上，不停粗聲喘氣，鼻孔、耳朵和嘴巴都冒出水來。

他爸告訴他，他們就是這麼對付阿富汗叛軍的。

在很長一段時間裡，瓦西里都沒告訴媽媽發生了什麼事。然後，他講了出來。當他終於鼓起勇氣講出來，她說：「你爸爸絕對不會做出那種事。」瓦西里又再跟媽媽講了一遍。「你爸爸絕對不會做出那種事，」她說。他媽講得就好像是他精神錯亂，就好像他沒聽過她在哭、沒看到她眼睛瘀傷，就好像是他瘋了。

是他瘋了嗎？他開始覺得是了。

在那之後，瓦西里就退縮了，就像是在軍事行動裡撤退的叛軍。雖然情勢起起落落，但他對父親家暴的反抗，經過好多年都沒結束。他的臉還是被壓進冷水裡，直到他再也無法呼吸。這一切是從他十歲開始的。

然後他母親去世，剩下他自己一個人跟著父親。

某種休戰狀態不請自來，降臨那間公寓。這就像是再也不值得爭戰了，就好像再也沒有什麼好爭了。

「我告訴過她，」瓦西里終於跟我講到萊娜，「她好傻。她爸很愛她，什麼都為她做，她卻離開她爸，跑到阿拉木圖。我爸老是揍我，我卻留下來。大家都瘋了嗎？」

他講得好像他跟萊娜是一對失散的雙胞胎似的。好像只要把他倆生命裡的精華合在一塊，就能得到一個完整的人、快樂的人。兩個破爛的半條命，要是能黏在一起就好了。

那就是奇怪的地方：環境和巧合（也就是命運）讓他們在新千年之初相會。他倆的生命真的黏在一起……一下子就黏在一起。地點不是在我原本以為的哈薩克，而是在南西伯利亞。

▶ 盜匪洞犬

南西伯利亞的阿爾泰山脈，將其岩石觸手伸出，越過蒙古和哈薩克邊界，那些觸手在許多地方相互交疊，造就深入岩體的洞穴狀的空洞。其中一個距離哈薩克邊境不到五十英里，被稱作盜匪洞（Razboinichya Cave）。該洞穴是躲避西伯利亞嚴酷氣候的理想庇護所，而且在無數個世紀裡皆然。的確，發現於此的骨頭（超過七萬件），證實這裡在幾萬年前，曾住著很早期的人類。但是，那些人類居民也許並不孤單。

一支包含新西伯利亞大學考古學暨民族學研究所科學家的國際團隊判定，包含一件下頜骨和一件顱骨殘部在內的一些骨頭，是來自一隻早期犬科動物，那是一隻「原始犬」。

換言之，就如他們所聲稱的，那是一隻「處於馴化極早期階段」的狗。是一隻早期的狗，而不是一隻反常的狼。該團隊在牛津大學運用放射性碳定年技術，測出西伯利亞洞穴那隻動物的年代是在三萬三千年前。如此一來，那隻遠古動物的骸骨，就在避過幾萬年來西伯利亞的天候之後，迎接學術爭論的強風。

因為科學家普遍接受狗是我們祖先最早馴化的動物。但是，共識到此為止，大家依舊激烈爭論這場馴化是在何時發生的。儘管用上各項最新基因技術、生物地理學和 3D 幾何形態測量技術，但問題還是沒有解決。

我們是在何時開始馴化狗、且被狗馴化的呢？是在大約一萬五千年前，我們開始聚在永久和半永久聚落的新石器時代呢？還是遠遠更早，在我們還是採獵者的更新世（Pleistocene）呢？若是如此，那就可能發生在三萬年前至四萬年前，那就會符合盜匪洞犬的發現。

這一切的重要性在於：動物的馴化是人類演化過程中非常重要的踏腳石。從那時起，狗和人肩並肩共同演化。狗被用於狩獵和守衛，

先是成為共同掠食者，最終變成寵物。透過狗，我們首次跟一種沒有親緣關係的生物，形成緊密的合作關係。我們幫狗，狗也幫我們。這些關係很緊密，當中的情感從很早以前就很清楚。有證據顯示，超過一萬年前，就有人類跟他們的狗葬在一起。

我之所以講述這些（我是聽了瓦西里講的那些話才去查的），不只是因為瓦西里似乎是對的：最早被早期人類馴化的其中一隻狗，可能就在阿爾泰山脈，就在西伯利亞。也是因為人與狗這段漫長過往，深刻影響瓦西里注定要做的選擇。

▶ 在那條流浪狗死後……

在他母親死後，大靜默就降臨了，隨之而來的是某種停戰，而停戰往往（雖然並不總是）好過戰爭。他父親在睡夢中說的話，比白天還多。年少的瓦西里覺得，戰爭會造成那樣。生活有時也會。

有一天，瓦西里翹了課，他父親似乎不以為意。只不過瓦西里並不是翹好玩的，他對這檔事非常認真，蹺課就是他的生活。這時他在外出巡，聽見某條散落垃圾和破木箱的巷子，傳來奇怪聲音，於是前去查探。查探街上怪事，正是他在蹺課出巡期間，派給自己的任務。那是一隻狗，牠正在流血，留下一條連到馬路的血跡。

瓦西里用一個破箱子，把那隻小棕狗帶回家，不只給牠水，還從自家公寓裡的冰箱拿了剩食給牠，但牠卻提不起興趣，就只是躺在那裡，氣息虛弱而痛苦。瓦西里太過專注於眼前這隻垂危的動物，沒發現父親突然站在背後，他嚇得轉頭，扭痛了脖子。

「是一隻狗，」他父親說。

「牠被車撞了，」瓦西里說。

「在哪發現的？」

瓦西里向父親解釋。

當他解釋完畢，那已經是他倆一年來最長的對話。

他父親說：「給牠……」瓦西里準備好面對最壞的結果。「給牠幫幫忙。去問葉夫根尼，他會知道怎麼找到獸醫。」

瓦西里真的去找葉夫根尼；葉夫根尼真的認識某位獸醫；那位獸醫真的來了。但是，那隻小狗悄悄死去，誰也救不了牠。

「為什麼你要救那隻狗？」我問。

「牠受傷了，」瓦西里告訴我。

「牠又不是你的狗，」我說，試著要把他從這個回憶裡拉出來。

「牠受傷了。」

值得讚許的是，他父親從未問過我問他的問題。大靜默消解了一些。瓦西里在往後幾星期裡，得知一件關於父親的大事：父親兒時養過一隻狗。父親的父親，也就是瓦西里的祖父，把牠賣了，換錢買伏特加，卻連喝醉一晚都不夠。年少的瓦西里心裡想，也許那解釋了父親的一些事情。他仔細估量了這一切，然後看到一個機會。在那隻狗死後大約一個月，瓦西里問父親一個問題。

「我們可以養隻狗嗎？」

父親倒退了一步，坐進他的豹紋椅子。他想了好一會兒才回答。「不行，」他說。

這事再也沒被討論過。

不讓養狗是個打擊。這是不可否認的。但是，他父親有考慮過瓦西里請求的事情——真的考慮過。那就夠了。

就瓦西里記憶所及，此後父親沒再打過他，也沒再把他的臉壓進水裡。在那條流浪狗死後的幾個月裡，開始偶爾有東西出現在瓦西里房裡。先是一顆蘋果。再來是一枚舊戈比，那是幾十年前的俄羅斯硬幣，雖然不值錢，但看來古老且神祕。然後是一個哨子，足球裁判會用的那種。

在某種默契中，瓦西里和父親從未談過此事。每份禮物都被感恩收下、默默接受。

「你回送過他任何東西嗎？」我問。

「那樣他就會知道，我知道是他送的了。」

「可是那就是他啊，除了他不會有別人了。」

「可是那樣他就會知道，我知道是他了，」瓦西里說。

所以這種無聲儀式持續下去：一枝原子筆、一些彈珠、巧克力。

「你遇過別隻狗嗎？」我問。

「我在街上見過很多狗。可是我爸說不行，所以就是不行。這個我尊重。」

漸漸的，瓦西里開始更常上學，還發現自己很善於學習語言。

有一天，就在他父親隨蘇軍駐紮阿富汗的十週年前後，瓦西里回到家裡。一如往常，他父親就坐在那幅道路海報下、心愛的豹紋印花椅裡。他父親發生了心臟驟停。

葬禮過後，瓦西里被送到北方，去跟阿爾漢格爾（Archangel）那邊的親戚同住。那就是那條路接下來帶他去的地方：阿爾漢格爾。

7. 所有的伊蓮

　　她的名字其實是伊蓮，不是蘇珊。

　　巴生（C. D. Batson）與同事在堪薩斯大學設置觀看室和實驗室來做實驗，已經很多年。在實驗情境中接受電擊的人，被叫作伊蓮，而不是蘇珊。

　　實際使用的實驗設置，反映了 1980 年代早期的科技：觀看伊蓮的方式不是透過網路攝影機，而是透過閉路電視；伊蓮在答題的影片不是數位版，而是錄影帶。但是該實驗的目的，大致就像我在〈第九種人性典型：搭救者〉篇章一開頭，所描述的實驗情境。

- 我們會跟遭電擊的人換位子嗎？
- 我們真的會考慮那麼做嗎？
- 為什麼？

　　此外，要是我們那麼做，那麼我們的行動是為了緩解伊蓮所受痛苦的真正利他？還是變相的自利行為？這是兩種不同的動機。第一種是利他的動機：你知道你剛才觀看的那位伊蓮，她也是有知覺的人，而她正在受苦，你想要解除她的痛苦；第二種則是利己的動機：你看到伊蓮正在受苦，你知道你正在考慮對此什麼都不做，可是這樣的考慮，讓你覺得很不安，你必須消解你在這種情境裡的苦惱。

　　當然，巴生與同事沒有真的電擊伊蓮。但是，那些觀看她的實驗

受測者，都相信他們對她電擊——或許這可以證明諸位伊蓮的演技。

研究人員如何能探察到受測者的動機是利他、還是利己呢？如果受測者不會跟伊蓮換位子，那就不必往下探究了。

所以研究人員在設計實驗情境時，安排了兩項可以調整的變數。第一項變數是刻意去操縱觀看者對伊蓮的同理心水準。這就好比，在〈第九種人性典型：搭救者〉篇章一開頭所描述的蘇珊實驗情境裡，受測者接受的是高同理心促發——受測者被要求設想，身為蘇珊是什麼感覺。

第二項變數是「逃脫容易度」。有些受測者可以選擇在兩回合後離開，然後不再觀看更多的電擊。其他人則被告知，必須待滿十個回合。那會影響他們跟伊蓮換位子的意願嗎？

巴生團隊的推論是，如果幫助伊蓮的動機是利他的，是為了減輕伊蓮的痛苦，那麼無論是否容易逃脫，應該都會激發替換她的意願。

而巴生團隊所發現的結果是：無論是否容易逃脫，都會激發受測者替換伊蓮的意願。

巴生團隊進一步推敲：要是受測者真正的動機不是為了減輕伊蓮的痛苦，而是為了減輕觀看伊蓮受苦所致的苦惱，那麼在難以逃脫的時候，相助的意願應該會更大。但實驗結果卻是：受測者在容易逃脫的情況下，有意相助的比例反倒最高。

這一點很值得思考：存在逃脫的選項時，竟有更多人願意留下來接受電擊，比例超過 80%。

在進行這些實驗時，巴生團隊所追逐的是個大獵物。因為利己派典（egoistic paradigm）已經廣泛「盛行幾十年」，向來都是人類動機的主流理論。這種思想認為我們不願意幫助他人，就算幫了主要也是為了減輕自身苦惱。利己派典篤定認為「我們所做的一切，最終都是為了利己這項終極目標」，即使有時一切祕而不宣。

巴生團隊的成果奠定了以實證挑戰利己派典的基礎。巴生團隊認

為，實驗結果顯示我們幫助別人的動機，不一定是為了掩飾自己的苦惱，不一定只是為了自身的利益。事實上，我們能關心他人福祉，而非只能關心自身福祉或以自己為主。這是一項非常重大的主張。如果巴生團隊的主張是對的，我們的行動就真的可能旨在減少另一個人的痛苦，而非只是為了減少我們自身的苦惱。

巴生團隊的研究發現，對既有思維提出這般挑戰。不過，其他派典的研究人員可不打算就這麼算了。

他們真的沒有罷休。更多伊蓮注定要被「電擊」。很多研究人員重做了這項實驗，所產生的結論也有明顯不同，所浮現出有關我們內心深處的實際樣貌，也有著令人沮喪的徹底不同。

▶ 兩條平行的線

我很好奇，瓦西里服用的是什麼膠囊──我從來都沒聽過。我在 iPhone 瀏覽器輸入 feverfew 這個詞，然後等著。哈薩克網路很慢，我按了重新整理，結果跑出某種雛菊。

雛菊？為什麼瓦西里要吞服某種雛菊的葉子？這讓我想起之前那些患有半側空間忽略的中風病人所畫的圖像。這種小白菊有著一圈整齊的白花瓣和中間的「蛋黃」花心。植物學文獻講得更科學，白色的花瓣是舌狀花，黃色的花心是管狀花。那種植物就是短舌匹菊（*Tanacetum parthenium*），是治偏頭痛的草藥。

瓦西里在阿爾漢格爾待了好幾年，然後回到莫斯科。可是，喪母後接著失去父親這事，在他生命最中心留下一個細小漏洞。在阿爾漢格爾那裡，瓦西里住著另一座城市，上著另一所學校，雖然還是跟著親戚，跟著另一個家，但是那個洞多少是堵著的。一回到莫斯科，漏洞就又打開了。他的生活開始猛衝失控。

在阿爾漢格爾東南方超過二千英里外，萊娜去了阿拉木圖，此時瓦西里已經回莫斯科好幾年了。

突然間，她人就在哈薩克的歷史舊都。哈薩克的首都是在幾年前才正式遷到北方的新興城市阿斯塔納，不過阿拉木圖才是一切發生的地方。不僅是在哈薩克，就算是在所有前蘇聯中亞共和國之中，阿拉木圖也可以說是最大的城市。那裡的民族多到讓人迷惑，每種深淺、膚色和語調的人都有。所以，這就是世界的樣子。

萊娜想要去見每個人，去發現這些遙遠地方的一切。令人難以相信的是，這一切竟然可以發生在哈薩克，該國在十多年前還是個被嚴控的共產國家呢。當時這裡有一處祕密核試場、一些蘇聯勞改營和一座太空中心。然而，如今……

在萊娜那棟公寓裡，有個同樣來自草原的年輕女孩，名字叫作薩瑪爾。她跟萊娜交朋友，還帶著這位不知所措的新到客四處看看。薩瑪爾過得很不錯，在一家電信公司上班，接觸來自全世界的人，還會上派對。她帶著萊娜去了其中一場。

萊娜在這裡遇到一個來自阿聯（阿拉伯聯合大公國）的男子——那人有時講到杜拜，有時講到巴林，所以她不確定是哪裡。那很難懂，因為那人似乎把兩個地名交替著用。那人鼻子上有一顆小黑疣，但她並不介意，因為她祖父跟她說過，這東西代表好運。

那個波灣來的男人是個工程師，他用話語迷住萊娜。那人其實曾經求學於莫斯科（那正是萊娜希望有一天能去的地方），而且正在西邊的裏海那裡從事石油生產。他從新興的工商城市阿特勞，飛到阿拉木圖，是來參加一場關於石油和天然氣的大型會議。萊娜問了他上百個關於莫斯科的問題，不過真正激起想像的，卻是他關於波灣地區發展的談話。

萊娜簡直無法相信，但那人講得非常認真。他說他們正在建造皇宮般的飯店，不但高聳入天，而且浮在海上——就在跟海爭來的土

地上。這怎麼可能是真的？萊娜覺得對方在逗自己，但他講得很認真，所以萊娜信了。

多麼奇妙的世界啊。這就是為什麼萊娜要離開草原。她想要這麼做：探索一個海上浮著皇宮飯店的世界。

▶ 自毀的人、無辜的狗

在莫斯科，瓦西里繼續過著平緩的自毀生活：喝酒、呼大麻、欠債。酒喝得愈多，債也欠得愈多，債主就是他的大麻藥頭。忽然間，他不知不覺就落到莫斯科的寒風裡，賣大麻還債。

他並沒有養狗，不過他的藥頭、那個叫 Z 的人有養狗。整件安排裡，有一部分就是要瓦西里在替 Z 兜售的時候，帶狗出去。其實這不算什麼負擔，瓦西里甚至願意付錢去陪那隻狗。牠的名字叫柯里亞，牠是個小男生，是一隻體寬等於體長的矮胖白狗。

那裡不是莫斯科市的好區，而瓦西里並無心販毒。偶爾 Z 會過來查勤，他會開著那輛白色大廂型車經過，先去停好車，再來責罵瓦西里賣得差。每次 Z 過來，柯里亞都會畏縮起來。

這天，Z 其實心情不錯。他偷偷又塞了一些貨給瓦西里，接著準備返回廂型車，今天並未訓斥什麼。正當 Z 往回走向廂型車，瓦西里一邊看著，一邊在柯里亞身旁半蹲下來，撫拍牠平平的頭，壓好那幾根不管什麼天氣都在向上長的亂毛。突然間，Z 轉過身來，一下子又回到瓦西里身旁。

「都沒人來跟你買，大概是被這隻爛狗嚇跑的，」Z 說。

柯里亞瑟縮在瓦西里面前地上。Z 朝著狗肚子踹了一腳，就踹在側腹上，令人心痛。柯里亞吠出聲來。

「不，不是因為狗，」瓦西里說。他看到柯里亞底下的積雪被尿染黃，這隻驚恐的狗繃緊身子，準備迎接下一擊。

「我討厭這條狗，」Z說：「我要他媽的開槍打這條狗。」他掃視一下那條街，發現沒有別人，接著把手伸進夾克。

「不，不是狗的錯，」瓦西里說。

他在柯里亞和Z之間來回移動。

「為什麼你要在乎？這是我的狗。只要我想，就開槍打牠。」

「明天我會弄到更多錢。我保證，你會看到的。明天，更多。」

Z推了瓦西里一把。瓦西里整個人往後倒，被蹲在後頭的柯里亞絆倒。瓦西里落得趴在雪地上，就跟柯里亞一樣。Z聳立在狗和人的面前。

「明天，要賣多一點，」Z說：「不然我就開槍打狗，或者開槍打你。打哪個我都無所謂。」

Z開車離去，那輛白色廂型車融入飄雪中消失了，彷彿從來不曾在那裡似的。瓦西里摸了摸柯里亞的側邊，檢查一下傷勢。看樣子是沒有哪裡斷了。很偶然的，靴子只踢到肉。

「不是你的錯，」瓦西里對柯里亞低聲說：「明天，我們會賣更多，一定更多。然後我會買肉給你，柯里亞，好嗎？我會買很多很多肉給你，小沙皇。」

柯里亞抬頭看著他，就讓瓦西里揉著自己側邊，並不畏縮。

▶ 城市裡充滿罪惡

萊娜記得的下一件事，就是在一間陌生房間醒來。

房裡有張大號雙人床，上面堆著枕頭。她這輩子從未見過這麼大的床。光是這張床，就快跟她在阿拉木圖的公寓一樣大。一切都很整潔而現代，就是國際飯店的樣子。她獨自躺在床上，而且赤裸著。

萊娜看到一個打開的行李箱，令她害怕的是，那裡頭裝著男用衣物——幾條領帶、幾件摺好的襯衫、一雙亮到不行的黑皮鞋。當片段

開始聚合，她心裡便充滿恐懼。她頭痛得很厲害，從未痛成這樣，而且胃裡作嘔。她自己的衣服就散落在床邊地上。

當他返回飯店房間，她就站在那裡，一身衣服都穿好了，所有扣子拉鍊也都扣好拉上了，還用柔軟的飯店白毛巾緊緊圍住肩膀。儘管如此，她這輩子從未覺得如此赤裸。

「你睡得很沉，所以不想叫醒你，」他說：「我下樓吃早餐。要不要幫你叫客房服務？」

「為什麼我在這裡？」萊娜說。

「你覺得是為什麼？」他說。

「為什麼我在這裡？發生什麼事？」

「你想發生的事。」他停頓了一下，然後輕聲說：「你很想發生的事。」

「我不是那樣子的，」萊娜說。

「你昨晚是，」他說。

憤怒的淚水滾落她臉頰。她不想流淚，卻淚流不止。

「好啦、好啦，」他一邊說，同時從口袋裡拿出一個東西。「要錢是不是？是這個問題嗎？」他撥弄著皮夾，那裡頭塞滿了美鈔。

「我不要你任何東西。你對我動了手腳。」

「滾出去！」他說。

「你對我動了手腳，你在我的飲料裡放了東西，」萊娜說。

「滾出去，不然我叫飯店報警。」

她氣炸了。她試著要去抓對方的臉和頭髮。她真的不知道這是為了什麼，也不知道自己會做什麼。當她的雙手揮到兩人之間，她就感覺到了。對方的拳頭重重打在她的顴骨和鼻子上，似乎將兩者撞成一塊。

她從來沒被認真打過。在那個被她拋棄的安全的家裡，她父母堅持不使用暴力，這讓萊娜這孩子覺得自己很特別。此刻她被那記重拳

揍得往後飛，整個人摔倒在豪華地毯上，雙腿無力癱著。一道鼻血流了下來。然而，萊娜本性深處有股力量，逼她繼續前進。她往前爬，真的是用雙手雙膝在爬，血從鼻子和下巴滴下來。她靠著床，把自己拉起來，然後瞪著對方的眼睛。

「我從來都不想要這樣，」萊娜說：「你知道我從來都不想要這樣。」她所能想到、所能做到的，就只有那樣了──讓對方知道，不管怎樣，她都還是知道真相。

突然間，她就落到阿拉木圖街上：一輛輛車子急駛而過；上千棵樹搖曳在天山輕輕吹下的微風裡；她的人生變了樣。

她父親是對的：城市裡充滿罪惡。她現在知道罪惡是什麼了。罪惡就是她飲料裡那不管是啥的東西，罪惡就是他給她的錢，罪惡就是那記打傷她鼻子的重拳。罪惡就是他看她的眼神，罪惡就是他把她想得多麼不值。

她不趕不忙，做好準備，然後越過阿拉木圖那條街，把她的舊生活拋諸腦後。

8. 神話和傳說之地

所以伊蓮——所有的伊蓮，都回來了。回到實驗室裡，但這回是在另一所大學，亞利桑納州立大學。伊蓮回來答題和接受電擊。只是你知道她其實不叫伊蓮，而且沒遭電擊；但是，那些觀看她的亞利桑納州大實驗室的受測者並不知道。

喬迪尼（Robert Cialdini）的研究團隊（喬迪尼後來憑其國際暢銷書《影響力：說服心理學》而聲名大噪），著手操縱那些受測者的同理心水準。他們也用了高同理心促發。不過，他們的假設跟巴生團隊的不同。喬迪尼團隊假設：觀看者對伊蓮及其痛苦的同理心，會在自己身上產生「難過感受」，也就是產生苦惱，那種感受就是驅使自己去幫助伊蓮的動力，但幫助不是為了減少伊蓮的痛苦，而是為了緩解自己的苦惱。

如果喬迪尼團隊的假設是正確的，那麼受測者的動機就會是利己的。喬迪尼團隊把這種概念稱為負向狀態解除（negative-state relief）。

他們的發現大大異於巴生團隊。喬迪尼團隊的實驗結果顯示：幫助與否，取決於觀看伊蓮的人有多難過或多苦惱，而非他們有多同情伊蓮。

喬迪尼團隊的實驗過程中，最重要的關鍵是：他們使用了「情緒固定藥物」這種巧妙手段。藥物的名稱叫 Mnemoxine。

喬迪尼團隊告訴受測者，Mnemoxine 這種藥物具有兩項特性：會影響訊息處理，也會影響某種特定情緒。但是藥效持續時間並不

久，在實驗過程謹慎小量給藥的情況下，一定不會持續超過三十分鐘。然而在那短短時間裡，Mnemoxine 會以化學作用，維持和延續受測者在藥效發揮時的特定情緒。

每位受測者都拿到一小杯 Mnemoxine ——但那根本不是藥，那其實是完全無害的安慰劑，成分是蘇打水和薑汁汽水。不過，受測者都不知情。

結果，原本對苦主之苦有高同理心的受測者，相信了 Mnemoxine 的作用，以致不太會去幫助苦主。這告訴我們：助人帶有一種很特殊的酬賞成分，從而能被「搭救者」用來解除負面或苦惱情緒。當受測者相信自身情緒被 Mnemoxine 的化學作用「固定」了，幫助別人便不會幫到自己。在研究人員的這種操縱下，受測者就不會想跟伊蓮換位子，因為，去換位子對自己並沒有好處，無法解除自己的負向狀態。

因此，喬迪尼團隊推斷，他們那些受測者的行動並不是無私的，而是受到想要解除自身苦惱的渴望所驅動，那些受測者是利己的。

學界和社會上原先有許多人，欣然接受巴生團隊的研究成果，他們認為，那可能提供一個誘人前景：首度以實證，證實我們可以全然無私行事。若是如此，這原本可能在「人性描述」裡構成一大進展。

然而，喬迪尼團隊和 Mnemoxine 似乎已經驅散了那種可能。又一次，「純淨的人類利他」這個難尋聖杯，似乎在我們眼前閃動，然後消失了。那就像是我們臆想出來的東西，跟所有的伊蓮一樣虛幻。

▶ 生命很寶貴，寶貴到不能浪費

有一天，正當萊娜在阿拉木圖努力不讓她的人生崩解，Z 的白色廂型車就在莫斯科街頭停靠。柯里亞在瓦西里雙腿後面跑來跑去，Z 索討賣毒的錢，瓦西里交出他能給的，就是他賺來的那些。Z 低頭一看，露出一臉輕蔑。

Z 說：「你真他媽的蠢，你不知道當你欠別人錢，不是你來決定哪時候還。是那個你欠他錢的人，他來決定。」

「我不蠢，」瓦西里說。

「不蠢？看看是誰流落到街上？」Z 說：「不過你可以選擇。你可以繼續走遍這些他媽的街來付我錢。或者做一件事。」

「一件事？」瓦西里說：「什麼事？」

Z 來回看著那條街。「我需要一個司機。」

「我能開車，」瓦西里說。

「要開長途，」Z 告訴他。

「我能開長途。」瓦西里曾經開過卡車和廂型車，從阿爾漢格爾出發，南下穿越烏拉山脈，跑上幾千英里。

「我甚至還會給你錢。抵掉欠債，再多給一點錢，」Z 說。

「我不想要錢，」瓦西里說：「別再欠債就好。」

「啊，你很有榮譽感嗎？」

「沒有，」瓦西里說。要是他有什麼真正的自尊或榮譽感，就不會替 Z 阻街販毒了，「可是我想要一個東西。」

Z 冷眼盯著他，沒問那是什麼。

「我想要柯里亞，」瓦西里說。

Z 爆笑出來。「你想要一隻他媽的狗？」

「我想要柯里亞，」瓦西里說。這是他唯一真正想要的。

萊娜一個人待在阿拉木圖。她違抗了父親，結果看看現在怎麼樣了。她努力想闖出一片天，想靠自己獲致成功，結果看看現在怎麼樣了。她不敢回家，不敢直視父親和祖父，不敢看見她自小長大的那片草原。她辜負了那一切——就在阿拉木圖某個飯店房間裡。

她瞭解到，這是小孩子不知道的事情：不是數學，也不是拼寫或科學知識，他們所不知道的就是世界的詭詐。

萊娜每天都懼疑參半，等著看看自己是否懷孕。她告訴她朋友薩瑪爾，而薩瑪爾說要報警（薩瑪爾很內疚把萊娜介紹給那個男人）。可是萊娜不想讓任何人知道，她不想要承認這件事。她一直在想：是不是有東西在我身體裡生長──屬於他的，屬於那個告訴她「海上浮著皇宮飯店」的男人。薩瑪爾告訴她如何解決、結束掉，可是萊娜相信生命很寶貴，寶貴到不能浪費，那也就是她一開始會來阿拉木圖的原因。真是一團亂啊。

萊娜身上就快沒錢，而且不好意思向祖父再要；而父親已經跟她斷絕關係。隔週某日，她走過市集，有人在街角演奏手風琴討錢。那人正在演奏一首簡單曲子，幾乎就像是搖籃曲，而她突然雙腿無力，踉蹌跌倒在街上。這時候，有個女人迅速上前幫她。萊娜哭個不停，那首曲子讓她想起她祖父過去常唱的旋律。

那女人扶著萊娜走到一家附近的餐館，還給萊娜買了一杯咖啡。那女人堅持要那樣。那女人名叫達雅，是萊娜見過最好的人。

▶ 她的天使、她的搭救者

「看到沒？」瓦西里後來告訴我：「她的天使從天而降，然後找到她。就是這麼回事，不是嗎？在一座陌生城市裡，咻的一聲，她的天使就來救她了。」然後他接著說：「這個達雅，她是俄羅斯人。」

萊娜的天使比她大了差不多二十歲，是個肥碩但有魅力的女人，一頭染過的金髮總是紮在後面。那時，萊娜感覺茫然迷濛，一邊喝著咖啡，一邊把那些不能告訴父親的事情告訴達雅。

達雅變得像個母親──萊娜在城市的母親。原來，她失去了一個女兒。雖然她原先來自莫斯科，但在婚後就跟先生住在塞米伊，那座城市位在哈薩克東北部，距離俄羅斯邊境不遠，蘇聯人從前就在當地測試核武，誰曉得還測試了什麼。在蘇聯時期，那裡被叫作塞米巴拉

金斯克（Semipalatinsk），蘇聯人在附近測試了四百多次枚核彈，那個核試場是他們主要的實驗中心之一，1991年蘇聯瓦解後也跟著關閉。

達雅的女兒就出生在這片奇怪又祕密的汙染之地。她女兒得了癌症，許多人也得了。醫師都說，這是那種不可避免之事，都是機率的問題，就像如果你發牌，一定會有人拿到黑皇后。那就是達雅所聽到的，只是人人都知道原因出在那些滲到土壤、空氣和任何地方的化學物質與毒物。人人都知道情況，黑皇后太多了。然而，有很長一段時間，大家都繼續假裝，因為或許真相就是太可怕了。可能有數以萬計的人得了癌症。所以達雅的女兒死了，然後突然間，萊娜就在她面前倒在街上，所以萊娜對她來說，也像是個天使。

達雅經營一家清潔仲介，隨著哈薩克的經濟繁榮，有很多有錢人的房子需要清潔。達雅說，有錢人過得像豬，卻想活得像王子。那就是有錢的特權——什麼都有人幫你做得好好的。事情總是那樣，即便在蘇聯時代也是，只是那時候有錢人叫作共產黨人。不過萊娜年紀太小，不記得那一切是如何實際運作的。

「所以達雅說，」瓦西里告訴我：「這種工作錢不多，不過還可以，而且量很大。因為很多有錢人都有髒房子。所以如果萊娜想要努力工作，她就永遠不會再餓肚子。」

那正是萊娜想要的：拚命工作，讓自己累到忘記發生過的事、累到睡著。微風不停從天山滾落，似乎沒人知道她的黑祕密。但是，若看到她的身形，他們怎麼會看不出來？這讓她感到羞愧，而她為此懲罰自己。

往後幾個月裡，萊娜全部都在工作，每週做七天，沒有休息。她想要拚出點成績。也許她的人生跟她原本想的走向不一樣，但如今那不重要了，她會創造一個新的人生。哈薩克的一切，在蘇聯解體後都變化很快，而她現在也會變化很快。然而，要不是盲打誤撞，要不是在街上碰到一位失去女兒的婦人、她的天使、她的「搭救者」，她是

不能開始這般自我重建行動的。

　　有一天，萊娜已經工作了整個週末，而且才剛撐著上完兩班，這時候，達雅含著淚水出現。她沒有哭，或者是試著不哭，但是眼裡含著淚水。她告訴萊娜，她很抱歉，可是那家該付清潔費的公司還沒付錢給她，所以她不能馬上付錢給萊娜。達雅被徹底壓垮了，似乎很慚愧陷入那種處境。

　　「萊娜跟達雅說沒關係，」瓦西里告訴我：「她跟達雅說，她可以等，因為無論如何，她的一切一切都要感謝達雅。一聽到萊娜這麼說，達雅就哭個不停，達雅原本想說麻煩大了，萊娜定會對她大吼大叫，說她在欺騙或什麼的。可是萊娜說沒事，還說無論如何她的一切都要感謝達雅。然後你知道怎麼了嗎？就在隔天，達雅把錢給她，全部的工資。那家該付清潔費的公司還是沒有付款，可是達雅去了銀行，把自己的錢領出來給萊娜。達雅把錢塞進她手裡，即便萊娜說她可以等。達雅說：『萊娜，你太棒了，不像其他女孩。幫我們大家禱告，好嗎？請幫我們禱告，我從來都沒見過像你這樣的女孩。』」

　　「那麼萊娜禱告了嗎？」我問道。

　　瓦西里聳聳肩。「她沒說，我也沒問。也許我該問的。你覺得這很重要嗎？」

　　「我只是好奇，」我說。

　　到了下個月，當達雅正要把工資發給萊娜（她總是把一整捆鈔票整齊放進一個白信封，而且從不封口，但總是細心放進信封，因為她喜歡把事情做妥當），這位年長女性非常興奮。

　　「萊娜，我想你真的有幫我們禱告，」達雅說：「有個很好很好的消息要給你。你知道，你是我最好的員工。」

　　萊娜自豪得滿臉泛紅。

　　「那些女孩子，沒有一個像你這麼工作的，」達雅說：「她們都做得馬馬虎虎，留下一團亂的房間，我接到投訴，她們就對我撒謊，說

她們弄好了才走的。可是，你去的時候，一次投訴都沒有過，就只有讚美。『這個新清潔員是誰？』客戶問道：『這房子從來沒有這麼好過。她把它變成一座皇宮。』」

萊娜只是說：「謝謝你。」

所以，在所有女孩裡，達雅就給了萊娜那個機會：到某家大飯店工作，而且不只是當清潔員，而是去當接待員——她得先在那裡受點訓練，瞭解一下情況如何，然後可能會有更好的機會，或許甚至是某種飯店管理文憑。

「我不想失去你，」達雅說：「因為只有你才是我最棒的員工，可是我在俄羅斯的家人，他們說：『達雅，我們需要一個很棒、很棒的人來做這份特別的工作。』然後他們就問有沒有誰是我信得過、不會讓他們失望的。」達雅握起萊娜的手，「我知道，萊娜，我知道你絕對不會讓我失望。」

萊娜開始流起淚來。竟然有人會託付她這一切，託付給她這樣一個內心都被掏空的人。而那甚至還不是最好的部分。達雅把最好的留到最後。

「萊娜，」她說：「這家大飯店，它就在你一直想去的地方。」

萊娜就連用嘴形唸出那個地名都不敢，以免這一切都是一場夢，然後那個關於全俄羅斯最偉大城市的默許承諾就會消失。

因為那家飯店就在莫斯科！

▶ 恐懼和狂熱之地

隔天，瓦西里跟我在開羅餐館相聚的時候，天已經黑了。

我說：「所以你是在莫斯科遇到萊娜的嗎？」

「不是，」他答道。

「可是她要去莫斯科。」

「但那不是我們相遇的地方。」

「好吧,是在哪裡?」

他停頓了一下。「很難解釋。」所以好多事情似乎都很難解釋。值得稱讚的是,瓦西里試著解釋:「哈薩克和俄羅斯之間,有一條很長的邊界,不是嗎?」

「沒錯,」我知道那是哈薩克的北緣。

「你覺得那條邊界有多長?」

「我知道很長,」我說:「一定的。」

「你知道有多長嗎?」

我試著用英國當量尺來估計。我碰巧知道從倫敦到愛丁堡有四百英里,因為我有一次開車去那邊參加婚禮,還差點把車撞爛——這又是別的故事了。所以,俄哈邊界至少是那樣的兩倍,而我又往上加了一點以求保險。「一千英里,」我說。正當我說出了口,我已察覺,那聽起來就像一條長得離譜的邊界。

瓦西里輕哼一聲,就好像他對我很失望。「更長!」他說。

我需要重新測定。我知道從倫敦到波士頓,大約是橫跨大西洋三千英里,因為我在離返哈佛大學時,經常凝視波士頓洛根國際機場候機廳的標牌。(事實上,波士頓到倫敦距離三千二百五十英里,會因測量方式而異。)俄哈邊界的長度能夠跨越半個大西洋嗎?我大膽一試。「一千六百英里,」我說。

「三,」他說。

「三千嗎?不可能。」

「是你所說的三倍。」

我理解不過來,於是拿出 iPhone。谷歌將會解決這一切。我按下搜尋鍵,然後難以置信的盯著答案:四千六百六十英里。這似乎難以想像。我立刻輸入搜尋倫敦到各地距離的列表。我找到最接近四千六百英里的是丹佛。難道哈薩克和俄羅斯兩國的邊界,真的就是倫敦到

科羅拉多州丹佛市的距離？

　　「那條邊界上的某個地方，」瓦西里說：「我就是在那裡遇見萊娜的。」

　　我朝著餐館窗外凝望。一條比大西洋還寬的邊界，我還是無法估量。莫名其妙的是，在我們頭頂上，一道道探照燈掃掠暗色金屬般的天空，直到中亞夜晚終於加以吞噬。天上掛著一彎細細的新月。

　　「所以是在俄羅斯嗎？」我說。

　　「不只是俄羅斯，」瓦西里說。他從小白菊藥瓶裡又搖出一顆膠囊，然後考慮要不要服用。「而且是俄羅斯裡的這個爛地方。」

　　哈薩克與北邊鄰國之間的那條極長邊界，綿延、彎曲、伸展數千英里。坐落在另一邊的俄羅斯地區，將為他們兩人決定一切，那是一片神話和傳說之地，也是恐懼和狂熱之地，那就是西伯利亞。

9. 事發經過

　　然後，巴生團隊回擊了。

　　巴生團隊做了另外的實驗，來挑戰喬迪尼團隊的發現，並對於對方的結果提出另一種解釋。他們並不質疑以下觀點：助人行為的源頭之一，是希望結束自己目睹他人受苦而產生的苦惱。然而，巴生團隊認為事情不是只有這樣。

　　巴生團隊的進階實驗，刻意誘使受測者覺得難過。這項回憶程序要求受測者想著「某個他們知道會讓自己覺得難過的個人過去事件或情況」。他們要求受測者專注其上幾分鐘。這種負面回憶確實使得受測者幫得更多——幫助受苦的人解除負向狀態。「搭救者」難過的時候，幫助別人其實也等於幫助自己。

　　然而，巴生團隊並不認為表面上的利他行為完全是變相的利己行為。即便當他們的實驗施以「情緒增強操縱」，高同理心的受測者還是會幫助人。所以，受測者的行為無關乎試圖藉由助人的「酬賞」來減輕自身苦惱。正如巴生團隊所認為的，「事情沒那麼簡單。」

　　所以，這場知識論戰就繼續激烈進行，從 1980 年代打到 1990 年代，然後科技就來接管戰局。

　　更具穿透力且更先進的科學設備，為這場論戰提供了一個全新面向。如此就能「不用從外觀察人們做了什麼，再來推論動機」，而是可以「從內觀察」，因為相關設備讓研究人員得以深入腦部。

　　社會神經科學的領域，出現了大爆發。

▶ 邁向整趟旅程的終點

隔天早上，電話響了，我得下床去接，因為我的哈薩克手機正插在房間另一頭牆上充電。我瞥了一下床頭櫃上的 iPhone：上午六點二十九分。

「瓦西里，現在是六點二十九分。飯店的自助早餐甚至還要一分鐘後才開張。」

「我原本不打算跟你說萊娜實際發生什麼事。但我之前講過，是的，不瞎扯。」

「是的，你講過，」我答道。

「我想了一整晚，然後想要講出事發經過。」他停頓了一下。我想像他又吞了一顆小白菊膠囊。「我不是什麼英雄，狄諤斯。我希望讓你知道，我當時也許可以做得很不一樣，做得遠遠更好。」

「更好？」

「對萊娜更好，」他說。

他開始跟我談起西伯利亞。

瓦西里和 Z 共開了兩部廂型車，前往西伯利亞的首府新西伯利亞，然後等待。

「幹得不錯，」Z 說：「不過，任務只完成一半。」

他們待在南西伯利亞一間廉價旅館裡——髒床單和壞門鎖的那種廉價。「嘿，」Z 對著不作聲的瓦西里說：「你車開得不錯，也許我不會斃了那隻狗，嘿？」

「你說過，會把柯里亞給我的，」瓦西里說。

「我從來都沒講過。」

瓦西里在記憶裡搜尋。Z 沒講過嗎？也許他漏掉那個細節，也許他把 Z 的沉默誤認為同意。

「不過，也許我會把那坨屎送給你，」Z說：「或者，也許我讓你挑一只錶。」

「我不想要錶。」

「想要、想要？」Z嘲弄他，「總之，你還沒完成任務。」

那個任務是什麼？為什麼要在西伯利亞的爛旅館裡這樣等待？他們花了三天，從莫斯科往東行駛：穿過烏拉山脈，橫越只占南西伯利亞一小部分的幾百英里，邁向整趟旅程的終點，一路上貼近哈薩克邊界前進，最終抵達新西伯利亞——該城坐落在壯觀的鄂畢河上，鄂畢河是世界第七大河，發源自蒙古附近的阿爾泰山脈，並在流過二千英里之後，最終注入北冰洋。

「第一批女孩，今天會從東部來到這裡，」Z說：「然後，明天還有。我們要把其中一些帶回莫斯科去工作，就只是打掃和顧店。不過，有很多就是了。」

他知道Z這傢伙在買賣各種違禁品。像是來自加里寧格勒、白俄羅斯、烏克蘭的香菸，是劣貨、贓貨、還是假貨，他並不確定。還有手錶。無疑的是，Z還做一些毒品交易。但也提供返回首都的廉價客運——這是什麼？

瓦西里聽說過，遠方州國的年輕女生在商店和清潔公司工作，換取微不足道的工資。其中有一些來自俄羅斯聯邦（包含四十六個州、二十二個自治共和國、九個邊疆區、四個民族自治區、三個聯邦直轄市）的遠東地區，例如堪察加邊疆區、薩哈共和國、薩哈林州（庫頁島），這幾個州國一路橫越西伯利亞，到太平洋岸和海參崴，全是地球上人口最稀少的地方。那邊的生活非常苦。毫無疑問，Z會從這些新人身上賺錢，就像他在販毒那樣。

瓦西里問Z，他們哪時要回莫斯科。

「急什麼？你在那裡又沒什麼要做的，」Z說：「還是，也許你沒餵狗。」

「柯里亞跟著我一個朋友。」

「屁啦，那隻狗是你唯一的朋友，」Z 說。

雖然 Z 不曉得，但瓦西里相信：這是他這輩子聽過最真實的事情之一。

「明天他們會從南部帶上來其他女孩子，」Z 說。Z 提到了更多地方，全是前蘇聯的中亞共和國。那些國家現在都獨立了，至少理論上如此。不過，其中幾個共和國在蘇聯瓦解後，陷入困境。就瓦西里所知，很多人都急著需要工作。

「所以，我們明天或後天離開，」Z 說。

「好，」瓦西里聽見自己說。其實他根本沒在聽，他心裡想著柯里亞。

「買醉去。」

「我累了。我想我去睡了。」

正當 Z 要走的時候，瓦西里隱約聽到 Z 就某個斯坦，說了些什麼。Z 說的是吉爾吉斯坦嗎？瓦西里突然覺得累到不行，別說踏出一步，就連站著都很費力。所以他們明後天就走，他會開著這輛廂型車，跑上幾千英里回莫斯科。

瓦西里走到他那間床單髒、門鎖壞的房間。不，Z 提到的不是吉爾吉斯。

「你知道嗎，」瓦西里後來告訴我：「當時那地方對我來說，就只是個名字，沒有任何意義。哈薩克斯坦，哈薩克他媽的斯坦。」

所以，這就是瓦西里不得不說的沉重真相：雖然他對 Z 的意圖起了疑，卻不想沾上那些女孩任何一個。這不關他的事。就是基於這樣的心思，他選擇在旅館對街一家餐館喝咖啡和抽水菸（也是因為旅館裡的收訊太差）。正因為不想多管閒事，他才決定獨自用餐。他想要自己一個人，等候 Z 做完任何 Z 得做的事，然後開車把 Z 和他的乘客載回莫斯科。

那就是他的角色，他的任務就是：開著廂型車，什麼都別問。兩樣他都很在行。

那條路把他帶來這裡，一路帶來南西伯利亞，又將把他帶回莫斯科，帶去找柯里亞——那正是他唯一關心的。然而，他的路途又冒出別的事來。

▶「社會神經科學」突飛猛進

從 1980 年代末期開始，當巴生團隊和喬迪尼團隊的爭論持續延燒之際，生物學家和心理學家則是合力想要發掘社會行為的神經基礎，探索我們如何互動、合作、相助——或者不那麼做。技術創新帶來了誘人的全新可能。

一開始，那些研究有很多都聚焦在動物行為上。然而，功能性磁振造影在 1990 年代末期的出現，從根本改變了局面。那個局面當然就是我們對人腦的理解。的確，正如加州理工學院的心理學教授史丹利（Damian Stanley）所述，自從千禧年之交，社會神經科學這個領域已然突飛猛進。

為什麼稱作社會神經科學？這是因為哺乳類嬰兒（尤其是人類嬰兒）的主要初始目標，就是跟某個照顧者建立關係。要是沒能做到這點，嬰兒就會死去。然而，為什麼照顧者或「養育者」會去照顧？因為演化擇取了那些這麼做的人，而且還為了促進這事，而讓助人變得「帶有報酬」——令人快樂。許多父母都能作證，這項世上最難的工作，也是最有報酬的；即便子女是處在狂暴的青少年時期，仍是如此。那種「幫助他人而導致的酬賞增強效應」，不一定僅限於對待孩童或親屬，而是可能擴及其他無親緣關係的人類。那在實質上就是這場論戰的爭點。助人行為（尤其是對待無親緣者）的動力，有著怎樣的本質？

　　為什麼是神經科學？因為整套理論就是要去研究這些助人行為的神經基礎。有人提出，靈長類的社交過程徵用了腦部結構的某些個別系統——也就是腦部裡的某些神經迴路。有了功能性磁振造影，就有可能直接瞄準相關的神經迴路。這真的發生了，而且帶來驚人結果。

　　當時的預期就是，只要能夠窺探我們的頭腦，就能夠解決這個利己利他之辨的問題；只要窺探我們的頭腦，就能夠以前所未及的清晰度，看見我們實際所是、實際所能是。

▶ 兩條曲線的交會

　　隔天快結束的時候，瓦西里獨自坐在餐館裡，背對整間餐廳，不打擾任何人，也不煩惱新西伯利亞或西伯利亞。突然，有人溜進對面的座椅。

　　「哈囉，你是 Z 的朋友，對吧？」她說。

　　瓦西里抬頭一看，是個年輕女孩，擁有一雙年輕的眼睛，而且一臉聰明樣，而她特別有魅力的地方，就是整個人生氣勃勃。她露齒微笑。然後瓦西里發覺，這年輕女孩一定是在對他微笑，因為那裡沒有別人。

　　為什麼這個女孩要對他微笑？

　　「對不起，」女孩說：「我毀了你的牛排嗎？這看起來是一塊好牛排。」她停頓了一下，等待著，徵求對方回應。「這是一塊好牛排嗎？」

　　「是塊牛排，」瓦西里說。

　　她愈是微笑，瓦西里就愈不耐煩。「Z 說你要開其中一輛廂型車去莫斯科，對嗎？」又是一次停頓，又是一次徵求。當瓦西里婉拒之後，她說：「那是你在做的事情嗎？」當瓦西里又再繃著臉沉默，她就說：「你是個非常安靜的人，不是嗎？」

「我在吃牛排，」瓦西里答道，但是話一出口就覺得更煩，這次是在厭煩他自己。為什麼這個無害的年輕女孩，會讓他心神不寧？

「對不起，」年輕女孩突然尷尬說道：「我不該過來跟你這樣說話的，」她站了起來，「請享用你的大餐。」

正當她轉身要走，瓦西里說：「你要去莫斯科做什麼？」

她戰戰兢兢坐了下來，就好像瓦西里能隨時再次對她厲聲說話，不過她的笑容慢慢恢復了。「飯店管理，」她說。

瓦西里點頭。「了不起。」

「唔，」她說：「那是我希望以後可以做的。但是我會先開始打掃房間吧，我想。我不介意，我很會打掃，我在阿拉木圖做過很多打掃工作。」

「阿拉木圖？哈薩克？」

「我不是從阿拉木圖來的。我在那裡工作過，」她說：「你去過阿拉木圖嗎？」

「沒有。」

「你想去嗎？」

「不想，」瓦西里說，然後他們都笑了。

「是座美麗的城市，」她說：「只是那裡的人，城市裡的人，你知道的……」

「我就是來自城市，」瓦西里說，然後他們又笑了。

「拜託告訴我，你不是從莫斯科來的吧，」她說。

「為什麼？」

「因為莫斯科是我這輩子一直想去的地方。我在一個不知名的地方中間長大，可是我有個老師去過莫斯科求學，她告訴我，那裡有多美。你在莫斯科做什麼？」

「我要怎麼跟她講？」瓦西里後來對我說：「我能怎麼說？說我

在賣毒品，而且賣得很爛，爛到我必須過來西伯利亞，開著一輛廂型車跑上幾千英里，因為我甚至賣不了半點毒品給任何人？」

「所以你怎麼說？」我問道。

瓦西里配水服下止痛藥。一輛由架空電纜驅動的藍白色公車，行經我們。

「我養了一隻狗，」瓦西里告訴那年輕女孩。

「一隻狗？」她說：「那就是你在莫斯科做的事嗎？你養了一隻狗？」

「是的，一隻狗。」

「我爺爺他養了好多狗，」她說：「我喜歡狗。」

「狗都喜歡我，」瓦西里答道。他伸出手，向萊娜自我介紹：「我的名字是瓦西里。」

「我是萊娜，」她說。

他們聊起狗來，用的是愛狗人才會的聊法。也就是說，會讓正常人受不了。瓦西里很好奇萊娜的祖父是怎麼用狗打獵的，也很驚訝她祖父的父親，也就是萊娜的曾祖父，在更早之前竟然是用老鷹打獵。竟然是老鷹！

當萊娜準備要走，瓦西里說：「祝你在飯店好運，希望你學會怎麼好好管理飯店，請確認門鎖不是全壞掉了。」

「我會的，」萊娜說：「不過，我不需要好運。」

「每個人都需要好運，」瓦西里告訴她。

「是啊，那是真的，」萊娜說，點頭承認他答案裡那無可爭辯的事實。「不過我還有Z先生，Z先生答應會幫我搞定。只要我努力工作，而我本來就很努力工作，Z先生就答應會幫我搞定。」

當萊娜笑著離開，瓦西里那半塊涼掉的牛排還在盤子裡，他不斷告訴自己：這不是我的問題，這不關我的事。

萊娜最後一次轉過身。「你的狗叫什麼名字？」她問。

「柯里亞，」他說。

「柯里亞？」

「或是小沙皇。有時候我會叫他：我的小沙皇。」

瓦西里從來沒跟世上其他人講過。為什麼他現在講了出來？

然而，他不斷對自己說，這一切都不關他的事。

10. 選擇

又是哈薩克美得讓人心碎的一天，這時瓦西里來電。「我得把我們的約會延後，」他說。

我能聽見他在講別的事情，可是我得迅速閃身躲避。我被警告過別太靠近柵欄，結果還是靠得太近了。當時我注意力不集中，因為我鼓起勇氣試了另一項哈薩克特色：*kumis*（發酵馬奶）。據說，大文豪托爾斯泰為了呼吸道問題喝了這東西，結果不只改善了他的健康，也改善了他跟妻子的關係。「對不起，瓦西里，你剛剛說什麼？」

「我的小傢伙不太舒服。我可以在阿拉木圖跟你見面，但是要晚一點。」

我身旁一個年輕的哈薩克女人，發出一聲短促尖叫，因為有個巨大鳥喙，戳向她的智慧型手機。她也是太靠近柵欄了。

「我聽到很大的聲音，」瓦西里說。

我能怎麼說？有太多要解釋的了。我就只告訴他：「有個女人在尖叫。」

「尖叫？她幹嘛尖叫？」

再一次，有太多要解釋的了。我就只告訴他：「因為 ostrich。」

「ostrich？」他說，發音頗為精確。「ostrich 是什麼？」

你試過描述鴕鳥嗎？我轉身去問我的嚮導馬扎恩，這位年輕的哈薩克女子戴著眼鏡，手裡拿著萊絲（Anne Rice）的小說《夜訪吸血鬼》。馬扎恩告訴我鴕鳥的俄文，聽起來有點像 strauss。

「你在看 strauss ？」瓦西里難以置信說。

「我並不想看 strauss，」我說。

我跟了團去走那條發自中國的偉大絲路。沿著這條路，數百年間蜿蜒數英里的駱駝商隊所載運的，不只是那種讓羅馬帝國著迷的奢侈品——中國絲綢，也不只是火藥和寶石，還有別的珍貴貨品：思想。

而且，看來絲路沿線的最新思想之一，就是開一家鴕鳥農場。

離開農場之後，我們就開車返回阿拉木圖，我向馬扎恩問到瓦西里講過而我不太明白的一些事實。比方說，馬扎恩證實，哈薩克命名儀式真的需要把新生孩子的名字覆誦三遍。「以免她忘了，」馬扎恩興高采烈說道。

我們正駛離山區，右手邊遠方的草原逐漸轉換，失去了翠綠，又再變成別的東西。

「發生什麼事？」我問。

「等著瞧，」馬扎恩一邊說，同時把書籤插進她的平裝書裡。

「可以問你一件事嗎？」我說：「如果有個鄉村的年輕女孩，想要跑去阿拉木圖，你知道嗎，就是離開草原，她父親會不准嗎？」

「有可能，」馬扎恩說，但語氣有點猶豫。

「嚴重到如果她去了，她父親就要跟她斷絕關係嗎？」

「斷絕關係？」

「跟她說，再也不認這個女兒了。」

馬扎恩把那本《夜訪吸血鬼》平放在腿上。「聽起來好奇怪。」

「為什麼？」

「很多年輕人從村莊跑來阿拉木圖工作，大多數家庭都很支持，他們也能從中得到好處，這會帶來金錢，還有你們是怎麼講的……」她抬起手來，動作就像電扶梯往上。

「社會地位？」我提示。

「你知道嗎，蘇聯共產時代人人平等。」然後她爆笑出來，「現在

我們擁抱資本主義，一切都是爭著登頂。」

「我住的飯店外面，」我說：「都是高價車。簡直就像洛杉磯的比佛利山莊。」

「其他斯坦來的人，他們說，我們哈薩克人喜歡炫富。他們說，我們變得就像俄羅斯人。」

「等等，」我望向窗外說：「那些是沙丘嗎？」

「春天裡，草原上都是紅紅的罌粟花，還有白色的沙漠燭。」

「可是你看那邊，馬扎恩，遠處那邊，那些是沙丘嗎？」

「是啊，這裡是半沙漠，」馬扎恩說。

「沙漠？」

「我祖母住在北邊，她以前有一頭駱駝。」

雖然這個話題很有意思，但我還是決定放掉。我想聚焦在萊娜身上。「所以，為什麼一個父親會因為女兒去了阿拉木圖，就要斷絕關係，這是我搞不懂的。」

馬札恩拿起她那本吸血鬼小說。「人們，」她說：「很奇怪。」

然後她的手機收到來電，響起《辛普森家庭》的鈴聲。被擱下的我就看向窗外。往一邊望去，沙丘就像昏暗波浪般升起，靜靜退向地平線；往另一邊望去，草原在一曲綠色交響樂中，不斷綿延起伏。我試圖想像那裡長滿血紅的罌粟花和白色的沙漠燭。我試著拼湊萊娜生命中發生過的片段，可是那些片段不太相合。

▶ 一陣可怕的噪聲

他收不到訊號。那回事就造成了瓦西里的麻煩。或者，說得更精確點：那回事觸動一整串緊密相連的小事件，最終引發整場災難。

這是個不起眼的開端：手機螢幕上的收訊格閃著閃著，又沒了。出來逗逗人，然後又斷掉。所以無論瓦西里走到那家髒旅館哪裡，他

的手機都不通。前臺接待員是一個體重過重的年輕人，一片瀏海垂到眼睛，就像戴了眼罩，這會兒正專心讀著一本內容可疑的亮面雜誌。這人沒等瓦西里把問題解釋完，就叫他到外面的停車場去。雖然那很唐突無禮，卻給了瓦西里一些安慰：訊號問題不在於他的手機。

　　氣溫往下直落，但瓦西里沒打算通話太久——他想知道柯里亞怎麼樣。他是可以發個簡訊，但他真正想要的，是讓手機放在柯里亞耳邊，讓他可以說些什麼。如果這個想法意味著他瘋了，那也無所謂。

　　所以瓦西里拖著腳步走向停車場，正好有幾個明顯為著相同目的出去的人回來了。瓦西里找到一個熱風口，那是一個箱型格柵，有如排氣管般從建物側面伸出。他不確定排放的是什麼，不過那很溫暖，他會去取暖。最麻煩的來了：在零下溫度打電話。不過，他所需要的號碼是上次撥的號碼（就在他跟 Z 多次電話來回之後），很好找。

　　瓦西里扯下一支手套，按了重撥鍵，然後馬上戴回去，以免無處不侵的西伯利亞空氣，開始凍傷他的皮肉。他有一些朋友就失去了指尖和拇指。凍傷是一種生活現實。瓦西里將手機盡量拿近耳朵，但不碰到皮膚：在冷天裡，有時候兩者會黏住。那一定很不舒服，但至少他收得到訊號，至少他就要聯繫上他朋友，也就是照顧柯里亞的人，至少……他把電話掛了。

　　再過去下一面窗子，就在格柵另一邊，他聽見裡頭傳出說話聲。是 Z 在說話。音量很小，不過是 Z 無誤，是那種冷酷自信、低調的威脅。瓦西里聽著。

　　「你挑一個，」Z 說：「這是我送的禮物。你挑一個。」

　　「不是一批好貨，」不明男子說。

　　過去的幾天裡，Z 都在推銷手錶給任何可以推銷的對象，那些都是中國假貨，但是品質很好。這是一門不錯的小副業。

　　「你是個好朋友，」Z 接著說：「所以我給你首選。」

　　瓦西里知道這不是真的：Z 老是死纏別人。

「首選？」男子說，或許他跟瓦西里一樣知情。

「當然是首選。有時候我有好貨，有時候沒有，」Z說：「這回是好貨。」

「你每次都那麼講，」男子說。

「我喜歡我的產品，」Z說，然後他們都笑了。

瓦西里準備要走——就算Z訛詐別人，他有什麼好在乎的？

瓦西里準備去找別的地方打電話，可是接著又出現一個小鏈結，鏈條的另一小段勾住前一小段，然後扣上了。重點不僅在於男子說了什麼，更在於怎麼說。瓦西里似乎很受傷、很委屈，就好像被騙走了什麼。

「我沒半個喜歡的，」那男人說：「沒半個。我寧可挑一隻勞力士錶。」

「不行，」Z說：「那些勞力士是要送去莫斯科的。我老闆會從裡面挑。所以，我再讓你挑挑。你隨便選一個女孩。」

「都是爛貨。」

「貨就是貨，」Z說：「有時候很好，有時候卻沒那麼好。就像天氣。」

「就像手錶。」

又是一陣笑聲。瓦西里發現自己怔住了，生了根似的走不動。他試著移動一隻腳，可是靴底卻像被積雪吸住了。那似乎弄出一陣可怕噪聲，像是玻璃破碎，彷彿他四周的雪地裂開了。

「這只是個禮物，」Z說：「因為我們生意做得好。我喜歡你，不過沒有到那麼喜歡。我不會他媽的幫你生孩子。」

「去你的，」男子說。

「所以你喜歡哪個？」

突然一陣沉默。男子正重新考慮他的選項、重新測定他的慾望。「那個安靜的女孩。」

「哪一個？」Z 說。

「像學校老師的那個。」

「她會沒反應，像死人一樣。她什麼都不懂。」

「我喜歡她。」

「換一個，別挑她。我們在莫斯科對她有安排。」

直到今天，瓦西里還是不曉得他們講的是誰。他不能篤定說，就是萊娜。他不曉得是誰，但他相信就是萊娜。

那天晚上，瓦西里和 Z 就在新西伯利亞邊緣那家廉價旅館旁的餐館裡。Z 剛叫來一杯冒著煙的咖啡，瓦西里則是慢慢喝著一杯無酒精飲料，時而抽抽菸。他沒打算、也不想見到 Z，可是 Z 卻跑來找他。

「你知道些什麼，」Z 對他說。這不是個問句，而是不容爭辯的事實陳述。

「我知道些什麼？」瓦西里說。

Z 將瓦西里的臉龐，從他的冰冷凝視放開，目光轉向眼前那杯冒著煙的黑咖啡。「有啊，你知道些什麼。」

瓦西里的桌子旁邊，擺了一個水菸壺，裡頭的水菸液不停冒泡，用來抽菸的菸管就擱在兩人之間的桌子上，時不時那玩意就會忍不住吐出一口菸。

「這樣對你很不好，」Z 說：「我是說抽菸。」他拿起茶匙，接著舀滿糖，倒進咖啡，然後再來一次。他又舀了第三次，滿出來的茶匙就停在攪過的黑咖啡上方。

（「然後他看著我，是的，」瓦西里後來告訴我：「就好像我得決定他要不要再放另一匙糖。是我。那根茶匙就在杯子上方，而他正看著我。」）

突然間，下一步全都取決於瓦西里。那不過是一匙糖，但瓦西里卻不知道該怎麼辦。Z 笑了。他把目光移回去，將那匙砂糖小心倒回

不鏽鋼糖罐，然後慢慢攪拌他已有的。

　　「有人在停車場看到你，」Z說：「不，」他在瓦西里還沒能講什麼之前，就繼續說：「不要說謊。」Z繼續攪拌。「你知道嗎，」Z說：「以前有個司機，不是像你這樣的好司機，就是個司機。我帶他過來這裡，你知道他做了什麼嗎？」

　　瓦西里還是不作聲。

　　「我敢打賭，你知道這個司機做了什麼，」Z說：「他愛上了這些女孩子其中一個。」蒸氣從那杯咖啡裊裊升起，水珠沿著街邊窗戶往下流淌，同時間一個往上、一個往下。瓦西里不說話。

　　「問我，他發生了什麼事，」Z對瓦西里說。

　　瓦西里還是不說話。Z的聲音變得更小了，只比耳語大聲一點。「問我，他發生了什麼事。」

　　「那個司機發生了什麼事？」瓦西里問。

　　Z又將目光挪回瓦西里臉上，接著舉起矮胖的白瓷杯，一飲灌下還在冒煙的液體，然後輕輕放下杯子，再把菸管細心掛回架子上。

　　「哪個司機？」

　　所以那個司機消失了；要是瓦西里做了什麼，他也會消失。

　　Z的意思夠清楚了。瓦西里不斷告訴自己，這裡頭沒有半點跟他有任何關係。如同堪薩斯和亞利桑納那些實驗的受測者，瓦西里也有一張離場證：他可以走開、逃脫，然後繼續過他的生活。那樣就是他以為自己會做的，也是他跟自己說他想做的。

　　絕對要那樣。

11. 連線到阿拉木圖

你要怎麼告訴別人，他們生命裡的一切即將改變、被毀壞？

但是，當瓦西里在旅館大廳看到萊娜，當他打手勢要萊娜越過那條街，當他帶萊娜去遠離旅館的另一家餐館，他就想到即將改變的不只是萊娜的生命。因為瓦西里知道，就在他告訴萊娜的那一刻，他自己的生命也會改變。如果他的生命有了改變，柯里亞的生命也會。

他們去的那家餐館很暗，而且兼作酒吧。他們點了咖啡。

「你好安靜，」萊娜說。

「安靜有錯嗎？」他答道。這處境太艱難，讓他喉頭緊縮。他習慣默默坐著，他有好多年都是那樣陪著父親，不過這次情況不同。

「我喜歡安靜。大部分人都在講廢話，」萊娜說：「都不認真、不專業。我得在莫斯科學會好好講話。」

瓦西里看著她，心想：她什麼都不知道——都不知道。他仔細瞧著她那張年輕清新的臉，突然疊合上去的是另一個萊娜：臉頰瘀青、成癮暴瘦、還有黑眼圈。就好像他眼前有兩個萊娜：一個面帶笑容，還有夢想；另一個則是 Z 的萊娜。瓦西里正要告訴她，她就剛好有電話要接——是 Z 嗎？瓦西里並不想知道。

瓦西里去了洗手間。在鏡子裡，他看見一個懦夫，一個懊悔沒在父親死前說出上千件事的人。他現在記不得那是怎麼回事，突然間他又坐回到萊娜面前，而她正講著一些他沒在聽、也聽不見的事。他聽到自己說：「告訴我，你是怎麼認識 Z 的？」

「Z 先生嗎？」

「Z。」

「這有什麼重要的？」

「也許不重要。」

笑容從她臉上消失了。「那你是怎麼認識 Z 的？」她問道。

（「而且，」瓦西里後來告訴我：「我心裡想著柯里亞，我在頭腦裡說，求求你，柯里亞，求求你，小沙皇，請你原諒我。」）

「你是怎麼認識他的？」萊娜再問一遍。

「我幫他賣毒品，」瓦西里說：「我欠他錢，所以我答應開著廂型車過來西伯利亞，然後再開回莫斯科。」

沉默降臨在兩人之間，彷彿有片玻璃隔開他們，就像他父親公寓裡，海報上那條路前面的玻璃。

萊娜從另一邊說：「我不相信你。」

「那麼，為什麼我要跟你說這些？」瓦西里說。

「我不曉得，」萊娜說。

「Z 是個罪犯，等級不高，但很危險。他在賣毒品，還有我不太確定，不過我覺得他也在賣……女孩子。」

萊娜馬上站了起來，看著他，眼神又懼又恨。「我會去問 Z。」

「好啊，你問。然後他會說謊。不過，在那之前，想想你是怎麼認識 Z 的，想想別人跟你講了什麼大故事，讓你現在沒跟著家人，沒在家裡，而是跑到西伯利亞這裡，跟著一個像 Z 這樣的人，」瓦西里也站了起來，「我告訴你這些事情，不是要讓你喜歡我。」

「我不喜歡你，」萊娜說。

「我要走了，」瓦西里告訴她：「你再也不會見到我了，不過，至少我試過告訴你。」

他動身要走。「坐下，」萊娜輕聲說：「拜託。」

外頭的雪愈下愈大，他們的咖啡也都涼了。

　　「我遇到這個叫作達雅的女人，」萊娜開始說。接著，她就說出一切。她說得愈多，就愈顯出這份工作有多空洞：沒有契約、沒有談好工資、沒有地點，就連飯店名稱也沒有。她怎麼會這麼好騙？世界各地人口販運的故事都告訴我們，那些夢想著更好生活的人，就像這樣──急著相信。這正是人口買賣的生命線。

　　「你有這個達雅的電話號碼嗎？」瓦西里問道。

　　萊娜拿出手機，在聯絡人那邊，趕快往下滑。

　　「我該怎麼講？」

　　「跟她說你很擔心，想談談這份工作，有些問題想問，可是別的女孩都在聊各種廢話。不要提到你擔心 Z，懂嗎？」

　　萊娜點點頭。她按下撥出鍵，拿起手機來聽，然後放下來。

　　「轉到語音信箱了？」瓦西里說：「我敢打賭，一定是轉到語音信箱。」

　　「是空號，」萊娜說。在那一刻，她已做了決定。

　　他們將要逃跑。

12. 異數

　　社會神經科學的研究，已經勘測出：當人們純因感受到社會規則（社會規範）的強迫而行事時的典型神經觸發模式。功能性神經造影技術也已經辨認出：當人們的選擇表達出真正偏好時的神經模式和路徑。從神經學上來說，這是兩種不同的歷程，不同的系統被觸動了。以功能性磁振造影來說，就是螢幕上大腦的不同部分亮起來。

　　因此，當你做出選擇，如果那不是因為你渴望那麼行事，而是因為你要順從某項社會規範，那麼腦部就會啟動抑制欲望的迴路。這涉及前額葉皮質的側部，也就是大腦前部的兩側區域。然而，當我們順從某項真正偏好而行事，另一個神經迴路就會被觸發。那包括跟腦部酬賞系統有關的結構，其中之一就是腹側紋狀體。（紋狀體由三個子結構組成：尾核、殼核、以及依核。這些是完全不同的結構，位在腦部「更往後邊」。）

　　這項重要區別，讓喬治亞州埃默里大學的瑞林（James Rilling）及其團隊，得以檢視在我們合作的時候會發生什麼事。他們的受測者純為女性：一次實驗為十九人，另一次實驗為十七人。他們要求受測者玩起著名的囚犯困境遊戲。遊戲中，玩家可以選擇跟對方合作或「背叛」（不合作、耍詐、或出賣對方，也就是犧牲對方來得利）。簡單來說，不合作和背叛通常更有利。

　　可以預期的是，如果受測者的真正偏好是犧牲對方來得利，那麼當他們藉由背叛而得到更多錢，紋狀體應該會被觸發。同樣的，如果

他們是因為屈從某項社會規範才合作，那麼當他們曲意合作，抑制欲望的前額葉側部應該會被觸發。然而，瑞林團隊發現了與此相反的情況。

即使玩遊戲的受測者因為合作而賺得較少（她大可藉著背叛或不合作而賺得更多），但她在神經學上還是經歷了腦部酬賞系統（紋狀體子結構複合體）的增強觸發。同樣重要的是，在她合作的時候，前額葉側部並未被觸發。這表示合作的決定是由衷的，且具內在酬賞，而非導因於社會強制。

然而，或許瑞林團隊的研究中最有意思的確證，就出現在囚犯困境遊戲是由「其中一位人類受測者」對上「一部預先設定的電腦」。遊戲設置維持原樣，合作的各種好處和隱患也維持原樣，只是研究人員會告知該受測者，她正在與電腦對局。實驗結果是：即便該受測者選擇跟機器合作，腦部酬賞系統亦未誘發。

這具有巨大的潛在意義。各項環環相扣的證據指出，跟其他人類合作會帶來酬賞，即使受測者要為此付出代價。這就顯示，正如巴生團隊二十年前在沒有尖端神經科技的情況下所推論的，我們能夠做出真正的利他行為，那些行為不是用來掩飾心底的自利。而瑞林團隊他們宣稱，可能已經真的找到「支持人類天生樂於合作」的神經觸發模式和腦部迴路。

這些系統的運作方式，就是在我們跟別人合作的時候酬賞我們。

它們可能會抑制我們「為了狹隘的自私自利而行動」的衝動。

它們提供了那般誘人前景：我們已經演化出「使得這種利他行為帶有酬賞」的各項神經系統。

它們讓我們感覺良好。

如果瑞林團隊的主張是對的，那麼更為根本的問題仍然存在：為什麼演化擇取了這種神經結構？我們如此演化的好處是什麼？為什麼人類是像這樣？

▶ 動物界的一個驚人異數

　　這項計畫的長處在於簡單。他們拿到廂型車，然後開走。

　　「我帶你回去阿拉木圖，」瓦西里這樣提議，此時他們正駛離新西伯利亞。

　　「我絕對不要回去阿拉木圖，」萊娜說。

　　「那我帶你回去哈薩克。」

　　「我不要去哈薩克。」

　　「那麼去哪？」

　　「哪裡都好。你要去哪裡？」

　　「阿爾漢格爾，」他說。

　　「那我也去。」

　　「不過我得先去別的地方。」

　　「哪裡？」

　　「莫斯科。」

　　「莫斯科？」

　　「我得去接柯里亞。」

　　「我們去接柯里亞吧，」萊娜說。

　　雪一直飄下，被雨刷反覆刷去。大燈穩穩照向前方的西伯利亞公路。萊娜請瓦西里說說阿爾漢格爾的事。瓦西里講到，阿爾漢格爾的夏天會出現白夜，甚至到了午夜都還很亮，大家會去野餐，跑到公園或進入森林，而世界在同時間既是醒著，也是睡著，就好像睜著眼睛做夢。瓦西里跟萊娜說了這些事情。而那就是他們計畫要做的——就在他們接到柯里亞之後。

　　那夜稍晚，就在跟瓦西里談了好幾小時之後，我到了飯店大廳，那裡的茂盛盆栽被黃銅藝品箍著。我想到瓦西里的所作所為，那代表

了「動物界的一個驚人異數」。這個生動說法，出自奧地利經濟學家費爾（Ernst Fehr）和德國經濟學家羅肯巴赫（Bettina Rockenbach）。

　　為什麼我們是這個樣子？我們很容易嘲弄或責難自己。我想那就是瓦西里對自己做的事，是那位內在批評家兼迫害者做的。然而，他的作為包含一條線索。那是關於人類異數行為的某種暗示。異數很有意思，可以告訴我們一些關於常態的寶貴事情。

　　我在阿拉木圖環顧飯店大廳。人們坐著塞得飽滿的絨布沙發，眼睛盯著手機螢幕，可是他們有能力做出了不起的事。是什麼引出了那種能力呢？是什麼使我們能夠選擇瓦西里所選擇的，像他那樣賭上生命裡所有一切，去救一個他幾乎不認識的人呢？

13.　轉彎

　　他盡力開到最快，想要盡力拉大跟 Z 的距離。

　　瓦西里的盤算是，Z 會以為他們往回開向哈薩克，那樣說得通，就是帶萊娜回阿拉木圖。Z 猜得到他們會正正開向他從一開始就想把萊娜帶去的地方嗎？始終存在的一個風險就是，Z 知道瓦西里有多想柯里亞。可是誰會相信他們真的會那麼做？

　　不管怎樣，從新西伯利亞到莫斯科有兩條要道。有一條比較直、比較快──他們一開始到西伯利亞走的就是這條，原本也打算走這條原路回去。然而還有一條更偏北的，是在更上面穿過烏拉山脈。那條比較長一點，可是比較安全。那就是瓦西里和萊娜走的路線。

　　但是，正當他們駛過這條分隔歐亞的山脈，風暴來襲了。

　　路上的車子愈來愈少。別人都留意到了，紛紛下了幹道。但是，那些人的處境不同：他們不用這麼趕著去莫斯科。

　　「風暴會過去嗎？」萊娜問。

　　「風暴會過去的，」瓦西里一邊回答，一邊繼續開車。

　　結果沒過去。

　　當他們來到烏拉山脈，或者說烏拉山脈該在的地方，眼前只有一片白。那並不是像世界消失了一樣，更像是他們進了另一個世界。那裡只有雪，什麼都沒有，就只有雪──感覺起來，就像是在一團雲裡不停墜落。廂型車逐漸受困在飄雪裡。

「回頭幾公里有一些房子，」瓦西里說：「你有看到那個彎道旁邊的那些房子嗎？」

「我有看到東西，」萊娜說。

「回頭還是前進？」瓦西里問她：「我們往哪走？」

「回頭，」萊娜說。

瓦西里點點頭，「回頭。」

他把廂型車調過頭。這樣是下坡，好開一些。開著開著，他們就來到一條支路。

「是在這裡嗎？」瓦西里問：「那些房子呢？」

「我覺得是在這裡，」萊娜答道。

可是他們看不到燈火。

「那些房子在哪？」萊娜說。

「一定是因為積雪，」瓦西里說：「我覺得是在這裡。」

「我也覺得。」

「我們轉彎嗎？」

「我們轉彎吧，」萊娜說。

「我確定是在這裡。」

「只能是在這裡。」

「還有別的地方嗎？」瓦西里說。

「沒有別的地方了，」萊娜附和。

他們轉下幹道，才開了不到幾百公尺，廂型車就拋錨了。兩人面面相覷。他倆都沒作聲，心裡同樣害怕。

雪也沒作聲，慢慢埋起他們。

西伯利亞延伸得就像只有西伯利亞能夠的那樣，不受拘束，也滿不在乎，盤據地球十二分之一的陸地，是最大的空間、最大的虛空，既無情又嚴苛。幾乎就像太空深處某片冰凍荒涼，不慎掉在毫無戒心

的地球表面。很難想像它有多大。如果你要隨意踏足地球這個世界，那麼你每踏十二步，就有一步是踏在西伯利亞。試想一下：在這片虛空中，在這片壓過一切的白色空無裡，兩個小點痛苦移動，一男一女一起行進。他們尋找庇護、尋求生機。他們幾乎走到末路。

當然他們都試了自己的手機，可是沒有訊號。或許，是這場雪湮沒了一切。他們失去了方向感。這時風颳得更大了，颳得很強很旋、很西伯利亞。要不是雙腳還在身子底下，他們早就分不清上下了。

這是白矇天，能見度近乎是零。廂型車的引擎壞了，他們會凍死在那裡，所以只得繼續前進，尋找住居、援助、生機。然而，風把他們吹倒了。當他們站了起來，風又把他們吹得東倒西歪。這下子他們已經分不清是在走回頭路，還是兜圈子，或是走向何方。瓦西里再也不曉得廂型車在哪裡。他們正在走向死亡。

暴風雪吹倒萊娜，然後吹過她，幾乎馬上埋起她。有隻手從覆雪裡伸了出來，被瓦西里伸手抓住。她利用瓦西里直立的身子，把自己拉起來。萊娜抓緊他。「對不起！對不起！瓦西里！」她在大風裡喊著：「都是我害你的！」

「你沒有害我什麼，」瓦西里說。

「不，聽我說。要是我們找不到路，」萊娜說：「對不起，都是我害你的。」

然後，突然間，他們看見一些樹木，一整面的樹木。

「燈火，」瓦西里說：「就在樹木旁邊，萊娜。」

他試著撥開眼前的驟雪，希望那不是某種殘酷的零下幻景。他硬睜著眼，頂著風，也頂著雪。前方有一些岩石露出來。他爬上其中一處，爭取更佳視野。沒錯，那裡有樹。他確定這就是那一小群房子的所在。「萊娜，」他說：「那些樹。」

他轉過身去，整個人很興奮。一股歡喜貫流他的心臟。突然間，他感覺不到寒冷。「樹，萊娜，樹啊！」他喊道。

當他轉過身，萊娜卻不見了。

他起初沒看見萊娜，只看見那片雪，看見上頭泛出股紅。鮮血有如水晶觸角，在雪白中發散各方，弄出一片紅色窗花，源頭就是萊娜的後腦杓。

她的身體扭曲得很恐怖，那個弧度很柔和，但不自然、彎得不對勁，就好像遠處山丘的山頂，就好像烏拉山脈本身的形狀。他衝向萊娜，扶起她的頭，結果湧出更多血。他把手放上去，她的溫熱鮮血滲了出來，滲到他手上。

「我的腿，」萊娜說：「我的腿在哪？」

萊娜的雙腿完全失去知覺，瓦西里擔心她是弄斷了背脊，她剛才往後摔在一大塊石頭上。

回到倫敦之後，一位擔任醫療顧問的朋友告訴我，受傷發生在背部愈高的地方，骨折的後果就愈嚴重。傷到脊椎頂端幾節椎骨（C1到C4）和相關的神經根，就有可能導致四肢癱瘓。在萊娜的情況，癱瘓的就是她的雙腿。她把頭砸在西伯利亞那一大塊石頭上，結果重創了上背部。在醫學上，那可能會被診斷為脊髓和頸神經創傷造成的下身癱瘓。

然而，這樣的教科書定義沒有什麼意義。現實就是萊娜癱瘓了，不能動，受困在雪裡。

14. 生命中的一年

　　地面凍得太硬，讓瓦西里埋不了萊娜。所以，這個來自中亞深處廣闊草原的年輕女孩，在那西伯利亞荒野裡得不到妥當的墳。

　　但是，瓦西里盡了力。起初他打算用鞋帶綁起兩根樹枝，立起一副十字架，可是他接著想到，不，她是穆斯林。於是使出餘力，從林線拖來一根葉子茂密的樹枝將她蓋住。他在頭部位置立了一根樹枝，那是他能找到最直的樹枝。他把那根樹枝用力插在地上，直直指向天空。他想放個什麼，來標記這個地方，藉以宣告這裡有人、這裡有某個人。他不知道還能做些什麼，於是默默站在那裡。

　　直到幾個月後，他才知道，自己真正希望當時做了的事是什麼。

　　「我希望在我用雪蓋起她的臉之前，」瓦西里告訴我：「我希望我說了她跟我說的那些話。」

　　「哪些話？」我問道。

　　「你知道，他們在那時候對她說什麼。」

　　「哪時候？」

　　「在她出生的時候，那位族中老人在她耳邊說：『萊娜、萊娜、萊娜。』我希望我說了那個。」

　　瓦西里重新出發去找燈火，可是燈火消失了。難道都是他想像出來的？他蹣跚前行，經過樹林，穿過雪地，來到他想像中燈火所在的地方。當他氣力漸失，他很希望能回到萊娜身邊。如果一切就將如此結束，他希望不要自己一個人。他不知道自己身在何處，或者在做

什麼，只曉得死到臨頭。雪地在他眼前冒煙，起起伏伏的。他涉過不斷累積的西伯利亞雪堆，速度愈來愈慢。他的身體逐漸關閉，心靈卻逐漸開啟。他想著父親，想著父親坐在豹紋椅子，凝望那隻流浪狗死掉的位置。他努力不去想柯里亞。想起柯里亞太令人痛苦了。他想起父親和那張豹紋椅子，還有那條路的海報，就在玻璃後面，永遠都在玻璃後面。但願自己能找到路。

他癱著四肢躺在雪裡。他不再落穿雲間。雲都落下了。

當他醒來，眼裡只看見一副眼鏡，是厚厚的老式眼鏡。眼鏡後面那雙眼睛注視著他，目光在他臉上緩緩移動。他試著起身。有個東西將他壓下——而那副眼鏡幾乎沒動過位置。

「你不可以動，」眼鏡人說：「你差點就死了。」

然後瓦西里又陷入不省人事。當他下次醒來，房裡並沒有別人。

瓦西里撐著虛弱的身體下床，把自己拖扯到窗邊，還用指尖抓住窗臺，就像是攀著木筏。他望向窗外尋找萊娜。他後來才知道，他在將近兩天內時醒時昏。暴風雪已將一切化為一片白色虛空：整個世界都被抹掉，變成一種無情的單調。經過那場可怕暴風雪，他無從知曉萊娜所在，就像誰都無從在一片無邊海灘上找出某塊卵石。

他又昏倒了。

他所意識到的下一件事，是來自另一間房室的聲音——房門掛著一件飾有小白花的粉紅俗氣浴袍，門內一定是有另一間房室。那裡有一些聲音，不是女人的聲音，而是男人的聲音，而且有好幾個男人，全都向同一個男人說話。他們開始化為談話電臺或電視頻道。瓦西里無法確定，音量太小了。不過他們是在爭論。他們是在爭論什麼？瓦西里意識到，生命這麼短、這麼不穩，隨時都會被掩蓋和遺忘，所以他們到底在爭論什麼呢？難道他們都不知道生命這麼短促嗎？難道他們都還不明白——難道除了他，沒人懂嗎？

瓦西里又開始意識到那副眼鏡，只是時間不長。她是誰？她是

真實的嗎？是他的搭救者嗎？如果他被要求描述她、認出她，他講得出的就只有那副眼鏡。

或者，也許這就是人死後的感覺，瓦西里是這麼想的。一群人爭論不休，還有某個人看著你。

瓦西里又沉回內心的虛空裡，那是另一種白矇天。

▶ 沒人在乎我們這種人

他下次醒來，是從睡夢中被輕輕搖醒的。這次不一樣了。透過那一小片高窗，可以看見天空變了顏色，如今是明亮的藍色。天氣正在好轉。他也是嗎？

那片白色地獄過去了，拋下了他，帶走了萊娜。他被搖動，搖得很輕，但就是搖著。這回沒有眼鏡。他幾乎就要想念起那副眼鏡了。他繃緊頸部肌肉，轉過頭，抬望雙眼，直直看著——Z的臉。

瓦西里試著跳下床。他感覺一股劇烈扯痛，原來是他的肌肉和關節遇到阻力。他的雙腳被綁在床上，雙手也是。粗粗的繩索纏繞他的手腕和腳踝，他一動就咬進皮膚。

「告訴我們，那女孩在哪，」Z說。

Z背後還有兩個人，其中一個有槍。

瓦西里向他們瞪了回去，沒有作聲。

「告訴我們，她在哪，」Z說：「然後我們就讓你走。」

瓦西里對他們說：「我永遠不會告訴你們。」

其中一名蛇頭掏出他的槍，是一把沉甸甸的克拉克。他拿槍指著瓦西里的臉。然後Z微微點頭，目光輕閃。那人便把槍高高舉起，往下砸在瓦西里的頭上。

今天，瓦西里頭上仍有一處輕微凹陷，那就是被克拉克槍托擊中的地方。他頂著那處凹陷，就像戴著某種徽章、某種紀念。

下一次清醒，瓦西里發現自己在一輛廂型車的後車廂。他的雙手被反綁在背後，雙腳被某種膠帶緊緊纏在一起。他感覺自己像條魚。

Z坐在橫跨整個後車廂的座椅上，往下看著瓦西里。那輛廂型車正在行進，而且開得很快。瓦西里可以聽到其他車子的聲音。也許是在高速公路上。

「我們找到那女孩了，」Z說：「都是你那根笨樹枝，告訴我們在哪裡。你在乎她。害得我心都淌血了。」

瓦西里不作聲。

「可是我們是怎麼找到你的呢？那就是你不知道的了。你可以開車在俄羅斯、西伯利亞、哈薩克到處跑，可是我們還是找到你了。」Z將目光挪向瓦西里臉上，「那就是你想知道的，不是嗎？我們怎麼找到你的。」

瓦西里還是不作聲，但他的確想知道。也許他的眼神閃了一下。

「啊，是呀，」Z點頭說：「怎麼找到的？我是怎麼創造這個奇蹟的呢？」

瓦西里覺得自己知道答案，不過他想讓對方講出來。他想知道那不是他的錯。

「他們找到你的時候，」Z說：「你身上帶著手機。當然，你把我封鎖了。我打你電話，打了又打，都打不通。不過，你沒清掉通話紀錄，沒清掉我們之間的所有通話。所以那些人（瓦西里的搭救者）打電話給我。他們很擔心，他們覺得你快要死了。我也很擔心，我說：拜託照顧我弟弟，我會過去，我會好好付你們一筆錢來救我弟弟。」Z稍作停頓，回味一下自己的好運、瓦西里的厄運。「你知道的，你好好付一筆錢給人家的話，他們會怎樣。所以現在你想知道自己會去哪裡。」Z停頓下來，望向車輛前部，望向擋風玻璃。「一個爛地方。然後你想知道未來會是怎樣。一種爛生活。我可以殺了你，可是現在這樣會更慘。我要更慘的。」

接著又是一次停頓。

「所以你還是什麼都沒說，」Z 說：「那樣很好，我不想聽你的問題。要不你就做這個做一年來還我錢，然後我們之間就沒有債務關係，我們之間就再也沒有什麼了。要不你就跑掉，你可以跑掉。不過要是聽到你跑掉，那麼我們就會花時間找你，然後你就會一輩子擔心我會不會找到你。你可以任選一種，哪一種我都無所謂。真的，我無所謂。」

有好長一段時間，瓦西里都不作聲，直到他終於再也忍不住了。他說：「你知道嗎，我在想你是個多了不起的大人物。非常重要，非常了不起。因為，需要一個很了不起的大人物，才能弄到這些女孩，出賣她們的肉體，然後拿到錢。多了不起的一個大人物啊。」

Z 笑了。「你就是那麼想的嗎？你覺得我們大老遠過來，從莫斯科開車到西伯利亞裡面那個爛地方，是為了什麼？只是為了賣掉她們賺錢嗎？你是那麼想的嗎？」

「不是，你會在莫斯科給她們好工作，」瓦西里說。

Z 又笑了。「你什麼都不懂。真的嗎？你是那麼想的嗎？我們大老遠過來是為了賣掉她們嗎？」

「不然呢？」

「你懂的真他媽的少，對吧？」

「什麼？」瓦西里說得更生氣了，「不然呢？」

「我們做了這一切，我們大老遠過來，是要看看這些女孩有沒有哪一個值得賣。」

瓦西里跟我說，他當時他沒作聲。外面的車輛轆轆前進，奔向何方他不曉得。他覺得很反胃，記憶中沒這麼反胃過。

Z 接著說：「這些讓你這麼看重的女孩，她們大部分都不值錢，她們大部分都是廢渣。你不懂嗎，世上有幾萬、幾百萬個那種的，她們都是廢渣。是啊，有時候會有男人為了她們付些錢，可是她們還是

廢渣。所以,這麼在乎她們的你,你比廢渣還不如。」

瓦西里想要尖叫,他想殺了Z,但卻保持完全沉默。

「不是嗎?你覺得我說錯了嗎?」Z繼續說:「想想到底是誰害死她的?是我還是你?現在你告訴我,嘿,你告訴我,誰是老大?」Z狠狠踢了他的臉一下。不,那更像是用踩的,踩得他臉頰裂開,只是創口不深。

「我把你賣掉了,」Z說:「一年。你去工作個一年,真正的爛工作。做完一年,就全部了結。你可以把事情搞大,去報警,你自己決定,你知道結果會是怎樣,沒人在乎我們這種人。」

瓦西里每天工作十四到十六個小時,通常每週七天都是。那是極為辛苦的勞動。起初,他得工作來付掉他到當地的「旅費」,然後還要持續付錢換取住宿和糟透了的食物。看起來似乎不可能清光債務,他瞭解這種花招。然而,在某種意義上,他正在努力清償另一筆債、他自己的債。為的是萊娜發生的事,為的是他自己那種贖罪。

瓦西里被帶到高加索,該地區就在俄羅斯南端,位處黑海和裏海之間。他到那裡當奴工,只是沒被那麼稱呼,先是在營造業,然後隨著天氣好轉而南下務農,地點就在亞塞拜然和達吉斯坦。(達吉斯坦是穆斯林為主的俄羅斯自治共和國,那裡住著達爾金族、阿瓦爾族、庫梅克族、列茲金族和車臣族。)

幾年前,就在 1999 年,伊斯蘭國際旅(IIB)從車臣基地突襲達吉斯坦後,俄羅斯就入侵了鄰國車臣。「你知道的,在達吉斯坦的這個部區域,他們覺得像我這樣的俄羅斯人,」瓦西里說:「是敵人。他們把我當作被俘的敵人對待。」

其他工人都來自各個前蘇聯的中亞共和國,其中有許多人來自烏茲別克,是被所謂的「就業仲介」騙來的。瓦西里跟我講述他在達吉斯坦的某個同事試圖逃跑的經過。「這個烏茲別克人,」瓦西里跟

我說：「他們抓到他，然後把他帶到所有工人面前，他們差點把他打死。事情就是那樣。」

所以瓦西里成了苦力，如同他那位參與重建莫斯科的偉大祖先。瓦西里最終落腳伏爾加格勒，也就是從前的史達林格勒。高聳入雲的建物到處都是。沒人問過那是誰建的、他們的工作環境如何、他們是怎麼被對待和虐待的。然後突然間，一切都結束了。一年過去了，他自由了，再也沒有人擁有他。這算不上什麼安慰。他幾乎不想擁有殘存的自己。

他所想要的就是離開俄羅斯。又一次，他凝視眼前的路，就像他兒時站上豹紋椅子、盯著父親那幅海報那樣。眼前的路通往哪裡？最近的邊境在一百英里外，那裡是哈薩克。

▶ 另一個國度

我跟瓦西里在一起的時間，就快結束了。

「所以，」我問他：「你是因為萊娜，才去哈薩克的嗎？」

他噘起嘴。「要是沒遇見萊娜，我絕對不會想到這個地方。」

我跟馬扎恩在沙丘附近的對話，一直煩擾著我。所以，我問瓦西里：「我有個哈薩克朋友，她說這有點奇怪，萊娜的父親竟然跟她切割——」

「切割？」

「說萊娜再也不是他女兒，因為她離開，去了阿拉木圖。我朋友說有很多女孩子離開村莊、離開鄉下，去了阿拉木圖和阿斯塔納。」我一直告訴自己，我不是在詰問證人。然而我承認，我的確想要逼近真相。

瓦西里沒作聲。

「關於那回事，萊娜說過什麼嗎？」

瓦西里不自覺用手梳過他的平頭，也就是那輕微凹陷的所在。他在說話時垂下視線。他在看什麼？他看到了什麼？「在廂型車裡，就在我們開車的時候，我們一直聊、一直聊。什麼都聊。她說他們在烏茲別克。」

「烏茲別克？」我說。

瓦西里抬頭看，眼睛睜得很大，眼神很受傷。「她沒有告訴我每件事情。時間不夠多。雪來了，我們就丟下廂型車。」

「她是烏茲別克人嗎？」我說。

「哈薩克，」他加強語氣說：「哈—薩克。不過或許他們在烏茲別克有家人，我不確定，她兩邊都去過。我不是百分之百確定。」

後來我發現，有很多哈薩克人住在烏茲別克這個南邊的鄰國。馬扎恩在塔吉克斯坦也有家人。哈薩克人到處都是。

「這或許可以解釋，為什麼她父親這麼生氣，」我說：「如果說她是要去阿拉木圖，去另一個國家。」

「這個我不知道，」瓦西里說：「她告訴我這些的時候，雪已經下得很厲害。」

「萊娜的全名是什麼？」我問道。

「她沒講過。」

「她的護照呢？」

「她的證件全在廂型車裡。Z把廂型車拿走了。」

我拚命試著把事情拼湊起來。

我試圖做什麼呢？找到真正的萊娜嗎？「所以當她說不想回去哈薩克，也許那裡不是她家。也許……」

「我不大確定，我是不是都講對，」瓦西里說：「這就是我記得的。我沒跟你講到烏茲別克，是因為我不大確定。很抱歉，我不大確定。」

「沒關係的，」我告訴他：「瓦西里，真的沒關係。」

這次談話很長，瓦西里累翻了。

我寫下一頁頁潦草筆記，記錄兩個人的生命，還有他們如何相遇又分離。其中一人來自哈薩克以北那個國家，另一人或許來自那個國家以南──也許是來自烏茲別克。這只有天曉得。

我們踏進阿拉木圖的街道，這一切全都衝過我腦海。附近看不見的地方，傳來尖銳的警笛聲。

「那麼柯里亞呢？」我說：「柯里亞怎麼樣了？」

「下次吧，」他說：「現在太累了，下次吧。」

我點點頭，不過，雖然哈薩克還在夏天，而且很暖和，但我心裡卻想著西伯利亞的雪，看見那雪慢慢飄落，蓋起一位年輕女子的臉。而我在想：萊娜，你到底是誰？

15.　把天氣帶著走

　　最後一次見面的時候，瓦西里非常興奮。這是他唯一的一次比我早到約見地點。這次我們約在初次見面的公園，就是我見到假奧列格的地方。這時正值午後近晚，而他帶了他的「小傢伙」。

　　他的鍾愛對象一身棕褐色，有條又長又捲的尾巴，還有個尖尖的吻部，而且又瘦又優雅，跟柯里亞不能更不同了。儘管如此，瓦西里還是很得意有她。她病了一陣子，但如今似乎正在康復中。我彎下腰去摸摸她，這時有片葉子在山上吹來的微風裡滾過草地。這隻狗狗的光亮皮毛在向晚夏陽裡暖暖的。搭救不僅關乎結果，而且關乎我們干預的原因，也關乎暫時解圍。

　　「他們說，」瓦西里說：「有時候，這些女孩會搭飛機到美國和羅馬。她們有很多錢和衣服。」

　　「她們是被用飛機送去的，是被迫的，」我說：「瓦西里，她們並不自由。」

　　瓦西里在我身旁彎下腰，拍拍狗狗的臀部。她喜歡瓦西里激烈弄亂她的毛皮，愈粗魯愈好。我也加入了，這隻年輕狗狗幸福享受所有關注。在緩勢上升的天山的天視底下，山地雪原隨著落日轉為粉紅，年輕狗狗的長尾巴悠悠拍打著阿拉木圖的草地。最終，瓦西里跟我講了柯里亞的事。

　　他在動身前往西伯利亞之後，就沒再見過柯里亞了。

　　當瓦西里沒從新西伯利亞回去，他跟 Z 的共同熟人就找上照顧

柯里亞的朋友，去把牠帶走。沒人知道柯里亞後來怎麼樣。當瓦西里跟我講到他心愛的小沙皇，有時候就好像柯里亞和萊卡已經融合為一，即便兩者的性別和世代都不同。兩者各以不同方式，突然消失得無影蹤，而且下落不明。

哈薩克（Kazakh）這個詞的來源有好幾種解釋。哈薩克人是突厥民族，所以有一種理論認為：哈薩克源自土耳其語的 *qaz* ──意為漫遊。

萊娜的漫遊，將她自己從草原（無論是在哈薩克或烏茲別克，還是兩者都有）帶往城市，帶往西伯利亞，帶往她的死亡。她為什麼那麼做？我想，那是因為她想認識這個世界。

我之所以寫下這些，之所以從〈第九種人性典型：搭救者〉篇章的數個備選故事裡，選了萊娜的短暫人生，是因為我希望這個世界瞭解一下：像她這樣的年輕女性是被怎麼對待的。

這一切都是十多年前的事了，當你研究人口販運的可怕陰謀，你會看到成千上萬像是萊娜的弱勢女孩，此刻即將跌入災難。所以，這世上有很多萊娜。當然，世上也只有一個萊娜。

她們在哪裡？她們住在哪些地方？這個〈第九種人性典型：搭救者〉篇章，從哈薩克去到西伯利亞，再到達吉斯坦，然後又回到出發點。我想補充說明的是，這個篇章走過的還有另一個國度。那個國度沒有國界，也沒有國歌。那裡沒有自己的語言，卻有幾乎每種語言。那裡沒有政府，卻按自己的規則運作。軍隊打不敗它。警方阻止不了它，有時候甚至還加入它。這個地方有一種共通貨幣：對人類同胞的徹底剝削。

那裡的祕密小徑和支流，流動著人流，就像水流流過水管。這行業如今的營業額高過軍火貿易，而且在世上最賺錢的跨國犯罪裡，僅次於販毒。要造訪這地方很容易。你只需要隨便去到哪個城鎮，往左轉而非右轉，走進你平常不會走進的巷子，爬上你平常不會爬上的樓

梯，撥打你平常不會撥打的號碼。你可以在網路上發現，一大堆這種
電話號碼等著你。當時萊娜就是慢慢被拉進這另一個國度，被拉進人
口販運領域的這個國度，直到瓦西里在西伯利亞一家餐館跟她說話。
為什麼瓦西里要賭上性命那麼做？

▶「有條件的助人」是基本人性之一

　　從社會神經科學研究浮現的圖像是：那些涉及合作行為和助人的
腦部歷程，跟基本的神經建構單元交疊。那些歷程會啟動用於學習、
酬賞和懲罰的神經迴路。

　　這幅被神經造影照亮的科學圖像顯示：在若干重要面向上，經濟
學理論有些基於「理性的、自利的個人」的關鍵假設，並未反映實際
的發現和人類腦部的實際運作方式。

　　科斯米德斯和托比（見第349頁）這兩位演化心理學的先驅認為
有條件的助人（conditional helping）的證據是如此普遍且可靠，所以最
簡單、最精簡的解釋才是真的：有一項運算適應已在演化時間裡，在
人類身上演化出來。該適應是針對我們其中一項基本生活難題：如何
跟我們物種的其他成員打交道、合作和社交。正如埃默里大學的瑞林
團隊提醒我們的，「跟非親屬的合作性質的社交互動，遍及所有人類
社會。」

　　自從採獵群體擴展到超出狹隘的親屬圈，跟非親屬同種合作的必
要性，可能就成了我們祖先必須解決的一大難題。科斯米德斯和托比
認為，解決辦法就是一項特定的演化適應，那是我們心智裡的一種機
制，可以促進我們的社交互動。

　　那種機制，貫穿了文化和時間，貫穿了海洋和世紀。

　　這些神經迴路不僅關乎專求自利的行為，還會酬賞我們的合作行
為，酬賞我們幫助別人。放棄對自己有價值的東西去幫助別人，這麼

做真的會讓我們感覺良好。這不是一種幻覺。這不是我們深藏的利己
主義在惡意假裝，非要我們也偷偷受益才會滿足。我們腦部的這一部
分——我們眾多自我裡的這一個「搭救者」模組，正是科斯米德斯和
托比所宣稱的「複雜、普遍人性的一個組件」。

那是我們的一部分。

或者說，那是演化而來的我們的一個明顯部分。

▶ 互惠利他之演化

讓我們回到開始的地方。回到蘇珊。

當時你想怎麼做？你是真心考慮跟她換位子、並接受幾次電擊
的嗎？我猜你很可能是。

若是如此，那麼你就會跟大多數肯換位子的人為伍。回想一下，
甚至在「逃脫」（一走了之，然後洗手不幹）很容易的情況裡，巴生
團隊的那些受測者竟有超過 80% 肯換位子。我們必須承認，助人衝
動有一部分是為了減輕我們目睹他人受苦難而感受的苦惱。這一點很
清楚。然而，正如巴生團隊有力主張的，「事情沒那麼簡單。」

神經科學已經證實，當我們的行動超越狹隘的自利，大腦的神經
酬賞系統就會觸發。即便我們可能會受到某種低量卻不舒服的電擊，
但我們的大腦仍會因為「我們為了蘇珊犧牲了自己」而給予酬賞。

如果這些系統已經演化出來，它們有可能提供一些生存利益。也
許是促使我們跟狹窄親屬圈以外的他人進行社交互動。那種社交衝動
是我們並不總是承認或肯定的。實際上，我們從慈善捐款研究得知，
如果我們覺得自己的行為更類似交換，而且包裝得不像純粹的利他，
那麼我們會更願意做慈善。這很有意思。我們想要告訴自己，我們的
行事是出於自利，即使事實不然。那樣讓我們比較自在。即使當我們
無私行事，我們還是喜歡用虛構的交換，當作遮羞布。

　　話說回來，這確實是某種交換。我們再回顧一下崔弗斯（見第505頁）的主張，他說這是「互惠利他的」。順便一提，我有幸在倫敦某場演講後，跟崔弗斯結識和交談。崔弗斯在 1971 年，寫出一篇開創性的論文，題為〈互惠利他之演化〉。這篇論文後來深深影響演化生物學的發展，以及對於人類行為的理解。

　　崔弗斯寫道：「某人去救一個非親非故、行將溺斃的人，那就是利他的例子。」那種行為（無疑是人類行為的一部分）如何、又在何時會顯得具有適應性？如何、又為何會在人類社會中散布和延續？

　　崔弗斯推論：在某些情況下，幫助無親緣關係的其他人，可能會是一種具有適應性的選擇——只要這種表示、這種恩惠、這種搭救，有可能獲得回報；只要這種性狀傳播開來，而且成為社會生態的一部分。

　　當然，風險就是受惠者不回報（也就是詐取）。因此，崔弗斯推論，某些複雜的機制會被演化出來，以警戒、監管和懲罰那些詐取行為：「天擇將會迅速偏好某個複雜的心理系統，這個心理系統能夠調節個人自身的利他傾向和詐取傾向，以及調節自身對他人的這些傾向的反應。」

　　如果詐取行為帶給背叛者的不利後果，超過獲利，那麼詐取行為就會被淘汰。比方說，如果詐取者受到冷遇，或者遭受懲罰、奚落、避之唯恐不及、孤立。

　　崔弗斯寫道：若是如此，「天擇所偏好的心理系統，應該同時允許個人從利他行為中獲益，並保護他免於受到各種粗暴的詐取或奸巧的詐取。」套用板球術語來說，這一切都是要把球投向三柱門的漫長助跑。

　　我們還是得回到瓦西里和萊娜的案例，才能把這些理論的實際意涵，看得更清楚。

▶「搭救者」教了我們什麼？

瓦西里可以看見那就發生在他眼前：萊娜正在溺水。

他該怎麼做？如果瓦西里將其假裝為某種交換、某種意義上的自利，那麼他很可能會更能處理他對萊娜的幫助行為。然而客觀來看，那是怎樣的交換呢？為了萊娜而賭上性命和未來的瓦西里，將會換回什麼呢？

設計出慈善捐獻「交換假象」實驗的霍姆斯（見第 483 頁）與同事斷言：「看起來太過居於社會中心，可能會讓人可疑。」意思是：我們猜疑那些看起來太好的人，我們難免覺得他們好到不像真的。瓦西里生命中的深切諷刺就是，最深切猜疑他行為的人正是他自己。他不相信自己是個好人，也不相信他內心有半點真正的好。

瓦西里得做的抉擇並不容易。人們可能會哂笑認為，在人狗之間做抉擇是件簡單事。然而，瓦西里並不真正瞭解萊娜，才剛認識她而已。套用演化理論的術語，萊娜是非親屬、無親緣的，是我們比較慢去幫助的那種人。另一方面，我毫不懷疑瓦西里很愛柯里亞。

人狗關係可以追溯到遠古。只要我們想想那隻初始狗，亦即西伯利亞洞穴那隻距今三萬三千年前的早期狗，就能開始領略人狗共同生活的程度，以及我們對狗的深深情感。換個說法好了，因為很難想像這段時間有多長，所以就請試想我們得往回走幾個世紀，才能去到耶穌誕生和凱撒遇刺那時。想想那一大段時間，然後乘以 15 到 16。盜匪洞犬就是在那麼久以前跟著我們。

或者再換個說法：在盜匪洞犬的時代，地球上還有別種人類——尼安德塔人。因此，瓦西里的困境也就是：是否要賭上自己和柯里亞去救他才剛遇到的這個年輕女性，這裡頭包含著乍看之下可能不明顯的複雜度。

為了他的選擇，他吃盡苦頭，而且他至今仍然感到痛苦。萊娜死

去那時在西伯利亞大雪裡發生的事情，並未離開他，他一直都帶在身上。無論他到哪裡，那些事情無疑都在，就像天山始終覆著那些高出阿拉木圖的不融雪原。

那麼「搭救者」教了我們些什麼？看起來，我們很可能演化出某些很複雜的執行系統，使我們敏感起來、去出手助人。這樣一套演化而來的系統會是具有適應性的，因為天擇會擇取這種系統，而非個體慣行詐取的那種情況。但這樣一套系統也會是不夠穩定的，而且還會當機。然而，「搭救」行為很可能不是發展自禪宗式無我意義上那種純粹而徹底的利他，而是源自一項更微妙的現實：搭救者可預期「在往後有需要時可獲得助力」的這套系統，就是比較好。這很可能在演化上更成功。平均而言，更多我們的基因有可能因此而傳衍下去，互惠利他是行得通的。

因此，如果說我們這個物種能夠產出 Z 這種人，那麼我們內在也有個瓦西里——誠然他憂慮而苦惱，無疑他不完美而善變。不過科學研究或事實都顯示：我們內心裡的「瓦西里」似乎能夠為了他人而賭上自己。這種人類行為並不是為了隱藏純粹自利，而做出來的偽裝或掩飾。事實上，最誤導人的，就是宣稱我們只能為了自身最佳利益而行事。實情要比那樣還複雜。

我們內心有一種衝動，想要減輕他人苦難，無論那是像蘇珊這樣沒有真實血肉的虛構人物，或是像伊蓮這樣未曾謀面、只是扮演受苦角色的人，還是像萊娜這樣非親非故、而且可能不會再見到的人，又或者是像 Z 的狗柯里亞那樣、其實屬於別人的受虐動物。我很高興知道這點。

我並不認為「這樣的系統或情感是基於整體的演化利益而演化出來」這項事實，會使它貶值。正好相反，我們可以很有信心去反駁許多人說的「生命是一場所有人對所有人的無情戰爭，人人都只為了自己」。科學證據愈來愈不支持那種主張。

事實上，我們是社會性動物；我們可以表現出同情心；我們可以為他人犧牲自己。

我問過瓦西里，他之所以那麼做，有沒有可能是因為被萊娜吸引——這個話題很敏感，所以我旁敲側擊。瓦西里的回答是，「當時她不是我喜歡的那種女孩，」他停頓了一下，又說：「現在她是我喜歡的那種人。」然而，人的動機很複雜，而且就像法律和心理學告訴我們的，動機可以是摻雜的。但是，我相信瓦西里。他們的故事似乎要比性吸引力更偉大、更崇高。

至於萊娜的故事，我知道要是能有完整的敘述就更好了。要是我們能有完整的生活就更好了。我意識到我提供給你的資訊裡，存在一些罅隙，有好幾個重要的資訊漏洞。然而，我盡了力，然後將就。在我看來，其中一大漏洞就在瓦西里內心深處。在那個部分裡，他把自己想得很糟。「搭救者」之謎就在人類奧祕的核心附近。開展中的解答讓人有機會另眼看待自己，看成比我們通常相信的更良善。我希望瓦西里能瞭解這一點。我認為，正是瓦西里，讓萊娜（無論她是誰）在最終瞭解了人性良善的一面。

▶ 駭人聽聞的罪行

此刻受害於人口販運或現代奴隸制的總人數，並不確定（由於某些明顯原因，該數字無法確定）。聯合國和國際勞工組織等國際機構的官方估計數字，是在二千萬人到三千萬人之間——二千萬名到三千萬名現代奴隸。一般認為，目前世界上的奴隸要比史上任何時刻還多。正如聯合國毒品暨犯罪問題辦公室（UNODC）所述，那發生在所有地方。換句話說，那正發生在你身邊。

部分原因在於激增的人口。而且，對於犯罪組織來說，比起其他非法活動，販運人口是高獲利且相對低成本、低風險的選項。該現象

滋生於社會不穩定、經濟動盪和混亂，而這一切在過去二十年裡層出不窮。

根據美國國務院在 2009 年的估計，每年新增六十萬人到一百萬人被跨境販賣，而落入強制勞役和奴隸的行列。今日，每年增加的奴隸數量可能接近於一百萬人。萊娜原本會成為其中一個。

在某些方面上，萊娜的情況很典型：大多數人口販運都會跨越至少一道國界；70% 到 80% 是為了性剝削；那些性販運的受害者幾乎都是婦女或兒童。在國際法裡，人口販運就意味著：基於營利型性剝削或強迫勞動或奴役的目的，而遭受脅迫、暴力或欺詐。整件事涉及剝削弱勢者，也涉及權力和獲利。

由於你已知的那些原因，當達雅在阿拉木圖進入了萊娜的人生，萊娜會特別容易上當。販運者很擅長鎖定這種孤立、不安和脆弱。在萊娜身上，販運過程始於欺騙：她先後被達雅和 Z 所騙。毫無疑問，要是瓦西里沒有插手，萊娜會受騙到莫斯科，被人用毒品、脅迫和暴力手段，進行控制與剝削。那在性剝削裡是很典型的模式。

聯合國發現，世界各地有超過五百條販運通路。這些高效率的剝削通路，有一條是發自各個前蘇聯的中亞共和國（亦即斯坦諸國），往北進到俄羅斯，受害者就在那裡遭到剝削、或是再被送走——有時候會經過波羅的海諸國（立陶宛、拉脫維亞、愛沙尼亞）這樣的販運集散地，最終可能去到西歐。萊娜本來可能不會留在莫斯科；她本來可能會流落到法蘭克福、巴黎或倫敦之類的城市。但這名來自中亞草原的女孩，原先只是夢想著要看看山的另一邊有什麼。

上述不過是五百條人口販運通路的其中一條而已。可見，這種剝削行徑的規模涵蓋全球——就這是為什麼，那是我們所有人的問題。

每年都有成千上萬為了性剝削被販運的年輕婦女或女孩，死於照管不周，或是被疾病磨耗、或遭到殺害。其中有許多就只是消失了，像是萊娜。

在《駭人聽聞的罪行》（*A Crime So Monstrous*）這部探討現代奴隸制的著作裡，作者史金納（Benjamin Skinner）估計，每年死亡的「現代奴隸」人數約為三萬人。然而，我們無從得知所有現代奴隸的實際情況。這個篇章所講的，也只是其中一名失蹤者的故事。

▶ 生而為人

「我不是英雄，」瓦西里這麼告訴我。

他說得沒錯。出手搭救，並不一定是為了當英雄。在某種被忽略且不夠受重視的意義上，那是為了當人。瓦西里選擇幫助萊娜，他的心念始終未動搖。我喜歡這麼想：瓦西里的選擇是為了我們——為了我們人類。

美國文學家福克納告訴我們，過去往往還沒過去。

所以，瓦西里繼續帶著那東西前進，就是他口袋裡那個裝著小白菊膠囊的白色小塑膠瓶。瓦西里在他父親把守的那條路上，出手救人。這位「搭救者」甚至在中亞夏季的頂點，都還帶著同樣的冰寒氣息，一如西伯利亞的雪。因為在那場西伯利亞的大雪之中，他失去的不只是一年生命和一隻來自莫斯科、喚作柯里亞的矮胖狗，還有一個名叫萊娜的年輕哈薩克女子。

第十種人性典型

護親者

我們內在有許多尚未測繪的領域，
必須考慮進來，才能解釋我們那些狂風暴雨。

—— 艾略特，《丹尼爾的半生緣》（1876 年）

The Kinsman

1. 野狼

人生可以很快轉變的。

那用不了太久，就只需要一條簡訊。就像本書〈前言〉假設情境裡，那個收到簡訊的角色——那位不顧槍手出沒、仍挺進學校走廊的家長。

我在等候，打發時間，把時間浪費在我們都會做的事情：隨意掃視手機螢幕、發電郵、發推文、發簡訊。那是在一場謀殺審判的休庭時間。當時我正做著我另一份工作，也就是當律師。這案子進行得很順利（在這種情形下），我們的辯護主張贏得支持，對方證人被揭穿說謊、全都垮了。情況看來不錯。這是那種極為罕見的時刻之一：勢頭明顯轉變，潮流對你有利。

我身旁坐著我的初級出庭律師薩迪克，是個來自北部的熱血年輕亞裔律師。我們在審前準備裡，腦力激盪和努力好幾個月，就是為了這樣的結果。雖然我離家很遠，但一切仍然都好。

這時候，那一連串訊息出現在我手機上。走出法庭，我就打開手機，然後看到一條接一條的訊息：

回電
盡快回電
請馬上回電

出事了。我回了電，而且就跟所有在這種處境下的人一樣，也被要求去做那件不可能的事：「盡量不要擔心，不過，你女兒捲入一起事故。」我不聽話，我沒能遵照吩咐，我擔心了。在那一刻，一切都變了。人生可以很快轉變的，真的不用很久。

我收到第一條訊息的時候，薩迪克正在一五一十，重述我們如何逼得一位關鍵反方證人認錯。後來小薩告訴我，當時他一抬頭就驚見眼前突然變了個人。

即便這片混亂在我周圍展開，我腦子裡還是有一部分在設法分析實際發生的事情。我不是在討誇獎，也不值得受到誇獎：這幾乎就是心理防衛機制的一種轉移（displacement）行為。我試著理智探討眼前情況，在最初那些赤裸時刻，就在一切好像都不真實的時候，麻醉自己不去面對。

在那場謀殺案開庭之前的幾個星期裡，我的腦袋空間——哈佛大學經濟學教授穆拉伊特丹（Sendhil Mullainathan）所稱的頻寬，已被案件證據最微小的細節完全占據、全用完了。在審判期間，你的生活和呼吸都是那案子。在那些日子和星期裡，那就是你的現實，其他一切都變得模糊。然後一下子那就被推翻。這次是被什麼推翻的呢？我想，是「護親者」。

突然間，我變得沒辦法幾秒鐘不想到我女兒躺在醫院外傷中心吊嗎啡。生物規律擊敗法界規律。

這不應該發生的。這不是親職所許諾的。我立刻私下去見法官，結果他正在跟一名臥底警察和控方的御用大律師進行不公開會議。我們在法庭上的勝利，開啟一連串重要問題。檢方有一些敏感性資訊、一些警方情報，要跟法官分享。我必須打擾這一切。

我解釋了情況。「快去、快去，」法官說：「你怎麼還在這？」我立刻出發前往英國的另一端（真的是在另一端）。幾百英里外，我女兒就躺在急診室裡。當年她出生是在我們家裡，來得非常突然，所以

我們不用去醫院。可是現在我們去了。這不是親職所許諾的。我發覺自己還戴著法庭假髮。按照慣例，進入法官辦公室就要脫下，因為這時候法官也沒戴。在整個職業生涯裡，只有這一次我忘了。

我在開庭之前的幾個星期裡，花了很多時間控訴那些辦案警員說謊。當我搭乘過夜火車趕往英格蘭西南部，那些警員透過薩迪克，捎來最好的祝福。大家都很棒、大家都懂得、大家都理解。

他們理解些什麼？我們能理解些什麼？

當我在英格蘭北部某工業城市一場謀殺審判裡，進行交叉詢問，南部某條鄉間小路上一場事故裡發生的事情，誘發了「護親者」——它又來了。

▶ 我很高興我看起來很蠢

好久以前，當我坐在哈佛校園十四樓的棲身處，開始寫作本書，我從未想到「護親者」會如此猛烈衝進我的生活。我看到女兒躺在急診床上吊嗎啡鎮痛，一條碎了的腿被金屬棒弄直，這一幕令人驚慌失措，我知道你會懂的。

在我女兒周圍，除了機器和監測儀器的惱人嗡嗡聲，就只有一片寂靜。在那些個憂慮的日子裡，那就成了我的世界，也是我能想像自己所屬世界的全部。

這又令我想起學校走廊，還有那槍手。在我撰寫本書〈前言〉和第一個假設情境的時候，正好是美國康乃狄克州發生桑迪‧胡克小學槍擊事件的一週年前後。在那之後，出現了一次次暴行，發生了一起起槍擊案。那槍手不僅存在於我們的頭腦裡，他正攜械潛行美國。

我坐在一張太軟的藍色沙發上，就在一片大洋外的某家醫院，一邊想著我女兒在五層樓底下的手術室裡，一邊用 MacBook 寫下這些，試圖在腦袋裡塞進一些別的東西。

我們周遭圍繞著其他孩子，有的生病、有的受傷、有的疼痛，但我多少可以忽略掉他們——這心思夠讓人震驚的了。那就像是當我跟洛慈聊到的，她是第一晚其中一位好到不行的護理師，而當時我更敏感於四周大量湧來的影像和印象，而且還沒學會怎麼擋掉。我問她是如何應對這麼多苦痛、這麼多痛苦的孩子。

「是啊，大家經常問我們這個。那並不容易，」洛慈說：「話說回來，那也很容易，不是嗎？」

「會嗎？」我說：「很容易？真的嗎？」

「他們不是我的孩子，對吧？我連上十二小時大夜班，我得盡力安撫這麼痛苦的孩子們。偶爾我就是沒做到周全，那就慘了，我會很想哭。即便經過這麼多年，有時候我還是很想哭，然後……然後我回家，輪班結束了。但是你的班，」她看著我說：「不會真的結束，會嗎？」

那種輪班的其中一部分，就是我陪著女兒看電影看個不停，因為她試著要讓自己忘記疼痛和眼前的手術。我們看了《鴻孕當頭》這部片，劇情是有個只比我女兒大五歲的好強少女懷孕了。太好看了。這部片的配樂很棒。我們一起唱了其中一首童謠般的好記歌曲。我值班工作的另一部分，就是跟著護送員和護理師一起推著最新型的電動病床，經過光滑的亞麻地板走廊，從兒童病房一路推到手術室。在手術室的前廳裡，麻醉劑被送入她的身體。我得穿上藍色手術服、戴上藍色塑膠帽。我聽到人家說我看起來很蠢，我很高興我看起來很蠢，那是我所能做的最棒的事，我要傻過所有人。

我看著女兒的眼睛，她也看著我的眼睛。我準備了一整打事情要講來分散她的注意力，可是一聽她問：「爸爸，現在是什麼情況？」我就都記不得了。

我正要告訴她我還在這裡，讓她知道她不是自己一個人，她血流裡的化學物質就把她從我這裡拉走，她的眼睛眨著眨著就閉上了。

「沒事的，」麻醉醫師告訴我：「她被麻好了。」

突然間，我就出來到走廊上。現在輪到我自己一個人了。在那些關上的門後面，我女兒正在經歷些什麼？這種恐懼或許只有見過孩子去動大手術的家長，才能想像。我走在光滑的走廊上，幾乎沒發出半點聲音。但就好像我不經意吸收了一些麻醉劑，所有東西都在我頭腦裡相混了：這條走廊、槍手出沒的學校走廊、米亞特一直默默走在他自己那條走廊上。

我的思緒飄到上回我嚇得這麼慘的時候：她出生那時候。前一分鐘她還在她平安待了九個月的地方，然後突然間她就要來了，快到讓所有計畫都煙消雲散，沒時間走出前門趕往醫院了，就連下樓都來不及。她就出生在家裡浴缸。

我繼續昏著頭走盡走廊，心想生命有時可以來得這麼匆忙。我安慰自己，當初我們都應付過來了，也就是說，她都辦到了，如果說我們能度過那次，我們就能度過這次——也就是說，她能辦到。我一再想起《鴻孕當頭》片中的那首歌：地下絲絨（Velvet Underground）搖滾樂團唱的〈我要黏著你〉（I'm Sticking with You）。我一邊走離她，一邊想著那首歌。

手術一再延長，令人煎熬。他們原本告訴我們需要兩小時，如今卻變成四小時，然後又再變成更多。我依舊坐在那張太軟的沙發上。我想起她蹣跚學步的樣子（她並不是很早學會走路），但她接著就無縫踩上踏板車，優雅滑行——我是在炫耀，你懂的。而今，她腿裡的骨頭卻被壓碎了。

手術室還是沒有傳出消息，手術還在繼續。我再次回到那條學校走廊，如今比以往更清楚，要是那槍手出沒，我會怎麼做。我重新估算我個人的數字會是多少、我會放下多少人，只為了救這一個。我把女兒送去手術室，看著她的眼睛眨著眨著閉上了，就知道我的數字往上升了。

我試著去感覺在我腦袋裡執行這些任務的神經迴路、大腦的生物化學機制、電訊號的發射、小小的思想火花。為什麼演化擇取了這樣的方式？演化是為了什麼而形塑我們？

是為了生存，為了我們的基因。那些我們看不見的東西，既是我們，也甚於我們，在我們離世之後，仍將如過往般沿著長長的存在之鏈前進，那長鏈同時伸向兩個方向——我們就在此短暫處於支點，接著我們的基因被傳遞下去，而我們被跨越過去。

你可以在兒童病房的安靜角落看見他們，通常是一對一對的。那些父母往往連話都不說，就只是擁著彼此，試著度過那種既不屬於他們、卻又屬於他們的痛苦。通常他們身邊會有家人和親屬，偶爾還有朋友，不過主要是家人和親屬。

我們聚在咖啡站（醫院貼心提供無限量的茶和咖啡），而且互相微笑。我們知道大家的共同點，也知道那感覺如何。那個共同點就是護親者。

▶ 非洲諺語：養個孩子得靠整個村莊

你還記得烏芭嗎（見第 379 頁），她是安娜在波士頓的朋友，我知道你記得。我說我會再回來談她，我們回來了。

「是呀，你們的吉百利－乳品－牛奶－巧克力，那是最棒的，」烏芭說。我們對坐在波士頓南站大廳的一張金屬桌旁，就在 Dunkin' Donuts 甜甜圈店前面。「我從來都沒發現，」我答道。

「看吧，就像我老是說的。」

「什麼？」

「律師什麼都不懂。」

波士頓南站就在市中心的皮革區，鄰近水岸，位於兒童博物館對面。我還來不及出言捍衛律師這行業的榮譽或放棄那麼做，她就換了

話題。「你穿的是什麼顏色的襯衫？」這大概是我最料不到她會在初次見面問的問題。

「什麼？這件襯衫？」我說。

「就是你身上這件。」

那是我在波士頓公園附近一場特賣會買的，折扣大得離譜。「我覺得是鴨蛋藍。」

「鴨子？你穿著鴨子嗎？」烏芭說：「哪種鴨子？」然後笑了起來，是那種發自內心、格外大聲的笑。「有一次，」她說：「我看到好多鴨子。」

「真的嗎？在哪裡？」

「當我去到阿拉斯加。」

「什麼！」我不記得最近有哪一次對某人講的某件事這麼驚訝。「阿拉斯加？」然後我覺得不妥，馬上補了一句：「是啊，你為何不能去阿拉斯加？」

烏芭是來自非洲的搶眼女性，戴著鮮亮的藍紅頭巾，還有精心塗成緋紅色的長指甲。我曾在某一座哈佛藝術博物館，看過一幅畢卡索畫作。那幅畫來自他的「藍色時期」，繪於 1901 年，畫名就叫作〈母與子〉。我之所以會提到，是因為在畢卡索那幅畫裡，有個女人抱著她的孩子，背靠牆壁坐著。她跟烏芭一樣戴著頭巾，而烏芭也跟她一樣穿著濃濃珍珠藍的豪華長袍。我一看見烏芭就想到：她的穿著很畢卡索，坐在 Dunkin' Donuts 那裡太不協調了。不管怎樣：烏芭的穿著，那種深深的藍，就是很畢卡索。

我們都有一杯咖啡。烏芭先到那裡，然後幫我買了一杯拿鐵。我不喝咖啡，但還是慢慢喝一些。烏芭自己還有一個巧克力甜甜圈，不過她始終沒吃。

「一個非洲人在阿拉斯加，」烏芭笑著說：「我知道，很好笑對不對？」

「不會，」我說。

「會啦，」她答道：「不過你沒問我，為什麼要去阿拉斯加。」

「烏芭，」我說：「你為什麼要去阿拉斯加？」

烏芭環顧波士頓這座熱鬧終點站的大廳，看著熙熙攘攘的人來人往。「你知道嗎，」烏芭說：「他們在阿拉斯加會獵東西。我老家那裡，在我們國家，我們也會獵東西，所以我多少可以理解。可是在阿拉斯加那邊，他們會獵狼。我跟那個獵狼的傢伙講過話，他說，你知道的，狼啊，牠們就像孩子一樣。你會在雪地上看到牠們的足跡，然後不知不覺牠們就不見了。孩子跟狼都是，一下子在那裡，一下子就不見了。你知道嗎，有句非洲諺語說，養個孩子得靠整個村莊。」

「知道。」

「很好。可是，正是為了村莊，所以他們對孩子做這些事。為了村莊，他們做的這些事就一直繼續下去。」烏芭環顧這座熱鬧車站，繼續說：「有些村莊只是比較大。可是，人就是這樣。我們害怕村裡人的想法。我們做著明知不對的事情，就只因為村裡人的想法。那讓人類變得很危險。所以你看，那個獵狼的傢伙說野狼牠們躲著我們，牠們知道我們是這麼危險的動物，是最危險的動物。」

烏芭吊著膽調整頭巾，目光射向我們四周。我該強調的是，烏芭的頭巾不是為了宗教理由戴的。她跟那再也沒有關係。她之所以戴著頭巾，是因為不想被看到。因為談論你即將讀到的內容，她收過一些死亡威脅。「我們就像是變壞的狼。有一天，」她說：「那些狼他們會來抓你。或者你走向他們，而你在那之前不知道他們是狼。兩樣，那些狼他們兩樣都做。」

我試著跟上。「兩樣事情？」

但她卻提起另一件事，「你喜歡音樂嗎？」

「超愛的。」

「那麼我有東西給你。」只是她當時沒說那是什麼。

2. 暴風雨

　　在我們上方，到站離站告示板悄悄翻了牌。要搭往華盛頓特區火車的人龍，從我們前方曲折走過，大多數人都靜靜等候。烏芭要搭去紐約的美鐵還沒被叫到，不過她很焦慮，抬頭瞥向告示板。

　　「沒什麼大不了，」她說：「人都會死。不過他們找不到我的，永遠都找不到我。他們阻止不了我發聲、為我的姊妹呼喊。」

　　「你有姊妹嗎？」我說。

　　「所有女人，都是我姊妹。」

　　「瞭解。」

　　因為開始宣講自身遭遇，烏芭受到死亡威脅。她飽受排斥、驅逐和威脅。

　　「我真的有個姊姊，」烏芭說：「比我大一歲。那時候她也在，就是事情發生那天，那個安靜而瘋狂的日子，這些人全部聚在我們家鄉的房子裡。」她講到那個地方。

　　那是她祖國的首都，我不可以講出來。

　　「所以他們來了，這些人全都來了，我認識他們大部分人，都是家人。不過，還有其他人是我不認識的。那很不尋常、很奇怪，因為他們把我跟姊姊帶進不同房間。姊姊年紀比較大，她先來。所以我就等著，我在那裡等著。我心裡想：太好了她先來，太好了我比較小。通常我討厭、真的很討厭當最小的。這是我第一次覺得，我比較喜歡當小的。然後一片安靜。安靜，太安靜了。接著我聽到她，我聽到她

尖叫。我聽得哭了，還哭喊她的名字。我跑到門口，試圖開門，可是出不去。我搞不懂，因為門沒鎖，但我卻打不開。然後我懂了——外面有人，他們握住門把，所以我出不去。門沒鎖，可是我打不開，你懂嗎？而我姊姊正在尖叫。然後尖叫突然停了，接著又安靜了，接著門開了。他們過來抓我。」烏芭說：「當我到了阿拉斯加，也就是遠離我家鄉的世界另一端——那就是為什麼我會去阿拉斯加，那裡是遠離我家鄉的世界另一端，那是我想去的地方。當時我想著那天發生的事情，他們過來抓我。在阿拉斯加，我終於明白了：那些狼，他們衝著我來。」

　　「然後他們抓住我。但不是那樣的，那不公道，因為他們並沒有很用力，就好像他們試著不要弄痛我。可是沒有人願意看著我，就好像他們辦不到，他們沒有一個人看著我的眼睛。他們把我帶走，是用拖的，因為我的腳不行了，我的腿不行了。他們把我帶去臥室，那是我爸媽的臥室，可是我爸媽不在家，我沒看到他們。在場的是一些姑嬸阿姨，還有我奶奶。我哭喊著找媽媽，可是她不在。接著他們把我放到床上，我看著天花板，他們就壓住我的腿，壓住我的手臂，然後這個胖女人，她用膝蓋壓在我胸口，」烏芭繼續說：「她後來坐在我胸口。又大、又重、又冒汗的女人，我以前都沒見過。她拿著東西，她手裡有東西，但我不知道那是什麼。她手裡那東西是什麼？然後我聽到一陣尖叫，我心裡在想：他們正在割別的女孩。但我沒在房子裡看到別的女孩啊。然後我發覺：那個尖叫的是我。叫啊、叫啊、叫得好大聲。那女人告訴我，安靜點好唄？當個好女孩好唄？別讓你可愛的家人丟臉。你想讓你可愛的家人丟臉嗎？你不想要你的禮物嗎？你不想要當個好女孩嗎？可是我不想要當個好女孩，我不想要當什麼女孩，我只想要那個痛停下來。」

　　然而，那個痛多年來都在烏芭身上沒有停下來，而且永遠不會停下來。烏芭為了家人接受 FGM（女性外陰殘割），當時她六歲。

▶ 女兒為何常被父母犧牲？

華盛頓州立大學的昆蘭（Robert Quinlan）認為，生命中的兩大決定就是：第一、繁殖與否，以及第二、要在任何子代身上投資多少。昆蘭認為，這兩項基本決定容易受到所謂「環境風險」的影響。

為了衡量這種現象，昆蘭分析了《標準跨文化樣本》（SCCS），這是一個涵蓋一百八十六個文化的大型資料庫，是由耶魯大學人類學家梅鐸（George Murdock）在 1960 年代取樣，且由梅鐸跟懷特（Douglas White）共同開發。這個資料庫主要包含以採獵、畜牧和園藝為生的前工業民族。那些民族抽樣自各大陸，包括住在澳洲「北領地」岸外島嶼（在墨累島沿海和托雷斯海峽附近）的澳洲原住民提維人、中非洲心臟地帶（包括中非共和國東南角——鄰近賽拉和歐默的家鄉）的阿贊德人、哥倫比亞和巴拿馬的庫那族，以及阿留申群島（分布在太平洋北部，從阿拉斯加延伸到俄羅斯的堪察加半島）的阿留申人。

「標準跨文化樣本計畫」這項比較人類學行動的目的，是從各個彼此少有接觸的文化搜集資料，因為那些文化習俗和文化規範比較不可能交互轉移（或汙染）。這項資源可以用來檢視各個相對「文化獨立」的社會之間的共通性。當然，考慮到我們物種的天性，文化獨立是不可能的：阿留申人的祖先很可能穿越北美和南美，最終落腳在加勒比海的伊斯帕尼奧拉島。不過，當中有一個滑動尺度，而有些文化就是較少接觸到另一些文化。比方說，講到阿留申人和中非洲的阿贊德人，我們很難想像，兩者之間能有過多少文化傳播。

昆蘭評估這些來源多樣的資料，然後檢視有關他所謂兩大人生決定的證據。他發現親代「付出」和外在風險呈負相關。在激戰或饑荒那種生存前景有限的情況裡，親代投資較少時間和資源在子代身上，而且會把已然很少的時間和資源，都灌注在生存前景最佳的那些子代身上。

發生重大疫情時，也會出現類似模式：母親會讓幼兒提早斷奶，並且較少給予照護；父親的投入程度也會隨著周圍疫情升高而下降。在真正嚴酷的環境裡，父母經常必須做出令人為難的選擇。

有一項頗具爭議的例子，就圍繞在因紐特人（愛斯基摩人的一支）是否殺女嬰（以及發生率有多高）這個問題上。

儘管早期西方民族誌研究人員聲稱的「因紐特人殺女嬰的發生率高達66%」，似乎有所誇大，不過還是有證據顯示，這些活在適居世界邊緣的族群，曾在某程度上殺死女嬰，只是發生率顯然沒那麼高。也就是說，過去這些北極族群裡的父母，真的會故意殺死某些女性子代。

在1990年代中期的一項開創性研究裡，人口統計學家艾瑞克・史密斯（Eric Smith）與亞比該・史密斯（Abigail Smith）檢視了涵蓋大約從1880年到1930年這五十年的現有實證。他們推論，雖然殺女嬰的做法已經消失，但是相關證據顯示，殺女嬰現象確實曾發生在一些加拿大和北阿拉斯加的因紐特族群裡。兩位史密斯指出，殺女嬰的做法是被父母用來調整性別比例，藉以因應風險和死亡率的變化。在遠北地區因紐特人居住的高風險環境裡，出外打獵的男性更有可能喪命。

這種性別操縱的做法，當然並非只有因紐特人為之。有人會聯想到目前中國人口的男女不平衡：根據中國社會科學院估計，適婚年齡男女的數量差距超過二千四百萬人，全國男女的差距則為五千萬人。這幾乎占盡了目前全世界多出的六千萬男性。在很大程度上，中國的處境是源自「為生男嬰而墮女胎」。超音波掃描在1980年代後期引進中國農村，這讓父母得以篩除女嬰，使得情況更加嚴重。

昆蘭斷言，人類高度敏感於外部環境風險。他們必須如此。比方說，澳洲的奇澤姆（James Chisholm）與同事調查了某大都會區一家醫院裡，一百名婦女和女孩（三十六歲至十四歲）的生殖策略。奇澤姆團隊發現：早期生活壓力與初經之間，存在高度相關。此外，經歷過

這種早期生活壓力的年輕女性，通常會在顯然較小的年齡，就生下第一個孩子。

奇澤姆團隊認為原因在於：從演化觀點來看，在風險和不確定性較高的環境裡，女性將生命策略調整為早點生育，是有意義的，她們一般都會那麼做。為了促進此事，需要讓初經提早，而這在事實上，明確發生於奇澤姆團隊的樣本。

奇澤姆團隊的論文於 2005 年發表在《人性》（Human Nature）期刊。大多數檢視這種現象的研究，都是抽樣「住在低生育率西方工業化國家的歐洲裔婦女」。而 2015 年底同樣發表在《人性》期刊的一項研究，俄克拉荷馬大學的安德森（Kermyt G. Anderson）則是檢視了童年壓力如何影響一組開普敦混合種族年輕人樣本的性早熟。雖然沒有發現童年壓力對早發初經的影響（因此並未重現奇澤姆團隊的發現），但安德森團隊的研究樣本確實顯示：童年壓力（衡量標準為六歲以前父親缺席或經常不在）和孩子開始性行為與（或）懷孕的年齡有關。安德森的研究還顯示童年暴露於暴力（另一種心理壓力），和提早生殖行為有關。

這些現象並不限於人類。喬治亞州勞倫斯維爾市的國家靈長類研究中心，對獼猴族群做過一項研究，發現獼猴對幼猴的興趣存在頗大的同性間差異。那些在幼年期接觸到負面而草率母育的猴子，要比控制組對幼猴表現出更高程度的興趣。在大鼠族群中，那些經受較少母育的個體，被觀察到更可能在較年輕時懷孕。

因此，生物、行為和環境之間，存在著糾纏的連結。在烏芭被撫養的環境裡，父母讓孩子接受 FGM 是一種常態。發生率高得出奇：烏芭故國的絕大多數女孩都遭受 FGM。根據聯合國兒童基金會的最新估計，全球有二億女性受到 FGM。然而，在我針對這項主題所做的研究裡，顯然有許多安排女兒接受 FGM 的父母都不是「怪物」。他們平時都是很關愛子女的，但他們卻這麼做了。為什麼？

▶ 男人不敢做的事，叫女人去做

　　烏芭成長於一個在西方很少有人認識或瞭解的非洲國家。你有可能碰巧聽過。要是你能在地圖上指出來，那麼你算是例外，你就是極少數人之一。我沒說出來，是為了保護烏芭的隱私和安全，我沒有說出來，是因為烏芭不希望我說。

　　她成長於她祖國某個偏遠地區。當她長到十幾歲、經歷青春期，FGM 的痛苦繼續存在。那痛苦就是不會消失。到頭來，那可能就是重點所在。烏芭想要為那痛苦做些什麼，而不是為了她自己。

　　「對我來說太遲了，但我女兒不會受這種苦，」她告訴我。

　　「可是我以為你沒有孩子，」我說。

　　「我希望能有的那個女兒，她不會受這種苦，」她說。

　　當時正是雨季，路面很糟，全都化作泥濘。烏芭靜靜從一座村莊走到下一座，莞爾看著一些機車和一輛突兀的卡車，在泥地裡打滑和打轉。她在不公開的小型聚會裡，跟其他年輕女性談話，她說她們得做些什麼，這不能繼續下去。「我跟她們說：『我們真的要像我們被割那樣，去割我們的孩子嗎？她們以後也要對她們的孩子那麼做嗎？這種事要繼續下去嗎？什麼時候那才會停止？』然後其他人跟我說：『可是，烏芭，什麼時候那才會停止？』我對她們說：『當我們去阻止的時候，我們可以在這裡阻止這種事。』」

　　有座村莊就在溪邊。當烏芭進到裡頭，那些輕鬆遊戲的孩子突然停住。他們熱切注視著她，就好像他們背地裡知道她的工作，背地裡要求她去做。這並不是感謝，而她反正也不需要。在那一刻，一切似乎都取決於她。這使她更堅決。

　　很多她談過話的年輕女性都有共鳴，可是她們很害怕。烏芭讓她們好好想想，而且保證還會再來。但烏芭必須早點離開，因為另一場暴風雨快來了。然而，一定是有人去通報村莊長老們，因為當烏芭要

離開村莊時，那些男人正等著。

「他們一共有六個人，」她說：「我記得，我有數過：一、二、三、四、五，一開始看起來是五個，然後還有第六個，個子比較小，就藏在後面。一、二、三、四、五、六。」烏芭用雙手中間三指一個一個數。「我知道他們想要什麼。我不用問這些人他們想要什麼。」

「為什麼？」

「他們都拿著棍棒和斧頭。我對他們說：『所以需要六個男人來對付一個女人？這個村子裡的男人已經變成這樣了嗎？』然後他們對我說：『你現在應該禱告，因為你就快死了。』我對他們說：『不，你們才應該禱告，因為你們要殺死一個無辜的女人。』他們說：『你為什麼要搞出這種麻煩？你為什麼要阻止女孩進行我們的傳統？』我說：『因為割掉是錯的。』他們說：『這是律法。』我說：『誰的律法？我們的聖書上又沒寫。』他們說：『長老們說這是我們的責任。』我說：『是去割孩子嗎？是去拿掉神放在孩子身上的東西嗎？這怎麼會是我們的責任？你們認為神把這些部分放在我們身上，是要讓你們割掉的嗎？』我看著他們每一個，我看著他們的眼睛。『你們會去做嗎？你們會去拿刀子或釘子嗎？你們會壓住你們女兒，然後割下去嗎？不，你們連看都不敢看。你們不敢做，所以你們叫女人替你們做。你們不去做，是因為你們知道那是錯的，可是你們繼續讓那發生，因為那從以前就一直發生，而且大家都說那必須繼續發生。可是如果我們打住，那麼很快我們就會有一種新的那從以前就一直發生，那麼你們就會去打那些試著要割你們孩子的人。一切就是那樣。我們必須改變這種我們從以前就一直在做的事。不過我保證：我再也不會去阻止，不，不是我，再也不會。』我看著他們所有人，我說：『你們會停止做這件事嗎？如果你們願意停止做這件事，我就不會再說什麼。你們會停止做這件事嗎？』他們什麼都沒說。『那麼我就不會停止，』我說。」

烏芭沒看到第一擊過來。她背後其中一人，打在她的後腦杓上。

「他打在我的脖子和耳朵上，可是感覺就像有人打了我的腿，因為突然間，我的腿就不在那裡了。」

她倒了下來，他們就開始攻擊她。他們用力砸了她一邊腳踝，打斷她的前臂，還在她頭上開了口子。一下下擊打如雨般落在她身上。然後，突然間一切都停了。一開始她不曉得是為什麼。他們圍著她，一張張充滿仇恨的臉有如天篷般籠罩著，然後不知怎的，她就臉朝下趴在泥巴裡。她幾乎什麼都看不見，她的視覺被痛得模糊了，此時擊打停了下來，就像開始那般突然。那些男人不見了，就只剩下她一個人。發生了什麼事？周圍沒有其他人，沒有人來救她，可是那陣猛擊突然停了。她意識到自己就快昏過去。她的某部分想要昏過去，因為那樣她就不會感受到痛苦。

「可是，那陣痛打為什麼停下來？」我問：「那些男人為什麼不見了？」

▶「護親者」驅動著她

在我們上方的那面巨大的到站離站告示板上，一個個地名卡嗒翻過，都是南站發出列車的目的地。一條不整齊的乘客人龍，被吸向美鐵往紐約市的閃亮金屬車廂。我知道她得走了。

「我不懂，」我說：「那陣痛打為什麼停下來？」

「因為那個來了，」她說：「突然間，暴風雨來了。一開始我甚至都不曉得，都沒感覺到下雨。可是很快我就看到雨下得很大──很大很大的大雨，就好像天空破了一樣。這就是為什麼，我能在這裡跟你坐在一起，狄諤斯。因為這些男人，這些保護我們社群和傳統的勇敢男人，他們不想被雨弄溼。」

她躺在雨裡，獨自一人，卻仍感受到那些玩耍孩子的熱切目光。

當下沒有別的聲音，就只有雨水落穿周圍森林的樹木之間，讓樹根膨脹。如今，每當波士頓下雨，烏芭都會默默感謝雨。「也許只有我這麼做，但我會迎接雨，我的朋友。」

事情已過了十年，而烏芭仍然不顧威脅，繼續大聲反對 FGM。因為在世上某處，每十一秒鐘就又有一個女孩遭受 FGM。當你讀完〈第十種人性典型：護親者〉這個篇章，又有二百多個女孩已被 FGM了。而時鐘繼續滴答在走。

根據世界衛生組織的統計資料，烏芭和她姊姊的遭遇，每年都會被複製三百萬次——那是波士頓人口的五倍。年年如此。或者，試想這座偉大高尚的城市裡，所有市民都是年輕女性，而且每個人每十週接受一次 FGM。

有時候，烏芭的腳踝還是會痛，又在調皮。「它會在冷天氣裡跟我講話，」烏芭說：「所以我會回嘴。我說你現在給我安靜，我還有工作要做。」

「那樣有效嗎？」我問。

「有時候，它很頑固，它踢得像匹馬。可是，沒關係，我試著去理解。我喜歡馬。」

烏芭最近剛被告知，她不大可能有孩子。不是完全不可能，只是不大可能。那是某些類型 FGM 的潛在後果之一。然而，儘管個人安全有危險，她還是繼續大聲發言，只為保護她的孩子，保護她不太可能會有的那些孩子。她內在某個東西持續驅動她，那東西深藏而神祕，是她不完全理解、也未必想理解的；但是那驅動著她繼續奮鬥保護她女兒、她心中那個女兒、她的夢中女孩、她的虛幻孩子。

3. 無聲飛行

如果有個詞（也許除了*愛*之外）會讓你突然百感交集，例如：歡喜、痛苦、受傷、高興、難過……那我要來猜猜那是什麼。讓我這麼說好了，我所需要做的，就是提出一個簡單問題：

你對你家人有何感想？

每次我在演講中這麼問，最常得到的回應是笑聲、哼聲、抱頭和搖頭。英格蘭北部有位女士告訴我（在場還有二百位左右的聽眾）：「別讓我開始——我們今天還沒好好相處夠呢。」有人從講堂後面喊道：「我們這星期還沒好好相處夠呢，親愛的！」結果全場的聽眾笑到不行。這全都是因為我提到一個詞：家人。

當然，人類不是唯一有家的動物。在新英格蘭，我遇到某科動物裡，一種特別滔滔不絕的成員。事實上，這種動物是該類型中很會叫嚷的一種，乃至於其英文名稱和拉丁文名稱都反映那項特徵：聲響。

這種動物叫雙領鴴，分類學名稱 *Charadrius vociferus* 早已收錄在林奈 1758 年的著作《自然系統》裡。英文名稱 *killdeer* 源自其獨特叫聲：「基爾－低」。你會發現，雙領鴴跟人類共享領域，你可以在鐵路支線、兒童遊樂場或機場找到牠。牠是鴴科的一員，可見於北美各地。雙領鴴就像其他鴴科鳥類一樣有著短喙。這種鳥從頭到尾都是黃褐色的，在喙部和喉部有成片白色，還有兩道很明顯的黑色條紋橫過

白色的胸部。然而，老實說，當我差點跨過某隻雙領鴴的時候，那些特徵我都沒注意到。

那是在新罕布夏州深林的一趟健行途中，就在水泥停車場上。起初，我們不曉得那隻雙領鴴在那裡。我們並沒有在找牠；我們是在找露營地。我們把車停在一處空蕩蕩的備用停車場。基本上，我們不曉得要往哪去。我們一下車，就聽到一聲突兀的尖叫聲。那聲音一再重複：基爾－低、基爾－低、基爾－低，一遍又一遍。這讓人一下子進退不得：你想離開那隻痛苦的鳥，可是那陣激動和騷動卻很吸引人。那隻雙領鴴替我們做了決定。牠開始張開尾巴、沿著水泥地快跑，而且一路呼叫。這種鳥是在地上覓食的鳥類，能在地面敏捷移動。但牠突然停了下來，開始不斷拍動左翅。那隻翅膀看似斷了——至少是受了傷。我擔心是我們的四驅車不小心撞到牠。那隻鳥開始在地上無助打轉，拍著翅膀卻飛不起來。牠距離我們只有幾英尺，毫無防備，任憑我們處置——只要手到，就能擒來。牠瞥向我們，設法匆匆跑遠幾步，然後重複那痛苦的振翅。

「我們悄悄走回卡車吧，」一位同行旅人低聲說。不知為何，她總是把那部四驅車叫作卡車。

「我們不能幫幫牠嗎？」我說。

「她不需要幫忙，」我這位來自猶他州的同伴說：「她需要我們離開。」

當我們回到那輛四驅車上，她說：「那隻雙領鴴母鳥，她剛才是在拚命。」

「拚命？」我說。

「看到那邊沒有？」她指著停車場邊上那片高低不平的石頭地。「那邊就是她的巢。她剛才拚命要把我們引開她的蛋或小鳥。她的翅膀沒事，她是在假裝，要讓我們去抓她，而不是去抓她小孩。」

「那不是真的嗎？」

「那很真啊。演得很真，是要來騙你的。就跟生與死一樣真。我們走原路退出去吧。」

我照辦了。那天晚上在大型公共營火周圍，我把這故事一遍又一遍講給任何想聽的人。那是個滿天星星的無雲夜晚，似乎很適合講故事。

▶ 親鳥也會為幼鳥拚上性命

雙領鴴築巢於開闊地。牠們的巢甚至連巢都不算，就只是石頭地上的微微凹陷，少有裝飾或鋪墊，幾乎就跟不平的地面無法分別。那就是目的所在：牠們把鳥蛋和幼鳥藏在掠食者面前。然而，那種掩藏並非永遠奏效。然後當鳥巢受到威脅，雙領鴴親鳥就會做出我們在新罕布夏州那處停車場見到的巧妙行為，也就動物行為學上所謂的引開行為（distraction display）。那是親鳥為幼鳥拚上性命。

當然，成鳥大可直接飛走，把巢、蛋或小鳥留給命運安排，反正闖入者或掠食者也許不會看見。蛋是灰色的，又有斑點，很難在石子地上辨認出來。所以雙領鴴親鳥大可離開，牠可以考慮在未來某年某季再次育雛。然而，牠卻留了下來。牠拚上自己的性命，為了保護幼鳥性命而戰。

就目的來說，引開行為就是動物要把掠食者引開巢穴或幼兒。這是一種護巢方式。這種行為引起亞里斯多德以降博物學家的好奇。

引開行為的重要性在於：巢掠食（nest predation）是影響生殖成就的一項重大因素——即使不是最重要的。事實上，在北美的雀形目鳥類裡，有66%的巢雛死於掠食者之手。

在掠食者和獵物之間這場無盡的軍備競賽裡（達爾文所謂「整個大自然都在上演的恆常競爭」），引開行為已經演化成為一種關鍵防禦武器。在1954年一篇有關引開行為的生態學開創性論文裡，鳥類學

家兼教士阿姆斯壯（Edward Allworthy Armstrong）就已描述過雙領鴴的「折翅」展演「極為逼真」。新罕布夏州深林那隻雙領鴴也讓我信了。那是很惑人的表演，本應如此，也必須如此。

▶ 一場始於子宮的對抗

「在那之後，」烏芭說：「我盡我所能，大聲說出來。我得到一家國際廣播公司給我機會。我製作一些片段來講人權，尤其是女權。這是自由供稿的，我做這個沒拿錢。可是風險愈來愈大。人們聽到我說了什麼，就要威脅我。有時候，我每個月都得搬家。我用過幾個不同的名字，我走過七個不同的國家。我得躲起來，有一次我還躲在樹叢裡。」

烏芭停頓了很久，才繼續說：「你知道嗎，有時候，他們會做第二次或第三次 FGM，是在懲罰那些不照他們話做或抗議的人」

「那你為什麼持續這麼做？」我問道。

「我緊握過一些死於 FGM 的婦女和女孩。我緊握她們的時候，她們流血流得快死了，我們試著止血，卻止不住。到底是為了什麼？為什麼？他們的父母為什麼要這樣做？目的是什麼？」

1932 年，演化生物學家拉克（David Lack）在《*IBIS*》這份鳥類學國際期刊發表了一篇論文，記述他對歐夜鷹（*Caprimulgus europaeus*）這另一種地巢性鳥類的觀察。長年擔任牛津野外鳥類學研究所所長的拉克，對親雛關係很感興趣。

歐夜鷹是一種夜行性兼曙暮性的鳥類，聞名於其近乎無聲的飛行──此為羽毛柔軟所致。千百年來，歐夜鷹一直受到詆毀，因為有個杜撰說法指稱，歐夜鷹的無聲飛行，使其得以偷偷接近山羊去吃奶。（歐夜鷹的屬名 *Caprimulgus*，在拉丁文的原意是擠羊奶的人。）

　　1930 年夏天，拉克多次夜訪霍爾特鎮周圍的沙質石楠荒原，要去尋找這些在黃昏和黑夜活動的鳥類。霍爾特是北諾福克靠近北海的一座集鎮，拉克就是去到那附近的凱林石楠荒原等候、觀察。當時正是仲夏，因此有好幾對歐夜鷹在到非洲過冬後，回到英格蘭東部的這個地方。就在拉克接近某個巢位的時候，有隻雌歐夜鷹跟他對上了。

　　雌歐夜鷹引他繞了鳥巢好幾圈，卻未試圖將他引開。雌歐夜鷹一會兒靠近鳥巢，一會兒又遠離鳥巢。因此，在北諾福克這片石楠荒原某處，雌歐夜鷹和那位演化生物學家繞著彼此轉圈圈，距離鳥巢就只有幾英尺。

　　這段情節在鳥類科學界獲得相當名聲。歐夜鷹就像雙領鴴一樣，也會做出引開行為來護巢，但拉克遇到的那隻雌歐夜鷹所做的，又是什麼行為？多年後，阿姆斯壯設想，那隻鳥的行為顯示自保和護幼這兩大基本生命驅力的深刻衝突。那隻鳥糾結於逃走的欲望和護雛的需要。正如阿姆斯壯所描述的，佯傷表現可能是「一種儀式化的折衷行動」：一種在保雛和自保之間的艱難平衡。

　　從演化角度來看人類家庭，家庭衝突不但是免不了的，而且還是家庭動力的核心。心理學家戴爾吉烏迪斯（Marco Del Giudice）和貝爾斯基（Jay Belsky）認為，這樣的定位「有可能是演化生物學對家庭研究最為重要的貢獻」。

　　這樣的定位，將親子關係理解為合作和衝突的無盡循環。加州雷德蘭茲大學的沙蒙（Catherine Salmon）和麥爾坎（James Malcolm）這兩位心理學家認為：這是一場始於子宮的對抗，因為母親和胎兒的利益並不一致。一般來說，正如崔弗斯（見第 570 頁）於 1972 年在哈佛所寫的那篇關於親子衝突的開創性論文提到的：子代需要的資源，會超過親代準備給的資源。因為子代只想到自己，而親代必須考慮該子代、考慮自己、考慮任何其他現存子代、以及考慮其他可能的未來子代。那可是有很多要考慮的。沒人說過父母很容易當。

　　然而，儘管護雛和自保的衝動相互衝突，但歐夜鷹的護巢策略是如此根深柢固，乃至於就像拉克所述，「我從來沒有發現哪隻歐夜鷹沒有佯傷過。」

　　拉克在北諾福克石楠荒原遇到的那隻雌歐夜鷹，可能沒有好好保護子代。不過話說回來，我們必定會問：那麼人類父母呢？

▶ 噩夢如影隨形

　　那還是伴隨著她。

　　「你看見我，這個堅強的烏芭。當我在公開場合講話，我在人群裡很堅強。然後我回家，只剩自己一個人。這時候，我就重新經歷整件事。再一次，我又是那個女孩，而我在想：爸媽怎麼可以讓這種事發生呢？」

　　我想，那次在波士頓，當烏芭崩潰的時候，情況就是那樣。她變成另一個烏芭——那個六歲女孩在那房間裡嚇壞了，她轉著門把，聽見姊姊尖叫。

4. 十六年間

聖雅各（Peggy St Jacques）是薩塞克斯大學的心理學研究員，她是在杜克大學拿到博士學位，然後在哈佛大學做過博士後研究。聖雅各的研究主題是記憶，特別有興趣的是自傳式記憶。「我們的大腦有好幾個支持記憶的區域，」她說：「但是其中有一區特別值得關注，那就是海馬。」

「*Hippocampus*？」我說：「那不是『海馬屬』的學名嗎？」

「是啊，那就是海馬的希臘文。」我後來發現 *Hippocampus* 這個字源自意指「馬」的 *hippos*，還有意指「海怪」的 *kampos*。然而這些纖細而躍立的魚類（全世界已發現的大約有三十多種），一點都不像怪物。

「這個腦部結構真的看起來就像海馬，太不可思議了，」聖雅各說：「那些早期的解剖學家是對的。」

海馬位於內側顳葉，是調控情緒的邊緣系統的構件。我跟聖雅各談到烏芭公開演說的經驗，還有那些記憶回來的時候。

「當某人公開敘述一段記憶，」聖雅各說：「這是一種需要費力的行為，她得用很大心力，來把那段記憶擺出來。當她跟觀眾講述發生過的事，她正在用心用力，那很可能會抑制她的杏仁體，也就是大腦的情緒中心。然後當她休息——當她下了臺，她可能會進入某種心靈遊走的狀態。」

「心靈遊走」是個很有意思的講法，而我也再請教了聖雅各，因

為 hallucination（幻覺）一詞的字源，正是來自拉丁文的 *hallucinari*
——心靈遊走。所以，感覺起來就像那樣嗎？當她沒有防備，這些
東西就出現在她腦海裡嗎？

「記憶和幻覺之間，有一種很有趣的交疊。我們回憶的時候在幹
嘛？就是突然看到已經不在的事物。所以，如果記憶來了，如果那
不是她喚起的，她就比較控制不了。她會變得很容易因此受傷。」

「成為記憶的受害者嗎？」

「唔，記憶往往會在我們沒意識到的時候，找上我們，那樣可能
會更麻煩，甚至讓人失能。」在某些個案中，那可能會把人壓垮。

「這些記憶是從哪裡來的？」我問：「又為什麼會來？」

聖雅各深深嘆了口氣。「這些都是大問題。我不確定科學現在可
以完全解答。研究顯示，環境裡的線索可能會觸發回憶。它們不需要
是完全相同的，只要部分交疊於儲存的記憶痕跡——汽車回火可能交
疊於另一塊大陸某場內戰裡的戰鬥聲音。我們所知的是，海馬被認為
儲存了我們深刻而重要的記憶。有人說那裡收藏著忘不掉的記憶。」

然而，如果說我們想要忘掉呢？如果說，就像烏芭那樣，我們
需要忘掉呢？

「我們不是自己決定要有記憶，」聖雅各說：「而我們也不能自己
決定要忘掉記憶。」

▶ FGM 的近因和遠因

目前，FGM 並沒有完整可靠的解釋。雖然 FGM 往往被人認為
或斥為一種穆斯林做法，但那種假設在許多層面都是錯的。首先，
FGM 並不限於穆斯林；基督徒（包括埃及和蘇丹的科普特人）、猶太
教徒和泛靈信徒，也在世上不同地方那麼做。其次，古蘭經並未具體
規定那種做法。雖然有些伊斯蘭「學者」（通常是自封的）宣稱，先

知的種種聖訓（語錄）裡有該做法的依據，但這般宣稱受到伊斯蘭教內有名望學者的強烈質疑。最後，FGM 的存在早於伊斯蘭教，起源可能可追溯到古埃及，那至少是法老時代的古代做法。

然而，無論歷史由來為何，為什麼烏芭和她姊姊、以及每年三百多萬年輕女性和女孩，要被 FGM 呢？

1961 年，演化生物學家麥爾（Ernst Mayr）發表了一篇關於生物學因果關係的論文。那篇論文後來極具影響力——也具有爭議性。

麥爾所追求的是更加理解「我們可用以理解生物生命現象的各種方式」。為此，他在概念上把因果關係的因，區分為直接因素（他所謂的近因）、以及那些更深層的終極原因（所謂的遠因——意味著更根本或更遠的起因）。

麥爾問到，為什麼他新罕布夏州那片避暑地上的林鶯，會在那年的 8 月 25 日的夜裡南飛遷徙？他說，當中有四個層次的因果關係，全都「同樣合理」。

首先，在生態上，這種鳥以昆蟲為食，所以必須南飛，不然就會餓死。

其次，在遺傳上，遺傳史上的銘印，使林鶯回應環境線索。

再者，在生理上，林鶯表現出光週期性，會在日照時數降至臨界水準時，誘發遷徙。

最後，在環境上，8 月 25 日夜裡，冷氣團通過麥爾在新罕布夏州的那片地產，大大降低了氣溫。

麥爾斷定，所有生物現象（除了最簡單的那些現象）可能都有他所謂的「原因組」。生命很複雜，在實際上、經驗上、軼事上、分析上皆然。然而，正如麥爾所告誡的，這不該驅使我們接受用非科學方法解釋周遭生物的所為和表現，以及我們的所為。我們仍應利用現有的最佳科學和分析工具來力求理解。承認麥爾所謂「生物界的科學」的複雜，並不是認輸，因為正如他所寫到的，「往往我們就只能講到

這樣。」他也引用生物物理學家德爾布呂克（見第 13 頁）的話——身為分子生物學共同創始人的德爾布呂克，寫道：「任何活細胞，都承載著歷代祖先十億年實驗的經驗。」

麥爾在 2005 年逝世於麻州，享壽一百歲。效法麥爾決心逼近那些產生並再生生物現象的因素，我們可以說：FGM 的近因包括需要「保護」女孩或年輕女性的社會地位和可婚配性，也就是要確保她被「割過」，從而被認為是「乾淨的」。實際上，英國重要倖存者、也是活動家胡笙（Leyla Hussein）就提過，她在索馬利亞上學的時候，女孩都會堅持要看其他女孩的生殖器，看看她們是不是割過了，從而是「乾淨的」，從而不是「蕩婦」。良家女孩只跟割過的女孩玩。有些女孩會假裝割過，為的就是要避免社交放逐。

事實就是：在開發中國家有些社群裡，沒接受 FGM 的年輕女性幾乎無法婚配。因此，這種行為雖然危害身體，而且很侮辱人，卻可以被理解為某種試圖保護女孩利益的行動。這當然是非常矛盾的。然而正如麥爾提醒我們的，生物學是很複雜的。

在那些施行 FGM 的社群裡，父母往往承受親族的強大壓力，必須維護家族地位，確保女兒遵從社會習俗、不會帶給家族恥辱。換句話說，當今世上有些女孩被人殘割生殖器，是為了維護家族「榮譽」。因此，我們有了另一個近因：避免讓親族蒙受汙名。

層層包在這外頭的，是各種傳說陰蒂很危險的神話和傳統信念。那些傳說和迷信，都是關於該部位可能會如何影響嬰兒的健康或男性的幸福。許多父母都深受這些傳說和迷信的影響。

於是就如烏芭的父母，他們知道 FGM 會給女兒造成劇痛，他們不忍心親耳聽到兩個女兒痛苦哭號，所以他們不要親臨 FGM 現場，他們把孩子交給別人殘割。這麼做既是要保護女兒的社會地位，也是要維護自己在社會和家族的地位。

有時候，父母是經過極大掙扎和搖擺，才讓女兒接受 FGM 的。

就像拉克目擊的那隻歐夜鷹，許多父母也繞著那問題打轉，受困、迷惑、糾結於相互競爭的衝動：一邊是要保護孩子的身體安全，一邊是要維護她的社會地位、也維護家族的「榮譽」。

然而，愈來愈多來自盛行 FGM 的社群的女性，拒絕再繼續這項傳統了。烏芭是其中一位，胡笙也是。

▶ FGM 與父權思想密不可分

但是問題依舊存在。雖然上述近因在直接層面解釋了 FGM 為何存在，但更深層的解釋——遠因，是怎樣呢？動手的這些人是誰，又是對誰做的？是在哪裡發生，又是為了什麼？那是什麼樣的人性？

目前尚未形成任何關鍵共識。有一種研究進路是去思考 FGM 所實際涉及的文化和社會層面，以及所針對的是女性解剖結構的哪部分、還有那種針對造成了什麼影響。然後，我們才會有較深入的瞭解。常有人說，FGM 是對婦女的社會控制。但是，那是在控制女性行為的哪些方面，而又如何控制呢？

很常見的是，當 FGM 倖存者被要求描述她們將性聯想到什麼，她們會用上一個詞——疼痛。在她們心裡，性往往被聯想到極度的疼痛。在某些社群裡，女性禁得起 FGM 就代表能撐過並應付劇痛，那是分娩的預演。

FGM 有些更苛刻的形式要完成兩件事。首先，經由去除或毀壞陰蒂，性與快樂之間的聯繫就被脫離和切離（就如字面意思）。那往往會阻卻婚前性行為或性探索，從而增加女孩或年輕女性在結婚時是處女的機會。其次，性變得不僅是某種空洞、沉悶的機械動作，而且真的很痛苦，這項事實大大降低受過 FGM 的女性尋求婚外性行為的可能性。她們不太可能「迷途」。因此，從演化觀點來看，此舉可減少父源不確定性（paternity uncertainty）。這降低了丈夫投資（投入金錢

和時間等資源）在某個基因上非屬自己的孩子的風險。我們可以在這一切當中，看見 FGM 和父權制的明顯關聯。

對於那些體內受精的動物來說，父源不確定性總是一種風險。這對於全世界人類各族群的男性來說，也都是一種風險。英國有一項關於所謂「另有生父」（paternal discrepancy）的研究發現，英國大約每二十五位父親，就有一位其實不是自家孩子的生父——在血緣上，這被稱為「非生父事件」。正如那句老話（據說源自美國南部的棉花州）所說的，「那是老媽的兒女，老爸的也許。」（It is mother's baby and father's maybe.）

這種現象的相反就是，生父把握度（paternity confidence）的水準跟男性在孩子身上的投資量成正相關。知道那是你的孩子（或者至少有把握那是你的孩子），會影響男性的作為。

▶ 她被死亡威脅淹沒了

FGM 是在晚近才開始受到持續的批判關注。多年來，我以各種方式對抗這項有害的社會實踐。如同我最尊敬的那些學者和倖存者，我也深信 FGM 在骨子裡是世上最有害身體、也最普遍的其中一種父權制度。

FGM 的周遭，圍繞著強大社會力量和利益的複合體。去挑戰它是在冒險。烏芭就因為在她的社群大膽談論 FGM 而收到死亡威脅，我其他好幾位同事也有同樣遭遇。然而儘管有著這一切威脅，還有她們試圖挑戰的堅固社會力量，但那些危險並未阻止愈來愈多母親，嘗試保護孩子免於接受 FGM。

我們應當承認，抗拒 FGM 的巨浪源自漠南非洲等地、那些拒絕讓女兒像自己那樣受苦的婦女。儘管會有風險，儘管要付代價，她們還是為了孩子，勇敢挺身對抗社會和傳統。

在英國，胡笙奮鬥了七年，才說服製作人和電視頻道主管，拍攝一部關於 FGM 的影片。然而在很多方面上，胡笙的奮鬥是在 2013 年《殘割》（*The Cruel Cut*）這部突破性節目終於由第四頻道播出後，才真正開始的——或者整個被帶到另一個水平：她被死亡威脅淹沒了。

「甚至節目還沒結束，威脅就開始了，」胡笙說：「內容完全超出我所能想像。譬如，他們說會對我和我女兒做什麼。而這一切都是因為我說傷害孩子是錯的，傷害我們的女兒是錯的。」

胡笙必須接受警方給的個人警報器，有一組報警按鈕就裝在她家裡。

「我女兒現在十幾歲了，而且會用 Google 查我。她在線上讀到一些關於我的糟糕內容，都是編造的東西、謊話，還有別人說要怎麼對付我、對付我們。我沒辦法替她擋掉網路上所有東西。青少年一定會找到。所以我就是誠實面對，好好講清楚。我試著一再告訴她，為什麼我要做這件事，我是怎麼為她做這件事——讓她不用經歷我所經歷過的慘痛。」

胡笙曾跟我談起，她在索馬利亞發生事情那天。

「那是你從來不知道的婚禮，」她說：「是沒人拍照的一天。我有天早上醒來，房子裡有外燴人員。是外燴人員。家族所有女人都聚在一起，村社裡那些生了兒子的媽媽也來了。」

「當時你覺得發生什麼事？」

「你好像知道，卻又不知道。那多到讓你的大腦吸收不了。」

事情發生在她身上時，她比當年的烏芭大一歲。胡笙當時七歲。

「那是你被放到架上出賣的一天。通常孩子的媽都不在場，因為她們不忍心聽著孩子尖叫。我的確是大呼小叫的。我沒有拿到糖果，因為我太大驚小怪了。在那之後，我的身體就關機了。我有十六年都沒哭過。」

在心理上，胡笙藉由忘卻相關經驗來控制那創傷。幾年後，她在

十幾歲時，跟著家人移居英國。然而那創傷遏抑不住，就在她懷第一胎時，以一種無拘束的猛烈，再度湧現。

「我開始出現瞬間重歷其境，」胡笙說。這就是聖雅各所謂的心靈遊走、心靈時間旅行。對於胡笙來說，那種行腳始於一個出乎意料的時刻。「就是突然冒出來。我去做了其他年輕媽媽都會做的產檢，但我一被診查就暈了過去，就好像我身體想起以前發生的事。」

「那是一種嚴重失調，」托騰嫩（見第 421 頁）說。她是從曼哈頓上城的哥倫比亞大學辦公室發話，這位心理學專家接著說：「首先，是有身體創傷、瀕死經驗。然後，還有一種附加創傷就是信任破裂、被父母背叛。這會增加心理問題、精神疾病和焦慮的可能性——你會變得過度警覺。大腦裡的『威脅偵測系統』處於高速檔生存模式，那會導致相關結構的重組，讓它們在未來更加警覺。大腦並不笨。我不想講太多細節，總之，就是所產生的壓力荷爾蒙會改變生理、調整神經迴路。那會改變你，改變你的腦部。」

當我巡迴全英國替國民保健署演講 FGM（這是一項提高公民意識的行動），有位臨床醫師告訴我，像胡笙這樣的瞬間重歷其境現象是真實的。在那一刻，當事人又回到創傷情境裡。他們不是在回憶，他們甚至不是在重新經歷，而是正在經歷。

「我會昏倒，全都又來了，」胡笙說：「我不希望我女兒經歷這種事。我不會讓我女兒經歷這種事。」

跟胡笙講話的時候，你會發覺眼前有兩個胡笙：成年的胡笙和幼年的胡笙。我很想知道她們會跟彼此說些什麼，於是我就問了。

「我會告訴七歲的胡笙，我依舊承受著她的痛苦，她身上缺了的那部分，在我身上還是缺了。我會告訴她，我真的告訴她：當初我救不了你，可是我要救你女兒，哪怕付出性命，我都要救你女兒。」

成年的胡笙辦到了。

5. 永遠都在裡頭

　　襲擊安姬的那場風暴，跟烏芭所碰到的完全不同，但那吞噬了一切，而且從此改變她的家庭。那場風暴就在她兒子頭腦裡。

　　安琪拉——大家都叫她安姬，留著幾乎及腰的長髮，那修長纖細的身子不停動著，她的人生總有事情要做。她兒子瑞奇在十七年前一出生，就有許多併發症，往後一年一年繼續增加。到了我遇見安姬的時候，瑞奇又出現一個新的併發症。瑞奇正在接受治療的那個症狀，我聽沒都聽過。

　　我女兒剛動完大手術，這時的我嚇得呆掉了。安姬跟我碰巧同時都在兒童病房的飲料站。對於兒童病人的困頓父母，這些寶貴的飲水機時刻就是無價的喘息，是寶貴的幾分鐘「下班」。你們互遞牛奶，互露微笑，彼此閒聊，然後很快就完成了免不了的資訊交流：為什麼你們都在那裡——或者說得更確切點，為什麼你們的孩子都在那裡。你們不會講出你們心裡都在想的：這不是親職所許諾的事。這沒寫在說明書裡。

　　安姬提到某個名稱。

　　「不覺得我有聽過，」我說。

　　「我們也沒有，」她答道：「現在瑞奇得了，你能相信嗎？」

　　坦白說，我不能。

　　「就連這裡的醫師都不知道該怎麼辦，也不知道那是什麼。他們看著他的手，然後心裡想『天哪』，你看得出來，然後他們就衝去上

Google 搜尋。我不認為他們在這家醫院處理過 PGS。」

「那就是他們的叫法，是嗎？PGS？」

「你想看看嗎？」

這在兒童病房政治裡，永遠都是個敏感議題：你想表現出關心，但又不想刺探。

「好啊，」我說。然後我們走進瑞奇的病房。

那是在中央護理站對面。瑞奇因為身上問題很多，所以擁有一間神聖的單人房。我女兒這個骨折傷患（雖然情況嚴重），則是住在一般的合住病房。

「還好嗎，瑞奇？」安姬說：「帶了人來看你喔，是泡茶的時候認識的朋友，他是個法官。」

「是兼任的，」我說。

瑞奇發出一種我這輩子似乎沒聽過的聲音，而我心裡竟起了微弱的共鳴——但我想不起來在哪裡聽過。瑞奇躺在床上，是個十七歲的男孩，幾乎無力照顧自己，只能依賴父母親。他的拇指，也就是我應安姬之邀去看的，完全是紫色的。不是瘀傷那種青紫色，而是紫到發黑。瑞奇那根變色拇指是紫手套症候群（purple glove syndrome, PGS）的結果，那不過是這年輕人跟他母親所受一長串考驗的最新一項。

這一切始於他出生時的那場風暴——那就發生在瑞奇的頭腦裡。

▶ 我不是活著，我是存在著

「我懷寶寶都還好，」安姬說：「懷在身上到處走也沒問題。可是我好像沒辦法生下寶寶，我沒辦法張開。」

有一天早上，就在懷孕第三十七週，安姬被子宮收縮弄醒。「我心裡在想，『喂、喂、哈囉，這裡發生什麼事，安姬？』所以我戳了彼特的背。我覺得這樣有點壞，因為他當時只是個學生，而且剛跟幾

個同伴爬完山，凌晨三點才回來。這時候是上午六點，彼特才睡了三小時。不過我得叫他，以防萬一，因為我感覺到那次子宮收縮。砰，我們就衝到醫院，可是我就是知道有哪裡不對勁。我們到的時候，醫護人員就聽不到心跳，他們認為我失去寶寶了。」

安姬被急送到手術室，接受緊急剖腹生產。「我只記得那裡有個帥哥跟我說：『很抱歉，真的很抱歉，可是寶寶可能生不下來。』我請他們試試，拜託試試看。拜託、拜託試試看。」

那些生死攸關的分分鐘鐘，意味著她的寶寶（結果是個兒子）已經嚴重缺氧了。

「我不是學醫的，可是他們那種解釋，代表他腦部有好幾個部位受損、已被破壞了。」

她兒子在出生幾分鐘內，發作了第一次。他現在患有腦性麻痺。他的癲癇意味著這十七年來，每天都要發作二、三十次。每天都有一兩次發作是較大、較嚴重的。而且，每隔幾年就會有一次重大發作。安姬跟她先生從來都不曉得，眼前這次會不會就是那一次。任何一次都有可能會是。

瑞奇腦部所受的嚴重損害，意味著他人生有 20% 時間都待在醫院，而安姬也一樣。他們一再進出醫院，面對一次又一次的手術。

「髖關節、背部、胃部、拇指，噢，等等。讓我重講：他們得在他肚子裡放一根管子來餵食。然後是扁桃腺切除和腺樣體刮除。然後拇指在某次發作的時候脫臼，然後是另一次拇指手術，現在又是這個拇指紫到發黑的問題──我們只希望不要截肢。還有，幾年前，他的脊椎被拉直。而且他們還得打開他的臀部，因為兩邊的髖關節都完全脫臼，讓他非常痛。然後，他們得把他胃部頂端束起來，阻止胃酸逆流。然後他得接上一個幫浦，每天二十四小時將肌肉鬆弛劑送到他的脊柱，因為他一直都很痛。差不多每十八個月要動一次手術。」

由於瑞奇的癲癇不斷發作，所以他得接受大劑量的苯妥因，這種

抗痙攣藥物是從他左手上的導管進行靜脈給藥。雖然這種藥物成功緩解相關症狀（控制住他的發作情形，並讓他鎮定下來），但卻引發不良反應，帶來一種併發症。

首先，苯妥因會造成注射處變色，然後擴及末端肢體——在瑞奇的身上，即是他的拇指。那些醫師盡其所能來緩解症狀。他們將瑞奇的手臂抬高，並對拇指溫和加溫。

一天又一天，安姬和我盼望著趨勢反轉的跡象，希望那種深得嚇人的顏色散掉，回復到「正常」。紫手套是一種罕見的併發症，病因和致病機轉至今未明，相關的病理生理學仍然難以捉摸。基本上，大家對紫手套症候群所知甚少。這也許是溶解藥物用的化學溶劑（乙醇和丙二醇）所引發的血管收縮和軟組織發炎。其他研究人員認為那是器質性損傷的結果，有可能導因於苯妥因本身接觸血液時所產生的結晶。然而無論原因為何，那只發生於少到 2% 的個案身上。

結果那竟然發生在瑞奇身上，即便他還得對付其他一切——安姬還得替他對付那一切。

「我努力保持正面，」安姬說：「這是我們籃子裡要多裝的一件事，不是嗎，瑞奇？他是這麼好的一個小伙子。他不會真的抱怨，或是暴躁起來。」安姬也不會。

我問她是怎麼應付過來的，沒完沒了的入院和手術，還有癲癇和劇痛。她生活的其他部分，多少都被這個循環給取代了。她覺得我的問題很難解。她沉默了一會兒，她的思緒跑去漫遊——她必須對付這麼多難題。

「安姬？」我說：「我在問——」

「我怎麼會應付不過來？」她打斷我的話說：「瑞奇出生之後，大約六週大的時候，我們意識到他會活下來，我們去看了諮詢師。他們問我們想不想帶瑞奇回家。彼特跟我互看了一下，然後說我們怎麼會不想，我們是他爸媽。我們心裡沒有任何疑問。他一出生，我們就得

急救他三次。他是緊急剖腹產下的，當時我昏迷了。他們還沒把他送到加護病房，就得先急救他兩次，然後送到之後又急救了一次。所以很明顯他是缺氧了。所以我們知道接下來會有問題。」

　　從此以後，問題就不斷堆疊在瑞奇、彼特和安姬面前。「我的人生在十七年前就停止了。我不是活著，狄諤斯，我是存在著。這真的很難。你沒有自己的時間，不會真的有，不過我試著做做填字謎或遛狗。」

　　「那麼，什麼時候才是真正的安姬時間呢？」我問：「除了遛狗之外？」

　　「連狗都不是我的，」安姬說：「這就是人生。我只是繼續把日子過下去。」

　　「我看過你，」我說：「累壞了的時候。當時瑞奇又發作了。我沒辦法想像那有多麼可怕，你得看著自己的孩子經歷那過程，就在內部某處，而他往外看著你，但是他身體裡一切都失控了，當時你就在那裡，你回到裡頭了。」

　　她笑了，是那種噘嘴微笑。「你知道的，我真的很不想對一位御用大律師兼法官這麼說，可是，狄諤斯，你錯了。」

　　「錯了？錯在哪裡？」

　　「當你說我回到裡頭。」

　　我搞糊塗了。「我看見你。」

　　「不，你錯了。」

　　「我看見你。你出來到走廊這裡，然後又開始了，你那時就回到裡頭。」

　　「那就是你錯的地方。我並沒有回到裡頭，我已經在裡頭了。不管我在哪裡，我都已經在裡頭了。我永遠都在裡頭。」

　　那也是護親者。

▶「瘋狂」的護親者

安姬和我在瑞奇的拇指上，投注了雷射般的熱切目光——願求、祈使、懇請那片紫色離開，去找別的地方搗亂。那樣似乎有效，他的拇指根部彷彿開始逐漸變成粉紅色。這應當是很明確的改善。

最終，我想到是在哪裡聽過瑞奇發出的那種聲響。那是在我拜訪朵恩的時候，當時她那了不起的聲音嚇了我一跳——她稱之為「烏奇族」嗓音。然而，這很令人錯亂，因為瑞奇的年紀很接近朵恩的兒子亞歷山大，而在我心裡，瑞奇如今也加入了安東尼、麥可、亞歷山大和歐默的行列，在那條鏈子上一起被連往米亞特。

就在我女兒獲准離開兒童病房的一星期後，安姬傳了簡訊給我。瑞奇必須再回去醫院，因為拇指出現了壞死現象——身體組織因血流不足而死亡。

「他們就是沒有別招了，」安姬告訴我：「沒有別招可用。」瑞奇的拇指要被截肢。

總的來說，瑞奇的預後仍然不明。他可能繼續這樣下去好幾年，或者一切可能突然結束。「他的癲癇很頑強，」安姬說：「有一天會害死他的，因為他遲早會有那次重大發作，是他們止不住的。」

那次重大發作，可能發生在任何時間地點。「是真的，只是你不會曉得，」安姬說。安姬跟她兒子，他們就是這樣生活的。然而無論如何，安姬都會在那裡。她會待在裡頭，而且不管多久，都會繼續待在裡頭。

我們物種的其中一項特徵——在某程度上使我們為人的特徵，就是我們的親子關係既強又久。在本書談到的所有互動關係和對立關係裡（像是搭救者和獲救者，感痛者和受痛者），親子關係或許是最充滿情感的。

聽到這般的描述，我們最初的反應就是：親子關係還能是別的樣子嗎？然而，真的能。對於大部分動物來說，親子關係就是別的樣子。人類跟一些其他物種，已演化成擁有長期而密切的親子聯繫。

親子關係令人心滿意足，這點無庸置疑，而且不是任何事情可相比的，但在另一方面卻也充滿創傷和痛苦。親子關係終究是關乎合作和衝突、犧牲和自我。生命的主要資源——時間和精力，是有限的。想要正確理解我們是如何決定、如何分配這些資源，一定要曉得養育這事意味著父母付出代價，讓子女獲益。從演化上說，那是一種特殊的代價，因為這種投資是資源的零和分配：父親或母親（或兩人）在他們某個孩子身上投資愈多，就剩下愈少可以分配給另一個現有或未來的孩子。

當我們在學校走廊救了自家孩子，而犧牲其他同樣值得救但無血緣關係的孩子，我們正是遵從這種衝動在行事。我們被護親者驅動，我們拚命要讓自家孩子受惠，不顧種種相關成本——包括我們自己的生命危險（我們可以跑向反方向，就像雙領鴴或歐夜鷹，或可飛走了之）、其他孩子的生命損失（我們或可改救他們）、不救其他孩子所將帶給我們的社交成本和名譽成本。

然而，儘管如此，我還沒遇到哪個父母在充分考慮過後，不會優先去救自家孩子的。會讓我們猶豫的，只有將會失去多少其他孩子的人數。這就是我們的心智組成、我們的大腦、我們的生物規律。在詩人艾略特所謂我們內在的「未測繪領域」裡，有個重要部分就是護親者。

護親者毫不留情。它是一位督工，它很可怕。護親者那項心理機制是某種瘋狂，是我們一想即知的瘋狂；你只要想想自己能做出什麼來促進自身基因生存，就會明白。護親者不找藉口，也不給安慰。它驅動我們走盡那些走廊——學校裡槍手出沒的走廊、醫院兒科病房的走廊……使我們總是走向自家孩子。

▶ 那種撕心裂肺的聲音

烏芭和我站了起來，加入拖沓行進的人龍，跟著走向波士頓南站的美鐵。我們緩慢前進。烏芭的腳踝又在調皮了。

「你沒喝我買給你的那杯咖啡，」她說。

我原本希望她不會注意到。但烏芭注意到一切。「其實，我不太喝咖啡，」我說：「我喝茶。」

「這附近有些地方，我覺得他們是把泥巴放進去攪一攪，這樣就要跟我收五塊錢。我會給你弄點咖啡，我們的咖啡，」她說：「然後你就會喝咖啡了。」

（幾星期後，她真的弄了，是前所未有的好喝。我們是在她從全美國巡迴反 FGM 活動回來後見的面，見面地點不遠處，就是哈佛大學的比較動物學博物館，館內設有以麥爾命名的圖書館。烏芭就在那次見面，建議我去見她的朋友，那人名叫安娜。）

「你見過狼嗎？」我問道。烏芭就要上火車了。「我是說，你在阿拉斯加見過狼嗎？」

烏芭用力盯著我看。「你知道那邊有多冷嗎？」她說：「我從來都不想出飯店。那種冷很討厭。哈，人要怎麼活在裡頭？是啊，那是我很佩服的。不過沒有，我沒見過狼。」

我們相互道別。火車的圓筒狀金屬外殼，就在眼前震動著，準備出發。看不見的空氣，也隨之蕩漾。

「我知道你跟我們一起對抗 FGM，」烏芭說：「可是你知道嗎，我們必須更拚才行。」

「是的，」我說：「我們必須更拚。」

正如麥爾當時所寫的，往往我們就只能講到這樣。

「所以……」她說：「你喜歡音樂嗎？」

「我愛音樂。」

「你知道嗎，有好幾次，我自己一個人在這裡。然後我就聽歌，聽這首歌，一聽再聽。總有一天，我要南下到南北卡羅萊納兩州，因為那裡是她出生的地方。」

「誰？」

「尤妮斯。」

「尤妮斯？」

「我的好朋友尤妮斯。我一次也沒見過她，可是我聽她唱歌，所以她現在是我很好的好朋友，就是這個尤妮斯。」

「尤妮斯？」

「尤妮斯‧偉蒙。」

「尤妮斯‧偉蒙，」我說，只是想要複述這個名字。這是個很棒的名字。

「你認識她，」烏芭接著說。

「不認識。」

「你認識她，狄諤斯，」我這才發現那不是問句。她緊緊握住我的手。「你喜歡音樂吧？那麼你就認識她。」

後來有一次，當她回來進到我在哈佛的辦公室，我問她：如果擁有我得到的機會，會去做些什麼。

烏芭幾乎沒受任何正規教育，但她明白世事，真的明白。

「我嗎？你知道的，我，我會坐在一個漂亮的非洲女人旁邊，想辦法停止 FGM。我們會終結這種事。絕對別讓任何人告訴你『我們做不到』。那只是時間問題。想想看，有多少人希望我們奮鬥。」

在南站那回初次見面上，她很嚴肅看著我。

「你會幫我帶吉百利－乳品－牛奶－巧克力嗎？」她說。

「你要多少？」

「合法可以帶多少？」

「我會去查看看，」我說。

我看著烏芭那身珍珠藍長袍，沒入美鐵車廂，然後我轉身踏上歸途，先是穿過車站大廳，然後出站、走進波士頓市區，心裡想著阿拉斯加，想著狼。《與狼為伴》有一條很特別的文句，女性主義作家安潔拉・卡特在句中說，野狼的高嚎是「那種撕心裂肺的聲音」。

此刻的波士頓既冷又美，不過沒有雪，也沒有狂風暴雨。雪很快會來，而且來得很大，不過不是這天。我愛這座偉大城市，可是就在當時，我把它看成一座村莊，孩子的眼睛似乎熱切盯著我，就像他們曾經盯著烏芭那樣。

是啊，我想，我們必須更努力。這是為了烏芭，為了她那不存在的女兒，為了她們全部。我進入了我自己的心靈遊走狀態。我想著三千英里外、我自己的女兒，還有尤妮斯・偉蒙會是怎樣的人。

後記
我們的課題

此處記述了如何……
—— 馬雅聖書《波波烏》（*Popol Vuh*）

▶ 頻頻出現的奇蹟、頻頻出現的驚駭

大白鵝展翅飛越無垠草原，俯瞰底下的寂靜世界。正當她沉穩掠過廣闊綠野，太陽光芒令她受孕，並將她變成公主；她的子嗣，亦即她辛勤懷胎和承受分娩痛苦（人生本來就印著痛苦）的產物——就是第一個人類，第一個哈薩克人。

特佩烏（Tepeu）與古庫馬茲（Gucumatz）這兩位偉大神明，想要有世界，世界就從虛空中形成出來。祂們想要有天空來覆蓋世界，還要有山川和森林來點綴，所有這一切就從祂們的心思中，具體呈現出來。然而，祂們還覺得要有活物，來照管這片廣大而陌生的領域。於是祂們造了各種動物。可是動物不能言語，不能讚揚其創造者。所以兩位神造了人。第一批人是用黏土造的，可是他們粉碎歸於塵土，就像弱者一般。下一批人是用木頭造的，而且更強健，可是他們沒有靈魂。最終，特佩烏和古庫馬茲這兩位偉大神明用玉米造出人，他們就成了偉大的馬雅人。

大約四百萬年前，地球自轉軸的變動和風雨的變化，使得某種無足輕重的生物離開（或者說被迫離開）密林的遮蔽。這些生物勇敢進入大草原。就在這時候，牠們發展出（或者說剛在某程度上發展出）長時間直立行走的能力。牠們解放了前肢。這些靈長類，亦即某種猿類，開始失去體毛，而且能在小團體裡相互合作，那些團體通常是由各種家族和近親關係（所謂「護親者」）聯繫起來的。

過了一百多萬年之後，他們正式開始使用工具。他們不僅活在這世界，而且還能加以形塑。這項過程後來又再加劇，那是在又過了一百多萬年、他們開始掌握用火的時候——這使他們有能力煮熟肉類，從而得以更有效消化優質蛋白質，而肉類來源的獵取，又需要更複雜的合作。

這種莽原猿人採集、打獵、生存，他們的腦部大小經歷了驚人的激增。這是如何、又為何發生，尚未得到完善的解答。這種史無前例的激增和掌握用火的關聯，是這些猿人的後代仍在求索的。（這些後代的世代數目，可能比你想像的還少。可見這些後代的成就，有多麼驚人。）

他們的顱骨大小和直立步態，意味著嬰兒必須早點出生，才能平安通過產道。這些人類後代並不是早熟性的（不像雙領鴴幼鳥那樣，已準備好獨立生活），而是晚熟性的：他們需要親代專注而長期的養育——他們需要「養育者」。單憑一位母親，很難做到這點。若是父母親結合成對，子代才會有更佳的生存前景。

人類女性的容貌和某些五官比例、特定的體態，很能夠吸引「注視者」；而人類男性往往會做出「求愛者」的瘋狂舉動，展現男性慷慨，以獲得女性青睞。兩性結合成對之後，男性（父親）出力提供營養和保護，給這些原本無助的幼兒。人類父親要比大多數物種，更投入給養和照顧後代。

這些人類進一步發現：小型家族群體可以分擔工作量。稍大的社會群體更是如此，這些較大的集團可以提供協同狩獵所需的人數。

但在這些群體之中，他們會採取社會控制的手段，他們會避開、排斥、孤立、甚至驅逐某些群體成員。他們是一群「放逐者」，既會放逐別人，也可能會遭別人放逐。

他們花了太多時間去思量別人的想法了，有時還會感受到別人的傷痛和痛苦——他們是「感痛者」。

他們對自己所屬的群體非常忠誠，甚至會為了群體的利益而犧牲自己——他們是「結夥者」。

有時候，他們會策略性使用暴力、或威脅要使用暴力，以保護自己或保護群體。這時，他們成了「攻擊者」。

有時候，他們也會出手搭救他人。這麼做的時候，心裡或許期盼

有一天，別人也會出手搭救他們。所以，他們也能是「搭救者」。

　　幾萬年前，世上還有其他早期人類同時生存。但他們接連消亡，就只剩我們了。

　　兩英里高的冰層開展起來而又退縮，跳出一場緩慢的毀滅之舞。剩下來的人類，也就是我們，開始馴化周圍的動物：馬、牛、駱駝。一些野狼後代開始追隨人類營地，變成了狗。

　　這些人類開始用火焚燒土地，然後加以清理，用來長草，餵養他們的動物。這些動物有一些不過是行動肉櫃，另一些則成了朋友，其中有一個在後來會被射進太空。

　　那些人類主人先是打獵和採集，然後開始種植作物。他們放棄遊牧生活，轉而照料土地，讓土地來照料他們的營養和能量需求。很多兒童死於疾病、或死於掠食者和其他人類。有些孩子無可挽救，只能被拋下。

　　他們會埋葬死者，並在墳墓裡留下小飾物。他們仰望星空，感到好奇。他們設法應對「自己與周遭每個人都會死亡」的事實和恐懼。他們是「制懼者」。

　　他們有些住所坐落在高出湖泊的木樁上，以利防護，就像康士坦茲湖附近那些木造高腳屋。另一些則是聚集成群，以求安全。後來，聚落變成村莊，村莊變成城鎮，城鎮變成都市。龐大的人類群落逐漸成形，然後變成國家，人們在國內互鬥，又與外國相爭。有時候，世界著了火；有時候，他們又用火來緩和冬夜的陰冷、點菸來抽、甚至焚燒別人。

　　他們重返森林，但如今卻是來伐林；曾經構成他們家園的樹木，起初被裝上馬車，然後換成卡車，而且絡繹不絕，像是發自中非共和國的林木葬列。在那裡，文明和城市崩潰了，當中男女紛紛倒下，但大自然旁觀著，野草等待著。

　　政治革命、心智革命和科技革命蜂起，這些人類如今幾乎全無覆

毛、完全雙足步行，已經很少靠採獵維生，不過並未停止觀星，反而開始有計畫的搜查深太空，探究地球和宇宙的起源。他們也窺探自己的腦部，探究自身思想和行動的起源。

因為，在這部演化史詩裡、在這場宏大又可怕的巨大篩選過程的中心，正是這種形塑世界的猿類的腦部，使牠們在這有限資源世界的無情生存鬥爭當中，脫穎而出。不僅是因為腦部大小（尼安德塔人的腦容量還更大一些），更是因為新皮質的占比增加了（出現在額區和顳區），以及腦部神經迴路發展得愈趨複雜和精密（擁有諸多神經元網路與功能性執行系統），因而在面對真實、重大且頻繁出現的生活問題時，提供了更多的生存優勢。

基因的演化形塑了我們的身體和心智。這過程中發展出來的模組就是各項適應。那些模組透過天擇散布，它們就在我們裡面，是我們很重要的一部分。在很多方面上，它們就是我們，而我們會將它們傳遞下去。它們或許共有十個，正是本書裡遇到的那十種人性典型。

▶ 這場宏大的實驗

正當我寫到這裡，國際太空站（ISS）這座微重力實驗室，載著六名組員（皆為那些莽原猿人的後裔），即將飛過我頭頂。這個太空站大過一間六個臥室的房子，每九十分鐘繞行地球一周。

試想：有間大房子，每一個半小時就會繞著整個世界飛馳一圈。我知道它會飛過我頭頂，因為我的 iPhone 應用程式，就是我在喀麥隆秀給帕崔斯看的那個，標出國際太空站劃過夜空的軌跡。我口袋裡那個由塑膠、玻璃和矽構成的手掌大長方形物，告訴我那些人類飄泊在我們上方的太空何處。那個太空站目前還在地平線以下，不過將會騰空而起，就像鐘錶般規律。

做為一個物種，我們已經大有進展了。然而，我們許多生存問題

的本質都無甚變化，即便環境可能已經變了。我們頭腦裡有一些心智模組、執行處理系統，可用來對付那些問題。

英國太空人皮克（Tim Peake）在推特上發了一些照片，顯示底下的地球就像是被窗花般的亮光通了電。那看似某種會呼吸、騷動著的活物。那當然是的。那也看似我們腦部神經元活動的磁振造影，那些微小電火花的迸發，讓我們能將反射鏡和電波望遠鏡對準時空深處，尋找關於宇宙創生的線索。

我們之所以能從那片莽原發跡至今，是因為順應、還是違逆我們腦裡那十種人性典型之類的心智模組呢？你和我繼續進行著這場宏大實驗。如果說這本書涉及人對人所做的一些令人不安的事情，那是因為那些事情都是真實的，而且正在發生，但也是因為我相信我們可以找到方法來阻止。然而，我們必須先瞭解。而在瞭解之前，我們必須先知道──就只要知道。

關於我們是誰、來自何方和在世上位置的想像，不斷改變。從哈薩克的白鵝創世神話，到馬雅人的《波波烏》（這是馬雅人對自身在地上存在的偉大敘述），再到亞伯拉罕諸教的聖書，人類都在努力解釋他們來自何方和他們是誰。在第三個千禧年的第二個十年裡，神經科學的革新科技，結合實驗心理學各項前沿分支，在第二次達爾文革命裡，讓人得以窺探我們的腦部──乃至於窺探我們自己，以及我們的自我。

這一切有什麼樣的意涵？我必須回到本書起點，回到那個源起案件，談回那個走廊上的男孩。

▶ 宇宙的榮耀和渣滓

2004 年 4 月 19 日星期一，晚上九時左右，一名十五歲男孩身處雨溪──這名稱使人想起雨水輕柔流過的蔭蔽小溪。男孩正在做一份

烤吐司，並在事後拒絕清理烤吐司機。坦白說，他是該去清理的，不過他很不爽，因為別人也用了，而他之所以被要求去清理，是因為他是最後一個使用者。然後，他被命令回去他房間。就接下來發生的事情來說，很不幸的，他的房間是在一座少年觀護所裡。

在我的腦海裡，我可看到：有個小男孩，身高一百四十七公分、體重四十一公斤，靜靜走過走廊。我的視角是從一部高掛在磚牆上金屬架的閉路攝影機看去，畫面黑白（或許不是，但這是我記得的樣子），沒有聲音，那男孩背對著我，慢慢走向一個房間，那是他的囚房。他左轉、進去。我從未見過他的臉。你會心心念念一張你從未見過的臉嗎？

男孩消失不見，關上門。幾分鐘後，兩名所方管理員走過同一條走廊，腳步快過那男孩。他倆靜靜走過，但兩人遠遠大於那男孩的體形，似乎將畫面塞滿喧囂和混亂。他們也左轉，走進房間，關上門。第三名管理員跟著過來，走進去，關上門。過了幾分鐘，那個男孩就死了。他的名字是米亞特。

那房間裡發生什麼事？當那些管理員對一名個頭遠小於同齡人的孩子，施加危險的身體壓制。當他哭喊著不能呼吸，他們心裡在想什麼？他就窒息在他們的臂彎裡，當時他們正是施用那種壓制擁抱、那種坐式雙重抱。「我不該對他實施身體管教控制的，他的體型只有我的一半，」其中一名管理員說：「那就像是輾過一隻貓……」當時米亞特拚命不要丟掉那張寫著媽媽電話號碼的紙片，他在那些最後時刻裡，心中想著什麼？這些問題一直縈繞我心頭。

我不曾見過米亞特，但我在他的死因調查上，代表他母親帕姆。帕姆是我見過最有尊嚴和勇敢的人之一。她坐了好幾個星期，聽著人們閃避真相、試圖卸責、不願承擔造成米亞特死亡的眾多嚴重錯誤。陪審團經常含著淚。帕姆多半都留在法庭，她決心聽進她能承受的一切，發現她兒子所遭遇的一切。

　　陪審團作出一項極為批判的裁決，這項具有歷史意義的裁決，指認一連串嚴重失當，發生於少年收容人所受的照護和對待。一項項失當接連發生，從第一線管理員的行為（自稱是棒打者、碾壓者、毆打者、軋碎者），到讓最常被壓制的孩子得到「本週之星」獎，到未能保護年幼的收容人，到未能傾聽收容人的抱怨和擔憂，再到政府創造一種本質危險且可能致命的壓制暨管教制度。一項又一項失當出現在所有層面，那就是陪審團所發現的。為什麼這會發生？那些人員心裡怎麼想？那些受傷的孩子又怎麼想？

　　是的，我們辦案，結案，然後向前邁進。但是案子並非總是跟你了結。這一切最早隱約指向了本書開頭提出的三個問題：

- 我們是誰？
- 我們是什麼？
- 我們內在有誰？

　　在米亞特案過後，我受託代表亞當（Adam Rickwood）的母親。亞當也在另一座少年觀護所，被所方管理員壓制和故意傷害（他被揍到流鼻血）。亞當上吊了。在當時，亞當和米亞特是所有死在英國觀護機構的收容人當中，最年輕的兩位。在寫作本書的整個過程裡，陪伴我的不只有米亞特的照片，還有帕姆那個簡單問題——為什麼？

　　在我寫下這些文字的那個晚上，我站在劍橋大學的一片溼地裡，身邊有一票觀星者，附近就是劍橋的天文學研究所。這是一個滿天星星的夜晚。國際太空站疾馳而過，從一端地平線飛到另一端地平線。被地平線圍繞起來的那些人類，看見了什麼？

　　正是在劍橋這裡，我開始進行研究，要來回答帕姆的問題。在那之後，我到了哈佛大學，繼續思考、探究、試著理解。這本書就是那番努力的延續。

我們能說些什麼呢？我們要怎樣才能開始回答帕姆的問題呢？我們在這本書裡分享了許多人的生活故事，在跟他們走過一段生命旅程過後，我們如今更能在科學和真實的人生層面做出回應。本書目標之一就是不只要描述相關科學，也要呈現受到「十種人性典型」影響的真實人生。本書檢視了科學理論和系統性實驗產生的統計資料，同時著眼於那些日常生活中，感受到這些事實和數據的人們。

那麼，那些數據和那些人告訴我們什麼？我們該如何回答那第一個問題：我們是誰？

透過這些篇章裡的個人敘事，我們看見古希臘劇作家索福克勒斯在寫下以下那句話時，所看見的真相。那句話就是「許多事物都是既美好又可怕，但莫過於人類。」那個狂熱沼澤裡的怪物。或者，就像法國數學家兼神學家帕斯卡（Blaise Pascal）以其獨特方式，說得不那麼寬厚的，我們是「宇宙的榮耀和渣滓」。

所以，在二十一世紀此刻，就在索福克勒斯以降二千五百年後，讓我們記錄一些我們所知的事情，做一份進展報告。

▶ 第一個問題：我們是誰？

人類驅動「新視野號」太空探測船，在九個孤單年頭穿越三十億英里的靜默和黑暗，終於在 2015 年 7 月 14 日，掠過冥王星這顆矮行星，並將照片傳回地球。那裡似乎有山。

我們已經找到方法去看三十億英里（3,000,000,000 英里）以外的太陽系最後世界裡的那些山。我們在不久的將來，會發射微型太空船到太空，用「光帆」駕馭太陽風，前往距離我們最近的恆星——半人馬座 α 三合星系的比鄰星。這裡有一些其他資料和圖像，是我們在地球生命史上的同一時刻，可以發射回冥王星及其之外的：

人類每年都逼迫幾百萬兒童陷入奴役和墮落；
我們也賭上性命，去將他們從奴役狀態解救出來。

我們每年都在世界衛生組織所謂的「全球災情」裡，
對三百萬名年輕婦女和女孩進行 FGM（女性外陰殘割）；
我們也絕不畏懼「公開反對 FGM」所引來的死亡威脅。

我們每年販運幾十萬名女孩和年輕女性來供應性剝削，
其中可能有三萬人死去；我們賭上職涯和生命來保護她們。

我們用酸液攻擊女人，只因她們敢於反抗令人窒息的社會規範；
我們奮鬥爭取改變法律，以求減少其他人同樣受害的機會。

我們徵募幾百萬兒童到最血腥的戰爭裡，上前線作戰，
或是做為指揮官的妾侍；我們賭上生命去解救他們。

我們不允許那些中風倒下而困在自己身體的公民
自行結束生命、或交代他人結束自己的生命；
我們驚訝看著朵恩等人持續奮鬥、活力旺盛，
拒絕被嚇退，拒絕被擊敗。

因此，我們已經看到，真實的人類社會承載著多大的潛力，能夠成就完善與幸福，亦即亞里斯多德所認為的生命目的，也能夠造成人類生命的大量流失。如同作家巴爾扎克心愛的巴黎，那正是「一處充滿真正痛苦和虛假歡樂的谷地」。哲學家、部落客和談話節目主持人在短期內，不會停止討論人類苦難是否難免。他們會持續爭論人在本質上是善或惡。法國文學家福樓拜痛斥那些提供這種簡略門徑的人，

他稱這種非此即彼的化約論為 *deux impertinences égales*：一體兩面的不切題。同時間，在現實世界裡，我們知道有些事情是你我可以繼續努力的：第一、我們知道人類苦難摧殘了幾百萬我們人類同胞的生命；第二、我們可以做些事情來減少人類的苦難。

比方說，我們可以大幅減少每年受到 FGM 的年輕女性和女孩的數量。我深信我們會的。我們已經在努力了，進行的方向是對的。那是個頑強的問題，因為那涉及我們是誰的一些基本部分，涉及其中幾種人性典型──「養育者」和「護親者」困惑了，掙扎於要保護孩子，還是要維護她個人和親族（也就是「結夥者」）的社會地位。那些拒絕這麼做的家庭，面臨了社交制裁和威脅，而成為「放逐者」。

我們需要更加瞭解這些心智模組。我們需要透過黃瑪麗安的鰕虎觀察、威廉斯的網路球研究、胡笙和烏芭以及其他倖存者的經歷……來探究。我們正努力更加整合這一切。

當我們那麼做、當我們真誠涉入該課題，我們就能找出不像 FGM 那麼有害、也能維護家族榮譽的方式；我們就能找到更好的方法，來繞過那些有助延續 FGM 的社會排斥和放逐機制。我們可以開始改變這些社會規範，並加強保護那些原本會像胡笙和烏芭那樣遭受不必要且不可逆 FGM 的女孩。然而，正如烏芭所言，我們必須做得更多，我們將會終結 FGM。也正如烏芭所言，那只是時間問題，那牽涉到有多少人想要展開這場奮鬥。

在這項重大任務裡，我們受助於人類神經元傳承的內在本質。我們的腦部極具適應性，擁有非凡的可塑性，可以調整和重組自身。所以，是的，我們的大腦既強大又可塑。腦部可以改變，我們也可以。所以，這些幫助我們處理生活問題的心智模組或人性典型，雖然驅動著我們，但並不規定解決方案。相關輸出可以變更，我們的行為也可以改變，我們可以的。

▶ 第二個問題：我們是什麼？

　　轉到第二個問題：那麼，我們是什麼？

　　我們似乎並不是完全孤單的。我們內在攜帶著許多演化來的心智模組，我稱之為「人性典型」。它們就住在我們的心智裡。它們影響我們的決定。本書談到了十種人性典型。在此，要提出本書開頭問過的問題：它們是怎樣的人性？

　　它們不是「實在的」，不能「讓我向你介紹我的搭救者，我的制懼者。」然而，那些心智模組（人類心智那些演化來的執行系統）起到的作用很大，既實在又重要，餘波傳遍我們的生活。就某些重要層面來說，我們是這些心智模組和機制所做決定的集成，那背後是相關的神經元觸發、互相傳遞電訊號、讓電訊號交織通過神經迴路的極其複雜現象。我們的生活形塑自「我們跟它們一起做出的選擇」。有一種看待它們的方式，就是看作「那種可溯及上述莽原猿人腦部的心智設備的最新疊代——是漫長且持續不斷的開發過程」。我們做為一種結果，是基於解剖構造和神經解剖構造，以及那些構造如何跟他人的解剖構造和神經解剖構造互動。我要再次引用分子生物學家德爾布呂克所言，「任何活細胞，都承載著歷代祖先十億年實驗的經驗。」

　　我喜歡我們這樣。但不是每個人都會喜歡。有些人希望我們擁有無拘束的自由意志和理性；其他人則會沉靜轉向某種更深層的命運，一隻看不見且偉大的「引導之手」。我喜歡演化觀，我喜歡演化形塑了我們的身體和心智。只要我們將這點結合到我們周圍的社會力量。

　　我們現在擁有的十種人性典型，並非不可變的：十種人性典型不是永遠都存在或一樣；十種人性典型是我們得自一場龐大的人類實驗計畫的。那場實驗是在什麼場域進行的？主要是在生活裡，也就是在生存和繁殖裡。因此，我們的心智組成裡的這些部分，是根深柢固而強大的。我們並不總是意識到它們。不過，有時候，如果我們置身

於槍手出沒的學校走廊，它們就會挺身而出，並提議我們去做那些代代重複的行動。

但是，我們並非必須順從這十種人性典型。在槍手出沒的學校走廊上，「護親者」可能會導引我們，給予我們一種本能，去走向自家孩子，即使那會犧牲其他孩子。然而，導引並不等於決定。人類是能反思與推理的，而非只是由本能驅動。基本的本能和衝動，跟深思能力之間的這種交接或衝突，正是你在本書各篇章中遇到的那許多人士必須處理的。在通常沒那麼極端的情況裡，我們也都必須處理。要優待誰、要保護誰、要愛誰；面對惡行要怎麼做、要冒多大風險、何時要戰、何時要跑。這全是生活事，真的就只有程度不同而已。

然而，在我們內在的，確實存有我們祖先幾百萬年來採取的十億個決策路徑的印記。這些祖先的無聲身影，籠罩著我們的生活。我們不難想像：他們正在決定要挺身戰鬥或轉身逃跑，掙扎著要不要為了救一個孩子而冒著失去他們全部的風險，而且不是在學校裡，而是在那片廣大且曾經完好的莽原上。

▶ 第三個問題：我們內在有誰？

接著來到我們第三個問題，也是最後的問題：我們內在有誰？

很有可能的是，我們擁有的心智模組不是只有寥寥幾個，而是有很多個。我們的心智可能是高度模組化的。這些模組、運算程式或執行系統不是由電線和焊錫打造，而是由攜帶、處理、傳輸訊息的神經元網路構成——這些神經迴路、這些心智模組，各自鎖定了特定的生存問題。它們執行不同的演化工作，各有不同任務，而且是高度特化的。有時候，甚至是在我們生命中很長時間裡，它們處於休眠狀態、靜靜等待著。有時候，不只一個心智模組被促發，讓我們掙扎於相互競爭的衝動。

我們往往、通常、多半不知道這些心智模組、這些人性典型是什麼，甚至不知道它們存在。

當它們被促發，那感覺好像有個東西、有個人驅動我們前進某個特定方向。請記住，本書所提的擬人化的「XX 者」，僅是思考一項極複雜過程的一種想法，是一種試圖更加理解該複雜過程的方式。

這些人性典型的促發，可能是因為碰上「必須在公共建物或街上對付槍手或恐怖分子」這般嚴重的事情（無論客觀情況如何，當下世界感覺起來遠遠沒那麼安全）。然而人性典型的促發，也可能無害得就像肯特大學的情況，當時那些男學生將捐款加倍，只因有個有魅力的女學生，默默跟他們坐在同一個房間裡。

在分析上，這兩種情況其中有一點相同：遭遇一項生命決定，然後促發一個演化而來的心智模組、一種人性典型。不是每位男學生都會在房間裡有個戲劇系漂亮女學生的時候，將慈善捐款加倍，但在平均上，他們傾向那麼做。正如演化學大師麥爾在 1961 年寫到的，由於「大多數生物歷程可行的路徑很多……生物系統裡的因果關係不具有預測性，或者頂多只在統計上具有預測性。」

因此，人類行為並未被命定、決定或規定，而是有著差異、各有特性、癖好、性格和個性。因此，這一切都不具絕對的預測性，頂多只有惱人的概率性。但是，年輕男性在房間裡有個美女的時候，的確傾向捐得更多。他們真的會！

認識我們身上由演化裝配的豐富心智機制，可以幫助我們瞭解原本難解的行為。這般認識可以幫助我們瞭解他人，也理解自己。我們可以更容忍別人，也更寬容自己。我好希望先前能更適切傳達這點給在波士頓的安娜、在海地的瑪西、在哈薩克的瓦西里。

基因並不是事情全貌，遠遠不是。文化也很要緊。文化該是要緊的：我們坦然且必然是社會性動物。影響我們行為的有基因和我們的可遺傳性狀（對花椰菜的好惡），還有我們的環境、社會學習——我

們自己對環境的探索和體驗、我們被教導些什麼、我們模仿些什麼。陳述這點不再是異端，甚至沒什麼爭議性。

實際上，我們的學習機制也有可能是演化的結果（但那仍是一項持續中的爭議）。然而，我們已經取得長足進展。別忘了，從前我們可能因為宣講我剛才那些演化論述，就被活活燒死。就像胡斯在1415年為了另一項異端，死於康士坦茲城那樣，當時他被人用茅草堆到下巴高度，然後焚燒成灰。

然而，瞭解我們天生能感知他人痛苦，是有益社會的。這種認知可以做為基礎，來促進利社會行為（prosocial behaviour）。我們不是非得遭受斯洛維奇（見第56頁）教人提防的那種同情心的徹底崩垮。但我們仍需要保護感痛者。它很寶貴。

同樣寶貴的是：正確認識「我們從根本上是社會性動物」這項事實。雖然我們希望保留並表現自己的個性，但我們避免不了的社會面向，不僅解釋了 Twitter、Snapchat、Instagram（或是在你閱讀本文時流行的任何熱門應用程式）等社交媒體的勃興，還能幫助我們反駁以下論點：「每個人永遠都只為了自己」，那是「天性」。

自私自利不是天性。情況要遠比那樣來得複雜。人類發現：跟其他人類合作這件事，本身就是帶有酬賞的──即使沒有實質利益，即使要付代價。我們會得到滿足。當我們施予，我們真的收受。酬賞就在那裡頭。我們可天生如此。我也喜歡這樣。我們需要從屋頂和社交媒體和高度瘋傳的平臺上，把這項認識、這項觀點給廣播出去。

這些現象的實驗調查相關記錄顯示，我們可以誘發或帶出我們的這些人性典型，就像科學家藉著啟動某個自我，來「促發」受測者那樣。這項認識，有潛力可以協助對抗有害的社會規範和做法。

再次思考 FGM，我們必須利用一場場持續的集體運動，來調整那種一再產生 FGM 的人類行為和心態，同時強調我們所重視的其他核心本能、其他人性典型，像是「感痛者」、「護親者」、「搭救者」，

就能改變整個情況。這確實是聯合國的模式，是要讓相關社群「集體廢棄」FGM。就我們對人類本能和人性典型的瞭解，那很說得通。

以下是我們可以學習的第一課。

第一課
這些人性典型不只是演化遺跡，而且是資源：

十種人性典型可以做為工具，用來解決社會問題、減少社會苦難的總和、實現社會變革。十種人性典型可以幫助我們獲得自由，也可幫助我們解放他人。在本書的研究和撰寫過程，這是我得到的一大啟發。我們從天擇過程遺傳來的精密裝備，不僅使我們敏感於周圍的社會苦難，而且給了我們工具，讓我們只要願意，就能找到解決方案。

跟著那些在英國和開發中國家從事人權工作的同事，我試圖提供別的方法，來解釋那些被認為難以解決的社會問題，像是 FGM。我試圖強調麥爾所謂「原因組」裡的成分。我試著不僅談論近因，而且探討更深層的遠因、以及底下的機制，也就是演化的邏輯。我們一直強調要拋棄那種危險而貶抑人的譴責，例如指責他們說：這些都是野蠻行為。我們需要誘發他們的其他自我、促發他們的其他人性典型。

因此，我們的立場始終堅決扎根於人權，尤其是將兒童保護和福利絕對擺在第一。這種取向可能會跟「結夥者」對團體忠誠的要求，發生衝突，但卻會與「護親者」和「養育者」產生共鳴。我們相信，這已經開始起作用了。這是一項企圖改變世界的大膽抱負——確實，世界上有些事情需要改變。

我們提交報告給一個國會調查委員會，協助說服英國政府，使其不但改變 FGM 相關法律，而且創設許多預防性權力，以便保護高風險的年輕婦女和女孩，並將資源集中在 FGM 發生之前的防範。我們

已經在英國內外演講和報告給成千上萬的前線專業人員、護理師、醫師、助產士、教師、班級助理——那些經常接觸高風險年輕女性和女孩的人。我們帶給他們這些識見。

有時候，過程中會有阻力。那是好事。

有時候，爭辯會變得熱烈。那是民主的結果和禮讚，我們想要那種熱度。我們終於開始談論這些困難事情，我們把這些陰暗的事情搬到陽光底下。

相關工作也將我們帶到漠南非洲。我們努力支持和宣傳當地幾十萬名婦女的工作，她們的勇氣推動了這場巨大的社會變革。我們感覺到社群和世界在我們周圍不斷變化。一個個族群（像帕崔斯和賽拉那樣的人）正在移動。他們的身體在移動，思想和信仰系統也在移動。這不該讓人驚訝。我們大腦的高度可塑性，提供了重新學習和重新調整的機會。

第二課
我們的大腦不是障礙，而是機會：

然而，是哪些機會？以下是分別針對各種人性典型的想法：

▶ 感痛者

「我豈是看守我兄弟的嗎？」這是歷史紀錄上，我們最早自問的問題之一。那就載於《聖經》第一卷書〈創世記〉4：9裡。在某些重要方面上，你快讀完的這本《十種人性》，有很大部分都是關乎〈創世記〉裡的這個問題。那麼答案是什麼？我們需要先區分「我們如何對待他人」和「我們應該如何對待他人」。

「我們如何對待他人」是個實證問題。請看看周圍，即可知曉。在本書各篇章中，我們檢視了人類傷害其他人類的各種方式，包括：FGM、童兵、童奴、人口販運、對婦女施暴。我們從西非開始，我們從童奴著手。那有助我們看待第二個問題，亦即規範問題——「我們應該如何對待他人」的問題。

我們應該如何對待他人？我們的責任是什麼？這個問題是英國司法最著名案例「多諾霍訴史蒂文森案」的核心，並由阿特金勳爵將最關鍵的問題，以最簡形式提出：「誰是我的鄰舍呢？」

正如安東尼和麥可在伏塔湖上發現的，當我們感知他人痛苦，我們也感知關於自己的某件事：我們並不孤單，並不困在我們所處的皮囊之中。

然而，這不僅是一個關於反映他人痛苦的問題。關鍵似乎在於以同情心來伸援，並把後果想清楚。科學的小小奇蹟精心提供機會，讓我們能以全新方式理解同情心。那並不是一條單行道。如果說同情需要代價，那個代價會是值得付的，因為有施就有受；我們會在神經系統上，得到明確酬賞。

正如我在筆記本裡寫下的，我們必須保護感痛者。〈第一種人性典型：感痛者〉篇章提到的最新研究洞見，讓人重新理解我們對於「看守我兄弟」這個問題的反應——有不同層面的反應：有功能性磁振造影的反應，還有麥可的反應。

在世上最大的人造湖岸邊，從一艘箭形船不牢靠的平臺上，麥可給出了他自己的答案：他一次又一次跳入渾水，以保護他朋友。「我豈是看守我兄弟的嗎？」麥可在湖上的短暫生活，這麼問他自己。

麥可，這個在漠南非洲被賣為奴的孩子，他說了：是的，我守護了我的兄弟。

▶ 放逐者

我們既是放逐者，但也受其所害。社會群體通常都有貌似在保護整體社會之健全的「付出換留下」條件。大家都被「對於歸屬的深切需要」所引誘而去付出。無論那是黃瑪麗安那些一達到 93 門檻就禁食的鰕虎，或是急著在大哥屋爭取一席之地的達薩里。然而，正如聯合國國際警察特遣隊的博科瓦奇在波士尼亞所做的決定，這並不意味我們非得付出那代價不可，若是群體失能就可不付。

放逐可用於維持權力；那終究是一種社會控制。所以「站出來、大聲講」是很難的：放逐者瞄準我們的深深不安、我們對於沒有歸屬而孤獨的恐懼。

遭到排斥，確實是一種持續作用的痛苦。在此我們可以依靠「感痛者」來幫助我們。當我們伸手幫助那些被群體剝削或傷害的人，像是波士尼亞那些被販運的年輕婦女，雖然我們會遭受群體責難，但我們會在神經系統上得到酬賞。

這裡也存在某種機會嗎？如果我們難免要進行放逐的行為，我們是否可以組成團體或聯盟，尋求把有害行為給放逐掉？正如博科瓦奇所言，「對就是對，錯就是錯。我認為事情總歸就是如此。」

▶ 制懼者

生活中的恐懼有著種種形式，並以種種方式找上我們。它偷偷欺上沙發上的朵恩；它也在雅典某個旅館房間裡進入東尼的頭腦，那附近不遠處就是當年舉行陶片刻名放逐的阿哥拉。那種恐懼可以將你閉鎖在內。

然而，還有另一種恐懼要制伏：我們也會因為生活壓力、日常需求與規定，而給閉鎖在外。我們努力創造意義的每日暗自戰鬥及其累

人的重量，可能會讓我們看不見生活實際能給予我們什麼，以及生活也可以意味著什麼。

　　當我坐在這裡向你寫下這些，這天正值三月初，天空是一抹淡淡的淺藍色，高處有架飛機悄悄滑過，看來更像是航行在平靜海面的大帆船，也許就像哥倫布和他的小艦隊前往伊斯帕尼奧拉島那樣。那架飛機在陽光裡一閃，機上的起落架突然被光打亮，那道光已經行進了九千三百萬英里，然後反射到我眼睛裡；光源是一顆恆星、我們的恆星，它給了我們生命，但就像 L 小姐所提醒我的，它也將在最終全部收回。

　　我女兒下了樓，她跑去烤吐司，讓空氣都暖了起來。

　　「你在幹嘛，爸爸？」

　　有隻烏鴉飛了過去，方向正好跟飛機相反。吐司突然跳起來。

　　我收到朵恩的簡訊，她要參加一場博士班面試。

　　羅馬斯多噶派的哲學家告訴我們，這一切都將過去，這一切都是虛空。

　　我想起了 L 小姐；我要用一種享受此生的渴望，來反對《舊約聖經》詩歌智慧書的第四卷〈傳道書〉所主張的凡事都是虛空。我希望史賓諾沙是對的，「萬物皆盡力延續自身的存有。」

　　奶油融化在吐司上。我另一個女兒也下來了，她正從一場後續手術恢復過來，雖然還是拄著枴杖，但她的腿會好起來的。她會好起來的。她在吐司片上壓碎酪梨（這是她的癖好）。制伏恐懼也可以包括熱愛生活、對生活的寬容，以及就像我希望 L 小姐最終能做到的──對自己寬容。

　　我們可以逼視遭遺忘的空白臉孔；我們可以直接面向太陽。

　　所以，這就是我在那個三月早晨的制伏恐懼：看著我兩個女兒吃吐司的莫名喜悅。

▶ 注視者

英國浪漫詩人華茲華斯在《永生頌》裡寫道，我們來到世上時，「拖曳著榮光的雲彩」。我們也帶著對於某些五官配置的偏好。正如史萊特（見第 203 頁）所言，「魅力不僅存在於注視者眼裡，而且是從出生那一刻，甚至在出生前，就存在於新生兒的大腦裡。」那是一種強大的衝動，強大到一被奪走就會產生反衝。拉娜和納基留瓦就遭受了那種衝擊。

我們內在的注視者看著別人，然後評判；它也看著自己，然後同樣評判——或更加嚴厲評判？我們要怎樣才能學會寬容自己呢？納基留瓦找到一個辦法，她找到重新直視自己的力量。她終於明白，她不只是她所失去的那張臉。她學會去愛自己，那是她發現的一種全新自由，是從她那張新臉孔傳出的新聲音。正如法國大作家普魯斯特所寫的，真正的發現之旅「不在於尋找新風景，而是擁有新眼光」——那般富有創造力的行動，建構了一種新的注視。

▶ 攻擊者

讓我們假定聯合國教科文組織是對的：我們並未在基因上被設計成擁有一顆「暴力大腦」。但是，人對人的暴力對於世界的禍害，幾乎是沒有什麼可以比得上的。（饑荒是例外，但饑荒也常因暴力而加劇，甚至明顯是由暴力造成。）我們的那個「攻擊者」心智模組，可以透過各種微妙的威脅和暴力，來應對不同的社交和生存情境。幾乎所有人都會那麼做。

然而，幾乎所有人也都厭惡對他人施加傷害。因此，仍然有某種深度緊張，存在於對暴力的反感和「攻擊者」之間。如此觀之，攻擊者並非我們所是；我們並非由其確定或界定。在正確看待下，攻擊只

是我們所能做的事情之一。我們還有其他特質：我們有同情心、我們能犧牲。歐默準備好要犧牲自己的手，就只為了一位愛護病弱山羊的陌生老人。賽拉冒險給歐默送食物。帕崔斯跟著歐默一起試著去救賽拉這個陌生女孩。我的朋友阿瓦姬安擋住一把裝填好子彈的衝鋒槍，直言人們需要供食。

這是我們一項長久的自我爭執，從北蘇丹薩哈巴的殺戮起算，至少持續了一萬三千年。即使殺戮行為不能終止，我們仍然可以說，我們不是攻擊者，攻擊者不是我們。如果一定要說的話，「我們等同於攻擊者」這種化約式的誤述，就是你我必須反對的其中一件大事。

▶ 結夥者

我們這個物種的生存和成功，一直都跟大腦的顯著社會性有關。那是一種遞迴過程：智力帶來合作，合作帶來聯盟，聯盟帶來興盛，興盛帶來鬥爭，鬥爭帶來複雜，複雜帶來資源，資源帶來個人和集體的更大發展機會。我們其中一項獨特行為就是形成群體。我們生活中的群體可能是「最低條件的」，沒什麼理性基礎，也沒什麼意義，然而我們卻搶著要加入。情況一直都是如此。

我們之所以知道，是因為智者在幾個世紀來，都教我們提防這種毒害。在《沉思錄》的最初幾行中，偉大的羅馬哲學家奧里略，將得自他老師的建言傳遞給我們：「不要在大賽車場支持馬車競賽的綠方或藍方，也不要在角鬥士競技中偏向持圓盾者或持大盾者。」如今沒有人關心什麼持圓盾者，更不用說持大盾者了。然而，我們有自己的角鬥士；我們熱情觀看或受困於上百種的大賽車場。正如在震後海地可見的，幫夥可以迅速形成，無論好壞。

我們敏銳意識到相同和差異。我們是習於分類的動物。通常，那剛開始是一種捷思法、一種快速理解複雜世界的方式。然而，一旦被

灌注了權力、重要性和某種排序，這些群體就能以行動製造並再製不平等、歧視和劣勢。我的大部分工作都是在反對這些事情。

然而，此時此刻有一種愈來愈深的絕望感。我無法假裝情況不是這樣。容忍和多元文化的發展受到反對。我們面臨英國脫歐、我們面臨川普現象。不過，這裡很矛盾的是，結夥者的真正本質也給了一些安慰。

我們絕不能忘記，種族這道最深的分界，亦即似乎切開一個個社群的分界，也許不是一種必然的分類工具；種族也許只是一種較為現代的捷思法，是當今劃分世界的捷徑。種族可能只是一種表面效應。研究顯示，我們不是天生就以種族（遑論種族主義）眼光來看世界。因此，這裡有個機會可以反對和辯駁那些化約論的講法，像是我們非得用種族來劃分你我。

▶ 養育者

黎巴嫩詩人紀伯倫告訴我們：「你的孩子不是你的孩子。他們是生命的子女，是生命對自身的渴望。」安娜不曾忘記她兒子用手指不停觸摸她的臉，試著查明躺在旁邊的這東西是什麼。不幸的是，安娜不會在他身旁躺得太久。安娜將他出讓了。此舉代表的是拋棄，還是愛呢？

養育者促使我們提供那些讓人聯想到為人父母的溫和照料。養育者也可以很殘酷：一直都有孩子被拋棄；或是犧牲一個孩子，來讓其他孩子得救──這就是迦納捕魚社群許多母親在魚不來而要挨餓時，所面臨的苦惱。

中世紀歐洲有一種牆上的洞，那個洞裡放了一個木製轉輪。它有一個嬰兒床般的空間，是一種搖籃加丟棄槽的混淆組合。情急的父母會在此放置孩子。我經常在想那感覺起來是怎樣的，我是說實際的觸

感，就是當你用指尖觸碰那磨損的木頭，然後轉動該裝置，讓孩子從你視線慢慢消失，而且很可能是永遠消失。

安娜收下一千美元，把孩子放上一個更現代的棄嬰輪盤。我想讓你知道，我並不指責她那麼做。我在她身上看到的，除了她當年所為造成的每日殘害，還有那種讓她更悽慘的堅定信念：她相信孩子沒有她，會過得更好。

養育者不僅養育了我們的孩子，也養育了我們整個物種。那般養育混合了援助和冷酷。瞭解那種複雜性，可以讓我們有機會對失敗和脆弱更寬容。失敗和脆弱，是我承審時經常目睹的。

▶ 求愛者

古希臘人用歌謠來歌頌求愛者。他們認識到求愛者的力量，那力量可以形塑人類的生活、發動千艘船、燒毀特洛伊一座座高塔。法蘭索瓦也感受到求愛者的力量。他在騷亂逼近之際，留在中非共和國。他是為瑪麗埃爾留下來的。

我們短暫在世，然後離去——正如劇作家馬婁筆下的浮士德博士懇求特洛伊的海倫，「甜美的海倫，吻我一下，使我不朽。」我們的基因被傳遞下去，或者沒有。所經由的是責任、情急、儀式或浪漫。

求愛者可以慷慨，也可以不慷慨。那股繁殖的衝動是什麼？正當法蘭索瓦告訴我，他們在雅溫德那個狂暴日子發生的故事，我想到了智利詩人聶魯達的情詩〈早晨滿是風暴〉。聶魯達形容林中的風，就像一種充滿戰鬥和歌的語言。我覺得，那可以捕捉到求愛者的力量和威力，以及它對我們世世代代的影響。

我們應該嘗試勒住求愛者嗎？我們要怎樣才能駕馭求愛者——我們要怎樣才能駕馭自己？

我在本書寫作過程中，見識不少驚人事情，其中很驚奇的一件就

是法蘭索瓦為愛賭上性命。在中非共和國這片混亂和屠殺景象裡，有一個小故事是我永遠不會忘記的，那故事是關於兩個人，還有那件最令人震顫的東西，也就是愛情。

▶ 搭救者

在南西伯利亞某處，另外兩個人相遇了。我覺得他倆墜入愛河，但瓦西里沒給過我任何暗示。他喜歡萊娜，也很欣賞她。他無疑想要救她。為什麼？我們內在產生這種欲望的東西是什麼？搭救者又是什麼？

我們不大喜歡將自己想成是利他的。然而，哈佛大學崔弗斯的研究顯示，我們幫助無親緣關係的他人的行為，可能具有適應性。我們生活在一個高風險世界裡。環境愈是充滿風險，就愈是需要互助。那確實可見於地中海周遭那些身邊充斥掠食性蟻獅的沙地螞蟻。然而，人類是怎麼樣的呢？

瓦西里為什麼那麼做？他的童年充滿危險、創傷和痛苦，那大多是在他家裡。我開始覺得，正是這種對世界的獨特理解，讓瓦西里拚上性命去幫助萊娜。瓦西里就像那些沙地螞蟻，住在高風險區域的牠們，會去幫助其他同類，心裡希望、相信、渴望有一天，某個同類會來幫助自己。

是誰在瓦西里的生命中幫了他？我覺得是柯里亞，就是那隻一身亂毛的矮胖狗。當瓦西里在街上怨人生、恨自己，他被一隻原本沒人愛的狗關注、搭救。

然而我要強調，這只是我的猜想。我是在試著瞭解，為什麼這個愛狗人會自暴於現代奴隸制的恐怖，只為阻止一個他幾乎不認識的年輕哈薩克女人掉進陷阱。

▶ 護親者

當我寫下本書開頭的假設情境，就是有位家長突然收到一連串簡訊的那個情境。我從未想到那會發生在我身上。

生活變化得真快。要不是我女兒出意外，我也不會遇見安姬和瑞奇。我在他們之中，看見親子關係的強烈，那正是我們物種的一項顯著特徵。

當你在學校裡對付槍手，你可能就感受到了些什麼。你的數字是多少？讀完這本《十種人性》之後，那數字變了嗎？

跟我們基因最相近的親屬的羈絆，是一種充滿意義的關係，卻也充滿爭吵、心痛、創傷和痛苦。我們來測試看看。讓我再問一遍那個很簡單、很簡單的問題：你對你家人有何感想？你的內心是否充滿歡喜？你發出哼聲了嗎？你的反應是否帶著惱怒，還有真實的痛苦？正如安姬所說的，講到我們的家人和親族，我們「永遠都在裡頭」。

基因可以令我們做到這樣，很少有其他東西可以比擬。所以，讓我轉到第三課，也是最後一課，看看我們可以怎樣開始運用那些人性典型。

第三課
我們可以反擊某個人性典型的有害行為，
方法就是誘發另一個人性典型：

我們之前跟一些想推出 FGM 相關作品的劇團談過，當時我們採用的方法違反眾人直覺。我們要求大家別將父母視為怪物，我們請他們想想 FGM 在幾世紀來，呈現的人性和演化困境。其中一家叫作

「赤裸真相」（BAREtruth）的劇團明白了，該劇團因而更改他們那套獨幕劇《小針腳》（Little Stitches）的提案劇本。那是一次重大成功。

我向蘇格蘭國家劇院強調了同樣的事情。想想人類、整個困境和更深更深的原因——十種人性典型。他們的公演《儀式》（Rites）也是一大成功。

要挑戰某個人性典型所引起的有害行為，可以憑藉誘發另一個人性典型；不只是要拋棄壞的，更是要啟動和推崇好的。

這違背我們某些關於如何「面對問題」的牢固直覺，亦即想靠正面迎戰，來表現決心。然而，如果目的是要降低 FGM 所引起的社會苦難總和，我們不僅應該號召那些反對者，也應當利用那些相信或從小認同 FGM 的人他們內在的其他部分——我們可以利用其他已經在他們內在的人性典型。

當我們用口語說，我們必須「訴諸他們的善良面」，就科學分析和心理學來說，我們所做的便是促發他們心智組成的另一部分、促發他們的另一個心智模組、另一種人性典型。在某些意義上，我們的生活、我們的世界，就是這些人性典型彼此相互衝突的戰場、或相互競爭的競技場。

衝突和競爭，是的。然而，我們也會合作、表現同情心、感知他人痛苦——我們也有心智模組能那麼做。像是當麥可為了朋友從船上跳水，當瓦西里在西伯利亞某家餐館跟一位年輕女子講話。就在那些時候，人類的善良面，啟動了。

這些人性典型能以我們設想不到的方式，受到促發。

烏芭差點就被她所到訪村莊那些男人殺了。他們之所以饒她一命，並不是因為她訴諸他們身上的其他人性典型，而是因為就在上方高處，大自然召來了一場暴風雨，促發他們身上想要保持周圍條件的穩態系統。他們不想弄溼。

生命、人類——真是令人驚奇。

▶ 那些最非凡的人

所以我們遇到的那些人，後來怎麼樣了？

潘格納（見第 48 頁）從日內瓦請了研究休假，落腳在昆士蘭，就離黃瑪麗安研究鰕虎的地方不遠。他繼續探索人腦的未知範圍，尤其是「範圍」本身這個概念：腦細胞會因物體位於指尖可及範圍之內或範圍之外，而有不同反應，該特徵可能是一項可溯及我們還在樹上生活時的靈長類特點。

潘格納的那位病人仍在擔任醫師。病人 A 回到蒲隆地，該國安全局勢隨著暴力蔓延而惡化。他們亟需醫師。如今，病人 A 依舊借助一位護理師，來當他的「眼睛」，繼續盡力減輕周圍那些他（至少在視覺上）看不見的痛苦。

丹佛絲（見第 67 頁）在迦納兩年，幫助那些像寇兒和山繆的孩子以及被救離伏塔湖的孩子，現在已經返回英國。她在倫敦任職社區心理學家，提供支持和諮詢給那些有心理健康問題的青少年。然而，她仍然發現自己想著那些孩子和捕魚的事。正如她所說的，「你永遠不會離開那座湖。」

我們律師事務所的社會正義基金，捐款給丹佛絲在湖上進行的其中一項計畫，是溫尼巴鎮海岸的一項小額融資方案，讓婦女能在豐收時燻魚和凍魚，從而在艱苦時期擁有更可靠的收入來源。整個構想是要協助「從上游」緩解問題，減少將孩子賣去強迫勞動的壓力，畢竟漁獲總有波動，讓人時而飽餐、時而挨餓。目前已有超過一百名婦女正在使用該方案，我們希望規模能再擴大。我在想，要是當初就有這類措施，或許寇兒和山繆的母親就不會賣掉他們。

威廉斯（見第 112 頁）加緊他有關放逐和社會排斥的研究。我曾經向他請教過，因為我們嘗試發展有效機制，來繞過和對抗那些「在受害社群裡拒對孩子施行 FGM 的人所受的排斥」。威廉斯提供了免

費下載的網路球 4.0 版（Cyberball 4.0），你可以上去玩玩：
http://www3.psych.purdue.edu/~willia55/Announce/cyberball.htm

　　博科瓦奇（見第 105 頁）在阿姆斯特丹待了一段時間，然後回到家鄉內布拉斯加州。她已在內布拉斯加大學林肯分校取得政治學學位，期能藉此另謀途徑，來發揮自身才能和幹勁。她目前從事緊急應變訓練——她說：「從恐攻到龍捲風什麼都有，我們內布拉斯加州這裡有龍捲風。」不過，只要一有機會，她還是會繼續講述幾十萬如今仍被販運的年輕女性的處境。在本書撰寫期間，她登上了諾貝爾和平獎候選人名單。

　　中非共和國的情況已被提交國際刑事法院，還有一個調查相關暴行的國內特別刑事法院，也已成立。當地還有選舉，就定在情人節舉行。全世界都屏息以待，阿瓦姬安（見第 276 頁）也是，她仍然在難民營工作，周圍依舊圍繞著喜愛她的孩子。她還是會想起之前回羅馬時，留下的那個三歲小女孩。

　　雷維葉（見第 230 頁）離開了中非共和國，她目前正在蒙特婁從事一項計畫，是要重整全加拿大的心理健康服務，以求更能滿足年輕人的需求，尤其是遠北地區那些因紐特族群和第一民族（加拿大數個原住民族群的通稱）背景的年輕人。

　　黃瑪麗安（見第 99 頁）有了另一種魚。她正在研究條紋好看的宅泥魚（*Dascyllus aruanus*），這種魚又稱為三帶圓雀鯛，也出現在蜥蜴島周圍——那些不討喜的鰕虎魚依舊在此，過著了不起的小生活。

　　納基留瓦（見第 209 頁）仍然待在美國。她發起的運動，促成家鄉烏干達修改法律，使得毒性物質（尤其是酸液）的取得更為困難。她繼續推動創立更好的刑法，以保護弱勢者避免遭受酸暴力。她還是每天凌晨三點起床，趁著孩子還沒醒來，盡量多做些學術研究。「碰到下雪天，」她說：「我的孩子得跟我一起來，所以他們就成了整所

大學裡最年輕的研究助理。」等到她完成研究所的學位，她立志從事國際發展和人權保障，要讓婦女能夠講出受虐和家暴經過。

拉娜（見第 194 頁）希望明年開始學習，踏上成為教師的漫長道路。她還沒買她的連衣裙，不過那一天變得更近了。

托騰嫩（見第 302 頁）還在哥倫比亞大學，我們保持聯繫，設法更瞭解早年心理衝擊和創傷（像是 FGM）造成的神經解剖學變化，期望找出更有效的社會心理干預和支持。

聖雅各（見第 601 頁）也提議，要貢獻她在「自傳式記憶」相關效應的專業。

為了紀念她先生東尼・尼克林森（見第 132 頁），珍努力持續推動立法承認協助死亡的權利。她仍然相信，尊嚴死亡是一項基本權利。東尼離開後的生活依舊艱難。「我失去我先生，」珍說：「可是我想念我這朋友。」

胡笙（見第 604 頁）仍在從事反對 FGM 運動。我跟她一起繼續到全英國各地演講，在舞臺上、在大學校園和社區中心裡，我們一搭一唱，講給任何願意聽的人。偶爾聽眾裡會有年輕女性，在結束後悄悄走上前來，表白自己受過 FGM。經過多年的孤立、恐懼和痛苦，她們終於尋求協助。那是胡笙辦到的。

瑞奇（見第 609 頁）的癲癇持續在發作，但他正學著借助電腦化人眼辨識系統，來進行更有效的溝通。DynaVox EyeMax 這套系統跟蹤他的眼球運動，幫助照顧者和家人開始瞭解他真正想要什麼。正如安姬所說的，「在有了那『玩意兒』之前，我們跟瑞奇的溝通有 90% 都是用猜的。當然，你瞭解你孩子，但我們還是基本上用猜的。現在他可以在螢幕上確切告訴我們他想要什麼，還有先後順序：洗澡－電視－刷牙－睡覺。這不只是魔法，根本就是奇蹟了。」

這讓我想到那跟朵恩（見第 167 頁）所用的溝通方法很類似。我建議他們可以彼此聯繫。

　　所以，接下來是朵恩。有誰贏了本書開頭的打賭？（見第 12 頁）我不會自誇，因為這不是一場公平賭局。我早就知道了，她就坐在我這邊。做為碩士學位論文的一部分，朵恩正在探索如何策劃一場「斯基泰」（行遊牧的古代哈薩克人）藝術的線上展覽。英國空中大學請她來代言一些廣告活動——朵恩告訴我：「我當上海報女孩了，我需要一位經紀人。」有關朵恩的短片在撰文此時，已得到數百萬次點擊（江南風請讓讓，朵恩風來了）。

　　朵恩跟我每個星期都會用電郵聯絡，我們總是聊些廢話，她不會介意我講出這回事的。不過，有時候我們會聊到真正重要的東西。比方說，當我寫下這些的時候，我們正在爭論電影《回到未來》裡射殺布朗博士的那些歹徒，是阿爾巴尼亞人還是利比亞人——我剛在老貝利辦完一樁阿爾巴尼亞黑幫的謀殺審判案。我們隨便胡扯藝術、建築和批判理論，手邊總是擺著我們所謂的「謬論箱」。她正在教我她的特製字母表；我學得很爛（對我來說超難的，那就是原因），而且我還在規劃一趟穿越中國和哈薩克的絲路之旅。我偶爾會忘記朵恩的發文是一次次眨眼辛苦眨出來的。她的人生正往各個方向開展，不受拘束。這很了不起，也很發人深省。

　　正當朵恩跟我變得親近，我也跟其他人失聯了。有些人出於個人理由，不希望我再多說什麼；而我也尊重，我也就不再說了。我希望各位讀者能夠理解。他們給出了自己的故事、給出了自己，然後往前走。他們已經交稿了。

　　烏芭（見第 379 頁）又回到了非洲；瓦西里（見第 485 頁）還在開車。我希望有一天能再見到他們。我祝他們一切安好。

　　米亞特的母親帕姆，在雨溪那一晚之後，花了好幾年，試著接受兒子的死。偶爾她會發現自己在跟兒子說話，而那是有用的。她說她最終覺得：「現在沒人能傷害米亞特了，他安全了。」

▶ 希望我知道自由的滋味

　　智人裡有那麼一位很了不起的人，就在邁向個人名聲和讚譽的高峰之際，他開始愈發恐懼，意識到自己的一項重要官能（對他來說或許是最重要的官能）正在消逝。他出身普通家庭，並非不熟悉艱難和慘事。他父親是個暴躁的酒鬼，母親則是廚師的女兒，他小時候經常被鎖在地窖裡好幾個小時，遭受掌摑或毆打，就像瓦西里被父親痛打那樣。後來，那男孩（他的名字在家裡通常被縮簡為路易）養成把頭塞進冷水的習慣——這也發生在瓦西里身上，只不過瓦西里的頭是被硬塞進冷水裡的。

　　我們可以確定的是，路易長大成為偉大人物之後，他生命的最後七年，都得靠手寫便條來溝通。當時他已經嚴重耳聾了，但他沒讓自己被擊敗。據傳他受挫情急時，不得不鋸掉鋼琴腳，以便靠著感覺地板傳來的振動，繼續作曲。

　　無論鋸掉鋼琴腳之事是否為真，世界的喧囂都已無情退去，貝多芬這位偉大人物，已被迫生活在一個只有沉默和振動的繭裡。他拒絕屈從自身命運，他拒絕投降。

　　在生前最後幾年裡，雖然貝多芬幾乎聽不見自己創作的音樂，但他作出最後三首鋼琴奏鳴曲（其中一首是我在家父去世後，試著彈奏的）以及幾首弦樂四重奏，還完成了《莊嚴彌撒》，並從內心深處取出革命性的《第九交響曲》。簡言之，當頭腦外的世界變得寂靜，貝多芬作出了人類一些最偉大的音樂。正如他有句名言寫到的，儘管承受悲慘狀況和折磨，但他拒絕「離開這個世界，除非我已將內心所有的一切都呈現出來」。

　　我心目中，米開朗基羅的西斯汀小堂穹頂畫、莎士比亞的劇作、貝多芬晚年的音樂、托爾斯泰的小說《安娜‧卡列尼娜》和《戰爭與和平》、畢卡索的藝術，是人類創作努力的最頂峰（你也可以有自己

的名單）。而貝多芬晚年的作品，全都創作於他受耳聾摧殘的時候。

　　他在做什麼？他在說什麼？在某種意義上，那非常簡單。貝多芬在對我們說：你能聽見我嗎？

　　在某種意義上，這本《十種人性》也是一連串的振動，是一連串穿越時空的人類共鳴。關於人類，亦即「十種人性典型」的載體，有個問題就是，他們雖然有著令人惱怒的行為，卻也非常頑強而機智。無疑的是，這些特質、連同他們大腦額葉的能力和社交本能，全都攸關於他們的演化成就——當然也攸關我們的演化成就。

　　我們相互競爭，卻也彼此合作。我們追求個性，卻也想要歸屬。這本書是關於那些在湖上為奴的孩子、那些拚命生存卻在血腥內戰中被徵入戰鬥團體的人、那些被推入性剝削陷阱的年輕女子、那些受過FGM或經常受其威脅的年輕女性。走過本書的每一個篇章，就等於走到人類境況的前沿，走到那些往往看來遠到不行的地方——然而我們可以在一兩下心跳的時間，就被強行傳送到那裡，看到在事發之前，朵恩只是坐在沙發上，安東尼只是去商店買可樂，而拉娜只是外出為母親買禮物。所以，是的，生命具有這種能力，能夠攻擊和伏擊。

　　你打算怎麼做？那就是生命提出的問題。你又打算如何去做？本書展示許多不屈之人給出的答案。套用舊阿克拉海堤旁那面看板上的經文，那些人「已經勝了世界」。因為，正如古希臘劇作家索福克勒斯也告訴我們的，經驗為我們解惑。透過那些人的奮鬥，那些不屈之人展示了一些方法；他們揭露我們內在往往不為人知的東西，也就是生而為人的榮耀和血腥、奇蹟和恐怖——十種人性典型。

　　在貝多芬最後交響曲最後樂章的關鍵一刻，有個單獨的人聲突然唱起「*O Freunde, nicht diese Töne*」。朋友們，這些聲音夠了。這句勸告並不是沮喪絕望，而是教人加入一場生命的狂歡。這個獨唱人聲，陸續加上別的人聲、更多人聲、一小組人聲，然後是整個合唱團，這時音樂升起，然後衝進那陣關於人類境況的劇烈聲響高潮風暴。

　　本書試圖連結到那些聲音。在此我想介紹最後一位不屈之人。這個聲音來自烏芭的「朋友」，是她未曾謀面的那位，也就是尤妮斯。

　　尤妮斯・偉蒙在 1933 年 2 月 21 日出生於北卡羅萊納州。她在2003 年逝世於法國，享壽七十歲。她出身南方一個貧窮黑人家庭，但從三歲就開始彈鋼琴，而且擁有卓越天賦。她搬到費城時，前往某所著名音樂學校試奏，結果因為她的膚色而被拒收──她一直都是那麼認為的。然而，她不為所挫，接著用藍調、靈魂樂、爵士樂、R & B、歌唱、作曲和鋼琴演奏，來填滿世界。她也是民權運動家，她有一首歌，就是烏芭一播再播的那首，成為美國民權運動的頌歌之一，是美國民權運動的一個代表聲音。

　　尤妮斯更為人知的名字是妮娜・西蒙（Nina Simone）。西蒙那首歌的簡單，讓我深深著迷，而且成了這本書的某種配樂。我猜你也認得那滑順而繞人心頭的爵士藍調鋼琴前奏、那輕柔的彈奏，然後西蒙的歌聲升起，唱出這一句簡單的開場白：*I wish I knew how it would feel to be free*──〈希望我知道自由的滋味〉。

　　如果你有陣子沒聽了（或是從沒聽過），請去聽聽。

　　當你在聽的時候，請閉上眼睛，想想帕崔斯和賽拉，還有朵恩和東尼，以及 L 小姐和安娜──這一切的平行人生。也想想瓦西里和萊娜、烏芭和歐默、我那驚人又狂熱的朋友阿瓦姬安、法蘭索瓦和瑪麗埃爾、納基留瓦和拉娜、安東尼和麥可，全都傍靠著人類世界的湖泊和河流、草原和城市、以及陌生海洋。所有他們的故事就在一場合唱中升起，他們的聲音聚集起來，重申我們有能力找到各種全新方式，去承受、抵抗、起立、自由──去像賽拉父親那樣相信 *tout est possible*（一切皆有可能）。因此，這本書雖然探討心智組成裡某些令人沮喪氣餒的隱藏部分，但也關乎那些讓我們活得尊嚴的其他平行部分。

　　有關人類心智的事實，我們知道一些，但不是全部。那場冒險就在我們前方，那可說是科學的下一個偉大前沿。我們將以高清晰度來

揭露和窺探更多構成我們心智的執行系統，我們將更清楚檢視自己。正如柯司特（見第13頁）告誡我們的，在那麼做的過程裡，我們將會揭發心智運作中有害力量的存在。當我們那麼做，我們就將更能挑戰（甚至最終改變）那些力量。

這本書始終關乎開頭提到的三個問題：我們是誰、我們是什麼、我們內在有誰。這本書談的是要傾聽我們內在那些典型的聲音，還要駕馭它們那種戰勝世界的力量，用不同方式、在不同地方、在不同規模上尋找全新方式，來幫助我們自己和他人得到自由。我們是特殊演化的生物，具有特殊演化的心智，我們就跟自然界其他生物一樣被天擇形塑。我們在基因上，連結到這個豐富而驚人的自然界。我們是自然界的一部分，就像生物學家德爾布呂克說過的，我們是「所有生命形式的無限織網中的一條細線，與其他生命形式是相互關聯、相互依存的。」所以，我們也對自然界負有責任，那是一種家族忠誠。這就是我們在地球上的真正地位。但是，時間真的不多了，而水在高漲；然而，如果我們閉上眼睛聆聽，那麼我相信我們可以聽見，然後可以說：故事就是這樣再次開始的。

故事重新開始了，就在帕崔斯和賽拉越過一片可怕大沙漠要找新家園，就在朵恩尋求新學位的慰藉，就在胡笙談論 FGM、而烏芭又讓某個女孩免受殘割，就在納基留瓦經歷另一次手術、而拉娜夢想著羅馬廣場，就在瓦西里找到另一條路去走，就在法蘭索瓦又再邀請某人坐進他的「禮車」，就在瑞奇的機器讓他的隱密想法活躍起來，就在安東尼這個自認是無名小卒的男孩悄悄回家。故事重新開始了，就在你和我這兩顆人類大腦裡進行那般壯舉。那是我們坐在莽原火堆旁的祖先不可能想像到，但卻經由一條人類生命的完好絲帶促成的：透過紙張或螢幕上的一連串形狀，進行跨時空交流。故事重新開始了，就在我寫而你讀這些文字，就在我們聆聽尤妮斯·偉蒙唱出〈希望我知道自由的滋味〉……

本書配樂

不知怎的，以下的音樂悄悄成了本書配樂。
其中一些音樂，為書中某人提供了支持或鼓舞。

第一種人性典型：感痛者

'A Real Hero' (feat. Electric Youth) – College & Electric Youth
'Poor Wayfaring Stranger' – Natalie Merchant

第二種人性典型：放逐者

'Beyond the Sea' – (a) Bobby Darin; (b) Kathryn Williams & Adam Lipinski
'Paid My Dues' – Anastacia [*chosen by Kathy Bolkovac*]

第三種人性典型：制懼者

'Forever Autumn' – Jeff Wayne (feat. Richard Burton) [*selected by Dawn Faizey Webster*]
'Mad World' – (a) Tears For Fears; (b) (feat. Gary Jules) – Michael Andrews

第四種人性典型：注視者

Piano Sonata No. 30 in E Major, Op. 109: III Andante – Ludwig van Beethoven
'I Am Not Alone' – Kari Jobe [*chosen by Hanifa Nakiryowa*]

第五種人性典型：攻擊者

'I'm Gonna Be (500 Miles)' – The Proclaimers
'Shine Bright Like a Diamond' – Julie Anna

第六種人性典型：結夥者

'America' – Cast, *West Side Story* (Original Motion Picture Soundtrack)
'Wicked Game' – Chris Isaak

第七種人性典型：養育者

'Time After Time' – Cyndi Lauper
'Reach Out, I'll Be There' – Four Tops

第八種人性典型：求愛者

'Bang Bang (My Baby Shot Me Down)' – Déborrah 'Moogy' Morgane
Mazurka in A Minor, Op. 68, No. 2: Lento – Frédéric Chopin
'Do You Love Me' – The Contours [*suggested by François, for Marielle*]

第九種人性典型：搭救者

'I Wanna Be Your Dog' – The Stooges
'Weather With You' – Crowded House

第十種人性典型：護親者

'Fix You' – Coldplay [*chosen by Angie, for Ricky*]
'I'm Sticking With You' – (a) Velvet Underground; (b) The Decemberists

後記　我們的課題

'Here Comes the Sun' – The Beatles
Symphony No. 9 in D Minor 'Choral': Ode to Joy – Ludwig van Beethoven
'I Wish I Knew How It Would Feel To Be Free' – Nina Simone [*suggested by Ubah*]

參考文獻

　　此處摘錄本書寫作所依靠的一小部分重要文獻。為了方便查找，我將參考文獻按本書的十篇來劃分，然後再按主題來細分，以便讀者搜索到真正感興趣的內容。各主題裡的文獻都按字母排序。過去一百五十年來最發人深省的一些研究和分析，也臚列如後。我要特別感謝科斯米德斯和托比在演化心理學的開創性研究、庫茲班在模組化的研究、肯瑞克和格里斯克維西斯在「次自我」的精妙研究，還要感謝認知科學家平克向世人解釋心智的實際運作。如前所述，完整列表放在 penguin.co.uk 網站的本書專屬網頁，敬請享用。

方法論

Bourdieu, P. (1987), 'The Force of Law: Toward a Sociology of the Juridical Field', *Hastings Law Review*, 38, pp.814–53.

Bourdieu, P. et al. (1999), *The Weight of the World: social suffering in contemporary society*, Cambridge: Polity Press.

Bourdieu, P. and Wacquant, L. (1992), *An Invitation to Reflexive Sociology*, Cambridge: Polity Press.

Chomsky, N. (1998), *Profit Over People: Neoliberalism and the World Order*, New York: Seven Stories Press.

Chomsky, N. (2012), *How the World Works*, London: Hamish Hamilton.

Foucault, M. (1984), 'Nietzsche, Genealogy, History', in P. Rabinow (ed.), *The Foucault Reader: An Introduction to Foucault's Thought*, London: Penguin.

Lukes, S. (2005), *Power: A Radical View* (2nd edn), Basingstoke: Palgrave Macmillan.

Singer, P. (2000), *A Darwinian Left: Politics, Evolution and Cooperation*, New Haven, CT: Yale University Press.

Wacquant, L. (2004), *Body and Soul: notebooks of an apprentice boxer*, Oxford: Oxford University Press.

Wacquant, L. (2005), 'Carnal Connections: On Embodiment, Apprenticeship and Membership', *Qualitative Sociology*, 28(4), pp.445–74.

保護措施

Berendt, J. (1994), *Midnight in the Garden of Good and Evil*, London: Chatto & Windus.

le Carré, J. (2016), *The Pigeon Tunnel: Stories from My Life*, London: Viking.

Obama, B. (2007), *Dreams From My Father: A Story of Race and Inheritance*, Edinburgh: Canongate Books.

Sacks, O. (1991), *Awakenings*, London: Picador.

Sacks, O. (1985/2015), *The Man Who Mistook His Wife For a Hat*, London: Picador Classic. 中文版《錯把太太當帽子的人》，天下文化2018年出版。

Yalom, I. (1991), *Love's Executioner and Other Tales of Psychotherapy*, London: Penguin.

前言　孩子之死
概論

Castells, M. (2009), *Communication Power*, Oxford: Oxford University Press.

Delbrück, M. (1949), 'A Physicist Looks at Biology', *Transactions of the Connecticut Academy of Arts and Sciences*, 38, pp.173–90.

Dick, P. (1987/2000), *We Can Remember It For You Wholesale*, London: Millennium.

Wilson, E. (2013), *The Social Conquest of Earth*, New York: Liverlight.

少年保護管束、米亞特事件

Carlile, Lord (2006), *An independent inquiry into the use of physical restraint, solitary confinement and forcible strip searching of children in prisons, secure training centres and local authority secure children's homes*, London: Howard League for Penal Reform.

Carlile, Lord (2011), *House of Lords public hearings on the restraint of children*, London: Howard League for Penal Reform.

Carlile, Lord (2016), *The Carlile Inquiry 10 Years On: the use of restraint, solitary confinement and strip-searching on children*, London: Howard League for Penal Reform.

Foucault, M. (1977), *Discipline and Punish: The Birth of the Prison*, London: Penguin.

Goldson, B. (2006), 'Damage, harm and death in child prisons in England and Wales: questions of abuse and accountability', *The Howard Journal of Criminal Justice*, 45(5), pp.449–67.

Goldson, B. and Coles, D. (2005), *In the Care of the State? – Child deaths in penal custody in England & Wales*, London: INQUEST.

Howard League (2011), *Twisted: the use of force on children in custody*, London: Howard League for Penal Reform.

Medway Improvement Board (2016), *Final Report of the Board's Advice to the Secretary of State for Justice*, [online]. Available at https://www.gov.uk/government/uploads/system/uploads/attachment_data/fi 23167/medway-report.pdf [most recently accessed 6 October 2016].

Office of the Children's Commissioner (2011), *Young people's views on restraint in the secure estate*, London: OCC.

Pounder, R. (on the application of) v HM Coroner for the North and South Districts of Durham and Darlington, the Youth Justice Board and others [2009], EWHC 76 (Admin), High Court.

UN Committee on the Rights of the Child (2002), *Concluding Observations of the Committee on the Rights of the Child: United Kingdom of Great Britain and Northern Ireland*, Geneva: United Nations.

第一種人性典型：感痛者
演化論

Coyne, J. (2009), *Why Evolution Is True*, Oxford: Oxford University Press.

Darwin, C. (1859/2004), *On the Origin of Species by Means of Natural Selection*, London: Macmillan Collector's Library.

Darwin, C. (1871), *The Descent of Man, and Selection in Relation to Sex*, London: Murray.

Darwin, C. (1872/2002), *The Expression of Emotions in Man and Animals*, New York: Oxford University Press.

Dawkins, R. (1976), *The Selfish Gene*, Oxford: Oxford University Press.

中文版《自私的基因》，天下文化2018年出版。

Dawkins, R. (1986), *The Blind Watchmaker*, New York: W. W. Norton.

中文版《盲眼鐘錶匠》，天下文化2002年出版。

Dennett, D. (1995), *Darwin's Dangerous Idea: Evolution and the Meanings of Life*, New York: Simon and Schuster.

Dunbar, R. (1992), 'Neocortex size as a constraint on group size in primates', *Journal of Human Evolution*, 20, pp.469–93.

Dunbar, R. (1993), 'Coevolution of neocortical size, group size and language in humans', *Behavioral and Brain Sciences*, 11, pp.681–735.

Dunbar, R. and Shultz, S. (2007), 'Evolution in the social brain', *Science*, 317, pp.1344–7.

Hamilton, W. (1964), 'The genetic evolution of social behaviour, I and II', *Journal of Theoretical Biology*, 7, pp.1–52.

Pinker, S. (2002), *The Blank Slate: The Modern Denial of Human Nature*, New York: Viking.

Shermer, M. (2006), *Why Darwin Matters: The Case Against Intelligent Design*, New York: Times Books.

Tattersall, I. (1998), *Becoming Human: Evolution and Human Uniqueness*, New York: Harcourt Brace.

演化心理學

Barkow, J., Cosmides, L. and Tooby, J. (eds) (1992), *The Adapted Mind: Evolutionary Psychology and the Generation of Culture*, New York: Oxford University Press.

Barrett, L. et al. (2001), *Human Evolutionary Psychology*, Basingstoke: Palgrave Macmillan.

Buss, D. (2005), *The Handbook of Evolutionary Psychology*, Hoboken, NJ: Wiley.

Buss, D. (2016), *Evolutionary Psychology: The New Science of the Mind*, New York: Routledge.

Workman, L. and Reader, W. (2014), *Evolutionary Psychology: An Introduction*, Cambridge: Cambridge University Press.

模組化

Barrett, H. (2012), 'Evolutionary Psychology', in Frankish, W. and Ramsey, W. (eds), *Cambridge Handbook of Cognitive Science*, Cambridge: Cambridge University Press (pp.257–74).

Barrett, H. and Kurzban, R. (2006), 'Modularity in Cognition: framing the debate', *Psychological*

Review, 113, pp.628–47.

Carruthers, P. (2006), 'The Case for Massive Modular Models of the Mind', in Stainton, R. (ed.), *Contemporary Debates in Cognitive Sci*ence, Oxford: Blackwell.

Chiappe, D. and Gardner, R. (2011), 'The modularity debate in evolutionary psychology', *Theory & Psychology*, 22(5), pp.669–82.

Cosmides, L. and Tooby, J. (2002), 'Unraveling the enigma of human intelligence: evolutionary psychology and the multimodular mind', in Sternberg, R. and Kaufman, J. (eds), *The evolution of intelligence*, Mahwah, NJ: Erlbaum (pp.145–98).

Fodor, J. A. (1983), *The Modularity of Mind: An Essay on Faculty Psychology*, Cambridge, MA: MIT Press.

Kenrick, D. and Griskevicius, V. (2013), *The Rational Animal: How Evolution Made Us Smarter Than We Think*, New York: Basic Books.

Kurzban, R. (2012), *Why Everyone (Else) Is a Hypocrite: Evolution and the Modular Mind*, Princeton, NJ: Princeton University Press.

Kurzban, R. and Aktipis, C. (2006), 'Modular minds, multiple motives', in Schaller, M., Simpson, J. and Kenrick, D. (eds), *Evolution and Social Psychology*, New York: Psychology Press (pp.39–53).

Pinker, S. (1997), *How the Mind Works*, New York: W. W. Norton. Ramachandran, V. S. and Blakeslee, S. (1999), *Phantoms in the Brain: Human Nature and the Architecture of the Mind*, London: Fourth Estate.

Sperber, D. (1994), 'The modularity of thought and the epidemiology of representations', in Hirschfeld, L. and Gelman, S. (eds), *Mapping the Mind: Domain-specificity in Cognition and Culture*, Cambridge: Cambridge University Press (pp.39–67).

Tooby, J. and Cosmides, L. (1992), 'The Psychological Foundations of Culture', in Barkow, J. et al. (eds), *The Adapted Mind: Evolutionary Psychology and the Generation of Culture*, New York: Oxford University Press (pp.19–136).

適應論

Dupre, J. (2012), 'Against Maladaptationism: or, what's wrong with evolutionary psychology?', in Dupre, J., *Processes of Life: Essays in Philosophy of Biology*, Oxford: Oxford University Press (pp.245–60).

Fehr, C. (2012), 'Feminist Engagement with Evolutionary Psychology', *Hypatia*, 27, pp.50–72.

Gould, S. and Lewontin, R. (1979), 'The Spandrels of San Marco and the Panglossian Paradigm: A Critique of the Adaptationist Programme', *Proceedings of the Royal Society of London*, B 205.

先天與後天

Gander, E. (2003), *On Our Minds: How Evolutionary Psychology Is Reshaping the Nature-Versus-Nurture Debate*, Baltimore, MD: Johns Hopkins University Press.

Pinker, S. (2004), 'Why nature & nurture won't go away', *Daedalus*, 133(4), pp.5–17.

Ridley, M. (2003), *Nature Via Nurture: Genes, Experience, and What Makes Us Human*, London: Fourth Estate.

Smith, A. et al. (2016), 'Food fussiness and food neophobia share a common etiology in early childhood', *Journal of Child Psychology and Psychiatry* (October 2016).

Tooby, J. and Cosmides, L. (1990), 'On the Universality of Human Nature and the Uniqueness of the Individual: The Role of Genetics and Adaptation', *Journal of Personality*, 58, pp.17–67.

Wertz, A. and Wynn, K. (2014), 'Selective social learning of plant edibility in 6- and 18-month-old infants', *Psychological Science*, 25(4), pp.874–82.

童工、童奴

Acred, C. (2014), *Child Labour & Exploitation*, Cambridge: Independence Educational Publishers.

International Labour Office (2012), *ILO Global Estimate of Child Labour*, Geneva: ILO Publications.

同理心與同情心

de Waal, F. (2012), *The Age of Empathy: Nature's Lessons For a Kinder Society*, New York: Three Rivers Press.

Faulkner, W. (1936/1995), *Absalom, Absalom!*, London: Vintage Classics.

Pegna, A. et al. (2005), 'Discriminating emotional faces without primary visual cortices involves the right amygdala', *Nature Neuroscience*, 8, pp.24–25.

Pegna, A. et al. (2008), 'Visual search for facial expressions of emotion is less affected in simultanagnosia', *Cortex*, 44(1), pp.46–53.

Pegna, A. et al. (2008), 'Electrophysiological evidence for early non-conscious processing of fearful facial expressions', *International Journal of Psychophysiology*, 70(2), pp.127–136.

Russell, C. et al. (2016), 'Motivation and attention following hemispheric stroke', *Progress in Brain Research*, 229, pp.343–66.

Slovic, P. (2007), '"If I Look at the Mass I Will Never Act": Psychic Numbing and Genocide', *Judgment and Decision Making*, 2, pp.79–95.

Singer, P. (1972), 'Famine, Affluence and Morality', *Philosophy and Public Affairs*, 1, pp.229–43.

Singer, T. et al. (2004), 'Empathy for pain involves the affective but not sensory components of pain', *Science*, 303, pp.1157–62.

Smith, A. (1759/2010), *Theory of Moral Sentiments*, London: Penguin Classics.

第二種人性典型：放逐者

魚類（及其他動物）研究

Clutton-Brock, T. (2009), 'Cooperation between non-kin in animal societies', *Nature*, 462, pp.51–7.

Clutton-Brock, T. et al. (2002), 'Evolution and development of sex differences in cooperative behaviour in meerkats', *Science*, 297, pp.253–6.

Clutton-Brock, T. et al. (2005), '"False feeding" and aggression in meerkat societies', *Animal Behaviour*, 69, pp.1273–84.

Solomon, N. and French, J. (1997), *Cooperative Breeding in Mammals*, Cambridge: Cambridge University Press.

Wong, M. et al. (2007), 'The threat of punishment enforces peaceful cooperation and stabilizes queues in a coral-reef fish', *Proceedings of the Royal Society B: Biological Sciences*, 274 (1613), (pp.1093–9).

Wong, M. and Balshine, S. (2011), 'The evolution of cooperative breeding in the African cichlid fish, *Neolamprologus pulcher*', *Biological Reviews*, 86, pp.511–30.

放逐、排斥

Baumeister, R. et al. (2002), 'Effects of social exclusion on cognitive processes: anticipated aloneness reduces intelligent thought', *J. Personal. Soc. Psychol*, 83, pp.817–27.

Baumeister, R. et al. (2006), 'Social exclusion impairs self-regulation', *J. Personal. Soc. Psychol.*, 88, pp.589–604.

Bolkovac, K. and Lynn, C. (2011), *The Whistleblower: Sex Traffi king, Military Contractorsand One Woman's Fightfor Justice*, Basingstoke: Palgrave Macmillan.

Gruter, M. and Masters, R. (1986), 'Ostracism: a social and biological phenomenon', *Ethol. Sociobiol.*, 7, pp.149–395.

Kurzban, R. and Leary, M. (2001), 'Evolutionary origins of stigmatization: the functions of social exclusion', *Psychological Bulletin*, 127(2), pp.187–208.

Eisenberger, N. et al. (2003), 'Does rejection hurt: an fMRI study of social exclusion', *Science*, 302, pp.290–2.

Eisenberger, N. and Lieberman, D. (2004), 'Why rejection hurts: the neurocognitive overlap between physical and social pain', *Trends in Cognitive Sciences*, 8, pp.294–300.

Hobbes, T. (1651/2008), *Leviathan*, Oxford: Oxford World Classics.

Leary, M. et al. (2003), 'Teasing, rejection, and violence: case studies of the school shootings', *Aggressive Behavior*, 29, pp.202–14.

MacDonald, G. and Leary, M. (2005), 'Why does social exclusion hurt? The relationship between social and physical pain', *Psychol. Bull.*, 131, pp.202–23

Williams, K. (2001), *Ostracism: The Power of Silence*, New York: Guilford.

Williams, K. (2007), 'Ostracism', *Annual Review of Psychology*, 58, pp.425–52.

Williams, K. (2007), 'Ostracism: the kiss of social death', *Social and Personality Compass*, 1, pp.236–24.

Williams, K. et al. (2000), 'CyberOstracism: effects of being ignored over the Internet', *J. Personal. Soc. Psychol.*, 79, pp.748–62.

第三種人性典型：制懼者

恐懼管理理論

Becker, E. (1973), *The Denial of Death*, New York: The Free Press.

Gilderdale, K. (2011), *One Last Goodbye: sometimes only a mother's love can help end the pain*, London: Ebury Press.

Hirschberger, G. et al. (2010), 'Looking away from death: defensive attention as a form of terror management', *Journal of Experimental Social Psychology*, 46, pp.172–8.

Landau, M. et al. (2006), 'The Siren's Call: Terror Management and the Threat of Men's Sexual

Attraction to Women', *Journal of Personality and Social Psychology*, 90(1), pp.129–46.

Landau, M. et al. (2007), 'On the compatibility of terror management theory and perspectives on human evolution', *Evolutionary Psychology*, 5(3), pp.476–519.

Owen, A. et al. (2006), 'Detecting Awareness in the Vegetative State', *Science*, 313, p. 1402.

Rosenblatt, A. et al. (1989), 'Evidence for Terror Management Theory: I. The Effects of Mortality Salience on Reactions to Those Who Violate or Uphold Cultural Values', *Journal of Personality and Social Psychology*, 57(4), pp.681–90.

Roth, P. (2002), *The Dying Animal*, London: Vintage.

Solomon, S. et al. (1991), 'Terror management theory of selfesteem', in Snyder, C. and Forsyth, D. (eds), *Handbook of Social and Clinical Psychology: The Health Perspective*, New York: Pergamon Press (pp.21–40).

Solomon, S. et al. (1991), 'A terror management theory of social behavior: the psychological functions of self-esteem and cultural worldviews', in M. P. Zanna (ed.), *Advances in Experimental Social Psychology*, New York: Academic Press (vol. 24, pp.93–159).

Solomon, S. et al. (2016), *The Worm at the Core: On the Role of Death in Life*, London: Penguin.

閉鎖症候群

Laureys, S. et al. (2005), 'The locked-in syndrome: what is it like to be conscious but paralyzed and voiceless?', *Progress in Brain Research*, 150, pp.495–511.

Nizzi, M. C. et al. (2012), 'From armchair to wheelchair: how patients with a locked-in syndrome integrate bodily changes in experienced identity', *Consciousness and Cognition*, 21(1), pp.431–7.

第四種人性典型：注視者

酸暴力

Acid Survivors Trust International (2016), *Justice? What Justice? Tackling Acid Violence and Ensuring Justice for Survivors*, London: ASTI.

Kalantry, S. and Getgen, E. (2011), 'Combatting Acid Violence in Bangladesh, India and Cambodia', *Cornell Legal Studies Research Paper*, pp.11–24.

臉的魅力

Aharon, I. et al. (2001), 'Beautiful Faces Have Variable Reward Value: fMRI and Behavioral Evidence', *Neuron*, 32, pp.537–51. Daly, M. and Wilson, M. (2005), 'Carpe Diem: adaptation and devaluing the future', *The Quarterly Review of Biology*, 80(1), pp.55–60.

Eberhardt, J. et al. (2006), 'Looking Deathworthy: Perceived Stereotypicality of Black Defendants Predicts Capital-Sentencing Outcomes', *Cornell Law School research paper*, no. 06–012, Ithaca, NY: Cornell Law School.

Foucault, M. (1988), 'Technologies of the Self ', in Martin, L. et al. (eds), *Technologies of the Self: a seminar with Michel Foucault*, London: Tavistock.

Halberstadt, J. and Rhodes, G. (2000), 'The attractiveness of nonface averages: implications for an evolutionary explanation of the attractiveness of average faces', *Psychological Science*, 11, pp.285–9.

Langlois, J. et al. (1987), 'Infant preferences for attractive faces: rudiments of a stereotype', *Developmental Psychology*, 23, pp.363–9.

Langlois, J. and Roggman, L. (1990), 'Attractive faces are only average', *Psychological Science*, 1, pp.115–21.

Langlois, J. et al. (1991), 'Facial diversity and infant preference for attractive faces', *Developmental Psychology*, 27, pp.79–84. Quinn, P. et al. (2008), 'Preference for attractive faces in human infants extends beyond conspecifics', *Developmental Science*, 11(1), pp.76–83.

Slater, A. et al. (2000), 'Newborn infants' preference for attractive faces: the role of internal and external facial features', *Infancy*, 1, pp.265–74.

Slater, A. and Quinn, P. (2001), 'Face recognition in the newborn infant', *Infant and Child Development*, 10, pp.21–24.

Slater, A. et al. (2003), 'The role of facial orientation in newborn infants' preference for attractive faces', *Developmental Science*, 3, pp.181–5.

Wilson, M. and Daly, M. (2004), 'Do Pretty Women Cause Men to Discount the Future?', *Proceedings of the Biological Society*, 271(4), pp.177–9.

第五種人性典型：攻擊者

攻擊性

Adams, D. et al. (1990), 'The Seville Statement on Violence', *American Psychologist*, 45, p. 1167.

Anderson, C. A. and Bushman, B. (2002), 'Human aggression', *Annual Reviews of Psychology*, 53, pp.27–51.

Batson, D. et al. (2003), '"As you would have them do onto you": does imagining yourself in the other's place stimulate moral action?', *Personality and Social Psychology Bulletin*, 29, pp.1190– 201.

Buss, D. (2006), *The Murderer Next Door: Why the Mind is Designed to Kill*, New York: Penguin.

Cushman, F. et al. (2012), 'Simulating Murder: the aversion to harmful action', *Emotion*, 12(1), p. 2.

Grossman, D. (1995), *On Killing*, Boston: Little, Brown. Hammes, T. (2006), *The Sling and the Stone: On War in the 21st Century*, St Paul, MN: Zenith Press.

LeDoux, J. (1996), *The Emotional Brain*, New York: Simon & Schuster.

Martens, A. et al. (2007), 'Killing begets killing: evidence from a bug-killing paradigm that initial killing fuels subsequent killing', *Personality and Social Psychology Bulletin*, 33, pp.1251–64.

Pinker, S. (2011), *The Better Angels of Our Nature: Why Violence Has Declined*, New York: Viking.

Singer, T. et al. (2004), Empathy for pain involves the affective but not sensory components of pain', *Science*, 303, pp.1157–62.

Webber, D. (2013), 'Using a Bug-Killing Paradigm to Understand How Social Validation and Invalidation Affect the Distress of Killing', *Personality and Social Psychology Bulletin*, 39(4), pp.470–81.

Wrangham, R. et al. (2006), 'Comparative rates of violence in chimpanzees and humans', *Primates*, 47, pp.14–26.

中非共和國

Gide, A. (1995), *Voyage au Congo*, Paris: Gallimard Éducation.

Lombard, L. (2016), *State of Rebellion: Violence and Intervention in the Central African Republic (African Arguments)*, London: Zed Books.

Titley, B. (2002), *Dark Age: The Political Odyssey of Emperor Bokassa*, Montreal: McGill-Queen's University Press.

童兵、促慾攻擊

Amone-P'Olak, K. et al. (2007), *South African Psychiatry Review*, 10, pp.76–82.

Brett, R. and Sprecht, I. (2004), *Young Soldiers: why they choose to fight*, Boulder, CO: Lynne Rienner.

Child Soldiers International (2017), 'What are child soldiers?', [online]. From https://www.child-soldiers.org/about-the-issue [most recently accessed 8 March 2017].

Coalition to Stop the Use of Child Soldiers (2010), *Mai Mai child soldier recruitment and use: entrenched and unending*, London: Coalition to Stop the Use of Child Soldiers, pp.1–17.

Elbert, T. and Schauer, M. (2002), 'Psychological trauma: burnt into memory', *Nature*, 419, p. 883.

Elbert, T. et al. (2006), 'The influence of organized violence and terror on brain and mind – a co-constructive perspective', in Baltes, P. et al. (eds), *Lifespan Development and the Brain: The Perspective of Biocultural Co-constructivism*, Cambridge: Cambridge University Press (pp.1–36).

Elbert, T. et al. (2010), 'Fascination violence: on mind and brain of man hunters', *European Archives of Psychiatry and Clinical Neuroscience*, 260(1), pp.100–5.

Friedman, M. (2001), *Post Traumatic Stress Disorder*, Kansas City: Compact Clinicals.

Heckler, T. et al. (2012), 'Appetitive aggression in former combatants – derived from the ongoing conflict in DR Congo', *International Journal of Law and Psychiatry*, 35(3), pp.244–9.

Maclure, R. and Denov, M. (2006), '"I Didn't Want to Die So I Joined Them": Structuration and the Process of Becoming Boy Soldiers in Sierra Leone', *Terrorism and Political Violence*, 18, pp.119–35.

Pham, P. N. et al. (2009), 'Returning home: forced conscription, reintegration, and mental health status of former abductees of the Lord's Resistance Army in northern Uganda', *BioMed Central Psychiatry*, 9, p. 23.

Song, S. and de Jong, J. (2013), 'The Role of Silence in Burundian Former Child Soldiers', *International Journal of Adv. Counselling*, 36, pp.84–95.

Tottenham, N. et al. (2009), 'A developmental perspective on human amygdala function', in Phelps, E. and Whalen, P. (eds), *The Human Amygdala*, New York: Guilford Press (pp.107–17).

Tottenham, N. et al. (2010), 'Prolonged institutional rearing is associated with atypically large amygdala volume and emotion regulation difficulties', *Developmental Science*, 13(1), pp.46–61.

Tottenham, N. (2012), 'Human Amygdala Development in the Absence of Species-Expected Caregiving', *Developmental Psychobiology*, 54, pp.598–611.

Weierstall, R. et al. (2013), 'Relations among appetitive aggression, post-traumatic stress and motives for demobilization: a study in former Colombian combatants', *Conflict and Health*, 7, p. 9.

第六種人性典型：結夥者

聲響

Dunbar, R. (2004), 'Gossip in Evolutionary Perspective', *Review of General Psychology*, 8(2), p. 100.

Étienne, D. et al. (2004), 'Public Information: From Nosy Neighbors to Cultural Evolution', *Science*, 305 (5683), pp.487–91.

Hansjoerg, P. et al. (2007), 'Vocal Interactions in Common Nightingales (*Luscinia megarhynchos*): Males Take It Easy after Pairing', *Behavioral Ecology and Sociobiology*, 61(4), pp.557–63.

Otter, K. et al. (1999), 'Female birds then seek extra-pair fertilisation from the "winner"', *Proc. R. Soc. London*, Ser. B266, p. 1305.

群體

Allport, G. (1954), *The Nature of Prejudice*, Cambridge, MA: Addison-Wesley.

Brewer, M. (1979), 'Ingroup bias in the minimal intergroup situation: a cognitive motivational analysis', *Psychological Bulletin*, 86(2), pp.307–24.

Sherif, M. (1967), *Group Conflict and Co-operation*, London: Routledge.

Sidanius, J. et al. (2004), 'Social dominance theory: its agenda and method', *Political Psychology*, 25, pp.845–80.

Tajfel, H. (1970), 'Experiments in intergroup discrimination', *Scientific American*, 223(5), pp.96–102.

Tajfel, H. (1974), 'Social identity and intergroup behaviour', *Social Science Information*, 13, pp.65–93.

Tajfel, H. (1981), *Human Groups and Social Categories*, Cambridge: Cambridge University Press.

Tajfel, H. and Turner, J. (1986), 'The social identity theory of intergroup behaviour', in Austin, W. and Worchel, S. (eds), *Psychology of Intergroup Relations* (2nd edn), Chicago: Nelson-Hall (pp.7–24).

海地共和國

Dandicat, E. (1999), *The Farming of Bones*, London: Abacus.

Farmer, P. (2011), *Haiti After the Earthquake*, New York: Public Affairs.

Kidder, T. (2011), *Mountains Beyond Mountains: From Harvard to Haiti*, London: Profile.

Paulino, E. (2005), 'Erasing the Kreyol from the Margins of the Dominican Republic: The Pre- and Post-Nationalization Project of the Border, 1930–1945', *Wadabagei: Journal of the Caribbean and Its Diaspora*, 8(2), pp.35–71.

Paulino, E. (2006), 'Anti-Haitianism, Historical Memory, and the Potential for Genocidal Violence in the Dominican Republic', *Genocide Studies and Prevention*, 1(3), pp.265–88.

種族

Kurzban, R. et al. (2001), 'Can race be erased? Coalitional computation and social categorization', *Proceedings of the National Academy of Sciences*, 18 December 2001, 98(26), pp.15387–92.

Voorspoels, W. et al. (2014), 'Can race really be erased? A preregistered replication study', *Frontiers in Psychology*, 5, p. 1035.

第七種人性典型：養育者
養育、親代投資

Basil of Caesarea (1998), in Boswell, J., *The Kindness of Strangers: The Abandonment of Children in Western Europe from Late Antiquity to the Renaissance*, Chicago, IL: University of Chicago Press (pp.165–66).

Crittenden, P. (1988), 'Family and dyadic patterns of functioning in maltreating families', in Browne, K. et al. (eds), *Early Prediction and Prevention of Child Abuse*, Chichester, England: Wiley (pp.161–89).

Bugental, D. et al. (2013), 'Outcomes of parental investment in high-risk children', *J. Exp. Child Psychol.*, 116(1), pp.59–67.

Daly, M. and Wilson, M. (1981), 'Abuse and neglect of children in evolutionary perspective', in Alexander, R. and Tinkle, D. (eds), *Natural Selection and Social Behavior*, New York: Chiron.

Daly, M., and Wilson, M. (1984), 'A sociobiological analysis of human infanticide ', in Hausfater, G. and Hrdy, S. (eds), *Infanticide: Comparative and Evolutionary Perspectives*, New York: Aldine de Gruyter (pp.487–502).

Daly, M. and Wilson, M. (1988), 'The Darwinian psychology of discriminative parental solicitude ', *Nebraska Symposium on Motivation*, 35, pp.91–144.

Daly, M. and Wilson, M. (1995), 'Discriminative parental solicitude and the relevance of evolutionary models to the analysis of motivational systems', in Gazzaniga, M. (ed.), *The Cognitive Neurosciences*, Cambridge, MA: MIT Press (pp.1269–86).

Dozier, M. et al. (2001), 'Attachment for infants in foster care: the role of caregiver state of mind', *Child Development*, 72(5), pp.1467–77.

Gibran, K. (1926/2013), *The Prophet*, London: Vintage Classics.

Hrdy, S. (1999), *Mother Nature: Natural Selection and the Female of the Species*, London: Chatto & Windus.

Hrdy, S. (2011), *Mothers and Others: The Evolutionary Origins of Mutual Understanding*, Cambridge, MA: Harvard University Press.

Lupien, S. (2009), 'Effects of stress throughout the lifespan on the brain, behaviour and cognition', *Nature Reviews Neuroscience*, 10(6), pp.434–45.

Mann, J. (1995), 'Attachment and maternal compensation with high-risk infants: an ethological study', *Human Behavior and Evolution Society*, Santa Barbara, CA (June–July).

Mann, J. and Plunkett, J. (1992), 'Home observations of extremely low birthweight infants: maternal compensation or overstimulation', paper presented at the International Conference on Infant Studies, Miami, FL (May).

Main, M. and Hesse, E. (1990), 'Parents' unresolved traumatic experiences are related to infant disorganized attachment status: is frightenedand/orfrighteningparentalbehaviourthelinkingmechanism?', in Greenberg, M. et al. (eds), *Attachment in the Preschool Years*, Chicago, IL: University of Chicago (pp.161–82).

Quinlan, R. (2007), 'Human parental effort and environmental risk', *Proceedings of the Royal Society of London*, B274, pp.121–5.

Quinlan, R. (2008), 'Human pair-bonds: evolutionary functions, ecological variation, and adaptive development', *Evolutionary Anthropology*, 17, pp.227–38.

Sear, R. and Mace, R. (2008), 'Who keeps children alive? A review of the effects of kin on child survival', *Evolution and Human Behavior*, 29, pp.1–18.

Tottenham, N. et al. (2010), Prolonged institutional rearing is associated with atypically large amygdala volume and difficulties in emotion regulation', *Developmental Science*, 13(1), pp.46–61.

Trivers, R. (1972), 'Parental investment and sexual selection', in Campbell, B. (ed.), *Sexual Selection and the Descent of Man 1871–1971*, Chicago, IL: Aldine (pp.136–79).

Wells, P. (2000), 'Medea or Madonna?', *Times Literary Supplement*, London, England (17 March).

Winking, J. et al. (2007), Why do men marry and why do they stray?', *Proceedings of the Royal Society*, B274, pp.1643–9.

棄嬰轉輪

Boswell, J. (1988), *The Kindness of Strangers: The Abandonment of Children in Western Europe from Late Antiquity to the Renaissance*, New York: Pantheon.

Fuchs, R. (1984), *Abandoned Children: Foundlings and Child Welfare in Nineteenth Century France*, Albany: SUNY Press.

Kertzer, D. (1993), *Sacrificed for Honor: Italian Infant Abandonment and the Politics of Reproductive Control*, Boston: Bantam Press.

Tilly, L. et al. (1992), 'Child abandonment in European history: a symposium', *Journal of Family History*, 17(1), pp.1–23.

腓特烈二世

Abulafia, D. (1988), *Frederick II: A Medieval Emperor*, London: Allen Lane.

Einstein, D. (1949), *Emperor Frederick II*, New York: Philosophical Library.

Kantorowicz, E. (1967), *Frederick the Second, 1194–1250. Authorized English version by E. O. Lorimer*, New York: Frederick Unger. Masson, G. (1957), *Frederick II of Hohenstaufen. A Life*, London: Secker & Warburg.

性剝削

Kaysen, D. et al. (2003), 'Living in danger: the impact of chronic traumatization and the traumatic context on post-traumatic stress disorder trauma', *Violence and Abuse*, 4, pp.247–64.

Ling, D. et al. (2001), 'Silent killers of the night: an exploration of psychological health and suicidality among female street sex workers', *Journal of Sex and Marital Therapy*, 33, pp.281–99.

狼

Carter, A. (1979/2006), *The Bloody Chamber and Other Stories* ('The Company of Wolves'), London: Vintage Classics.

第八種人性典型：求愛者

Anderson, S. (2007), 'The economics of dowry and brideprice', *The Journal of Economic Perspectives*, 21(4), pp.151–74.

Buss, D. (1992), 'Mate preference mechanisms: consequences for partner choice and intrasexual competition', in Barkow, J. et al. (eds), *The Adapted Mind: Evolutionary Psychology and the Generation of Culture*, Oxford: Oxford University Press (pp.249–66).

Buss, D. (1995), *The Evolution of Desire: Strategies of Human Mating*, New York: Basic Books.

Darwin, C. (1871), *The Descent of Man and Selection in Relation to Sex*, London: John Murray.

Fehr, E. and Fischbacher, U. (2003), 'The nature of human altruism', *Nature*, 425, pp.785–91.

Griskevicius, V. et al. (2007), 'Blatant benevolence and conspicuous consumption: when romantic motives elicit strategic costly signals', *Journal of Personality and Social Psychology*, 93, pp.85–102.

Kenrick, D. and Griskevicius, V. (2013), *The Rational Animal: How Evolution Made Us Smarter Than We Think*, New York: Basic Books.

Kimberley, J. et al. (2007), 'Chimpanzees share forbidden fruit', *PLOS ONE*, 2, p. 9.

Murdock, G. (1967), *Ethnographic Atlas*, Pittsburgh: University of Pittsburgh Press.

Pan, Y. et al. (2011), 'Turning males on: activation of male courtship behavior in *Drosophila melanogaster*', *PLOS ONE*, 6(6), e21144.

Smith, E. et al. (2003), 'The benefits of costly signaling: Meriam turtle hunters', *Behavioral Ecology* 14(1), pp.116–26.

Van Vugt, M. and Dunbar, R. (2008), 'Showing off in humans: male generosity as a mating signal', *Evolutionary Psychology*, 6(3), pp.386–92.

第九種人性典型：搭救者
伊蓮（利他、同理、利己）

Axelrod, R. and Hamilton, W. (1981), 'The evolution of cooperation', *Science*, 211, pp.1390–6.

Batson, C. et al. (1981), 'Is empathic emotion a source of altruistic motivation?', *Journal of Personality and Social Psychology*, 40(2), pp.290–302.

Batson, C. et al. (1988), 'Five studies testing two new egoistic alternatives to the empathy–altruism hypothesis', *Journal of Personality and Social Psychology*, 55(1), pp.52–77.

Batson, C. and Shaw, L. (1991), 'Evidence for altruism: toward a pluralism of prosocial motives', *Psychological Inquiry*, 2(2), pp.107–22.

Cialdini, R. (1991), 'Altruism or egoism? That is (still) the question', *Psychological Inquiry*, 2, pp.124–6.

Cialdini, R. et al. (1973), 'Transgression and altruism: a case for hedonism', *Journal of Experimental Social Psychology*, 9, pp.502–16.

Cialdini, R. et al. (1987), 'Empathy-based helping: is it selflessly or selfishly motivated?', *Journal of Personality and Social Psychology*, 52, pp.749–58.

Cialdini, R. et al. (1997), 'Reinterpreting the empathy-altruism relationship: when one into one equals oneness', *Journal of Personality and Social Psychology*, 73(3), pp.481–94.

Fehr, E. and Gächter, S. (2002), 'Altruistic punishment in humans', *Nature*, 415, pp.137–40.

Fehr, E. and Fischbacher, U. (2003) The nature of human altruism. *Nature*, 425(6960), pp.785–91.

Hill, K. (2002), 'Altruistic cooperation during foraging by the Ache, and the evolved human predisposition to cooperate', *Human Nature*, 13, pp.105–28.

Holmes, J. et al. (2002), 'Committing altruism under the cloak of self-interest: the exchange fi ', *Journal of Experimental Social Psychology*, 38(2), pp.144–51.

Rilling, J. et al. (2002), 'A neural basis for social cooperation', *Neuron*, 35(2), pp.395–405.

Trivers, R. (1971), 'The evolution of reciprocal altruism', *Quarterly Review of Biology*, 46, (March), pp.35–57.

Van Lange, P. (2008), 'Does empathy trigger only altruistic motivation? How about selflessness or justice?', *Emotion*, 8(6), pp.766–74.

蟻、犬

Hollis, K. and Nowbahari, E. (2013), 'A comparative analysis of precision rescue behaviour in sand-dwelling ants', *Animal Behaviour*, 85(3), pp.537–44.

Ovodov, N. et al. (2011), 'A 33,000-year-old incipient dog from the Altai Mountains of Siberia: evidence of the earliest domestication disrupted by the last glacial maximum', *PLOS ONE*, 6(7), e22821.

第十種人性典型：護親者
人類

Anderson, K. (2010), 'Life Expectancy and the Timing of Life History Events in Developing Countries', *Human Nature*, 21(2), pp.103–23.

Anderson, K. (2015), 'Father absence, childhood stress, and reproductive maturation in South Africa', *Human Nature*, 26(4), pp.401–25.

Chisholm, J. et al. (2005), 'Early stress predicts age at menarche and first birth, adult attachment, and expected lifespan', *Human Nature*, 16, pp.233–65.

Del Guidice, M. (2014), 'Life history plasticity in humans: the predictive value of early cues depends on the temporal structure of the environment', *Proceedings of the Royal Society*, B281, 20132222.

Del Guidice, M. and Belsky, J. (2011), 'Parent-child relationships', in Salmon, C. and Shackleford, T. (eds), *The Oxford Handbook of Evolutionary Family Psychology*, New York, NY: Oxford University Press (pp.65 et seq.).

Mayr, E. (1961), 'Cause and effect in biology kinds of causes, predictability, and teleology are viewed by a practicing biologist', *Science*, 134(3489), pp.1501–6.

Mullainathan, S. (2014), *Scarcity: The True Cost of Not Having Enough*, London: Penguin.

Nettle, D. et al. (2013), 'The evolution of predictive adaptive responses in human life history', *Proceedings of the Royal Society*, B280, 20131343.

Quinlan, R. (2007), 'Human parental effort and environmental risk', *Proceedings of the Royal Society of*

London, B274, pp.121–5. Quinlan, R. (2008), 'Human pair-bonds: evolutionary functions, ecological variation, and adaptive development', *Evolutionary Anthropology*, 17, pp.227–38.

Trivers, R. (1972). Parental investment and sexual selection. In B. Campbell (Ed.), *Sexual Selection and the Descent of Man, 1871-1971* (pp.136–179). Chicago, IL: Aldine.

非人類、動物

Armstrong, A. (1954), 'The ecology of distraction display', *The British Journal of Animal Behaviour*, 2(4), pp.121–35.

Cameron, N. et al. (2008), 'Maternal influences on the sexual behavior and reproductive success of the female rat', *Hormones and Behavior*, 54(1), pp.178–84.

Fernandez-Duque, E. et al. (2009), 'The biology of paternal care in human and nonhuman primates', *Annual Review of Anthropology*, 38, pp.115–30.

Montgomerie, R. and Weatherhead, P. (1988), 'Risks and rewards of nest defence by parent birds', *Quarterly Review of Biology*, pp.167–87.

Ricklefs, R. (1969), 'An analysis of nesting mortality in birds', *Smithson. Contrib. Zool.*, 9, pp.1–48.

後記　我們的課題
概論

Balzac, H. (1835/1951), *Old Goriot*, London: Penguin.

Delbrück, M. (1949), 'A Physicist Looks at Biology', *Transactions of the Connecticut Academy of Arts and Sciences*, 38, pp.173–90.

Miller, M. and Taube, K. (1997), *The Gods and Symbols of Ancient Mexico and the Maya*, London: Thames & Hudson.

Neruda, P. (1924/2007), *Twenty Love Poems and a Song of Despair*, London: Penguin.

Olcott, M. (1995), *The Kazakhs*, Stanford, CA: Hoover Institution Press.

基因與文化的共同演化

Arjamaa, O. and Vuorisalo, T. (2010), 'Gene-culture coevolution and human diet: rather than acting in isolation, biology and culture have interacted to develop the diet we have today', *American Scientist*, 98(2), pp.140–7.

Laland, K. et al. (2010), How culture shaped the human genome: bringing genetics and the human sciences together, *Nature Reviews Genetics*, 11, pp.137–48.

Richerson, P. et al. (2010), 'Gene-culture coevolution in the age of genomics', *Proceedings of the National Academy of Sciences of the United States of America*, vol. 107, supplement 2: 'In the Light of Evolution IV: The Human Condition' (May 11, 2010), pp.8985–92.

尤妮斯・偉蒙

Simone, N. and Cleary, S. (1991/2003), *I Put a Spell on You*, Cambridge, MA: Da Capo Press.

受惠者的謝辭

我覺得還有一種人性典型，是我該提到的：受惠者。

很清楚的是，在本書研究過程中，我成了在世受惠最多的人之一。如果你跟我走過這十個篇章，就會感覺到我受到這麼多非凡人物如山一般的恩惠。我無法講出每一位的名字。我也無法對任一位充分表達我的感謝。在此，身兼律師、研究人員和作者的我，試著完成這項艱巨任務，但這是我欣然接受的。

我要強調的是，以下雖然列出許多人的大方協助，不過本書文責仍由本人完全自負。

關於米亞特案，我要感謝米亞特的母親帕姆，我出色的初級出庭律師坎貝爾（Brenda Campbell）、我們的事務律師史考特（Mark Scott）和巴特（Raju Bhatt），以及 INQUEST 兩位共同總監柯爾絲和蕭海倫（Helen Shaw）。在此案期間，我們的好友兼同事蒙迪（Gilly Mundy）不幸去世。他是一位無畏的人權鬥士，所有認識他的人都深深懷念。

潘格納博士是一位傑出的研究人員，也是一個極為溫暖的人。我很感謝他的大方和建言。我也非常感謝在迦納的丹佛絲、施萊（David Schley）和懷海德（Jonny Whitehead），以及 JA、W、奧斯汀 F、LP，當然還有無人能比的安東尼。威廉斯和黃瑪麗安這兩位都是不可或缺的、激發心智的絕佳通信者，而且都很有才幹，各自進行很重要的研究。湯瑪斯─蘇（Ruth Thomas Suh）導演並出品了《排斥》這部有關放逐制的驚人電影（請上 kanopystreaming.com 觀賞）。博科瓦奇的勇敢不屈，鼓舞了許多人。所羅門總是大方分享他的時間和

想法，而且從事極為重要的研究。我還要感謝賓德曼斯律師事務所的查哈爾（Saimo Chahal）御用大律師和珍·尼克林森。費伊—韋伯斯特全家人的相親相愛和韌性，令我敬佩：亞列克、雪莉、亞歷山大、馬克，當然還有我的好友朵恩——我最後會再談到朵恩。

我要感謝拉娜、了不起的納基留瓦和沙阿。中非共和國發生的事情（及其在喀麥隆的外溢影響）改變了我對世界的看法。我由衷感謝超棒的雷維葉，還有丹妮爾拉 L、GH、席琳、UL、法蘭索瓦、帕崔斯、賽拉、史提夫 S、以及 M 先生，當然還有我的朋友兼同伴，絕妙的阿瓦姬安——你是一個鼓舞人心的人。還要感謝聯合國兒童基金會英國分部的戴維絲（Sally Davies）。埃伯特及其團隊的創新研究，減輕了某些創傷最重的孩子的痛苦：我非常感謝托馬斯付出時間並提出建言。

在海地方面，我很高興感謝珍努、約內爾、阿妮亞牧師、娜歐蜜、聯合國的班傑明森（Gunn Benjaminsen）、瑪西、RR、CB 和 MT。在哈薩克方面，我要感謝我那些聯絡人，他們讓我看見人口販運的現實：T、AD、SK、KU、馬扎恩，當然還有瓦西里。

安姬和瑞奇在我們一大艱難時刻裡，提供支持和陪伴，而且也是一種默默勇敢的榜樣。哥倫比亞大學的托騰嫩，不但巧妙回答我許多有關神經科學和神經可塑性的問題，而且還就進一步調查和閱讀，做出寶貴建議。托騰嫩總是願意幫我忙，即便她的排程很滿。我很感謝薩塞克斯大學的聖雅各，關於記憶和創傷的建議。

在本書研究過程的很長一段時間裡，我同時進行的法律工作，得助於一連串法界最佳的初級律師：戴維司（Clare Davies）、達爾森（Peter Dahlsen）、沙菲（Imran Shafi）、克拉克（Paul Clarke）、阿盧瓦利（Paramjit Ahluwalia）、羅斯（Alex Rose）、我的劍橋同事麥爾斯（Cameron Miles），以及參與我們那三個獲勝案子的老手雷諾茲（Richard Reynolds）。其中一個案子就是傑克·哈迪（Jake Hardy）的死因調查，當時我不僅讓我們的法律團隊工作了不人道的長時

間，而且每晚在博爾頓假日酒店用晚餐時，還把本書中的一些困境拋給他們。因此，還要感謝超棒的史東（Helen Stone）、沙瑪（Anita Sharma）和克拉蘭（Shona Crallan）。

在律師公會人權委員會和我所主持的 FGM 工作小組，我要特別感謝我的法界同事布賴姆洛御用大律師、山繆、普勞德曼（Charlotte Proudman）、克里斯多（Theodora Christou）博士、福爾斯（Sam Fowles）、格里御用大律師（Felicity Gerry QC）和珀爾馬特（Courtney Perlmutter）。

此外，關於我們的聯合國報告，庭園律師事務所（Garden Court）的梅隆（Grainne Mellon）提供極大協助，而且繼續在我們發展 VAWG（保障婦女與孩童免於暴力傷害）工作的過程中大力幫忙，同樣出力的還有我們的書記納許（Emma Nash）和我的高級書記庫克（Colin Cook），庫克從我進律師業就擔任我的書記。當我們將對抗 FGM 的奮鬥帶到國會，我很高興能跟邁徹（Molly Meacher）男爵和馬拉特拉（Seema Malhotra）國會議員及其團隊合作。

在 FGM 議題上，我也很榮幸能跟不屈的伯瑞格（Hilary Burrage）和萊文（Tobe Levin），以及「給母親的安全援手」（Safe Hands for Mothers）組織的麥肯納（Nancy Durrell McKenna）一起推動這場奮鬥。此外，感謝無人能比的莫麗思（Sarah Jane Morris）寫了一首關於 FGM 的好歌，也感謝我的好友培根御用大律師（Maureen Bacon QC）介紹我們認識。我還要感謝中央刑事法院專職法官，希利亞德御用大律師（Nicholas Hilliard QC），感謝他的特續支持和鼓勵。

在劍橋大學，我要感謝一群很特別的人：格爾斯多普教授、蘭斯基博士、帕德菲德（Nicola Padfield）博士（菲茨威廉學院的院長，她跟格爾斯多普共同主辦該院的關注 FGM 活動）、克魯（Ben Crewe）博士和林布林（Alison Liebling）教授，感謝多年來的智識刺激，以及各種談話和演講邀約。他們都正在或曾經從事尖端而重要的研究。我也要感謝劍橋的大學圖書館和拉齊諾維奇圖書館的職員，尤其是史東（Stuart Stone）和高爾（Mary Gower）。

在哈佛大學，西達尼教授給了我退一步思考的寶貴機會，而且大方分享他

的時間和睿智建言。西達尼是一位很特別的學者。卡普邁爾博士是我的朋友和支持者，而且提供各種思考衝突區和戰區的新方法。

在七橡樹中學，我很高興能跟海多恩（Wendy Heydorn）和哈比森（Chris Harbinson）這兩位孜孜不倦的老師，一起為年輕人創造探索人權問題的創新活動，也感謝該學鼓舞人心的校長瑞克斯（Katy Ricks）博士給予支持。

我要好的同事兼友人胡笙，因為勇敢抵抗 FGM 而成為許多人的支柱。我過去幾年的其中一件樂事，就是到全英國各地跟胡笙同臺——她稱之為我們的「唱雙簧」——推動所有女孩和年輕女性的身體完整性和保護。我們將會改變這種社會對女性的危害。就像我從胡笙和我在漠南非洲共事過的幾十位傑出女性那裡學到的：持續相信。那應該是本書的格言之一。

我也要感謝「全球法律行動」（Legal Action Worldwide）的執行總監墨爾韋（Antonia Mulvey）及其在聯合國婦女署的人脈。就此，我也要感謝尼米南（Tuula Niemenen）促成我們跟聯合國婦女署英國分部的合作。維多利亞和羅斯麥克唐納這兩位好友，提供了一連串關於非洲所有事情的建議。另一位好友格蘭瑟姆（Dawn Grantham）親切邀請我到英國心理治療評議會演講。超棒的昆奈爾（Jocelyne Quennell）邀請我到兒童與法律開放論壇演講。我把這本書的手稿和我自己，加諸於一小群超入迷的讀者身上。他們沒人意識到這本大書將要他們付出多少時間，但他們從未推拖或抱怨，而且持續回來再要更多。

福斯佩蘿（Helen Fospero）是最能夠鼓舞人心的電視記者和社會正義運動家，而班斯麗（Nicola Bensley）則是非常有才華的攝影師，他們兩位對這項寫作計畫的熱情，一直都讓我敬佩。我也很感謝班斯麗幫我拍了大頭照。史塔克（Tony Stark）是一位才華橫溢的製片人，他對細節和些微差異的洞察力，幫助我聚集這項計畫的要點和目的。維克（Kate Vick）從一開始就提供了決定性的建議，並協助表達出最有成效的發展方向，而且始終樂於幫忙宣傳。布蘭南（Nicole Brannan）和布利克（Bridget Bullick）熱心讀過一份初期的書稿。布魯克絲（Emma Brookes）以某種方式，將本書擠進她的家庭和專業責任裡。上院

議員馬克‧馬洛赫—布朗（Mark Malloch-Brown）讀過本書提案，並建議可以投往何處；崔西‧馬洛赫—布朗（Trish Malloch-Brown）在曼哈頓宏偉的大中央總站，與我共享了一頓正式的早午餐。

懷利經紀（Wylie Agency）公司的兩位作家經紀人，紐約的懷利（Andrew Wylie）和倫敦的普倫（James Pullen），一直不懈擁護本書和書中試圖解決的問題的重要性。我要感謝企鵝藍燈書屋的整個出版團隊，尤其是傑出的宣傳總監麥克奎德（Kate McQuaid），以及最先閱讀本書提案並立即要了下來的亞瑟（Jason Arthur）。身為發行人，亞瑟引導這項出版計畫，走過三個緊張但總是愉快的年頭。

特別要感謝我那位在第一線苦幹的編輯艾佛瑞（Tom Avery），他是海尼曼（Heinemann）出版社的編輯總監。我甚至沒辦法告訴你，有多少次我從各地透過 Skype、WhatsApp、電話或電郵，跟艾佛瑞通話和通信，像是在漠南非洲衝突區邊緣、難民營、中亞草原，以及震後海地的破敗裡、喀拉哈里沙漠邊緣，而有時就只是在熟悉的沃克斯霍爾橋路上。艾佛瑞那沉著、敏銳的眼光和犀利的才智，大大改善了全文，並幫助我從我研究產生的大量文字和大量故事裡，選取要在書裡描述的人物。謝謝你，艾佛瑞，你的貢獻至關緊要。

在這整個寫作與編輯出版過程中，我母親瓦萊麗（Valerie）、我兄弟麥可（Michael）和他太太塔瑪拉（Tamara），都一直支持我，麥可和塔瑪拉還跟我一起參加刺激的神經科學和心理學研究活動。

所以，回到朵恩‧費伊—韋伯斯特：朵恩不僅以其在中風後仍要增添人類知識的堅決，創造了歷史，而且正在博士研究裡寫下（建築）歷史。她總能找到時間發訊給我，所用的方式毫不客氣，但從未完全無關緊要——總是連接到我們正在討論的事情，而且為她的訊息灌注了歡鬧、啟發和喜悅。

我知道我一定遺漏了很多特別的人。若是如此，請告訴我，我會在往後版本中，補正任何疏漏。

　　最終，我一定要感謝本書題獻的對象，那是三位很了不起、也都很不一樣的人。要是沒有凱蒂（Katie）、法比（Fabi）、赫敏（Hermione）你們三位，我很可能不會或不能寫出這本書。在我開始研究的時候，赫敏才兩歲。現在她幾乎是個少女了。我提到這點是要說明「本書」（這並不總是個暱稱）成了她們生活的一部分，還有她們對我有多耐心。在每個階段裡，就是當我遇見安東尼、安姬和朵恩，瓦西里、法蘭索瓦和賽拉，帕崔斯、烏芭和安娜，她們都耐心等候我最新冒險的快訊。因此，在最後，我很高興毫無保留的宣示，這本書不只是一本寫給你們三位的著作，而且其實是屬於你們的著作。

如果你想要參與的話

　　本書探討了好幾種有害的人類行為。正如我們在書中那些非凡人物的敘述裡見到的，人們正在反擊回去——他們正在造就改變。你也可以幫忙。

　　如果你想參與的話，這裡有一些建議。以下三個組織在英國內外努力減少人類的苦難。我大力推薦那每一個。本書在 penguin.co.uk 網站設有專屬頁面，上面除了列出更長一串對抗貧困、不正義和歧視的非政府組織，而且提供你可以如何參與以下三個組織的最新細節。

▶ 組織之一：INQUEST（死因調查）

　　我的研究和本書的推動力，就是米亞特在雨溪少年觀護所發生的事情。我在死因調查中代表他母親帕姆。在那些艱難的訴訟裡，帕姆和她的家人（還有我也是）得助於屢獲殊榮的人權組織 INQUEST。我和他們合作了大約二十年，攜手處理公民死於國家觀護和監禁爭議情況的案例。這種作為的重要性再怎麼強調也不為過。

　　INQUEST 組織無疑是英國人權王冠上其中一顆寶石。現任總監柯爾絲及其團隊不懈追求真相。前共同總監蕭海倫也是如此。要是沒有他們，那些哀悼親人驟逝的家庭將會不知所措。三十多年來，每當國家捲入受刑人的死亡，INQUEST 都得辛苦查明怎樣可以、怎樣不行得到事實。我們很少有幾個比這更重要、更需要共同監督的領域了，而這就是 INQUEST 在做的。他們現正尋求在國際上開展業務，要讓其他國家的人也能得益自 INQUEST 的專業。敬請支持INQUEST 組織——或者親自參與。

▶ 組織之二：ActionAid（行動援助）

如你所見，我多年來投入的其中一項人權問題就是 FGM。為了對抗 FGM，為了保護將在往後十二個月內被殘割的三百萬個女孩（每十一秒就有一個），我們需要聯合起來。其中一個致力消除 FGM 這項有害做法的重要組織就是 ActionAid。

ActionAid 這個重要國際慈善事業成立於 1972 年，目前在超過四十五個國家運作，ActionAid 一直都在對抗貧窮，並跟世上最窮的婦女和女孩一起努力永遠改變她們的生活。ActionAid 提供實用的實際協助，以求產生長期、可持續的影響。ActionAid 提倡的精神是要支持婦女帶領社群脫貧、並參與公民和政治生活，ActionAid 認為這是建設和平與公正社會的最有力方式。

ActionAid 在十個不同國家，直接跟當地婦權組織合作，資助和支持那些組織在他們的社會中努力，也就是追求杜絕 FGM，並在最終讓女孩能選擇自己的未來。那些國家是肯亞、衣索比亞、迦納、賴比瑞亞、奈及利亞（某些州）、塞內加爾、索馬利蘭、獅子山、甘比亞和烏干達。

你不妨襄助 ActionAid，以便對那些逃過 FGM 的婦女和女孩提供直接的支持。ActionAid 訓練婦女組成婦女守望團體，持續舉報 FGM 個案，並與婦權組織合作，共同遊說該國政府通過法律，來終結 FMG 和其他各種對婦女和女孩的暴力。

我強力推薦 ActionAid 給你。

▶ 組織之三：聯合國兒童基金會（UNICEF）

在結束本書之前，一定要提的就是聯合國兒童基金會。本書很多部分都在關注我們對孩子的所為，聯合國兒童基金會也是這樣。

聯合國兒童基金會致力於確保我們能更周全的保護兒童。這就是聯合國兒童基金會的希望，也是其堅定的要求。他們這麼做是為了地球上那些最弱勢的孩子。

聯合國兒童基金會努力不懈阻止兒童被用作戰鬥部隊。我見過聯合國兒童基金會的作為。我曾在毗鄰中非共和國的地方，跟一群孩子踢足球，要是沒有聯合國兒童基金會，他們可能不會活著。我也見過聯合國兒童基金會蓋的教室，那些教室的牆上有孩子的圖畫，所描繪的是他們的生活和夢想。我在加多營地看到的其中一幅畫，就只有一間小屋和一個在旁微笑的孩子，旁邊有條河，旁邊有棵樹，讓人驚訝的是畫裡所沒有的東西：沒有槍，沒有吉普車，沒有血，沒有屍體。這就是一個孩子本該有的模樣，那是最珍貴卻也最脆弱的模樣：一個天真無邪的孩子。這就是聯合國兒童基金會努力在做的事。

想要幫忙聯合國兒童基金會，有很多方法，無論是參加基金會的專門活動或做個簡單捐款。聯合國兒童基金會有個叫作「女孩投資基金專案小組」（Girls' Investment Fund Taskforce, GIFT）的計畫，這項計畫是將慈善投資者和聯合國兒童基金會聯合起來，以推進女孩的生存、保護和發展。

透過以上任一方式，你現在就能協助聯合國兒童基金會進行各項重要工作。

科學文化 189

十種人性
我們與善、與惡的距離，各有多遠？

The Ten Types of Human
A New Understanding of Who We Are,
and Who We Can Be

原著 ── 狄諤斯（Dexter Dias）
譯者 ── 陳義仁
科學文化叢書策劃群 ── 林和（總策劃）、牟中原、李國偉、周成功

總編輯 ── 吳佩穎
編輯顧問暨責任編輯 ── 林榮崧
封面設計暨美術編輯 ── 江儀玲

出版者 ── 遠見天下文化出版股份有限公司
創辦人 ── 高希均、王力行
遠見・天下文化 事業群董事長 ── 高希均
事業群發行人／CEO ── 王力行
天下文化社長 ── 林天來
天下文化總經理 ── 林芳燕
國際事務開發部兼版權中心總監 ── 潘欣
法律顧問 ── 理律法律事務所陳長文律師
著作權顧問 ── 魏啟翔律師
社址 ── 台北市 104 松江路 93 巷 1 號 2 樓
讀者服務專線 ── 02-2662-0012 ｜ 傳真 ── 02-2662-0007, 02-2662-0009
電子郵件信箱 ── cwpc@cwgv.com.tw
直接郵撥帳號 ── 1326703-6 號 遠見天下文化出版股份有限公司
排版廠 ── 極翔企業有限公司
製版廠 ── 東豪印刷事業有限公司
印刷廠 ── 祥峰印刷事業有限公司
裝訂廠 ── 精益裝訂股份有限公司
登記證 ── 局版台業字第 2517 號
總經銷 ── 大和書報圖書股份有限公司 電話／02-8990-2588
出版日期 ── 2019 年 5 月 30 日第一版第 1 次印行
　　　　　2022 年 9 月 9 日第一版第 7 次印行

國家圖書館出版品預行編目 (CIP) 資料

十種人性：我們與善、與惡的距離各有多
遠？ / 狄諤斯 (Dexter Dias) 著；陳義仁譯 . --
第一版 . -- 臺北市：遠見天下文化 , 2019.05
　面；　公分 . -- (科學文化；189)
譯 自：The ten types of human : a new
understanding of who we are and who we
can be
ISBN 978-986-479-689-2(精裝)

1. 人性　2. 人類行為

173.7　　　　　　　　　　108007168

定價 ── NT750 元
書號 ── BCS189
ISBN ── 978-986-479-689-2
天下文化官網 ── bookzone.cwgv.com.tw

本書如有缺頁、破損、裝訂錯誤，請寄回本公司調換。
本書僅代表作者言論，不代表本社立場。

天下文化
BELIEVE IN READING